Tusculum-Bücherei

Herausgeber: Hans Färber und Max Faltner

PROKOP: WERKE

PROKOP

PERSERKRIEGE

Griechisch-deutsch ed. Otto Veh

ERNST HEIMERAN VERLAG IN MÜNCHEN

Auf dem Titel: Drachme des Sassanidenkönigs Chosroes I., 531/579
(Münzstätte „RD")
Aufnahme W. Kisskalt, Staatliche Münzsammlung München

Die Übersetzung der Perserkriege ist in Zusammenarbeit
mit meinem Bruder Albert Veh, Bayreuth, entstanden.

1. Auflage 1970. Archiv 306 ISBN 3 7765 2099 X
Druck: Georg Appl, Wemding – Binden: Hans Klotz, Augsburg
Gedruckt auf Dünndruck Persia Qualität von Schoeller & Hoesch, Gernsbach

Inhalt

Προκόπιος Καισαρεὺς τοὺς πολέμους ξυνέγραψεν, οὓς **1**
Ἰουστινιανὸς ὁ Ῥωμαίων βασιλεὺς πρὸς βαρβάρους διή-
νεγκε τούς τε ἑῴους καὶ ἑσπερίους, ὥς πη αὐτῶν ἑκάστῳ
ξυνηνέχθη γενέσθαι, ὡς μὴ ἔργα ὑπερμεγέθη ὁ μέγας αἰὼν
λόγου ἔρημα χειρωσάμενος τῇ τε λήθῃ αὐτὰ καταπρόηται
καὶ παντάπασιν ἐξίτηλα θῆται, ὧνπερ τὴν μνήμην αὐτὸς
ᾤετο μέγα τι ἔσεσθαι καὶ ξυνοῖσον ἐς τὰ μάλιστα τοῖς τε
νῦν οὖσι καὶ τοῖς ἐς τὸ ἔπειτα γενησομένοις, εἴ ποτε καὶ
αὖθις ὁ χρόνος ἐς ὁμοίαν τινὰ τοὺς ἀνθρώπους ἀνάγκην
διάθοιτο. τοῖς τε γὰρ πολεμησείουσι καὶ ἄλλως ἀγωνιου- **2**
μένοις ὄνησίν τινα ἐκπορίζεσθαι οἷά τέ ἐστιν ἡ τῆς ἐμφε-
ροῦς ἱστορίας ἐπίδειξις, ἀποκαλύπτουσα μὲν ὅποι ποτὲ
τοῖς προγεγενημένοις τὰ τῆς ὁμοίας ἀγωνίας ἐχώρησεν,
αἰνισσομένη δὲ ὁποίαν τινὰ τελευτὴν τοῖς γε ὡς ἄριστα
βουλευομένοις τὰ παρόντα, ὡς τὸ εἰκός, ἕξει.

Καί οἱ αὐτῷ ξυνηπίστατο πάντων μάλιστα δυνατὸς ὢν **3**
τάδε ξυγγράψαι κατ' ἄλλο μὲν οὐδέν, ὅτι δὲ αὐτῷ ξυμ-
βούλῳ ᾑρημένῳ Βελισαρίῳ τῷ στρατηγῷ σχεδόν τι ἅπασι
παραγενέσθαι τοῖς πεπραγμένοις ξυνέπεσε. πρέπειν τε **4**
ἡγεῖτο ῥητορικῇ μὲν δεινότητα, ποιητικῇ δὲ μυθοποιΐαν,
ξυγγραφῇ δὲ ἀλήθειαν. ταῦτά τοι οὐδέ του τῶν οἱ ἐς ἄγαν **5**
ἐπιτηδείων τὰ μοχθηρὰ ἀπεκρύψατο, ἀλλὰ τὰ πᾶσι ξυνενεχθέντα ἕκαστα ἀκριβολογούμενος ξυνεγράψατο, εἴτε εὖ
εἴτε πη ἄλλη αὐτοῖς εἰργάσθαι ξυνέβη. κρεῖσσον δὲ **6**
οὐδὲν ἢ ἰσχυρότερον τῶν ἐν τοῖσδε τοῖς πολέμοις τετυχη-
κότων τῷ γε ὡς ἀληθῶς τεκμηριοῦσθαι βουλομένῳ
φανήσεται.

BUCH I

1. Prokop unterrichtet den Leser über Inhalt, Zweck und Bedeutung seiner kriegsgeschichtlichen Werke und verteidigt ihren Inhalt gegen „Lobredner der Vergangenheit"

Prokop von Caesarea hat die Kriege, die der römische Kaiser Justinian in Ost und West führte, nach ihrem jeweiligen Verlauf geschildert; denn überragende Taten sollen doch nicht, der Darstellung entbehrend, durch die Länge der Zeit unterdrückt und der Vergessenheit preisgegeben und dadurch gänzlich ausgelöscht werden, Taten, deren Fortleben nach Ansicht des Verfassers etwas Großes bedeutet und den Zeitgenossen wie den künftigen Geschlechtern außerordentlichen Nutzen bringt, sofern die Menschheit wieder einmal durch die Zeit einer ähnlichen Zwangslage gegenüber gestellt werden sollte. Kann doch die Schilderung eines ähnlichen Geschichtsverlaufes denen, die einen Krieg führen oder sonstwie einen Kampf ausfechten wollen, von beträchtlichem Vorteil sein. Denn jeder sieht daraus, wie für die Menschen von einst ein gleichgearteter Streit endete, und empfängt außerdem einen Hinweis, welchem Ziele etwa die augenblicklichen Verhältnisse, wenn man sie aufs genaueste überdenkt, vermutlich zusteuern werden.

Ferner war sich der Verfasser bewußt, für den folgenden Bericht die allerbesten Voraussetzungen mitzubringen, und zwar gerade aus dem Grunde, weil er zum juristischen Beirat bestellt, zusammen mit dem Feldherrn Belisar an fast allen Ereignissen persönlich teilnahm. Er vertrat dabei die Auffassung, daß für Redekunst kraftvolle Sprache, für Dichtkunst Erfindungsgabe, für Geschichtsschreibung aber Wahrheit angemessen sei. So hat er selbst bei nächsten Freunden keine Missetaten verschwiegen, sondern sorgfältig ihre sämtlichen Einzelschicksale aufgezeichnet, mochte ihr Handeln gut oder andersgeartet gewesen sein. Nichts aber wird einem Manne, der ein wahrheitsgetreues Urteil fällen will, sich großartiger und gewaltiger als das Geschehen dieser Kriege darstellen.

Πέπρακται γὰρ ἐν τούτοις μάλιστα πάντων ὧν ἀκοῇ 7
ἴσμεν θαυμαστὰ οἷα, ἢν μή τις τῶν τάδε ἀναλεγομένων
τῷ παλαιῷ χρόνῳ τὰ πρεσβεῖα διδοίη καὶ τὰ καθ᾽ αὑτὸν
οὐκ ἀξιοίη θαυμαστὰ οἴεσθαι. ὥσπερ οὖν ἀμέλει τοὺς μὲν 8
νῦν στρατευομένους ἔνιοι καλοῦσι τοξότας, ἀγχεμάχους δὲ
καὶ ἀσπιδιώτας καὶ τοιαῦτα ἄττα ὀνόματα τοῖς παλαιο-
τάτοις ἐθέλουσι νέμειν, ταύτην τε τὴν ἀρετὴν ἐς τοῦτον
ἐληλυθέναι τὸν χρόνον ἥκιστα οἴονται, ἀταλαίπωρόν γε καὶ
τῆς πείρας ἀπωτάτω τὴν περὶ αὐτῶν ποιούμενοι δόξαν. οὐ 9
γάρ τις πώποτε αὐτοῖς ἔννοια γέγονεν ὅτι δὴ τοῖς μὲν παρ᾽
Ὁμήρῳ τοξεύουσιν, οἷσπερ καὶ ὑβρίζεσθαι ἀπὸ τῆς τέχνης
ὀνομαζομένοις ξυνέβαινεν, οὐχ ἵππος ὑπῆν, οὐ δόρυ, οὐκ
ἀσπὶς ἤμυνεν, οὐκ ἄλλο οὐδὲν τοῦ σώματος φυλακτήριον
ἦν, ἀλλὰ πεζοὶ μὲν ἐς μάχην ᾖεσαν, ἀποκεκρύφθαι δὲ αὐτοῖς ἦν ἀναγκαῖον, ἑταίρου του ἐκλεγομένοις ἀσπίδα ἢ
στήλῃ ἐπὶ τύμβῳ τινὶ κεκλιμένοις, ἔνθα οὔτε τρεπόμενοι 10
διασώζεσθαι οὔτε φεύγουσι τοῖς πολεμίοις ἐπιτίθεσθαι
οἷοί τε ἦσαν, οὐ μὴν οὐδὲ ἀπὸ τοῦ ἐμφανοῦς διαμάχεσθαι,
ἀλλά τι κλέπτειν ἐδόκουν ἀεὶ τῶν ἐν τῇ ξυμβολῇ γινομέ-
νων. ἄνευ δὲ τούτων οὕτως ἀταλαιπώρως ἐχρῶντο τῇ τέχ- 11
νῃ, ὥστε πελάσαντες τῷ σφετέρῳ μαζῷ τὴν νευρὰν εἶτα
τὸ βέλος ἀφίεσαν κωφόν τε καὶ οὐτιδανὸν εἰκότως τοῖς
δεχομένοις ἐσόμενον. τοιαύτη μέν τις οὖσα ἡ τοξεία φαίνεται πρότερον. οἱ δέ γε τανῦν τοξόται ἴασι μὲν ἐς μάχην 12
τεθωρακισμένοι τε καὶ κνημῖδας ἐναρμοσάμενοι μέχρι ἐς
γόνυ. ἤρτηται δὲ αὐτοῖς ἀπὸ μὲν τῆς δεξιᾶς πλευρᾶς τὰ βέλη,
ἀπὸ δὲ τῆς ἑτέρας τὸ ξίφος. εἰσὶ δὲ οἷς καὶ δόρυ προσαπο- 13
κρέμαται καὶ βραχεῖά τις ἐπὶ τῶν ὤμων ἀσπὶς ὀχάνου
χωρίς, οἷα τά τε ἀμφὶ τὸ πρόσωπον καὶ ⟨τὸν⟩ αὐχένα ἐπι-
καλύπτειν. ἱππεύονται δὲ ὡς ἄριστα καὶ θέοντος αὐτοῖς 14
ὡς τάχιστα τοῦ ἵππου τὰ τόξα τε οὐ χαλεπῶς ἐντείνειν
οἷοί τέ εἰσιν ἐφ᾽ ἑκάτερα καὶ διώκοντάς τε βάλλειν τοὺς
πολεμίους καὶ φεύγοντας. ἕλκεται δὲ αὐτοῖς κατὰ τὸ μέ- 15
τωπον ἡ νευρὰ παρ᾽ αὐτὸ μάλιστα τῶν ὤτων τὸ δεξιόν,

Das Allererstaunlichste nämlich, das wir je vernahmen, hat sich dabei zugetragen, es sei denn, ein Leser dieser Zeilen gäbe der alten Zeit den Vorzug und brächte für die Gegenwart keine Bewunderung auf. Wie ja tatsächlich einige Leute von den heutigen Kriegern nur als Bogenschützen reden, den Männern der grauen Vorzeit jedoch die Bezeichnung Nahkämpfer, Schildträger und dergleichen beizulegen bereit sind; denn Tüchtigkeit dieser Art ist ihrer Meinung nach ganz und gar nicht auf unsere Zeit gekommen, eine oberflächliche Ansicht, die sie sich ohne jede Sachkenntnis von den Dingen bilden. Niemals ist ja solchen Menschen bewußt geworden, daß die Bogenschützen bei Homer, denen die Bezeichnung nach dieser ihrer Fertigkeit sogar Unehre brachte, doch unberitten waren, weder Schild noch Lanze zu ihrer Verteidigung hatten und auch sonst über keinen Körperschutz verfügten. Zu Fuß mußten sie vielmehr in den Kampf ziehen und notgedrungen Deckung suchen, indem sie den Schild irgend eines Kameraden auswählten oder sich auf eine Grabstele stützten, von wo aus sie sich dann weder durch Flucht retten noch die weichenden Feinde angreifen konnten. Man gewann daher den Eindruck, daß sie nicht einmal einen offenen Waffengang wagten, sondern immer nur heimlich am Kampfgeschehen teilnahmen. Außerdem wandten die Bogenschützen ihre Kunst derart mangelhaft an, daß sie die Sehne nur zur Brust hin spannten und daher ihr Geschoß ohne Kraft und Wirkung auf die Feinde entsandten. So war es offensichtlich in früherer Zeit um das Bogenschießen bestellt. Die heutigen Bogenschützen hingegen ziehen in den Kampf, gepanzert und mit Beinschienen bis zum Knie, und auf der rechten Seite tragen sie ihre Pfeile, auf der linken das Schwert. Bei einigen hängt noch ein Speer herab, während auf den Schultern ein kurzer, trägerloser Schild ruht, der Gesicht und Nacken decken soll. Sie können ausgezeichnet reiten, und selbst wenn das Pferd in vollem Galopp dahinsprengt, vermögen sie mühelos die Bogen nach beiden Seiten hin zu spannen und sowohl auf verfolgende wie auf fliehende Feinde zu schießen. Die Sehne ziehen sie dabei in Stirnhöhe bis dicht ans rechte Ohr heran und geben dem Geschoß eine Durch-

τοσαύτης ἀλκῆς ἐμπιπλᾶσα τὸ βέλος, ὥστε τὸν ἀεὶ παρα-
πίπτοντα κτείνειν, οὔτε ἀσπίδος ἴσως οὔτε θώρακος
ἀποκρούεσθαί τι δυναμένου τῆς ῥύμης. εἰσὶ δὲ οἱ τούτων 16
ἥκιστα ἐνθυμούμενοι σέβονται μὲν καὶ τεθήπασι τὸν
παλαιὸν χρόνον, οὐδὲν δὲ ταῖς ἐπιτεχνήσεσι διδόασι πλέον.
ἀλλὰ τούτων οὐδὲν κωλύσει μὴ οὐχὶ μέγιστά τε καὶ 17
ἀξιολογώτατα ἐν τοῖσδε τοῖς πολέμοις ξυμβῆναι. λελέξεται
δὲ πρῶτον ἀρξαμένοις μικρὸν ἄνωθεν ὅσα Ῥωμαίοις ξυνηνέχθη καὶ Μήδοις πολεμοῦσι παθεῖν τε καὶ δρᾶσαι.

Ἡνίκα τὸν βίον Ἀρκάδιος ὁ Ῥωμαίων βασιλεὺς ἐν 2
Βυζαντίῳ τελευτᾶν ἤμελλεν (ἦν γάρ οἱ παῖς Θεοδόσιος
οὔπω τοῦ τιτθοῦ ἀπαλλαγείς), διηπορεῖτο ἀμφί τε τῷ
παιδὶ καὶ τῇ βασιλείᾳ, εὖ θέσθαι ἄμφω ὡς ἥκιστα ἔχων.
ἐγίνετο γάρ τις αὐτῷ ἔννοια, ὡς, ἢν μὲν κοινωνόν τινα 2
Θεοδοσίῳ τῆς ἡγεμονίας πορίζηται, αὐτὸς ἂν τὸν παῖδα
τὸν αὐτοῦ διαχρησάμενος τῷ ἔργῳ εἴη, πολέμιον αὐτῷ
δύναμιν τὴν βασίλειον περιβεβλημένον ἐπαγαγών, ἢν δὲ 3
μόνον αὐτὸν ἐπὶ τῆς ἀρχῆς καταστήσηται, πολλοὶ μὲν
τῆς βασιλείας ἐπιβατεύσουσι, τῆς τοῦ παιδὸς ἐρημίας, ὡς
τὸ εἰκός, ἀπολαύοντες, ἐπαναστάντες δὲ πόνῳ οὐδενὶ
τυραννήσουσι, τὸν Θεοδόσιον διαφθείραντες, ἐπεὶ οὐδένα
ἐν Βυζαντίῳ ξυγγενῆ εἶχεν, ὅστις ἂν αὐτῷ ἐπίτροπος 4
εἴη. Ὁνώριον γάρ οἱ τὸν θεῖον ἐπαρκέσειν οὐδαμῇ ἤλπισε,
πονηρῶν ἤδη τῶν Ἰταλίας πραγμάτων ὄντων. οὐδὲν δὲ 5
ἦσσον καὶ τὰ ἐκ Μήδων αὐτὸν ξυνετάρασσε, δεδιότα μὴ
οἱ βάρβαροι οὗτοι τῆς τοῦ αὐτοκράτορος καταθέοντες
ἡλικίας ἀνήκεστα ἔργα Ῥωμαίους δράσωσιν.
Ἐς ταύτην Ἀρκάδιος τὴν ἀμηχανίαν ἐμπεπτωκώς, 6
καίπερ οὐ γεγονὼς εἰς τὰ ἄλλα ἀγχίνους, βουλεύεται
βουλήν, ἥτις οἱ τόν τε παῖδα καὶ τὴν ἀρχὴν διασώσασ-

schlagskraft, daß es jeden, der in den Weg kommt, tötet und
weder Panzer noch Schild vielleicht etwas die Wucht mildern
kann. Trotzdem gibt es Leute, die das für bedeutungslos halten und nur die alte Zeit verehren und bewundern, den Ver-
besserungen aber keinen Vorzug einräumen. Doch nichts wird
an der Tatsache ändern, daß sich in diesen Kriegen gewaltige,
hochbedeutsame Ereignisse zugetragen haben. So wollen wir
all das, was Römer und Perser im Kriege litten und leisteten,
zur Darstellung bringen und dabei zunächst etwas zurückgreifen.

2. Mit dem Tode des Kaisers Arkadios († 408) beginnt eine Zeit friedlicher
Beziehungen zwischen Byzanz und Persien

Als der römische Kaiser Arkadios in Byzanz auf dem To-
tenbette lag, da bangte er um Sohn und Reich (sein Sohn
Theodosios war ja noch nicht der Brust entwöhnt) und fühlte
sich außerstande, für beide eine gute Regelung zu treffen.
Denn es mußte ihm doch irgendwie der Gedanke kommen,
daß er selbst, wenn er dem Theodosios einen Mitregenten gebe, in der Tat zum Mörder seines Kindes werde; mit Verleihung der Kaiserwürde schaffe er ihm ja einen Feind. Bestelle
er aber seinen Sohn zum Alleinherrscher, würden sich natürlich viele dessen Verlassenheit zunutze machen, nach dem
Throne streben und als Empörer mühelos an die Macht kommen. Theodosios aber werde ihnen zum Opfer fallen, da er in
Byzanz keinen Verwandten besitze, der die Vormundschaft
übernehmen könne. Denn daß sein Onkel Honorios ihm helfen werde, durfte Arkadios angesichts der bereits zerrütteten
Verhältnisse in Italien keineswegs erwarten. Ebenso beunruhigte den Kaiser auch die von Persien her drohende Gefahr. Er mußte fürchten, diese Barbaren möchten die Jugend
des Herrschers zum Ziel ihrer Angriffe machen und den Römern heillosen Schaden zufügen.

In seiner Bedrängnis faßte Arkadios, sonst kein findiger
Kopf, einen Entschluß, der ihm Sohn und Reich mühelos zu
retten vermochte. Ob er sich dabei des Rates einiger kennt-

θαι εὐπετῶς ἴσχυσεν, εἴτε κοινολογησάμενος τῶν λογίων τισίν, οἷοι πολλοὶ βασιλεῖ παρεδρεύειν εἰώθασιν, ἢ θείας τινὸς ἐπιπνοίας αὐτῷ γενομένης. διαθήκης γὰρ διαθεὶς 7 γράμματα, διάδοχον μὲν τῆς ἡγεμονίας ἀνεῖπε τὸν παῖδα, ἐπίτροπον δὲ αὐτῷ κατεστήσατο Ἰσδιγέρδην τὸν Περσῶν βασιλέα, ᾧ δὴ πολλὰ ἐν ταῖς διαθήκαις ἐπέσκηψε Θεοδοσίῳ τὴν βασιλείαν σθένει τε καὶ προνοίᾳ πάσῃ ξυνδιασώσασ- 8 θαι. Ἀρκάδιος μὲν ὧδε τήν τε ἀρχὴν καὶ τὰ οἰκεῖα διοικη- σάμενος ἐτελεύτησεν· Ἰσδιγέρδης δὲ ὁ Περσῶν βασιλεύς, ἐπεὶ τὸ γράμμα τοῦτο ἀπενεχθὲν εἶδεν, ὧν καὶ πρότερον ἐπὶ τρόπου μεγαλοφροσύνῃ διαβόητος ἐς τὰ μάλιστα, ἀρετὴν ἐπεδείξατο θαύματός τε πολλοῦ καὶ λόγου ἀξίαν. τὰς γὰρ Ἀρκαδίου ἐντολὰς ἐν ἀλογίᾳ οὐδεμιᾷ ποιησάμενος 9 εἰρήνῃ τε ἀφθόνῳ χρώμενος διαγέγονεν ἐς Ῥωμαίους τὸν πάντα χρόνον καὶ Θεοδοσίῳ τὴν ἀρχὴν διεσώσατο. αὐτίκα 10 γοῦν πρὸς Ῥωμαίων τὴν βουλὴν γράμματα ἔγραψεν, ἐπί- τροπός τε οὐκ ἀπαρνούμενος Θεοδοσίου βασιλέως εἶναι καὶ πόλεμον ἐπανατεινόμενος, ἤν τις αὐτῷ ἐς ἐπιβουλὴν ἐγχειροίη καθίστασθαι.

Ἐπεὶ δὲ Θεοδόσιος μὲν ἀνήρ τε ἐγεγόνει καὶ ἡλικίας 11 πόρρω ἀφῖκτο, Ἰσδιγέρδης δὲ νοσήσας ἐξ ἀνθρώπων ἠφάνιστο, ἐπῆλθε μὲν ἐς Ῥωμαίων τὴν γῆν Οὐαραράνης ὁ Περσῶν βασιλεὺς στρατῷ μεγάλῳ, ἔδρασε δὲ οὐδὲν ἄχαρι, ἀλλ' ἄπρακτος ἐπανῆλθεν εἰς τὰ οἰκεῖα τρόπῳ τοιῷδε. Ἀνατόλιον τὸν τῆς ἕω στρατηγὸν Θεοδόσιος 12 βασιλεὺς πρεσβευτὴν ἐς Πέρσας μόνον αὐτὸν ἐτύγχανε πέμψας· ὃς ἐπειδὴ ἄγχιστα ἐγεγόνει τοῦ Μήδων στρατοῦ, ἀποθρώσκει μὲν τοῦ ἵππου μόνος, πεζῇ δὲ βαδίζων ἐπὶ Οὐαραράνην ᾔει. καὶ αὐτὸν Οὐαραράνης ἰδὼν τῶν παρόν- 13 των ἀνεπυνθάνετο ὅστις ποτὲ ὁ προσιὼν εἴη. οἱ δὲ τῶν Ῥωμαίων εἶναι στρατηγὸν ἔφασαν. καταπλαγεὶς οὖν τῷ 14 ὑπερβάλλοντι τῆς τιμῆς ὁ βασιλεὺς αὐτὸς στρέψας τὸν ἵππον ὀπίσω ἀπήλαυνε, καί οἱ ἅπας ὁ τῶν Περσῶν λεὼς εἵπετο. γενόμενος δὲ ἐν γῇ τῇ οἰκείᾳ τόν τε πρεσβευτὴν 15

nisreicher Männer, wie sie ja in großer Zahl dem Kaiser gewöhnlich zur Verfügung stehen, bediente oder einer göttlichen
Eingebung folgte, will ich dahingestellt sein lassen. Er bestimmte nämlich bei Abfassung des Testamentes seinen Sohn
als Regierungsnachfolger, zu seinem Vormund aber den Perserkönig Isdigerdis. Diesem legte er in seinem letzten Willen
wiederholt ans Herz, er solle mit aller Kraft und Fürsorge gemeinsam mit Theodosios das Kaisertum durch die Fährnisse
führen. Nachdem Arkadios sein Reich und Haus so bestellt
hatte, schied er aus dem Leben. Der Perserkönig Isdigerdis
aber – schon vorher wegen seiner großherzigen Sinnesart
hochberühmt – bewies, sobald er das Schreiben zu Gesicht
bekam, einen Edelmut, der volle Bewunderung und Anerkennung verdient: Er schenkte dem Ersuchen des Arkadios seine
ganze Aufmerksamkeit, hielt jederzeit unbeschränkten Frieden mit den Römern und sicherte dem Theodosios die Herrschaft. Jedenfalls ließ er sofort an den römischen Senat ein
Schreiben ergehen, worin er sich zur Annahme der Vormundschaft über Kaiser Theodosios bereit erklärte und jeden mit
Krieg bedrohte, der ihn anzugreifen wage.

Als dann Theodosios zum Manne herangereift und zu Jahren gekommen, Isdigerdis aber an einer Krankheit gestorben
war, brach der Perserkönig mit starker Heeresmacht ins Römerreich ein, tat jedoch keinen Schaden, sondern kehrte,
ohne etwas unternommen zu haben, in sein Land zurück. Das
kam so: Kaiser Theodosios schickte Anatolios, den magister
militum per orientem (Oberbefehlshaber im Osten) ohne alle
Begleitung als Gesandten zu den Persern. Sobald er in die unmittelbare Nähe ihres Heeres gekommen war, stieg er allein
vom Pferd und begab sich zu Fuß zu Vararanes. Der König
sah ihn und fragte seine Begleitung, wer denn der Mann sei,
der sich da nähere. Es sei der römische magister militum, lautete die Antwort. Durch die außerordentliche Ehrung fühlte
sich der König so überrascht, daß er sein Pferd wandte und
zurückritt, worauf ihm das ganze Perserheer folgte. Als Vararanes wieder in seinem eigenen Lande war, empfing er den
Gesandten auf huldvollste und kam dem Friedensgesuch des

ξὺν φιλοφροσύνῃ πολλῇ εἶδε καὶ τὴν εἰρήνην ξυνεχώρησεν
οὕτως, ὥσπερ Ἀνατόλιος αὐτοῦ ἔχρῃζεν, ἐφ᾽ ᾧ μέντοι
μηδέτεροι ἐν χωρίῳ οἰκείῳ ἐν γειτόνων τοῖς τῶν ἑτέρων
ὁρίοις ὄντι ὀχύρωμα νεώτερόν τι ἐργάζονται. οὗ δὴ αὐτοῖς
ἐξειργασμένου ἑκάτεροι τὰ οἰκεῖα ὅπῃ ἐβούλοντο ἔπρασσον.

Χρόνῳ δὲ ὕστερον Περόζης ὁ Περσων βασιλεὺς πρὸς 3
τὸ Οὕννων τῶν Ἐφθαλιτῶν ἔθνος, οὕσπερ λευκοὺς ὀνο-
μάζουσι, πόλεμον περὶ γῆς ὁρίων διέφερε, λόγου τε ἄξιον
στρατὸν ἀγείρας ἐπ᾽ αὐτοὺς ᾔει. Ἐφθαλῖται δὲ Οὐννικὸν 2
μὲν ἔθνος εἰσί τε καὶ ὀνομάζονται, οὐ μέντοι ἀναμίγνυνται
ἢ ἐπιχωριάζουσιν Οὕννων τισὶν ὧν ἡμεῖς ἴσμεν, ἐπεὶ οὔτε
χώραν αὐτοῖς ὅμορον ἔχουσιν οὔτε πῃ αὐτῶν ἄγχιστα
ᾤκηνται, ἀλλὰ προσοικοῦσι μὲν Πέρσαις πρὸς βορρᾶν
ἄνεμον, οὗ δὴ πόλις Γοργὼ ὄνομα πρὸς αὐταῖς που ταῖς
Περσῶν ἐσχατιαῖς ἐστιν, ἐνταῦθα δὲ περὶ γῆς ὁρίων διαμάχεσθαι πρὸς ἀλλήλους εἰώθασιν. οὐ γὰρ νομάδες εἰσὶν 3
τὰ ὥσπερ τὰ ἄλλα Οὐννικὰ ἔθνη, ἀλλ᾽ ἐπὶ χώρας ἀγαθῆς
τινος ἐκ παλαιοῦ ἵδρυνται. ταῦτά τοι οὐδέ τινα ἐσβολὴν πε- 4
ποίηνται πώποτε ἐς Ῥωμαίων τὴν γῆν, ὅτι μὴ ξὺν τῷ
Μήδων στρατῷ. μόνοι δὲ Οὕννων οὗτοι λευκοί τε τὰ σώματα καὶ οὐκ ἄμορφοι τὰς ὄψεις εἰσίν. οὐ μὴν οὔτε τὴν 5
δίαιταν ὁμοιότροπον αὐτοῖς ἔχουσιν οὔτε θηρίου βίον τινὰ
ᾗπερ ἐκεῖνοι ζῶσιν, ἀλλὰ καὶ πρὸς βασιλέως ἑνὸς ἄρχον-
ται καὶ πολιτείαν ἔννομον ἔχοντες ἀλλήλοις τε καὶ τοῖς
πέλας ἀεὶ ὀρθῶς καὶ δικαίως ξυμβάλλουσι, Ῥωμαίων τε
καὶ Περσῶν οὐδέν τι ἧσσον. οἱ μέντοι εὐδαίμονες αὐτοῖς 6
αὑτοῖς φίλους ἑταιρίζονται ἄχρι ἐς εἴκοσιν, ἂν οὕτω τύχοι,
ἢ τούτων πλείους, οἵπερ αὐτοῖς ξυμπόται μὲν ἐς ἀεὶ γίνονται, τῶν δὲ χρημάτων μετέχουσι πάντων, κοινῆς τινος
ἐξουσίας αὐτοῖς ἐς ταῦτα οὔσης. ἐπειδὰν δὲ τῷ αὐτοὺς   7

Anatolios in allen Punkten entgegen. Danach sollten weder
Perser noch Römer auf ihrem Gebiet in Grenznähe irgendwelche neue Festung anlegen. Beide Völker aber widmeten
sich nach Abschluß des Vertrages nach eigenem Belieben
ihren inneren Angelegenheiten.

3. Das mißglückte Kriegsunternehmen des Perserkönigs Perozes gegen die Ephthalitischen Hunnen

Einige Zeit später führte der Perserkönig Perozes mit dem
Volk der Ephthalitischen Hunnen – man nennt sie die,,wei-
ßen" – einen Krieg um Grenzgebiete. Er sammelte deshalb
ein stattliches Heer und zog gegen sie ins Feld. Die Ephthaliten sind ein hunnisches Volk und heißen auch so, doch ver-
mischen sie sich weder noch verkehren sie mit irgendwelchen
uns bekannten Hunnen. Bewohnen sie doch kein Land, das
diesen benachbart wäre, oder leben sonstwie dicht bei ihnen,
sie grenzen vielmehr nördlich an die Perser, dort wo im äußersten Ende Persiens die Stadt Gorgo liegt. Hier kämpfen beide
Völker gewöhnlich miteinander um den Besitz von Grenzstreifen. Die Ephthaliten sind ja auch keine Nomaden wie die
übrigen Hunnenstämme, sondern siedeln schon seit alters auf
fruchtbarem Boden. Sie haben auch niemals einen Einfall ins
römische Gebiet unternommen, außer im Verband mit dem
persischen Heer. Als einzige von den Hunnen zeigen diese
weiße Hautfarbe und kein entstelltes Gesicht, unterscheiden
sich auch von jenen in ihrer Lebensweise und führen kein
tierisches Dasein wie die anderen Hunnen. Sie unterstehen
vielmehr einem König, besitzen ein geordnetes Staatswesen
und verkehren miteinander und mit ihren Nachbarn stets
nach Recht und Gesetz. Darin tun sie es den Römern und Persern gleich. Die Wohlhabenden machen sich, wenn möglich,
bis an die zwanzig oder mehr Männer zu Freunden, die dann
ihre dauernden Zechgenossen werden und auch teilhaben an
sämtlichem Besitz, über den ihnen eine gewisse gemeinsame
Verfügungsgewalt zusteht. Stirbt nun der Herr der Gefolg-

έταιρισαμένῳ τελευτῆσαι ξυμβαίη, τούτους δὴ τοὺς ἄνδρας
ζῶντας ξὺν αὐτῷ ἐς τὸν τάφον ἐσκομίζεσθαι νόμος.

Ἐπὶ τούτους τοὺς Ἐφθαλίτας τῷ Περόζῃ πορευομένῳ 8
ξυμπαρῆν πρεσβευτής, ὃς δὴ ἔτυχε πρὸς βασιλέως Ζήνω-
νος παρ' αὐτὸν ἐσταλμένος, Εὐσέβιος ὄνομα. Ἐφθαλῖται
δὲ δόκησιν παρεχόμενοι τοῖς πολεμίοις, ὅτι δὴ αὐτῶν
κατωρρωδηκότες τὴν ἔφοδον ἐς φυγὴν ὥρμηνται, ᾖεσαν
δρόμῳ ἐς χῶρόν τινα, ὅνπερ ὄρη ἀπότομα πανταχόθεν
ἐκύκλουν, συχνοῖς τε καὶ ἀμφιλαφέσιν ἐς ἄγαν καλυπτόμενα δένδροις. ἐντὸς δὲ τῶν ὀρῶν προϊόντι ὡς πορρωτάτω 9
ὁδὸς μέν τις ἐφαίνετο ἐν μέσῳ εὐρεῖα ἐπὶ πλεῖστον διήκουσα, ἔξοδον δὲ τελευτῶσα οὐδαμῇ εἶχεν, ἀλλ' ἐς αὐτὸν
μάλιστα τὸν κύκλον τῶν ὀρῶν ἔληγε. Περόζης μὲν οὖν, 10
δόλου παντὸς ἀφροντιστήσας οὐκ ἐννοῶν τε ὡς ἐν γῇ
ἀλλοτρίᾳ πορεύοιτο, ἀνεπισκέπτως ἐδίωκε. τῶν δὲ Οὔν- 11
νων ὀλίγοι μέν τινες ἔμπροσθεν ἔφευγον, οἱ δὲ πλεῖστοι
ἐν ταῖς δυσχωρίαις διαλαθόντες κατὰ νώτου ἐγένοντο τοῦ
τῶν πολεμίων στρατοῦ, οὔπω τε αὐτοῖς ἐβούλοντο ἔνδηλοι
εἶναι, ὅπως δὴ τῆς ἐνέδρας πόρρω χωρήσαντες ἐντός τε
τῶν ὀρῶν ἐπὶ πλεῖστον γεγενημένοι μηκέτι ὀπίσω ἀναστρέφειν οἷοί τε ὦσιν. ὧνπερ οἱ Μῆδοι αἰσθόμενοι (ἤδη 12
γὰρ καὶ τι τοῦ κινδύνου ὑπέφαινεν) αὐτοὶ μὲν δέει τῷ ἐκ
Περόζου τὰ παρόντα σφίσιν ἐν σιωπῇ εἶχον, Εὐσέβιον δὲ
πολλὰ ἐλιπάρουν παραίνεσιν ἐς τὸν βασιλέα ποιήσασθαι
μακρὰν ἀπολελειμμένον τῶν οἰκείων κακῶν, βουλεύεσθαι
μᾶλλον ἢ θρασύνεσθαι οὐκ ἐν δέοντι, καὶ διασκοπεῖσθαι,
ἤν τίς ποτε μηχανὴ ἐς σωτηρίαν φέρουσα εἴη. ὁ δὲ Περόζῃ 13
ἐς ὄψιν ἐλθὼν τύχην μὲν τὴν παροῦσαν ὡς ἥκιστα ἀπε-
κάλυψεν, ἀρξάμενος δὲ μυθοποιίας λέοντά ποτε τράγῳ
ἔφασκεν ἐντυχεῖν δεδεμένῳ τε καὶ μηκωμένῳ ἐπὶ χώρου
τινὸς οὐ λίαν ὑψηλοῦ· ἐπὶ θοίνῃ δὲ αὐτοῦ τὸν λέοντα
ἐφιέμενον ὁρμῆσαι μὲν ὡς ἁρπάσοντα, ἐμπεσεῖν δὲ ἐς
κατώρυχα βαθεῖαν μάλιστα, ὁδὸν κυκλοτερῆ ἔχουσαν
στενήν τε καὶ οὐ πεπερασμένην (διέξοδον γὰρ οὐδαμῇ

schaft, so müssen dem Herkommen nach diese Männer mit
ihm zusammen begraben werden.

Als nun Perozes gegen diese Ephthaliten zog, befand sich
in seinem Gefolge auch ein Gesandter Eusebios, den Kaiser
Zenon zu ihm geschickt hatte. Die Ephthaliten aber wollten
bei ihren Gegnern den Eindruck erwecken, als seien sie aus
Angs vor ihrem Angriff geflohen, und begaben sich daher
eilends an einen Platz, den schroffe, von dichten und riesen-
großen Bäumen bestandene Berge auf allen Seiten umgaben.
Wenn man ganz tief ins Bergland vorrückte, zeigte sich in
dessen Mitte eine breite, sehr lang gedehnte Straße, doch führte sie an ihrem Ende nicht in freies Gelände hinaus, sondern
hörte unmittelbar am Rund der Berge auf. Perozes rechnete
nicht im mindesten mit einem Anschlag und setzte, ohne zu
bedenken, daß er in Feindesland marschierte, die Verfolgung
unvorsichtig fort. Während ein paar Hunnen vor ihm her
flohen, hatte sich aber die große Masse an den unzugänglichen
Orten versteckt und war so in in den Rücken des feindlichen
Heeres gekommen. Doch wollten sie sich den Persern noch
nicht offen zeigen, damit diese weit über den Hinterhalt hinaus vorstießen und nun tief in den Bergen steckend, keine
Möglichkeit zur Umkehr mehr hätten. Die Perser merkten
zwar die Gefahr – denn irgendwie kündete sie sich bereits an–,
doch schwiegen sie aus Angst vor Perozes über die augenblickliche Lage und redeten nur auf Eusebios mit viel schönen Worten ein, er solle doch in den ganz ahnungslosen König dringen, daß dieser lieber mit sich zu Rate gehe als sich
unnötig Gefahren auszusetzen und Ausschau halte, ob noch
eine Möglichkeit zur Rettung bestehe. So trat Eusebios vor
den Herrscher hin und legte ihm die augenblickliche Lage
ganz offen dar, begann jedoch mit einer Fabel. Ein Löwe habe einmal, so sagte er, an einer nicht eben hohen Stelle einen
meckernden Ziegenbock angebunden gefunden. Gierig stürzte er sich auf den Fraß, um ihn an sich zu reißen, fiel aber in
einen sehr tiefen Graben, der in einem kreisrunden, in sich
geschlossenen Weg ohne jeden Ausgang bestand. Diesen hat-

εἶχεν), ἣν δὴ οἱ τοῦ τράγου κύριοι ἐξεπίτηδες τεχνησάμε-
νοι ὕπερθεν τῆς κατώρυχος τὸν τράγον τεθείκασι τῷ λέοντι
ποδοστράβην ἐσόμενον. ταῦτα Περόζης ἀκούσας ἐς δέος 14
ἦλθε μή ποτε Μῆδοι ἐπὶ πονηρῷ τῷ σφετέρῳ τὴν δίωξιν
ἐπὶ τοὺς πολεμίους πεποίηνται. καὶ πρόσω μὲν οὐκέτι
ἐχώρει, μένων δὲ αὐτοῦ τὰ παρόντα ἐν βουλῇ ἐποιεῖτο.
Οὖννοι δὲ ἤδη ἑπόμενοι ἐκ τοῦ ἐμφανοῦς τοῦ χώρου τὴν 15
εἴσοδον ἐν φυλακῇ εἶχον, ὅπως μηκέτι οἱ πολέμιοι ὀπίσω
ἀπελαύνειν οἷοί τε ὦσι. καὶ οἱ Πέρσαι τότε δὴ λαμπρῶς 16
ᾐσθημένοι οὗ ἦσαν κακοῦ ἐν συμφορᾷ ἐποιοῦντο τὰ παρόντα σφίσι, διαφεύξεσθαι τὸν κίνδυνον ἐν ἐλπίδι οὐδεμιᾷ τὸ
λοιπὸν ἔχοντες. ὁ δὲ τῶν Ἐφθαλιτῶν βασιλεὺς πέμψας 17
παρὰ Περόζην τῶν οἱ ἐπομένων τινάς, πολλὰ μὲν αὐτῷ
θράσους πέρι ἀλογίστου ὠνείδισεν, ἀφ' οὗ δὴ αὐτόν τε
καὶ τὸ Περσῶν γένος κόσμῳ οὐδενὶ διαφθείρειεν, ἐνδώσειν δὲ καὶ ὡς τὴν σωτηρίαν Οὔννους αὐτοῖς ἐπηγγέλ-
λετο, ἥν γε αὐτόν τε Περόζης προσκυνεῖν βούλοιτο, ἅτε
δεσπότην γεγενημένον καὶ ὅρκους τοὺς σφίσι πατρίους
ὀμνὺς τὰ πιστὰ δοίη, μήποτε Πέρσας ἐπὶ τὸ Ἐφθαλιτῶν
ἔθνος στρατεύσασθαι.

Ταῦτα ἐπεὶ Περόζης ἤκουσε, μάγων τοῖς παροῦσι κοι- 18
νολογησάμενος ἀνεπυνθάνετο εἰ τὰ ἐπαγγελλόμενα πρὸς
τῶν ἐναντίων ποιητέα εἴη. οἱ δὲ μάγοι ἀπεκρίναντο τὰ 19
μὲν ἀμφὶ τῷ ὅρκῳ ὅπη οἱ βουλομένῳ ἐστὶν αὐτὸν διοικήσασθαι, ἐς μέντοι τὸ ἕτερον σοφίᾳ περιελθεῖν τὸν πολέμιον. εἶναι γὰρ αὐτοῖς νόμον τὰς τοῦ ἡλίου ἀνατολὰς 20
προσκυνεῖν ἡμέρᾳ ἑκάστῃ. δεήσειν οὖν αὐτὸν τηρήσαντα 21
ἐς τὸ ἀκριβὲς τὸν καιρὸν ξυγγενέσθαι μὲν ἅμα ἡμέρᾳ τῷ
τῶν Ἐφθαλιτῶν ἄρχοντι, τετραμμένον δέ που πρὸς ἀνίσχοντα ἥλιον προσκυνεῖν. ταύτῃ γὰρ ἂν ἐς τὸ ἔπειτα τῆς πράξεως τὴν ἀτιμίαν φυγεῖν δύναιτο. Περόζης μὲν οὖν ἀμφί 22
τε τῇ εἰρήνῃ τὰ πιστὰ ἔδωκε καὶ τὸν πολέμιον προσεκύ-
νησε, καθάπερ τῶν μάγων ἡ ὑποθήκη παρήγγελλεν,

ten die Besitzer des Bockes absichtlich angelegt und oberhalb der Vertiefung den Bock festgemacht, auf daß sie so den
Löwen fingen. Wie Perozes das hörte, bekam er Angst, die
Perser möchten zu ihrem Schaden die Verfolgung der Feinde
durchgeführt haben. Und so rückte er nicht mehr weiter, sondern blieb an Ort und Stelle und beriet sich über die Lage.
Die Hunnen aber folgten nun schon ganz offen und bewachten
den Zugang, damit sich die Feinde nicht mehr zurückziehen
könnten. Jetzt waren sich auch die Perser deutlich ihrer ver-
zweifelten Lage bewußt und hielten sich für verloren; denn
sie konnten nicht erwarten, je wieder der Gefahr zu entgehen.
Indessen schickte der König der Ephthaliten einige Männer
aus seinem Gefolge zu Perozes. Er machte ihm zwar wegen
seiner Tollkühnheit, wodurch er sich und das persische Heer
sinnlos zugrunde gerichtet habe, viele Vorhaltungen, gab
aber gleichwohl die Zusicherung, die Hunnen wollten ihre
Feinde schonen. Bedingung sei freilich, daß Perozes vor ihm
als seinem Herrn einen Fußfall tue und durch einen Eid nach
Landessitte versichere, daß die Perser das Ephthalitenvolk
niemals wieder bekriegen wollten.

Als Perozes dies vernahm, besprach er sich mit den Magiern
in seiner Umgebung und fragte sie, ob man die feindlichen
Forderungen erfüllen solle. Sie gaben daraufhin zur Antwort,
in Sachen des Eides könne der König nach Gutdünken verfahren, was aber das weitere Verlangen angehe, so solle er den
Feind überlisten; sei es doch bei ihnen Sitte, täglich zur auf-
gehenden Sonne zu beten. Der König müsse nun diesen Zeitpunkt genau abwarten, zugleich mit Tagesanbruch vor den
Ephthalitenherrscher hintreten und zur aufsteigenden Sonne
gewandt seinen Fußfall tun. So könne er künftighin den
Schimpf dieser Handlung von sich fern halten. Perozes gab
dann auch die Friedenszusicherungen und leistete dem Feind
den Fußfall auf die Art, wie es ihm die Magier rieten. Hierauf
zog er erleichterten Herzens mit dem ganzen persischen Heer,

ἀκραιφνεῖ δὲ παντὶ τῷ Μήδων στρατῷ ἐπ' οἴκου ἄσμενος
ἀνεχώρησε.

Χρόνῳ δὲ οὐ πολλῷ ὕστερον ἀλογήσας τὰ ὀμωμοσμένα 4
τίσασθαι Οὔννους τῆς ἐς αὐτὸν ὕβρεως ἤθελε. πάντας 2
οὖν αὐτίκα ἐκ πάσης γῆς Πέρσας τε καὶ ξυμμάχους ἀγείρας ἐπὶ τοὺς Ἐφθαλίτας ἦγε, τῶν παίδων ἕνα μὲν Καβάδην ὄνομα μόνον ἀπολιπών (τηνικαῦτα γὰρ ἡβηκὼς
ἔτυχε), τοὺς δὲ λοιποὺς ἅπαντας ἐπαγόμενος τριάκοντα
μάλιστα. Ἐφθαλῖται δὲ αὐτοῦ τὴν ἔφοδον γνόντες ἀχθό- 3
μενοί τε οἷς δὴ πρὸς τῶν πολεμίων ἠπάτηντο τὸν βασιλέα
ἐκάκιζον, ἅτε προέμενον Μήδοις τὰ πράγματα. καὶ ὃς 4
αὐτῶν ξὺν γέλωτι ἐπυνθάνετο τί ποτε ἄρα σφῶν προέμε-
νος εἴη, πότερον τὴν γῆν ἢ τὰ ὅπλα ἢ ἄλλο τι τῶν πάντων
χρημάτων. οἱ δὲ ὑπολαβόντες οὐκ ἄλλο οὐδὲν πλήν γε δὴ 5
ὅτι τὸν καιρὸν ἔφασαν, οὗ τἄλλα πάντα ἠρτῆσθαι ξυμβαίνει. οἱ μὲν οὖν τοῖς ἐπιοῦσιν ὑπαντιάζειν πάσῃ προ- 6
θυμίᾳ ἠξίουν, ὁ δὲ αὐτοὺς μὲν ἕν γε τῷ παρόντι ἐκώλυεν.
οὐ γάρ πω σαφές τι ἀμφὶ τῇ ἐφόδῳ ἰσχυρίζετο γεγονέναι
σφίσιν, ἐπεὶ οἱ Πέρσαι ἔτι ἐν γῇ τῇ οἰκείᾳ τυγχάνουσιν
ὄντες· μένων δὲ αὐτοῦ ἐποίει τάδε.

Ἐν τῷ πεδίῳ, ᾗ ἔμελλον Πέρσαι ἐς τὰ Ἐφθαλιτῶν 7
ἤθη ἐσβάλλειν, χώραν πολλήν τινα πλεῖστον ἀποτεμὼν
τάφρον εἰργάσατο βαθεῖάν τε καὶ εὔρους ἱκανῶς ἔχουσαν,
ὀλίγον τινὰ ἐν μέσῳ ἀκραιφνῆ χῶρον ἀπολιπὼν ὅσον
ἵππων ὁδῷ ἐπαρκεῖν δέκα. καλάμους τε τῇ τάφρῳ ὕπερ- 8
θεν ἐπιθεὶς καὶ γῆν ἐπὶ τοὺς καλάμους συναμησάμενος
ταύτῃ ἐπιπολῆς ἔκρυψεν, Οὔννων τε τῷ ὁμίλῳ ἐπέστελλεν,
ἐπειδὰν ἐνθένδε ὀπίσω ἀπελαύνειν μέλλωσι, διὰ χώρου
τοῦ χέρσου ἐς ὀλίγους σφᾶς ξυναγαγόντας σχολαιτέρους

ohne daß dieses zu Schaden gekommen war, in sein Land zurück.

**4. Perozes' zweite unglückliche Unternehmung gegen die Ephthaliten und sein
Tod. Die Geschichte von der wunderbaren Perle**

Bald darauf vergaß aber der König seinen Eid und wollte
die ihm angetane Schmach an den Hunnen rächen. Er sammelte sogleich alle Perser im ganzen Land, dazu die Bundesgenossen, und zog mit ihnen gegen die Ephthaliten ins Feld.
Von seinen Söhnen aber ließ er nur Kabades zurück – dieser
war damals erst ins Jünglingsalter getreten –, während er alle
anderen, etwa dreißig, mit sich nahm. Als die Ephthaliten
von seinem Anmarsch erfuhren, waren sie darüber erbittert,
daß sie sich von den Feinden hatten täuschen lassen, und be-
schuldigten ihren König, ihre Sache an die Perser verraten
zu haben. Doch der fragte nur lachend seine Leute, was er
denn von ihnen preisgegeben habe, etwa das Land oder die
Waffen oder sonst etwas aus dem gesamten Besitz. In ihrer
Antwort sprachen die Ephthaliten nur von der günstigen Gelegenheit, von der alles Weitere abhänge. Während nun die
Menge verlangte, man solle den Angreifern mit allem Nachdruck begegnen, suchte sie der König für den Augenblick
wenigstens daran zu hindern. Sie wüßten, meinte er, noch
nichts Bestimmtes vom Herannahen der Feinde; die Perser
stünden ja noch in ihrem eigenen Land. So blieb er an Ort
und Stelle und traf folgende Anstalten:
In der Ebene, wo man mit dem Einbruch der Perser ins
Ephthalitenland rechnete, ließ er über eine sehr weite Strek-
ke hin viel Erde ausheben und einen tiefen und entsprechend
breiten Graben anlegen. Lediglich in der Mitte blieb eine
schmale Stelle unberührt, die Raum für zehn Pferde bot. Der
Graben wurde sodann mit Röhricht belegt und mit Erde zu-
gedeckt und so den Blicken entzogen. Nun erteilte der König
dem Heer Befehl, sich bei einem etwaigen Rückzug auf einige
wenige Mann zusammenzuschließen und ziemlich langsam
den festen Landstreifen zu überqueren, wohl darauf achtend,

ἰέναι, φυλασσομένους ὅπως μὴ ἐς τὰ ἐσκαμμένα ἐμπίπ-
τοιεν· τοὺς δὲ ἄλας ἄκρου σημείου τοῦ βασιλείου ἀπεκρέ- 9
μασεν, ἐς οὓς τὸν ὅρκον Περόζης ὤμοσε πρότερον, ὃν
δὴ ἀλογήσας εἶτα ἐπὶ Οὔννους ἐστράτευσεν. ἕως μὲν οὖν 10
ἐν γῇ τῇ σφετέρᾳ τοὺς πολεμίους ἤκουεν εἶναι, ἡσυχῇ
ἔμενεν, ἐπεὶ δὲ αὐτοὺς ἐς Γοργὼ πόλιν ἔμαθεν ἀφικέσθαι
πρὸς τῶν κατασκόπων, ἥπερ ἐν τοῖς ἐσχάτοις Περσῶν
ὁρίοις τυγχάνει οὖσα, ἐνθένθε τε ἀπαλλαγέντας ὁδῷ ἐπὶ
σφᾶς ἤδη ἰέναι, αὐτὸς μὲν τῷ πλείονι τοῦ στρατοῦ τῆς τάφρου ἐντὸς ἔμεινεν, ὀλίγους δὲ πέμψας ὀφθῆναι μὲν τοῖς
ἐναντίοις ἐν τῷ πεδίῳ ἐκέλευε μακρὰν ἄποθεν, ὀφθέντας
δὲ μόνον εἶτα ἀνὰ κράτος φεύγειν ὀπίσω, ἐν μνήμῃ τὰς
αὐτοῦ ἐντολὰς ἀμφὶ τῇ κατώρυχι ἔχοντας, ἡνίκα δὴ αὐτῆς
ἄγχιστα ἵκοιντο.
Οἱ δὲ κατὰ ταῦτα ἐποίουν, καὶ ἐπεὶ τῆς διώρυχος ἀγχο- 11
τάτω ἐγένοντο, ἐς ὀλίγους σφᾶς ξυναγαγόντες διέβησαν
ἅπαντες καὶ τῷ ἄλλῳ στρατῷ ἀνεμίγνυντο. οἱ δὲ Πέρσαι 12
ξυνεῖναι τῆς ἐπιβουλῆς οὐδαμῇ ἔχοντες κατὰ κράτος ἐν
πεδίῳ λίαν ὑπτίῳ ἐδίωκον, θυμῷ πολλῷ ἐς τοὺς πολεμίους ἐχόμενοι, ἔς τε τὴν τάφρον ἐμπεπτώκασιν ἅπαντες,
οὐχ οἱ πρῶτοι μόνον, ἀλλὰ καὶ ὅσοι ὄπισθεν εἵποντο· 13
ἅτε γὰρ τὴν δίωξιν ξὺν θυμῷ μεγάλῳ, καθάπερ ἐρρήθη,
ποιούμενοι, ὡς ἥκιστα ᾔσθοντο τοῦ κακοῦ, ὃ δὴ ξυντετύ-
χηκε τοῖς ἔμπροσθεν ἰοῦσιν, ἀλλ’ ὑπὲρ αὐτοὺς ξὺν τοῖς
ἵπποις τε καὶ δόρασιν ἐμπεπτωκότες ἐκείνους τε, ὡς τὸ
εἰκός, ἔκτειναν καὶ αὐτοὶ οὐδέν τι ἧσσον ξυνδιεφθάρησαν.
Ἐν οἷς καὶ Περόζης ἦν ξὺν παισὶ τοῖς αὐτοῦ ἅπασι. καὶ 14
αὐτὸν μέλλοντα ἐς τὸ βάραθρον τοῦτο ἐμπεσεῖσθαί φασι
τοῦ τε δεινοῦ ᾐσθῆσθαι καὶ τὸ μάργαρον, ὅ οἱ λευκότατόν
τε καὶ μεγέθους ὑπερβολῇ ἔντιμον ἐξ ὠτὸς τοῦ δεξιοῦ
ἀπεκρέματο, ἀφελόντα ῥῖψαι, ὅπως δὴ μή τις αὐτὸ ὀπίσω
φοροίη, ἐπεὶ ἀξιοθέατον ὑπερφυῶς ἦν, οἷον οὔπω πρότερον ἑτέρῳ τῳ βασιλεῖ γέγονεν, ἐμοὶ μὲν οὐ πιστὰ λέγοντες.
οὐ γὰρ ἂν ἐνταῦθα γενόμενος τοῦ κακοῦ ἄλλου ὁτουοῦν 15

daß niemand in den Graben falle. Oben aber an sein königliches Feldzeichen ließ der Ephthalite die Purpurstreifen befestigen, bei denen Perozes zuvor geschworen hatte, um dann seinen Eid zu brechen und gegen die Hunnen zu ziehen. Solange er nun hörte, die Feinde stünden noch auf ihrem Gebiet, verhielt er sich ruhig. Doch als ihm seine Späher meldeten, sie hätten bereits die persische Grenzstadt Gorgo erreicht und befänden sich von dort her auf dem Anmarsch, blieb er selbst mit dem Großteil des Heeres hinter dem Graben stehen und schickte nur einige Leute mit dem Auftrage vor, sich den Feinden in der Ebene aus der Ferne zu zeigen und dann möglichst rasch zurückzuziehen; kämen sie aber in unmittelbare Grabennähe, sollten sie sich an seine entsprechenden Weisungen erinnern.

Die Ephthaliten taten wie befohlen: Sowie sie den Graben erreichten, rückten sie auf wenige Mann zusammen und gelangten alle hinüber, worauf sie sich mit dem übrigen Heer vereinigten. Die Perser merkten nichts von der List und stürmten auf der völlig ebenen Fläche mit aller Macht den Feinden wütend nach. Dabei stürzten sie sämtlich in den Graben, nicht nur die vordersten, sondern auch die nachfolgenden Reiter. Denn da sie die Verfolgung mit großer Erbitterung führten, gewahrten sie gar nicht, in was für Verhängnis ihre Vordermänner gerieten, sondern fielen mit ihren Pferden und Lanzen auf sie darauf, töteten so natürlich ihre eigenen Leute und kamen selbst ebenfalls ums Leben.

Auch Perozes und seine sämtlichen Söhne zählten zu den Gefallenen. Unmittelbar vor seinem Sturz in den Graben habe der König, wie es heißt, die Gefahr bemerkt und die glänzendweiße, ob ihrer Größe besonders kostbare Perle, die er an seinem rechten Ohre trug, entfernt und von sich geworfen; denn niemand sollte sie weiterhin tragen, da sie ein besonderes Prachtstück war, wie es noch kein König sonst zuvor besessen hatte. Meiner Ansicht nach verdient jedoch dieser Bericht keinen Glauben, da Perozes in solcher Gefahr auf

ἐς φροντίδα ἦλθεν, ἀλλ᾽ οἶμαι τό τε οὖς αὐτῷ ἐν τούτῳ
ξυγκεκόφθαι τῷ πάθει καὶ τὸ μάργαρον ὅπη ποτὲ ἀφανισθῆναι. ὅπερ ὁ ῾Ρωμαίων βασιλεὺς τότε πρίασθαι πρὸς 16
τῶν ᾽Εφθαλιτῶν ἐν σπουδῇ ποιησάμενος ἥκιστα ἴσχυσεν.
οὐ γὰρ αὐτὸ εὑρέσθαι οἱ βάρβαροι εἶχον, καίπερ πόνῳ
πολλῷ τὴν ζήτησιν ποιησάμενοι. φασὶ μέντοι ᾽Εφθαλίτας
εὑρομένους αὐτὸ ὕστερον τῷ Καβάδῃ ἀποδόσθαι. ὅσα δὲ 17
ἀμφὶ τῷ μαργάρῳ τούτῳ Πέρσαι λέγουσιν, εἰπεῖν ἄξιον·
ἴσως γὰρ ἄν τῳ καὶ οὐ παντάπασιν ἄπιστος ὁ λόγος δό-
ξειεν εἶναι.

Λέγουσιν οὖν Πέρσαι εἶναι μὲν ἐν τῷ κτενὶ τὸ μάργαρον 18
τοῦτο ἐν θαλάσσῃ, ἣ ἐν Πέρσαις ἐστί, νήχεσθαι δὲ τὸν
κτένα τῆς ταύτῃ ἠιόνος οὐ πολλῷ ἄποθεν· ἀνεῳγέναι τε
αὐτοῦ ἄμφω τὰ ὄστρακα, ὧν δὴ κατὰ μέσον τὸ μάργαρον
εἱστήκει θέαμα λόγου πολλοῦ ἄξιον. ἄλλο γὰρ αὐτῷ εἰκα-
σθῆναι οὐδαμῇ ἔσχεν οὔτε τῷ μεγέθει οὔτε τῷ κάλλει ἐκ
τοῦ παντὸς χρόνου. κύνα δὲ θαλάσσιον ὑπερφυᾶ τε καὶ 19
δεινῶς ἄγριον ἐραστὴν τοῦ θεάματος τούτου γενόμενον
ἕπεσθαι κατ᾽ ἴχνος αὐτῷ οὔτε νύκτα ἀνιέντα οὔτε ἡμέραν,
ἀλλὰ καὶ ἡνίκα τροφῆς ἐπιμελεῖσθαι ἀναγκασθείη, ἐνταῦθα
μέν τι περισκοπεῖσθαι τῶν ἐδωδίμων, εὑρόντα δέ τι καὶ
ἀνελόμενον ἐσθίειν μὲν ὅτι τάχιστα, καταλαβόντα δὲ
αὐτίκα δὴ μάλα τὸν κτένα θεάματος αὖθις τοῦ ἐρωμένου
ἐμπίπλασθαι. καί ποτε τῶν τινα γριπέων φασὶ τὰ μὲν 20
ποιούμενα ἐπιδεῖν, ἀποδειλιάσαντα δὲ τὸ θηρίον ἀποκνῆσαι τὸν κίνδυνον, ἔς τε τὸν βασιλέα Περόζην ἅπαντα τὸν
λόγον ἀνενεγκεῖν. ἃ δὴ τῷ Περόζῃ ἀκούσαντι πόθον φασὶ 21
τοῦ μαργάρου γενέσθαι μέγαν, πολλαῖς τε ἀπ᾽ αὐτοῦ θω-
πείας τὸν ἀσπαλιέα τοῦτον καὶ ἀγαθῶν ἐλπίσιν ἐπᾶραι.
ὃν δὴ ἀντιτείνειν αἰτουμένῳ δεσπότῃ οὐκ ἔχοντα λέγουσι 22
τάδε τῷ Περόζῃ εἰπεῖν ,,ὦ δέσποτα, ποθεινὰ μὲν ἀνθρώπῳ
χρήματα, ποθεινοτέρα δὲ ἡ ψυχή, πάντων μέντοι ἀξιώ-
τατα τέκνα. ὧν τῇ στοργῇ ἀναγκασθεὶς φύσει ἴσως ἄν 23
τις καὶ πάντα τολμήσειεν. ἐγὼ τοίνυν τοῦ τε θηρίου ἀπο-

nichts mehr geachtet hätte. Ihm wurde vielmehr, wie ich glaube, bei diesem Unglück das Ohr zerquetscht, und dabei ging die Perle irgendwie verloren. Der römische Kaiser gab sich damals alle Mühe, die Perle von den Ephthaliten zu erwerben, jedoch vergebens; denn trotz sorgfältiger Nachsuche konnten sie die Barbaren nicht finden. Indessen soll sie späterhin von den Ephthaliten gefunden und an Kabades verkauft worden sein.

Was nun die Perser über diese Perle zu berichten wissen, verdient Erwähnung und scheint vielleicht auch keine völlig unglaubwürdige Geschichte. Sie erzählen nämlich, die Perle habe in einem ihrer Meere in einer Muschel gelegen, und diese sei nahe der dortigen Küste umhergeschwommen. Ihre beiden Schalen seien geöffnet gewesen, dazwischen aber in der Mitte habe die Perle gesteckt, eine gar beachtliche Sehenswürdigkeit; denn nichts konnte je an Größe wie Schönheit einen Vergleich mit ihr aushalten. Nun verliebte sich ein riesiger, sehr wilder Seehund in dieses Wunder und wich weder bei Nacht noch bei Tag von seiner Spur. Selbst wenn er für seine Nahrung sorgen mußte, hielt er nur an Ort und Stelle nach Beute Ausschau und wenn er etwas fand und fing, schlang er es in aller Hast hinunter, um dann gleich wieder die Muschel ins Auge zu fassen und sich an dem geliebten Anblick zu sättigen. Ein Fischer soll einstmals all dies beobachtet haben, doch scheute er die Gefahr aus Angst vor dem Tier und begnügte sich, die ganze Sache dem König Perozes zu berichten. Als der davon hörte, bekam er, wie man sagt, lebhaftes Verlangen nach der Perle und suchte seitdem den Fischer mit vielen Schmeichelworten und Versprechungen zu gewinnen. Schließlich soll dieser dem Verlangen seines Herrn nachgegeben haben, doch sprach er zu Perozes folgende Worte: „Mein Gebieter, erstrebenswert für einen Menschen ist Geld, erstrebenswerter das Leben, am allerwertvollsten jedoch sind für ihn die Kinder. Aus Liebe zu ihnen könnte einer von Natur aus vielleicht sogar alles wagen. So hoffe ich denn,

πειράσεσθαι καὶ τοῦ μαργάρου σε κύριον θήσεσθαι ἐλπίδα
ἔχω. καὶ ἢν μὲν κρατήσω τοῦ ἀγῶνος τούτου, εὔδηλον ὡς 24
ἐν τοῖς καλουμένοις ὀλβίοις τὸ ἐνθένδε τετάξομαι. σέ τε
γὰρ πᾶσιν ἀγαθοῖς με δωρήσεσθαι ἅτε βασιλέων βασιλέα
οὐδὲν ἀπεικός, καὶ ἐμοὶ ἀποχρήσει, καίπερ οὐδέν, ἂν οὕτω
τύχοι, κεκομισμένῳ, τὸ δεσπότου εὐεργέτην τοῦ ἐμοῦ γεγενῆσθαι. εἰ δὲ ἐμὲ δεῖ τῷ θηρίῳ τούτῳ ἁλῶναι, σὸν δὴ 25
ἔργον ἔσται, ὦ βασιλεῦ, τοὺς παῖδας τοὺς ἐμοὺς θανάτου
τοῦ πατρῴου ἀμείψασθαι. οὕτω γὰρ ἐγὼ μὲν καὶ τετελευ- 26
τηκὼς ἐν τοῖς ἀναγκαιοτάτοις ἔμμισθος ἔσομαι, σὺ δὲ
ἀρετῆς δόξαν ἀποίσῃ μείζω. τὰ παιδία γὰρ ὠφελῶν εὖ
ποιήσεις ἐμέ, ὅσπερ σοι τῆς εὐεργεσίας τὴν χάριν οὐδαμῇ
εἴσομαι. αὕτη γὰρ ἂν εὐγνωμοσύνη ἀκίβδηλος γένοιτο
μόνη ἡ ἐς τοὺς ἀποθανόντας ἐπιδειχθεῖσα." τοσαῦτα 27
εἰπὼν ἀπηλλάσσετο. καὶ ἐπεὶ ἐς τὸν χῶρον ἀφίκετο, ἵνα
δὴ ὅ τε κτεὶς νήχεσθαι καὶ ὁ κύων αὐτῷ εἴθιστο ἕπεσθαι,
ἐνταῦθα ἐπὶ πέτρας ἐκάθητό τινος, καιροφυλακῶν εἴ πως
ἔρημόν ποτε τὸ μάργαρον τοῦ ἐραστοῦ λάβοι. ἐπειδὴ δὲ 28
τῷ κυνὶ τάχιστα τῶν τινι ἐς τὴν θοίνην οἱ ἐπιτηδείως
ἐχόντων ἐντετυχηκέναι ξυνέπεσε καὶ περὶ τοῦτο διατριβὴν ἔχειν, ἀπολιπὼν ἐπὶ τῆς ἀκτῆς ὁ ἁλιεὺς τούς οἱ
ἐπὶ ταύτῃ δὴ ἑπομένους τῇ ὑπουργίᾳ εὐθὺ τοῦ κτενὸς
σπουδῇ πολλῇ ᾔει, καὶ αὐτοῦ ἤδη λαβόμενος ἔξω γενέσ- 29
θαι κατὰ τάχος ἠπείγετο. οὗ δὴ ὁ κύων αἰσθόμενος ἐβοή-
θει ἐνταῦθα. ἰδών τε αὐτὸν ὁ σαγηνευτής, ἐπεὶ καταλαμβάνεσθαι τῆς ἠιόνος οὐ μακρὰν ἔμελλε, τὸ μὲν θήραμα
ἠκόντισεν ἐς τὴν γῆν δυνάμει τῇ πάσῃ, αὐτὸς δὲ ἁλοὺς
διεφθάρη οὐ πολλῷ ὕστερον. ἀνελόμενοι δὲ τὸ μάργαρον 30
οἱ ἐπὶ τῆς ἀκτῆς λελειμμένοι τῷ τε βασιλεῖ ἀπεκόμισαν
καὶ τὰ ξυνενεχθέντα πάντα ἐσήγγειλαν.

Τὰ μὲν οὖν ἀμφὶ τῷ μαργάρῳ τούτῳ τῇδε, ᾗπερ ἐρρήθη, 31
Πέρσαι ξυνενεχθῆναί φασιν. ἐγὼ δὲ ἐπὶ τὸν πρότερον
λόγον ἐπάνειμι. οὕτω μὲν Περόζης τε διεφθάρη καὶ ξύμ- 32
πασα ἡ Περσῶν στρατιά. εἰ γάρ τις οὐκ ἐμπεπτωκὼς ἐς τὴν

das Tier zu bestehen und dich in den Besitz der Perle zu bringen. Gehe ich nun aus diesem Kampf siegreich hervor, werde
ich gewiß für die Zukunft zu den sog. Gesegneten gehören;
denn als König der Könige wirst du mich natürlich mit allen
Gütern beschenken, und selbst wenn ich etwa nichts bekommen sollte, wird es mir genügen, zum Wohltäter meines Herrn
geworden zu sein. Muß ich aber durch dieses Tier sterben,
dann wird es, mein König, an dir liegen, meine Kinder für den
Verlust des Vaters zu entschädigen. So werde ich auch nach
meinem Tod noch meinen nächsten Angehörigen helfen können, du aber wirst für deinen Edelmut noch größeren Ruhm
einheimsen; denn wenn du meine Kinder unterhältst, wirst
du auch mich begnaden, der ich dir für deine Wohltat dann
ja nicht mehr danken kann. Einzig wahre Güte ist doch wohl
nur jene, die man Toten erzeigt." Mit diesen Worten entfernte sich der Fischer. Als er nun zu der Stelle gekommen war,
wo die Muschel, von ihrem Seehund begleitet, gewöhnlich
schwamm, setzte er sich auf eine Klippe und paßte auf, ob
er einmal die Perle ohne ihren Liebhaber treffe. Und es geschah, daß der Seehund etwas Freßbares fand und sich damit
aufhielt. Da ließ der Fischer am Strande die für diesen Zweck
ihm mitgegebenen Begleiter zurück und strebte geradewegs
eiligst auf die Muschel zu. Schon hatte er sie erfaßt und wollte
mit seiner Beute so schnell wie möglich heraus ans Land, als
ihn der Seehund bemerkte und herbeischwamm. Der Fischer
gewahrte seinen Verfolger und warf, als er dem Ufer schon
nahe schien, mit aller Kraft sein Beutestück ans Land, doch
dann wurde er selbst von dem Tier gepackt und gleich darauf
getötet. Die am Strande verbliebenen Männer hoben die Perle
auf, brachten sie dem König und erzählten ihm den ganzen
Hergang.

Mit der Perle soll es nach der persischen Darstellung, wie
gesagt, so gewesen sein. Ich aber kehre zu meinem früheren
Bericht zurück. Perozes fand nun auf die erwähnte Weise den
Tod und mit ihm das ganze Perserheer; denn wenn einer
nicht in den Graben gestürzt war, geriet er in Feindeshand.

διώρυχα ἔτυχεν, ὅδε ὑπὸ τῶν πολεμίων ταῖς χερσὶ γέγονε.
καὶ ἀπ' αὐτοῦ νόμος τέθειται Πέρσαις μή ποτε σφᾶς ἐν 33
γῇ πολεμίᾳ ἐλαύνοντας δίωξιν ποιεῖσθαί τινα, ἢν καὶ κατὰ
κράτος τοὺς ἐναντίους σφίσι τραπῆναι ξυμβαίη. ὅσοι μέντοι 34
Περόζῃ οὐ ξυστρατεύσαντες ἐν χώρᾳ τῇ αὐτῶν ἔμειναν,
οὗτοι, δὴ βασιλέα σφίσι Καβάδην εἵλοντο τὸν νεώτατον
Περόζου υἱόν, ὅσπερ τηνικαῦτα περιῆν μόνος. τότε δὴ 35
'Εφθαλίταις κατήκοοι ἐς φόρου ἀπαγωγὴν ἐγένοντο
Πέρσαι, ἕως Καβάδης τὴν ἀρχὴν ἰσχυρότατα κρατυνάμενος
φόρον αὐτοῖς ἀποφέρειν τὸν ἐπέτειον οὐκέτι ἠξίου. ἦρξαν
δὲ Περσῶν οἱ βάρβαροι οὗτοι ἐνιαυτοὺς δύο.

Μετὰ δὲ Καβάδης ἐπὶ τὸ βιαιότερον τῇ ἀρχῇ χρώμενος 5
ἄλλα τε νεώτερα ἐς τὴν πολιτείαν εἰσῆγε καὶ νόμον ἔγραψεν ἐπὶ κοινὰ ταῖς γυναιξὶ μίγνυσθαι Πέρσας· ὅπερ τὸ πλῆθος οὐδαμῇ ἤρεσκε. διὸ δὴ αὐτῷ ἐπαναστάντες παρέλυσάν
τε τῆς ἀρχῆς καὶ δήσαντες ἐν φυλακῇ εἶχον. καὶ βασιλέα 2
μὲν σφίσι Βλάσην τὸν Περόζου ἀδελφὸν εἵλοντο, ἐπειδὴ
γόνος μὲν οὐδεὶς ἔτι ἄρρην Περόζῃ, ὥσπερ ἐρρήθη, ἐλέ-
λειπτο, Πέρσαις δὲ οὐ θέμις ἄνδρα ἐς τὴν βασιλείαν καθίστασθαι ἰδιώτην γένος, ὅτι μὴ ἐξιτήλου παντάπασι
γένους τοῦ βασιλείου ὄντος· Βλάσης δὲ τὴν βασιλείαν 3
παραλαβὼν Περσῶν τε τοὺς ἀρίστους ξυνέλεξε καὶ τὰ
ἀμφὶ τῷ Καβάδῃ ἐν βουλῇ ἐποιεῖτο· τὸν γὰρ ἄνθρωπον
ἀποκτιννύναι οὐκ ἦν βουλομένοις τοῖς πλείοσιν. ἔνθα δὴ 4
πολλαὶ μὲν ἐλέχθησαν γνῶμαι ἐφ' ἑκάτερα φέρουσαι,
παρελθὼν δὲ τῶν τις ἐν Πέρσαις λογίμων, ὄνομα μὲν
Γουσαναστάδης, χαναράγγης δὲ τὸ ἀξίωμα (εἴη δ' ἂν ἐν
Πέρσαις στρατηγὸς τοῦτό γε), πρὸς αὐταῖς που ταῖς
ἐσχατιαῖς τῆς Περσῶν γῆς τὴν ἀρχὴν ἔχων ἐν χώρᾳ ἢ τοῖς
'Εφθαλίταις ὅμορός ἐστι, καὶ τὴν μάχαιραν ἐπιδείξας ᾗ

Seitdem gilt bei den Persern das Gesetz, niemals im Feindesland eine schnelle Verfolgung durchzuführen, auch wenn die
Gegner entscheidend geschlagen sein sollten. Wer nun nicht
mit Perozes ins Feld gezogen, sondern daheim geblieben war,
wählte Kabades, den jüngsten Sohn des Perozes, als einzigen
damals überlebenden Prinzen zum König. In dieser Zeit wurden die Perser den Ephthaliten tributpflichtig, bis Kabades
sein Reich kraftvoll befestigt hatte und ihnen die weitere
Entrichtung der jährlichen Abgabe verweigerte. Die Herrschaft dieser Barbaren über die Perser dauerte aber zwei
Jahre.

5. König Kabades wird wegen anstößiger Regierungsmaßnahmen gestürzt und
von seinem Nachfolger an den „Ort des Vergessens" gebracht. Die Gefangennahme
und der tragische Tod des Armenierkönigs Arsakes

Späterhin führte Kabades ein ziemlich gewaltsames Regiment und erließ von anderen staatlichen Neuerungen abgesehen auch das Gesetz, daß die Perser Frauengemeinschaft
pflegen dürften. Diese Maßnahme stieß beim Volk auf allgemeine Ablehnung, und so erhoben sich die Perser gegen ihn,
setzten ihn ab und hielten ihn in Fesseln gefangen. Zu ihrem
König aber wählten sie – Perozes hatte, wie gesagt, keinen
weiteren männlichen Erben hinterlassen – dessen Bruder
Blases; denn kein Mann gewöhnlicher Herkunft darf bei den
Persern den Thron besteigen, es sei denn der königliche Stamm
ist völlig ausgestorben. Als Blases die Herrschaft angetreten
hatte, ließ er die vornehmsten Perser zusammenkommen und
hielt Rat, was mit Kabades geschehen solle; die Mehrzahl war
ja nicht für seinen Tod. Hier wurden nun viele Ansichten laut,
dafür und dagegen, bis schließlich ein hochgestellter Perser
namens Gusanastades auftrat, der die Würde eines Chanaranges bekleidete (dies dürfte bei den Persern ein Feldherr
sein) und seinen Befehlsbereich im äußersten persischen
Grenzgebiet hatte, in einem Lande, das den Ephthaliten unmittelbar benachbart ist. Dieser Mann zeigte den Persern

τῶν ὀνύχων τὰ προὔχοντα Πέρσαι εἰώθασιν ἀποτέμνεσθαι,
μῆκος μὲν ὅσον δακτύλου ἀνδρός, πάχος δὲ οὐδὲ τριτημό-
ριον δακτύλου ἔχουσαν ,,ταύτην ὁρᾶτε‟ εἶπε ,,τὴν μά- 5
χαιραν, βραχεῖαν παντάπασιν οὖσαν· αὕτη μέντοι ἔργον
ἐν τῷ παρόντι ἐπιτελεῖν οἷά τέ ἐστιν, ὅπερ εὖ ἴστε ὀλίγῳ
ὕστερον, ὦ φίλτατοι Πέρσαι, μυριάδες δύο τεθωρακισ-
μένων ἀνδρῶν ἐξεργάζεσθαι οὐκ ἂν δύναιντο.‟ ὁ μὲν 6
ταῦτα εἶπε, παραδηλῶν ὡς, ἢν μὴ Καβάδην ἀνέλωσιν,
αὐτίκα πράγματα Πέρσαις περιὼν παρέξει. οἱ δὲ κτεῖναι 7
ἄνδρα τοῦ βασιλείου αἵματος οὐδ᾽ ὅλως ἔγνωσαν, ἀλλ᾽
ἐν φρουρίῳ καθεῖρξαι ὅπερ τῆς Λήθης καλεῖν νενομίκασιν.
ἢν γάρ τις ἐνταῦθα ἐμβληθεὶς τύχῃ, οὐκέτι ὁ νόμος 8
ἐφίησι μνήμην αὐτοῦ εἶναι, ἀλλὰ θάνατος τῷ ὠνομακότι
ἡ ζημία ἐστί· διὸ δὴ καὶ τὴν ἐπωνυμίαν ταύτην πρὸς
Περσῶν ἔλαχεν.
Ἅπαξ δὲ ἡ τῶν Ἀρμενίων ἱστορία φησὶ νόμου τοῦ 9
ἀμφὶ τῷ Λήθης φρουρίῳ παραλελύσθαι τὴν δύναμιν
Πέρσαις τρόπῳ τοιῷδε. πόλεμός ποτε Πέρσαις τε καὶ 10
Ἀρμενίοις ἀκήρυκτος γέγονεν εἰς δύο καὶ τριάκοντα ἔτη
ἐπὶ Παχουρίου μὲν Περσῶν βασιλεύοντος, Ἀρμενίων δὲ
Ἀρσάκου Ἀρσακίδου ἀνδρός. τούτῳ τε τῷ πολέμῳ
μηκυνομένῳ κεκακῶσθαι μὲν ἐς ἄγαν ἀμφοτέρους ξυνέβη
καὶ διαφερόντως τοὺς Ἀρμενίους. ἀπιστίᾳ δὲ πολλῇ ἐς 11
ἀλλήλους ἐχόμενοι ἐπικηρυκεύεσθαι παρὰ τοὺς ἐναντίους
οὐδέτεροι εἶχον. ἐν τούτῳ δὲ Πέρσας τετύχηκε πόλεμον
πρὸς ἄλλους βαρβάρους τινὰς οὐ πόρρω Ἀρμενίων ᾠκημένους διενεγκεῖν. οἵ τε Ἀρμένιοι ἐν σπουδῇ ἔχοντες 12
ἐπίδειξιν ἐς Πέρσας τῆς ἐς αὐτοὺς εὐνοίας τε καὶ εἰρήνης
ποιήσασθαι, ἐσβαλεῖν ἐς τούτων δὴ τῶν βαρβάρων τὴν
γῆν ἔγνωσαν, δηλώσαντες τοῦτο πρότερον Πέρσαις. ἀπροσ- 13
δόκητοί τε αὐτοὶ ἐπιπεσόντες σχεδόν τι ἅπαντας ἡβηδὸν
ἔκτειναν. ὁ τε Παχούριος τοῖς πεπραγμένοις ὑπερησθείς,
πέμψας παρὰ τὸν Ἀρσάκην τῶν οἱ ἐπιτηδείων τινὰς τά
τε πιστά οἱ παρασχόμενος τὸν ἄνθρωπον μετεπέμψατο.

das Messerchen, mit dem sie sich gewöhnlich die Nägel kür-
zen, etwa einen Finger lang und nicht einmal einen drittel
Finger breit. „Schaut mal auf dieses Messer!" sprach er. „Es
ist ganz kurz, kann aber augenblicklich ein Werk vollbringen,
wozu wenig später – wißt es wohl, meine lieben Perser – nicht
einmal zwanzigtausend gewappnete Männer imstande sein
dürften." Die Perser waren indessen durchaus dagegen, einen
Mann königlichen Geblüts zu töten, er sollte vielmehr in
einem Gefängnis eingeschlossen werden, das sie den „Ort der
Vergessenheit" zu nennen pflegen. Denn wenn jemand einmal dorthinein geworfen ist, darf man seiner nach dem Gesetz nicht mehr Erwähnung tun, und der Tod droht dem als
Strafe, der dennoch von ihm spricht. So hat der Platz von
den Persern auch diesen seinen Namen erhalten.

Einmal freilich soll, so berichtet die armenische Geschichte, das Gesetz über das „Gefängnis der Vergessenheit" bei
den Persern seine Geltung verloren haben und zwar auf folgende Weise: Perser und Armenier führten einst unter dem
Perserkönig Pakurios und dem Armenierkönig Arsakes, einem
Arsakiden, 32 Jahre lang einen erbitterten Krieg. Da sich
dieser Krieg so in die Länge zog, erlitten beide Parteien sehr
schwere Verluste, vor allem die Armenier. Bei dem tiefen gegenseitigen Mißtrauen aber brachte es keines der beiden Völker über sich, mit den Feinden Verhandlungen anzuknüpfen.
Da traf es sich, daß die Perser mit anderen Barbaren, die in
der Nähe der Armenier wohnten, Krieg führten. Die Armenier aber wollten den Persern ihre Ergebenheit und Friedens-
sehnsucht beweisen, gaben ihnen also zuvor Nachricht und
fielen dann in das Land der genannten Barbaren ein. Der Angriff traf die Feinde unerwartet, so daß fast alle Mann für
Mann fielen. Darüber hocherfreut, schickte Pakurios einige
seiner Vertrauten zu Arsakes, gab ihm eidliche Zusicherungen und ließ ihn zu sich kommen. Nach seinem Eintreffen

καὶ ἐπεὶ παρ' αὐτὸν Ἀρσάκης ἀφίκετο, τῆς τε ἄλλης 14
αὐτὸν φιλοφροσύνης ἠξίωσε καὶ ἅτε ἀδελφὸν ἐπὶ τῇ ἴσῃ
καὶ ὁμοίᾳ ἔσχε. καὶ τότε μὲν ὅρκοις δεινοτάτοις τόν τε 15
Ἀρσάκην καταλαβὼν καὶ αὐτὸς οὐδέν τι ἧσσον ὀμωμοκὼς
ἦ μὴν εὔνους τε καὶ ξυμμάχους Πέρσας τε τὸ λοιπὸν καὶ
Ἀρμενίους ἀλλήλοις εἶναι, αὐτίκα δὴ αὐτὸν ἐς τὰ πάτρια
ἤθη ἀφῆκεν ἰέναι. χρόνῳ δὲ οὐ πολλῷ ὕστερον διέβαλον τὸν 16
Ἀρσάκην τινὲς ὡς δὴ πράγμασι νεωτέροις ἐγχειρεῖν
βούλοιτο. οἷσπερ ἀναπεισθεὶς ὁ Πακούριος αὖθις αὐτὸν
μετεπέμπετο ὑπειπὼν ὅτι δὴ αὐτῷ τι κοινολογεῖσθαι
ὑπὲρ τῶν ὅλων ἐπιμελὲς εἴη. καὶ ὃς οὐδέν τι μελλήσας 17
ἐς αὐτὸν ἦλθεν, ἄλλους τε τῶν ἐν Ἀρμενίοις μαχιμωτά-
των ἐπαγόμενος καὶ Βασσίκιον, ὅσπερ αὐτῷ στρατηγός
τε καὶ ξύμβουλος ἦν· ἀνδρίας τε γὰρ καὶ ξυνέσεως ἐπὶ
πλεῖστον ἀφῖκτο. εὐθὺς οὖν ὁ Πακούριος ἄμφω, τόν τε 18
Ἀρσάκην καὶ Βασσίκιον, πολλὰ ὀνειδίζων ἐκάκιζεν, εἰ τὰ
ὀμωμοσμένα ἠλογηκότε οὕτω δὴ τάχιστα ἐς ἀπόστασιν
ἴδοιεν. οἱ δὲ ἀπηρνοῦντό τε καὶ ἀπώμνυον ἐνδελεχέστατα
μηδὲν σφίσιν αὐτοῖς βεβουλεῦσθαι τοιοῦτο. τὰ μὲν οὖν 19
πρῶτα ὁ Πακούριος αὐτοὺς ἐν ἀτιμίᾳ ἐφύλασσεν, ἔπειτα δὲ
τῶν μάγων ἀνεπυνθάνετο ὅ τί οἱ ποιητέα ἐς αὐτοὺς εἴη. οἱ 20
δὲ μάγοι τῶν μὲν ἀρνουμένων καὶ οὐ διαρρήδην ἐληλεγ-
μένων καταγινώσκειν οὐδαμῆ ἐδικαίουν, ὑποθήκην δὲ αὐτῷ
τινα ἔφραζον, ὅπως ἂν Ἀρσάκης αὐτὸς ἄντικρυς αὐτοῦ
κατηγορεῖν ἀναγκάζοιτο. τὸ γὰρ τῆς βασιλικῆς σκηνῆς 21
ἔδαφος κόπρῳ καλύπτειν ἐκέλευον, ἥμισυ μὲν ἐκ τῆς
Περσῶν χώρας, θάτερον δὲ ἥμισυ ἐκ τῆς Ἀρμενίας.
καὶ ὁ βασιλεὺς κατὰ ταῦτα ἐποίει. τότε δὴ οἱ μάγοι τὴν 22
σκηνὴν ὅλην μαγείαις τισὶ καταλαβόντες ἐκέλευον τὸν
βασιλέα ξὺν τῷ Ἀρσάκῃ τοὺς περιπάτους ἐνταῦθα ποιεῖσθαι, ἐπικαλοῦντα τοῖς τε ξυγκειμένοις καὶ ὀμωμοσμένοις 23
λυμήνασθαι. δεῖν δὲ καὶ αὐτοὺς τῷ διαλόγῳ παραγενέσθαι.
οὕτω γὰρ ἂν τῶν λόγων μάρτυρες ἁπάντων εἶεν. αὐτίκα
γοῦν ὁ Πακούριος τὸν Ἀρσάκην μεταπεμψάμενος διαύλους

zeichnete der Perserkönig den Armenier auf jede Weise aus
und stellte ihn sich als Bruder völlig gleich. Er verpflichtete
damals Arsakes mit heiligsten Eiden und gelobte ihm auch
seinerseits, daß Perser und Armenier künftighin einander
freund und verbündet sein sollten. Dann entließ Pakurios seinen Gast sogleich in seine Heimat. Doch bald darauf ver-
leumdeten einige den Arsakes, er gehe auf Umsturz aus. Pakurios, der den Worten Glauben schenkte, lud daraufhin den
Armenier wieder zu sich und ließ ihm sagen, er möchte gerne
mit ihm die allgemeine Lage erörtern. Ungesäumt leistete
Arsakes dem Ersuchen Folge und brachte neben anderen her-
vorragenden armenischen Kriegern auch den Bassikios mit,
seinen Feldherrn und Ratgeber. Dieser besaß nämlich einzig-
artige Tapferkeit und Klugheit. Sofort erhob Pakurios unter
vielen Scheltworten gegen Arsakes und Bassikios den Vorwurf, ob sie denn ihren Eid so gering eingeschätzt hätten,
daß sie derart schnell an Abfall dächten. Beide leugneten jedoch und schworen immer wieder, nichts dergleichen beabsichtigt zu haben. Zunächst hielt sie Pakurios in schimpfli-
cher Haft, dann befragte er die Magier, wie er mit ihnen verfahren solle. Diese erklärten es für rechtswidrig, die Männer
zu verurteilen, solange sie ihre Schuld leugneten und nicht
eindeutig überführt seien, gaben indessen dem König einen
Rat, wie Arsakes veranlaßt werden könne, sich selber offen
anzuklagen. Zu diesem Zweck ließen sie den Boden des königlichen Zeltes mit Erde bedecken, die eine Hälfte mit solcher aus Persien, die andere mit solcher aus Armenien. Und
so machte es auch der König. Die Magier belegten nun das
ganze Zelt mit bestimmten Zauberformeln und baten ihren
Herrscher, mit Arsakes darinnen umherzuwandeln und ihn
aufzufordern, er solle den beschworenen Vertrag schmähen.
Sie müßten aber auch selbst dem Gespräch beiwohnen, um
so alle Worte bezeugen zu können. Unverzüglich ließ Pakurios den Arsakes kommen, ging im Beisein der Magier mit

ἐν τῇ σκηνῇ ξὺν αὐτῷ ἐποιεῖτο, παρόντων σφίσιν ἐνταῦθα τῶν μάγων, καὶ ἀνεπυνθάνετο τοῦ ἀνθρώπου
ὅτου δὴ ἕνεκα τὰ ὀμωμοσμένα ἠλογηκὼς εἶτα Πέρσας
τε καὶ Ἀρμενίους αὖθις τρίβειν ἀνηκέστοις κακοῖς ἐγχει-
ροίη· ὁ δὲ Ἀρσάκης, ἕως μὲν ἐν τῷ χώρῳ οἱ λόγοι ἐγί- 24
νοντο οὗ δὴ ὁ χοῦς ἐκ γῆς τῆς Περσίδος ἐπέκειτο, ἀπηρ-
νεῖτό τε καὶ ὅρκοις τοῖς δεινοτάτοις πιστούμενος ἀνδρά-
ποδον ἰσχυρίζετο εἶναι Παχουρίου πιστόν· ἐπειδὴ δὲ 25
μεταξὺ λέγων ἐς τῆς σκηνῆς τὸ μέσον ἀφῖκτο, ἵνα δὴ
πότρου τῆς Ἀρμενίας ἐπέβησαν, ἐνταῦθα οὐκ οἶδα ὅτῳ
ἀναγκασθεὶς λόγους μὲν τούτους ἐπὶ τὸ θρασύτερον
ἐξαπιναίως μεταβιβάζει, ἀπειλῶν δὲ τῷ τε Παχουρίῳ
καὶ Πέρσαις οὐκέτι ἀνίει, ἀλλὰ τίσασθαι αὐτοὺς ἐπηγ-
γέλλετο ὕβρεως τῆσδε, ἐπειδὰν αὐτὸς αὐτοῦ τάχιστα
κύριος γένοιτο. καὶ ταῦτα λέγων τε καὶ νεανιευόμενος 26
ἐποιεῖτο τὸν περίπατον ὅλον, ἕως ἀναστρέψας ἐς κόπρον
αὖθις τὴν ἐκ γῆς τῆς Περσίδος ἀφίκετο. ἐνταῦθα γὰρ
πάλιν ὥσπερ τινὰ παλινῳδίαν ᾄδων ἱκέτης τε ἦν καὶ οἰκτρούς τινας τῷ Παχουρίῳ προὔφερε λόγους. ἐπεὶ δὲ 27
ἐς χοῦν αὖθις τὸν Ἀρμενίων ἦλθεν, ἐς τὰς ἀπειλὰς ἀπεχώρησε. καὶ πολλάκις οὕτω μεταβληθεὶς ἐφ᾽ ἑκάτερα
ἔκρυψε τῶν οἱ ἀπορρήτων οὐδέν. τότε δὴ οἱ μὲν μάγοι 28
κατέγνωσαν αὐτοῦ ἔς τε τὰς σπονδὰς καὶ τοὺς ὅρκους
ἠδικηκέναι. Παχούριος δὲ Βασσικίου μὲν τὸ δέρμα ἐκδεί-
ρας ἀσκόν τε αὐτὸ πεποιημένος καὶ ἀχύρων ἐμπλησάμενος ὅλον ἀπεκρέμασεν ἐπὶ δένδρου τινὸς ὑψηλοῦ λίαν.
τὸν μέντοι Ἀρσάκην (ἀποκτεῖναι γὰρ ἄνδρα τοῦ βασι- 29
λείου αἵματος ὄντα οὐδαμῇ εἶχεν) ἐν τῷ τῆς Λήθης φρουρίῳ καθεῖρξε. χρόνῳ δὲ ὕστερον τῶν τις Ἀρμενίων τῷ τε 30
Ἀρσάκῃ ἐν τοῖς μάλιστα ἐπιτηδείων καί οἱ ἐπισπομένων
ἐς τὰ Περσῶν ἤθη ἰόντι, Πέρσαις ἐπί τι ἔθνος ἰοῦσι
βαρβαρικὸν ξυνεστράτευσεν· ὃς δὴ ἀνήρ τε ἀγαθὸς ἐν
τῷ πόνῳ τούτῳ, ὁρῶντος Παχουρίου τὰ ποιούμενα, γέγονε καὶ τῆς νίκης αἰτιώτατος Πέρσαις. διὸ δὴ αὐτὸν ὁ 31

ihm im Zelte auf und nieder und fragte, weshalb er denn die
Eide gebrochen habe und nun Perser wie Armenier neuer-
dings mit schrecklichen Leiden heimsuchen wolle. Solange
die Gespräche auf dem Platze geführt wurden, wo die persische Erde aufgeschüttet war, leugnete Arsakes alles ab und
behauptete unter den heiligsten Schwüren, ein treuer Knecht
des Pakurios zu sein. War er aber unterm Reden zur Mitte
des Zeltes gelangt, wo sie die armenische Erde betraten, so
spürte er einen rätselhaften Zwang, gab seinen Worten plötzlich eine kühnere Wendung und stieß unablässig Drohungen
gegen Pakurios und die Perser aus. Er wolle, sobald er wieder
sein eigener Herr sei, diese Mißhandlung an ihnen rächen.
Unter solch großsprecherischen Worten legte er die ganze
Strecke zurück, bis er auf dem Rückweg wieder die persische
Erde betrat. Dort stimmte er von neuem gleichsam einen
Widerruf an, gab sich als Schutzflehender und ließ vor Pakurios Jammerworte vernehmen. Kam er wieder auf den
armenischen Boden, verfiel er in seine alten Drohungen. So
tauschte er oftmals seine Rollen und gab sämtliche Geheimnisse preis. Jetzt fällten die Magier über ihn das Urteil, daß
er sich gegen den Vertrag und die eidlichen Zusagen vergan-
gen habe. Pakurios aber ließ dem Bassikios die Haut abziehen, einen Schlauch daraus fertigen und ihn, ganz mit Stroh
ausgestopft, an einem sehr hohen Baum aufhängen, während
er Arsakes in das Gefängnis der Vergessenheit sperrte; denn
einen Mann königlichen Geblüts durfte er nicht töten. Einige
Zeit danach zog einer von den Armeniern, die dem Arsakes
sehr nahe standen und ihn auf dem Wege nach Persien begleitet hatten, zusammen mit den Persern gegen ein barbarisches Volk zu Feld. Er bewährte sich in diesem Kampf vor
den Augen des Pakurios als solch tapferer Mann, daß der persische Sieg ihm vor allem zuzuschreiben war. Deshalb erlaubte ihm Pakurios, einen Wunsch zu äußern, und versicherte,
er werde ihm nichts versagen. Der Armenier aber hatte nur

Παχούριος ὅ τι ἂν βούλοιτο αἰτεῖσθαι ἠξίου, ἰσχυρισά-
μενος ὅτι δὴ οὐδενὸς πρὸς αὐτοῦ ἀτυχήσει. ὁ δὲ ἄλλο οἱ 32
οὐδὲν γενέσθαι ἠξίου ἢ ὥστε τὸν Ἀρσάκην ἐν ἡμέρᾳ μιᾷ
θεραπεῦσαι ᾗ βούλοιτο. τοῦτο τὸν βασιλέα ἠνίασε μὲν ἐς 33
τὰ μάλιστα, εἰ λύειν νόμον οὕτω δὴ παλαιὸν ἀναγκάζοιτο,
ὅπως μέντοι παντάπασιν ἀληθίζηται, ξυνεχώρει τὴν
δέησιν ἐπιτελῆ γενέσθαι. ἐπεὶ δὲ βασιλέως ἐπαγγείλαντος 34
γέγονεν ἐν τῷ τῆς Λήθης φρουρίῳ ἠσπάσατο μὲν τὸν
Ἀρσάκην, ἄμφω δὲ ἀλλήλοιν περιβαλόντε ἐθρηνησάτην
τε ἡδύν τινα θρῆνον καὶ ἀπολοφυραμένω τὴν παροῦσαν
τύχην μόλις ἀπ' ἀλλήλοιν διαλύειν τὰς αὐτοῦ χεῖρας
ἑκάτερος ἔσχεν. ἐπεὶ δὲ τῶν ὀδυρμῶν ἐς κόρον ἐλθόντες 35
ἐπαύσαντο, ἔλουσε μὲν ὁ Ἀρμένιος τὸν Ἀρσάκην καὶ
τἄλλα οὐκ ἀπημελημένως ἐκόσμησε, σχῆμα δὲ αὐτῷ περιθέμενος τὸ βασίλειον ἐπὶ στιβάδος ἀνέκλινεν. ἐνταῦθά τε 36
τοὺς παρόντας Ἀρσάκης βασιλικῶς εἱστία ᾗπερ εἰώθει
τὰ πρότερα. ἐν ταύτῃ τῇ θοίνῃ πολλοὶ μὲν ἐπὶ κύλικι 37
λόγοι ἐλέχθησαν, οἵπερ τὸν Ἀρσάκην ἱκανῶς ἤρεσκον,
πολλὰ δὲ ἄλλα ἐς μέσον ἦλθεν, ἅπερ αὐτῷ ἐν ἡδονῇ ἦν·
μηκυνομένου τε τοῦ πότου ἄχρι ἐς νύκτα τῇ πρὸς ἀλλήλους ὁμιλίᾳ ὑπερφυῶς ἤσθησαν, μόλις δὲ ἀλλήλων ἀπαλλαγέντες διελύθησαν, καταβεβρεγμένοι τῇ εὐπαθείᾳ. τότε 38
δὴ λέγουσι τὸν Ἀρσάκην ξιπεῖν ὡς ἡμέραν τὴν ἡδίστην
διατελέσας ἐν ταύτῃ τε εὐγγενόμενος τῷ ποθεινοτάτῳ
ἀνθρώπων ἁπάντων, οὐκ ἂν ἔτι ἑκὼν γε εἶναι ὑποσταίη
τὰ φλαῦρα τοῦ βίου, καὶ ταῦτα εἰπόντα μαχαίρᾳ ἑαυτὸν 39
διαχειρίσασθαι, ἥνπερ ἐν τῇ θοίνῃ ἐξεπίτηδες κεκλοφὼς
ἔτυχεν, οὕτω τε αὐτὸν ἐξ ἐνθρώπων ἀφανισθῆναι. τὰ μὲν 40
οὖν κατὰ τοῦτον δὴ τὸν Ἀρσάκην ἡ τῶν Ἀρμενίων συγ-
γραφὴ λέγει ταύτῃ, ᾗπερ ἐρρήθη, κεχωρηκέναι, καὶ τὸν
νόμον τότε ἀμφὶ τῷ τῆς Λήθης φρουρίῳ λελύσθαι. ἐμοὶ
δὲ ὅθενπερ ἐξέβην ἰτέον.

Καθειρχθέντα δὲ τὸν Καβάδην ἐθεράπευεν ἡ γυνὴ 6
ἐσιοῦσά τε παρ' αὐτὸν καὶ τὰ ἐπιτήδεια ἐσκομίζουσα·

die Bitte, daß er den Arsakes an einem einzigen Tage ganz
nach Belieben bedienen dürfe. Zwar mißfiel dem König dieses
Ersuchen aufs höchste, da er ein so altehrwürdiges Gesetz
brechen solle, doch erfüllte er, um in allem Wort zu halten,
den ihm vorgetragenen Wunsch. Als nun der Armenier mit
Erlaubnis des Königs in das Gefängnis des Vergessens gekommen war, begrüßte er den Arsakes, und beide umarmten
sich, stimmten einen süßen Klagegesang an und vermochten,
als sie ihr augenblickliches Schicksal bejammert hatten, kaum
mehr ihre Hände voneinander zu lösen. Nachdem sie genug
geklagt, wusch der Armenier den Arsakes und machte ihn
auch sonst mit aller Sorgfalt zurecht. Schließlich legte er ihm
auch noch das königliche Gewand um die Schultern und bet-
tete ihn auf ein Ruhelager. Nun bewirtete Arsakes die Anwesenden auf königliche Weise, so wie er es früher gewohnt
war. Bei diesem Festmahl wurden zahlreiche Worte zum Be-
cher gesprochen, die Arsakes hoch erfreuen mußten, es geschah aber auch vielerlei anderes zu seiner Erheiterung. Während das Symposion bis in die Nacht hinein dauerte, begei-
sterten sie sich über die Maßen an dem gegenseitigen Zusammensein und konnten, noch ganz erfüllt von dem Glücksge-
fühl, kaum voneinander lassen und Abschied nehmen. Damals erklärte, wie man sagt, Arsakes, er habe den angenehm-
sten Tag, dazu mit dem allerliebsten Menschen, verbracht
und wolle von sich aus nicht mehr länger die Erbärmlichkei-
ten des Lebens ertragen. Und so machte er seinem Leben ein
Ende, mit einem Messer, das er zu dem Zweck beim Mahle ent-
wendet hatte, und schied auf diese Weise aus der Welt. Ein
solches Schicksal nahm, wie gesagt, nach dem Bericht der
armenischen Chronik dieser Arsakes, und das Gesetz über das
Gefängnis des Vergessens wurde damals aufgehoben. Doch
ich muß zu meinem Ausgangspunkt zurückkehren.

6. Kabades entkommt mit Hilfe seiner Frau, gewinnt die Herrschaft zurück und ernennt neue Großwürdenträger

Kabades aber wurde im Gefängnis von seiner Frau gepflegt, die zu ihm Zutritt hatte und ihm das Lebensnotwen-

ἣν δὴ ὁ τῆς εἱρκτῆς ἄρχων πειρᾶν ἤρξατο· ἦν γὰρ τὴν
ὄψιν ἐς τὰ μάλιστα εὐπρεπής. ὅπερ ἐπεὶ ὁ Καβάδης παρὰ 2
τῆς γυναικὸς ἔμαθεν, ἐκέλευσεν ἐνδιδόναι αὐτὴν τῷ ἀνθρώπῳ ὅ τι βούλοιτο χρῆσθαι. οὕτω δὴ τῇ γυναικὶ ἐς
εὐνὴν ξυνελθὼν ὁ τοῦ φρουρίου ἄρχων ἠράσθη τε αὐτῆς
ἔρωτα ἐξαίσιον οἷον. καὶ ἀπ' αὐτοῦ ξυνεχώρει παρὰ τὸν 3
ἄνδρα τὰς εἰσόδους ποιεῖσθαι, ὅπῃ ἂν αὐτῇ βουλομένῃ
εἴη, καὶ αὖθις ἐνθένδε ἀπαλλάσσεσθαι, οὐδενὸς ἐμποδὼν
ἱσταμένου.

Ἦν δέ τις τῶν ἐν Πέρσαις λογίμων Σεόσης ὄνομα,
Καβάδῃ ἐς τὰ μάλιστα φίλος, ὃς ἀμφὶ τὸ φρούριον τοῦτο 4
διατριβὴν εἶχε, καιροφυλακῶν εἴ πως αὐτὸν ἔνδοθεν
ἐξελέσθαι δυνήσεται. διά τε τῆς γυναικὸς τῷ Καβάδῃ 5
ἐσήμαινεν ὡς ἵπποι τέ οἱ καὶ ἄνδρες ἐν παρασκευῇ τυγχάνουσιν ὄντες τοῦ φρουρίου οὐ μακρὰν ἄποθεν, δηλώσας
τι χωρίον αὐτῷ. καί ποτε νυκτὸς ἐπιλαβούσης ἀνέπεισε 6
τὴν γυναῖκα Καβάδης ἐσθῆτα μὲν αὐτῷ τὴν οἰκείαν δοῦναι, τὰ δὲ αὐτοῦ ἀμπεχομένην ἱμάτια ἐπὶ τῆς εἱρκτῆς ἀντ'
αὐτοῦ καθῆσθαι, οὗπερ ἐκεῖνος ἐκάθητο. οὕτω μὲν οὖν 7
Καβάδης ἀπηλλάσσετο ἐκ τοῦ δεσμωτηρίου. κατιδόντες
δὲ αὐτὸν οἷς ἡ φυλακὴ αὕτη ἐπέκειτο τὴν γυναῖκα ὑπετόπαζον εἶναι· ταῦτά τοι οὔτε κωλύειν οὔτε ἄλλως αὐτὸν
ἐνοχλεῖν ἔγνωσαν. ἅμα τε ἡμέρᾳ τὴν γυναῖκα ἐς τὸ 8
δωμάτιον ἐν τοῖς τοῦ ἀνδρὸς ἱματίοις ἰδόντες καὶ μακρὰν
ἀπολελειμμένοι τοῦ ἀληθοῦς ᾤοντο Καβάδην ἐνταῦθα
εἶναι. ἥ τε δόκησις αὕτη ἐν ἡμέραις συχναῖς ἤκμαζεν,
ἕως Καβάδης πόρρω που τῆς ὁδοῦ ἐγεγόνει. τὰ μὲν οὖν 9
ἀμφὶ τῇ γυναικὶ ξυνενεχθέντα, ἐπεὶ ἐς φῶς ἡ ἐπιβουλὴ
ἦλθε, καὶ ὅντινα αὐτὴν τρόπον ἐκόλασαν, ἐς τὸ ἀκριβὲς
οὐκ ἔχω εἰπεῖν. οὐ γὰρ ὁμολογοῦσι Πέρσαι ἀλλήλοις· διὸ
δὴ αὐτὰ λέγειν ἀφίημι.

Καβάδης δὲ λαθὼν ἅπαντας ξὺν τῷ Σεόσῃ ἐς Οὔννους 10
τοὺς Ἐφθαλίτας ἀφίκετο καὶ αὐτῷ τὴν παῖδα γυναῖκα ὁ
βασιλεὺς γαμετὴν δίδωσιν, οὕτω τε στράτευμα λόγου

dige brachte. An sie begann sich ob ihrer ausnehmenden Schönheit der Gefängnisaufseher heranzumachen. Als dies Kabades von seiner Frau erfuhr, befahl er ihr, ihm ganz zu Willen zu sein, und so verkehrte dieser mit ihr und gewann sie besonders lieb. Seitdem erlaubte er der Frau, bei ihrem Manne nach Belieben aus- und einzugehen, ohne daß ihr jemand wehren durfte.

Nun war da ein persischer Adeliger namens Seoses, ein enger Freund des Kabades. Der trieb sich um dieses Gefängnis herum und wartete auf einen günstigen Augenblick, um seinen König irgendwie daraus zu entführen. Durch seine Frau ließ er Kabades mitteilen, daß Pferde und Mannen in der Nähe des Gefängnisses für ihn bereit stünden, und gab ihm auch einen bestimmten Ort an. Und einmal, bei Anbruch der Nacht, gebot Kabades seiner Frau, sie solle ihm ihr eigenes Gewand reichen, dafür seine Kleider anlegen und statt seiner den gewohnten Platz im Gefängnis einnehmen. So entkam Kabades aus der Haft. Die Wächter sahen ihn zwar, doch glaubten sie, seine Frau vor sich zu haben, und wollten ihm daher kein Hindernis oder sonstige Schwierigkeiten in den Weg legen. Bei Tagesbeginn fanden sie seine Frau im Gefängnisraum in den Kleidern ihres Mannes, und völlig getäuscht über den wahren Sachverhalt, meinten sie, Kabades sei da. Dieser Irrtum hielt sich viele Tage, bis der Flüchtling auf seinem Wege sich schon weit entfernt hatte. Was mit der Frau geschah, als der Betrug ans Licht kam, und wie man sie bestrafte, kann ich nicht genau sagen; denn die persischen Berichte widersprechen sich. Deshalb will ich auch nicht darauf eingehen.

Kabades gelangte indessen in Begleitung des Seoses unbemerkt zu den Ephthalitischen Hunnen, deren König ihm seine Tochter zur Frau gab. Außerdem stellte er ihm als Schwie-

πολλοῦ ἄξιον ἅτε κηδεστῇ ἐπὶ Πέρσας ξυνέπεμψε. τούτῳ 11
τῷ στρατῷ Πέρσαι ὑπαντιάζειν οὐδαμῇ ἤθελον, ἀλλὰ
ἄλλος ἄλλῃ ἐς φυγὴν ὥρμηντο. ἐπεὶ δὲ ὁ Καβάδης ἐν τῇ 12
χώρᾳ ἐγένετο, ἔνθα ὁ Γουσανάστάδης τὴν ἀρχὴν εἶχεν,
εἶπε τῶν ἐπιτηδείων τισὶν ὡς χαναράγγην καταστήσεται
ἄνδρα ἐκεῖνον, ὃς ἂν αὐτῷ Περσῶν πρῶτος ἐκείνῃ τῇ ἡμέρᾳ
ἐς ὄψιν ἥκων ὑπουργεῖν βούλοιτο. εἰπόντι τέ οἱ μετέμελεν 13
ἤδη τοῦ λόγου, ἐπεὶ νόμος αὐτὸν ἐσῄει, ὃς δὴ οὐκ ἐᾷ Πέρσαις ἐς τοὺς ἀλλοτρίους τὰς ἀρχὰς φέρεσθαι, ἀλλ᾽ οἷς ἡ
τιμὴ ἑκάστη κατὰ γένος προσήκει. ἔδεισε γὰρ μή τις 14
ἵκοιτο ἐς αὐτὸν πρῶτος τῷ χαναράγγῃ οὐ ξυγγενὴς ὤν,
τόν τε νόμον ἀναγκάζηται λύειν, ὅπως αὐτὸς ἀληθίζηται.
ταῦτα δέ οἱ ἐν νῷ ἔχοντι ξυνέβη τις τύχῃ ὥστε μὴ τὸν 15
νόμον ἀτιμάζοντι ἀληθεῖ εἶναι. ἔτυχε γὰρ πρῶτος Ἀδεργουδουνβάδης ἐς αὐτὸν ἥκων, νεανίας ἀνήρ, ξυγγενής τε ὢν
τῷ Γουσανάστάδῃ καὶ διαφερόντως ἀγαθὸς τὰ πολέμια. ὃς 16
δὴ δεσπότην τε προσεῖπε Καβάδην καὶ βασιλέα προσεκύ-
νησε πρῶτος, ἐδεῖτό τέ οἱ ἅτε δούλῳ ὅ τι βούλοιτο χρῆσθαι.

Καβάδης οὖν ἐν τοῖς βασιλείοις οὐδενὶ πόνῳ γενόμενος, 17
ἔρημόν τε Βλάσην τῶν ἀμυνομένων λαβὼν ἐξετύφλωσε,
τρόπῳ δὴ ὅτῳ τυφλοὺς οἱ Πέρσαι ποιεῖν τοὺς κακούργους
εἰώθασιν, ἔλαιον ἕψοντες καὶ αὐτὸ ὡς μάλιστα ζέον ἐς
τοὺς ὀφθαλμοὺς οὔτι μύοντας ἐπιχέοντες, ἢ περόνην τινὰ
σιδηρᾶν πυρακτοῦντες ταύτῃ τε τῶν ὀφθαλμῶν τὰ ἐντὸς
χρίοντες, καὶ τὸ λοιπὸν ἐν φυλακῇ εἶχεν ἄρξαντα Περσῶν
ἐνιαυτοὺς δύο. καὶ τὸν μὲν Γουσανάστάδην κτείνας τὸν 18
Ἀδεργουδουνβάδην ἀντ᾽ αὐτοῦ κατεστήσατο ἐπὶ τῆς τοῦ
χαναράγγου ἀρχῆς, τὸν δὲ Σεόσην ἀδρασταδάραν σαλάνην
εὐθὺς ἀνεῖπε. δύναται δὲ τοῦτο τὸν ἐπὶ ἀρχαῖς τε ὁμοῦ καὶ
στρατιώταις ἅπασιν ἐφεστῶτα. ταύτην ὁ Σεόσης τὴν
ἀρχὴν πρῶτός τε καὶ μόνος ἐν Πέρσαις ἔσχεν· οὔτε γὰρ

gersohn ein sehr beachtliches Heer gegen die Perser zur Verfügung. Diese wollten es mit der Streitmacht keineswegs aufnehmen, der eine hatte sich vielmehr dahin, der andere dorthin geflüchtet. Als nun Kabades in das Land kam, über das der Gusanastades gebot, erklärte er einigen seiner Vertrauten, er wolle denjenigen zum Chanaranges machen, der ihm als erster Perser an jenem Tage vor Augen trete und ihm helfen möchte. Doch kaum hatte er dies gesagt, da reuten ihn auch schon seine Worte; denn er dachte an das Gesetz, das die Perser keine Ämter an Fremde, sondern nur an solche Männer übertragen läßt, denen die betreffende Ehrenstellung ihrer Abkunft nach zukommt. Kabades aber mußte fürchten, als erster möchte ihm jemand begegnen, der nicht zur Sippe des Chanaranges gehöre, so daß er, um selbst seinem Worte treu zu bleiben, zum Bruch des Gesetzes genötigt werde. Während er dies bedachte, kam ihm ein Zufall zu Hilfe und erlaubte ihm, sein Wort zu halten und dabei doch nicht das Gesetz zu verletzen. Denn, wie es das Schicksal wollte, fand sich als erster Adergudunbades bei ihm ein, ein junger Mann und Verwandter des Gusanastades, außerdem ein trefflicher Soldat. Der begrüßte Kabades als seinen Herrn und erwies ihm zuerst als König fußfällige Verehrung; zugleich bat er den Herrscher, über ihn als seinen Sklaven nach Gutdünken zu verfügen.

Kabades drang nun ohne Widerstand in den königlichen Palast ein. Dort fand er Blases von allen seinen Helfern verlassen und ließ ihn blenden. Er bediente sich dabei des Verfahrens, das die Perser gewöhnlich gegen Verbrecher anwenden: Sie erhitzen entweder Öl und gießen es siedend in die geöffneten Augen oder sie machen einen Eisenstachel glühend und brennen damit das Augeninnere aus. Den Rest seines Lebens hielt Kabades den Blases gefangen, nachdem er zwei Jahre über die Perser regiert hatte. Er ließ auch den Gusanastades töten und übertrug an seiner Stelle dem Adergudunbades das Amt des Chanaranges, den Seoses aber machte er sogleich zum Adrastadaran Salanen. Dies bedeutet so viel wie „Herr zugleich über alle Ämter und Truppen". Seoses erhielt das Amt als erster und einziger Perser; denn weder vor-

πρότερον οὔτε ὕστερόν τινι γέγονε· τήν τε βασιλείαν ὁ
Καβάδης ἐκρατύνατο καὶ ξὺν τῷ ἀσφαλεῖ διεφύλαξεν. ἦν
γὰρ ἀγχίνους τε καὶ δραστήριος οὐδενὸς ἧσσον.

Ὀλίγῳ δὲ ὕστερον χρήματα Καβάδης τῷ Ἐφθαλιτῶν 7
βασιλεῖ ὤφειλεν, ἅπερ ἐπεὶ ἀποτιννύναι οἱ οὐχ οἷός τε
ἦν, Ἀναστάσιον τὸν Ῥωμαίων αὐτοκράτορα ᾔτει ταῦτά
οἱ δανεῖσαι τὰ χρήματα· ὁ δὲ κοινολογησάμενος τῶν ἐπιτηδείων τισὶν ἐπυνθάνετο εἴ γέ οἱ ταῦτα ποιητέα εἴη. 2
οἵπερ αὐτὸν τὸ συμβόλαιον ποιεῖσθαι οὐκ εἴων. ἀξύμφορον
γὰρ ἀπέφαινον εἶναι βεβαιοτέραν τοῖς πολεμίοις χρήμασιν
οἰκείοις ἐς τοὺς Ἐφθαλίτας τὴν φιλίαν ποιήσασθαι, οὓς
δὴ ἐς ἀλλήλους ξυγκρούειν ὅτι μάλιστα σφίσιν ἄμεινον
εἶναι. διὸ δὴ Καβάδης ἐξ αἰτίας οὐδεμιᾶς ἔγνω ἐπὶ Ῥω- 3
μαίος στρατεύεσθαι. καὶ πρῶτα μὲν αὐτάγγελος Ἀρμενίων τῇ χώρᾳ ἐπῆλθε, καὶ αὐτῆς τὰ πολλὰ ἐξ ἐπιδρομῆς
λῃσάμενος ἐς Ἄμιδαν πόλιν ἐν Μεσοποταμίᾳ κειμένην
ἐκ τοῦ αἰφνιδίου ἀφίκετο, ἧς δὴ χειμῶνος ὥρᾳ ἐς πολιορκίαν καθίστατο. Ἀμιδηνοὶ δὲ στρατιωτῶν μέν, ἅτε ἐν 4
εἰρήνῃ καὶ ἀγαθοῖς πράγμασιν, οὐ παρόντων σφίσι, καὶ
ἄλλως δὲ ἀπαράσκευοι παντάπασιν ὄντες ὅμως τοῖς πολεμίοις ὡς ἥκιστα προσχωρεῖν ἤθελον, ἀλλὰ τοῖς τε κινδύνοις καὶ τῇ ταλαιπωρίᾳ παρὰ δόξαν ἀντεῖχον.
   Ἦν δέ τις ἐν Σύροις ἀνὴρ δίκαιος, Ἰάκοβος ὄνομα, ᾧ 5
τὰ τὸ ἐς θεῖον ἐς τὸ ἀκριβὲς ἤσκητο. οὗτος ἐν χωρίῳ Ἐν-
διήλων, διέχοντι Ἀμίδης ἡμέρας ὁδῷ, πολλοῖς ἔμπροσθεν
χρόνοις αὐτὸν καθεῖρξεν, ὅπως δὴ ἀδεέστερον τὰ ἐς τὴν
εὐσέβειαν μελετᾶν δύνηται. καὶ αὐτοῦ οἱ ταύτῃ ἄνθρωποι 6
ὑπουργοῦντες τῇ γνώμῃ δρυφάκτοις τισὶ περιέβαλον, οὐ
ξυνημμένοις μέντοι, ἀλλὰ χωρὶς πεπηγόσιν ἀλλήλων, ὥστε

her noch später ist es irgend jemand verliehen worden. Sein
Königtum aber nahm Kabades fest in die Hand und bewahrte es sicher. War ihm doch niemand an Klugheit und Tatkraft überlegen.

7. Zwischen Ostrom und Persien bricht (502) Krieg aus.
Die Schicksale der von den Persern belagerten und eroberten Stadt Amida

Kurze Zeit darauf schuldete Kabades dem Ephthaliten-
könig Geld. Da er nicht bezahlen konnte, bat er den römischen Kaiser Anastasios, ihm den Betrag zu leihen. Der beriet sich daraufhin mit einigen Vertrauten und befragte sie,
ob er dem Wunsche entsprechen solle, fand sie aber der Gewährung eines Darlehens abgeneigt. Es sei, wie sie meinten,
schädlich, wenn man mit eigenem Geld die Freundschaft der
Feinde zu den Ephthaliten stärke. Beide möglichst miteinander zu verfeinden, bringe hingegen den Römern größeren
Vorteil. Daher beschloß Kabades, ohne weitere Veranlassung
den Krieg gegen sie zu eröffnen. Er überfiel zunächst Armenien, plünderte im Ansturm den Großteil des Landes und erschien plötzlich vor der mesopotamischen Stadt Amida, um
während des Winters mit ihrer Belagerung zu beginnen. Obschon keine Soldaten in der Stadt lagen – man lebte ja in
Frieden und geordneten Verhältnissen – und die Einwohner
von Amida auch sonst völlig unvorbereitet waren, wollten sie
sich doch keineswegs den Feinden ergeben, sondern hielten
den Gefahren und der allgemeinen Bedrängnis wider Erwarten stand.

In Syrien aber lebte ein heiligmäßiger Mann namens Jakobos, der seine religiösen Pflichten gewissenhaft erfüllte.
Dieser hatte sich an einem Ort Endielon, eine Tagereise weit
von Amida entfernt, vor langen Zeiten einschließen lassen,
damit er ungestörter seinen frommen Übungen nachgehen
könne. Und die dortigen Einwohner unterstützten seine Absicht und umgaben seine Wohnstätte mit einem Holzzaun;
dieser aber bestand nicht aus eng gereihten, sondern nur in

ὁρᾶν τε τοὺς προσιόντας καὶ ξυγγίνεσθαι οἶόν τε εἶναι.
καὶ στέγος τι αὐτῷ ἐτεκτήναντο βραχὺ ὕπερθεν, ὅσον 7
ὄμβρους τε καὶ νιφετοὺς ἀποκρούεσθαι. ἐνταῦθα οὗτος
ἀνὴρ ἐκ παλαιοῦ καθῆστο, πνίγει μὲν ἢ ψύχει ὡς ἥκιστα
εἴκων, σπέρμασι δέ τισιν ἀποζῶν, οἷσπερ οὐ καθ᾽ ἡμέραν,
ἀλλὰ χρόνου πολλοῦ σιτίζεσθαι εἰώθει. τοῦτον οὖν τὸν 8
Ἰάκωβον τῶν τινες Ἐφθαλιτῶν καταθέοντες τὰ ἐκείνῃ
χωρία εἶδον, καὶ τὰ τόξα σπουδῇ πολλῇ ἐντεινάμενοι
βάλλειν ἤθελον. πᾶσι δὲ ἀκίνητοι αἱ χεῖρες γεγονυῖαι τὰ
τόξα ἐνεργεῖν οὐδαμῇ εἶχον.

Ὅπερ ἐπεὶ ἐν τῷ στρατοπέδῳ περιφερόμενον ἐς Καβά- 9
δην ἦλθεν, αὐτόπτης γενέσθαι τοῦ ἔργου ὁ Καβάδης ἐβούλετο, ἰδών τε ἐν θάμβει μεγάλῳ ξὺν Περσῶν τοῖς παροῦσιν ἐγίνετο, καὶ τὸν Ἰάκωβον ἐλιπάρει ἀφεῖναι τοῖς βαρβάροις τὸ ἔγκλημα. ὁ δὲ ἀφῆκέ τε λόγῳ ἑνὶ καὶ τὰ δεινὰ
τοῖς ἀνθρώποις ἐλέλυντο. Καβάδης μὲν οὖν αἰτεῖν τὸν 10
ἄνδρα ἐκέλευεν ὅ τι ἂν αὐτῷ βουλομένῳ εἴη, χρήματα
οἰόμενος αὐτὸν μεγάλα αἰτήσειν, καί τι καὶ νεανιευσάμε-
νος, ὡς οὐδενὸς πρὸς αὐτοῦ ἀτυχήσει. ὁ δέ οἱ τοὺς ἀνθρώ- 11
πους ἐδεῖτο χαρίζεσθαι ὅσοι ἐν τῷ πολέμῳ τούτῳ καταφεύγοντες παρ᾽ αὐτὸν ἵκωνται. ταύτην Καβάδης τὴν δέησιν ἐπιτελῆ ἐποίει καὶ γράμματα ἐδίδου τῆς ἀσφαλείας
ἐνέχυρα. πολλοὶ γοῦν πανταχόθεν ξυρρέοντες ἐνταῦθα
ἐσώζοντο· περιβόητος γὰρ ἡ πρᾶξις ἐγένετο. ταῦτα μὲν
ὧδέ πη ἔσχε.

Καβάδης δὲ Ἄμιδαν πολιρκῶν κριὸν τὴν μηχανὴν παν- 12
ταχόσε τοῦ περιβόλου προσέβαλε. καὶ Ἀμιδηνοὶ μὲν τὴν
ἐμβολὴν ἀεὶ δοκοῖς τισιν ἐγκαρσίαις ἀνέστελλον, ὁ δὲ
οὐκ ἀνῆκεν, ἕως ταύτῃ ἀνάλωτον εἶναι τὸ τεῖχος ἔγνω.
πολλάκις γὰρ ἐμβαλὼν καθελεῖν τι τοῦ περιβόλου ἢ κατα- 13
σεῖσαι ἥκιστα ἴσχυσεν, οὕτως ἀσφαλῶς ἡ οἰκοδομία τοῖς

Abständen aneinander gefügten Pfählen, so daß er die Besucher sehen und mit ihnen verkehren konnte. Man brachte auch ein kleines Dach über seinem Haupte an, das gerade zur Abwehr der Regen- und Schneefälle genügte. Dort saß nun der Mann lange Jahre. Hitze und Kälte machten ihm nichts aus, und als Nahrung dienten ihm gewisse Samen, von denen er aber in der Regel nicht täglich, sondern nur in großen Zeitabständen aß. Diesen Jakobos sahen nun einige Ephthaliten, die das dortige Gebiet plündernd durchstreiften. Schnell spannten sie ihre Bogen und wollten auf ihn schießen, doch da erstarrten allen die Hände und sie konnten ihre Bogen nicht mehr bedienen.

Als sich die Kunde hievon im Heere verbreitete und auch zu Kabades gelangte, wollte er die Sache mit eigenen Augen sehen. Dabei erfaßte ihn und die anwesenden Perser großes Erstaunen, so daß er Jakobos mit freundlichen Worten bat, den Barbaren doch ihre Sünde zu erlassen. Der tat es dann auch mit einem einzigen Worte, und die Leute waren von ihren schlimmen Gebrechen befreit. Nun forderte Kabades den Mann auf, er solle sich ganz nach eigenem Wunsche etwas erbitten, und da er meinte, Jakobos wolle sicher viel Geld haben, so fügte er auch noch prahlerisch hinzu, daß er keine Fehlbitte tun werde. Indessen verlangte der Heilige nur das eine, man möge ihm all die Menschen überlassen, die im Laufe dieses Krieges als Flüchtlinge zu ihm kämen. Kabades erfüllte ihm dieses Ersuchen und übergab ihm auch noch die schriftliche Bestätigung des Asylrechtes. Daraufhin strömten zahlreiche Menschen von allen Seiten her an diesem Platze zusammen und fanden Sicherheit; denn die Sache hatte sich weit herumgesprochen. Solchen Verlauf nahm es also damit.

Kabades aber schritt zur Belagerung von Amida und ließ die Mauer überall durch Sturmböcke berennen. Indessen fingen die Einwohner den Aufprall stets durch schräggestellte Deckbalken ab, und auch der Perser ließ in seinem Bemühen nicht nach, bis er endlich einsehen mußte, daß auf diese Art die Mauer nicht zu bezwingen sei. Denn trotz wiederholter Stöße konnte er die Stadtmauer an keiner Stelle zum Ein-

δειμαμένοις τὸ παλαιὸν εἴργαστο. τούτου δὲ Καβάδης 14
ἀποτυχὼν λόφον τινὰ χειροποίητον ἐπιτείχισμα τῇ πόλει
ἐποίει μέτρῳ πολλῷ ὑπεραίροντα τοῦ τείχους τὸ μῆκος,
οἵ τε πολιορκούμενοι ἐντὸς τοῦ περιβόλου ἀρξάμενοι κατώρυχα μέχρι ἐς τὸν λόφον ἐποίουν, καὶ λάθρα ἐνθένδε
τὸν χοῦν ἐκφοροῦντες κενὰ ἐπὶ πλεῖστον τὰ ἐντὸς τοῦ
λόφου εἰργάσαντο. τὰ μέντοι ἐκτὸς ἐφ᾽ οὗπερ ἐγεγόνει
σχήματος ἔμενεν, οὐδενὶ αἴσθησιν παρεχόμενα τοῦ πρασ-
σομένου. πολλοὶ μὲν οὖν Πέρσαι ὥσπερ ἐπ᾽ ἀσφαλοῦς ἀνα- 15
βαίνοντες ἔν τε τῇ ἄκρᾳ ἐγένοντο καὶ βάλλειν ἐνθένδε
κατὰ κορυφὴν τοὺς ἐν τῷ περιβόλῳ διενοοῦντο. τοῦ δὲ
ὁμίλου δρόμῳ ἐπιρρέοντος ἐμπεσὼν ὁ λόφος ἐκ τοῦ αἰφνιδίου σχεδόν τι ἅπαντας ἔκτεινε.
  Καβάδης δὲ τοῖς παροῦσιν ἀπορούμενος τὴν προσε- 16
δρείαν διαλύειν ἔγνω, καὶ τῷ στρατοπέδῳ ἀναχωρεῖν ἐς
τὴν ὑστεραίαν ἐπήγγειλε. τότε δὴ οἱ πολιορκούμενοι, ἅτε 17
τοῦ κινδύνου ἀφροντιστήσαντες, πολλὰ τοὺς βαρβάρους
ξὺν γέλωτι ἀπὸ τοῦ περιβόλου ἐτώθαζον. καί τινες ἑταῖ- 18
ραι ἀνελκύσασαι κόσμῳ οὐδενὶ τὴν ἐσθῆτα Καβάδῃ ἄγχιστά που ἑστηκότι ἐδείκνυον ὅσα τῶν γυναικῶν γυμνὰ
φανῆναι ἀνδράσιν οὐ θέμις. ὅπερ κατιδόντες οἱ μάγοι τῷ 19
τε βασιλεῖ ἐς ὄψιν ἦλθον καὶ τὴν ἀναχώρησιν ἐκώλυον,
ξυμβαλεῖν ἰσχυριζόμενοι τῷ γεγονότι ὡς ἅπαντα Καβάδῃ
Ἀμιδηνοὶ τά τε ἀπόρρητα καὶ κρυπτόμενα οὐκ ἐς μακρὰν
δείξουσιν. οὕτω μὲν τὸ Περσῶν στρατόπεδον αὐτοῦ ἔμεινεν. ἡμέραις δὲ τῶν τις Περσῶν οὐ πολλαῖς ὕστερον 20
ἄγχιστα τῶν πύργων τινὸς ἐκβολὴν ὑπονόμου παλαιοῦ
εἶδεν οὐ ξὺν τῷ ἀσφαλεῖ κεκαλυμμένην, ἀλλὰ χάλιξι
σμικραῖς τε καὶ οὐ λίαν συχναῖς. νύκτωρ τε μόνος ἐνταῦθα 21
ἥκων καὶ τῆς εἰσόδου ἀποπειρασάμενος ἐντὸς τοῦ περιβόλου ἐγένετο. ἅμα δὲ ἡμέρᾳ τὸν πάντα λόγον Καβάδῃ
ἀπήγγειλε. καὶ ὃς τῇ ἐπιγινομένῃ νυκτὶ κλίμακας ἐν
παρασκευῇ ποιησάμενος ξὺν ὀλίγοις τισὶν ἐνταῦθα ἦλθε.
καί τις αὐτῷ δεξιὰ ξυνηνέχθη τύχη τρόπῳ τοιῷδε. τὸν πύρ- 22

sturz bringen oder auch nur erschüttern, so fest hatten die alten Meister gebaut. Nach diesem Mißerfolg ließ Kabades zum Angriff auf die Stadt einen Hügel weit über Mauerhöhe aufschütten. Doch die Belagerten trieben von der Innenseite der Befestigung her bis unter den Hügel einen Stollen vor, schafften heimlich die Erde von dort weg und höhlten weithin das Innere der Aufschüttung aus. Nach außen hin aber blieb die alte Form erhalten und ließ niemand ahnen, was hier vor sich ging. Viele Perser, in der Meinung, es sei fester Boden, stiegen nun hinauf, stellten sich an den höchsten Punkt und wollten von dort auf die Verteidiger der Mauer herabschießen. Während aber die Masse eilends herbeistürmte, brach plötzlich der Hügel ein, und fast alle fanden dabei den Tod.

Angesichts der Schwierigkeiten beschloß Kabades, die Belagerung aufzuheben, und gab dem Heere Abmarschbefehl für den folgenden Tag. Die Belagerten aber taten damals, ohne an die Gefahr zu denken, von der Mauer aus den Barbaren viel Spott und Hohn an. Einige Hetären hoben sogar in schamloser Weise ihr Gewand und zeigten dem ganz in der Nähe stehenden Kabades, was Männer an Frauen nackt nicht sehen dürfen. Als dies die Magier sahen, traten sie vor den König und widerrieten ihm abzurücken, indem sie auf Grund des Vorfalles, wie sie sagten, den Schluß zogen, die Einwohner Amidas müßten dem Kabades in Bälde ihre intimsten Geheimnisse aufdecken. Und so blieb das Perserheer vor der Stadt liegen. Wenige Tage danach bemerkte ein Perser unmittelbar neben einem Befestigungsturm die Mündung eines alten unterirdischen Ganges, die nicht mit der nötigen Sorgfalt, sondern nur mit ein paar kleinen Steinen abgedeckt war. Er begab sich daher nachts allein an die Stelle, versuchte den Zugang und gelangte tatsächlich auf die Innenseite des Mauerringes. Mit Tagesanbruch erstattete er Kabades von allem Bericht. Der ließ in der folgenden Nacht Leitern bereit halten und verfügte sich selbst mit einigen Begleitern an Ort und Stelle. Auch ein günstiger Zufall kam ihm zu Hilfe und zwar auf folgende Weise: Den Turm dicht neben dem unterirdi-

γον, ὃς δὴ τοῦ ὑπονόμου ἀγχοτάτω ἐτύγχανεν ὤν, φυλάσσειν τῶν Χριστιανῶν οἱ σωφρονέστατοι ἔλαχον, οὕσπερ
καλεῖν μοναχοὺς νενομίκασι. τούτους ἑορτήν τινα τῷ θεῷ
ἄγειν ἐνιαύσιον ἐκείνῃ τῇ ἡμέρᾳ τετύχηκεν. ἐπεί τε ἡ νὺξ 23
ἐπεγένετο, ἅπαντες, ἅτε κόπῳ μὲν πολλῷ διὰ τὴν πανή-
γυριν ὁμιλήσαντες, μᾶλλον δὲ τοῦ εἰθισμένου σιτίων τε
καὶ ποτοῦ ἐς κόρον ἐλθόντες ὕπνον τινὰ ἡδύν τε καὶ
πρᾷον ἐκάθευδον καὶ ἀπ' αὐτοῦ ὡς ἥκιστα τῶν ποιουμένων ἠσθάνοντο. Πέρσαι γοῦν διὰ τοῦ ὑπονόμου ἐντὸς τοῦ 24
περιβόλου κατ' ὀλίγους γενόμενοι ἐς τὸν πύργον ἀνέβαινον, καὶ τοὺς μοναχοὺς καθεύδοντας ἔτι εὑρόντες ἔκτειναν
ἅπαντας. ὅπερ ἐπεὶ Καβάδης ἔγνω, τὰς κλίμακας τῷ τείχει 25
τούτου δὴ ἄγχιστα τοῦ πύργου προσῆγεν. ἡμέρα δὲ ἦν 26
ἤδη. καὶ τῶν Ἀμιδηνῶν οἱ ἐν πύργῳ τῷ ἐχομένῳ ἐφύλασσον, αἰσθόμενοι τοῦ κακοῦ κατὰ τάχος ἐβοήθουν ἐνταῦθα. ὠθισμῷ τε πολλῷ ἐπὶ πλεῖστον ἀμφότεροι ἐς ἀλλή- 27
λους ἐχρῶντο καὶ τὸ πλέον ἤδη Ἀμιδηνοὶ ἔχοντες τῶν τε
ἀναβεβηκότων πολλοὺς ἔκτεινον καὶ τοὺς ἀπὸ τῶν κλι-
μάκων ἀνέστελλον καὶ τοῦ ἀπεῶσθαι τὸν κίνδυνον οὐ
μακράν που ἐγένοντο. ἀλλὰ Καβάδης αὐτὸς τὸν ἀκινάκην 28
σπασάμενος καὶ αὐτῷ ἀεὶ δεδισσόμενος ἐς τὰς κλίμακας
ὁρμῶν οὐκ ἀνίει τοὺς Πέρσας, θάνατός τε ἦν ἡ ζημία
τοῖς ἐνθένδε ἀναστρέφειν τολμῶσι. διὸ δὴ πλήθει πολλῷ 29
οἱ Πέρσαι καθυπέρτεροι τῶν ἐναντίων γενόμενοι ἐνίκησάν
τε αὐτοὺς τῇ μάχῃ καὶ κατὰ κράτος ἡ πόλις ἥλω ὀγδοη-
κοστῇ ἀπὸ τῆς πολιορκίας ἡμέρᾳ.

Φόνος τε Ἀμιδηνῶν πολὺς ἐγεγόνει, ἕως ἐσελαύνοντι 30
ἐς τὴν πόλιν Καβάδῃ τῶν τις Ἀμιδηνῶν γέρων τε καὶ
ἱερεὺς προσελθὼν εἶπεν ὡς οὐ βασιλικὸν τὸ φονεύειν τοὺς
ἡλωκότας εἴη. Καβάδης μὲν οὖν θυμῷ ἔτι ἐχόμενος 31
ἀπεκρίνατο ,,διὰ τί γάρ μοι πολεμεῖν ἔγνωτε‘‘; ὁ δὲ ὑπο-
λαβὼν αὐτίκα ἔφη ,,ὅτι δὴ ὁ θεὸς οὐχ ἡμετέρᾳ γνώμῃ,
ἀλλὰ ἀρετῇ παραδιδόναι σοι Ἄμιδαν ἤθελε‘‘. τούτῳ τῷ 32
λόγῳ Καβάδης ἡσθεὶς κτείνειν οὐδένα τὸ λοιπὸν εἴασεν,

schen Gang hatten die ehrbarsten unter den Christen, die
man Mönche zu nennen pflegt, zur Bewachung erhalten. Diese feierten zufällig an jenem Tage Gott zu Ehren ein Jahres-
fest. Als nun die Nacht herankam, lagen alle sehr müde von
der Feier und der ungewöhnlich reichen Sättigung an Speise
und Trank in süßem, tiefem Schlummer und merkten daher
nichts von dem, was geschah. Die Perser jedenfalls gelangten
in kleinen Gruppen durch den unterirdischen Gang in die
Stadt, erstiegen den Turm, fanden die Mönche noch schla-
fend und machten sie alle nieder. Sobald Kabades davon
Nachricht hatte, ließ er die Leitern dicht neben dem erwähnten Turm an die Mauer legen. Inzwischen war es aber auch
schon Tag geworden. Da merkten die Amider, die auf dem
nächsten Turme Wache hielten, die Gefahr und kamen eilends
zu Hilfe herbei. Angreifer und Verteidiger prallten in wilde-
stem Getümmel aufeinander. Schon hatten die Einwohner
von Amida die Oberhand, töteten zahlreiche Eindringlinge
und stießen die anderen von den Leitern und waren nahe
daran, die Gefahr zu bannen, als Kabades sein Kurzschwert
zog, unablässig damit drohend auf die Leitern zu stürzte und
die Perser nicht zurückweichen ließ. Todesstrafe erwartete
den, der umzukehren wagte. So überwanden die Perser dank
ihrer gewaltigen Menge schließlich die Gegner, kämpften sie
nieder und erstürmten die Stadt am achtzigsten Tage seit Beginn der Belagerung.

Und es begann ein großes Morden unter den Einwohnern,
bis dem Kabades beim Eintritt in die Stadt ein alter Priester
aus Amida entgegentrat und erklärte, Besiegte zu töten sei
unköniglich. Noch zornerfüllt erwiderte ihm der Herrscher:
„Warum wolltet ihr denn mit mir Krieg führen?" Doch der
Alte besann sich nicht lange und hielt ihm entgegen: „Gott
geruhte eben, Amida nicht durch unseren Wllen, sondern
durch deine Tapferkeit dir anheimzugeben." Kabades fand
an diesem Wort Gefallen und gebot dem Morden Einhalt. Die

ἀλλὰ τά τε χρήματα ληίζεσθαι Πέρσας ἐκέλευε καὶ τοὺς
περιόντας ἐν ἀνδραπόδων ποιεῖσθαι λόγῳ, καὶ αὐτῷ
ἐξελέσθαι ἅπαντας αὐτῶν τοὺς δοκίμους ἐπέστελλεν.
ὀλίγῳ δὲ ὕστερον χιλίους ἐπὶ τῇ φυλακῇ ἐνταῦθα λιπὼν 33
ἄρχοντά τε αὐτοῖς ἐπιστήσας Γλώνην, ἄνδρα Πέρσην,
καὶ τῶν Ἀμιδηνῶν ἀνθρώπους τινὰς ὀλίγους οἰκτρούς, οἳ
δὴ ἐς τὴν δίαιταν ὑπηρετήσειν Πέρσαις ἔμελλον, αὐτὸς
παντὶ τῷ ἄλλῳ στρατῷ τοὺς ἡλωκότας ἔχων ἐπ' οἴκου
ἀπήλαυνεν. ἐς τούτους δὲ τοὺς αἰχμαλώτους φιλανθρωπίᾳ 34
ἐχρήσατο βασιλεῖ πρεπούσῃ· χρόνου γὰρ ὀλίγου εἰς τὰ
οἰκεῖα ξύμπαντας ἀφῆκεν ἰέναι, τῷ δὲ λόγῳ ἀπέδρασαν
αὐτόν, ὅ τε Ῥωμαίων βασιλεὺς Ἀναστάσιος ἔργα ἐς 35
αὐτοὺς ἐπεδείξατο ἀρετῆς ἄξια· φόρους τε γὰρ τοὺς ἐπετείους ἐς ἔτη ἑπτὰ ξύμπαντας ἀφῆκε τῇ πόλει καὶ αὐτοὺς
κοινῇ τε καὶ ἰδίᾳ ἕκαστον πολλοῖς τισιν ἀγαθοῖς ἐδωρήσατο, ὥστε αὐτοῖς λήθην τῶν ξυμβεβηκότων πολλὴν γενέσθαι. ἀλλὰ ταῦτα μὲν χρόνῳ τῷ ὑστέρῳ ἐγένετο.

Τότε δὲ βασιλεὺς Ἀναστάσιος πολιορκεῖσθαι μαθὼν 8
Ἄμιδαν στράτευμα κατὰ τάχος διαρκὲς ἔπεμψεν. ἄρχοντες δὲ ἦσαν μὲν κατὰ συμμορίαν ἑκάστων, στρατηγοὶ δὲ
ἅπασιν ἐφεστήκεσαν τέσσαρες, Ἀρεόβινδός τε, Ὀλυβρίου
κηδεστής, τοῦ ἐν τῇ ἑσπερίᾳ βεβασιλευκότος ὀλίγῳ πρότερον, τῆς ἑῴας δὲ τότε στρατηγὸς ἐτύγχανεν ὤν· καὶ 2
τῶν ἐν παλατίῳ ταγμάτων ἀρχηγὸς Κέλερ (μάγιστρον
Ῥωμαῖοι τὴν ἀρχὴν καλεῖν νενομίκασιν)· ἔτι μὴν καὶ οἱ
τῶν ἐν Βυζαντίῳ στρατιωτῶν ἄρχοντες, Πατρίκιός τε ὁ
Φρὺξ καὶ Ὑπάτιος ὁ βασιλέως ἀδελφιδοῦς· οὗτοι μὲν
τέσσαρες στρατηγοὶ ἦσαν. ξυνῆν δὲ αὐτοῖς καὶ Ἰουστῖνος, 3
ὃς δὴ ὕστερον Ἀναστασίου τελευτήσαντος ἐβασίλευσε,
καὶ Πατρικίολος ξὺν Βιταλιανῷ τῷ παιδί, ὃς ὅπλα ἀντά-
ρας Ἀναστασίῳ βασιλεῖ οὐ πολλῷ ὕστερον ἐτυράννησε,
καὶ Φαρεσμάνης Κόλχος μὲν γένος, διαφερόντως δὲ ἀγα-

Perser sollten nur noch plündern und die restlichen Einwohner zu Sklaven machen, im übrigen aber alle Vornehmen unter ihnen für den König auswählen. Kurz darauf ließ Kabades
eintausend Mann als Besatzung in Amida zurück, dazu den
Perser Glones als Befehlshaber sowie einige bedauernswerte
Bewohner, die für den Lebensunterhalt den Persern zu Dien-
sten sein sollten. Er selbst kehrte mit dem gesamten übrigen
Heer und den Gefangenen nach Hause zurück. Diesen Kriegs-
gefangenen gegenüber legte er eine Menschenfreundlichkeit
an den Tag, wie sie eines Königs würdig ist: Binnen kurzem
entließ er sie nämlich alle in ihre Heimat, und es war nur
Schein, daß sie ihm entliefen. Ebenso ließ ihnen der römische
Kaiser Anastasios großherzige Wohltaten zuteil werden: Er
befreite die Stadt auf sieben Jahre von sämtlichen laufenden
Abgaben und erwies den Einwohnern im ganzen wie auch jedem einzelnen vielerlei Gnaden, so daß sie ihr Unglück weitgehend vergaßen. Doch das spielte erst in der späteren Zeit.

8. Uneinigkeit und Niederlage der römischen Feldherrn

Als Kaiser Anastasios von der Belagerung Amidas vernahm, schickte er rasch ein entsprechendes Heer zu Hilfe. Jede einzelne Abteilung hatte ihren Führer, zu Oberbefehlsha-
bern über das Ganze waren aber vier Feldherrn bestellt:
Areobindos, der Schwiegersohn des Olybrios, der kurz zuvor
die Kaiserwürde im Westen bekleidet hatte, damals magister
militum per orientem; ferner der Kommandeur der Palast-
truppen Keler (magister officiorum nennen die Römer gewöhnlich dieses Amt); schließlich die beiden magistri militum
in Byzanz, der Phryger Partikios und der Neffe des Kaisers,
Hypatios. Diese vier hatten den Oberbefehl. Ihnen war auch
Justinos beigegeben, der später nach dem Tode des Anastasios
Kaiser wurde, dazu Patrikiolos mit seinem Sohne Vitalianos,
der nicht lange danach sich gegen Kaiser Anastasios erhob
und zum Gegenkaiser aufschwang. Ferner waren dabei Pha-
resmanes, ein gebürtiger Kolcher, ein außerordentlich tüchtiger Soldat, sowie die Goten Godidisklos und Bessas, zwei sehr

θὸς τὰ πολέμια, καὶ Γοδίδισκλός τε καὶ Βέσσας, Γότθοι
ἄνδρες, Γότθων τῶν οὐκ ἐπισπομένων Θευδερίχῳ ἐς
Ἰταλίαν ἐκ Θράκης ἰόντι, γενναίω τε ὑπερφυῶς ἄμφω
καὶ τῶν κατὰ τὸν πόλεμον πραγμάτων ἐμπείρω, ἄλλοι τε
πολλοὶ καὶ ἄριστοι εἵποντο. στράτευμα γὰρ τοιοῦτό 4
φασιν οὔτε πρότερον οὔτε ὕστερον ἐπὶ Πέρσας Ῥωμαίοις
ξυστῆναι. οὗτοι μέντοι ἄπαντες οὐκ ἐς ταὐτὸ ἀγηγερμένοι
οὐδὲ στράτευμα ἓν ποιησάμενοι ᾖεσαν, ἀλλ᾽ αὐτὸς ἕκαστος
τοῖς κατ᾽ αὐτὸν στρατιώταις ἐξηγεῖτο ἐπὶ τοὺς πολεμίους.
χορηγὸς δὲ τῆς τοῦ στρατοπέδου δαπάνης Ἀπίων Αἰγύπ- 5
τιος ἐστάλη, ἀνὴρ ἐν πατρικίοις ἐπιφανής τε καὶ δραστήριος ἐς τὰ μάλιστα, καὶ αὐτὸν βασιλεὺς κοινωνὸν τῆς
βασιλείας ἐν γράμμασιν ἀνεῖπεν, ὅπως οἱ ἐξουσία εἴη τὰ
ἐς τὴν δαπάνην ᾗ βούλοιτο διοικήσασθαι.
Ὁ μὲν οὖν στρατὸς οὗτος χρόνῳ τε ξυνελέγοντο καὶ 6
σχολαίτεροι ἐπορεύοντο. διὸ δὴ τοὺς βαρβάρους ἐν γῇ τῇ
Ῥωμαίων οὐχ εὗρον, ἐπεὶ ἐξ ἐπιδρομῆς οἱ Πέρσαι τὴν
ἔφοδον ποιησάμενοι αὐτίκα δὴ ἐς τὰ πάτρια ἤθη ἀνεχώρησαν ξὺν πάσῃ τῇ λείᾳ. τῶν δὲ στρατηγῶν οὐδεὶς ἐς 7
πολιορκίαν τῶν ἐν Ἀμίδῃ ἀπολελειμμένων ἐν τῷ παρόντι
καθίστασθαι ἤθελε· πολλὰ γὰρ ἐσκομίσασθαι σφᾶς τὰ
ἐπιτήδεια ἔμαθον· ἀλλ᾽ ἐς τῶν πολεμίων τὴν χώραν ἐσβολὴν ποιήσασθαι ἐν σπουδῇ εἶχον. οὐ μὴν ἐπὶ τοὺς βαρ- 8
βάρους κοινῇ ᾖεσαν, ἀλλὰ χωρὶς ἀλλήλων στρατοπεδευό-
μενοι ἐπορεύοντο. ταῦτα Καβάδης μαθὼν (ἄγχιστα γάρ
που ἐτύγχανεν ὤν) ἐς τὰ Ῥωμαίων ὅρια κατὰ τάχος
ἐλθὼν ὑπηντίαζεν. οὔπω μέντοι Ῥωμαῖοι τῷ παντὶ 9
στρατῷ Καβάδην ἰέναι ἐπ᾽ αὐτοὺς ἔμαθον, ἀλλὰ Περσῶν
ᾤοντο στράτευμα βραχύ τι ἐνταῦθα εἶναι. οἱ μὲν οὖν ἀμφὶ 1
Ἀρεόβινδον ἐστρατοπεδεύσαντο ἐν χωρίῳ Ἀρζάμων,
ἀπέχοντι Κωνσταντίνης πόλεως δυοῖν ἡμέραιν ὁδόν, οἱ
δὲ ἀμφὶ Πατρίκιον καὶ Ὑπάτιον ἐν χωρίῳ Σίφριος, ὅπερ
Ἀμίδης πόλεως οὐχ ἧσσον ἢ πεντήκοντα καὶ τριακοσίους
σταδίους ἀπέχει. Κέλερ γὰρ οὔπω ἐνταῦθα ἀφῖκτο.

wackere und kriegserfahrene Männer, die zu jenen Goten zählten, die sich Theodorich bei seinem Abmarsch aus Thrakien
nach Italien nicht angeschlossen hatten. Schließlich befanden
sich noch viele andere ausgezeichnete Männer im Gefolge.
Denn weder vorher noch nachher soll ein solch glänzendes
Heer von den Römern gegen die Perser aufgeboten worden
sein. Die ganze Streitmacht hatte sich jedoch nicht an ein und
derselben Stelle gesammelt und zog auch nicht als geschlossene Einheit ins Feld, vielmehr führte jeder einzelne Befehlshaber seine Soldaten gegen die Feinde. Zur Versorgung der
Truppen wurde der Ägypter Apion entsandt, ein vornehmer
Patrikier und überaus tatkräftiger Mann, den der Kaiser in
einem Schreiben sogar zu seinem Mitregenten bestellte, damit er seine Aufgabe ganz nach freiem Ermessen erledigen
könne.

Das Heer sammelte sich zögernd und rückte dann auch
ziemlich langsam vor. So traf es die Barbaren nicht mehr auf
römischem Boden; denn die Perser hatten überraschend angegriffen und waren sogleich wieder mit der gesamten Beute
in ihr Land zurückgekehrt. An die Belagerung der in Amida
zurückgelassenen Besatzung aber wagte sich im Augenblick
kein Feldherr – es war ja bekannt geworden, daß sie große
Mengen Proviant in die Stadt geschafft hatte –, man plante
vielmehr einen Einfall ins Feindesland. Doch rückten die
Feldherrn nicht gemeinsam gegen die Barbaren, sondern getrennt voneinander und mit eigenen Lagern. Sowie Kabades,
der sich irgendwo ganz in der Nähe aufhielt, davon Nachricht
bekam, drang er eilends in römische Grenzgebiet ein und stellte sich den Römern entgegen. Diese hatten indessen noch keine Kunde, daß Kabades mit seiner gesamten Streitmacht
heranrücke, sondern meinten, es handle sich dort um eine
kleine persische Abteilung. Nun hatte Areobindos mit seinen
Leuten an einem Ort namens Arzamon, zwei Tagemärsche
von der Stadt Konstantine, Lager bezogen, während Patrikios, Hypatios und ihre Truppen bei dem Platze Siphrios
standen, der mindestens 350 Stadien von Amida entfernt
liegt. Keler war dort noch nicht eingetroffen. Sobald Areobin-

Ἀρεόβινδος δὲ ἐπειδὴ Καβάδην παντὶ τῷ στρατῷ ἐπιέναι 11
σφίσιν ἐπύθετο, ἀπολιπὼν τὸ στρατόπεδον ξὺν τοῖς ἑπομένοις ἅπασιν ἐς φυγὴν ὥρμητο καὶ ἐς Κωνσταντίναν
δρόμῳ ἐχώρει. ἐπελθόντες δὲ ὀλίγῳ ὕστερον οἱ πολέ- 12
μιοι ἔρημον ἀνδρῶν αὐτοῖς χρήμασι τὸ στρατόπεδον
εἷλον. ἔνθεν τε κατὰ τάχος ἐπὶ Ῥωμαίων τὸ ἄλλο στράτευμα ᾔεσαν. οἱ δὲ ἀμφὶ Πατρίκιον καὶ Ὑπάτιον Ἐφθα- 13
λίταις ἐντυχόντες ὀκτακοσίοις, οἳ τοῦ Περσῶν στρατοῦ
ἔμπροσθεν ᾔεσαν, σχεδόν τι ἅπαντας ἔκτειναν. οὐδὲν δὲ 14
ἀμφὶ τῷ Καβάδῃ καὶ τῇ Περσῶν στρατιᾷ πεπυσμένοι,
ἅτε νενικηκότες, ἀδεέστερον τῇ διαίτῃ ἐχρῶντο. τὰ γοῦν
ὅπλα καταθέμενοι ἄριστον σφίσιν ἡτοίμαζον. ἤδη γὰρ τῆς
ἡμέρας ὁ καιρὸς ἐνταῦθα ἦγε. ῥύαξ δέ τις ἔρρει ἐν τούτῳ 15
τῷ χώρῳ, ἵνα Ῥωμαῖοι τὰ κρέα καθαίρειν ἤρξαντο, οἷς
δὴ σιτίζεσθαι ἔμελλον. τινὲς δὲ ἀχθόμενοι τῷ πνίγει καὶ 16
λοῦσθαι ἠξίουν. ταύτῃ τε ταραχθὲν τὸ τοῦ ῥύακος ὕδωρ
πρόσω ἐχώρει. Καβάδης δὲ τὰ ἐς τοὺς Ἐφθαλίτας ξυμπεσόντα μαθὼν ἐπὶ τοὺς πολεμίους κατὰ τάχος ᾔει. κατι- 17
δών τε συγκεχυμένον τὸ τοῦ ῥύακος ὕδωρ καὶ ξυμβαλὼν
τὸ ποιούμενον ἔγνω ἀπαρασκεύους τοὺς ἐναντίους εἶναι,
καὶ κατὰ κράτος ἤδη ἐπ᾽ αὐτοὺς ἐλαύνειν ἐκέλευεν. αὐτίκα
τε αὐτοῖς ἑστιωμένοις τε καὶ ἀνόπλοις οὖσιν ἐπέστησαν.

Ῥωμαῖοι δὲ οὐκ ἐνεγκόντες τὴν ἔφοδον ἐς ἀλκὴν μὲν 18
τὸ παράπαν οὐκ ἔβλεπον, ἔφευγον δὲ ὡς ἕκαστός πη ἐδύνατο, καὶ αὐτῶν οἱ μὲν καταλαμβανόμενοι ἔθνησκον, οἱ
δὲ ἀνιόντες εἰς τὸ ὄρος, ὃ ταύτῃ ἀνέχει, ἐρρίπτουν αὐτοὺς
κατὰ τὸ κρημνῶδες ξὺν φόβῳ καὶ θορύβῳ πολλῷ. ὅθεν δὴ 19
οὐδένα σεσῶσθαί φασι, Πατρίκιος δὲ καὶ Ὑπάτιος κατ᾽
ἀρχὰς τῆς ἐφόδου διαφυγεῖν ἴσχυσαν. ἔπειτα δὲ Καβάδης,
Οὔννων πολεμίων ἐς γῆν τὴν αὐτοῦ ἐσβεβληκότων, παντὶ
τῷ στρατῷ ἐπ᾽ οἴκου ἀνεχώρησε, πόλεμόν τε μακρὸν
πρὸς τὸ ἔθνος τοῦτο ἐς τῆς χώρας τὰ πρὸς ἄρκτον
διέφερεν. ἐν τούτῳ δὲ καὶ τὸ ἄλλο στράτευμα Ῥωμαίων 20

dos vom Anmarsch des Kabades und seines gesamten Heeres
hörte, räumte er das Lager, machte sich mit all seinen Leuten
auf die Flucht und erreichte in Eile Konstantine. Kurz darauf
trafen die Feinde in Arzamon ein; sie fanden das Lager verlassen und nahmen es samt den Schätzen in Besitz. Dann
wandten sie sich von dort rasch gegen das andere römische
Heer. Patrikios und Hypatios aber stießen mit ihren Leuten
auf achthundert Ephthaliten, die dem Perserheer vorauszo-
gen, und machten fast alle nieder. Dabei hatten sie von Kabades und seinen Truppen nichts gemerkt und ließen nun als
Sieger in ihrem Verhalten nicht mehr die nötige Vorsicht walten. Jedenfalls legten sie Waffen ab und wollten, da es schon
die Tageszeit forderte, ihr Frühstück bereiten. Nun strömte
an dieser Stelle ein Bach, in dem die Römer das Fleisch für
das geplante Mahl zu säubern begannen. Einige hielten es wegen der Hitze sogar für nötig zu baden. Dadurch wurde aber
das Wasser des Baches aufgerührt, so daß es nun verschmutzt
weiter floß. Kabades aber hatte inzwischen von dem Schicksal der Ephthaliten erfahren und rückte schnell gegen die
Feinde heran. Wie er nun das Wasser des Baches aufgerührt
sah, schloß er daraus, was vorging, und kam zur Erkenntnis,
daß die Feinde unvorbereitet seien. So befahl er nunmehr den
Angriff unter Einsatz aller Kräfte, und alsbald stießen die
Perser auf die Gegner, die gerade ihr Mahl einnahmen und zu
diesem Zwecke die Waffen abgelegt hatten.

Die Römer waren dem Ansturm nicht gewachsen; ohne
auch nur im mindesten an Widerstand zu denken, flohen sie
alle, wie sich jedem gerade Gelegenheit bot. Die einen wurden
dabei eingeholt und niedergemacht, während die anderen den
Berg, der sich dort erhebt, hinaufrannten und voll Furcht
und Schrecken sich über die Felshänge zu Tode stürzten. Infolgedessen soll kein einziger Römer mit dem Leben davon-
gekommen sein, nur Patrikios und Hypatios konnten sich
gleich zu Beginn des Angriffs in Sicherheit bringen. Kabades
zog hierauf, da Hunnen als Feinde in sein Land eingefallen
waren, mit dem ganzen Heer nach Hause und führte gegen
dieses Volk in den nördlichen Teilen seines Reiches einen lang-
wierigen Krieg. Inzwischen war auch das andere römische

ἦλθε, λόγου μέντοι ἄξιον οὐδὲν ἔδρασαν, ὅτι δὴ αὐτοχρά-
τωρ τοῦ πολέμου κατέστη οὐδείς, ἀλλ᾽ ἴσοι πρὸς ἀλλήλους οἱ στρατηγοὶ ὄντες ἀντεστάτουν τε ἀλλήλων ταῖς
γνώμαις καὶ γίνεσθαι ἐν τῷ αὐτῷ οὐδαμῇ ἤθελον. Κέλερ 21
δὲ ξὺν τοῖς ἑπομένοις Νύμφιον ποταμὸν διαβὰς ἐσβολήν
τινα ἐς τὴν Ἀρζανηνὴν ἐποιήσατο. ἔστι δὲ ὁ ποταμὸς 22
οὗτος Μαρτυροπόλεως μὲν ἀγχοτάτω, Ἀμίδης δὲ ὅσον
ἀπὸ σταδίων τριακοσίων. οἳ δὴ λῃσάμενοι τὰ ἐκείνῃ
χωρία ἐπανῆλθον οὐ πολλῷ ὕστερον. δι᾽ ὀλίγου τε ἡ ἐπι-
δρομὴ αὕτη ἐγένετο.

Μετὰ δὲ Ἀρεόβινδος μὲν ἐς Βυζάντιον ὡς βασιλέα 9
μετάπεμπτος ἦλθεν, οἱ δὲ λοιποὶ ἐς Ἄμιδαν ἀφικόμενοι
χειμῶνος ὥρᾳ ἐς πολιορκίαν καθίσταντο. καὶ βίᾳ μὲν
ἑλεῖν τὸ χωρίον, καίπερ πολλὰ ἐγκεχειρηκότες, οὐκ ἴσχυσαν, λιμῷ δὲ τοῦτο ποιεῖν ἔμελλον· πάντα γὰρ τοὺς πολιορκουμένους τὰ ἐπιτήδεια ἐπιλελοίπει. ἀλλ᾽ οἱ στρατη- 2
γοὶ οὐδὲν πεπυσμένοι ἀμφὶ τῶν πολεμίων τῇ ἀπορίᾳ,
ἐπειδὴ τοὺς στρατιώτας τῇ προσεδρείᾳ καὶ τῷ χειμῶνι
ἀχθομένους ἑώρων, ἅμα δὲ καὶ Περῶν στράτευμα ἐπὶ
σφᾶς ἥξειν οὐκ εἰς μακρὰν ὑπετόπαζον, τρόπῳ ὅτῳ δὴ
ἐνθένδε ἀπαλλάσσεσθαι ἐν σπουδῇ εἶχον. οἵ τε Πέρσαι, 3
οὐκ ἔχοντες τίνες ἂν ἐν τοῖσδε τοῖς δεινοῖς γένοιντο, τὴν
μὲν ἀπορίαν τῶν ἀναγκαίων ἐς τὸ ἀκριβὲς ἔκρυπτον, δόκησιν παρέχοντες ὡς πάντων σφίσι τῶν ἐπιτηδείων ἀφθονία
εἴη, ἐς δὲ τὰ οἰκεῖα ξὺν τῷ εὐπρεπεῖ λόγῳ ἀναχωρεῖν
ἤθελον. γίνονται οὖν ἐν ἀμφοτέροις λόγοι, ἐφ᾽ ᾧ δὴ Πέρ- 4
σαι λίτρας χρυσίου χιλίας λαβόντες ἀποδώσουσι Ῥωμαίοις τὴν πόλιν. ἑκάτεροί τε ἄσμενοι τὰ ξυγκείμενα ἐπιτελῆ ἐποίουν, τά τε χρήματα λαβὼν ὁ τοῦ Γλώνου υἱὸς

Heer eingetroffen, konnte jedoch nichts Nennenswertes ausrichten; denn es gab keinen Oberbefehlshaber in diesem Krieg,
vielmehr standen sich alle Führer im Range gleich, bekämpften daher gegenseitig ihre Pläne und wollten nicht zusam-
mengehen. Nur Keler überschritt mit seinen Leuten den
Nymphios und machte einen Einfall nach Arzanene. Dieser
Fluß ist ganz in der Nähe von Martyropolis, von Amida aber
ungefähr dreihundert Stadien entfernt. Nachdem die Römer
die dortigen Ortschaften geplündert hatten, kehrten sie bald
darauf um, so daß dieser Angriff nur kurz dauerte.

9. Nach Rückgewinnung von Amida schließen die Römer einen siebenjährigen Waffenstillstand (506)

Hierauf wurde Areobindos zum Kaiser nach Byzanz befohlen, während die übrigen Feldherrn vor Amida eintrafen
und zur Winterszeit mit der Belagerung begannen. Da aber
die gewaltsame Einnahme trotz vieler Versuche nicht gelang,
wollten sie ihr Ziel durch Aushungern erreichen; waren doch
den Belagerten sämtliche Lebensmittel ausgegangen. Die
Feldherrn wußten indessen nichts von der Not der Feinde.
Sie sahen nur, wie ihre Soldaten unter den Strapazen der Belagerung und den Unbillen der Witterung litten, und vermuteten zugleich auch das baldige Heranrücken eines Perserheeres, weshalb sie sich ernstlich Gedanken machten, wie sie
von dort abziehen könnten. Die Perser ihrerseits im unklaren,
was wohl mit ihnen in dieser Bedrängnis geschehen werde,
vermieden sorgfältig jede Andeutung des Lebensmittelman-
gels und taten so, als ob sie an allem Nötigen Überfluß hätten.
Dabei war es ihr Wunsch, auf anständige Art freien Abzug in
die Heimat zu erreichen. So kam es denn zu gegenseitigen
Verhandlungen, und man einigte sich dahin, daß die Perser
für tausend Pfund Gold die Stadt den Römern überlassen
sollten. Gerne erfüllten beide Parteien die vertraglichen Ver-
pflichtungen: Der Sohn des Glones nahm das Geld in Empfang und lieferte dafür die Stadt aus. Glones selbst hatte näm-

Ἄμιδαν Ῥωμαίοις παρέδωκε. Γλώνης γὰρ ἤδη ἐτετελευ-
τήκει τρόπῳ τοιῷδε.

Οὔπω μὲν στρατοπεδευσαμένων ἐνταῦθα Ῥωμαίων, 5
Ἀμίδης δὲ πόλεως ὄντων οὐ μακρὰν ἄποθεν, τῶν τις
ἀγροίκων, ὅσπερ εἰώθει ἐς τὴν πόλιν ἐσιὼν λάθρα ὄρνις
τε καὶ ἄρτους καὶ τῶν ὡραίων πολλὰ τῷ Γλώνῃ τούτῳ
ἀποδίδοσθαι χρημάτων μεγάλων, Πατρικίῳ τῷ στρατηγῷ
ἐς ὄψιν ἐλθὼν Γλώνην οἱ ἐς χεῖρας παραδώσειν ξὺν Πέρσαις διακοσίοις ὑπέσχετο, ἤν τινος ἀμοιβῆς ἐλπίδα λαβὼν
παρ' αὐτοῦ εἴη. ὁ δὲ αὐτῷ ἅπαντα ὅσα ἦν βουλομένῳ 6
ὑποσχόμενος ἔσεσθαι τὸν ἄνθρωπον ἀπεπέμψατο. καὶ ὃς
τά τε ἱμάτια δεινῶς διαρρήξας καὶ δεδακρυμένῳ ἐοικὼς
ἐς τὴν πόλιν εἰσῆλθε. παρά τε τὸν Γλώνην ἥκων τάς τε 7
τρίχας τίλλων, ,,Ἐτύγχανον μέν, ὦ δέσποτα,'' εἶπεν
,,ἅπαντά σοι ἐκ τοῦ χωρίου τἀγαθὰ φέρων, ἐντυχόντες
δὲ στρατιῶται Ῥωμαῖοι (καὶ γάρ που ἐς τὰ ταύτῃ χωρία
κατ' ὀλίγους περιιόντες τοὺς οἰκτροὺς ἀγροίκους βιάζον-
ται) πληγάς τέ μοι οὐ φορητὰς προσετρίψαντο καὶ πάντα
ἀφελόμενοι οἱ λῃσταὶ ᾤχοντο, οἷς δὴ ἐκ παλαιοῦ Πέρσας
τε δεδιέναι καὶ τοὺς γεωργοὺς βιάζεσθαι νόμος. ἀλλ' 8
ὅπως, ὦ δέσποτα, σαυτῷ τε καὶ ἡμῖν καὶ Πέρσαις ἀμύ-
νῃς. ἢν γὰρ ἐς τῆς πόλεως τὰ προάστεια κυνηγετήσων
ἴῃς, θήραμά σοι οὐ φαῦλον ἔσται. κατὰ πέντε γὰρ ἢ τέτ-
ταρας οἱ κατάρατοι περιιόντες λωποδυτοῦσιν.'' ὁ μὲν 9
ταῦτα εἶπεν. ἀναπεισθεὶς δὲ ὁ Γλώνης τοῦ ἀνθρώπου
ἀνεπυνθάνετο πόσους ποτὲ Πέρσας οἴεταί οἱ ἐς τὴν πρᾶξιν ἱκανοὺς ἔσεσθαι. ὁ δὲ πεντήκοντα μὲν ἀποχρήσειν 10
οἱ μάλιστα ἔφη οὐ γὰρ ἂν αὐτῶν πλείοσί ποτε ἢ κατὰ
πέντε ὁδῷ ἰοῦσιν ἐντύχοιεν, τοῦ δὲ μηδὲν ἀπροσδόκητον
σφίσι ξυμβῆναι οὐδέν τι χεῖρον καὶ ἑκατὸν ἐς τὸ ἔργον
ἐπαγαγέσθαι· ἢν δὲ καὶ τούτων διπλασίους, τῷ παντὶ
ἄμεινον. βλάβος γὰρ ἀνθρώπῳ ἐκ τοῦ περιόντος οὐκ
ἂν γένοιτο.

Γλώνης μὲν οὖν ἱππέας διακοσίους ἀπολεξάμενος τὸν 11

lich schon den Tod gefunden, und zwar geschah dies auf folgende Weise:

Als die Römer ihr Lager dort noch nicht aufgeschlagen hatten, aber nicht mehr fern von Amida standen, kam ein Bauer, der gewöhnlich die Stadt aufsuchte und dem erwähnten Glones heimlich für teueres Geld Geflügel, Brot und viele Früchte verkaufte, zum Feldherrn Patrikios und machte sich anheischig, Glones mit zweihundert Persern ihm in die Hand zu liefern, wenn er von ihm dafür entsprechenden Lohn erwarten dürfe. Patrikios sicherte dem Manne die Erfüllung jedes Wunsches zu und entließ ihn dierauf. Mit arg zerrissenen Kleidern und tränenüberströmt kam dieser nun in die Stadt, trat vor Glones hin und sprach, indem er sich die Haare raufte: Herr, ich wollte dir eben bringen, was mein Dorf an Gütern bietet, da begegneten mir römische Soldaten, die in kleinen Gruppen die dortigen Ortschaften durchstreifen und den armen Bauern Gewalt antun. Diese versetzten mir fürchterliche Schläge, nahmen mir alles ab und machten sich damit aus dem Staube, diese Räuber, deren Art es ist, vor den Persern zu zittern, wehrlose Landleute aber zu mißhandeln. Schau nun, Herr, daß du dir und uns und den Persern hilfst! Wenn du nämlich in die Gegend vor Amida auf Jagd ziehst, wird keine geringe Beute deiner warten; nur zu fünft oder zu viert streifen dort die verfluchten Kerle umher und plündern." Soweit seine Worte. Glones schenkte dem Manne Glauben und fragte ihn noch, wie viele Perser seiner Ansicht nach denn für das Unternehmen genügen würden. Fünfzig Mann, erklärte der Bauer, würden völlig ausreichen, da sie ja niemals größere Feindstreifen als solche von fünf Mann anträfen. Doch damit ihnen nichts Unerwartetes widerfahre, sei es nicht von der Hand zu weisen, sogar hundert Mann für das Unternehmen aufzubieten. Nähme man aber nochmals soviel, dann sei dies in jedem Falle besser; denn Überfluß könne niemandem schaden.

Daraufhin wählte Glones zweihundert Reiter aus und be-

ἄνθρωπον σφίσιν ἐξηγεῖσθαι ἐκέλευεν. ὁ δὲ ἄμεινον ἰσχυ- 12
ρίζετο εἶναι αὐτὸν ἐπὶ κατασκοπῇ στέλλεσθαι πρότερον,
καὶ ἦν ἔτι ἐν χωρίοις τοῖς αὐτοῖς περιόντας Ῥωμαίους
ἰδὼν ἀπαγγείλῃ, οὕτω δὴ ἐν δέοντι ποιεῖσθαι τὴν ἔξοδον
Πέρσας. εὖ τε οὖν εἰπεῖν ἔδοξε τῷ Γλώνῃ καὶ αὐτοῦ
ἀφιέντος ἐστέλλετο. παρά τε τὸν στρατηγὸν Πατρίκιον 13
ἥκων ἅπαντα ἔφραζε· καὶ ὃς τῶν δορυφόρων τῶν αὐτοῦ
δύο καὶ στρατιώτας χιλίους ξὺν αὐτῷ ἔπεμψεν. οὓς δὴ 14
ἀμφὶ κώμην Θιλασάμων σταδίους τεσσαράκοντα Ἀμίδης
διέχουσαν ἐν νάπαις τε καὶ χωρίοις ὑλώδεσιν ἔκρυψε, καὶ
αὐτοῦ μένειν ἐν ταύταις δὴ ταῖς ἐνέδραις ἐπέστελλεν, ἔς τε
τὴν πόλιν δρόμῳ ἐχώρει. καὶ τῷ Γλώνῃ ἕτοιμον εἰπὼν 15
τὸ θήραμα εἶναι, αὐτῷ τε καὶ τοῖς διακοσίοις ἐξηγήσατο
ἐπὶ τὴν τῶν πολεμίων ἐνέδραν. ἐπειδή τε διέβησαν τὸν
χῶρον, οὗ προλοχίζοντες Ῥωμαῖοι ἐκάθηντο, Γλώνην
τε καὶ Πέρσας λαθὼν ἅπαντας, ἔκ τε τῆς ἐνέδρας τοὺς
Ῥωμαίους ἀνέστησε καὶ αὐτοῖς τοὺς πολεμίους ἐπέδειξεν.
οὕσπερ ἐπειδὴ ἐπὶ σφᾶς ἰόντας κατεῖδον Πέρσαι, κατε- 16
πλάγησάν τε τῷ ἀπροσδοκήτῳ καὶ ἀμηχανίᾳ πολλῇ
εἴχοντο. οὔτε γὰρ ὀπίσω ἀπελαύνειν οἷοί τε ἦσαν, κατὰ
νώτου ὄντων σφίσι τῶν ἐναντίων, οὔτε πη ἑτέρωσε φεύγειν ἐν γῇ πολεμίᾳ ἐδύναντο. ἐκ δὲ τῶν παρόντων ὡς ἐς 17
μάχην ταξάμενοι τοὺς ἐπιόντας ἠμύνοντο, τῷ τε πλήθει
παρὰ πολὺ ἐλασσούμενοι ἡσσήθησάν τε καὶ ξὺν τῷ Γλώνῃ
ἅπαντες διεφθάρησαν.

Ὅπερ ἐπειδὴ ὁ τοῦ Γλώνου υἱὸς ἔμαθε, περιαλγήσας 18
τε καὶ τῷ θυμῷ ζέων, ὅτι δὴ τῷ πατρὶ ἀμύνειν οὐκ εἶχε,
τὸν Συμεώνου νεὼν ἔκαυσεν, ἁγίου ἀνδρός, ἵνα δὴ ὁ
Γλώνης κατέλυε. καίτοι ἄλλην τινὰ οἰκοδομίαν οὔτε 19
Γλώνης οὔτε Καβάδης, οὐ μὴν οὐδὲ Περσῶν τις ἄλλος
οὔτε καθελεῖν ἔγνω οὔτε τῳ ἄλλῳ ἀφανίζειν τρόπῳ ἔν
γε Ἀμίδῃ ἢ ταύτης ἐκτός. ἐγὼ δὲ ἐπὶ τὸν πρότερον λόγον
ἐπάνειμι.

Οὕτω μὲν Ἄμιδαν Ῥωμαῖοι τὰ χρήματα δόντες ἀπέ- 20

fahl dem Manne, die Führung zu übernehmen. Der meinte
nun, man täte besser, ihn zuvor auf Erkundigung auszuschik-
ken. Wenn er dann auf Grund eigener Beobachtungen melden könne, daß sich die Römer noch an den gleichen Plätzen
herumtrieben, müßten die Perser unbedingt ins Feld ziehen.
Glones war damit einverstanden und so schickte er den Mann
weg. Dieser begab sich zum Feldherrn Patrikios und verriet
ihm alles, worauf der Römer zwei seiner Doryphoren und tausend Mann mit ihm gehen hieß. Beim Dorfe Thilasamon,
vierzig Stadien von Amida entfernt, ließ nun der Bauer die
Truppen in Tälern und an waldigen Plätzen Deckung nehmen; dort sollten sie im Hinterhalt liegen bleiben, während
er selbst in die Stadt eilte. Und er erzählte dem Glones, die
Beute sei bereit, und führte ihn mit seinen zweihundert Mann
zum feindlichen Versteck. Nachdem die Perser die Stelle pas-
siert hatten, wo die Römer in Deckung gegangen waren, befahl er ihnen, ohne daß Glones oder einer der Perser es merkten, sich aus dem Hinterhalt zu erheben, und zeigte auf die
Feinde. Als die Perser ihre Gegner heranrücken sahen, waren
sie über den unerwarteten Anblick tief erschrocken und wußten sich nicht zu helfen. Sie konnten ja weder umkehren
– denn die Feinde standen in ihrem Rücken – noch sonstwo-
hin, mitten im Feindesland, an Flucht denken. Sie ordneten
sich jedoch, soweit es die augenblickliche Lage erlaubte, zur
Schlacht und versuchten, die Angreifer abzuwehren, wurden
aber bei ihrer beträchtlichen zahlenmäßigen Unterlegenheit
besiegt und fanden alle zusammen mit Glones den Tod.

Sowie sein Sohn die Unglücksbotschaft erhielt, faßten ihn
Schmerz und wütender Zorn. Seinem Vater konnte er zwar
nicht mehr helfen, dafür brannte er aber die Kirche des hl.
Symeon nieder, in der Glones Wohnung genommen hatte.
Außer diesem Gebäude jedoch haben weder Glones noch Kabades noch sonst ein Perser irgend etwas in Amida zu zerstören oder auf andere Weise zu vernichten gewagt. Ich aber
will zu meinem früheren Bericht zurückkehren.

So erhielten die Römer zwei Jahre, nachdem Amida durch

λαβον δύο ἐνιαυτοῖς ὕστερον ἢ πρὸς τῶν πολεμίων ἑάλω.
καὶ ἐπεὶ ἐν ταύτῃ ἐγένοντο, ἥ τε αὐτῶν ὀλιγωρία καὶ
Περσῶν τὸ καρτερὸν τῆς διαίτης ἐγνώσθη. σιτίων γὰρ 21
τῶν ἐνταῦθα λελειμμένων τὸ μέτρον καὶ βαρβάρων τῶν
ἐξεληλυθότων τὸν ὅμιλον λογισάμενοι ἑπτὰ μάλιστα ἡμερῶν ηὕρισκον δαπάνην ἐν τῇ πόλει ἀπολελεῖφθαι, καίπερ
Γλώνου τε καὶ τοῦ ἐκείνου παιδὸς ἐνδεεστέρως ἢ κατὰ
τὴν χρείαν πολλοῦ χρόνου ἐνδιδόντος τὰ σιτία Πέρσαις.
Ῥωμαίοις γὰρ τοῖς ἐν τῇ πόλει, ὥσπερ μοι προδεδήλωται, 22
ξὺν αὐτοῖς μείνασιν οὐδὲν τὸ παράπαν χορηγεῖν ἔγνωσαν,
ἐξ ὅτου οἱ πολέμιοι ἐς τὴν πολιορκίαν κατέστησαν, οἳ
δὴ ἐς βρώσεις ἀήθεις τὰ πρῶτα ἐλθόντες τῶν τε οὐ θεμι-
τῶν ἀψάμενοι πάντων, εἶτα τελευτῶντες καὶ ἀλλήλων
ἐγεύσαντο. διὸ δὴ ἐξηταπημένοι τε πρὸς τῶν βαρβάρων 23
οἱ στρατηγοὶ ᾔσθοντο καὶ τοῖς στρατιώταις τὴν ἀκρα-
σίαν ὠνείδιζον, ὅτι δὴ ἀπειθεστέρους αὐτοὺς παρεχόμενοι σφίσι, παρὸν δορυαλώτους Πέρσας τε τοσούτους
τὸ πλῆθος καὶ Γλώνου τὸν υἱὸν σὺν τῇ πόλει ἑλεῖν, οἱ δὲ
τὰ Ῥωμαίων χρήματα ἐς τοὺς πολεμίους μετενεγκότες
αἶσχός τε ἀνεδήσαντο μέγα καὶ Ἄμιδαν ἀργυρώνητον
πρὸς Περσῶν ἔλαβον.
    Ὕστερον δὲ Πέρσαι τοῦ πρὸς Οὔννους πολέμου σφίσι 24
μηκυνομένου ἐς σπονδὰς Ῥωμαίοις ξυνίασιν, αἵπερ αὐτοῖς
ἐς ἑπτὰ ἔτη ἐγένοντο, Κέλερός τε τοῦ Ῥωμαίου καὶ
Ἀσπεβέδου τοῦ Πέρσου αὐτὰς ποιησαμένων, ἐπ᾽ οἴκου
τε ἀμφότεροι ἀναχωρήσαντες ἡσυχῇ ἔμενον. οὕτω μέν, 25
ὥσπερ ἐρρήθη, ἀρξάμενος ὁ Ῥωμαίων τε καὶ Περσῶν
πόλεμος ἐς τόδε ἐτελεύτα. τὰ δὲ ἀμφὶ πύλας τὰς Κασπίας ξυνενεχθέντα ἐρῶν ἔρχομαι.

    Τὸ Κιλίκων ὄρος ὁ Ταῦρος ἀμείβει μὲν τὰ πρῶτα Καπ- 10
παδόκας τε καὶ Ἀρμενίους καὶ τῶν Περσαρμενίων καλουμένων τὴν γῆν, ἔτι μέντοι Ἀλβανούς τε καὶ Ἴβηρας,

die Feinde eingenommen worden war, die Stadt wieder für
Geld zurück. Als sie einzogen, sahen sie, wie gering doch die
Zahl der Perser und wie hart ihre Lebensweise war. Man fand
nämlich beim Überschlag über den dort zurückgelassenen
Proviant und die Zahl der abgerückten Barbaren, daß nur
noch für ungefähr sieben Tage Lebensmittel in der Stadt vorhanden waren; dabei hatten Glones und sein Sohn schon lange Hungerrationen an die Perser ausgegeben. Die Römer indessen, die, wie gesagt, mit ihnen zusammen in der Stadt
weilten, waren seit Beginn der feindlichen Belagerung ganz
leer ausgegangen. So mußten sie zunächst sich mit ungewohnten Speisen begnügen und zu allen möglichen verbotenen
Dingen greifen, schließlich sich sogar gegenseitig aufzehren.
Die Feldherrn fühlten sich daher durch die Barbaren getäuscht
und warfen den Soldaten ihre Zuchtlosigkeit vor; denn obschon sie so viele Perser hätten gefangen nehmen und den
Sohn des Glones samt der Stadt in ihre Gewalt bringen können, hätten sie sich gegenüber ihren Führern ungehorsam gezeigt und das römische Geld an die Feinde verschleudert.
Große Schmach hätten sie dadurch auf sich geladen und
Amida von den Persern nur zurückgekauft.

Später, als sich der Hunnenkrieg in die Länge zog, willigten
die Perser in ein siebenjähriges Abkommen mit den Römern,
das von deren Seite aus Keler, von Perserseite aus Aspebedes
abschloß. Dann zogen sich beide Völker in ihr Land zurück
und hielten Frieden. So hatte also, wie gesagt, der römisch-
persische Krieg begonnen und damit sein Ende gefunden.
Jetzt aber will ich berichten, was sich an den Kaspischen Toren zutrug.

10. Kaiser Anastasios verzichtet auf Besitznahme der Kaspischen Tore, baut aber die Befestigungen von Anastasiopolis und Theodosiopolis aus

Das kilikische Taurosgebirge durchzieht zunächst Kappa-
dokien, Armenien und das Land der sog. Persarmenier, dann
das Gebiet der Albaner und Iberer und aller sonstigen Völker,

καὶ ὅσα ἄλλα ἔθνη αὐτόνομά τε καὶ Πέρσαις κατήκοα
ταύτῃ ᾤκηνται. ἐξικνεῖται γὰρ ἐς χώραν πολλήν, προϊόντι 2
δὲ ἀεὶ τὸ ὄρος τοῦτο ἐς μέγα τι χρῆμα εὔρους τε καὶ ὕψους
διήκει. ὑπερβάντι δὲ τοὺς Ἰβήρων ὅρους ἀτραπός τίς ἐστιν 3
ἐν στενοχωρίᾳ πολλῇ, ἐπὶ σταδίους πεντήκοντα ἐξικνου-
μένη. αὕτη δὲ ἡ ἀτραπὸς ἐς ἀπότομόν τινα καὶ ὅλως ἄβα- 4
τον τελευτᾷ χῶρον. δίοδος γὰρ οὐδεμία τὸ λοιπὸν φαίνεται,
πλήν γε δὴ ὅτι ὥσπερ τινὰ χειροποίητον πυλίδα ἐνταῦθα
ἡ φύσις ἐξεῦρεν, ἡ Κασπία ἐκ παλαιοῦ ἐκλήθη. τὸ δὲ 5
ἐνθένδε πεδία τέ ἐστιν ἱππήλατα καὶ ὑδάτων πολλῶν
ἀτεχνῶς ἔμπλεα, καὶ χώρα πολλὴ ἱππόβοτός τε καὶ ἄλλως
ὑπτία. οὗ δὴ τὰ Οὔννων ἔθνη σχεδόν τι ἅπαντα ἵδρυται 6
ἄχρι ἐς τὴν Μαιῶτιν διήκοντα λίμνην. οὗτοι ἢν μὲν διὰ 7
τῆς πυλίδος, ἧς ἄρτι ἐμνήσθην, ἴωσιν ἐς τὰ Περσῶν τε
καὶ Ῥωμαίων ἤθη, ἀκραιφνέσι τοῖς ἵπποις ἴασι καὶ πε-
ριόδῳ τινὶ οὐδαμῇ χρώμενοι οὐδὲ κρημνώδεσιν ἐντυχόντες χωρίοις, ὅτι μὴ τοῖς πεντήκοντα σταδίοις ἐκείνοις,
οἷσπερ εἰς τοὺς Ἰβηρίους ὅρους, ὥσπερ ἐρρήθη, διήκου-
σιν. ἐπ' ἄλλας δὲ τινας ἐξόδους ἰόντες πόνῳ τε πολλῷ 8
παραγίνονται καὶ ἵπποις οὐκέτι χρῆσθαι τοῖς αὐτοῖς
ἔχοντες. περιόδους τε γὰρ αὐτοὺς περιιέναι πολλὰς ἐπάναγκες καὶ ταύτας κρημνώδεις.

Ὅπερ ἐπειδὴ ὁ Φιλίππου Ἀλέξανδρος κατενόησε, πύ- 9
λας τε ἐν χώρῳ ἐτεκτήνατο τῷ εἰρημένῳ καὶ φυλακτήριον
κατεστήσατο. ὃ δὴ ἄλλοι τε πολλοὶ προϊόντος χρόνου
ἔσχον καὶ Ἀμβαζούκης, Οὖννος μὲν γένος, Ῥωμαίοις δὲ
καὶ Ἀναστασίῳ βασιλεῖ φίλος. οὗτος Ἀμβαζούκης ἐπειδὴ 10
ἔς τε γῆρας ἀφῖκτο βαθὺ καὶ τελευτᾶν ἔμελλε, πέμψας
παρὰ τὸν Ἀναστάσιον, χρήματά οἱ δοθῆναι ᾔτει, ἐφ' ᾧ
τό τε φυλακτήριον καὶ πύλας τὰς Κασπίας ἐνδώσει Ῥωμαίοις. βασιλεὺς δὲ Ἀναστάσιος (δρᾶν γὰρ ἀνεπισκέπτως 11
οὐδὲν οὔτε ἠπίστατο οὔτε εἰώθει) λογισάμενος ὅτι οἱ στρατιώτας ἐνταῦθα ἐκτρέφειν ἀδύνατα ἦν ἐν χωρίῳ ἐρήμῳ
τε ἀγαθῶν ἁπάντων καὶ οὐδαμῇ ἐν γειτόνων ἔχοντι ἔθνος

die, unabhängig von den Persern oder ihnen untertan, dort
wohnen. Weiterhin erstreckt sich ja dieses Gebirge und erreicht in seinem Verlaufe, was Breite und Höhe anlangt, riesige Ausmaße. Jenseits der iberischen Grenzen aber läuft in
einem sehr schmalen Tal ein Fußpfad, fünfzig Stadien weit.
Dieser Weg endet an einem steil abfallenden, völlig unzugänglichen Platz, und kein Durchlaß ist sonst dort zu finden,
nur ein kleines, wie von Menschenhand geschaffenes Tor, das
man seit alters das Kaspische nennt, hat sich hier auf natürliche Weise gebildet. Des weiteren folgen leicht mit Pferden
zu durchquerende, sehr wasserreiche Ebenen, außerdem viel
Weide- und sonstiges Flachland. Dort hausen, bis hin zum
Mäotissee, fast sämtliche Hunnenvölker. Wenn diese nun
durch das eben erwähnte schmale Tor ins persische und römische Gebiet einbrechen, nehmen ihre Pferde keinen Schaden; denn sie brauchen keinen Umweg zu machen oder felsi-
ges Gelände zu überwinden, außer auf jener Strecke von fünfzig Stadien, auf der sie, wie gesagt, zu den iberischen Grenzen
kommen. Zu anderen Ausfallpforten können die Hunnen nur
unter großer Mühe gelangen und müssen dabei auch ihre
Pferde wechseln; sind sie doch gezwungen, viele Umwege und
zwar durch Felsgebiet zu nehmen.

Alexander, der Sohn Philipps, erkannte die Lage und ließ
an dem genannten Platze Tore anbringen, außerdem errichtete er eine Befestigung. Unter vielen anderen Herren nahm sie
im Laufe der Zeit auch Ambazukes in Besitz, zwar ein Hunne
von Geburt, doch ein Freund der Römer und des Kaisers
Anastasios. Als nun dieser Ambazukes hoch in die Jahre gekommen war und mit dem Tode rechnen mußte, schickte er
eine Gesandtschaft an Anastasios und verlangte von ihm
Geld; dafür wollte er die Befestigung und die Kaspischen
Tore den Römern überlassen. Doch dem Herrscher war vor-
eiliges Handeln fremd und ungewohnt, und er mußte sich sagen, daß an einem Ort, der aller Mittel entbehrte und kein
den Römern untertäniges Volk zum Nachbarn hatte, Solda-

66 ΥΠΕΡ ΤΩΝ ΠΟΛΕΜΩΝ Ι 11

Ῥωμαίοις κατήκοον, χάριν μὲν τῷ ἀνθρώπῳ τῆς ἐς αὐτὸν
εὐνοίας πολλὴν ὡμολόγει, τὸ δὲ ἔργον τοῦτο οὐδενὶ λόγῳ
προσίετο. Ἀμβαζούκης μὲν οὖν οὐ πολλῷ ὕστερον ἐτελεύτα νόσῳ, Καβάδης δὲ βιασάμενος τοὺς αὐτοῦ παῖδας
τὰς πύλας ἔσχεν. Ἀναστάσιός τε βασιλεύς, ἐπειδὴ ἐγένοντο αὐτῷ αἱ πρὸς Καβάδην σπονδαί, πόλιν ἐδείματο ἐν
χωρίῳ Δάρας ὀχυράν τε ὑπερφυῶς καὶ λόγου ἀξίαν, αὐτοῦ
βασιλέως ἐπώνυμον. ἀπέχει δὲ αὕτη πόλεως μὲν Νισίβιδος σταδίους ἑκατὸν δυοῖν δέοντας, χώρας δέ, ἣ τὰ
Ῥωμαίων τε καὶ Περσῶν διορίζει, ὀκτὼ καὶ εἴκοσι μάλιστα. Πέρσαι δὲ κωλύειν τὴν οἰκοδομίαν σπουδὴν ἔχοντες
οὐδαμῆ ἴσχυον ἀσχολίᾳ τῇ ἐς πόλεμον τὸν Οὐννικὸν πιεζόμενοι. ἐπειδή τε αὐτὸν τάχιστα Καβάδης κατέλυσε,
πέμψας παρὰ Ῥωμαίους ἠτιᾶτο πόλιν αὐτοὺς οἰκοδομήσασθαι ἄγχιστά που τῶν σφετέρων ὁρίων, ἀπειρημένον
τοῦτο ἐν τοῖς Μήδοις τε καὶ Ῥωμαίοις ξυγκειμένοις τὰ
πρότερα.

Τότε μὲν οὖν Ἀναστάσιος τὰ μὲν ἀπειλῶν, τὰ δὲ φιλίαν
τε τὴν ἐς αὐτὸν προτεινόμενος καὶ χρήμασιν οὐ φαύλοις
δωρούμενος παρακρούεσθαί τε καὶ τὴν αἰτίαν ἐκλύειν
ἤθελε. καὶ πόλιν δὲ ἄλλην ταύτῃ ὁμοίαν ἐν Ἀρμενίοις ὁ
βασιλεὺς οὗτος ἀγχοτάτω ἐδείματο τῶν Περσαρμενίας
ὁρίων, ἣ κώμη μὲν ἐκ παλαιοῦ ἐτύγχανεν οὖσα, πόλεως
δὲ ἀξίωμα μέχρι ἐς τὸ ὄνομα πρὸς Θεοδοσίου βασιλέως
λαβοῦσα ἐπώνυμος αὐτοῦ ἐγεγόνει. ἀλλ' Ἀναστάσιος
τείχει αὐτὴν ὀχυρωτάτῳ περιβαλὼν πράγματα Πέρσαις
οὐδέν τι ἧσσον ἢ διὰ τῆς ἑτέρας παρέσχετο· ἐπιτειχί-
σματα γὰρ αὐτῶν τῇ χώρᾳ γέγονεν ἄμφω.

Ἀναστασίου δὲ ὀλίγῳ ὕστερον τελευτήσαντος Ἰουστῖνος τὴν βασιλείαν παρέλαβεν, ἀπεληλαμένων αὐτῆς τῶν
Ἀναστασίου ξυγγενῶν ἁπάντων, καίπερ πολλῶν τε καὶ

ten zu unterhalten, ein Ding der Unmöglichkeit sei. Daher ließ er dem Ambazukes für seine freundliche Haltung vielmals danken, auf die Sache selbst ging er mit keinem Worte ein. Bald danach starb Ambazukes an einer Krankheit, worauf Kabades gegen seine Söhne gewaltsam vorging und sich der Tore bemächtigte. Nach dem Friedensschluß mit Kabades baute Kaiser Anastasios im Orte Daras eine sehr starke und bedeutende Stadt, die seinen Namen erhielt. 98 Stadien ist sie von Nisibis, von der römisch-persischen Grenze ungefähr 28 Stadien entfernt. Die Perser wollten zwar den Bau verhindern, konnten aber nicht durchdringen, da sie mit dem Hunnenkrieg schwer beschäftigt waren. Sobald Kabades ihn beendet hatte, schickte er eine Gesandtschaft zu den Römern und erhob gegen sie den Vorwurf, sie hätten in unmittelbarer Grenznähe eine Stadt angelegt, obschon dies nach den früheren Abmachungen zwischen Persern und Römern untersagt sei.

Damals nun versuchte Anastasios teils durch Drohungen, teils durch Vorspiegelung von Freundschaft sowie durch beträchtliche Geldgeschenke die Anschuldigung zu entkräften und aus der Welt zu schaffen. Noch eine andere Stadt wie diese ließ der Kaiser in Armenien dicht an der persarmenischen Grenze errichten. Der Ort war seit alter Zeit ein Dorf gewesen, hatte aber von Kaiser Theodosios den Rang einer Stadt bis auf die Bezeichnung erhalten und trug auch seinen Namen. Nun umgab Anastasios den Platz mit einer sehr starken Mauer und schuf dadurch den Persern nicht weniger Schwierigkeiten als durch die andere Stadt; denn beide sind Bollwerke gegen deren Land.

11. Die Beziehungen zwischen Kaiser Justinos I. (518—527) und Persien. Verstimmungen deuten auf neuen Krieg

Kurz danach starb Anastasios, und Justinos kam zur Regierung, nachdem er sämtliche Anverwandte seines Vorgän-

λίαν ἐπιφανῶν ὄντων. τότε δὴ μέριμνά τις Καβάδῃ ἐγέ- 2
νετο μή τι Πέρσαι νεωτερίσωσιν ἐς τὸν αὐτοῦ οἶκον,
ἐπειδὰν τάχιστα αὐτὸς τελευτήσῃ τὸν βίον, ἐπεὶ οὐδὲ
ἀντιλογίας χωρὶς ἐς τῶν παίδων τινὰ παραπέμψαι τὴν
ἀρχὴν ἔμελλε. τῶν γάρ οἱ παίδων τὸν πρεσβύτατον 3
Καόσην τῆς μὲν ἡλικίας ἕνεκα ἐς τὴν βασιλείαν ὁ νόμος
ἐκάλει, ἀλλὰ Καβάδην οὐδαμῆ ἤρεσκεν. ἐβιάζετο δὲ τήν
τε φύσιν καὶ τὰ νόμιμα ἡ τοῦ πατρὸς γνώμη. Ζάμην δέ, 4
ὃς τὰ δευτερεῖα ἐφέρετο, τοῖν ὀφθαλμοῖν τὸν ἕτερον
ἐκκεκομμένον ἐκώλυεν ὁ νόμος. ἑτερόφθαλμον γὰρ ἢ ἄλλῃ
τινὶ λώβῃ ἐχόμενον οὐ θέμις Πέρσαις βασιλέα καθίστασθαι. Χοσρόην δέ, ὃς αὐτῷ ἐκ τῆς Ἀσπεβέδου ἀδελφῆς 5
ἐγεγόνει, ὑπερηγάπα μὲν ὁ πατήρ, ὁρῶν δὲ Πέρσας σχεδόν
τι εἰπεῖν ἅπαντας τεθηπότας τὴν Ζάμου ἀνδρείαν (ἦν
γὰρ ἀγαθὸς τὰ πολέμια) καὶ τὴν ἄλλην ἀρετὴν σέβοντας
ἔδεισε μὴ Χοσρόῃ ἐπαναστάντες ἔργα ἀνήκεστα ἐς τὸ
γένος καὶ τὴν βασιλείαν ἐργάσωνται. 6

Ἔδοξεν οὖν αὐτῷ ἄριστον εἶναι τόν τε πόλεμον καὶ τὰς
τοῦ πολέμου αἰτίας διαλῦσαι Ῥωμαίοις, ἐφ' ᾧ Χοσρόης
παῖς ἐσποιητὸς Ἰουστίνῳ βασιλεῖ γένοιτο· οὕτω γάρ οἱ
μόνως τὸ ὀχυρὸν ἐπὶ τῇ ἀρχῇ διασώσεσθαι. διὸ δὴ πρέσβεις τε ὑπὲρ τούτων καὶ γράμματα ἐς Βυζάντιον Ἰουστίνῳ
βασιλεῖ ἔπεμψεν. ἐδήλου δὲ ἡ γραφὴ τάδε· ,,Οὐ δίκαια 7
μὲν πεπονθέναι πρὸς Ῥωμαίων ἡμᾶς καὶ αὐτὸς οἶσθα,
ἐγὼ δὲ ὑμῖν τὰ ἐγκλήματα πάντα ἀφεῖναι παντελῶς
ἔγνωκα, ἐκεῖνο εἰδώς, ὡς οὗτοι ἂν μάλιστα τῶν ἀνθρώπων
νικῶσιν, οἵ γε, προσόντος αὐτοῖς τοῦ δικαίου, εἶτα ἐλασσούμενοι ἑκόντες εἶναι τῶν φίλων ἡσσῶνται. χάριν μέντοι 8
αἰτοῦμαί σε ὑπὲρ τούτων τινά, ἣ ἂν οὐχ ἡμᾶς αὐτοὺς
μόνον, ἀλλὰ καὶ τὸ ἑκατέρου ὑπήκοον ἅπαν ἔς τε τὸ ξυγ-
γενές, συνδέουσα καὶ τὴν ἀπ' αὐτοῦ ὡς τὸ εἰκὸς εὔνοιαν,
ἐς κόρον δή που τῶν τῆς εἰρήνης ἀγαθῶν καταστήσασθαι

gers, trotz ihrer großen Zahl und ihren glänzenden Stellungen, davon ausgeschlossen hatte. Da machte sich Kabades Sorge, die Perser möchten sich nach seinem Tode gegen sein Haus empören; denn seine Absicht, einem seiner Söhne die Herrschaft zu übertragen, stieß auf Widerspruch. Nach geltendem Recht stand nämlich dem Kaoses als dem Ältesten seiner Jahre wegen die Königswürde zu, doch davon wollte Kabades nichts wissen, und der väterliche Wille setzte sich über Natur und Herkommen hinweg. Zames hinwiederum, der zweitälteste Sohn, hatte ein Auge verloren und konnte nach dem Gesetz nicht König werden. Ein einäugiger oder sonst mit einem Körpergebrechen behafteter Mann darf ja bei den Persern diese Würde nicht erlangen. Den Chosroes jedoch, den ihm die Schwester des Aspebedes geschenkt hatte, liebte der Vater über alles. Da er aber sehen mußte, wie sozusagen fast alle Perser den Zames ob seiner Tapferkeit – er war ein ausgezeichneter Soldat – und seiner sonstigen Vorzüge bewunderten und verehrten, geriet er in Sorge, sie möchten sich erheben und seinem Geschlecht und dem Königtum schlimmen Schaden zufügen.

So schien es Kabades als das Beste, den Krieg und sämtliche Kriegsgründe in Verhandlungen mit den Römern aus der Welt zu schaffen. Bedingung freilich sollte sein, daß Chosroes von Kaiser Justinos adoptiert werde; denn nur so werde er sich fest in der Herrschaft behaupten können. Der Perserkönig schickte nun in dieser Sache Gesandte mit einem Schreiben an Kaiser Justinos nach Byzanz. Sein Inhalt war folgender: „Daß wir von den Römern Unrecht erlitten haben, ist dir selber wohl bekannt, ich habe mich indessen entschlossen, alle diese Beschwerden gegen euch ganz auf sich beruhen zu lassen, und zwar aus der Überzeugung heraus, daß diejenigen Menschen am ehesten einen Sieg davontragen dürften, die, obwohl im Recht, freiwillig nachgeben und sich unter ihre Freunde stellen. Dafür verlange ich freilich von dir eine gewisse Erkenntlichkeit: Nicht nur wir beide, sondern auch unsere sämtlichen Untertanen sollen dadurch in enge Verbindung und so natürlich auch in ein freundschaftliches Verhält-

ἱκανὴ εἴη. λέγω δὲ ὅπως ἂν Χοσρόην τὸν ἐμόν, ὅς μοι 9
τῆς βασιλείας διάδοχος ἔσται, εἰσποιητὸν παῖδα ποιήσαιο."

Ταῦτα ἐπεὶ ἀπενεχθέντα Ἰουστῖνος βασιλεὺς εἶδεν, 10
αὐτός τε περιχαρὴς ἐγένετο καὶ Ἰουστινιανὸς ὁ βασιλέως
ἀδελφιδοῦς, ὃς δὴ αὐτῷ καὶ τὴν βασιλείαν ἐκδέξασθαι
ἐπίδοξος ἦν. καὶ κατὰ τάχος ἐς τὴν πρᾶξιν ἠπειγέσθην 11
τὴν ἐσποίησιν ἐν γράμμασι θέσθαι, ᾗ νόμος Ῥωμαίοις,
εἰ μὴ Πρόκλος ἐκώλυσεν, ὃς βασιλεῖ τότε παρήδρευε τὴν
τοῦ καλουμένου κοιαίστωρος ἀρχὴν ἔχων, ἀνὴρ δίκαιός
τε καὶ χρημάτων διαφανῶς ἀδωρότατος. διὸ δὴ οὔτε 12
νόμον τινὰ εὐπετῶς ἔγραφεν οὔτε τι τῶν καθεστώτων
κινεῖν ἤθελεν, ὃς καὶ τότε ἀνταίρων ἔλεξε τοιάδε· ,,Νεω- 13
τέροις μὲν ἐγχειρεῖν πράγμασιν οὔτε εἴωθα καὶ ἄλλως
δέδοικα πάντων μάλιστα, εὖ εἰδὼς ὅτι ἐν τῷ νεωτεροποιῷ
τό γε ἀσφαλὲς οὐδαμῶς σώζεται. δοκῶ δέ μοι, εἰ καὶ λίαν 14
τις ἦν περὶ ταῦτα θρασύς, ἀποκνῆσαι ἂν ἐς τήνδε τὴν
πρᾶξιν καὶ κατορρωδῆσαι τὸν ἐξ αὐτῆς σάλον· οὐ γὰρ 15
ἄλλο οὐδὲν οἶμαι ἕν γε τῷ παρόντι ἡμῖν ἐν βουλῇ εἶναι
ἢ ὅπως ἂν τὰ Ῥωμαίων πράγματα Πέρσαις εὐπρεπεῖ
παραδοίημεν λόγῳ, οἵ γε οὐκ ἐγκρυφιάζοντες οὐδὲ πα-
ραπετάσμασί τισι χρώμενοι, ἀλλὰ διαρρήδην ὁμολογοῦντες τὸ βούλευμα, οὕτως ἀνέδην ἀφαιρεῖσθαι τὴν βασιλείαν ἡμᾶς ἀξιοῦσι, τῷ μὲν τῆς ἀπάτης φανερῷ τὴν
ἀφέλειαν προϊσχόμενοι, λόγῳ δὲ ἀναιδεῖ τὴν ἀπραγμο-
σύνην προβεβλημένοι. καίτοι χρῆν ἑκάτερον ὑμῶν ταύτην 16
τῶν βαρβάρων τὴν πεῖραν παντὶ ἀποκρούεσθαι σθένει·
σὲ μὲν, ὦ βασιλεῦ, ὅπως δὴ μὴ Ῥωμαίων εἴης βασιλεὺς
ὕστατος, σὲ δέ, ὦ στρατηγέ, ὅπως ἂν μὴ σαυτῷ ἐς τὴν
βασιλείαν ἐμποδὼν γένοιο. τὰ μὲν γὰρ ἄλλα σοφίσματα 17
λόγου ὡς ἐπὶ πλεῖστον σεμνότητι καλυπτόμενα ἴσως ἄν
που καὶ ἑρμηνέως τοῖς πολλοῖς δέοιτο, αὕτη δὲ ἄντικρυς
ἐκ προοιμίων εὐθὺς ἡ πρεσβεία τῷ Ῥωμαίων βασιλεῖ
Χοσρόην τοῦτον, ὅστις ποτέ ἐστι, κληρονόμον εἰσποιεῖν

nis gebracht werden, woraus dann alle Friedensgaben in rei-
cher Fülle erwachsen werden. Du sollst, und das ist mein
Wunsch, meinen Sohn und Nachfolger im Herrscheramt an
Kindesstatt annehmen!"

Als Kaiser Justinos dieses Angebot zu Gesicht bekam, war
war er sehr erfreut, ebenso auch sein Neffe und mußmaßlicher
Nachfolger Justinian. Schon wollten sie rasch die Adoption
nach römischem Recht schriftlich vollziehen, als Proklos Ein-
spruch erhob. Dieser bekleidete zu jener Zeit das Amt eines
Quästors und hatte den Kaiser juristisch zu beraten, ein
rechtlicher und offenbar ganz unbestechlicher Mann. Deshalb verfaßte er weder leichthin ein Gesetz noch fand er sich
zu irgendwelcher Änderung an den bestehenden Einrichtungen bereit und widersetzte sich auch damals mit folgenden
Worten: „Neuerungen einzuführen bin ich nicht gewohnt,
ich habe auch sonst allergrößte Angst davor; weiß ich doch
nur zu gut, daß bei einem solchen Vorgehen die Sicherheit
keineswegs gewahrt bleibt. Ich müßte daher, glaube ich, wenn
jemand überkühn in dieser Frage verführe, angesichts des
geplanten Unternehmens Bedenken anmelden und meine
Sorge vor dem drohenden Umsturz zum Ausdruck bringen.
Haben wir doch meiner Auffassung nach augenblicklich nur
das eine zu überlegen, wie wir unter einem schön klingenden
Namen die römische Macht den Persern ausliefern könnten,
die ihrerseits keineswegs versteckt und auch nicht unter Zu-
hilfenahme von Vorwänden, sondern in aller Offenheit ihre
Absicht zugeben und uns so auf unverschämte Weise das
Kaisertum rauben wollen. Zum Deckmantel für ihren hand-
greiflichen Betrug haben sie Harmlosigkeit, für eine unverschämte Rede Friedensliebe genommen. Nun müßte aber jeder von euch beiden diesen Anschlag der Barbaren mit allem
Nachdruck zurückweisen, du, mein Kaiser, damit du nicht
der letzte römische Kaiser bist, und du, mein Feldherr, damit
du dir nicht selbst den Weg zum Thron versperrst. Die sonstigen Kniffe, die sich meist hinter schönen Worten bergen,
bedürften für die Masse vielleicht noch eines Erklärers, diese
Gesandtschaft hingegen will geradewegs und gleich vom ersten Wort an dem römischen Kaiser diesen fragwürdigen

βούλεται. ούτωσὶ γάρ μοι περὶ τούτων διαλογίζεσθε· 18
φύσει τοῖς παισὶ τὰ τῶν πατέρων ὀφείλεται, οἵ τε νόμοι
τῷ διαλλάσσοντι ἀλλήλοις ἀεὶ ἐν πᾶσιν ἀνθρώποις μαχόμενοι ἐνταῦθα ἔν τε Ῥωμαίοις καὶ πᾶσι βαρβάροις ξυνίασι τε καὶ ξυνομολογοῦντες ἀλλήλοις κυρίους ἀποφαί-
νουσι τοὺς παῖδας εἶναι τοῦ πατρὸς κλήρου. ὥστε τὰ
πρῶτα ἑλομένοις ὑμῖν πάντα λελείψεται τὰ λοιπὰ ξυγ-
χωρεῖν."

Πρόκλος μὲν τοσαῦτα εἶπε. βασιλεὺς δὲ καὶ ὁ βασι- 19
λέως ἀδελφιδοῦς τούς τε λόγους ἐνεδέχοντο καὶ τὸ πρακ-
τέον ἐν βουλῇ ἐποιοῦντο. ἐν τούτῳ δὲ καὶ ἄλλα Καβάδης 20
γράμματα πρὸς Ἰουστῖνον βασιλέα πέμψας, ἄνδρας τε
αὐτὸν στεῖλαι δοκίμους ἠξίου, ἐφ' ᾧ τὴν εἰρήνην πρὸς
αὐτὸν θήσονται, καὶ γράμμασι τὸν τρόπον σημῆναι καθ'
ὃν ἂν αὐτῷ τὴν τοῦ παιδὸς εἰσποίησιν θέσθαι βουλομένῳ
εἴη. καὶ τότε δὴ Πρόκλος ἔτι μᾶλλον ἢ πρότερον τὴν 21
Περσῶν πεῖραν διέβαλλε, μέλειν τε αὐτοῖς ἰσχυρίζετο,
ὅπως δὴ τὸ Ῥωμαίων κράτος σφίσιν αὐτοῖς ὡς ἀσφαλέστατα προσποιήσωνται. καὶ γνώμην ἀπέφαινε τὴν μὲν 22
εἰρήνην αὐτοῖς αὐτίκα δὴ μάλα περαίνεσθαι, ἄνδρας δὲ
τοὺς πρώτους ἐκ βασιλέως ἐπ' αὐτῇ στέλλεσθαι, οὓς
δὴ δεήσει πυνθανομένῳ τῷ Καβάδῃ καθ' ὅ τι δεῖ
τὴν ἐσποίησιν Χοσρόῃ γενέσθαι, διαρρήδην ἀποκρίνασθαι
ὅτι δεῖ, ὡς βαρβάρῳ προσήκει, δηλῶν ὅτι οὐ γράμμασιν
οἱ βάρβαροι τοὺς παῖδας ἐσποιοῦνται, ἀλλ' ὅπλων σκευῇ.

Οὕτω τοίνυν τοὺς πρέσβεις Ἰουστῖνος βασιλεὺς ἀπε- 23
πέμψατο, ἄνδρας τοὺς Ῥωμαίων ἀρίστους ἕψεσθαι σφίσιν
οὐκ ἐς μακρὰν ὑποσχόμενος, οἳ τά τε ἀμφὶ τῇ εἰρήνῃ καὶ
τῷ Χοσρόῃ ὡς ἄριστα διοικήσονται. γράμμασί τε Καβά- 24
δην κατὰ ταὐτὸ ἠμείψατο. στέλλονται τοίνυν ἐκ μὲν Ῥωμαίων Ὑπάτιος, Ἀναστασίου τοῦ πρώην βεβασιλευκότος
ἀδελφιδοῦς, πατρίκιός τε καὶ ἀρχὴν τῆς ἕω τὴν στρατηγίδα ἔχων, καὶ Ῥουφῖνος ὁ Σιλβανοῦ παῖς, ἔν τε πατρικίοις ἀνὴρ δόκιμος καὶ Καβάδῃ ἐκ πατέρων αὐτῶν γνώ-

Chosroes da als Erben unterschieben. Denn darüber müßt ihr mit mir folgende Auffassung teilen: Von Natur aus haben die Kinder Anspruch auf das Eigentum der Väter, und die Gesetze, durch ihre unterschiedliche Auffassung stets bei allen Menschen im Widerstreit zu einander, decken sich in diesem Punkte bei Römern wie bei sämtlichen Barbaren und bestimmen einhellig die Kinder zu Besitzern des väterlichen Erbes. Tun wir also den ersten Schritt, dann sind alle weiteren Zugeständnisse nur noch eine Frage der Zeit."

Soweit die Ausführungen des Proklos. Sie verfehlten nicht ihren Eindruck auf den Kaiser und seinen Neffen, und so berieten sie sich über das weitere Vorgehen. Indessen schickte Kabades noch ein anderes Schreiben an Kaiser Justinos und ersuchte ihn darin, Männer von Rang zum Abschluß der Friedensverhandlungen zu entsenden und sich schriftlich zu erklären, wie er sich die Adoption seines Sohnes denke. Nun rückte Proklos den persischen Vorschlag in noch ungünstigeres Licht als zuvor und behauptete, man gehe dort darauf aus, das römische Reich auf möglichst sichere Weise für sich zu gewinnen. Sein Antrag verlangte demnach, man solle umgehend mit den Persern Frieden schließen und von Seiten des Kaisers hiezu die höchstgestellten Persönlichkeiten entsenden; verlange dann Kabades nähere Auskunft, wie die Adoption des Chosroes vor sich gehen solle, so müßten sie ihm offen erklären: „Nach Art, wie sie einem Barbaren zukommt." Damit meinte Proklos, daß die Barbaren nicht durch Schriftsätze, sondern durch Waffenleihe die Adoption vornähmen.

So schickte denn Kaiser Justinos die Gesandten auf die Reise und gab ihnen die Zusicherung mit, daß ihnen bald die vornehmsten Römer folgten, um die Sache mit dem Frieden und mit Chosroes so gut wie möglich zu regeln. In gleichem Sinne sandte er an Kabades eine schriftliche Antwort. Abgeschickt von römischer Seite wurden nun Hypatios, der Neffe des letzten Kaisers Anastasios, Patrikier und Oberbefehlshaber im Osten (magister militum per orientem), ferner Rufinos, der Sohn des Silvanos, ein angesehener Patrikier und schon von den Zeiten ihrer Väter her mit Kabades bekannt.

ριμος· ἐκ Περσῶν δὲ ἀνὴρ δυνατώτατός τε καὶ ἐξουσίᾳ 25
πολλῇ χρώμενος, ὄνομα μὲν Σεόσης, ἀδρασταδάραν σαλάνης δὲ τὸ ἀξίωμα, καὶ Μεβόδης, τὴν τοῦ μαγίστρου
ἔχων ἀρχήν. οἳ δὴ ἐς χῶρόν τινα ξυνιόντες, ὃς γῆν τὴν 26
Ῥωμαίων τε καὶ Περσῶν διορίζει, ἀλλήλοις τε ξυγγινό-
μενοι ἔρπασσον ὅπως τά τε διάφορα διαλύσουσι καὶ τὰ
ἀμφὶ τῇ εἰρήνῃ εὖ θήσονται. ἧκε δὲ καὶ Χοσρόης ἐς πο- 27
ταμὸν Τίγρην, ὃς δὴ πόλεως Νισίβιδος διέχει δυοῖν ἡμέραιν ὁδῷ μάλιστα, ὅπως, ἐπειδὰν τὰ ἐς τὴν εἰρήνην ἑκατέροις δοκῇ ὡς ἄριστα ἔχειν, αὐτὸς ἐς Βυζάντιον στέλλοιτο. πολλοὶ μὲν οὖν καὶ ἄλλοι λόγοι πρὸς ἀμφοτέρων 28
ὑπὲρ τῶν ἐν σφίσι διαφόρων ἐλέγοντο, καὶ γῆν δὲ τὴν
Κολχίδα, ἣ νῦν Λαζικὴ ἐπικαλεῖται, Σεόσης ἔλεγε Περσῶν κατήκοον τὸ ἀνέκαθεν οὖσαν βιασαμένους λόγῳ
οὐδενὶ Ῥωμαίους ἔχειν. ταῦτα Ῥωμαῖοι ἀκούσαντες δεινὰ 29
ἐποιοῦντο, εἰ καὶ Λαζικὴ πρὸς Περσῶν ἀντιλέγοιτο. ἐπεὶ
δὲ καὶ τὴν ἐσποίησιν ἔφασκον δεῖν γενέσθαι Χοσρόῃ
οὕτως ὥσπερ βαρβάρῳ προσήκει, οὐκ ἀνεκτὰ Πέρσαις
ἔδοξεν εἶναι. ἑκάτεροι οὖν διαλυθέντες ἐπ' οἴκου ἀνεχώ- 30
ρησαν, καὶ Χοσρόης ἄπρακτος πρὸς τὸν πατέρα ἀπιὼν
ᾤχετο, περιώδυνός τε ὢν τοῖς ξυμπεσοῦσι καὶ Ῥωμαίους
εὐχόμενος τῆς ἐς αὐτὸν ὕβρεως τίσασθαι.

Μετὰ δὲ Μεβόδης μὲν τὸν Σεόσην διέβαλλε Καβάδῃ, 31
ὡς δὴ ἐξεπίτηδες, οὗ οἱ ἐπιτεταγμένον πρὸς τοῦ δεσπότου, τὸν Λαζικῆς λόγον προθείη, τὴν εἰρήνην ἐκκρούων
Ὑπατίῳ τε κοινολογησάμενος πρότερον, ὃς δὴ βασιλεῖ
τῷ οἰκείῳ εὐνοϊκῶς ὡς ἥκιστα ἔχων τήν τε εἰρήνην καὶ
τὴν Χοσρόου ἐσποίησιν ἔργῳ ἐπιτελῆ οὐκ ἐώη γενέσθαι.
πολλὰ δὲ καὶ ἄλλα κατηγοροῦντες οἱ ἐχθροὶ τὸν Σεόσην
ἐς δίκην ἐκάλουν. Περσῶν μὲν οὖν ἡ βουλὴ ξύμπασα 32
φθόνῳ μᾶλλον ἢ νόμῳ ξυνειλεγμένοι ἐδίκαζον. τῇ τε γὰρ
ἀρχῇ οὐ ξυνειθισμένῃ σφίσιν αὐτοῖς ἐπιεικῶς ἤχθοντο
καὶ τῷ τρόπῳ τοῦ ἀνδρὸς χαλεπῶς εἶχον. ἦν γὰρ ὁ Σεό- 33
σης χρημάτων μὲν ἀδωρότατος καὶ τοῦ δικαίου ἐπιμελη-

Aus Persien erschienen ein sehr einflußreicher Mann mit
weitgehender Vollmacht namens Seoses, der die Würde eines
Adrastadaran Salanes bekleidete, und der General(magister)
Mebodes. Sie trafen sich an einem bestimmten Ort an der
Grenze des römischen und persischen Gebietes und verhan-
delten miteinander über die Beilegung der strittigen Punkte
sowie über einen angemessenen Friedensschluß. Auch Chosroes kam bis an den Tigris – dieser ist etwa zwei Tagemärsche von der Stadt Nisibis entfernt –, um sofort nach Byzanz
weiterzureisen, wenn in Sachen des Friedens volle Übereinstimmung zwischen beiden Vertragspartnern erzielt sei. Viel
wurde von den zwei Seiten über die gegenseitigen Streitpunkte hin- und herverhandelt, und unter anderem behauptete
Seoses, die Römer hätten sich Kolchis, das jetzt Lazika heißt,
einen alten persischen Besitz, ohne jedes Recht gewaltsam angeeignet. Die Römer hörten dies und waren empört, daß auch
Lazika von den Persern streitig gemacht werde. Als sie nun
im weiteren erklärten, daß die Adoption des Chosroes wie bei
einem Barbaren zu geschehen habe, erschien dies wieder den
Persern als unzumutbar, und so trennten sich beide Gesandtschaften und kehrten nach Hause zurück. Unverrichteter
Dinge begab sich auch Chosroes zu seinem Vater, sehr erbittert über die Vorfälle und vom Wunsche beseelt, die angetane
Schmach an den Römern zu rächen.

Später verleumdete Mebodes den Seoses bei Kabades, er
habe von sich aus, ohne Auftrag seines Herrn, Lazika ins Gespräch gebracht und dadurch – nach einer vorausgehenden
Abrede mit Hypatios – den Friedensschluß vereitelt. Dieser
habe nämlich aus bitterer Feindschaft gegen den eigenen Kaiser weder den Frieden noch die Adoption des Chosroes verwirklicht sehen wollen. Auch sonst erhoben die Gegner viele
Klagen gegen Seoses und brachten ihn damit vor Gericht.
Der ganze versammelte Perserrat ließ sich bei seiner Entscheidung mehr von Mißgunst als von Rechtsempfinden leiten. Ärgerte sie doch sehr das ihnen ungewohnte Amt, dazu
das Auftreten des Mannes. Denn Seoses war völlig unbestechlich und ein Gerechtigkeitsfanatiker, jedoch von einer krank-

τῆς ἀκριβέστατος, ἀλαζονείας δὲ νόσῳ ἐχόμενος οὐδὲν
ὁμοίως τοῖς ἄλλοις ἀνθρώποις. ξυμφυὲς μὲν γὰρ εἶναι
δοκεῖ τοῖς Περσῶν ἄρχουσι τοῦτό γε, ἐν δὲ τῷ Σεόσῃ
καὶ αὐτοὶ ᾤοντο ὑπερφυῶς ἐς τὰ μάλιστα τὸ πάθος ἀκμά-
σαι. ἔλεγον δὲ οἱ κατήγοροι ταῦτά τε ἄπερ μοι προδεδή- 34
λωται καὶ ὡς ἥκιστα τῷ ἀνθρώπῳ βουλομένῳ εἴη ἐν τῷ
καθεστῶτι τρόπῳ βιοτεύειν ἢ περιστέλλειν τὰ Περσῶν
νόμιμα. καινά τε γὰρ αὐτὸν δαιμόνια σέβειν καὶ τελευτή- 35
σασαν ἔναγχος τὴν γυναῖκα θάψαι, ἀπειρημένον τοῖς Περσῶν νόμοις γῇ κρύπτειν ποτὲ τὰ τῶν νεκρῶν σώματα. οἱ 36
μὲν οὖν δικασταὶ θάνατον τοῦ ἀνθρώπου κατέγνωσαν,
Καβάδης δὲ ὥσπερ μὲν ξυναλγοῦντι ἅτε φίλῳ τῷ Σεόσῃ
ἐῴκει, ἐξελέσθαι δὲ αὐτὸν οὐδαμῇ ἤθελεν. οὐ μὴν οὐδὲ 37
ὅτι αὐτὸν δι᾽ ὀργῆς ἔχοι ἐξήνεγκεν, ἀλλὰ τῷ λόγῳ παρα-
λύειν τοὺς Περσῶν νόμους οὐκ ἐβούλετο, καίπερ ζωάγρια
τῷ ἀνθρώπῳ ὀφείλων, ἐπεὶ οἱ Σεόσης αἰτιώτατος γέγονε
βιῶναί τε καὶ βασιλεῖ εἶναι. οὕτω μὲν ὁ Σεόσης καταγνω-
σθεὶς ἐξ ἀνθρώπων ἠφάνιστο. ἡ δὲ ἀρχὴ ἐξ αὐτοῦ ἀρξα- 38
μένη ἐς αὐτὸν ἐτελεύτησεν. ἕτερος γάρ τις ἀδρασταδάραν
σαλάνης οὐδεὶς γέγονε. καὶ Ῥουφῖνος δὲ Ὑπάτιον ἐς
βασιλέα διέβαλλε. διὸ δὴ αὐτόν τε παρέλυσε τῆς ἀρχῆς 39
βασιλεύς, καὶ τῶν οἱ ἐπιτηδείων τινὰς πικρότατα αἰκισά-
μενος οὐδὲν ὑγιὲς ἐν ταύτῃ διαβολῇ τὸ παράπαν εὗρε,
κακὸν μέντοι οὐδὲν Ὑπάτιον ἄλλο εἰργάσατο.

Εὐθὺς δὲ Καβάδης, καίπερ ἐν σπουδῇ ἔχων ἐσβολήν 12
τινα ἐς τῶν Ῥωμαίων ποιεῖσθαι τὴν γῆν, οὐδαμῇ ἴσχυσεν, ἐπεὶ αὐτῷ ἐναντίωμα τοιόνδε ξυνηνέχθη γενέσθαι. 2
Ἴβηρες, οἳ ἐν τῇ Ἀσίᾳ οἰκοῦσι, πρὸς αὐταῖς που ταῖς
Κασπίαις ἵδρυνται πύλαις, αἵπερ αὐτοῖς εἰσι πρὸς βορρᾶν
ἄνεμον. καὶ αὐτῶν ἐν ἀριστερᾷ μὲν ἐχομένη πρὸς τὰς

haften Großmannssucht wie sonst kein Mensch. Das ist ja an-
anscheinend ein allgemeiner Wesenszug führender Persönlichkeiten bei den Persern, hatte sich aber selbst ihrer Auffassung nach bei ihm ins Maßlose gesteigert. Die Ankläger
brachten nun gegen Seoses die schon erwähnten Beschuldi-
gungen vor und auch jene, daß der Mann es strikt ablehne,
sein Leben in die bestehende Ordnung einzufügen oder die
persischen Sitten zu pflegen. Denn er verehre neue Götter und
habe seine jüngst verstorbene Frau beerdigen lassen, obschon
nach den persischen Gesetzen die Erdbestattung von Leichen
verboten sei. Die Richter sprachen daraufhin das Todesurteil
über Seoses, während Kabades zwar den Eindruck erweckte,
er tue als Freund ihm herzlich leid, in Wirklichkeit aber den
Angeklagten gar nicht retten wollte. Doch ließ er seinen Groll
auf Seoses in keiner Weise durchblicken, sondern erklärte
nur, daß er die persischen Gesetze nicht brechen wolle. Und
dabei dankte er dem Manne sein Leben; denn Seoses war es
gewesen, der vor allem für die Schonung und das Königtum
des Kabades eingetreten war. So wurde er verurteilt und hingerichtet. Sein Amt aber, das mit ihm begonnen hatte, fand
mit ihm auch sein Ende; außer ihm ist nämlich niemand mehr
Adrastadaran Salanes geworden. Rufinos andererseits verleumdete Hypatios beim Kaiser. Daher entsetzte ihn Justinos
seines Amtes und ließ auch einige von seinen Verwandten aufs
härteste foltern, konnte aber, was diese Verdächtigung betraf, ganz und gar nichts Stichhaltiges herausbringen. Sonst
tat er dem Hypatios nichts zuleid.

12. Das Vordringen der Römer nach Iberien und Persarmenien führt zum Ausbruch eines neuen Perserkrieges (526–531)

Kabades, obschon entschlossen, einen Einfall in das römische Gebiet zu unternehmen, konnte seine Absicht nicht sofort ausführen, da ihm folgende Schwierigkeit begegnete: Die
Iberer, die in Asien zu Hause sind, haben ihre Wohnsitze unmittelbar bei den Kaspischen Toren, und zwar liegen sie von
ihnen aus gesehen gegen Norden. Links davon schließt sich

ἡλίου δυσμὰς Λαζική ἐστιν, ἐν δεξιᾷ δὲ πρὸς ἀνίσχοντα
ἥλιον τὰ Περσῶν ἔθνη. οὗτος ὁ λεὼς Χριστιανοί τέ εἰσι ₃
καὶ τὰ νόμιμα τῆς δόξης φυλάσσουσι ταύτης πάντων μάλιστα ἀνθρώπων ὧν ἡμεῖς ἴσμεν, κατήκοοι μέντοι ἐκ
παλαιοῦ τοῦ Περσῶν βασιλέως τυγχάνουσιν ὄντες. τότε ₄
δὲ αὐτοὺς ἤθελε Καβάδης ἐς τὰ νόμιμα τῆς αὑτοῦ δόξης
βιάζεσθαι. καὶ αὐτῶν τῷ βασιλεῖ Γουργένῃ ἐπέστελλε
τά τε ἄλλα ποιεῖν ἢ Πέρσαι νομίζουσι καὶ τοὺς νεκροὺς
τῇ γῇ ὡς ἥκιστα κρύπτειν, ἀλλ' ὄρνισί τε ῥιπτεῖν καὶ
κυσὶν ἅπαντας. διὸ δὴ Γουργένης προσχωρεῖν Ἰουστίνῳ ₅
βασιλεῖ ἤθελε τά τε πιστὰ ἠξίου λαβεῖν, ὡς οὔποτε Ἴβηρας καταπροήσονται Πέρσαις Ῥωμαῖοι. ὁ δὲ ταῦτά τε ₆
αὐτῷ ξὺν προθυμίᾳ πολλῇ ἐδίδου καὶ Πρόβον τὸν Ἀναστασίου τοῦ βεβασιλευκότος ἀδελφιδοῦν, ἄνδρα πατρίκιον, ξὺν χρήμασι πολλοῖς ἐς Βόσπορον ἔπεμψεν, ἐφ' ᾧ
στράτευμα Οὔννων χρήμασιν ἀναπείσας Ἴβηρσι πέμψῃ
ἐς ξυμμαχίαν.

    Ἔστι δὲ πόλις ἐπιθαλασσία ἡ Βόσπορος, ἐν ἀριστερᾷ ₇
μὲν ἐσπλέοντι τὸν Εὔξεινον καλούμενον πόντον, Χερσῶ-
νος δὲ πόλεως, ἣ γῆς τῆς Ῥωμαίων ἐσχάτη ἐστίν, ὁδῷ
διέχουσα ἡμερῶν εἴκοσιν. ὧν δὴ τὰ ἐν μέσῳ ἅπαντα
Οὖννοι ἔχουσιν. οἱ δὲ Βοσπορῖται αὐτόνομοι μὲν τὸ πα- ₈
λαιὸν ᾤκουν, Ἰουστίνῳ δὲ βασιλεῖ ἔναγχος προσχωρεῖν
ἔγνωσαν. ἐπεὶ δὲ Πρόβος ἐνθένδε ἄπρακτος ἀνεχώρησε, ₉
Πέτρον στρατηγὸν σὺν Οὔννοις τισὶν ἐς Λαζικὴν βασιλεὺς ἔπεμψε Γουργένῃ ὅση δύναμις ξυμμαχήσοντα.

    Ἐν τούτῳ δὲ Καβάδης στράτευμα λόγου πολλοῦ ἄξιον ₁₀
ἐπί τε Γουργένην καὶ Ἴβηρας ἔπεμψε καὶ στρατηγὸν
ἄνδρα Πέρσην, οὐαρίζην μὲν τὸ ἀξίωμα, Βόην δὲ ὄνομα.
ὅ τε Γουργένης ἐλάσσων ὀφθεὶς ἢ φέρειν τὴν Περσῶν ₁₁
ἔφοδον, ἐπεί οἱ τὰ ἐκ Ῥωμαίων οὐχ ἱκανὰ ἦν, ξὺν Ἰβήρων τοῖς λογίμοις ἅπασιν ἐς Λαζικὴν ἔφυγε, τήν τε γυναῖκα καὶ τοὺς παῖδας ξὺν τοῖς ἀδελφοῖς ἐπαγόμενος, ὧν
δὴ Περάνιος ὁ πρεσβύτατος ἦν. ἐν δὲ τοῖς Λαζικῆς ὁρίοις ₁₂

gegen Sonnenuntergang Lazika an, rechts gegen Sonnenaufgang leben die persischen Stämme. Dieses Volk ist christlich und hält von allen Menschen, die wir kennen, am entschiedensten an den Sätzen dieses Glaubens fest, doch sind sie von alters her Untertanen des Perserkönigs. Damals nun wollte sie Kabades zur Annahme der Sätze seines eigenen Glaubens zwingen. Er befahl ihrem König Gurgenes, sowohl den übrigen persischen Sitten sich anzuschließen als auch keine Toten mehr zu beerdigen, sie vielmehr ohne Ausnahme den Vögeln und Hunden zum Fraße vorzuwerfen. Dies veranlaßte Gurgenes, sich an Kaiser Justinos zu wenden und ihn um das eidliche Versprechen zu bitten, daß die Römer niemals die Iberer den Persern preisgeben wollten. Justinos sagte bereitwilligst zu und schickte Probos, den Neffen des früheren Kaisers Anastasios, einen Patrikier, mit reichen Geldmitteln nach Bosporos. Damit sollte er die Hunnen gewinnen, den Iberern ein Heer zu Hilfe zu senden.

Bosporos ist eine Seestadt, und zwar liegt sie, wenn man in das Schwarze Meer einfährt, linker Hand, zwanzig Tagereisen von der Stadt Cherson entfernt, der äußersten Siedlung des römischen Reiches. Das ganze Land dazwischen gehört den Hunnen. In alter Zeit waren die Einwohner von Bosporos unabhängig gewesen, hatten aber kurz vorher beschlossen, sich Kaiser Justinos zu unterwerfen. Probos mußte indessen unverrichteter Dinge von dort zurückkehren. Daraufhin entsandte der Kaiser den Feldherrn Petros mit einer Anzahl von Hunnen nach Lazika, um hier nach Kräften Gurgenes zu unterstützen.

Kabades schickte inzwischen ein sehr beträchtliches Heer gegen Gurgenes und die Iberer; es unterstand dem Befehl eines Persers vom Rang eines Uarizes namens Boes. Infolge ungenügender römischer Unterstützung war aber Gurgenes offensichtlich dem persischen Angriff nicht gewachsen und mußte zusammen mit dem ganzen iberischen Adel nach Lazika fliehen. Dabei nahm er seine Frau, seine Kinder – der älteste Sohn war Peranios – sowie seine Brüder mit sich. Nach ihrer Ankunft im lazischen Grenzgebiet machten sie halt und

γενόμενοι ἔμενον ταῖς τε δυσχωρίαις φραξάμενοι τοὺς
πολεμίους ὑφίσταντο. Πέρσαι δὲ αὐτοῖς ἐπισπόμενοι 13
οὐδὲν ὅ τι καὶ λόγου ἄξιον ἔπρασσον, τοῦ πράγματος
σφίσι διὰ τὰς δυσχωρίας ἀντιστατοῦντος. ἔπειτα δὲ οἵ 14
τε Ἴβηρες ἐς Βυζάντιον παρεγένοντο καὶ Πέτρος ἐς βασιλέα μετάπεμπτος ἦλθε, καὶ τὸ λοιπὸν βασιλεὺς Λαζοῖς
οὐ βουλομένοις ξυμφυλάσσειν τὴν χώραν ἠξίου, στράτευμά
τε καὶ Εἰρηναῖον ἄρχοντα πέμψας.
Ἔστι δὲ φρούρια ἐν Λαζοῖς δύο εὐθὺς εἰσιόντι ἐκ τῶν 15
Ἰβηρίας ὁρίων, ὧν ἡ φυλακὴ τοῖς ἐπιχωρίοις ἐκ παλαιοῦ
ἐπιμελὴς ἦν, καίπερ ταλαιπωρίᾳ πολλῇ ἐχομένοις, ἐπεὶ
οὔτε σῖτος ἐνταῦθα οὔτε οἶνος οὔτε ἄλλο τι ἀγαθὸν γίνεται. οὐ μὴν οὐδέ τι ἑτέρωθεν ἐσκομίζεσθαι διὰ τὴν στε- 16
νοχωρίαν οἷόν τέ ἐστιν, ὅτι μὴ φερόντων ἀνθρώπων. ἐλύ- 17
μοις μέντοι τισὶν ἐνταῦθα γιγνομένοις εἰθισμένον σφίσιν
οἱ Λαζοὶ ἀποζῆν ἴσχυον. τούτους ἐξαναστήσας ἐνθένδε 18
βασιλεὺς τοὺς φρουρούς, στρατιώτας Ῥωμαίους ἐκέλευεν
ἐπὶ τῇ φυλακῇ τῶν φρουρίων καθίστασθαι. οἷς δὴ κατ᾽ 19
ἀρχὰς μὲν ἐπιτήδεια μόλις Λαζοὶ ἔφερον, ὕστερον δὲ
αὐτοί τε πρὸς τὴν ὑπουργίαν ἀπεῖπον καὶ Ῥωμαῖοι τὰ
φρούρια ταῦτα ἐξέλιπον, οἵ τε Πέρσαι πόνῳ αὐτὰ οὐδενὶ
ἔσχον. ταῦτα μὲν ἐν Λαζοῖς γέγονε. Ῥωμαῖοι δέ, Σίττα 20
τε καὶ Βελισαρίου ἡγουμένων σφίσιν, ἐς Περσαρμενίαν
τὴν Περσῶν κατήκοον ἐσβαλόντες χώραν τε πολλὴν ἐληΐ-
σαντο καὶ Ἀρμενίων πάμπολυ πλῆθος ἀνδραποδίσαντες
ἀπεχώρησαν. τούτω δὲ τὼ ἄνδρε νεανία μὲν καὶ πρῶτον 21
ὑπηνήτα ἤστην, Ἰουστινιανοῦ δὲ στρατηγοῦ δορυφόρω,
ὃς δὴ χρόνῳ ὕστερον ξὺν Ἰουστίνῳ τῷ θείῳ τὴν βασιλείαν
ἔσχεν. ἑτέρας δὲ ἐσβολῆς Ῥωμαίοις ἐς Ἀρμενίαν γεγενημένης Ναρσῆς τε καὶ Ἀράτιος παρὰ δόξαν ὑπαντιάσαντες
ἐς χεῖρας ἦλθον. οἳ οὐ πολλῷ ὕστερον ἐς Ῥωμαίους τε 22
αὐτόμολοι ἵκοντο καὶ ξὺν Βελισαρίῳ ἐς Ἰταλίαν ἐστρά-
ετευσαν, τότε μέντοι τοῖς ἀμφὶ Σίτταν τε καὶ Βελισάριον
ξυμβαλόντες τὸ πλέον ἔσχον. εἰσέβαλε δὲ καὶ ἀμφὶ πόλιν 23

leisteten im Schutze des unwegsamen Geländes den Feinden
Widerstand. Die Perser aber, die ihnen gefolgt waren, konnten gegen sie nichts Wesentliches ausrichten, da ihnen das
Land in seiner Unzugänglichkeit Schwierigkeiten bereitete.
In der Folgezeit begaben sich die Iberer nach Byzanz, und
auch Petros wurde zum Kaiser bestellt. Dieser hielt dafür,
auch gegen den Willen der Lazen ihr Land gemeinsam zu verteidigen, und entsandte ein Heer unter Eirenaios.

Unmittelbar beim Betreten Lazikas vom iberischen Grenzgebiet aus stößt man auf zwei Festungen, deren Bewachung
sich die Einwohner seit alters angelegen sein ließen. Dabei
kann dies nur unter großer Mühe geschehen, da hier weder
Getreide noch Wein noch sonst etwas Genießbares wächst.
Ja infolge der schmalen Wege besteht nicht einmal die Möglichkeit, von anderswoher etwas einzuführen, außer durch
Träger. Nur etwas Hirse gedeiht hier, und davon konnten die
Lazen dank langer Gewöhnung ihr Leben fristen. Der Kaiser
entfernte diese Besatzung und ließ römische Soldaten den
Schutz der Festungen übernehmen. Anfangs wurden sie von
den Lazen mühsam mit Lebensmitteln versorgt, später aber
stellten diese ihre Leistung ein, worauf die Römer die Festungen aufgaben und die Perser sie mühelos in Besitz nehmen
konnten. So ging es in Lazika zu. Die Römer fielen nun unter
Führung von Sittas und Belisar in Persarmenien ein, das den
Persern untertan war, plünderten weite Landstriche und zogen, nachdem sie eine sehr große Menge Armenier zu Sklaven
gemacht hatten, wieder ab. Diese beiden waren noch junge
Männer, denen damals der erste Bart sproßte, und standen
als Doryphoren im Dienst des Feldherrn Justinian, der später
zusammen mit seinem Oheim Justinos den kaiserlichen Thron
bestieg. Als die Römer aber einen zweiten Einfall in Armenien unternahmen, traten ihnen unerwartet Narses und Aratios entgegen, und es kam zum Kampf. Sie liefen zwar bald
darauf zu den Römern über und zogen mit Belisar nach Italien, damals aber beim Zusammenstoß mit Sittas, Belisar und
ihren Leuten behielten sie die Oberhand. Ein weiteres römisches Heer unternahm auch im Raum von Nisibis einen Ein-

Νίσιβιν ἄλλη 'Ρωμαίων στρατιά, ἧς Λιβελάριος ἐκ Θρᾴκης ἦρχεν. οἱ φεύγοντες εὐθυωρὸν τὴν ἀναχώρησιν ἐποιήσαντο, καίπερ οὐδενὸς σφίσιν ἐπεξιόντος. διὸ δὴ Λιβε- 24
λάριον μὲν παρέλυσε τῆς ἀρχῆς βασιλεύς, Βελισάριον δὲ
ἄρχοντα καταλόγων τῶν ἐν Δάρας κατεστήσατο. τότε δὴ
αὐτῷ ξύμβουλος ἡρέθη Προκόπιος, ὃς τάδε ξυνέγραψε.

Χρόνῳ δὲ οὐ πολλῷ ὕστερον Ἰουστῖνος βασιλέα τὸν 13
ἀδελφιδοῦν Ἰουστινιανὸν ξὺν αὐτῷ ἀνειπὼν ἐτελεύτησε,
καὶ ἀπ' αὐτοῦ ἐς μόνον Ἰουστινιανὸν ἡ βασιλεία ἦλθεν.
οὗτος Ἰουστινιανὸς ἐκέλευε Βελισάριον δείμασθαι φρού- 2
ριον ἐν χωρίῳ Μίνδουος, ὃ πρὸς αὐτοῖς ἐστι τοῖς Περσῶν
ὁρίοις, ἐν ἀριστερᾷ ἐς Νίσιβιν ἰόντι. ὁ μὲν οὖν σπουδῇ 3
πολλῇ τὰ βασιλεῖ δόξαντα ἐπιτελῆ ἐποίει, τό τε ὀχύρωμα
ἐς ὕψος ἤδη πολυανθρωπίᾳ τεχνιτῶν ἤρετο. Πέρσαι δὲ 4
ἀπεῖπον μὴ οἰκοδομήσασθαι περαιτέρω μηδέν, οὐ λόγοις
μόνον, ἀλλὰ καὶ τοῖς ἔργοις διακωλυταὶ ἀπειλοῦντες οὐκ
ἐς μακρὰν ἔσεσθαι. ταῦτα ἐπεὶ βασιλεὺς ἤκουσεν (οὐ γὰρ 5
οἷός τε ἦν Βελισάριος Πέρσας ἐνθένδε τῷ παρόντι στρατῷ
ἀποκρούεσθαι), ἄλλην τε στρατιὰν ἐπήγγελλεν αὐτόσε
ἰέναι καὶ Κούτζην τε καὶ Βούζην, οἳ τῶν ἐν Λιβάνῳ στρατιωτῶν ἦρχον τότε. τούτω δὲ ἀδελφὼ μὲν ἐκ Θρᾴκης
ἤστην, νέω δὲ ἄμφω καὶ οὐ ξὺν τῷ ἀσφαλεῖ τοῖς πολεμίοις εἰς χεῖρας ἰόντε. ἑκάτεροι μὲν οὖν ξυλλεγέντες ἐπὶ 6
τὴν οἰκοδομίαν ἀθρόοι ᾔεσαν, Πέρσαι μὲν αὐτὴν παντὶ
σθένει διακωλύσοντες, 'Ρωμαῖοι δὲ τοῖς τεκταινομένοις
ἐπαμυνοῦντες. μάχης δὲ καρτερᾶς γενομένης ἡσσῶνται 7
'Ρωμαῖοι, φόνος τε αὐτῶν πολὺς γέγονε, τινὰς δὲ καὶ
ἐζώγρησαν οἱ πολέμιοι. ἐν τούτοις ἦν καὶ Κούτζης. οὓς δὴ 8
οἱ Πέρσαι ἅπαντας ἐς τὰ οἰκεῖα ἤθη ἀπαγαγόντες, δή-

fall, unter Führung des Thrakers Libelarios. Obwohl ihm
kein Feind begegnete, zog es sich doch fluchtartig auf dem
kürzesten Wege zurück. Aus diesem Grunde entsetzte der
Kaiser Libelarios seines Kommandos und ernannte Belisar
zum Befehlshaber der in Daras liegenden Regimenter. Damals wurde ihm Prokop, der Verfasser dieser Schrift, als Beirat zur Seite gegeben.

**13. Nach römischen Niederlagen stellt der neuernannte Oberbefehlshaber Belisar
die Lage wieder her und tritt den Persern im Raume von Daras erfolgreich
entgegen (530)**

Bald darauf schied Kaiser Justinos aus dem Leben. Er hatte
seinen Neffen Justinian zum Mitherrscher ernannt, der nunmehr allein die Regierung übernahm. Dieser Justinian befahl
Belisar, in einem unmittelbar an der persischen Grenze gelegenen Orte Minduos, links von der Straße nach Nisibis, eine
Befestigung anzulegen. Mit großem Eifer vollzog er den kaiserlichen Auftrag, so daß das Bollwerk dank der vielen Helfer schon an Höhe gewann. Die Perser aber verboten jede
weitere Arbeit und begnügten sich dabei nicht mit Worten,
sondern drohten auch, mit Gewalt alsbald einzuschreiten. Auf
die Nachricht hievon versprach der Kaiser, da Belisar mit
seinen verfügbaren Truppen die Perser nicht zurückweisen
konnte, ein weiteres Heer nach Minduos in Marsch zu setzen
und zwar unter Führung des Kutzes und Buzes, die damals
die Streitkräfte im Libanon befehligten. Sie waren Brüder
und stammten aus Thrakien, junge Männer ohne die nötige
Vorsicht im Kampf mit Feinden. Beide Gegner sammelten
sich nun und rückten dicht geschart auf die Baustelle zu, die
Perser, um mit aller Macht dem Werk Einhalt zu gebieten,
die Römer, um ihren Arbeitern beizustehen. So kam es zu
einer gewaltigen Schlacht, in der die Römer unterlagen. Viele
von ihnen wurden getötet, einige gerieten sogar lebendig in
feindliche Gefangenschaft, darunter auch Kutzes. Die Perser
aber führten sie alle in ihr Land weg, sperrten sie die ganze
Zeit über gefesselt in eine Höhle und rissen den Festungsbau,

σαντές τε τὸν ἅπαντα χρόνον ἐν σπηλαίῳ παθεῖρξαν, καὶ
τοῦ φρουρίου τὴν οἰκοδομίαν οὐδενὸς ἔτι ἀμυνομένου εἰς
ἔδαφος καθεῖλον.

Ὕστερον δὲ βασιλεὺς Ἰουστινιανὸς στρατηγὸν τῆς ἕω
Βελισάριον καταστησάμενος, στρατεύειν ἐπὶ Πέρσας ἐκέλευεν. ὁ δὲ στρατιὰν λόγου πολλοῦ ἀξίαν ἀγείρας ἐς Δάρας
ἦλθε. καί οἱ Ἑρμογένης ξυνδιακοσμήσων τὸν στρατὸν
ἐκ βασιλέως ἀφίκετο, τὸ τοῦ μαγίστρου ἀξίωμα ἔχων,
ὃς Βιταλιανῷ παρήδρευε πρότερον, ἡνίκα βασιλεῖ Ἀναστασίῳ πολέμιος ἦν. καὶ Ῥουφῖνον δὲ πρεσβευτὴν βασιλεὺς ἔπεμψεν, ὃν δὴ ἐν Ἱεραπόλει τῇ πρὸς τῷ Εὐφράτῃ
ποταμῷ μένειν, ἕως αὐτὸς σημήνῃ, ἐκέλευε. λόγοι γὰρ
ἤδη πολλοὶ ἀμφοτέροις ἀμφὶ τῇ εἰρήνῃ ἐγίνοντο. ἄφνω δέ
τις Βελισαρίῳ τε καὶ Ἑρμογένει ἀπήγγελλεν ὡς Πέρσαι
ἐσβάλλειν ἐπίδοξοί εἰσιν ἐς γῆν τὴν Ῥωμαίων, πόλιν
Δάρας αἱρήσειν ἐν σπουδῇ ἔχοντες. οἱ δὲ ταῦτα ἀκούσαντες τὰ ἐς τὴν παράταξιν ἐξηρτύοντο ὧδε. τῆς πύλης, ἣ
πόλεως Νισίβιδος καταντικρὺ κεῖται, οὐ μακρὰν ἄποθεν,
ἀλλ᾽ ὅσον λίθου βολήν, τάφρον βαθεῖάν τινα ὤρυξαν, δι-
εξόδους πολλὰς ἔχουσαν. οὐκ ἐπ᾽ εὐθείας μέντοι ἡ τάφρος
ἥδε ὀρώρυκτο, ἀλλὰ τρόπῳ τοιῷδε. κατὰ μὲν τὸ μέσον
βραχεῖά τις ἐγεγόνει εὐθεῖα, ἐφ᾽ ἑκάτερα δὲ αὐτῆς ὀρθαὶ
κεραῖαι πεποίηντο δύο, ἔς τε τὰ πέρατα ταῖν ὀρθαῖν κε-
ραίαιν αὖθις τὰς τάφρους ἐπὶ πλεῖστον εὐθείας ἐξῆγον.

Οἱ μὲν οὖν Πέρσαι οὐκ ἐς μακρὰν στρατῷ πολλῷ ἦλθον, ἔν τε Ἀμμώδιος χωρίῳ, πόλεως Δάρας μέτρῳ εἴκοσι
σταδίων ἀπέχοντι, ἐστρατοπεδεύσαντο ἅπαντες. ἄρχοντες
δὲ ἄλλοι τε ἦσαν καὶ Πιτυάξης καὶ Βαρεσμανᾶς ἑτε-
ρόφθαλμος. στρατηγὸς δὲ εἷς ἅπασιν ἐφειστήκει, Πέρσης
ἀνήρ, μιρράνης μὲν τὸ ἀξίωμα (οὕτω γὰρ τὴν ἀρχὴν καλοῦσι
Πέρσαι), Περόζης δὲ ὄνομα. ὃς δὴ αὐτίκα παρὰ Βελισάριον πέμψας τὸ βαλανεῖον ἐν παρασκευῇ ἐκέλευε ποιεῖ-
σθαι· λοῦσθαι γάρ οἱ ἐνταῦθα τῇ ὑστεραίᾳ βουλομένῳ

ohne daß ihnen jemand noch wehrte, bis auf den Erdboden
nieder.

Darauf ernannte Kaiser Justinian Belisar zum Oberbefehlshaber im Osten (magister militum per orientem) und befahl ihm, die Perser zu bekriegen. Der sammelte nun ein sehr
beträchtliches Heer, um damit gegen Daras zu ziehen. Zur
gemeinsamen Führung der Streitkräfte fand sich im kaiserlichen Auftrag bei ihm auch der magister officiorum Hermogenes ein, der in früheren Zeiten einmal bei Vitalianos, als
dieser mit Kaiser Anastasios Krieg führte, das Amt eines juristischen Beirats bekleidet hatte. Der Kaiser schickte ferner
den Rufinos als Gesandten und erteilte ihm den Auftrag, sich
in Hierapolis am Euphrat bis auf weiteren Befehl zur Verfügung zu halten; denn schon waren eifrige Friedensgespräche
in Gang gekommen. Plötzlich aber erhielten Belisar und Hermogenes Nachricht, man müsse mit einem Einfall der Perser
ins römische Gebiet rechnen und die Einnahme von Daras sei
ihr Ziel. Sobald die Feldherrn davon hörten, trafen sie ihre
Gegenmaßnahmen auf folgende Weise: Nur etwa einen Steinwurf weit von dem gegen Nisibis zu gelegenen Tore ließen sie
einen tiefen Graben ausheben. Dieser hatte viele Durchlässe,
er verlief auch nicht in gerader Richtung, sondern etwa so, daß
die Mitte aus einem kurzen, geraden Stück bestand und sich
an dessen beide Enden zwei rechtwinklig nach vorne sprin-
gende Quergräben schlossen. Zu deren Enden hin wurden
wiederum im rechten Winkel sehr lange, gerade Gräben gezogen.

Die Perser erschienen bald mit einem starken Heer und lagerten sich alle an einem Orte Ammodios, zwanzig Stadien
von der Stadt Daras entfernt. Sie wurden neben anderen von
Pityaxes und dem einäugigen Berasmanas geführt; die Ge-
samtleitung hatte ein Oberfeldherr, der Perser Perozes im
Rang eines Mirrhanes, wie das Amt dort heißt. Alsbald schickte dieser einen Boten an Belisar mit dem Befehl, das Bad zu
rüsten, da er anderntags in Daras baden wolle. So trafen die
Römer ihre Vorbereitungen für die Schlacht, um am nächsten
Tage in den Kampf zu ziehen. Als sie bei Sonnenaufgang die

εἶναι. διὸ δὴ Ῥωμαῖοι τὰ ἐς τὴν ξυμβολὴν καρτερώτατα 18
ἐξηρτύοντο, ὡς ἡμέρᾳ τῇ ἐπιγενησομένῃ μαχούμενοι. ἅμα 19
τε ἡλίῳ ἀνίσχοντι τοὺς πολεμίους ἐπὶ σφᾶς προϊόντας
ὁρῶντες ἐτάξαντο ὧδε. εὐθείας μὲν τὰ ἔσχατα τῆς ἀριστερᾶς, ἣ ἔνερθεν ἦν τῆς ὀρθῆς κεραίας μέχρι ἐς τὸν
λόφον, ὃς ταύτῃ ἀνέχει, Βούζης εἶχε ξὺν ἱππεῦσι πολλοῖς
καὶ Φάρας Ἔρουλος ξὺν ὁμογενέσι τριακοσίοις· ἐν δεξιᾷ 20
δὲ αὐτῶν τῆς τάφρου ἐκτὸς κατὰ τὴν γωνίαν, ἣν ἥ τε
ὀρθὴ κεραία καὶ ἡ ἐνθένδε εὐθεῖα ἐποίει, Σουνίκας τε ἦν
καὶ Αἰγὰν Μασσαγέται γένος, ξὺν ἱππεῦσιν ἑξακοσίοις,
ὅπως, ἢν οἵ τε ἀμφὶ Βούζην καὶ Φάραν τραπεῖεν, αὐτοὶ
πλάγιοι κατὰ τάχος ἰόντες κατὰ νώτου τε τῶν πολεμίων
γινόμενοι τοῖς ἐκείνῃ Ῥωμαίοις ἀμύνειν εὐπετῶς δύνωνται. ἐπὶ θάτερα δὲ τρόπῳ τῷ αὐτῷ ἐτετάχατο· τῆς μὲν 21
γὰρ εὐθείας τὰ ἔσχατα ἱππεῖς πολλοὶ εἶχον, ὧν Ἰωάννης
τε ὁ Νικήτου ἦρχε καὶ Κύριλλός τε καὶ Μάρκελλος· ξυνῆν
δὲ αὐτοῖς καὶ Γερμανὸς καὶ Δωρόθεος· ἐς γωνίαν δὲ τὴν
ἐν δεξιᾷ ἱππεῖς ἐτάξαντο ἑξακόσιοι, ὧν Σίμμας τε καὶ
Ἀσκὰν Μασσαγέται ἦρχον, ἵνα, ὅπερ εἴρηται, τῶν ἀμφὶ
τὸν Ἰωάννην τρεπομένων, ἂν οὕτω τύχῃ, αὐτοὶ ἐνθένδε
ἐξανιστάμενοι κατὰ νώτου τῶν Περσῶν ἴωσι. πανταχῇ 22
δὲ τῆς τάφρου οἵ τε τῶν ἱππέων κατάλογοι καὶ ὁ πεζὸς
στρατὸς ἵστατο. ὧν δὴ ὄπισθεν οἵ τε ἀμφὶ Βελισάριον
καὶ Ἑρμογένην κατὰ μέσους εἱστήκεσαν. ὧδε μὲν Ῥω- 23
μαῖοι ἐς πεντακισχιλίους τε καὶ δισμυρίους ξυνιόντες ἐτάξαντο, Περσῶν δὲ ὁ στρατὸς μυριάδες μὲν τέσσαρες
ἱππέων τε καὶ πεζῶν ἦσαν, ἐφεξῆς δὲ ἅπαντες μετωπηδὸν ἵσταντο, ὡς βαθύτατον τῆς φάλαγγος τὸ μέτωπον
ποιησόμενοι.

Χρόνον μὲν οὖν πολὺν μάχης ἐς ἀλλήλους οὐδέτεροι ἦρ- 24
χον, ἀλλὰ θαυμάζουσί τε τὴν Ῥωμαίων εὐκοσμίαν Πέρσαι
ἐῴκεσαν καὶ ὅ τι χρήσονται τοῖς παροῦσιν ἀπορουμένοις.
τῆς δὲ ἡμέρας ἀμφὶ δείλην ὀψίαν μοῖρά τις τῶν ἱππέων, 25
οἳ κέρας τὸ δεξιὸν εἶχον, ἀποσχισθέντες τοῦ ἄλλου στρα-

Feinde gegen sich heranrücken sahen, nahmen sie folgende
Aufstellung: Die äußersten Teile des linken, geradeaus ver-
laufenden Grabens unterhalb des rechtwinklig hiezu stehenden Quergrabens bis hin zu dem Hügel, der sich dort erhebt,
hielt Buzes mit vielen Reitern besetzt; hinzu kam der Heruler
Pharas mit dreihundert Stammesgenossen. Rechts von ihnen
und zwar außerhalb des Grabens, im Winkel, den der senk-
recht dazu angelegte Quergraben und der von dort aus wieder
gerade verlaufende Teil bildeten, standen Sunikas und Aigan,
gebürtige Massageten, mit sechshundert Berittenen. Falls Buzes und Pharas mit ihren Leuten in die Flucht geschlagen
würden, sollten sie in der Lage sein, rasch von der Seite vorzustoßen, den Feinden in den Rücken zu fallen und so auf
leichte Art den dortigen Römern Hilfe zu leisten. Die Aufstellung auf der anderen Seite war die gleiche: Hier hielten an
den Enden des geraden Grabenteils zahlreiche Reiter unter
Johannes, dem Sohn des Niketas, sowie unter Kyrillos und
Markellos; außerdem befanden sich Germanos und Dorotheos
bei ihnen. Neben der rechten Ecke des Grabens hatten weiterhin sechshundert Berittene, geführt von den Massageten Simmas und Askan, Aufstellung genommen. Bei einer etwaigen
Flucht des Johannes und seiner Reiterei war es, wie schon gesagt, ihre Aufgabe, von ihrem Standort aus zum Angriff vorzugehen und die Perser von hinten zu fassen. Den ganzen
Graben entlang aber stellten sich die Reiterschwadronen und
das Fußvolk auf, während dahinter im Zentrum Belisar und
Hermogenes mit den Ihren Platz gefunden hatten. So sammelten sich auf Römerseite etwa 25000 Mann zur Schlachtordnung, das Perserheer hingegen umfaßte 40000 Mann zu
Pferd und zu Fuß, alle hintereinander und Blick nach vorne
aufgestellt, damit die Front möglichst tief gestaffelt werde.

Lange Zeit verstrich, ohne daß eines der beiden Heere den
Kampf eröffnete. Man hatte den Eindruck, als staunten die
Perser über die vorzügliche Ordnung der Römer und wüßten
nicht recht, wie sie unter den gegebenen Umständen vorge-
hen sollten. Am späten Nachmittag trennte sich jedoch eine
Abteilung der auf dem rechten Flügel stehenden Reiterei vom

τοῦ τοῖς ἀμφὶ Βούζην τε καὶ Φάραν ἐπῆλθον. οἱ δὲ ὀπίσω
κατὰ βραχὺ ὑπεχώρησαν. Πέρσαι δὲ αὐτοὺς οὐκ ἐδίωξαν, 26
ἀλλ' αὐτοῦ ἔμενον, κύκλωσιν, οἶμαι, πρὸς τῶν πολεμίων
τινὰ δείσαντες. μετὰ δὲ Ῥωμαῖοι μὲν οἱ φυγόντες ἐκ τοῦ
αἰφνιδίου πρὸς αὐτοὺς ὥρμησαν. οἱ δὲ οὐχ ὑποστάντες 27
τὴν ἔφοδον ὀπίσω ἀπήλαυνον ἐς τὴν φάλαγγα, καὶ αὖθις
οἵ τε ἀμφὶ Βούζην καὶ Φάραν ἐν χώρᾳ τῇ οἰκείᾳ ἐτάξαντο.
ἐν τούτῳ τῷ ἔργῳ Περσῶν ἑπτὰ ἔπεσον, ὧν δὴ τῶν σω- 28
μάτων Ῥωμαῖοι ἐκράτησαν, καὶ τὸ λοιπὸν ἡσυχάζοντες
ἐν τάξει ἑκάτεροι ἔμενον. εἷς δὲ ἀνὴρ Πέρσης νεανίας, 29
ἄγχιστα τοῦ Ῥωμαίων στρατοῦ τὸν ἵππον ἐλάσας,
προὐκαλεῖτο ἅπαντας, εἴ τίς οἱ βούλοιτο ἐς χεῖρας ἰέναι
καὶ τῶν μὲν ἄλλων ὑποστῆναι τὸν κίνδυνον ἐτόλμα 30
οὐδείς, Ἀνδρέας δὲ ἦν τις ἐν τοῖς Βούζου οἰκείοις, οὐ
στρατιώτης μὲν οὐδέ τι ἀσκήσας τῶν κατὰ τὸν πόλεμον
πώποτε, παιδοτρίβης δὲ καὶ παλαίστρᾳ τινὶ ἐν Βυζαντίῳ
ἐφεστηκώς. διὸ δὴ καὶ τῷ στρατῷ εἵπετο, ἅτε τοῦ Βούζου 31
σώματος ἐν βαλανείῳ ἐπιμελούμενος, γένος δὲ Βυζάντιος
ἦν. οὗτος ἐθάρσησε μόνος, οὔτε Βούζου οὔτε ἄλλου ὁτουοῦν
ἐπαγγείλαντος, αὐτόματος τῷ ἀνθρώπῳ ἐς μονομαχίαν
ἐπεξιέναι. φθάσας δὲ τὸν βάρβαρον ἔτι περισκοπούμενον
ὅπη ὁρμήσεται, παρὰ μαζὸν τὸν δεξιὸν τῷ δόρατι παίει.
ὁ δὲ πληγὴν ἀνδρὸς ἰσχυροῦ λίαν οὐκ ἐνεγκὼν ἐκ τοῦ 32
ἵππου ἐς ἔδαφος πίπτει. καὶ αὐτὸν Ἀνδρέας μαχαίρᾳ τινὶ
βραχείᾳ ὥσπερ ἱερεῖον ὑπτίως κείμενον ἔθυσε, κραυγή τε
ὑπερφυὴς ἔκ τε τοῦ περιβόλου καὶ τοῦ Ῥωμαίων στρατοπέδου ἤρθη. Πέρσαι δὲ τῷ γεγονότι περιαλγήσαντες ἕτερον 33
εἰς τὴν αὐτὴν πρᾶξιν ἱππέα καθῆκαν, ἀνδρεῖον μὲν καὶ
μεγέθους σώματος πέρι εὖ ἥκοντα, οὐ νεανίαν δέ, ἀλλὰ
καί τινας τῶν ἐν τῇ κεφαλῇ τριχῶν πολιὸν ὄντα. ὃς δὴ 34
παρὰ τὸ τῶν πολεμίων στράτευμα ἐπιὼν, ἐπὶ πλεῖστον
δὲ τὴν μάστιγα σείων, ᾗ παίειν τὸν ἵππον εἰώθει, Ῥωμαίων τὸν βουλόμενον ἐς μάχην ἐκάλει. οὐδενὸς δέ οἱ 35
ἐπεξιόντος, Ἀνδρέας αὖθις ἅπαντας λαθὼν ἐς μέσον ἦλθε,

übrigen Heere und ging zum Angriff gegen die Truppen des
Buzes und Pharas über. Während sich diese langsam zurückzogen, folgten ihnen aber die Perser nicht nach, sondern blieben stehen, wahrscheinlich aus Furcht, von den Feinden um-
zingelt zu werden. Doch dann stürmten die Römer, die eben
noch ausgewichen waren, überraschend gegen sie vor. Die
Perser hielten dem Angriff nicht stand und ritten zur Kampflinie zurück, worauf Buzes und Pharas mit ihren Leuten den
alten Platz wieder einnahmen. Bei dieser Kampfhandlung
fielen sieben Perser, deren Leichen in Römerhand gerieten,
und die Heere blieben nunmehr in Schlachtreihe ruhig an
ihrem Platze. Da ritt ein junger Perser dicht an das Römerheer heran und forderte alle zum Kampf mit ihm heraus. Niemand sonst getraute sich, diese Gefahr zu bestehen, nur unter
der Dienerschaft des Buzes befand sich ein gewisser Andreas,
kein Soldat und ohne alle Übung im Kriegshandwerk, vielmehr Gymnastiklehrer und Leiter einer Ringschule in Byzanz. Ein geborener Byzantiner, begleitete er daher das Heer
nur, um als Bademeister für das leibliche Wohlergehen des
Buzes zu sorgen. Dieser Mann allein faßte den Mut, ohne daß
ihn Buzes oder sonst jemand aufgefordert hätte, aus eigenem
Antrieb dem Perser im Einzelkampf entgegenzutreten. Und
während der Barbar noch unschlüssig umherspähte, wie er
seinen Angriff einrichten sollte, kam ihm schon der Römer zuvor und traf ihn mit dem Speer auf die rechte Brust. Der
Feind hielt dem Stoß des riesenstarken Mannes nicht stand
und stürzte vom Pferde zu Boden. Dort schlachtete ihn Andreas mit seinem Kurzschwert wie ein auf dem Rücken liegen-
des Opfertier ab, worauf sich von der Stadtmauer und dem
römischen Heere aus ein gewaltiges Triumphgeschrei erhob.
Die Perser, über den Vorfall bestürzt, entsandten zum nämlichen Wettkampf einen weiteren Reiter, mutig und von statt-
lichem Wuchs, doch nicht mehr jung, sondern schon mit leicht
ergrautem Haupthaar. Indem er die Peitsche, womit er sein
Pferd gewöhnlich antrieb, hoch in den Lüften schwang,
sprengte er auf das feindliche Heer zu und forderte jeden Römer, der da wollte, zum Waffengang auf. Da es niemand mit
ihm aufzunehmen wagte, ritt wiederum Andreas – ganz un-

καίπερ αὐτῷ πρὸς τοῦ Ἑρμογένους ἀπειρημένον. ἄμφω 36
γοῦν τοῖς δόρασιν ἐς ἀλλήλους θυμῷ πολλῷ ἐχόμενοι
ὥρμησαν, καὶ τά τε δόρατα τοῖς θώραξιν ἐρεισθέντα δεινῶς ἀπεκρούσθη οἵ τε ἵπποι ἐς τὰς κεφαλὰς ἀλλήλοις
συγκρούσαντες ἔπεσόν τε αὐτοὶ καὶ τοὺς ἐπιβάτας ἀπέ-
βαλον. τὼ δὲ ἄνδρε τούτω ἄγχιστά πη πεσόντε ἀλλήλοιν 37
ἐξανίστασθαι σπουδῇ πολλῇ ἄμφω ἠπειγέσθην, ἀλλ' ὁ μὲν
Πέρσης τοῦτο δρᾶν, ἅτε οἱ τοῦ μεγέθους ἀντιστατοῦντος,
οὐκ εὐπετῶς εἶχεν, Ἀνδρέας δὲ προτερήσας (τοῦτο γὰρ
αὐτῷ ἡ κατὰ τὴν παλαίστραν μελέτη ἐδίδου) τῷ τε γόνατι
ἐξανιστάμενον αὐτὸν ἔτυψε καὶ αὖθις εἰς τὸ ἔδαφος πεσόντα ἔκτεινε. κραυγή τε ἐκ τοῦ τείχους καὶ τοῦ Ῥω- 38
μαίων στρατοῦ οὐδέν τι ἧσσον, εἰ μὴ καὶ μᾶλλον, ἤρθη·
καὶ οἱ μὲν Πέρσαι ἐς τὸ Ἀμμώδιος τὴν φάλαγγα διαλύσαντες ἀνεχώρησαν, οἱ δὲ Ῥωμαῖοι παιανίσαντες ἐντὸς
τοῦ περιβόλου ἐγένοντο. ἤδη γὰρ καὶ ξυνεσκόταζεν. οὕτω 39
τε ἀμφότεροι τὴν νύκτα ἐκείνην ηὐλίσαντο.

Τῇ δὲ ὑστεραίᾳ Πέρσαις μὲν στρατιῶται μύριοι ἐκ Νι- 14
σίβιδος πόλεως μετάπεμπτοι ἦλθον, Βελισάριος δὲ καὶ
Ἑρμογένης πρὸς Μιρράνην ἔγραψαν τάδε „Πρῶτον ἀγαθὸν τὴν εἰρήνην εἶναι ὡμολόγηται παρὰ πάντων ἀνθρώπων οἷς τι καὶ κατὰ βραχὺ λογισμοῦ μέτεστιν. ὥστε ἤν
τις διαλυτὴς αὐτῆς γένοιτο, τῶν κακῶν αἰτιώτατος ἂν οὐ 2
τοῖς πέλας μόνον, ἀλλὰ καὶ ὁμογενέσι τοῖς αὑτοῦ εἴη.
στρατηγὸς μὲν οὖν ἄριστος οὗτος ἐκεῖνός ἐστιν, ὃς δὴ ἐκ
πολέμου εἰρήνην διατίθεσθαι ἱκανὸς πέφυκε. σὺ δὲ τῶν 3
πραγμάτων εὖ καθεστώτων Ῥωμαίοις τε καὶ Πέρσαις
πόλεμον ἐπάγειν ἡμῖν αἰτίαν οὐκ ἔχοντα ἔγνωκας, καίπερ
ἑκατέρου μὲν βασιλέως εἰρηναῖα βουλευομένου, πρέσβεων
δὲ παρόντων ἡμῖν ἐν γειτόνων ἤδη, οἳ δὴ τὰ διάφορα τῇ
ἐς ἀλλήλους ὁμιλίᾳ οὐκ εἰς μακρὰν διαλύσουσιν, ἢν μή τι

auffällig wegen des Verbotes des Hermogenes – in die Mitte
hinein. Voll Erbitterung stürmten die zwei mit ihren Speeren
aufeinander los, doch diese glitten krachend beim Stoß auf
die Panzer ab, so daß die Pferde mit den Köpfen zusammen-
prallten, zu Fall kamen und die Reiter abwarfen. Die beiden
Kämpfer, die ganz nahe beieinander zu liegen gekommen waren, wollten sich möglichst rasch erheben. Bei seiner Körper-
größe fiel dies aber dem Perser nicht leicht; so kam ihm Andreas zuvor – er dankte dies seiner in der Ringschule erworbenen Gewandtheit –, drückte seinen Gegner beim Aufstehen
mit dem Knie zu Boden und machte ihm, während er erneut
niedersank, den Garaus. Daraufhin erscholl von der Mauer
und vom römischen Heere aus ein vielleicht noch lauteres Geschrei als zuvor. Die Perser lösten nun ihre Schlachtreihe auf
und zogen sich nach Ammodios zurück, während die Römer
den Paian anstimmten und sich hinter den Mauerring begaben. Es war ja auch schon ganz dunkel, und so biwakierten
beide Heere in jener Nacht.

14. Nach vorausgehenden Verhandlungen und Ansprachen der Feldherrn kommt
es zur Schlacht, in der die Perser unterliegen

Am folgenden Tag stießen, aus Nisibis herbeigeholt, weitere zehntausend Mann zu den Persern, Belisar aber und Hermogenes richteten an den Mirrhanes folgende Zeilen: „Das
höchste Gut ist der Friede. Darin sind sich alle Menschen
einig, sofern sie nur etwas Vernunft besitzen. Wer also den
Frieden brechen wollte, dürfte nicht nur über seine Nachbarn,
sondern auch über seine Blutsverwandten schwerstes Unglück bringen. Daher ist der beste Feldherr jener, der imstande ist, Krieg in Frieden zu verwandeln. Du aber hast dich
trotz des guten Verhältnisses zwischen Römern und Persern
entschlossen, uns ohne jeden Grund mit Krieg zu überziehen.
Dabei hegen doch unsere beiden Herrscher friedliche Gedanken, und Gesandte halten sich schon für uns in der Nähe bereit, um alsbald durch gegenseitigen Meinungsaustausch die
strittigen Punkte zu bereinigen, sofern nicht dein Angriff

ἀνήκεστον ἐκ τῆς σῆς ἐφόδου ξυμβαῖνον ταύτην ἡμῖν
ἀναστέλλειν τὴν ἐλπίδα ἰσχύσῃ. ἀλλ' ἄπαγε ὅτι τάχιστα 4
τὸν στρατὸν ἐς τὰ Περσῶν ἤθη, μηδὲ τοῖς μεγίστοις
ἀγαθοῖς ἐμποδὼν ἵστασο, μή ποτε Πέρσαις, ὡς τὸ εἰκός,
εἴης τῶν ξυμβησομένων δεινῶν αἴτιος."
Ταῦτα ἐπεὶ Μιρράνης ἀπενεχθέντα τὰ γράμματα εἶδεν, 5
ἀμείβεται ὧδε· ,,Ἐποίησα ἂν τὰ αἰτούμενα, τοῖς γεγραμ-
μένοις ἀναπεισθείς, εἰ μὴ Ῥωμαίων ἡ ἐπιστολὴ ἐτύγχανεν
οὖσα, οἷς τὸ μὲν ἐπαγγέλλεσθαι πρόχειρόν ἐστιν, ἔργῳ
δὲ τὰ ἐπηγγελμένα ἐπιτελεῖν χαλεπώτατόν τε καὶ κρεῖσσον ἐλπίδος, ἄλλως τε ἦν καὶ ὅρκοις τισὶ κυρώσητε τὰ
ξυγκείμενα. ἡμεῖς μὲν οὖν πρὸς τὴν ὑμετέραν ἀπειπόντες 6
ἀπάτην ἐν ὅπλοις ἠναγκάσμεθα παρ' ὑμᾶς ἥκειν, ὑμεῖς
δέ, ὦ φίλοι Ῥωμαῖοι, μηδὲν ἄλλο τὸ λοιπὸν οἴεσθε ἢ
πολεμητέα ὑμῖν ἐς Πέρσας εἶναι. ἐνταῦθα γὰρ ἡμᾶς ἢ
τεθνάναι ἢ καταγηράσκειν δεήσει, ἕως ἔργῳ τὰ δίκαια
πρὸς ἡμᾶς θήσεσθε." τοσαῦτα μὲν καὶ ὁ Μιρράνης ἀντέγραψεν.
Αὖθις δὲ οἱ ἀμφὶ Βελισάριον ἔγραψαν ὧδε· ,,Οὐ πάντα 7
χρὴ, ὦ βέλτιστε Μιρράνη, τῇ ἀλαζονείᾳ χαρίζεσθαι, οὐδὲ
τοῖς πέλας ἐπιφέρειν ὀνείδη τὰ μηδαμόθεν προσήκοντα.
Ῥουφῖνον γὰρ ἐπὶ πρεσβείᾳ ἥκοντα οὐκ ἄποθεν εἶναι 8
ἡμεῖς τε εἴπομεν ξὺν τῷ ἀληθεῖ καὶ αὐτὸς οὐκ ἐς μακρὰν
εἴσῃ. γλιχομένοις δὲ ὑμῖν πολεμίων ἔργων ἀντιταξό- 9
μεθα ξὺν θεῷ, ὃν ἡμῖν ἐν τῷ κινδύνῳ ξυλλήψεσθαι
ἴσμεν, ἡγμένον μὲν τῇ Ῥωμαίων ἀπραγμοσύνῃ, ἀλαζονείᾳ δὲ τῇ Περσῶν νεμεσήσαντα καὶ οἷς ἐπὶ τὴν
εἰρήνην προκαλουμένοις ἡμῖν εἶτα ἀντιτείνειν ἐγνώκατε.
ἀντιταξόμεθα δὲ τὰ γεγραμμένα παρ' ἑκατέρων ἀπ' 10
ἄκρων σημείων ἐς τὴν ξυμβολὴν ἀναψάμενοι." τοσαῦτα
μὲν ἡ γραφὴ ἐδήλου.

Μιρράνης δὲ καὶ αὖθις ἀμείβεται ὧδε· ,,Οὐδὲ ἡμεῖς 11
ἄνευ θεῶν τῶν ἡμετέρων ἐς τὸν πόλεμον καθιστάμεθα,

schlimme Folgen zeitigt und uns diese Hoffnung zuschanden macht. Wohlan, führe doch das Heer so schnell wie möglich nach Persien zurück und stelle dich nicht den größten Vorteilen hinderlich in den Weg! Sonst trägst du einmal bei den Persern gewiß die Schuld an all dem Unheil, das über sie hereinbrechen wird."

Als Mirrhanes diesen Brief erhalten und gelesen hatte, gab er folgende Antwort: „Ich hätte mich durch dein Schreiben überzeugen lassen und deine Bitte erfüllt, wenn der Brief nicht gerade von Römern stammte. Diese sind zwar rasch mit Versprechungen bei der Hand, machen aber bei der tatsächlichen Erfüllung ihrer Zusagen unerwartet große Schwierigkeiten, zumal wenn ihre euere Abreden noch irgendwie eidlich bekräftigt habt. Wir haben nun eueren Betrug satt und sehen uns gezwungen, mit Waffengewalt gegen euch vorzugehen. Ihr aber, liebe Römer, betrachtet künftighin den Krieg mit den Persern als euere einzige Aufgabe! Denn hier wird es unsere Pflicht sein, entweder zu sterben oder so alt zu werden, bis wir tatsächlich unser Recht von euch bekommen." Soweit die schriftliche Antwort des Mirrhanes.

Wiederum sandten Belisar und die Seinen einen Brief, und zwar mit folgendem Inhalt: „Es ziemt sich in keiner Weise, mein bester Mirrhanes, sich in Prahlereien zu ergehen und die Nachbarn mit völlig ungerechtfertigten Schmähungen zu überhäufen. Denn daß Rufinos als Gesandter eingetroffen ist und unweit von hier sich aufhält, damit haben wir die reine Wahrheit gesagt, und du selber wirst dich in Bälde überzeugen können. Gelüstet es euch jedoch nach Feindseligkeiten, so wollen wir euch entgegentreten mit Hilfe Gottes, der uns, wie wir wissen, in der Gefahr unterstützen wird. Dazu läßt er sich durch die Friedensliebe der Römer bestimmen, während ihn die Prahlerei der Perser und die Tatsache, daß ihr unsere Friedensappelle abzulehnen entschlossen seid, erzürnt haben. So wollen wir denn die zwischen uns gewechselten Briefe für die Schlacht oben an die Feldzeichen heften und den Kampf beginnen!" Soweit der Inhalt des Briefes.

Der Mirrhanes aber gab nochmals eine Antwort; diese lautete: „Auch wir ziehen nicht ohne den Schutz unserer Götter

ξὺν αὐτοῖς δὲ παρ' ὑμᾶς ἥξομεν, οὕσπερ τῇ ὑστεραίᾳ Πέρσας ἐς Δάρας ἐσβιβάσειν ἐλπίδα ἔχω. ἀλλά μοι τό τε   12
βαλανεῖον καὶ ἄριστον ἐν παρασκευῇ τοῦ περιβόλου ἐντὸς
γινέσθω". ταῦτα οἱ ἀμφὶ Βελισάριον ἀναλεξάμενοι πα-
ρεσκευάζοντο ἐς τὴν ξυμβολήν. τῇ δὲ ἐπιγενομένῃ ἡμέρᾳ   13
Πέρσας ἅπαντας περὶ ἡλίου ἀνατολὰς ξυγκαλέσας Μιρράνης ἔλεξε τοιάδε· ,,Οὐκ ἀγνοῶ μὲν ὡς οὐ λόγοις τῶν
ἡγουμένων, ἀλλ' ἀρετῇ τε οἰκείᾳ καὶ τῇ ἐς ἀλλήλους αἰδοῖ
θαρσεῖν ἐν τοῖς κινδύνοις εἰώθασι Πέρσαι. ὁρῶν δὲ ὑμᾶς   14
διαλογιζομένους τί δήποτε οὐ συνειθισμένον Ῥωμαίοις
πρότερον ἄνευ θορύβων τε καὶ ἀταξίας εἰς μάχην ἰέναι,
οἱ δὲ ξὺν κόσμῳ τινὶ ἔναγχος οὐδαμόθεν σφίσι προσή-
κοντι Πέρσας ἐπιόντας ὑπέστησαν, τοῦδε εἵνεκα παραίνεσιν ποιεῖσθαί τινα εἰς ὑμᾶς ἔγνωκα, ὅπως μὴ δόξῃ
οὐκ ἀληθεῖ χρωμένοις ὑμῖν σφαλῆναι συμβαίη. μὴ γὰρ   15
οἴεσθε Ῥωμαίους ἀμείνους τὰ πολέμια ἐκ τοῦ αἰφνιδίου
γενέσθαι μηδὲ ἀρετῆς τι ἢ ἐμπειρίας κεκτῆσθαι πλέον,
ἀλλὰ καὶ δειλοὺς αὐτοὺς γεγόνεναι μᾶλλον ἢ τὰ πρότερα
ὄντες ἐτύγχανον· οἵ γε οὕτω Πέρσας δεδίασιν ὥστε οὐδὲ
τάφρου χωρὶς ἐς τὴν φάλαγγα καθίστασθαι τετολμήκασιν.
οὐδὲ ξὺν ταύτῃ μάχης τινὸς ἦρξαν, ἀλλ' ἐπεὶ ἐς χεῖρας   16
αὐτοῖς οὐδαμῶς ἤλθομεν, ἄσμενοί τε καὶ κρεῖσσον ἐλπίδος τὰ πράγματα σφίσι κεχωρηκέναι οἰόμενοι ἐπὶ τὸ τεῖχος
ἐχώρησαν. διὸ δὴ αὐτοῖς οὐδὲ ξυντεταράχθαι τετύχηκεν,   17
οὔπω εἰς κίνδυνον πολέμου ἐλθοῦσιν. ἢν δέ γε ἡ μάχη
ἐκ χειρὸς γένηται, ὀρρωδία τε αὐτοὺς καὶ ἀπειρία περι-
λαβοῦσαι ἐς ἀκοσμίαν τὴν συνήθη, ὡς τὸ εἰκός, καταστή-
σουσι. τὰ μὲν οὖν τῶν πολεμίων τοιαῦτά ἐστιν· ὑμᾶς δέ,   18
ὦ ἄνδρες Πέρσαι, τοῦ βασιλέων βασιλέως ἡ κρίσις εἰσίτω.
ἢν γὰρ μὴ ἐπαξίως τῆς Περσῶν ἀρετῆς ἐν τῷ παρόντι   19
ἀνδραγαθίζοισθε, κόλασις ὑμᾶς οὐκ εὐκλεὴς περιστήσε-
ται."

Οὕτω μὲν Μιρράνης παρακελευσάμενος ἐπὶ τοὺς πολε-   20
μίους τὸ στράτευμα ἦγε. Βελισάριος δὲ καὶ Ἑρμογένης

in den Krieg; im Bunde mit ihnen werden wir über euch kommen, und ihr werdet die Perser, wie ich hoffe, schon morgen
in Daras einziehen lassen. Mir aber sollen in der Stadt Bad
und Frühstück zugerichtet werden!" Nachdem Belisar und
seine Umgebung diese Zeilen gelesen hatten, rüsteten sie sich
zur Schlacht. Am nächsten Tage rief der Mirrhanes mit Sonnenaufgang alle Perser zusammen und hielt folgende Ansprache: „Ich weiß recht wohl, daß es Perserart ist, sich nicht
durch Worte der Führer, sondern durch eigene Tüchtigkeit
und gegenseitige Achtung zum Heldentum in Gefahren bestimmen zu lassen. Nun macht ihr euch aber, wie ich sehe,
darüber Gedanken, daß früher die Römer gewöhnlich nur
schreiend und ungeordnet in den Kampf zogen, diesmal aber
mit einer Disziplin, die sie vor kurzem noch keineswegs besaßen, dem Angriff der Perser begegneten. Deshalb habe ich
mich entschlossen, aufmunternde Worte an euch zu richten,
damit ihr euch durch trügerischen Schein nicht täuschen laßt.
Denn glaubt ja nicht, daß die Römer über Nacht bessere Soldaten geworden sind oder mehr Tapferkeit oder Kriegserfahrung besitzen! Im Gegenteil, sie sind noch feiger als früher
geworden. Jedenfalls haben sie derartige Angst vor den Persern, daß sie nicht einmal den Mut haben, ohne den Schutz
eines Grabens eine Schlachtordnung herzustellen. Ja selbst
mit seiner Hilfe ließen sie sich auf keinen Kampf ein, sondern
wichen, obwohl wir doch gar keine Auseinandersetzung mit
ihnen hatten, gegen die Mauer zurück, und waren darüber
herzlich froh und meinten, die Sache sei für sie über Erwarten
gut ausgegangen. So kamen sie noch nie in Kriegsgefahr und
blieb ihnen auch die Panik erspart. Beginnt aber erst einmal
der Kampf Mann gegen Mann, werden Angst und Ratlosigkeit sie erfassen und natürlich in die gewohnte Unordnung
bringen. Mit den Feinden steht es so; ihr aber, meine persischen Männer, bedenkt das Gericht des Königs der Könige!
Wenn ihr euch jetzt nicht als Helden erweist, würdig der Per-
sertugend, wird euch entehrende Strafe treffen."

Nach diesen Mahnworten führte der Mirrhanes sein Heer
gegen die Feinde. Belisar und Hermogenes ließen indessen

πρὸ τοῦ περιβόλου πάντας Ῥωμαίους ἀγείραντες παρε-
κελεύσαντο ὧδε „Ὡς μὲν οὐκ εἰσὶ παντάπασιν ἀνίκητοι 21
Πέρσαι οὐδὲ κρείσσους ἢ θνήσκειν, ἐπίστασθε δή που
μάχῃ τῇ προτέρᾳ σταθμώμενοι· ὡς δὲ τῇ τε ἀνδρίᾳ καὶ
σώματος ἰσχύϊ περιόντες αὐτῶν μόνῳ ἡττᾶσθε τῷ τοῖς
ἄρχουσιν ἀπειθέστεροι εἶναι, οὐδεὶς ἂν ἀντείποι. ὅπερ 22
ἐπανορθοῦν πόνῳ οὐδενὶ ὑμῖν πάρεστι. τὰ μὲν γὰρ τῆς
τύχης ἐναντιώματα σπουδῇ ἐπανορθοῦσθαι οὐδαμῶς πέφυκε, γνώμῃ δὲ τῶν οἰκείων κακῶν ῥᾳδίως ἂν ἀνθρώπῳ
ἰατρὸς γένοιτο· ὥστε ἢν τῶν παραγγελλομένων κατα- 23
κούειν ἢ βουλομένοις ὑμῖν, αὐτίκα δὴ ἀναδήσεσθε τὸ
τοῦ πολέμου κράτος. οἱ γὰρ οὐκ ἄλλῳ τῳ ἢ τῷ ἡμετέρῳ
ἀκόσμῳ θαρσοῦντες ἐφ᾽ ἡμᾶς ἥκουσι. σφαλέντες δὲ καὶ 24
νῦν τῆς τοιαύτης ἐλπίδος ὁμοίως τῇ προλαβούσῃ ξυμβολῇ
ἀπαλλάξουσι. καὶ τὸ πλῆθος τῶν πολεμίων, ᾧ μάλιστα
δεδίττονται, ὑμᾶς ὑπερφρονεῖν ἄξιον. τὸ γὰρ πεζὸν ἅπαν 25
οὐδὲν ἄλλο ἢ ὁμιλός ἐστιν ἀγροίκων οἰκτρῶν, οἳ ἐς τὴν
παράταξιν ἐπ᾽ ἄλλῳ οὐδενὶ ἔρχονται ἢ τεῖχός τε διορύτ-
τειν καὶ τοὺς τεθνεῶτας σκυλεύειν καὶ τἄλλα τοῖς στρατιώταις ὑπηρετεῖν. διὸ δὴ ὅπλα μέν, οἷς ἂν καὶ τοὺς ἐναν- 26
τίους ἐνοχλοῖεν οὐδαμῇ ἔχουσι, τοὺς δὲ θυρεοὺς τοιούτους
τὸ μέγεθος, προβέβληνται μόνον, ὅπως αὐτοὶ πρὸς τῶν
πολεμίων ἥκιστα βάλλωνται. οὐκοῦν ἄνδρες ἀγαθοὶ ἐν 27
τῷδε τῷ κινδύνῳ γενόμενοι οὐκ ἐν τῷ παρόντι μόνον
Πέρσας νικήσετε, ἀλλὰ καὶ τῆς ἀπονοίας κολάσετε, ὡς
μήποτε αὖθις εἰς γῆν τὴν Ῥωμαίων στρατεύσονται."

Ταύτην Βελισάριός τε καὶ Ἑρμογένης τὴν παραίνεσιν 28
ποιησάμενοι, ἐπειδὴ Πέρσας ὁδῷ ἰόντας ἐπὶ σφᾶς εἶδον,
τρόπῳ τῷ προτέρῳ κατὰ τάχος τοὺς στρατιώτας διέτα-

sämtliche Römer vor der Stadtmauer zusammenkommen und
ermutigten sie mit folgender Rede: „Daß die Perser nicht
gänzlich unbesiegbar und auch nicht gegen den Tod gefeit
sind, das wißt ihr und könnt es in der Tat an dem vorausgegangenen Kampf sehen; doch muß auch jeder zugeben, daß
bei euerer Überlegenheit an Tapferkeit und Körperkraft nur
schwerer Ungehorsam gegenüber der Führung zur Niederlage
geführt hat. Diesen Fehler könnt ihr jetzt mit Leichtigkeit
wieder gutmachen; denn während es dem Menschen von Natur aus keineswegs gegeben ist, trotz eifrigen Bemühens
Wechselfälle des Schicksals ungeschehen zu machen, dürfte
doch Erkenntnis seiner eigenen Mängel ihm leicht Heilung
bringen. Wenn ihr also gewillt seid, den erteilten Befehlen
Folge zu leisten, werdet ihr sogleich den Sieg an euere Fahnen
heften. Die Feinde sind ja nur deshalb gegen uns angetreten,
weil sie mit unserer Disziplinlosigkeit rechnen. Erweist sich
aber auch jetzt diese Hoffnung als trügerisch, dann werden
sie genau so wie bei dem vorausgegangenen Treffen sich zurückziehen. Auch um die zahlenmäßige Überlegenheit der
Feinde, womit sie euch am meisten schrecken, braucht ihr
euch keine Sorgen zu machen. Ist doch ihr gesamtes Fußvolk
nichts anderes als ein Haufe armseliger Bauern, die nur zu
dem Zweck in den Krieg ziehen, um Stollen unter einer Mauer
anzulegen, Gefallene auszuplündern und im übrigen den wirk-
lichen Soldaten Dienste zu leisten. Sie tragen aus diesem
Grunde auch keine Waffen, mit denen sie den Feinden gefährlich werden könnten, sondern halten lediglich deshalb
solche Riesenschilde vor sich hin, damit sie selbst nicht von
den Feinden getroffen werden. Wenn ihr euch also in dieser
gefahrvollen Stunde als wackere Männer erweist, dann werdet ihr die Perser nicht nur für den Augenblick besiegen, sondern auch für ihren Unverstand derart züchtigen, daß es ihnen
niemals wieder in den Sinn kommt, gegen das römische Land
zu ziehen."

Diese Mahnung richteten Belisar und Hermogenes an die
Truppen. Als sie sodann die Perser im Anmarsch gegen sich
sahen ,ließen sie ihre Soldaten schnell wieder die alte Aufstellung einnehmen. Die Barbaren waren indessen herange-

ξαν. καὶ οἱ βάρβαροι παρ᾽ αὐτοὺς ἥκοντες μετωπηδὸν ἔστη- 29
σαν. οὐχ ἅπαντας μέντοι Πέρσας ὁ Μιρράνης ἀντίους τοῖς
πολεμίοις, ἀλλὰ τοὺς ἡμίσεις ἔστησε, τοὺς δὲ ἄλλους
ὄπισθεν μένειν εἴασεν. οἳ δὴ τοὺς μαχομένους ἐκδεχό- 30
μενοι ἔμελλον ἀκμῆτες ἐπιθήσεσθαι τοῖς ἐναντίοις, ὅπως
ἀεὶ ἐκ περιτροπῆς ἅπαντες μάχωνται. μόνον δὲ τὸν τῶν 31
ἀθανάτων λεγομένων λόχον ἡσυχῇ μένειν, ἕως αὐτὸς σημήνῃ, ἐκέλευεν. αὐτός τε κατὰ μέσον τοῦ μετώπου τα- 32
ξάμενος, Πιτυάξην μὲν τοῖς ἐν δεξιᾷ, Βαρεσμανᾶν δὲ τοῖς
ἐς τὸ ἀριστερὸν κέρας ἐπέστησεν. οὕτω μὲν ἀμφότεροι
ἐτετάχατο.

Φάρας δὲ Βελισαρίῳ τε καὶ Ἑρμογένει παραστὰς εἶπεν
,,Οὐδέν μοι δοκῶ ἐνταῦθα ξὺν τοῖς Ἐρούλοις μένων τοὺς 33
πολεμίους ἐργάσασθαι μέγα· ἢν δὲ κρυπτόμενοι ἐς τὸ
κάταντες τοῦτο, εἶτα, ἐπειδὰν ἐν τῷ ἔργῳ γένωνται Πέρσαι, διὰ τοῦδε τοῦ λόφου ἀναβαίνοντες ἐκ τοῦ αἰφνιδίου
κατὰ νώτου αὐτῶν ἴωμεν ὄπισθεν βάλλοντες, τὰ ἀνήκεστα αὐτούς, ὡς τὸ εἰκός, δράσομεν.‘‘ ὁ μὲν ταῦτα εἶπε,
καὶ ἐπεὶ τοὺς ἀμφὶ Βελισάριον ἤρεσκε, κατὰ ταῦτα ἐποίει.
μάχης δὲ ἄχρι ἐς ἡμέραν μέσην οὐδέτεροι ἦρχον. ἐπειδὴ 34
δὲ τάχιστα ἡ μεσημβρία παρῴχηκεν, ἔργου οἱ βάρβαροι
εἴχοντο, τοῦδε εἴνεκα ἐς τοῦτον τῆς ἡμέρας τὸν καιρὸν
τὴν ξυμβολὴν ἀποθέμενοι, ὅτι δὴ αὐτοὶ μὲν σιτίοις ἐς
δείλην ὀψίαν χρῆσθαι μόνον εἰώθασι, Ῥωμαῖοι δὲ πρὸ
τῆς μεσημβρίας, ὥστε οὔποτε ᾤοντο αὐτοὺς ὁμοίως ἀνθέξειν, ἢν πεινῶσιν ἐπιθῶνται. τὰ μὲν οὖν πρῶτα τοξεύμα- 35
σιν ἐχρῶντο ἐς ἀλλήλους ἑκάτεροι, καί τινα τὰ βέλη τῷ
πλήθει ἀχλὺν ἐπὶ πλεῖστον ἐποίει, ἔκ τε ἀμφοτέρων πολλοὶ ἔπιπτον, πολλῷ δὲ συχνότερα τὰ τῶν βαρβάρων βέλη
ἐφέρετο. ἐν περιτροπῇ γὰρ ἀεὶ ἀκμῆτες ἐμάχοντο, αἴσθη- 36
σιν τοῦ ποιουμένου τοῖς πολεμίοις ὡς ἥκιστα παρεχόμενοι, οὐ μέντοι οὐδὲ ὡς Ῥωμαῖοι τὸ ἔλασσον εἶχον. πνεῦμα
γὰρ ἐνθένδε ἐπίφορον ἐπὶ τοὺς βαρβάρους ἐπιπεσὸν οὐ
λίαν αὐτῶν τὰ τοξεύματα ἐνεργεῖν εἴα. ἐπεὶ δὲ ἅπαντα 37

kommen und stellten sich in Front auf. Doch trat Mirrhanes
nicht mit allen Persern den Feinden entgegen, sondern nur
mit der Hälfte, den Rest ließ er weiter rückwärts warten.
Diese Truppen sollten die kämpfenden Streitkräfte ablösen
und mit unverbrauchter Kraft zum Angriff auf die Gegner
vorgehen, damit alle Soldaten abwechselnd stets zum Einsatz
kämen. Nur die Schar der sogenannten Unsterblichen hieß
Mirrhanes Ruhestellung beziehen, bis er selbst das Zeichen
gebe. Er selbst wählte seinen Platz in der Mitte der Front,
während er Pityaxes die Führung des rechten, Baresmanas
die des linken Flügels übertrug. So war die Aufstellung beider
Heere.

Pharas aber begab sich zu Belisar und Hermogenes und
meinte: „Wenn ich mit meinen Herulern an diesem Platze
hier bleiben muß, glaube ich, nicht viel gegen die Feinde ausrichten zu können. Verbergen wir uns dagegen hinter dieser
Anhöhe, übersteigen dann, wenn die Perser im Kampfe stehen, den Hügel und fallen sie plötzlich mit Pfeilschüssen vom
Rücken her an, so werden wir ihnen gewiß heillosen Schaden
zufügen." Der Vorschlag des Pharas fand bei Belisar und seinem Stabe Beifall und wurde daher in die Tat umgesetzt. Keine Partei wollte bis zum Mittag mit der Schlacht beginnen.
Sobald aber dieser Zeitpunkt verstrichen war, machten sich
die Barbaren ans Werk. Sie hatten das Treffen deshalb auf
diese Tageszeit verschoben, weil sie selbst gewöhnlich nur gegen Abend Speise zu sich nehmen, die Römer jedoch das vor
Mittag besorgen, und meinten nun, ihre Gegner könnten niemals ihnen gleichen Widerstand leisten, wenn man sie nüchtern angreife. Anfangs beschossen sich die Heere nur mit
Pfeilen, und die Menge der Geschosse verdunkelte weithin
den Himmel, so daß auf beiden Seiten viele getötet wurden.
Dabei flogen aber die Pfeile der Barbaren in wesentlich größerer Dichte. Denn infolge dauernder Ablösung konnten sie stets
frische Kräfte einsetzen, doch ließen sie davon den Feinden
nicht das Mindeste merken. Aber auch so waren die Römer
nicht im Nachteil; ein günstiger Wind wehte ja von ihnen aus
den Barbaren entgegen und ließ deren Geschosse nicht be-

ἐκατέρους τὰ βέλη ἤδη ἐπιλελοίπει, τοῖς τε δόρασιν ἐς
ἀλλήλους ἐχρῶντο καὶ ἡ μάχη ἔτι μᾶλλον ἐκ χειρὸς ἐγεγόνει. Ῥωμαίων δὲ κέρας τὸ ἀριστερὸν μάλιστα ἔκαμνε.
Καδισηνοὶ γάρ, οἱ ταύτῃ ξὺν τῷ Πιτυάξῃ ἐμάχοντο, 38
πολλοὶ ἐπιβεβοηθηκότες ἐξαπιναίως ἐτρέψαντό τε τοὺς
πολεμίους καὶ φεύγουσιν ἐγκείμενοι ἰσχυρότατα συχνοὺς
ἔκτεινον. ὁ δὴ κατιδόντες οἱ ξὺν τῷ Σουνίκᾳ τε καὶ Ἀϊγὰν, 39
δρόμῳ πολλῷ ἐπ᾽ αὐτοὺς ᾖσαν. πρῶτοι δὲ οἱ τριακόσιοι
ξὺν τῷ Φάρᾳ Ἔρουλοι ἐξ ὑψηλοῦ κατὰ νώτου τῶν πολεμίων γενόμενοι ἔργα θαυμαστὰ ἔς τε τοὺς ἄλλους καὶ
τοὺς Καδισηνοὺς ἐπεδείκνυντο. οἱ δὴ ἐπεὶ καὶ τοὺς ἀμφὶ 40
τὸν Σουνίκαν πλαγίους ἤδη ἀνιόντας ἐπ᾽ αὐτοὺς εἶδον,
ἐς φυγὴν ὥρμηντο. τῆς δὲ τροπῆς λαμπρᾶς γενομένης, 41
ἐπειδὴ ἀλλήλοις ξυνέμιξαν οἱ ταύτῃ Ῥωμαῖοι, γέγονε
φόνος τῶν βαρβάρων πολύς. καὶ αὐτῶν κατὰ κέρας τὸ 42
δεξιὸν οὐχ ἥσσους ἢ τρισχίλιοι ἐν τούτῳ τῷ πόνῳ ἀπέθανον, οἱ δὲ λοιποὶ ἐς τὴν φάλαγγα μόλις καταφυγόντες
ἐσώθησαν. Ῥωμαῖοί τε οὐκέτι ἐδίωκον, ἀλλ᾽ ἐν τῇ παρα- 43
τάξει ἑκάτεροι ἔστησαν ἀντίοι ἀλλήλοις. ταῦτα μὲν οὖν
ἐφέρετο τῇδε.

Μιρράνης δὲ ἄλλους τε πολλοὺς καὶ τοὺς ἀθανάτους 44
λεγομένους ἅπαντας ἐς μέρος τὸ ἀριστερὸν λάθρα ἔπεμψεν. οὓς δὴ κατιδόντες Βελισάριός τε καὶ Ἑρμογένης,
τοὺς ἀμφὶ Σουνίκαν τε καὶ Ἀϊγὰν ἑξακοσίους ἐς γωνίαν
τὴν ἐν δεξιᾷ ἐκέλευον ἰέναι, οὗ δὴ οἱ ξὺν τῷ Σίμμᾳ τε καὶ
Ἀσκὰν ἵσταντο, καὶ αὐτῶν ὄπισθεν τῶν Βελισαρίῳ ἐπομένων πολλοὺς ἔστησαν. Πέρσαι μὲν οὖν, οἱ κέρας τὸ 45
ἀριστερὸν εἶχον Βαρεσμανᾶ ἡγουμένου σφίσι, ξὺν τοῖς
ἀθανάτοις ἐς τοὺς κατ᾽ αὐτοὺς Ῥωμαίους δρόμῳ ἐσέβαλλον. οἱ δὲ οὐχ ὑποστάντες τὴν ἔφοδον ἐς φυγὴν ὥρμηντο.
τότε δὴ οἵ τε ἐν τῇ γωνίᾳ Ῥωμαῖοι καὶ ὅσοι αὐτῶν 46
ὄπισθεν ἦσαν, σπουδῇ πολλῇ ἐπὶ τοὺς διώκοντας ᾖσαν.
ἅτε δὲ τοῖς βαρβάροις ἐγκάρσιοι ἰόντες, διεῖλον αὐτῶν 47

sonders wirksam werden. Als beide Parteien ihre Pfeile
schließlich verschossen hatten, griffen sie gegenseitig zu den
Lanzen, und es kam mehr und mehr zum Nahkampf. Dabei
hatte der linke römische Flügel besonders schwer zu leiden;
denn die Kadisener, die hier unter Pityaxes kämpften, waren
in großer Zahl zu Hilfe herangekommen, schlugen nun plötzlich ihre Gegner in die Flucht und machten bei der heftigen
Verfolgung eine Menge nieder. Doch sobald Sunikas und Aigan
mit ihren Leuten dies gewahrten, warfen sie sich in schnellem Laufe den Feinden entgegen. Als erste stießen die dreihundert Heruler unter Pharas von der Höhe herab den Gegnern in den Rücken und vollbrachten sowohl gegen andere
als insbesondere gegen die Kadisener Wundertaten an Tapferkeit. Als sie auch noch Sunikas mit seinen Mannen von der
Flanke heranstürmen sahen, ergriffen sie die Flucht. Das
führte zu einer gewaltigen Niederlage; denn sobald sich die
dortigen Römer vereinigt hatten, richteten sie ein großes
Blutbad unter den Barbaren an. Mindestens dreitausend ihrer
Leute fanden auf dem rechten Flügel bei diesem Kampfe den
Tod, der Rest konnte sich nur mit Mühe zur Schlachtreihe zu-
rückflüchten und dort in Sicherheit bringen. Die Römer setzten indessen ihre Verfolgung nicht fort, vielmehr stellten sich
beide Heere wieder in Reih und Glied einander gegenüber. So
spielten sich hier die Kämpfe ab.

Mirrhanes entsandte nun außer vielen anderen Truppen
auch alle die sogenannten Unsterblichen heimlich auf den
linken Flügel. Sie wurden aber von Belisar und Hermogenes
bemerkt, die daraufhin Sunikas und Aigan mit ihren sechshundert Mann in Richtung auf die rechte Ecke vorrücken ließen, wo Simmas und Askas und ihre Abteilung standen; außerdem wurden in ihrem Rücken viele Gefolgsleute Belisars zur
Verstärkung postiert. Die Perser, die unter Führung des Baresmanas auf dem linken Flügel standen, warfen sich jetzt
zusammen mit den Unsterblichen im Sturmschritt auf die vor
ihnen stehenden Gegner, die ohne dem Angriff standzuhalten
rasch die Flucht ergriffen. Doch jetzt brachen die Römer, soweit sie sich im Winkel des Grabens und dahinter befanden,
ungestüm gegen die Verfolger vor. Sie konnten die Barbaren

δίχα τὸ στράτευμα, καὶ τοὺς μὲν πλείστους ἐν δεξιᾷ εἶχον,
τινὰς δὲ καὶ ἐγκαταλειφθέντας ἐν ἀριστερᾷ ἐποιήσαντο.
ἐν τοῖς καὶ τὸν τοῦ Βαρεσμανᾶ τὸ σημεῖον φέροντα ξυνέπεσεν εἶναι, ὃν δὴ ὁ Σουνίκας τῷ δόρατι ἐπελθὼν παίει.
ἤδη τε Πέρσαι οἱ ἐν τοῖς πρώτοις διώκοντες, αἰσθόμενοι 48
οὗ ἦσαν κακοῦ, στρέψαντές τε τὰ νῶτα καὶ τὴν δίωξιν
καταπαύσαντες ἐπ᾽ αὐτοὺς ᾖσαν, καὶ ἀπ᾽ αὐτοῦ ἀμφί-
βολοι πρὸς τῶν πολεμίων ἐγίνοντο. ξυνέντες γὰρ τῶν 49
ποιουμένων οἱ φεύγοντες ἀνέστρεφον αὖθις. οἵ τε γοῦν
ἄλλοι Πέρσαι καὶ ὁ τῶν ἀθανάτων λόχος, κεκλιμένον τε
τὸ σημεῖον ἰδόντες καὶ ἐς τὸ ἔδαφος καθειμένον, ἐπὶ τοὺς
ἐκείνη Ῥωμαίους ξὺν τῷ Βαρεσμανᾷ ὥρμησαν. Ῥωμαῖοι 50
δὲ ὑπηντίαζον. καὶ πρῶτος Σουνίκας τὸν Βαρεσμανᾶν
ἔκτεινέ τε καὶ ἐκ τοῦ ἵππου ἐς τὸ ἔδαφος ἔρριψε. καὶ ἀπ᾽
αὐτοῦ ἐς δέος μέγα οἱ βάρβαροι ἐμπεπτωκότες ἀλκῆς μὲν
οὐκέτι ἐμέμνηντο, ἀκοσμίᾳ δὲ πολλῇ ἐχόμενοι ἔφευγον.
καὶ αὐτῶν Ῥωμαῖοι κύκλωσίν τινα ποιησάμενοι πεντα- 51
κισχιλίους μάλιστα ἔκτειναν. οὕτω τε τὰ στρατόπεδα
παντάπασιν ἐκινήθη ἑκάτερα, Περσῶν μὲν ἐς ὑπαγωγήν,
Ῥωμαίων δὲ ἐς τὴν δίωξιν.
    Ἐν τούτῳ τῷ πόνῳ ὅσοι δὴ πεζοὶ ἐν τῷ Περσῶν στρατεύ- 52
ματι ἦσαν, ῥίψαντές τε τοὺς θυρεοὺς καὶ καταλαμβανόμενοι κόσμῳ οὐδενὶ πρὸς τῶν πολεμίων ἐκτείνοντο. Ῥωμαίων
μέντοι ἡ δίωξις δι᾽ ὀλίγου ἐγένετο. Βελισάριος γὰρ καὶ 53
Ἑρμογένης περαιτέρω ἰέναι οὐδαμῇ εἴων, δείσαντες μή
τινι ἀνάγκῃ Πέρσαι ὑποστραφέντες τρέψωνται αὐτοὺς
οὐδενὶ λόγῳ διώκοντας, ἱκανόν τε αὐτοῖς κατεφαίνετο
τὴν νίκην ἀκραιφνῆ διασώσασθαι. μακροῦ γὰρ χρόνου 54
Ῥωμαίων τῇ μάχῃ ἐκείνῃ τῇ ἡμέρᾳ ἡσσήθησαν Πέρσαι.
οὕτω μὲν ἀπ᾽ ἀλλήλων ἑκάτεροι διεκρίθησαν. Πέρσαι 55
δὲ οὐκέτι μάχην ἐκ τοῦ εὐθέος ἐς Ῥωμαίους διενεγκεῖν
ἤθελον. ἐγένοντο μέντοι ἀμφοτέροις τινὲς ἐξ ἐπιδρομῆς
ἔφοδοι, ἐν αἷς οὐκ ἔλασσον Ῥωμαῖοι ἔσχον. τὰ μὲν οὖν
στρατόπεδα ἐν Μεσοποταμίᾳ τῇδε ἐφέρετο.

von der Flanke her packen und so ihr Heer in zwei Teile trennen. Dabei hatten sie die Mehrzahl der Gegner zu ihrer Rechten, und nur einige wenige, die zurückgeblieben waren, drängten sie auf die linke Seite. Unter den letzteren befand sich zufällig der Bannerträger des Baresmanas, den Sunikas mit dem Speer angriff und tötete. Nunmehr erkannte die Spitze der persischen Verfolger die Gefährlichkeit ihrer Lage. Sie machten kehrt, brachen die Verfolgung ab und wandten sich gegen ihre neuen Feinde, worauf sie von zwei Seiten angegriffen wurden; denn die fliehenden Römer hatten die Vorgänge beobachtet und wiederum eine Kehrtwendung vollzogen. Die restlichen Perser und die Schar der Unsterblichen stürmten jetzt, da sie ihr Feldzeichen niedergesunken und auf dem Boden liegen sahen, unter Führung des Baresmanas auf die dortigen Römer. Doch diese hielten stand, ja Sunikas tötete als erster den Baresmanas und warf ihn vom Pferd zur Erde. Die Barbaren gerieten dadurch in große Furcht, so daß sie nicht mehr an Gegenwehr dachten, sondern in völliger Auflösung zu fliehen versuchten. Indes die Römer umzingelten sie und streckten etwa fünftausend nieder. So setzten sich denn beide Heere in volle Bewegung, das persische zum Rückzug, das römische zur Verfolgung.

In dieser Bedrängnis warf das gesamte persische Fußvolk die Schilde weg und ließ sich vom Feinde ergreifen und ohne weiteres niedermetzeln. Die Römer dehnten jedoch ihre Verfolgung nur über eine kurze Strecke hin aus; denn Belisar und Hermogenes verboten jedes weitere Vordringen, aus Furcht, die Perser könnten aus einer Zwangslage heraus wieder kehrt machen und sie bei unvorsichtiger Verfolgung in die Flucht schlagen. Überdies schien es ihnen genug, den Sieg ungeschmälert heimzubringen. Seit langer Zeit hatten ja die Perser in jener Schlacht ihre erste Niederlage gegen die Römer erlitten. So trennten sich beide Heere, und die Perser spürten kein Verlangen mehr, eine regelrechte Schlacht mit den Römern auszufechten. Doch fehlte es nicht an Überfällen, bei denen die Römer im Vorteil blieben. Soviel vom Kriegsgeschehen in Mesopotamien.

Καβάδης δὲ ἄλλο στράτευμα ἐς Ἀρμενίαν τὴν Ῥω- 15
μαίων κατήκοον ἔπεμψε. τὸ δὲ στράτευμα τοῦτο Περσαρμενίων τε καὶ Σουνιτῶν ἦσαν, οἳ δὴ Ἀλανοῖς εἰσιν
ὅμοροι. Οὖννοί τε αὐτοῖς οἱ Σάβειροι καλούμενοι τρισχίλιοι ξυνῆσαν, μαχιμώτατον ἔθνος. στρατηγὸς δὲ Μερμε- 2
ρόης, Πέρσης ἀνήρ, ἅπασιν ἐφειστήκει. οἵπερ ἐπειδὴ
Θεοδοσιουπόλεως τριῶν ἡμερῶν ὁδῷ διεῖχον, ἐνστρατο-
πεδευσάμενοί τε ἔμενον ἐν Περσαρμενίων τῇ χώρᾳ καὶ
τὰ ἐς τὴν ἐσβολὴν ἐξηρτύοντο. ἐτύγχανε δὲ Ἀρμε- 3
νίας μὲν στρατηγὸς Δωρόθεος ὤν, ἀνὴρ ξυνετός τε καὶ
πολέμων πολλῶν ἔμπειρος. Σίττας δὲ ἀρχὴν μὲν τὴν
στρατηγίδα ἐν Βυζαντίῳ εἶχε, παντὶ δὲ τῷ ἐν Ἀρμενίοις
στρατῷ ἐφειστήκει. οἳ δὴ στράτευμα πολεμίων γνόντες 4
ἐν Περσαρμενίοις ἀγείρεσθαι, δορυφόρους δύο εὐθὺς
ἔπεμψαν, ἐφ' ᾧ διασκοπήσαντες ἅπασαν σφίσι τῶν πολεμίων τὴν δύναμιν ἐσαγγείλωσιν. ἄμφω τε ἐν τῷ στρα- 5
τοπέδῳ τῶν βαρβάρων γενόμενοι καὶ ἅπαντα ἐς τὸ ἀκριβὲς κατανοήσαντες ἀπηλλάσσοντο. ὁδῷ τε ἰόντες ἔς τι 6
τῶν ἐκείνη χωρίων Οὖννοις πολεμίοις ἀπροσδόκητοι ἐντυγχάνουσιν. ὑφ' ὧν ἅτερος μέν, Δάγαρις ὄνομα, δεθεὶς
ἐζωγρήθη, ὁ δὲ δὴ ἄλλος φυγεῖν τε ἴσχυσε καὶ τοῖς στρατηγοῖς τὸν πάντα λόγον ἀπήγγειλεν.

Οἱ δὲ ἅπαν τὸ στράτευμα ἐξοπλίσαντες τῶν πολεμίων 7
τῷ στρατοπέδῳ ἐκ τοῦ αἰφνιδίου ἐπέστησαν. οἵ τε βάρ- 8
βαροι τῷ ἀπροσδοκήτῳ καταπλαγέντες οὐκέτι ἐς ἀλκὴν
ἔβλεπον, ἀλλ' ἔφευγον ὡς ἕκαστός πη ἐδύνατο. ἐνταῦθα
Ῥωμαῖοι κτείναντές τε συχνοὺς καὶ τὸ στρατόπεδον
λησάμενοι αὐτίκα δὴ ὀπίσω ἀπήλαυνον. Μερμερόης τε 9
ξύμπασαν ἀγείρας τὴν στρατιὰν οὐ πολλῷ ὕστερον ἐς γῆν
τὴν Ῥωμαίων ἐσέβαλλε, καὶ καταλαμβάνουσι τοὺς πολεμίους ἀμφὶ Σάταλαν πόλιν. οὗ δὴ ἐνστρατοπεδευσάμενοι
ἐν χωρίῳ Ὀκτάβῃ ἡσύχαζον, ὅπερ τῆς πόλεως ἕξ τε καὶ

15. Erfolgreiche Kämpfe dei Römer in Armenien

Kabades schickte ein weiteres Heer in den unter römischer Herrschaft stehenden Teil Armeniens. Dieses bestand aus Persarmeniern und Suniten, Grenznachbarn der Alanen. Außerdem gehörten ihm dreitausend Mann sogenannte Sabirische Hunnen an, ein sehr kriegerisches Volk. Den Oberbefehl aber führte ein Perser namens Mermeroes. Als die Truppen nur noch drei Tagemärsche von Theodosiopolis entfernt waren, bezogen sie ein Lager und blieben in Persarmenien, um die nötigen Vorbereitungen für den Einfall zu treffen. Befehlshaber in Armenien war zu jener Zeit Dorotheos, ein kluger und in vielen Kriegen erfahrener Mann, während Sittas, magister militum praesentalis in Byzanz, die Leitung sämtlicher armenischer Truppen hatte. Auf die Nachricht, daß sich in Persarmenien ein feindliches Heer sammle, schickten beide Feldherrn sofort zwei Doryphoren ab; sie sollten die gesamte Stärke der feindlichen Streitmacht erkunden und ihnen Bericht erstatten. Die zwei unterrichteten sich nach ihrer Ankunft im feindlichen Lager genau über alle Verhältnisse und machten sich dann wieder auf den Rückweg. Dabei trafen sie plötzlich irgendwo auf feindliche Hunnen, die den einen namens Dagaris gefangen nahmen und töteten, während der andere entfliehen und den Feldherrn den ganzen Sachverhalt berichten konnte.

Diese wappneten daraufhin das gesamte Heer und griffen überraschend das feindliche Lager an. Der Überfall versetzte die Barbaren in solchen Schrecken, daß sie nicht mehr an Widerstand dachten, sondern so, wie sich jedem gerade die Möglichkeit bot, die Flucht ergriffen. Die Römer aber machten zahlreiche Feinde nieder, plünderten das Lager und zogen sich sogleich wieder zurück. Bald danach versammelte Mermeroes seine sämtlichen Truppen und brach in das römische Gebiet ein, wo sie bei der Stadt Satale auf die Feinde stießen. Sie schlugen hier an einem Ort Oktabe, der von der Stadt 56 Stadien entfernt liegt, ihr Lager und verhielten sich

πεντήκοντα σταδίους ἀπέχει. Σίττας μὲν οὖν χιλίους 10
ἐπαγαγόμενος ὄπισθεν τῶν τινος λόφων ἐκρύπτετο, οἷοι
πολλοὶ Σάταλαν τὴν πόλιν ἐν πεδίῳ κειμένην κυκλοῦσι.
Δωρόθεον δὲ ξὺν τῷ ἄλλῳ στρατῷ ἐντὸς τοῦ περιβόλου 11
ἐκέλευε μένειν, ἐπεὶ ἐν τῷ ὁμαλῷ τοὺς πολεμίους ὑφί-
στασθαι οἷοί τε εἶναι οὐδαμῆ ᾤοντο, οὐχ ἧσσον ἢ τρισμυρίους ὄντας, αὐτοὶ μόλις ἐς τὸ ἥμισυ ἐξικνούμενοι.
   Τῇ δὲ ἐπιούσῃ ἡμέρᾳ οἱ βάρβαροι ἄγχιστα τοῦ περι- 12
βόλου γενόμενοι κύκλωσιν αὐτοῦ ποιεῖσθαί τινα ἐν σπουδῇ
εἶχον. ἄφνω δὲ κατιδόντες τοὺς ἀμφὶ Σίτταν ἐξ ὑψηλοῦ
ἤδη ἐπ' αὐτοὺς καταβαίνοντας, καὶ αὐτῶν ξυμμετρεῖσθαι
τὸ πλῆθος ἥκιστα ἔχοντες, ἅτε κονιορτοῦ ὥρᾳ θέρους
πολλοῦ ἐγκειμένου, πολλῷ τε πλείους ᾤοντο εἶναι καὶ
τῆς κυκλώσεως κατὰ τάχος ἀφέμενοι ἐς ὀλίγον τινὰ
χῶρον αὑτοὺς ξυναγαγεῖν ἠπείγοντο. φθάσαντες δὲ Ῥω- 13
μαῖοι καὶ διελόντες σφᾶς αὐτοὺς ἐς ξυμμορίας δύο ἀνα-
χωροῦσιν ἐκ τοῦ περιβόλου ἐπέθεντο, ὅπερ ἐπειδὴ ἅπας
εἶδεν ὁ Ῥωμαίων στρατός, ἐθάρσησάν τε καὶ δρόμῳ
πολλῷ ἐκ τοῦ περιβόλου ξυρρέοντες ἐπὶ τοὺς ἐναντίους
ἐχώρησαν. μέσους δὲ αὐτοὺς καταστησάμενοι εἰς φυγὴν 14
ἔτρεψαν. πλήθει μέντοι, ὥσπερ ἐρρήθη, τῶν πολεμίων
οἱ βάρβαροι ὑπεραίροντες ἔτι ἀντεῖχον, ἥ τε μάχη καρτερὰ ἐγεγόνει καὶ ἐκ χειρὸς ἦν· ἀγχιστρόφους δὲ τὰς 15
διώξεις ἐποιοῦντο ἐς ἀλλήλους ἑκάτεροι, ἐπεὶ ἱππεῖς
ἅπαντες ἦσαν. ἐνταῦθα Φλωρέντιος Θρᾷξ, καταλόγου
ἱππικοῦ ἄρχων, εἰς μέσους ὁρμήσας τοὺς πολεμίους καὶ
αὐτῶν τὸ στρατηγικὸν σημεῖον ἁρπάσας, ἐπικλίνας τε αὐτὸ
ὡς μάλιστα, ὀπίσω ἀπήλαυνε. καὶ αὐτὸς μὲν καταληφθείς 16
τε καὶ κρεουργηθεὶς αὐτοῦ ἔπεσε, τῆς δὲ νίκης Ῥωμαίοις
αἰτιώτατος γέγονεν. ἐπεὶ γὰρ τὸ σημεῖον οἱ βάρβαροι
οὐκέτι ἑώρων, ἐς ἀκοσμίαν τε πολλὴν καὶ ὀρρωδίαν ἐμπεπτωκότες ὑπεχώρησάν τε καὶ γενόμενοι ἐν τῷ στρατοπέδῳ ἡσύχαζον, πολλοὺς ἐν τῇ μάχῃ ἀποβαλόντες.
   Τῇ τε ὑστεραίᾳ ἐπ' οἴκου ἅπαντες ἀνεχώρησαν οὐδενὸς 17

ruhig. Sittas führte nun eintausend Mann heran und versteckte sich damit hinter einem Hügel, wie sie in großer Zahl
die in der Ebene gelegene Stadt Satale auf allen Seiten umgeben. Dem Dorotheos aber gab er Befehl, innerhalb der
Stadtmauern zu bleiben. Denn in der Ebene glaubten sie, den
Feinden keinesfalls gewachsen zu sein, die mindestens 30 000
Mann zählten, während sie selbst kaum an die Hälfte herankamen.

Die Barbaren rückten tags darauf bis dicht an die Stadtmauer heran und trafen Anstalt, sie irgendwie einzuschließen. Da sahen sie plötzlich Sittas mit seinen Leuten schon
von einer Höhe herab auf sich zukommen, und weil sie ihre
Stärke nicht feststellen konnten – es war nämlich Sommerszeit und sehr staubig –, so überschätzten sie die Zahl bedeutend, hoben schnell die Belagerung auf und wollten sich auf
einen engen Raum zusammenziehen. Doch die Römer kamen
ihnen zuvor. Sie bildeten zwei Abteilungen und gingen, während sich die Feinde von der Stadtmauer zurückzogen, zum
Angriff vor. Sobald dies das römische Heer gewahrte, faßte es
Mut, kam im Eilmarsch aus dem Mauerring herbei und warf
sich auf den Gegner. Sie nahmen die Barbaren in die Mitte
und schlugen sie in die Flucht. Dank ihrer schon erwähnten
Überzahl gegenüber den Feinden vermochten sich die Perser
aber doch noch zu halten, und so entbrannte eine gewaltige
Schlacht Mann gegen Mann. Da alle beritten waren, trieben
beide Parteien ihre Gegner in raschem Wechsel vor sich her.
In diesem Getümmel stürzte der Thraker Florentios, Führer
einer Reiterabteilung, mitten unter die Feinde, ergriff das
Zeichen ihres Feldherrn, drückte es fest an sich und wollte
damit zurücksprengen. Er wurde zwar eingeholt und blieb,
in Stücke zerhauen, tot am Platz, doch kam ihm das Haupt-
verdienst am römischen Siege zu. Denn da die Barbaren das
Feldherrnpanier nicht mehr sehen konnten, gerieten sie in
große Verwirrung und Angst, zogen sich in ihr Lager zurück
und hielten dort Ruhe. In der Schlacht aber hatte sie schwere
Verluste erlitten.

Am nächsten Tage traten sie alle den Heimmarsch an, ohne

σφίσιν ἐπισπομένου, ἐπεὶ μέγα τε καὶ λόγου πολλοῦ ἄξιον
ἐφαίνετο εἶναι τῷ Ῥωμαίων στρατῷ βαρβάρους τοσούτους τὸ πλῆθος ἔν τε τῇ σφετέρᾳ χώρᾳ ἐκεῖνα πεπονθέναι
ἅπερ μοι ὀλίγῳ ἔμπροσθεν εἴρηται, καὶ ἐς τὴν πολεμίαν
ἐμβεβληκότας ἀπράκτους τε καὶ οὕτω πρὸς τῶν ἐλασσό-
νων ἡσσημένους ἀπαλλαγῆναι. τότε καὶ Περσῶν χωρία 18
ἐν Περσαρμενίοις Ῥωμαῖοι ἔσχον φρούριόν τε τὸ Βῶλον
καὶ τὸ Φαράγγιον καλούμενον, ὅθεν δὴ τὸν χρυσὸν Πέρσαι
ὀρύσσοντες βασιλεῖ φέρουσιν.

Ἐτύγχανον δὲ καὶ ὀλίγῳ πρότερον καταστρεψάμενοι τὸ 19
Τζανικὸν ἔθνος, οἱ ἐν γῇ τῇ Ῥωμαίων αὐτόνομοι ἐκ παλαιοῦ ἵδρυντο· ἅπερ αὐτίκα ὅντινα ἐπράχθη τρόπον λελέξεται. ἐκ τῶν Ἀρμενίας χωρίων ἐς Περσαρμενίαν ἰόντι 20
ἐν δεξιᾷ μὲν ὁ Ταῦρός ἐστιν, ἔς τε Ἰβηρίαν καὶ τὰ ἐκείνῃ
ἔθνη διήκων, ὥσπερ μοι ὀλίγῳ ἔμπροσθεν εἴρηται, ἐν
ἀριστερᾷ δὲ κατάντης μὲν ἐπὶ πλεῖστον ἀεὶ προϊοῦσα ἡ
ὁδὸς γίνεται, καὶ ὄρη ἀποκρέμαται λίαν ἀπότομα νεφέλαις
τε καὶ χιόσι κεκαλυμμένα τὸν πάντα αἰῶνα, ἔνθεν ἐξιὼν 21
ποταμὸς Φᾶσις φέρεται ἐς γῆν τὴν Κολχίδα. ταύτῃ τὸ ἐξ
ἀρχῆς βάρβαροι, τὸ Τζανικὸν ἔθνος, οὐδενὸς κατήκοοι
ᾤκηντο, Σάνοι ἐν τοῖς ἄνω χρόνοις καλούμενοι, λῃστείαις
μὲν χρώμενοι ἐς τοὺς περιοίκους Ῥωμαίους, δίαιταν δὲ
σκληρὰν ὑπερφυῶς ἔχοντες καὶ τοῖς φωρίοις ἀεὶ ἀποζῶν-
τες. οὐ γάρ τι ἐς βρῶσιν αὐτοῖς ἀγαθὸν ἡ γῆ ἔφερε· διὸ 22
δὴ αὐτοῖς χρυσίον τακτὸν ἀνὰ πᾶν ἔτος ὁ Ῥωμαίων βασιλεὺς ἔπεμπεν, ἐφ᾽ ᾧ δὴ μήποτε λῃίσονται τὰ ἐκείνῃ χωρία. οἱ δὲ καὶ ὅρκους τοὺς σφίσι πατρίους ὑπὲρ τούτων 23
ὀμνύντες καὶ τὰ ὀμωμοσμένα ἐν ἀλογίᾳ ποιούμενοι
ἀπροσδόκητοί τε ἐμπίπτοντες ἐκ τοῦ ἐπὶ πλεῖστον ἐκα-
κούργουν οὐκ Ἀρμενίους μόνον, ἀλλὰ καὶ τοὺς αὐτῶν
ἐχομένους Ῥωμαίους μέχρι ἐς θάλασσαν, δι᾽ ὀλίγου τε
τὴν ἔφοδον πεποιημένοι εὐθὺς ἐπ᾽ οἴκου ἀπεκομίζοντο.
καὶ Ῥωμαίων ἴσως ἐντυχόντες στρατῷ ἡσσῶντο μὲν τῇ 24
μάχῃ, ἁλώσιμοι δὲ παντάπασιν οὐκ ἐγίνοντο χωρίων

daß jemand sie verfolgte; dem römischen Heere erschien es ja schon als eine große und sehr rühmenswerte Leistung, daß eine solche Masse von Barbaren in ihrem Lande jene eben von mir erwähnten Schläge hatte hinnehmen und nach ihrem Einfall ins Feindgebiet, unverrichteter Dinge und somit durch eine Minderzahl besiegt, hatte abziehen müssen. Nun besetzten die Römer sogar Plätze der Gegner in Persarmenien und zwar die Festungen namens Bolon und Pharangion, wo die Perser die Goldminen ausbeuten, deren Ertrag an den König geht.

Kurz zuvor hatten sich die Römer auch das Volk der Tzanen, das seit alters unabhängig in ihrem Gebiet wohnte, untertan gemacht. Wie das geschah, will ich sofort berichten. Wer aus Armenien nach Persarmenien reist, hat den Tauros zur Rechten, der sich, wie eben erst erwähnt, bis nach Iberien und zu den dortigen Völkerschaften erstreckt. Zur Linken aber wird der Weg im weiteren Verlauf sehr steil, und gar jähe Berge ragen auf, welche die ganze Zeit in Wolken gehüllt und von Schnee bedeckt sind. Der Phasis, der nach Kolchis hin fließt, hat dort seine Quelle. Hier wohnte seit alters auch das völlig freie Barbarenvolk der Tzanen, in den früheren Zeiten Sanen genannt, und führte, da es sich nur von Raubzügen gegen die umwohnenden Römer ernähren konnte, ein überaus hartes Dasein: der Boden lieferte ihnen ja nichts zu essen. Und so schickte ihnen der römische Kaiser, um sie von Plünderung der dortigen Gebiete abzuhalten, Jahr für Jahr eine bestimmte Menge Gold. Sie schworen zwar dafür die bei ihnen üblichen Eide, kümmerten sich jedoch nicht weiter um ihre Zusagen und fügten durch ihre unerwarteten Überfälle nicht nur den Armeniern, sondern auch ihren Angrenzern, den Römern, bis zum Meere hin schwersten Schaden zu. Ihre Beutezüge dauerten dabei nur kurze Zeit, worauf sie sich sogleich wieder nach Hause zurückzogen. Stießen sie vielleicht einmal auf ein römisches Heer, so unterlagen sie wohl im Kampfe, waren aber infolge der Unwegsamkeit des Geländes

ἰσχύϊ. μάχῃ τοίνυν ὁ Σίττας αὐτοὺς πρὸ τοῦδε τοῦ πολέμου νικήσας, ἐπαγωγά τε πολλὰ ἐς αὐτοὺς εἰπών τε καὶ
πράξας, προσποιήσασθαι παντελῶς ἴσχυσε. τήν τε γὰρ 25
δίαιταν ἐπὶ τὸ ἡμερώτερον μεταβαλόντες ἐς καταλόγους
αὐτοὺς Ῥωμαϊκοὺς ἐσεγράψαντο παὶ τὸ λοιπὸν ξὺν τῷ
ἄλλῳ Ῥωμαίων στρατῷ ἐπὶ τοὺς πολεμίους ἐξίασι. τήν
τε δόξαν ἐπὶ τὸ εὐσεβέστερον μετέθεντο, ἅπαντες Χριστιανοὶ γεγενημένοι. τὰ μὲν οὖν ἀμφὶ τοῖς Τζάνοις ταύτῃ
πῃ ἔσχεν.
   Ὑπερβάντι δὲ τὰ αὐτῶν ὅρια φάραγξ ἐστὶ βαθεῖά τε 26
καὶ λίαν κρημνώδης, μέχρι ἐς τὰ Καυκάσια ὄρη διήκουσα.
ἐνταῦθα χωρία τε πολυανθρωπότατά ἐστι καὶ ἄμπελός
τε καὶ ἡ ἄλλη ὀπώρα διαρκῶς φύεται. καὶ μέχρι μὲν ἐς 27
τριῶν ἡμερῶν ὁδὸν μάλιστα Ῥωμαίοις ἡ φάραγξ αὕτη
ὑποτελὴς τυγχάνει οὖσα, τὸ δὲ ἐνθένδε οἱ Περσαρμενίων
ὅροι ἐκδέχονται, οὗ δὴ καὶ τὸ τοῦ χρυσοῦ μέταλλόν ἐστιν,
ὅπερ Καβάδου δόντος ἐπετρόπευε τῶν τις ἐπιχωρίων
Συμεώνης ὄνομα. οὗτος ὁ Συμεώνης ἐπειδὴ ἀμφοτέρους 28
ἐς τὸν πόλεμον ἀκμάζοντας εἶδε, Καβάδην τῆς τῶν χρημάτων προσόδου ἀποστερεῖν ἔγνω. διὸ δὴ αὐτόν τε καὶ 29
τὸ Φαράγγιον Ῥωμαίοις ἐνδοὺς οὐδετέροις τὸν ἐκ τοῦ
μετάλλου χρυσὸν ἀποφέρειν ἠξίου. Ῥωμαῖοι μὲν γὰρ 30
οὐδὲν ἔπραττον, ἀποχρῆν σφίσιν ἡγούμενοι ἀπολωλέναι
τοῖς πολεμίοις τὴν ἐνθένδε φοράν, Πέρσαι δὲ οὐχ οἷοί
τε ἦσαν ἀκόντων Ῥωμαίων τοὺς ταύτῃ ᾠκημένους ἀντι-
στατούσης τῆς δυσχωρίας βιάζεσθαι.
   Ὑπὸ δὲ τοὺς αὐτοὺς χρόνους Ναρσῆς τε καὶ Ἀράτιος, 31
οἳ Βελισαρίῳ καὶ Σίττᾳ ἐν Περσαρμενίων τῇ χώρᾳ κατ'
ἀρχὰς τοῦδε τοῦ πολέμου ἐς χεῖρας ἦλθον, ὥσπερ ἔμ-
προσθέν μοι δεδήλωται, ξὺν τῇ μητρὶ αὐτόμολοι ἐς Ῥωμαίους ἧκον, καὶ αὐτοὺς Ναρσῆς ὁ βασιλέως ταμίας ἐδέξατο (Περσαρμένιος γὰρ καὶ αὐτὸς γένος ἐτύγχανε) χρή-
μασί τε αὐτοὺς δωρεῖται μεγάλοις. ὅπερ ἐπειδὴ Ἰσαάκης, 32
ὁ νεώτατος αὐτῶν ἀδελφός, ἔμαθε, Ῥωμαίοις λάθρα ἐς

ganz und gar nicht zu fassen. Sittas nun hatte sie vor diesem
Krieg in einer Schlacht besiegt und durch viele gute Worte
und entsprechende Maßnahmen völlig auf seine Seite zu ziehen vermocht. Die Tzanen nahmen eine zivilisiertere Lebensweise an, ließen sich in römische Abteilungen einreihen und
ziehen nunmehr mit dem übrigen römischen Heer gegen die
Feinde. Auch ihren Glauben veredelten sie und sind jetzt
alle Christen. So ging es also mit den Tzanen.

Wer nun ihr Grenzgebiet überquert, trifft auf ein tief ein-
geschnittenes, von Steilhängen umschlossenes Tal, das sich
bis zum Kaukasos hin dehnt. Hier gibt es Plätze mit vielen
Einwohnern, und der Weinstock und auch alle anderen Früchte gedeihen recht gut. Dieses Tal ist etwa drei Tagereisen weit
den Römern tributpflichtig, dann schließt sich das Gebiet der
Persarmenier an, wo auch die Goldmine liegt, die mit Erlaubnis des Kabades ein Einheimischer namens Symeones
ausbeutete. Als dieser Symeones sah, daß beide Mächte in den
heftigsten Krieg verwickelt waren, beschloß er, weitere Geld-
lieferungen an Kabades zu sperren. Er unterstellte daher sich
und das Pharangion dem Schutze der Römer und zwar mit
der Absicht, den Ertrag aus dem Goldbergwerk an keine Partei mehr abzuführen. Denn die Römer, zufrieden, daß die
Feinde die dortigen Einkünfte verloren hatten, unternahmen
nichts weiter, während sich die Perser außerstande fühlten,
bei den schwierigen Geländeverhältnissen die dortigen Einwohner gegen den Willen der Römer zu einer Leistung zu
zwingen.
Um die gleiche Zeit gingen Narses und Aratios, die, wie
schon gesagt, zu Anfang dieses Krieges in Persarmenien gegen Belisar und Sittas gekämpft hatten, samt ihrer Mutter zu
den Römern über. Der kaiserliche Schatzmeister Narses aber,
auch selbst ein geborener Persarmenier, nahm sie freundlich
auf und beschenkte sie reich. Auf die Nachricht davon trat ihr
jüngster Bruder Isaak mit den Römern heimlich in Unter-
handlung und lieferte ihnen die Festung Bolon, ganz nahe
dem Gebiet von Theodosiopolis, in die Hände. Er veranlaßte

λόγους ἐλθὼν Βῶλον αὐτοῖς τὸ φρούριον, ἄγχιστά πη ὂν
τῶν Θεοδοσιουπόλεως ὁρίων, παρέδωκε. στρατιώτας γὰρ 33
ἐγγύς πη ἐπέστελλε κρύπτεσθαι, οὓς δὴ τῷ φρουρίῳ
νύκτωρ ἐδέξατο, μίαν αὐτοῖς λάθρα ἀνακλίνας πυλίδα·
οὕτω τε καὶ αὐτὸς ἐς Βυζάντιον ἦλθεν.

Οὕτω μὲν Ῥωμαίοις τὰ πράγματα εἶχε. Πέρσαι δὲ 16
πρὸς Βελισαρίου ἐν Δάρας ἡσσημένοι τῇ μάχῃ, οὐδ᾽ ὡς
ἐνθένδε ἀναχωρεῖν ἔγνωσαν, ἕως Ῥουφῖνος, ἐπεὶ ἐς ὄψιν
τὴν Καβάδου ἦλθεν, ἔλεξεν ὧδε ,,Ἔπεμψέ με, ὦ βασιλεῦ,
ὁ σὸς ἀδελφὸς μέμψιν δικαίαν μεμφόμενος, ὅτι δὴ Πέρσαι
ἀπ᾽ οὐδεμιᾶς αἰτίας ἐς γῆν τὴν αὐτοῦ ἐν ὅπλοις ἦλθον.
καίτοι βασιλεῖ μεγάλῳ τε καὶ ἐς τόσον ξυνέσεως ἥκοντι 2
ἐκ πολέμου εἰρήνην πρυτανεῦσαι μᾶλλον ἂν πρέποι ἢ τῶν
πραγμάτων εὖ καθεστώτων ταραχὴν οὐ δέον αὐτῷ τε
καὶ τοῖς πέλας προστρίβεσθαι. οἷς δὴ καὶ αὐτὸς εὔελπις 3
ὢν ἐνθάδε ἀφῖγμαι, ὅπως τὸ λοιπὸν ἀμφοτέροις τὰ ἐκ
τῆς εἰρήνης ἀγαθὰ εἴη.᾽᾽ Ῥουφῖνος μὲν τοσαῦτα εἶπε.

Καβάδης δὲ ἀμείβεται ὧδε ,,Ὦ παῖ Σιλβανοῦ, μηδα- 4
μῶς ἀντιστρέφειν τὰς αἰτίας πειρῶ, πάντων ἐξεπιστάμε-
νος μάλιστα ταραχῆς τῆς ἁπάσης αἰτιωτάτους γεγονέναι
τοὺς Ῥωμαίους ὑμᾶς. πύλας γὰρ τὰς Κασπίας ἡμεῖς
ἔσχομεν ἐπὶ τῷ Περσῶν τε καὶ Ῥωμαίων ἀγαθῷ βιασάμενοι τοὺς ἐκείνῃ βαρβάρους, ἐπεὶ Ἀναστάσιος ὁ Ῥωμαίων αὐτοκράτωρ, ὥς που καὶ αὐτὸς οἶσθα, παρὸν αὐτὰς
χρήμασιν ὠνεῖσθαι, οὐκ ἤθελεν, ὅπως μὴ στράτευμα εἰς
πάντα τὸν αἰῶνα ἐνταῦθα ἔχων χρήματα μεγάλα ὑπὲρ
ἀμφοτέρων προίεσθαι ἀναγκάζηται. ἐξ ἐκείνου τε ἡμεῖς 5
στρατιὰν τοσαύτην τὸ πλῆθος ἐνταῦθα καταστησάμενοι
καὶ ἐς τὸν παρόντα χρόνον ἐκτρέφοντες δεδώκαμεν ὑμῖν
τό γε κατὰ τοὺς ἐκείνῃ βαρβάρους μέρος ἀδήωτον τὴν
χώραν οἰκεῖν, ξὺν πολλῇ ἀπραγμοσύνῃ τὰ ὑμέτερα αὐτῶν
ἔχουσιν. ὥσπερ δὲ οὐχ ἱκανὸν ὑμῖν τοῦτό γε, καὶ πόλιν 6

sie nämlich, irgendwo in der Nähe Soldaten zu verstecken, die er dann bei Nacht durch heimliche Öffnung einer kleinen Pforte in die Festung einließ. Auf diese Weise kam auch er nach Byzanz.

16. Aufnahme von Friedensverhandlungen zwischen Römern und Persern

So standen die Dinge für die Römer. Die Perser aber waren, obschon sie Belisar bei Daras im Kampf besiegt hatte, nicht bereit, von dort den Rückmarsch anzutreten, bis Rufinos vor Kabades in Audienz erschien und folgende Worte an ihn richtete: „Dein Bruder, König, hat mich entsandt und beschwert sich mit Recht, daß die Perser ohne allen Grund in sein Land bewaffnet eingefallen sind. Dabei dürfte es doch einem großen und so erleuchteten König wohl besser anstehen, aus Krieg Frieden zu schaffen, als sich und seinen Nachbarn zum Schaden zwecklose Unruhe in die bestehenden guten Beziehungen zu bringen. Daher bin auch ich voll froher Zuversicht hieher gekommen, damit künftighin die Segnungen des Friedens beiden Reichen zuteil werden." Soweit Rufinos.

Kabades erwiderte folgendermaßen: „Sohn des Silvanos, mach' keine Versuche, die Schuldfrage zu verdrehen! Weißt du doch selbst am allerbesten, daß ihr Römer volle Schuld an dem ganzen Zerwürfnis tragt. Was nämlich die Kaspischen Tore anlangt, so haben wir sie unter Gewaltanwendung gegen die dortigen Barbaren zum Wohl der Perser und Römer in Besitz genommen. Denn Kaiser Anastasios – eine auch dir gut bekannte Tatsache – wollte sie, obwohl sich ihm die Möglichkeit bot, nicht käuflich erwerben; er hätte sonst für alle Zeit dort ein Heer unterhalten und für beide Zwecke große Unkosten auf sich nehmen müssen. Seitdem haben wir ein so starkes Heer dorthin verlegt und unterhalten es bis zum heutigen Tage, wodurch wir erst für euch die Voraussetzung schufen, was den Grenzstreifen gegenüber den dortigen Barbaren anlangt, euer Land geschützt vor Verwüstungen zu bewohnen und völlig unbehelligt eueres Besitzes froh zu werden. Jedoch, gerade wie wenn euch solches nicht genügte,

μεγάλην Δάρας ἐπιτείχισμα Πέρσαις πεποίησθε, καίπερ
διαρρήδην ἐν ταῖς σπονδαῖς ἀπειρημένον, ἅσπερ Ἀνατόλιος πρὸς Πέρσας ἔθετο καὶ ἀπ' αὐτοῦ δυοῖν στρατοπέ-
δοιν ἀνάγκη πόνοις τε καὶ δαπάνῃ κεκακῶσθαι τὰ Περσῶν πράγματα, τὸ μέν, ὅπως μὴ Μασσαγέται τὴν ἀμφοτέρων γῆν ἄγειν τε καὶ φέρειν ἀδεῶς δύνωνται, τὸ δέ,
ὅπως ἂν τὰς ὑμετέρας ἐπιδρομὰς ἀναστέλλοιμεν. ὑπὲρ 7
ὧν ἔναγχος μεμφομένων ἡμῶν, δυοῖν τε τὸ ἕτερον ἀξιούν-
των παρ' ὑμῶν γίγνεσθαι, ἢ ἐξ ἀμφοτέρων τὸν ἐς πύλας
τὰς Κασπίας στρατὸν στέλλεσθαι, ἢ πόλιν Δάρας κατα-
λύεσθαι, τῶν μὲν λεγομένων τὴν μάθησιν οὐ προσίεσθε,
κακῷ δὲ μείζονι κρατύνασθαι τὴν ἐς Πέρσας ἐπιβουλὴν
ἔγνωτε, εἴ τι μεμνήμεθα τῆς ἐν Μίνδουος οἰκοδομίας·
καὶ νῦν δὲ Ῥωμαίοις ἑλετὰ μὲν τὰ τῆς εἰρήνης, αἱρετὰ
δὲ τὰ ὅπλα, ἢ τὰ δίκαια πρὸς ἡμᾶς τιθεμένοις, ἢ ἀπ'
ἐναντίας αὐτῶν ἰοῦσιν. οὐ γὰρ τὰ ὅπλα καταθήσουσι 8
πρότερον Πέρσαι, πρὶν δὴ αὐτοῖς Ῥωμαῖοι ἢ τὰς πύλας
δικαίως τε καὶ ὀρθῶς ξυμφυλάξουσιν, ἢ πόλιν Δάρας
καταλύσουσι."

Τοσαῦτα Καβάδης εἰπὼν τὸν πρεσβευτὴν ἀπεπέμψατο, 9
παραδηλώσας ὥς οἱ βουλομένῳ εἴη χρήματά τε πρὸς Ῥωμαίων λαβεῖν καὶ τὰς τοῦ πολέμου καταλύειν αἰτίας. ἅπερ 1
Ῥουφῖνος ἐς Βυζάντιον ἥκων βασιλεῖ ἤγγειλεν. οὗ δὴ οὐ
πολλῷ ὕστερον καὶ Ἑρμογένης ἀφίκετο, καὶ ὁ χειμὼν
ἔληγε, καὶ τέταρτον ἔτος ἐτελεύτα Ἰουστινιανῷ βασιλεῖ
τὴν αὐτοκράτορα ἀρχὴν ἔχοντι.

Ἅμα δὲ ἦρι ἀρχομένῳ στράτευμα Περσῶν Ἀζαρέθου 1
ἡγουμένου ἐσέβαλεν ἐς Ῥωμαίων τὴν γῆν. ἦσαν δὲ πεν-

habt ihr auch noch eine gewaltige Stadt, Daras, als Bollwerk gegen die Perser errichtet, was nach dem zwischen Anatolios und den Persern abgeschlossenen Vertrag ausdrücklich verboten ist. Und so müssen wir Perser und unser Staat uns durch Mühen und Aufwendungen für zwei Heere geschädigt fühlen, einmal, damit nicht die Massageten unser beider Land unbehelligt plündern und ausrauben, zum andern, damit wir euere Angriffe abwehren können. Wir haben deswegen jüngst bei euch Klage geführt und verlangt, daß ihr eine von zwei Forderungen erfüllt: Entweder gemeinsam das Heer für die Kaspischen Tore zu stellen oder die Stadt Daras aufzugeben. Ihr aber habt unsere Vorschläge gar nicht zur Kenntnis genommen, nein, ihr habt euch vielmehr entschlossen, den heimtückischen Anschlag gegen die Perser zu verstärken und ihnen dadurch noch größeren Schaden zuzufügen: Wir denken dabei an den Bau in Minduos. Jetzt aber müssen sich die Römer für die Sache des Friedens oder für die Waffen entscheiden, wobei sie entweder unser Recht anerkennen oder den entgegengesetzten Weg beschreiten. Denn die Perser werden die Waffen nicht eher niederlegen, als bis die Römer entweder mit ihnen gemeinsam nach Recht und Ordnung die Bewachung der Tore übernehmen oder die Stadt Daras aufgeben."

Nach dieser Erklärung entließ Kabades den Gesandten, doch drückte er ihm auch seinen Wunsch aus, Geld anzunehmen und so die Anlässe zum Krieg gütlich aus der Welt zu schaffen. All das berichtete Rufinos nach seinem Eintreffen in Byzanz dem Kaiser. Auch Hermogenes fand sich bald darauf hier ein, und der Winter ging zu Ende und damit das vierte Jahr der Regierung des Kaisers Justinian.

17. Erneuter Persereinfall (531), geographische und kulturhistorische Angaben über den Kriegsschauplatz. Die Sarazenenführer Alamundaros und Arethas unterstützen die Sache Persiens bzw. Roms

Zugleich mit Frühlingsbeginn fiel ein persisches Heer unter Azarethes ins römische Gebiet ein, 15000 Mann und zwar nur

τακισχίλιοί τε καὶ μύριοι. ἱππεῖς ἅπαντες. καὶ αὐτοῖς
Ἀλαμούνδαρος ὁ Σακκίκης ξυνῆν, πάμπολύν τινα ὅμιλον
Σαρακηνῶν ἔχων. αὕτη τε Πέρσαις ἡ ἐσβολὴ οὐ καθάπερ 2
εἰώθει ἐγένετο· οὐ γὰρ ἐς τὴν Μεσοποταμίαν ἐσέβαλλον,
ὥσπερ τὰ πρότερα, ἀλλ' ἐς τὴν πάλαι μὲν Κομμαγηνὴν,
τανῦν δὲ καλουμένην Εὐφρατησίαν, ὅθεν δὴ οὐ πώποτε
Πέρσαι πρότερον, ὅσα γε ἡμᾶς εἰδέναι, ἐπὶ Ῥωμαίους
ἐστράτευσαν.

Ὅτου δὲ ἕνεκα Μεσοποταμία τε ἡ χώρα ἐκλήθη καὶ 3
οἱ Πέρσαι τῆς ἐς ταύτην ἐφόδου ἀπέσχοντο ἐρῶν ἔρχομαι. ὄρος οὐ λίαν ἀπότομον ἐν Ἀρμενίοις ἐστί, Θεοδο- 4
σιουπόλεως μὲν δύο καὶ τεσσαράκοντα σταδίοις διέχον,
τετραμμένον δὲ αὐτῆς πρὸς βορρᾶν ἄνεμον. καὶ πηγαὶ
δύο ἐνθένδε ἐξίασι, ποταμοὺς δύο ποιοῦσαι αὐτίκα,
Εὐφράτην μὲν ἡ ἐν δεξιᾷ, ἡ δὲ δὴ ἑτέρα Τίγρην ὄνομα.
τούτοιν ἅτερος μέν, ὁ Τίγρης, οὔτε περιόδοις τισὶ χρώ- 5
μενος οὔτε ὑδάτων ὅτι μὴ ὀλίγων οἱ ἐπιγινομένων, εὐθὺ
Ἀμίδης πόλεως κάτεισι. καὶ αὐτῆς ἐς τὰ πρὸς βορρᾶν 6
ἄνεμον προϊὼν χωρεῖ ἐς τῶν Ἀσσυρίων τὴν χώραν. ὁ
δὲ δὴ Εὐφράτης φέρεται μὲν κατ' ἀρχὰς ἐπί τινα χῶρον
ὀλίγον, εὐθὺς δὲ προϊὼν ἀφανίζεται, οὐχ ὑπόγειος μέντοι
γινόμενος, ἀλλά τί οἱ ξυμβαῖνον θαυμάσιον οἷον. ὑπὲκ 7
γὰρ τοῦ ὕδατος τέλμα ἐπὶ πλεῖστον βαθὺ γίνεται, μῆκος
μὲν ὅσον ἐπὶ σταδίους πεντήκοντα, εὖρος δὲ εἴκοσι. καὶ
καλάμων φύεται πολύ τι χρῆμα ἐν τῷ πηλῷ τούτῳ. ἐς 8
τόσον δὲ σκληρός τις ὁ χοῦς ἐνταῦθά ἐστιν ὥστε τοῖς
ἐντυγχάνουσιν οὐδὲν ἄλλο δοκεῖν ἢ ἤπειρον εἶναι. ἐπ'
αὐτῷ τοίνυν ξυμβαίνει οὐδὲν δεδιότας πεζούς τε καὶ ἱππέας πορεύεσθαι. καὶ μὴν καὶ ἅμαξαι παρίασιν ἐνθένδε 9
πολλαὶ ἡμέρᾳ ἑκάστῃ, ἀλλ' οὐδὲν τὸ παράπαν ἰσχύουσι
κινεῖν τι ἢ ἐξελέγχειν τοῦ τέλματος. καίουσι δὲ τοὺς 1
καλάμους οἱ ἐπιχώριοι ἀνὰ πᾶν ἔτος, τοῦ μὴ τὰς ὁδοὺς
πρὸς αὐτῶν εἴργεσθαι, καί ποτε πνεύματος ἐνταῦθα ἐξαι-
σίου ἐπιπεσόντος μέχρι ἐς τὰ τῶν ῥιζῶν ἔσχατα τὸ πῦρ

Berittene. Bei ihnen befand sich auch Alamundaros, der Sohn
der Sakkike, mit einer sehr großen Zahl Sarazenen. Diesen
Einfall unternahmen die Perser nicht auf dem gewohnten
Weg; denn er richtete sich nicht wie früher gegen Mesopota-
mien, sondern gegen das einstmals Kommagene, heute aber
Euphratesia genannte Gebiet, von wo aus die Perser unseres
Wissens noch nie gegen die Römer zu Felde gezogen waren.

Weshalb aber das Land die Bezeichnung Mesopotamien erhielt und die Perser von einem Angriff darauf Abstand nahmen, will ich jetzt berichten: In Armenien liegt ein nicht eben
steiles Gebirge, 42 Stadien in nördlicher Richtung von Theodosiopolis entfernt. Dort entspringen zwei Quellen und bilden
alsbald zwei Flüsse, die rechte den Euphrat, die andere den
Tigris. Der eine von den Flüssen, der Tigris, strömt ohne Umwege und größere Nebenflüsse unmittelbar zur Stadt Amida
hinunter; hier wendet er nach Norden und gelangt so nach
Assyrien. Der Euphrat hingegen fließt zunächst in Richtung
auf einen unbedeutenden Ort; dabei verschwindet er plötzlich in seinem Lauf, aber nicht unter die Erde, vielmehr be-
gibt sich mit ihm etwas Seltsames: Das Gewässer verwandelt
sich in einen bodenlosen Sumpf, etwa fünfzig Stadien lang
und zwanzig breit, und in diesem Morast wächst eine große
Menge Röhricht. Dadurch hat sich hier eine so feste Schicht
gebildet, daß alle, die dorthin kommen, nichts anderes als
festen Boden vor sich zu haben glauben und Fußgänger wie
Reiter sich ohne Furcht darauf bewegen. Selbst Lastwagen
fahren täglich in großer Zahl von dort aus hinüber, ohne daß
sich der Sumpf auch nur im mindesten bewegt oder als solcher
erkennen läßt. Jedes Jahr verbrennen die Einwohner das
Röhricht, um so die Wege frei zu halten. Dabei kam es einmal
und zwar bei ungewöhnlich starkem Winde vor, daß sich das
Feuer bis zu den äußersten Wurzelspitzen durchfraß, worauf

ἐξικνεῖσθαι τετύχηκε, καὶ τὸ ὕδωρ ἐν χωρίῳ ὀλίγῳ φανῆναι. χρόνου δὲ ὁ χοῦς αὖθις οὐ πολλοῦ ξυμφυεὶς ἀπέδωκε τῷ χωρίῳ τὸ σχῆμα, ἐφ' οὖπερ τὸ πρότερον ἦν. ἐνθένδε τε ὁ ποταμὸς πρόεισιν ἐς τὴν Κελεσηνὴν καλουμένην χώραν, οὗ δὴ τὸ ἐν Ταύροις τῆς Ἀρτέμιδος ἱερὸν ἦν, ἔνθεν λέγουσι τὴν Ἀγαμέμνονος Ἰφιγένειαν ξύν τε Ὀρέστῃ καὶ Πυλάδῃ φυγεῖν, τὸ τῆς Ἀρτέμιδος ἄγαλμα φέρουσαν. ὁ γὰρ ἄλλος νεώς, ὃς δὴ καὶ ἐς ἐμέ ἐστιν ἐν πόλει Κομάνῃ, οὐχ ὁ ἐν Ταύροις ἐστίν. ἀλλ' ὅπως ἐγένετο, ἐγὼ δηλώσω. Ἐπειδὴ ἐκ Ταύρων Ὀρέτης ξὺν τῇ ἀδελφῇ ἀπιὼν ᾤχετο, ξυνέπεσεν αὐτῷ νοσῆσαι τὸ σῶμα. καὶ ἀμφὶ τῇ νόσῳ πυνθανομένῳ χρῆσαι τὸ μαντεῖόν φασιν οὐ πρότερον λωφήσειν αὐτῷ τὸ κακόν, πρὶν τῇ Ἀρτέμιδι ναὸν δείμασθαι ἐν χώρῳ τοιούτῳ, οἷον δὴ τὸν ἐν Ταύροις ξυμβαίνει εἶναι, ἐνταῦθά τε ἀποκείρασθαι τὴν αὐτοῦ κόμην καὶ αὐτῇ ὁμωνύμως καλέσαι τὴν πόλιν. διὸ δὴ Ὀρέστην περιιόντα τὰ ἐκείνῃ χωρία ἐν Πόντῳ γενέσθαι, κατιδεῖν τε ὄρος, ὃ δὴ ἐνταῦθα ἀπότομον ἀπεκρέματο, ἔρρει τε ἔνερθεν παρὰ τὰς τοῦ ὄρους ἐσχατιὰς ποταμὸς Ἶρις. ὑποτοπήσαντα οὖν τὸν Ὀρέστην τότε τοῦτόν οἱ τὸν χῶρον δηλοῦν τὸ μαντεῖον, πόλιν τε ἐνταῦθα λόγου ἀξίαν καὶ τὸν τῆς Ἀρτέμιθος νεὼν δείμασθαι, τήν τε κόμην ἀποθριξάμενον ὁμωνύμως αὐτῇ καλέσαι τὴν πόλιν, ἣ δὴ Κόμανα καὶ ἐς ἐμὲ ὀνομάζεται. τούτων τε Ὀρέστῃ ἐξειργασμένων οὐδέν τι ἧσσον, εἰ μὴ καὶ μᾶλλον, τὴν νόσον ἀκμάζειν. αἰσθόμενον δὲ τὸν ἄνθρωπον ὡς οὐκ ἐπιτηδείως ταῦτα τῷ μαντείῳ ποιοίη, ἅπαντα αὖθις περιιόντα διασκοπεῖσθαι καὶ χῶρόν τινα ἐν Καππαδόκαις εὑρεῖν τῷ ἐν Ταύροις τὰ μάλιστα ἐμφερέστατον. ὅνπερ καὶ ἐγὼ πολλάκις ἰδὼν ἠγάσθην τε ὑπερφυῶς καί μοι ἐδόκουν ἐν Ταύροις εἶναι. τό τε γὰρ ὄρος τοῦτο ἐκείνῳ ἀτεχνῶς ἔοικεν, ἐπεὶ κἀνταῦθα ὁ Ταῦρός ἐστι, καὶ ὁ ποταμὸς Σάρος τῷ ταύτῃ Εὐφράτῃ εἰκάζεται. πόλιν τε οὖν ἀξιο-

an einer kleinen Stelle Wasser zu sehen war. Die Decke wuchs
jedoch in kurzer Zeit wieder zusammen, und der Platz bekam sein altes Aussehen. Weiter strömt von hier der Fluß zu
dem Lande namens Kelesene, wo das Heiligtum der Artemis
in Tauris stand. Von diesem Orte aus soll Agamemnons Tochter Iphigeneia mit Orestes und Pylades geflohen sein und das
Bild der Artemis dabei mitgenommen haben. Der andere
Tempel, der sogar bis auf meine Tage in der Stadt Komana
steht, ist nämlich nicht mit dem in Tauris gleichzusetzen.
Wie es indessen zu seinem Bau kam, will ich jetzt berichten:
Als Orestes mit seiner Schwester Tauris verlassen hatte,
geschah es, daß er erkrankte. Er befragte deswegen das Orakel und erhielt, wie man sagt, den Bescheid, er werde das
Übel nicht eher los werden, als bis er an einem Platze so wie
in Tauris der Artemis einen Tempel errichte; dort solle er auch
sein Haupthaar scheren und die Stadt danach benennen. Aus
diesem Grunde habe Orestes die dortigen Gegenden durchzo-
gen, sei auch nach Pontos gekommen und habe dort einen
Berg gesehen, der steil abfiel und an dessen Ausläufern der
Iris vorbeifloß. Orestes vermutete damals, das Orakel meine
diesen Platz, und erbaute deshalb hier eine ansehnliche Stadt
und das Heiligtum der Artemis. Dann schor er sich das Haar
und gab der Stadt danach ihren Namen; Komana heißt sie
noch bis auf meine Zeit. Trotzdem besserte sich aber die
Krankheit des Orestes nicht, verschlimmerte sich eher, und
er mußte sich sagen, daß er damit nicht im Sinne des Orakels
handle. So begann er seine Rundreise von neuem, besichtigte
genau alle Landschaften und fand schließlich auch in Kap-
padokien einen Ort, der größte Ähnlichkeit mit dem in Tauris
hatte. Auch ich sah wiederholt den Platz, und ich wunderte
mich über die Maßen und kam mir wie in Tauris vor. Gleicht
doch dieser Berg ganz und gar dem schon erwähnten – denn
auch hier erhebt sich der Tauros –, und der Fluß Saros hat
mit dem Euphrat dort Ähnlichkeit. Hier baute nun Orestes

θέατον ᾠκοδομήσατο ἐνταῦθα Ὀρέστης καὶ νεὼς δύο,
τὸν ἕτερον μὲν τῇ Ἀρτέμιδι, τὸν δὲ ἄλλον τῇ ἀδελφῇ
Ἰφιγενείᾳ, οὓς δὴ Χριστιανοὶ ἱερὰ σφίσι πεποίηνται,
τῆς οἰκοδομίας οὐδὲν τὸ παράπαν μεταβαλόντες. αὕτη
καλεῖται καὶ νῦν ἡ χρυσῆ Κόμανα, τῆς Ὀρέστου κόμης
ἐπώνυμος οὖσα, ἣν δὴ ἐκεῖνον ἐνταῦθά φασιν ἀποκειρά-
μενον διαφυγεῖν τὸ ἀρρώστημα. τινὲς δὲ λέγουσιν αὐτὸν
οὐκ ἄλλην τινὰ νόσον ἢ τὴν μανίαν ταύτην ἀποφυγεῖν,
ἥπερ αὐτὸν ἔσχεν, ἐπειδὴ τὴν μητέρα τὴν ἑαυτοῦ ἔκτεινεν.
ἐγὼ δὲ ἐπὶ τὸν πρότερον λόγον ἐπάνειμι.

Ἔκ τε γὰρ τῶν ἐν Ταύροις Ἀρμενίων καὶ χώρας τῆς
Κελεσηνῆς ποταμὸς Εὐφράτης ἐν δεξιᾷ ῥέων γῆν τε πολλὴν περιβάλλεται καὶ ποταμῶν οἱ ἄλλων τε ἀναμιγνυμέ-
νων καὶ αὐτοῦ Ἀρσίνου, ὃς δὴ ἐκ τῶν Περσαρμενίων
καλουμένων πολὺς φέρεται, μέγας τε, ὡς τὸ εἰκός, γεγενημένος ἐς τοὺς πάλαι μὲν Λευκοσύρους, νῦν δὲ Ἀρμενίους
μικροὺς καλουμένους χωρεῖ, ὧν δὴ πόλις πρώτη Μελι-
τηνὴ λόγου πολλοῦ ἀξία ἐστί. τὸ δὲ ἐντεῦθεν τά τε Σαμό-
σατα παρρρεῖ καὶ τὴν Ἱεράπολιν καὶ πάντα τὰ ἐκείνῃ
χωρία μέχρι ἐς τῶν Ἀσσυρίων τὴν γῆν, οὗ δὴ ἀλλήλοιν
ἄμφω τὼ ποταμὼ ἀναμιγνυμένω ἐς ἓν ὄνομα τὸ τοῦ Τίγρη-
τος ἀποκέκρινται. χώρα γοῦν, ἣ ἐκ Σαμοσάτων ἐκτὸς
Εὐφράτου ποταμοῦ ἐστι, πάλαι μὲν Κομμαγηνὴ ἐκλήθη,
τανῦν δὲ τῷ ποταμῷ ἐστι, ἐπώνυμος. ἡ δέ τούτου ἐντός, ἣ
δὴ αὐτοῦ τε μέση καὶ Τίγρητός ἐστι, Μεσοποταμία, ὡς τὸ
εἰκός, ὀνομάζεται· μοῖρα μέντοι αὐτῆς οὐ τούτῳ μόνον τῷ
ὀνόματι, ἀλλὰ καὶ ἄλλοις τισὶν ἐπικαλεῖται. ἥ τε γὰρ ἄχρις
Ἀμίδης πόλεως Ἀρμενία πρὸς ἐνίων ὠνόμασται, Ἔδεσσά τε
ξὺν τοῖς ἀμφ' αὐτὴν χωρίοις Ὀσροηνὴ τοῦ Ὀσρόου ἐπώνυμός ἐστιν, ἀνδρὸς ἐνταῦθα βεβασιλευκότος ἐν τοῖς ἄνω χρόνοις, ἡνίκα Πέρσαις οἱ ταύτῃ ἄνθρωποι ἔνσπονδοι ἦσαν.

Πέρσαι οὖν ἐπειδὴ πρὸς Ῥωμαίων Νίσιβίν τε πόλιν
καὶ ἄλλα ἄττα Μεσοποταμίας χωρία ἔλαβον, ἡνίκα ἐπὶ
Ῥωμαίους στρατεύειν ἔμελλον, χώραν μὲν τὴν ἐκτὸς

eine sehenswerte Stadt, dazu zwei Tempel, den einen zu Ehren der Artemis, den anderen für seine Schwester Iphigeneia. Die Christen aber haben beide Heiligtümer, ohne überhaupt etwas an dem Bau zu ändern, zu Kirchen für sich gemacht. Dieses Komana heißt auch jetzt das „goldene Komana", so benannt nach dem Haar des Orestes, das er sich, wie es heißt, dort scheren ließ, worauf er von seiner Krankheit befreit wurde. Einige berichten freilich, ihn habe nur die Krankheit des Wahnsinns verlassen, der ihn wegen des Muttermordes befallen hatte. Doch jetzt will ich den Faden meiner Erzählung wieder aufnehmen.

Vom Lande der taurischen Armenier und dem Gebiete Kelesene aus fließt der Euphrat nach rechts und umströmt einen weiten Raum, wobei außer anderen Flüssen auch der Arsinos in ihn einmündet. Wasserreich kommt dieser schon aus dem sog. Persarmenien und zieht, jetzt natürlich ein mächtiger Strom, weiter zu den heutigen Kleinarmeniern, die man früher einmal Leukosyrer hieß, Ihre erste Stadt ist das hochberühmte Melitene. Von hier aus fließt der Euphrat an Samosata, Hierapolis und allen dortigen Städten vorbei, bis er das Land der Assyrer erreicht, wo sich beide Ströme vereinigen und dann nur noch den einen Namen Tigris führen. Das Gebiet, von Samosata aus westlich des Euphrat, trug früher den Namen Kommagene, jetzt heißt es nach dem Fluß. Das Land östlich davon, mitten zwischen Euphrat und Tigris, heißt – leicht erklärlich – Mesopotamien. Ein Teil davon führt nicht nur diese Bezeichnung, sondern auch noch einige andere. Das Gebiet bis zur Stadt Amida heißt nämlich bei manchen Armenien; Edessa samt seinem Umland wird hingegen Osrhoene genannt, nach Osrhoes, der in früheren Zeiten, als die dortigen Einwohner mit den Persern verbündet waren, hier als König herrschte.

Nachdem nun die Römer Nisibis und andere mesopotamische Städte den Persern abgetreten hatten, konnten sich diese bei Kriegsvorbereitungen gegen die Römer mühelos in dem

Εὐφράτου ποταμοῦ ἐν ὀλιγωρίᾳ ποιούμενοι, ἐκ τοῦ ἐπὶ
πλεῖστον ἄνυδρόν τε καὶ ἀνθρώπων ἔρημον οὖσαν, ἐνταῦθα
δὲ πόνῳ οὐδενὶ ἀγειρόμενοι, ἅτε ἐν χώρᾳ οἰκείᾳ τε καὶ
πολεμίᾳ τῇ οἰκουμένῃ ἀγχοτάτω οὔσῃ, ἐνθένδε τὰς ἐσβο-
λὰς ἀεὶ ἐποιοῦντο. ἡνίκα δὲ ἡσσηθεὶς ὁ Μιρράνης τῇ μάχῃ
καὶ τοὺς πλείστους ἀποβαλὼν τῷ ἄλλῳ στρατῷ ἐς τὰ
Περσῶν ἤθη ἀφίκετο, ποινῆς ἔτυχε πρὸς βασιλέως Καβάδου πικρᾶς. κόσμον γὰρ ἀφείλετο αὐτόν, ὃν δὴ ἀναδεῖσθαι
τῶν ἐν τῇ κεφαλῇ τριχῶν εἰώθει, ἔκ τε χρυσοῦ καὶ μαρ-
γάρων πεποιημένον. ἀξίωμα δὲ τοῦτο ἐν Πέρσαις μέγα
μετά γε τὴν βασιλέως τιμήν. ἐνταῦθα γὰρ οὔτε δακτυλίῳ
χρυσῷ οὔτε ζώνῃ οὔτε περόνῃ χρῆσθαι οὔτε ἄλλῳ ὁτῳοῦν
θέμις, ὅτι μὴ ἐκ βασιλέως ἀξιωθέντι.

Καὶ τὸ λοιπὸν ὁ Καβάδης ἐν βουλῇ εἶχεν ὅντινα τρόπον
αὐτὸς ἐπὶ Ῥωμαίους στρατεύοι. Μιρράνου γὰρ σφαλέν-
τος οὕτως, ὥσπερ ἐρρήθη, ἐπ' ἄλλῳ οὐδενὶ τὸ θαρρεῖν
εἶχε. καί οἱ ἐπὶ πλεῖστον ἀπορουμένῳ Ἀλαμούνδαρος
ὁ τῶν Σαρακηνῶν βασιλεὺς προσελθὼν εἶπεν ,,Οὐ πάντα,
ὦ δέσποτα, χρεών ἐστι πιστεύειν τῇ τύχῃ οὐδὲ τοὺς πολέμους οἴεσθαι δεῖν κατορθοῦν ἅπαντας. οὐδὲ γὰρ εἰκὸς
τοῦτό γε οὐδὲ ἄλλως ἀνθρώπειον, ἀλλὰ καὶ ἀξύμφορος
αὕτη μάλιστα τοῖς αὐτῇ ἐχομένοις ἡ ἐννοιά ἐστι. τοὺς
γὰρ ἅπαντα σφίσιν ἐλπίσαντας τἀγαθὰ ἔσεσθαι σφαλέν-
τας ποτέ, ἂν οὕτω τύχοι, ἡ ἐλπὶς οὐ δέον τοῦ προσήκον-
τος μᾶλλον ἠνίασε. διὸ δὴ οὐκ ἔχοντες ἀεὶ ἐπὶ τῇ τύχῃ
τὸ θαρρεῖν ἄνθρωποι οὐκ ἐκ τοῦ εὐθέος ἐς κίνδυνον πολέμου καθίστανται, κἂν τῷ παντὶ τῶν πολεμίων ὑπεραίρειν αὐχῶσιν, ἀλλ' ἀπάτῃ τε καὶ μηχαναῖς τισι περιελθεῖν
τοὺς ἐναντίους ἐν σπουδῇ ἔχουσιν. οἷς γὰρ ἐκ τοῦ ἀντιπάλου ὁ κίνδυνός ἐστιν, οὐκ ἐν βεβαίῳ τὰ τῆς νίκης χωρεῖ.
νῦν οὖν μήτε οἷς Μιρράνης ἠτύχησεν οὕτω περιώδυνος,
ὦ βασιλέων βασιλεῦ, γίνου, μήτε αὖθις ἀποπειράσασθαι
βούλου τῆς τύχης. Μεσοποταμίας γὰρ καὶ τῆς Ὀσροηνῆς
καλουμένης χώρας, ἅτε τῶν σῶν ὁρίων ἄγχιστα οὔσης,

neuen, ihnen jetzt ja gehörenden und dem feindlichen Siedlungsgebiet unmittelbar benachbarten Raume sammeln und von dort aus jederzeit ihre Einfälle unternehmen; dem östlich des Euphrat gelegenen, weitgehend menschenleeren Wüstengebiet maßen sie hingegen keine Bedeutung mehr bei. Als nun Mirrhanes nach seiner Niederlage und dem Verlust des Großteils seiner Leute mit dem Heeresrest nach Persien kam, wurde er vom König Kabades hart bestraft: Er nahm ihm den aus Gold und Perlen gefertigten Schmuck, den er um sein Haupthaar zu legen pflegte. Dies ist aber bei den Persern eine hohe Auszeichnung und kommt gleich nach der Königswürde. Es darf nämlich dortzulande niemand ohne königliche Verleihung einen Fingerring oder Gürtel, eine Spange oder sonst einen Gegenstand aus Gold tragen.

In der Folgezeit überlegte Kabades, wie er selbst gegen die Römer zu Feld ziehen könne; denn nachdem Mirrhanes, wie gesagt, eine solche Niederlage erlitten hatte, vertraute er auf niemand mehr. Während er nun so voll schwersten Sorgen war, trat Alamundaros, der König der Sarazenen, vor ihn hin und sprach: „Herr, man soll sich nicht ganz und gar auf das Glück verlassen und auch nicht glauben, in allen Kriegen Erfolg haben zu müssen. Denn das entspricht weder den natürlichen Gegebenheiten noch sonstwie menschlicher Art, diese Denkweise ist vielmehr denen, die sie teilen, höchst schädlich. Wer für sich nämlich nur Vorteile erwartete, fühlt sich bei einem etwaigen Mißerfolg unnötigerweise in seiner Hoffnung maßlos getäuscht. Daher verlassen sich auch die Menschen nicht allezeit aufs Glück und nehmen nicht ohne weiteres die Gefahr eines Krieges auf sich, selbst wenn sie darauf pochen dürfen, in jeder Hinsicht ihren Feinden überlegen zu sein; im Gegenteil, sie sind bemüht, ihre Widersacher durch Trug und allerlei Listen zu hintergehen. Denn wer in gleicher Gefahr schwebt, kann nicht mit Sicherheit auf Sieg rechnen. So nimm dir jetzt, König aller Könige, weder das Mißgeschick des Mirrhanes allzu sehr zu Herzen noch stelle das Glück erneut auf die Probe! Sind doch die Städte Mesopotamiens und

αἵ τε πόλεις ὀχυρώταταί εἰσι πασῶν μάλιστα καὶ στρατιωτῶν πλῆθος οἷον οὐ πώποτε πρότερον τανῦν ἔχουσιν,
ὥστε ἡμῖν αὐτόσε ἰοῦσιν οὐκ ἐν τῷ ἀσφαλεῖ τὰ τῆς ἀγωνίας γενήσεται, ἐν μέντοι τῇ χώρᾳ, ἣ ἐκτὸς Εὐφράτου
ποταμοῦ τυγχάνει οὖσα, καὶ τῇ ταύτης ἐχομένῃ Συρίᾳ
οὔτε πόλεως ὀχύρωμα οὔτε στράτευμα λόγου ἄξιόν ἐστι.
ταῦτα γὰρ πολλάκις πρὸς τῶν ἐπὶ κατασκοπῇ ἐς ταύτας
ἐσταλμένων Σαρακηνῶν ἤκουσα. ἔνθα δὴ καὶ πόλιν Ἀντιόχειαν εἶναί φασι, πλούτῳ τε καὶ μεγέθει καὶ πολυανθρωπίᾳ πρώτην πόλεων ἁπασῶν τῶν ἐν τοῖς ἑῴοις Ῥωμαίοις οὖσαν· ἣ δὴ ἀφύλακτός τε καὶ στρατιωτῶν ἔρημός
ἐστιν. οὐ γὰρ ἄλλου οὐδενὸς τῷ ταύτης δήμῳ ὅτι μὴ παν-
ηγύρεών τε καὶ τρυφῆς μέλει καὶ τῆς ἐν θεάτροις ἀεὶ
πρὸς ἀλλήλους φιλονεικίας. ὥστε ἢν ἐκ τοῦ ἀπροσδοκήτου ἐπ᾽ αὐτοὺς ἴωμεν, τήν τε πόλιν αἱρήσειν ἡμᾶς ἐξ ἐπιδρομῆς οὐδὲν ἀπεικὸς καὶ μηδενὶ ἐντυχόντας πολεμίων
στρατῷ εἶτα ἐπανελθεῖν ἐς τὰ Περσῶν ἤθη, οὔπω πεπυσ-
μένων τὰ ξυμπεσόντα τῶν ἐν Μεσοποταμίᾳ στρατιωτῶν.
ὕδατος δὲ ἢ ἄλλου του τῶν ἐπιτηδείων ἀπορίας πέρι μηδέν σε εἰσίτω. ἐγὼ γὰρ τῷ στρατῷ ἐξηγήσομαι ὅπη ἂν
δοκῇ ἄριστα εἶναι."
Ταῦτα ἀκούσας Καβάδης οὔτε ἀντιτείνειν οὔτε ἀπιστεῖν
εἶχεν. ἦν γὰρ Ἀλαμούνδαρος ξυνετώτατός τε καὶ τῆς
κατὰ πόλεμον ἐμπειρίας εὖ ἥκων, Πέρσαις τε πιστὸς ἐς
τὰ μάλιστα, καὶ διαφερόντως δραστήριος, ὃς δὴ ἐς πεντήκοντα ἐνιαυτῶν χρόνον ἐς γόνυ ἐλθεῖν τὰ Ῥωμαίων
ἐποίησε πράγματα. ἐκ γὰρ τῶν Αἰγύπτου ὁρίων ἀρξάμενος καὶ μέχρι ἐς Μεσοποταμίαν ληιζόμενος τὰ ἐκείνῃ
χωρία, ἦγέ τε καὶ ἔφερεν ἐφεξῆς ἅπαντα, καίων τε τὰς
ἐν ποσὶν οἰκοδομίας καὶ τοὺς ἀνθρώπους κατὰ πολλὰς
ἀεὶ μυριάδας ἀνδραποδίζων, καὶ αὐτῶν τοὺς μὲν πλείστους ἀποκτείνων οὐδενὶ λόγῳ, τοὺς δὲ ἄλλους ἀποδιδόμενος χρημάτων μεγάλων. ἀπήντα δέ οἱ τῶν πάντων
οὐδείς. οὐ γὰρ ποτε ἀνεπισκέπτως ἐποιεῖτο τὴν ἔφοδον,

der sog. Osrhoene wegen der unmittelbaren Nachbarschaft zu
deinem Reich besonders stark befestigt und haben jetzt Besatzungen, groß wie niemals zuvor. Wenn wir also in eben
dieser Richtung vorstoßen, können wir mit keiner sicheren
Kampfentscheidung rechnen. Dagegen findet sich im Gebiet
östlich des Euphrat und im anschließenden Syrien weder eine
befestigte Stadt noch eine nennenswerte Truppe. Das habe
ich ja schon oft von Sarazenen gehört, die dorthin als Kundschafter ausgeschickt waren. Hier liegt nach ihren Worten
auch Antiocheia, an Reichtum, Größe und Menschenzahl die
erste unter allen Städten im Osten des römischen Gebietes.
Sie ist ungeschützt und ohne Besatzung; hat doch die dortige
Bevölkerung nur für Feste, Schwelgerei und unablässige
Theaterkrawalle etwas übrig. Wenn wir sie daher überraschend angreifen, können wir mit einigem Grund damit rechnen, ihre Stadt im Sturm zu nehmen und ohne Zusammenstoß mit einem feindlichen Heere, ehe noch die Truppen in
Mesopotamien etwas von den Dingen erfahren haben, nach
Persien zurückzukehren. Im übrigen mach' dir keine Sorge,
ob es an Wasser oder sonst etwas Lebensnotwendigem fehlen
sollte! Ich werde die Führung des Heeres nach bestem Wissen
übernehmen.''

Kabades hatte keine Veranlassung, diesen Worten zu widersprechen oder zu mißtrauen; denn Alamundaros war ein
sehr kluger und kriegserfahrener Mann, den Persern treu ergeben und außerordentlich tatkräftig, ein Feind, der etwa
fünfzig Jahre lang die Römer in die Kniee gehen ließ. Angefangen von den Grenzgebieten Ägyptens bis nach Mesopotamien plünderte er die Ländereien und raubte alles, was ihm
so in die Hände fiel. Wo er auf Häuser traf, legte er sie in
Schutt und Asche, ebenso machte er Menschen jeweils nach
Tausenden zu Sklaven und tötete die meisten von ihnen ohne
jede Rücksicht, während er den Rest um teueres Geld verkaufte. Niemand auf der ganzen Welt aber wagte ihm entgegen zu treten. Vermied er doch jeden unvorsichtigen An-

ἀλλ᾽ οὕτως ἐξαπιναίως τε καὶ αὐτῷ ἐς τὰ μάλιστα ἐπιτηδείως, ὥστε ὁ μὲν ἤδη ὡς τὰ πολλὰ ξὺν τῇ λείᾳ πάσῃ
ἀπιὼν ᾤχετο, οἱ δὲ στρατηγοί τε καὶ στρατιῶται πυν-
θάνεσθαί τε τὰ ξυμπεσόντα καὶ ἀγείρεσθαι ἐπ᾽ αὐτὸν
ἤρχοντο. ἦν δέ που αὐτὸν καὶ καταλαβεῖν τινι τύχῃ ἔσχον, 43
ἀλλ᾽ ἔτι ἀπαρασκεύοις τε οὖσι καὶ οὐ ξυντεταγμένοις
ἐπιπεσὼν τοῖς διώκουσιν ὁ βάρβαρος οὗτος ἔτρεπέ τε καὶ
διέφθειρεν οὐδενὶ πόνῳ καί ποτε τοὺς διώκοντας στρατιώτας ξὺν τοῖς ἄρχουσιν ἐζώγρησεν ἅπαντας. Τιμόστρα- 44
τος δὲ ἦν ὁ Ῥουφίνου ἀδελφὸς καὶ Ἰωάννης ὁ τοῦ Λουκᾶ
παῖς, οὓς δὴ ἀπέδοτο ὕστερον, πλοῦτον αὐτῶν οὐ φαῦλον
οὐδὲ τὸν τυχόντα περιβαλλόμενος.

Καὶ τὸ ξύμπαν εἰπεῖν χαλεπώτατός τε καὶ δεινότατος 45
οὗτος ἀνὴρ γέγονε Ῥωμαίοις πολέμιος πάντων μάλιστα.
αἴτιον δὲ ἦν, ὅτι Ἀλαμούνδαρος μὲν βασιλέως ἀξίωμα
ἔχων ἁπάντων μόνος τῶν ἐν Πέρσαις Σαρακηνῶν ἦρχε,
παντί τε τῷ στρατῷ οἷός τε ἦν ἀεὶ τὴν ἔφοδον ποιεῖσθαι
ὅπῃ βούλοιτο τῆς Ῥωμαίων ἀρχῆς· οὐδεὶς δὲ οὔτε Ῥω- 46
μαίων στρατιωτῶν ἄρχων, οὓς δοῦκας καλοῦσιν, οὔτε
Σαρακηνῶν τῶν Ῥωμαίοις ἐνσπόνδων ἡγούμενος, οἱ
φύλαρχοι ἐπικαλοῦνται, ξὺν τοῖς ἑπομένοις Ἀλαμουνδάρῳ ἀντιτάξασθαι ἱκανῶς εἶχεν· ἐν χώρᾳ γὰρ ἑκάστῃ
τοῖς πολεμίοις οὐκ ἀξιόμαχοι ἐτετάχατο. διὸ δὴ βασι- 47
λεὺς Ἰουστινιανὸς φυλαῖς ὅτι πλείσταις Ἀρέθαν τὸν
Γαβαλᾶ παῖδα ἐπέστησεν, ὃς τῶν ἐν Ἀραβίοις Σαρακηνῶν ἦρχεν, ἀξίωμα βασιλέως αὐτῷ περιθέμενος, οὐ πρότερον τοῦτο ἔν γε Ῥωμαίοις γεγονὸς πώποτε. Ἀλαμούν- 48
δαρος μέντοι οὐδέν τι ἧσσον, εἰ μὴ καὶ μᾶλλον, τὰ Ῥωμαίων πράγματα ἔφθειρεν, Ἀρέθα ἐν πάσῃ ἐφόδῳ τε
καὶ ἀγωνίᾳ ἢ ἀτυχοῦντος ὡς μάλιστα ἢ καταπροδιδόντος
ὡς τάχιστα. οὐ γάρ πω σαφές τι ἀμφ᾽ αὐτῷ ἴσμεν. ταύτῃ
τε ξυνέβη Ἀλαμουνδάρῳ, οὐδενός οἱ ἀντιστατοῦντος, ἐπὶ
μήκιστον τὴν ἑῴαν λῄζεσθαι πᾶσαν, ἐπεὶ καὶ μακρο-
βιώτατος ἀτεχνῶς γέγονε.

griff, ging vielmehr so schnell und geschickt zu Werke, daß er meistens mit der ganzen Beute schon davon war, wenn die Feldherrn und Soldaten erst das Geschehene zu erfassen und sich gegen ihn zu sammeln begannen. Kriegten sie ihn aber einmal zufällig sogar zu fassen, dann warf sich dieser Barbar auf seine Verfolger, während sie noch unvorbereitet und ungeordnet waren, jagte sie ohne weiteres in die Flucht und ließ sie sterben, ja einmal machte er die verfolgenden Soldaten mit ihren Führern samt und sonders zu Gefangenen. Timostratos, den Bruder des Rufinos, und Johannes, den Sohn des Lukas, gab er später gegen Lösegeld frei, wobei er sich keine geringe und alltägliche Summe zahlen ließ.

Zusammenfassend darf man sagen: Dieser Mann war der allerschwierigste und gefährlichste Feind der Römer. Der Grund aber lag darin, daß Alamundaros als König allein über sämtliche Sarazenen in Persien gebot und so mit dem ganzen Heer jederzeit jeden beliebigen Teil des römischen Reiches angreifen konnte. Keiner aber von den römischen Truppenbefehlshabern – sie werden dux genannt – und ebenso auch kein Führer der mit den Römern verbündeten Sarazenen – sie tragen die Bezeichnung Phylarch – war imstande, mit seinen Leuten dem Alamundaros entgegen zu treten; denn kein Gebiet verfügte über eine den Feinden angemessene Verteidigung. Aus diesem Grunde stellte Kaiser Justinian den Arethas, den Sohn des Gabalas und Herrscher über die Sarazenen in Arabien, an die Spitze möglichst vieler Stämme und verlieh ihm die Königswürde, eine Auszeichnung, die bei den Römern zuvor unbekannt war. Gleichwohl fügte Alamundaros der römischen Sache keineswegs geringeren, eher noch größeren Schaden zu, da Arethas bei jedem Angriff und Kampf entweder schweren Mißerfolg hatte oder blitzschnell Verrat übte. Genaues wissen wir ja noch nicht über ihn. So kam es, daß Alamundaros, ohne Widerstand zu finden, über sehr lange Zeit hin den gesamten Osten ausplündern konnte, zumal er ja auch ein ungewöhnlich hohes Alter erreichte.

Τούτου οὖν τότε τοῦ ἀνδρὸς τῇ ὑποθήκῃ ἡσθεὶς Κα-18 βάδης ἄνδρας πεντακισχιλίους τε καὶ μυρίους ἀπολεξά-μενος Ἀζαρέθην αὐτοῖς ἄνδρα Πέρσην ἐπέστησε δια-φερόντως ἀγαθὸν τὰ πολέμια, καὶ σφίσιν Ἀλαμούνδαρον τῆς πορείας ἐξηγεῖσθαι ἐκέλευεν. οἱ δὲ τὸν Εὐφράτην 2 ποταμὸν διαβάντες ἐν Ἀσσυρίοις, γῆν τε πορευθέντες τινὰ ἔρημον ἀνθρώπων, ἄφνω ἐς τῶν Κομμαγηνῶν καλου-μένων τὴν χώραν παρὰ δόξαν ἐσέβαλλον. αὕτη τε πρώτη 3 ἐνθένδε Περσῶν ἐσβολὴ ἐς γῆν τὴν Ῥωμαίων ἐγένετο, ὅσα γε ἡμᾶς ἀκοῇ ἢ τρόπῳ τῳ ἄλλῳ ἐπίστασθαι, καὶ πάντας Ῥωμαίους τῷ ἀπροσδοκήτῳ κατέπληξεν.

Ἃ δὴ ἐπεὶ Βελισάριος ἔμαθε, τὰ μὲν πρῶτα διηπο- 4 ρεῖτο, μετὰ δὲ βοηθεῖν κατὰ τάχος ἔγνω. φυλακήν τε αὐτάρκη ἐν πόλει ἑκάστῃ καταστησάμενος, ὅπως μὴ Καβάδης τε καὶ στράτευμα τῶν πολεμίων ἄλλο ἐνταῦθα ἰόντες ἀφύλακτα τὸ παράπαν εὑρήσουσι τὰ ἐπὶ Μεσοπο-ταμίας χωρία, αὐτὸς τῷ ἄλλῳ στρατῷ ὑπηντίαζεν, Εὐφράτην τε ποταμὸν διαβάντες σπουδῇ πολλῇ πρόσω ἐχώρουν. ὁ μὲν οὖν Ῥωμαίων στρατὸς ἐς δισμυρίους 5 μάλιστα πεζούς τε καὶ ἱππέας ξυνῄει, καὶ αὐτῶν Ἴσαυροι οὐχ ἧσσον ἢ δισχίλιοι ἦσαν. ἄρχοντες δὲ ἱππέων μὲν 6 ἅπαντες ἦσαν, οἳ τὰ πρότερα τὴν ἐν Δάρας μάχην πρός τε Πέρσας καὶ Μιρράνην διήνεγκαν, πεζῶν δὲ τῶν τις δορυφόρων Ἰουστινιανοῦ βασιλέως, Πέτρος ὄνομα. τοῖς 7 μέντοι Ἰσαύροις Λογγῖνός τε καὶ Στεφανάκιος ἐφειστή-κεσαν. ἐνταῦθα δὲ καὶ Ἀρέθας αὐτοῖς ξὺν τῷ Σαρακη-νῶν στρατεύματι ἦλθεν. ἐπεί τε ἐς Χαλκίδα πόλιν ἀφί- 8 κοντο, ἐνστρατοπεδευσάμενοι αὐτοῦ ἔμενον, ἐπεὶ τοὺς πολεμίους ἐν χωρίῳ Γαββουλῶν εἶναι ἐπύθοντο, δέκα καὶ ἑκατὸν σταδίοις Χαλκίδος διέχοντι. ὃ δὴ γνόντες 9

18. Belisar drängt die Perser über die Grenze zurück, erleidet aber infolge des unklugen Verhaltens seiner Truppen eine Niederlage

Kabades nun freute sich damals über den Vorschlag dieses Mannes, wählte 15000 Leute aus und stellte an ihre Spitze den Perser Azarethes, einen sehr tüchtigen Soldaten; den Weg aber sollte ihnen Alamundaros weisen. Sie überquerten auf assyrischem Boden den Euphrat und fielen nach einem Marsch durch menschenleeres Gebiet schnell und unerwartet ins Land der sog. Kommagener ein. Das war der erste persische Einfall aus dieser Richtung ins römische Gebiet, von dem wir durch Hörensagen oder sonstwie wissen, und da niemand mit ihm gerechnet hatte, setzte er alle Römer in Schrecken.

Als Belisar davon erfuhr, schwankte er zunächst, doch dann entschloß er sich, so rasch wie möglich Hilfe zu leisten. Er legte in jede Stadt eine ausreichende Besatzung – Kabades und ein weiteres Perserheer sollten ja bei einem etwaigen Angriff die Plätze in Mesopotamien nicht völlig ungeschützt vorfinden – und trat selbst mit dem Rest seiner Streitmacht dem Feinde entgegen. Zu diesem Zweck überschritten sie den Euphrat und stießen rasch vor. Das römische Heer belief sich auf ungefähr 20000 Mann zu Fuß und zu Pferd, darunter mindestens 2000 Isaurier. Den Befehl über die Reiterei führten all jene, die zuvor schon in der Schlacht bei Daras gegen die Perser und Mirrhanes gefochten hatten, während das Fußvolk einem Doryphoren des Kaisers Justinian namens Petros unterstand. Die Isaurier hingegen hatten ihre Führer in Longinos und Stephanakios, und schließlich stieß auch Arethas mit dem Sarazenenheer zu ihnen. Nach ihrer Ankunft in der Stadt Chalkis schlugen sie ein Lager und blieben dort stehen; sie hatten nämlich die Nachricht erhalten, die Feinde befänden sich bei einem Orte Gabbulon, 110 Stadien von Chalkis entfernt. Sobald Alamundaros und Azarethes davon hör-

Ἀλαμούνδαρός τε καὶ Ἀζαρέθης τόν τε κίνδυνον κατορ-
ρωδήσαντες ἐπίπροσθεν οὐκέτι ἐχώρουν, ἀλλ' ἐπ' οἴκου
αὐτίκα δὴ ἀποχωρεῖν ἔγνωσαν. αὐτοί τε γοῦν Εὐφράτην
ποταμὸν ἐν ἀριστερᾷ ἔχοντες ὀπίσω ἀπήλαυνον καὶ ὁ
Ῥωμαίων στρατὸς ὄπισθεν εἵπετο. ἔν τε τῷ χώρῳ, οὗ
δὴ οἱ βάρβαροι ἐς νύκτα ἑκάστην ηὐλίζοντο, ἀεὶ Ῥωμαῖοι
τῇ ἐπιγινομένῃ νυκτὶ ἔμενον. Βελισάριος γὰρ ἐξεπίτηδες
ὁδόν τινα πλείω πορεύεσθαι τὸ στράτευμα οὐδαμῆ εἴα,
ἐπεί οἱ οὐκ ἦν βουλομένῳ τοῖς πολεμίοις ἐς χεῖρας ἰέναι,
ἀλλ' ἀποχρῆν ᾤετο σφίσι Πέρσας τε καὶ Ἀλαμούνδαρον
ἐς γῆν τὴν Ῥωμαίων ἐσβεβληκότας, εἶτα ἐνθένδε οὕτω
δὴ ἀποκεχωρηκότας, ἀπράκτους εἰς τὰ οἰκεῖα κομίζεσθαι.
διὸ δὴ ἅπαντες αὐτῷ λάθρα ἐλοιδοροῦντο, ἄρχοντές τε
καὶ στρατιῶται, ἐκάκιζε μέντοι αὐτὸν ἐς ὄψιν οὐδείς.
   Τελευτῶντες δὲ Πέρσαι μὲν ἐν τῇ τοῦ Εὐφράτου ἠϊόνι
ηὐλίσαντο, ἣ δὴ πόλεως Καλλινίκου ἀντιπέρας ἐστίν.
ἐνθένδε γὰρ διὰ χώρας πρὸς οὐδενὸς ἀνθρώπων οἰκουμένης πορεύεσθαι ἔμελλον, οὕτω τε τῆς Ῥωμαίων γῆς
ἀπαλλάσσεσθαι. οὐ γὰρ ἔτι διενοοῦντο ἰέναι, ὥσπερ τὰ
πρότερα, τῆς τοῦ ποταμοῦ ὄχθης ἐχόμενοι. Ῥωμαῖοι δὲ
διανυκτερεύσαντες ἐν πόλει Σούρων ἐνθένδε τε ἐξαναστάντες καταλαμβάνουσι συσκευαζομένους ἤδη ἐς τὴν
ἄφοδον τοὺς πολεμίους. ἑορτὴ δὲ ἡ Πασχαλία ἐπέκειτο
ἡμέρᾳ ἐπιγενησομένη τῇ ὑστεραίᾳ, ἣν δὴ σέβονται Χριστιανοὶ πασῶν μάλιστα, ἡμέρᾳ τε τῇ ταύτης προτέρᾳ
σιτίων τε καὶ ποτοῦ ἀπεχόμενοι οὐ διημερεύειν νενομίκασι μόνον, ἀλλὰ καὶ πόρρω που νήστεις τῶν νυκτῶν
ἰέναι. τότε οὖν ἅπαντας Βελισάριος ὀργῶντας ἐπὶ τοὺς
πολεμίους ὁρῶν, ταύτης τε ἀποστῆσαι τῆς γνώμης ἐθέλων (ταὐτὰ γὰρ οἱ καὶ Ἑρμογένης ἐγίνωσκεν ἄρτι ἐπὶ
πρεσβείᾳ ἐκ βασιλέως ἥκων) τοὺς παραγενομένους ἅπαντας ξυγκαλέσας ἔλεξε τοιάδε·
   „Ποῖ φέρεσθε, ἄνδρες Ῥωμαῖοι, ἢ τί πεπονθότες
κίνδυνον αἱρεῖσθαι ὑμῖν αὐτοῖς οὐκ ἀναγκαῖον βουλεύε-

ten, erschraken sie derart vor der Gefahr, daß sie ihren Vormarsch nicht mehr fortsetzten, sondern sich ungesäumt zur
Rückkehr nach Hause entschlossen; den Euphrat zur Linken
traten sie den Heimweg an. Das römische Heer aber blieb
ihnen auf den Fersen, und wo immer die Barbaren genäch-
tigt hatten, bezog es in der folgenden Nacht seinerseits Lager. Belisar wollte nämlich absichtlich die Truppen nicht weiter marschieren lassen, um nicht mit den Feinden in einen
Kampf verwickelt zu werden, gab sich vielmehr damit zufrieden, wenn die Perser und Alamundaros nach ihrem Einfall
ins römische Gebiet sich auf diese Art wieder daraus entfernen und unverrichteter Dinge wieder nach Hause abziehen
mußten. Daher waren ihm auch insgeheim alle böse, Feldherrn wie Soldaten, doch keiner wagte in aller Offenheit gegen ihn Vorwürfe zu erheben.

Ihren letzten Rastplatz bezogen die Perser am Ufer des
Euphrat, gegenüber der Stadt Kallinikos. Von dort aus wollten sie auf einem Weg durch völlig unbewohntes Land das
römische Gebiet verlassen, verzichteten also darauf, wie bisher dem Flußufer entlang zu ziehen. Die Römer ihrerseits hatten die Nacht in der Stadt Sura verbracht und trafen beim
Weitermarsch auf die Feinde, wie diese sich gerade zum Aufbruch rüsteten. Am nächsten Tag stand Ostern bevor. Dieses
Fest wird bei den Christen als das allerhöchste begangen, und
sie pflegen nicht nur den vorausgehenden Tag ohne Speise
und Trank zu verbringen, sondern auch noch bis tief in die
Nacht hinein zu fasten. Als nun Belisar bemerkte, wie alle
seine Leute kampfbegierig nach den Feinden verlangten,
wollte er sie von diesem Begehren abbringen und war sich
darin mit Hermogenes einig, der eben als Gesandter vom
Kaiser eingetroffen war. So rief er sämtliche Anwesenden zusammen und hielt an sie folgende Ansprache:

„Wozu laßt ihr euch hinreißen, meine Römer, und was ist
geschehen, daß ihr euch eine unnötige Gefahr zuziehen wollt?

σθε; μίαν εἶναι νίκην ἀκίβδηλον οἴονται ἄνθρωποι τὸ
μηδὲν δεινὸν πρὸς τῶν πολεμίων παθεῖν, ὅπερ ἡμῖν ἕν
γε τῷ παρόντι δέδωκεν ἥ τε τύχη καὶ ἡμῶν τὸ κατὰ τῶν
ἐναντίων δέος. οὐκοῦν ἀπόνασθαι τῶν παρόντων ἀγαθῶν
ἄμεινον ἢ παρελθόντα ταῦτα ζητεῖν; Πέρσαι γὰρ πολλαῖς
μὲν ἐλπίσιν ἡγμένοι ἐπὶ Ῥωμαίους ἐστράτευσαν, πάντων
δὲ τανῦν ἐκπεπτωκότες ἐς φυγὴν ὥρμηνται. ὥστε ἢν
οὐχ ἑκόντας αὐτοὺς μεταβάλλεσθαι μὲν τῆς ἐς τὴν ὑπαγωγὴν γνώμης, ἐς χεῖρας δὲ ἰέναι ἡμῖν αὐτοῖς ἀναγκά-
σωμεν, νενικηκότες μὲν πλέον τὸ παράπαν οὐδὲν ἕξομεν.
τί γὰρ ἄν τις τόν γε φεύγοντα τρέποι; σφαλέντες δὲ
ἴσως τῆς τε ὑπαρχούσης στρεησόμεθα νίκης, οὐ πρὸς
τῶν πολεμίων ἀφαιρεθέντες, ἀλλ' αὐτοὶ ταύτην προέμε-
νοι, καὶ τῇ βασιλέως γῇ τὸ τοῖς πολεμίοις ἐκκεῖσθαι
τῶν ἀμυνομένων χωρὶς τὸ λοιπὸν δώσομεν. καίτοι καὶ
τοῦτο ἐνθυμεῖσθαι ὑμᾶς ἄξιον, ὡς τῶν ἀναγκαίων, οὐ
τῶν αὐθαιρέτων κινδύνων ξυναίρεσθαι ὁ θεὸς ἀεὶ τοῖς
ἀνθρώποις φιλεῖ. χωρὶς δὲ τούτων τοῖς μὲν οὐκ ἔχουσιν
ἂν ὅπη τραπεῖεν ἀνδραγαθίζεσθαι οὐχ ἑκουσίοις ξυμβήσεται, ἡμῖν δὲ πολλὰ τὰ ἐναντιώματα ἐς τὴν ξυμβολὴν
τετύχηκεν εἶναι· πεζῇ τε γὰρ βαδίζοντες πολλοὶ ἥκουσι
καὶ νήστεις ἅπαντες τυγχάνομεν ὄντες. ἀφίημι γὰρ λέγειν ὥς τινες οὔπω καὶ νῦν πάρεισι." Βελισάριος μὲν
τοσαῦτα εἶπεν.

Ὁ δὲ στρατὸς ἐς αὐτὸν ὕβριζον οὐ σιγῇ τινι οὐδὲ ἐν
παραβύστῳ, ἀλλ' αὐτῷ ἐς ὄψιν ξὺν κραυγῇ ἥκοντες μαλ-
θακόν τε καὶ τῆς προθυμίας διαλυτὴν ἐκάλουν, ὃ δὴ καὶ
τῶν ἀρχόντων τινὲς ξὺν τοῖς στρατιώταις ἡμάρτανον,
ταύτῃ τὸ εὔτολμον ἐνδεικνύμενοι. καὶ αὐτῶν τῷ ἀναισχύν-
τῳ καταπλαγεὶς Βελισάριος ἀντιστρέψας τὴν παραίνεσιν
ἐγκελευομένῳ τε ἤδη ἐπὶ τοὺς πολεμίους ἐῴκει καὶ δια-
τάσσοντι ἐς παράταξιν, ἔφασκέ τε ὡς οὐκ εἰδείη μὲν
αὐτῶν τὴν ἐς τὸ μάχεσθαι προθυμίαν τὰ πρότερα, νῦν
δὲ θαρσεῖν τε καὶ ξὺν ἐλπίδι τῇ ἀμείνονι ἐπὶ τοὺς πολε-

Nur einen einzigen echten Sieg gibt es nach menschlicher Ansicht: Nicht Schlimmes von den Feinden erleiden zu müssen.
Solchen Sieg hat uns jetzt das Schicksal geschenkt, dazu
kommt die Furcht der Feinde vor uns. Ist es da nicht besser,
die Vorteile, die wir jetzt besitzen, auszugenießen als erst danach zu suchen, wenn sie verloren sind? Mit vielen Erwartungen sind die Perser gegen die Römer gezogen, haben jetzt
aber alle aufgeben und die Flucht ergreifen müssen. Wenn
wir sie daher wider ihren Willen veranlassen, ihre Rückzugs-
absicht aufzugeben und statt dessen mit uns zu kämpfen,
werden wir mit einem Sieg ganz und gar nichts dazugewin-
nen. Wozu sollte man ja auch einen schon Fliehenden noch
in die Flucht schlagen? Haben wir jedoch Mißerfolg, dann
werden wir vielleicht den Sieg, den wir jetzt in Händen haben, verlieren und zwar nicht durch Feindesmacht, sondern
durch eigene Schuld, das Land des Kaisers aber künftighin
bar aller Verteidiger schutzlos den Feinden ausliefern. Ihr
müßt jedoch auch daran denken, daß Gott den Menschen gewöhnlich nur in den unausweichlichen, nicht aber in den
selbstverschuldeten Gefahren hilft. Ferner werden all jene, die
keinen Ausweg mehr sehen, unter dem Zwang der Not helden-
haft kämpfen, während bei uns eine Menge von Tatsachen
gegen einen Zusammenstoß spricht: Zu Fuß mußten viele hieher marschieren, und außerdem sind wir alle noch nüchtern,
gar nicht zu reden davon, daß auch jetzt noch einige Abteilungen nicht zur Stelle sind." Soweit Belisars Worte.

Das Heer aber war böse auf ihn, nicht stillschweigend und
nur im geheimen, mit lautem Geschrei traten sie vor ihn hin
und schimpften ihn Feigling und Miesmacher; auch einige
Befehlshaber, die auf diese Art ihre Kühnheit beweisen wollten, machten sich des gleichen Vergehens wie die Soldaten
schuldig. Ihr unverschämtes Gebahren machte auf Belisar
Eindruck. Er gab seinen Mahnungen eine andere Richtung,
und man konnte von ihm nunmehr den Eindruck gewinnen,
als feuere er seine Leute gegen die Feinde an und treffe An-
ordnungen für die Schlacht. Auch erklärte er, er habe zuvor
nichts von ihrer Kampfbegier gewußt, sei aber jetzt guten

μίους ἰέναι. καὶ τὴν φάλαγγα μετωπηδὸν ποιησάμενος διέταξεν ὧδε. ἐς κέρας μὲν τὸ ἀριστερὸν πρὸς τῷ ποταμῷ τοὺς πεζοὺς ἅπαντας ἔστησεν, ἐς δὲ τὸ δεξιόν, ᾗ δὴ ὁ χῶρος ἀνάντης ἦν, Ἀρέθαν τε καὶ τοὺς ξὺν αὐτῷ Σαρακηνοὺς ἅπαντας, αὐτὸς δὲ ξὺν τοῖς ἱππεῦσι κατὰ μέσον εἱστήκει. οὕτω μὲν Ῥωμαῖοι ἐτάξαντο.

Ἀζαρέθης δὲ ἐπεὶ ξυνιόντας ἐς παράταξιν τοὺς πολεμίους εἶδε, τοιάδε παρεκελεύσατο ,,Πέρσας μὲν ὄντας ὑμᾶς μὴ οὐχὶ τοῦ βίου τὴν ἀρετὴν ἀνταλλάξασθαι, ἤν τις αἵρεσιν ἀμφοῖν διδοίη, οὐδεὶς ἂν ἀντείποι. ἐγὼ δέ φημι οὐδ' ἂν βουλομένοις ἐφ' ὑμῖν εἶναι τούτοιν ποιεῖσθαι τὴν αἵρεσιν. οἷς μὲν γὰρ ἐξὸν διαφυγοῦσι τὸν κίνδυνον ξὺν τῇ ἀτιμίᾳ βιοῦν, οὐδέν, ἤν γε βούλοιντο, ἀπεικὸς ἀντὶ τῶν βελτίστων ἐλέσθαι τὰ ἥδιστα, οἷς δὲ τὸ θνῄσκειν ἐπάναγκες, ἢ ξὺν τῇ εὐκλείᾳ πρὸς τῶν πολεμίων, ἢ πρὸς τοῦ κρατοῦντος ἐς τὴν κόλασιν αἰσχρῶς ἀγομένοις, πολλὴ ἄνοια μὴ πρὸ τῶν αἰσχίστων ἐλέσθαι τὰ κρείσσω. ὅτε τοίνυν ταῦτα οὕτως ἔχει, προσήκειν ὑμᾶς ἅπαντας οἶμαι μὴ τοὺς πολεμίους μόνον, ἀλλὰ καὶ δεσπότην τὸν ὑμέτερον ἐν νῷ ἔχοντας οὕτως ἐς μάχην τήνδε καθίστασθαι."

Τοσαῦτα καὶ Ἀζαρέθης παρακελευσάμενος ἀντίξουν τοῖς ἐναντίοις τὴν φάλαγγα ἔστησε, Πέρσας μὲν τὰ ἐν δεξιᾷ ἔχοντας, Σαρακηνοὺς δὲ τὰ εὐώνυμα. καὶ αὐτίκα μὲν ἐς χεῖρας ἀμφότεροι ἦλθον. ἦν δὲ ἡ μάχη καρτερὰ μάλιστα. τά τε γὰρ τοξεύματα ἑκατέρωθεν συχνὰ ἐπὶ πλεῖστον βαλλόμενα φόνον ἀμφοτέρων πολὺν ἐποίει καί τινες ἐν μεταιχμίῳ γινόμενοι ἔργα ἐς ἀλλήλους ἐπεδείκνυντο ἀρετῆς ἄξια, μᾶλλον δὲ Πέρσαι ἐκ τῶν τοξευμάτων πολλοὶ ἔθνῃσκον. τὰ μὲν γὰρ αὐτῶν βέλη συχνότερα μὲν ἀτεχνῶς ἦν, ἐπεὶ Πέρσαι τοξόται τε σχεδόν τί εἰσιν ἅπαντες καὶ πολὺ θᾶσσον ἢ ⟨οἱ⟩ ἄλλοι ξύμπαντες ἄνθρωποι ποιεῖσθαι τὰς βολὰς ἐκδιδάσκονται, ἐκ δὲ τόξων μαλθακῶν τε καὶ οὐ λίαν ἐντεταμένων βαλλόμενα θώρακι ἴσως ἢ

Mutes und gehe mit besserer Zuversicht auf die Gegner los.
Dann ließ er das Heer in langer Schlachtreihe antreten und
traf folgende Einteilung: Auf den linken Flügel neben dem
Fluß stellte er sämtliche Fußtruppen, auf den rechten, wo
das Gelände anstieg, den Arethas mit seinen gesamten Sarazenen, während er für sich und seine Reiter den Platz in der
Mitte wählte. So ordneten sich die Römer.

Als Arethas die Feinde sich zum Kampfe sammeln sah,
sprach er den Seinen mit folgenden Worten Mut zu: „Als
Perser vor die Wahl gestellt, tauscht ihr euer Leben nicht für
den Ruhm ein – das dürfte wohl niemand bestreiten. Ich aber
sage euch: Selbst wenn ihr wolltet, stünde die Entscheidung
darüber nicht mehr bei euch. Wem es nämlich möglich ist, der
Gefahr zu entfliehen und dann in Schande zu leben, wählt
wahrscheinlich, sofern es von seinem Willen abhängt, anstelle
des Besten das Angenehmste; wer hingegen sterben muß, entweder auf ruhmvolle Art durch Feindeshand oder indem er
sich schimpflich vom Sieger zur Hinrichtung abführen läßt,
der müßte ganz von Sinnen sein, wenn er der schändlichsten
Todesart nicht die ehrenvollere vorzöge. Da dem so ist, glaube ich, ziemt es sich für euch alle, nicht nur an die Feinde,
sondern auch an euren Herrn zu denken und in solcher Gesinnung euch diesem Kampf zu stellen."

Soviel der ermunternden Worte. Dann stellte auch Arethas
sein Heer in Schlachtreihe den Feinden gegenüber auf, die
Perser am rechten Flügel, die Sarazenen am linken. Und sogleich begann der Kampf auf beiden Seiten, ein äußerst er-
bitterter Kampf. Von Römern und Persern wurden zahllose
Pfeile verschossen und forderten hier wie dort schwere Opfer,
einige Männer traten auch in den Raum zwischen den Heeren
und vollführten gegeneinander rühmliche Taten. Indessen
hatten die Perser infolge Pfeilbeschuß mehr Tote zu beklagen; denn obwohl sie entschieden mehr Geschosse entsandten
– sie sind ja fast alle Bogenschützen und lernen viel rascher
als jeder andere ihre Schüsse abzugeben –, wurden die Pfeile
doch nur von schwachen und leicht gespannten Bogen abge-
schnellt, brachen daher ab, wenn sie vielleicht auf Panzer,
Helm oder auch Schild eines Römers trafen, und konnten

κράνει ἢ καὶ ἀσπίδι ἐντυχόντα Ῥωμαίου ἀνδρὸς ἀπεκαυ-
λίζετό τε καὶ λυπεῖν τὸν προσπίπτοντα οὐδαμῇ εἶχε.
Ῥωμαίων δὲ τὰ τοξεύματα βραδύτερα μὲν ἐς ἀεί ἐστιν,
ἅτε δὲ ἐκ τόξων σκληρῶν τε ὑπεράγαν καὶ δεινῶς ἐντεταμένων βαλλόμενα, προσθείη δὲ ἄν τις καὶ πρὸς ἀνδρῶν
ἰσχυροτέρων, πολλῷ ἔτι μᾶλλον ἢ οἱ Πέρσαι, οἷς ἂν ἐντύχοιεν, εὐπετῶς σίνονται, ὅπλου οὐδενὸς ἐμποδὼν αὐτῶν
γινομένου τῇ ῥύμῃ.
Ἤδη μὲν οὖν τῆς ἡμέρας αἱ δύο παρῳχήκεσαν μοῖραι,
καὶ ἡ μάχη ἔτι ἀγχώμαλος ἦν. τότε δὲ ξυμφρονήσαντες,
ὅσοι δὴ ἄριστοι ἐν τῷ Περσῶν στρατεύματι ἦσαν, ἐσή-
λαυνον ἐς τῶν πολεμίων τὸ δεξιὸν κέρας, οὗ δὴ Ἀρέθας
τε καὶ οἱ Σαρακηνοὶ ἐτετάχατο. οἱ δὲ οὕτω τὴν φάλαγγα
διαλύσαντες δίχα ἐγένοντο, ὥστε καὶ δόξαν ἀπήνεγκαν
ὅτι δὴ Πέρσαις τὰ Ῥωμαίων πράγματα προὔδοσαν. τοὺς
γὰρ ἐπιόντας οὐχ ὑποστάντες αὐτίκα ἐς φυγὴν ἅπαντες
ὥρμηντο. οἱ γοῦν Πέρσαι διαρρήξαντες οὕτω τὴν τῶν
ἐναντίων παράταξιν κατὰ νώτου εὐθὺς τῆς Ῥωμαίων
ἵππου ἐγένοντο. Ῥωμαῖοι δὲ κεκμηκότες ἤδη τῇ τε ὁδῷ
καὶ τῷ πόνῳ τῆς μάχης νήστεις τε ἅπαντες ἐς τόδε τῆς
ἡμέρας ὄντες, καὶ πρὸς τῶν πολεμίων ἑκατέρωθεν ἐνο-
χλούμενοι, οὐκέτι ἀντεῖχον, ἀλλ᾽ οἱ μὲν πολλοὶ φεύγοντες
ἀνὰ κράτος ἐς τοῦ ποταμοῦ τὰς νήσους ἄγχιστά που
οὔσας ἐχώρησαν, τινὲς δὲ καὶ αὐτοῦ μένοντες ἔργα θαυ-
μαστά τε καὶ λόγου πολλοῦ ἄξια τοὺς πολεμίους εἰργάσαντο. ἐν τοῖς καὶ Ἀσκὰν ἦν, ὃς δὴ πολλοὺς μὲν κτείνας
τῶν ἐν Πέρσαις δοκίμων, κρεουργηθεὶς δὲ κατὰ βραχὺ
μόλις ἔπεσε, λόγον αὑτοῦ πολὺν τοῖς πολεμίοις ἀπολιπών. καὶ ξὺν αὐτῷ ἄλλοι ὀκτακόσιοι ἄνδρες ἀγαθοὶ γενόμενοι ἐν τῷ πόνῳ τούτῳ ἀπέθανον, οἵ τε Ἴσαυροι
ξὺν τοῖς ἄρχουσι σχεδὸν ἅπαντες, οὐδὲ ὅπλα ἀνταίρειν
τοῖς πολεμίοις τολμήσαντες. ἀπειρίᾳ γὰρ τοῦ ἔργου τούτου πολλῇ εἴχοντο, ἐπεὶ ἄρτι τῆς γεωργίας ἀφέμενοι ἐς
κίνδυνον πολέμου κατέστησαν, ἀγνῶτα σφίσι τὰ πρό-

dem Getroffenen keinen Schaden zufügen. Die römischen Pfeile dagegen werden jeweils in langsamerer Folge verschossen; da sie aber von außerordentlich harten und straff gespannten Bogen, außerdem auch noch von kräftigeren Männern entsandt werden, fügen sie jedem, den sie treffen, leicht viel gefährlichere Wunden zu, als die Perser es tun; denn keine Rüstung kann ihrem Aufprall widerstehen.

Schon waren zwei Drittel des Tages verstrichen, und immer noch stand die Schlacht unentschieden. Da schlossen sich die besten Krieger im Perserheer zusammen und stürmten gegen den rechten feindlichen Flügel, wo Arethas und die Sarazenen ihren Platz hatten. Diese lösten so schnell die Ordnung auf und stoben auseinander, daß sie sogar den Verdacht erweckten, die römische Sache an die Perser verraten zu haben. Hielten sie doch den Angreifern überhaupt nicht stand, sondern ergriffen insgesamt sogleich die Flucht. Nachdem nun so die Perser die feindliche Front durchbrochen hatten, gelangten sie geradewegs in den Rücken der römischen Reiterei. Die Römer aber waren bereits durch den Marsch und die Kampfesmühe erschöpft und hatten außerdem alle bis zu dieser Tagesstunde noch nichts gegessen. Auf beiden Seiten von Feinden bedrängt, hielten sie daher dem Angriff nicht mehr stand, sondern flohen in der Mehrzahl so schnell wie möglich auf die ganz nahen Flußinseln. Einige blieben aber auch am Platz und vollbrachten erstaunliche und höchst bewunderungswürdige Taten gegen die Feinde. Zu ihnen zählte auch Askan. Er tötete viele vornehme Perser und fand erst den Tod, nachdem man ihn allmählich Stück für Stück zerhauen hatte. Dadurch hinterließ er bei den Feinden ein ruhmvolles Andenken. Mit ihm zusammen fielen weitere achthundert Mann, die sich in diesem Kampfe als wackere Soldaten bewährt hatten; ebenso erging es auch fast sämtlichen Isaurern nebst ihren Führern, doch hatten sie nicht einmal den Mut aufgebracht, ihre Waffen gegen die Feinde zu erheben. Sie besaßen ja auch keinerlei Erfahrung in diesem Handwerk, da sie eben erst vom Pfluge weg in die Kriegsgefahr geholt wor-

τερα ὄντα. καίτοι μάλιστα πάντων αὐτοὶ ἔναγχος ἐς 40
τὴν μάχην ἀγνοίᾳ πολέμου ὀργῶντες Βελισαρίῳ τότε
τὴν δειλίαν ὠνείδιζον. οὐ μὴν οὐδὲ Ἴσαυροι ἅπαντες, ἀλλὰ
Λυκάονες οἱ πλεῖστοι ἦσαν. Βελισάριος δὲ ξὺν ὀλίγοις 41
τισὶν ἐνταῦθα μείνας, τέως μὲν τοὺς ἀμφὶ τὸν Ἀσκὰν
ἀντέχοντας ἑώρα, καὶ αὐτὸς ξὺν τοῖς παροῦσι τοὺς πολεμίους ἠμύνατο· ἐπεὶ δὲ αὐτῶν οἱ μὲν ἔπεσον, οἱ δὲ ὅπῃ 42
ἐδύναντο ἐς φυγὴν ὥρμηντο, τότε δὴ καὶ αὐτὸς ξὺν τοῖς
ἑπομένοις φυγὼν ἐς τῶν πεζῶν τὴν φάλαγγα ἦλθεν, οἳ
ξὺν τῷ Πέτρῳ ἔτι ἐμάχοντο, οὐ πολλοὶ ὄντες, ἐπεὶ καὶ
αὐτῶν ἔτυχον φυγόντες οἱ πλεῖστοι. ἔνθα δὴ αὐτός τε 43
τὸν ἵππον ἀφῆκε καὶ πάντας αὐτὸ δρᾶν τοὺς ἑπομένους
ἐκέλευε, πεζούς τε ξὺν τοῖς ἄλλοις τοὺς ἐπιόντας ἀμύνασθαι. Περσῶν δὲ ὅσοι τοῖς φεύγουσιν εἵποντο, δι' ὀλί- 44
γου τὴν δίωξιν ποιησάμενοι εὐθὺς ἐπανῆκον, ἔς τε τοὺς
πεζοὺς καὶ Βελισάριον ξὺν τοῖς ἄλλοις ἅπασιν ὥρμηντο.
οἱ δὲ τὰ νῶτα ἐς τὸν ποταμὸν τρέψαντες, ὅπως μή τις
αὐτοῖς πρὸς τῶν πολεμίων κύκλωσις γένοιτο, ἐκ τῶν
παρόντων τοὺς ἐπιόντας ἠμύνοντο.

Αὖθίς τε ἡ μάχη καρτερὰ γέγονε, καίπερ οὐκ ἐξ ἀντι- 45
πάλου τῆς δυνάμεως οὖσα. πεζοί τε γὰρ καὶ λίαν ὀλίγοι
πρὸς ξύμπασαν ἐμάχοντο τὴν Περσῶν ἵππον. οὐ μέντοι
αὐτοὺς οἱ πολέμιοι οὔτε τρέπεσθαι οὔτε ἄλλως βιάζεσθαι
εἶχον. ἐν χρῷ τε γὰρ ἀλλήλοις ἐς ὀλίγον ἀεὶ ξυναγόμενοι 46
καὶ ὡς ἰσχυρότατα ταῖς ἀσπίσι φραξάμενοι ἔβαλλον
μᾶλλον ἐς τοὺς Πέρσας ἐπιτηδείως ἢ αὐτοὶ πρὸς ἐκείνων
ἐβάλλοντο. πολλάκις τε ἀπειπόντες οἱ βάρβαροι ἐπ' αὐτοὺς 47
ἤλαυνον, ὡς ξυνταράξοντές τε καὶ διαλύσοντες τὴν παράταξιν, ἀλλ' ἄπρακτοι ἐνθένδε ὀπίσω αὖθις ἀπήλαυνον.
οἱ γὰρ ἵπποι αὐτοῖς τῷ τῶν ἀσπίδων πατάγῳ ἀχθόμενοι 48
ἀνεχαιτίζοντό τε καὶ ἐς ταραχὴν ξὺν τοῖς ἐπιβάταις καθίσταντο. διαγεγόνασί τε οὕτως ἑκάτεροι, ἕως ἐγεγόνει
τῆς ἡμέρας ὀψέ. νυκτὸς δὲ ἤδη ἐπιλαβούσης Πέρσαι μὲν 49

den waren, von der sie bis dahin noch keine Ahnung hatten. Dabei hatten gerade sie eben noch in ihrer militärischen Unerfahrenheit am allermeisten zur Schlacht gedrängt und Belisar Feigheit vorgeworfen. Es waren aber nicht einmal alles Isaurer, sondern in der Mehrzahl Lykaonen. Belisar blieb indessen mit einigen wenigen Begleitern an seinem Platz und wehrte, solange er Askan und dessen Leute standhalten sah, auch selbst mit seinem Gefolge die Feinde ab. Doch als die einen von ihnen gefallen, die anderen je nach Möglichkeit geflohen waren, ergriff auch er selbst mit seinen Mannen die Flucht und begab sich zur Kampflinie des Fußvolkes, das unter der Führung des Petros immer noch focht; es waren freilich nicht mehr viele, da sich auch hier bereits die meisten davongemacht hatten. Da stieg Belisar selbst vom Pferde und befahl all seinen Begleitern, das Gleiche zu tun und zu Fuß zusammen mit den übrigen Römern die Angreifer abzuwehren. Die Perser aber, die den Flüchtenden nachsetzten, dehnten ihre Verfolgung nur über eine kurze Strecke aus und machten dann sogleich kehrt, um sich mit dem ganzen Rest ihrer Leute auf das Fußvolk und Belisar zu werfen. Doch diese suchten mit dem Rücken Anlehnung an den Fluß und wehrten, damit sie nicht von den Feinden umzingelt wurden, die Angreifer nach Möglichkeit ab.

Und wiederum entbrannte – trotz des ungleichen Kräfteverhältnisses – die Schlacht in großer Heftigkeit; denn zu Fuß und an Zahl weit unterlegen, mußten sich die Römer mit der ganzen persischen Reiterei herumschlagen. Gleichwohl gelang es den Feinden nicht, ihre Gegner in die Flucht zu jagen oder sonstwie ihrer Herr zu werden. Denn Mann an Mann schlossen sie sich eng aneinander, nahmen hinter ihren Schilden möglichst gute Deckung und schossen mit größerer Sicherheit auf die Perser, als diese dazu imstande waren. Des Fernkampfes müde sprengten die Barbaren zu wiederholten Malen gegen die Römer heran, um sie in Panik zu versetzen und die Front zu zerbrechen, mußten aber ohne Erfolg umkehren; denn das Getöse der Schilde machte ihre Pferde scheu, so daß sie sich aufbäumten und samt den Reitern in ein wildes Durcheinander gerieten. So ging das Spiel auf bei-

ἐς τὸ στρατόπεδον ἀνεχώρησαν, Βελισάριος δὲ ὁλκάδος
ἐπιτυχὼν ξὺν ὀλίγοις τισὶν ἐς τοῦ ποταμοῦ τὴν νῆσον
κατῆρεν, οὗ δὴ καὶ οἱ ἄλλοι Ῥωμαῖοι νηχόμενοι ἦλθον. τῇ 50
δὲ ὑστεραίᾳ Ῥωμαῖοι μὲν ὁλκάδων σφίσιν ἐκ Καλλινίκου
πόλεως παραγενομένων πολλῶν ἐς αὐτὴν ἐκομίσθησαν,
Πέρσαι δὲ τοὺς νεκροὺς ἐσκυλευκότες ἐπ᾽ οἴκου ἅπαντες
ἀνεχώρησαν. οὐ μὴν τοὺς σφετέρους νεκροὺς τῶν πολεμίων ἐλάσσους εὗρον.

Ἀζαρέθης δέ, ἐπεὶ ξὺν τῷ στρατῷ ἐς Πέρσας ἀφίκετο, 51
καίπερ ἐν τῇ μάχῃ εὐημερήσας, ἀχαρίστου Καβάδου μάλιστα ἔτυχεν ἐξ αἰτίας τοιᾶσδε. νόμος ἐστὶ Πέρσαις, 52
ἡνίκα ἐπὶ τῶν πολεμίων τινὰς στρατεύεσθαι μέλλωσι,
τὸν μὲν βασιλέα ἐπὶ θρόνου τοῦ βασιλείου καθῆσθαι,
κοφίνους δέ οἱ πολλοὺς ἐνταῦθά πῃ εἶναι, καὶ παρεῖναι
μὲν τὸν στρατηγόν, ὃς δὴ τῷ στρατῷ ἐπὶ τοὺς ἐναντίους
ἐξηγήσεσθαι ἐπίδοξός ἐστι, παριέναι δὲ τὸ στράτευμα
τοῦτο ἐς τοῦ βασιλέως τὴν ὄψιν κατ᾽ ἄνδρα ἕνα, καὶ
αὐτῶν ἕκαστον βέλος ἓν ἐς τὰς ταρπὰς ῥιπτεῖν, μετὰ δὲ
αὐτὰς μὲν τῇ βασιλέως σφραγῖδι κατασεσημασμένας φυλάττεσθαι, ἐπειδὰν δὲ ἐς Πέρσας ἐπανίοι τὸ στράτευμα
τοῦτο, τῶν στρατιωτῶν ἕκαστον ἐκ τῶν ἀρρίχων ἓν ἀναι-
ρεῖσθαι βέλος. ἀριθμοῦντες οὖν τῶν βελῶν ὅσα πρὸς τῶν 53
ἀνδρῶν οὐκ ἀνῄρηται, οἷς ἐπίκειται ἡ τιμὴ αὕτη, ἀγγέλ-
λουσι τῷ βασιλεῖ τὸ πλῆθος τῶν οὐκ ἐπανηκόντων στρατιωτῶν, ταύτῃ τε ὅσοι ἐν τῷ πολέμῳ τετελευτήκασιν ἔνδηλοι
γίνονται. οὕτω μὲν οὖν Πέρσαις ὁ νόμος ἐκ παλαιοῦ ἔχει.
ἐπεὶ δὲ Ἀζαρέθης ἐς ὄψιν τῷ βασιλεῖ ἦλθεν, ἀνεπυνθά- 54
νετο αὐτοῦ ὁ Καβάδης εἴ τι χωρίον παραστησάμενος Ῥω-
μαϊκὸν ἥκοι, ἐπεὶ ξὺν τῷ Ἀλαμουνδάρῳ ὡς Ἀντιόχειαν
καταστρεψόμενος ἐπὶ Ῥωμαίους στρατεύσειεν. ὁ δὲ Ἀζαρέθης χωρίον μὲν ἑλεῖν οὐδὲν ἔφασκε, Ῥωμαίους δὲ καὶ
Βελισάριον μάχῃ νενικηκέναι. Καβάδης μὲν οὖν παριέναι 55
τὸ ξὺν τῷ Ἀζαρέθῃ ἐκέλευε στράτευμα, ἔκ τε τῶν ταρ-

den Seiten bis zum späten Abend. Erst mit Einbruch der Dunkelheit zogen sich die Perser ins Lager zurück, während Belisar ein Lastschiff fand und darauf mit einigen Begleitern zu der Flußinsel hinüberfuhr. Schwimmend fanden sich dort auch die übrigen Römer ein. Anderntags kamen von der Stadt Kallinikos zahlreiche Lastschiffe den Römern zu Hilfe und brachten sie dorthin. Die Perser hatten inzwischen die Leichen ausgeplündert und zogen alle in Richtung Heimat ab. Was ihre Toten anlangt, so fanden sie deren nicht weniger als Feinde.

Azarethes kehrte mit seinem Heer nach Persien zurück, wo er trotz seines militärischen Erfolges die besondere Ungnade des Kabades zu spüren bekam. Das hatte folgenden Grund: Sooft die Perser einen Feldzug gegen irgendwelche Feinde planen, ist es bei ihnen Sitte, daß der König auf seinem Throne Platz nimmt; dort stehen neben ihm zahlreiche Körbe, und auch der Feldherr, der die Führung des Heeres gegen die Feinde übernehmen soll, ist zugegen. Mann für Mann zieht nun das Heer am König vorüber, und jeder einzelne wirft einen Pfeil in die Behälter. Sodann werden diese mit dem Ring des Königs versiegelt und aufbewahrt. Wenn das Heer nach Persien zurückkehrt, nimmt jeder Soldat aus den Körben einen Pfeil. Die mit diesem Amte betrauten Personen zählen nun jene Pfeile, die von den Männern nicht entnommen worden sind, und melden dem König die Größe der Verluste. Auf diese Art und Weise läßt sich feststellen, wie viele im Krieg gefallen sind. So wird bei den Persern schon seit alter Zeit verfahren. Als nun Azarethes vor das Angesicht des Königs trat, fragte ihn dieser, ob er als Eroberer eines römischen Platzes komme; um Antiocheia einzunehmen sei er doch mit Alamundaros gegen die Römer ausgezogen. Da erklärte Azarethes, er habe zwar keinen Platz eingenommen, jedoch die Römer und Belisar in einer Schlacht besiegt. Nun ließ Kabades das Heer des Azarethes vorüberziehen, und jeder nahm, wie herkömmlich, einen Pfeil aus den Behältern.

πῶν βέλος ἕκαστος ἀνῃρεῖτο ἥπερ εἰώθει. πολλῶν δὲ
ἀπολελειμμένων βελῶν ὠνείδιζέ τε τῷ Ἀζαρέθῃ ὁ βασιλεὺς τὴν νίκην καὶ ἐν τοῖς ἀτιμοτάτοις τὸ λοιπὸν εἶχε.
τὰ μὲν οὖν τῆς νίκης ἐς τοῦτο ἐτελεύτα τῷ Ἀζαρέθῃ.

Ἔννοια δὲ τότε Ἰουστινιανῷ βασιλεῖ γέγονεν Αἰθίοπάς
τε καὶ Ὁμηρίτας ἐπὶ τῷ Περσῶν πονηρῷ ἑταιρίσασθαι.
ὅπη δὲ τῆς γῆς οἱ ἄνθρωποι οἵδε ᾤκηνται καὶ καθ' ὅ τι
αὐτοὺς Ῥωμαίοις ξυνοίσειν βασιλεὺς ἤλπισεν, ἐρῶν
ἔρχομαι. τὰ Παλαιστίνης ὅρια πρὸς ἀνίσχοντα ἥλιον ἐς
θάλασσαν τὴν Ἐρυθρὰν καλουμένην διήκει. αὕτη δὲ ἡ
θάλασσα ἐξ Ἰνδῶν ἀρχομένη ἐνταῦθα τελευτᾷ τῆς Ῥωμαίων ἀρχῆς. καὶ πόλις Αἰλᾶς καλουμένη πρὸς τῇ ταύτης
ἠϊόνι ἐστίν, ἔνθα ἡ θάλασσα, ὥσπερ μοι εἴρηται, ἀπο-
λήγουσα πορθμός τις ἐς ἄγαν στενὸς γίνεται. καὶ αὐτὸν
ἐνθένδε ἐσπλέοντι ἐν δεξιᾷ μὲν ὄρη τὰ Αἰγυπτίων πρὸς
νότον ἄνεμον τετραμμένα ἐστίν, ἐπὶ θάτερα δὲ χώρα ἔρημος ἀνθρώπων ἐπὶ πλεῖστον διήκει πρὸς βορρᾶν ἄνεμον,
ἥ τε γῆ αὕτη τῷ ἐσπλέοντι ἑκατέρωθεν ὁρατὴ γίνεται,
μέχρι ἐς τὴν Ἰωτάβην καλουμένην νῆσον, Αἰλᾶ πόλεως
σταδίους οὐχ ἧσσον ἢ χιλίους διέχουσαν. ἔνθα Ἑβραῖοι
αὐτόνομοι μὲν ἐκ παλαιοῦ ᾤκηντο, ἐπὶ τούτου δὲ Ἰουστινιανοῦ βασιλεύοντος κατήκοοι Ῥωμαίων γεγένηνται. πέλαγος δὲ τὸ ἐνθένδε μέγα ἐκδέχεται. καὶ γῆν μὲν τὴν ἐν δεξιᾷ
οἱ ταύτῃ ἐσπλέοντες οὐκέτι ὁρῶσιν, ἐς μέντοι τὴν εὐώνυμον νυκτὸς ἀεὶ ἐπιγινομένης ὁρμίζονται. ἐν σκότῳ γὰρ
ναυτίλλεσθαι ἐν ταύτῃ δὴ τῇ θαλάσσῃ ἀδύνατά ἐστιν,
ἐπεὶ βράχους αὐτὴν ἔμπλεων ἐπὶ πλεῖστον ξυμβαίνει
εἶναι. ὅρμοι δὲ εἰσιν ἐνταῦθα πολλοὶ οὐ χερσὶν ἀνθρώπων, ἀλλὰ τῇ φύσει τῶν χωρίων πεποιημένοι, καὶ ἀπ'
αὐτοῦ τοῖς πλέουσιν οὐ χαλεπόν ἐστιν ὅπη παρατύχοι
ὁρμίζεσθαι. ταύτην δὴ τὴν ἠϊόνα εὐθὺς μὲν ὅρους τοὺς

Da nun viele Pfeile übrig blieben, schalt der König Azarethes wegen seines Sieges und behandelte ihn fortan sehr gering-schätzig. Solches Ende nahm es mit dem Sieg für Azarethes.

19. Justinian greift nach dem Südteil des Roten Meeres aus. Nähere Beschreibung dieser Gebiete

Kaiser Justinian kam damals auf den Gedanken, zum Schaden der Perser sich die Äthiopier und Homeriten als Bundesgenossen zu gewinnen. Wo diese Menschen auf Erden wohnen und wieso sich der Kaiser von ihnen einen Nutzen für die Römer versprach, darauf will ich jetzt zu sprechen kommen. Palästinas Grenzgebiete erstrecken sich gegen Sonnenaufgang bis zum sog. Roten Meer, das seinen Anfang in Indien nimmt und an der erwähnten Stelle des römischen Reiches endet. Und eine Stadt namens Ailas liegt an seiner Küste, dort, wo das Meer, wie schon gesagt, ausläuft und sich in einen ganz schmalen Arm verwandelt. Wer von hier aus-fährt, hat rechter Hand gegen Süden zu die ägyptischen Berge, während auf der anderen Seite ein menschenleeres Gebiet sich weithin gegen Norden erstreckt. Das erwähnte Land bleibt dem Seefahrer auf beiden Seiten so lange sichtbar, bis er zur Insel namens Iotabe kommt, die von der Stadt Ailas mindestens eintausend Stadien entfernt liegt. Seit alters wohnten hier Hebräer in voller Unabhängigkeit, doch sind sie unter der Regierung des genannten Kaisers Justinian zu römischen Untertanen geworden. Von diesem Punkte aus beginnt das weite Meer. Wer die Reise fortsetzt, verliert das Land zur Rechten aus den Augen und muß jeweils bei Ein-bruch der Dunkelheit am linken Ufer anlegen. Denn nachts kann man dieses Meer unmöglich befahren, da es weithin voller Untiefen ist. Ankerplätze gibt es hier in reicher Zahl, sie sind aber nicht von Menschenhand angelegt, sondern durch die naturgegebenen Örtlichkeiten geschaffen, und so fällt es den Seefahrern nicht schwer, an irgend einer Stelle zu ankern. Dieses Küstengebiet bewohnen unmittelbar jenseits der Gren-

Παλαιστίνης ὑπερβάντι Σαρακηνοὶ ἔχουσιν, οἳ ἐν τῷ φοινικῶνι ἐκ παλαιοῦ ἵδρυνται. ἔστι δὲ ὁ φοινικὼν ἐν τῇ μεσογείᾳ ἐς χώραν κατατείνων πολλήν, ἔνθα δὴ ἄλλο τὸ παράπαν οὐδὲν ὅτι μὴ φοίνικες φύονται μόνοι.

Τούτῳ τῷ φοινικῶνι βασιλέα Ἰουστινιανὸν Ἀβοχάραβος ἐδωρήσατο, ὁ τῶν ἐκείνῃ Σαρακηνῶν ἄρχων, καὶ αὐτὸν βασιλεὺς φύλαρχον τῶν ἐν Παλαιστίνῃ Σαρακηνῶν κατεστήσατο. ἀδήωτόν τε τὴν χώραν διεφύλαξε τὸν ἅπαντα χρόνον, ἐπεὶ τοῖς τε ἀρχομένοις βαρβάροις καὶ οὐδέν τι ἧσσον τοῖς πολεμίοις φοβερός τε ἀεὶ Ἀβοχάραβος ἔδοξεν εἶναι καὶ διαφερόντως δραστήριος. τῷ μὲν οὖν λόγῳ τὸν φοινικῶνα βασιλεὺς ἔχει, μετεῖναι δὲ αὐτῷ τῶν ταύτῃ χωρίων οὐδ' ὁπωστιοῦν δυνατά ἐστι. γῆ τε γὰρ ἀνθρώπων παντελῶς ἔρημος καὶ ἀτεχνῶς ἄνυδρος ἐν μέσῳ οὖσα ἐς δέκα ἡμερῶν ὁδὸν διήκει, καὶ αὐτὸς λόγου ὁτουοῦν ἄξιος ὁ φοινικὼν οὐδαμῆ ἐστιν, ἀλλ' ὄνομα δώρου ὅ τε Ἀβοχάραβος ἔδωκε μόνον καὶ βασιλεὺς εὖ εἰδὼς ἔλαβε. τὰ μὲν οὖν ἀμφὶ τῷ φοινικῶνι ταύτῃ πῃ ἔχει.

Τούτων δὲ τῶν ἀνθρώπων ἄλλοι Σαρακηνοὶ ἐχόμενοι τὴν ἀκτὴν ἔχουσιν, οἳ δὴ Μαδδηνοὶ καλοῦνται, Ὁμηριτῶν κατήκοοι ὄντες. οἱ δὲ Ὁμηρῖται οὗτοι ἐν χώρᾳ τῇ ἐπέκεινα ᾤκηνται πρὸς τῇ τῆς θαλάσσης ἠϊόνι. ὑπέρ τε αὐτοὺς ἄλλα ἔθνη πολλὰ μέχρι ἐς τοὺς ἀνθρωποφάγους Σαρακηνοὺς ἱδρῦσθαί φασι. μεθ' οὓς δὴ τὰ γένη τῶν Ἰνδῶν ἐστιν. ἀλλὰ τούτων μὲν πέρι λεγέτω ἕκαστος ὥς πῃ αὐτῷ βουλομένῳ ἐστίν. Ὁμηριτῶν δὲ καταντικρὺ μάλιστα ἐν τῇ ἀντιπέρας ἠπείρῳ Αἰθίοπες οἰκοῦσιν, οἳ Αὐξωμῖται ἐπικαλοῦνται, ὅτι δὴ αὐτοῖς τὰ βασίλειά ἐστιν ἐν πόλει Αὐξώμιδι. καὶ θάλασσα, ἣ ἐν μέσῳ ἐστίν, ἀνέμου μετρίως ἐπιφόρου ἐπιπεσόντος ἐς πέντε ἡμερῶν τε καὶ νυκτῶν διάπλουν διήκει. ταύτῃ γὰρ καὶ νύκτωρ ναυτίλλεσθαι νενομίκασιν, ἐπεὶ βράχος ἐνταῦθα οὐδαμῆ ἐστιν· αὕτη πρὸς ἐνίων ἡ θάλασσα Ἐρυθρὰ κέκληται. τὰ γὰρ

zen von Palästina Sarazenen, die sich im Palmenwald aufhalten. Weithin dehnt sich dieser ins Landesinnere, und hier
wächst nichts anderes als Palmen.

Abocharabos, der Herrscher über die dortigen Sarazenen,
beschenkte mit dem erwähnten Palmenwald Kaiser Justinian, wofür ihn dieser zum Phylarchen über die Sarazenen in
Palästina erhob. Und nun schützte er während der ganzen
Zeit das Land vor Verwüstung; denn ebenso wie bei den ihm
untertänigen Barbaren stand Abocharabos bei den Feinden
stets im Rufe eines furchtgebietenden und ungemein tatkräftigen Mannes. Dem Namen nach gehört zwar der Palmenwald dem Kaiser, doch kann er an den dortigen Landstrichen
keinerlei Teilhabe ausüben. Ein völlig unbewohntes und was-
serloses Gebiet liegt ja dazwischen und dehnt sich über zehn
Tagereisen. Außerdem hat der Palmenwald selbst keinerlei
Bedeutung, Abocharabos gab ihn vielmehr nur zum Schein
dem Kaiser als Geschenk, und dieser wußte recht wohl darum, als er ihn annahm. So verhält es sich also mit dem Palmenwald.

Nach den genannten Sarazenen wohnen andere dieses Volkes an der Küste, die sog. Maddenen, die den Homeriten unterstehen. Diese aber wohnen jenseits des Meeres an der Küste, und noch viele andere Stämme sollen darüber hinaus bis
zu den menschenfressenden Sarazenen siedeln. Dann folgen
die indischen Völkerschaften. Doch über sie mag jeder seine
Ansicht äußern, wie es ihm beliebt! Ungefähr den Homeriten
gegenüber wohnen auf dem anderen Festlande die Äthiopen,
mit dem Beinamen Auxomiten, da ihre Königsburg in der
Stadt Auxomis liegt. Bei mäßigem Fahrwind kann man das
dazwischen liegende Meer in fünf Tagen und Nächten überqueren. Da es dort keine Untiefen gibt, pflegt man ja auch
nachts zu fahren. Dieses Meer heißt bei einigen Gewährsmännern das Rote. Die außerhalb davon liegenden Teile bis

ταύτης ἐκτὸς ἐκπλέοντι ἄχρι ἐς τὴν ἠϊόνα καὶ Αἰλὰν
πόλιν Ἀραβικὸς ὠνόμασται κόλπος. χώρα γὰρ ἡ ἐνθένδε 20
ἄχρι τῶν Γάζης πόλεως ὁρίων Ἀραβία τὸ παλαιὸν ὠνο-
μάζετο, ἐπεὶ καὶ τὰ βασίλεια ἐν τοῖς ἄνω χρόνοις ἐν
Πέτραις τῇ πόλει ὁ τῶν Ἀράβων βασιλεὺς εἶχεν. ὁ μὲν 21
οὖν τῶν Ὁμηριτῶν ὅρμος, ἐξ οὗ ἀπαίροντες εἰώθασιν
ἐς Αἰθίοπας πλεῖν, Βουλικὰς ὀνομάζεται.

Διαπλεύσαντες δὲ ἀεὶ τὸ πέλαγος τοῦτο καταίρουσιν 22
ἐς τῶν Ἀδουλιτῶν τὸν λιμένα. Ἄδουλις δὲ ἡ πόλις τοῦ
μὲν λιμένος μέτρῳ εἴκοσι σταδίων διέχει· τοσούτῳ γὰρ
διείργεται τὸ μὴ ἐπιθαλάσσιος εἶναι, πόλεως δὲ Αὐξώμιδος ὁδῷ ἡμερῶν δώδεκα. πλοῖα μέντοι ὅσα ἔν τε Ἰνδοῖς 23
καὶ ἐν ταύτῃ τῇ θαλάσσῃ ἐστίν, οὐ τρόπῳ τῷ αὐτῷ ὥπερ
αἱ ἄλλαι νῆες πεποίηνται. οὐδὲ γὰρ πίσσῃ οὐδὲ ἄλλῳ
ὁτῳοῦν χρίονται, οὐ μὴν οὐδὲ σιδήρῳ διαμπερὲς ἰόντι
ἐς ἀλλήλας αἱ σανίδες ξυμπεπήγασιν, ἀλλὰ βρόχοις τισὶ
ξυνδέδενται. αἴτιον δὲ οὐχ ὅπερ οἱ πολλοὶ οἴονται, πέτραι 24
τινὲς ἐνταῦθα οὖσαι καὶ τὸν σίδηρον ἐφ' ἑαυτὰς ἕλκουσαι
(τεκμήριον δέ· ταῖς γὰρ Ῥωμαίων ναυσὶν ἐξ Αἰλᾶ πλεού-
σαις ἐς θάλασσαν τήνδε, καίπερ σιδήρῳ πολλῷ ἡρμοσ-
μέναις, οὔποτε τοιοῦτον ξυνηνέχθη παθεῖν), ἀλλ' ὅτι
οὔτε σίδηρον οὔτε ἄλλο τι τῶν ἐς ταῦτα ἐπιτηδείων Ἰνδοὶ
ἢ Αἰθίοπες ἔχουσιν. οὐ μὴν οὐδὲ πρὸς Ῥωμαίων ὠνεῖ- 25
σθαι τούτων τι οἷοί τέ εἰσιν, νόμῳ ἅπασι διαρρήδην ἀπειρημένον. θάνατος γὰρ τῷ ἁλόντι ἡ ζημία ἐστί. τὰ μὲν 26
οὖν ἀμφὶ τῇ Ἐρυθρᾷ καλουμένῃ θαλάσσῃ καὶ χώρᾳ ἡ
αὐτῆς ἐφ' ἑκάτερά ἐστι ταύτῃ πη ἔχει.

Ἐκ δὲ Αὐξώμιδος πόλεως ἐς τὰ ἐπ' Αἰγύπτου ὅρια 27
τῆς Ῥωμαίων ἀρχῆς, οὗ δὴ πόλις ἡ Ἐλεφαντίτη καλουμένη οἰκεῖται, τριάκοντα ὁδὸς ἡμερῶν ἐστιν εὐζώνῳ
ἀνδρί. ἐνταῦθα ἔθνη ἄλλα τε πολλὰ ἵδρυται καὶ Βλέμυές 28
τε καὶ Νοβάται, πολυανθρωπότατα γένη. ἀλλὰ Βλέμυες
μὲν ταύτης δὴ τῆς χώρας ἐς τὰ μέσα ᾤκηνται, Νοβάται
δὲ τὰ ἀμφὶ Νεῖλον ποταμὸν ἔχουσι. πρότερον δὲ οὐ ταῦτα

zur Küste und der Stadt Ailas tragen dagegen die Bezeichnung Arabischer Meerbusen. Nannte man doch in alten Zeiten das Land von hier bis zu den Grenzstreifen der Stadt Gaza Arabien, da der arabische König früher auch seinen Herrschsitz in der Stadt Petra hatte. Der Landeplatz der Homeriten, von wo aus man gewöhnlich zu den Äthiopen fährt, heißt Bulikas.

Nach Überquerung des Meeres bietet sich stets der Hafen der Aduliten zum Anlaufen. Die Stadt Adulis selbst liegt etwa zwanzig Stadien davon entfernt; denn so viel beträgt der Abstand vom Meer, von der Stadt Auxomis hingegen zwölf Tagereisen. Die Schiffe, soweit sie in Indien und auf diesem Meer verwendet werden, haben nicht die gleiche Bauweise wie anderwärts; denn die Planken werden nicht mit Pech oder sonst einem Mittel bestrichen, werden auch nicht von durchlaufenden Eisenklammern zusammengehalten, sondern Seile müssen diesen Dienst tun. Ihren Grund hat diese Bauweise nicht, wie die Mehrzahl glaubt, darin, daß es dort gewisse Klippen gibt, die das Eisen anziehen – zum Beweis sei erwähnt, daß den römischen Schiffen, die von Ailas aus auf dieses Meer hinausfahren, trotz ihrer Ausrüstung mit vielen Eisenteilen niemals dergleichen zugestoßen ist –, vielmehr verfügen weder Inder noch Äthiopen über Eisen oder sonst ein Material, das sich zum Befestigen eignet. Sie können aber auch von den Römern nichts dergleichen kaufen, da das Gesetz dies allgemein streng untersagt. Wer nämlich bei Übertretungen betroffen wird, hat mit Todesstrafe zu rechnen. So verhält es sich mit dem Roten Meer und dem Küstengebiet auf beiden Seiten.

Von der Stadt Auxomis aus bis zu den ägyptischen Grenzbezirken des Römerreiches, dort wo die Stadt namens Elephantine liegt, beträgt die Entfernung für einen rüstigen Fußgänger dreißig Tagemärsche. Neben vielen anderen Stämmen wohnen dort auch die Blemyer und Nobaten, sehr große Völkerschaften. Dabei haben die Blemyer ihren Sitz in der Landesmitte, während die Nobaten um den Nil beheimatet sind. Früher waren dies nicht die äußersten Grenzgebiete des

ἐγεγόνει τὰ ἔσχατα τῆς Ῥωμαίων ἀρχῆς, ἀλλ' ἐπέκεινα
ὅσον ἑπτὰ ἑτέρων ἐπίπροσθεν ὁδὸν ἡμερῶν· ἡνίκα δὲ ὁ 29
Ῥωμαίων αὐτοκράτωρ Διοκλητιανὸς ἐνταῦθα γενόμενος
κατενόησεν ὅτι δὴ τῶν μὲν ἐκείνη χωρίων ὁ φόρος λόγου
ἄξιος ὡς ἥκιστα ἦν, ἐπεὶ στενὴν μάλιστα τὴν γῆν ἐνταῦθα
ξυμβαίνει εἶναι (πέτραι γὰρ τοῦ Νείλου οὐ πολλῷ ἄποθεν
ὑψηλαὶ λίαν ἀνέχουσαι τῆς χώρας τὰ λοιπὰ ἔχουσι),
στρατιωτῶν δὲ πάμπολύ τι πλῆθος ἐνταῦθα ἐκ παλαιοῦ
ἵδρυτο, ὧνπερ ταῖς δαπάναις ὑπερφυῶς ἄχθεσθαι συνέ-
βαινε τὸ δημόσιον, ἅμα δὲ καὶ Νοβάται ἀμφὶ πόλιν Ὄασιν
ᾠκημένοι τὰ πρότερα ἦγόν τε καὶ ἔφερον ἅπαντα ἐς ἀεὶ
τὰ ἐκείνη χωρία, τούτους δὴ τοὺς βαρβάρους ἀνέπεισεν
ἀναστῆναι μὲν ἐξ ἠθῶν τῶν σφετέρων, ἀμφὶ ποταμὸν δὲ
Νεῖλον ἱδρύσασθαι, δωρήσασθαι αὐτοὺς ὁμολογήσας πόλε-
σί τε μεγάλαις καὶ χώρᾳ πολλῇ τε καὶ διαφερόντως ἀμείνονι
ἥσπερ τὰ πρότερα ᾤκηντο. οὕτω γὰρ ᾤετο αὐτούς τε 30
οὐκέτι τά γε ἀμφὶ τὴν Ὄασιν ἐνοχλήσειν χωρία καὶ
γῆς τῆς σφίσι διδομένης μεταποιουμένους, ἅτε οἰκείας
οὔσης, ἀποκρούσεσθαι Βλέμυάς τε, ὡς τὸ εἰκός, καὶ
βαρβάρους τοὺς ἄλλους. ἐπεί τε τοὺς Νοβάτας ταῦτα 31
ἤρεσκε, τήν τε μετανάστασιν αὐτίκα δὴ μάλα πεποίηντο,
ἧπερ ὁ Διοκλητιανὸς σφίσιν ἐπέστελλε, καὶ Ῥωμαίων
τάς τε πόλεις καὶ χώραν ξύμπασαν ἐφ' ἑκάτερα τοῦ ποταμοῦ ἐξ Ἐλεφαντίνης πόλεως ἔσχον. τότε δὴ ὁ βασιλεὺς 32
οὗτος αὐτοῖς τε καὶ Βλέμυσιν ἔταξε δίδοσθαι ἀνὰ πᾶν
ἔτος ῥητόν τι χρυσίον ἐφ' ᾧ μηκέτι γῆν τὴν Ῥωμαίων
ληίσωνται. ὅπερ καὶ ἐς ἐμὲ κομιζόμενοι οὐδέν τι ἧσσον 33
καταθέουσι τὰ ἐκείνη χωρία. οὕτως ἄρα βαρβάρους
ἅπαντας οὐδεμία μηχανὴ διασώσασθαι τὴν ἐς Ῥωμαίους
πίστιν ὅτι μὴ δέει τῶν ἀμυνομένων στρατιωτῶν.

Καίτοι καὶ νῆσόν τινα ἐν ποταμῷ Νείλῳ ἄγχιστά πη 34
τῆς Ἐλεφαντίνης πόλεως εὑρὼν ὁ βασιλεὺς οὗτος φρούριόν τε ταύτῃ δειμάμενος ὀχυρώτατον, κοινούς τινας
ἐνταῦθα νεώς τε καὶ βωμοὺς Ῥωμαίοις τε καὶ τούτοις

römischen Reiches, es erstreckte sich noch etwa sieben Tagereisen weiter. Der römische Kaiser Diokletian stellte jedoch bei einem Besuch fest, daß die dortigen Gebiete nur geringfügige Steuererträgnisse lieferten; denn da sich schon in Flußnähe sehr hohe Felsen erheben und das übrige Land einnehmen, wird der fruchtbare Landstreifen dort äußerst schmal. Außerdem hatte von alters her eine bedeutende Streitmacht hier ihren Standort und belastete die Staatskasse schwer mit Unkosten, während zugleich die Nobaten um die Stadt Oasis fortwährend alle Ländereien ausplünderten. Angesichts dieser Schwierigkeiten veranlaßte der Kaiser die Barbaren, ihre bisherigen Wohnsitze aufzugeben und sich am Nil anzusiedeln, auch versprach er, sie mit großen Städten und viel Land, erheblich besserem, als sie bisher besessen hatten, beschenken zu wollen. So, glaubte er, würden sie nicht mehr die Gegend um Oasis heimsuchen, sondern das ihnen übergebene Land in Besitz nehmen und als Eigentum dementsprechend vor den Blemyern wie auch den anderen Barbaren schützen. Da der Vorschlag den Nobaten zusagte, siedelten sie alsbald um, so wie es Diokletian angeordnet hatte, und eigneten sich die römischen Städte und das ganze Land auf beiden Seiten des Flusses von Elephantine aus an. Damals bestimmte dieser Kaiser auch, daß ihnen ebenso wie den Blemyern Jahr für Jahr eine feste Summe Gold gezahlt werde; sie mußten sich aber dafür verpflichten, keine Raubzüge mehr auf römisches Gebiet zu unternehmen. Doch obschon sie bis auf meine Zeit die erwähnte Zahlung erhalten, überfallen sie nichtsdestoweniger die dortigen Landstriche. So gibt es gegenüber sämtlichen Barbaren nur ein einziges Mittel, sie bei ihrem den Römern gegebenen Wort zu halten, nämlich die Furcht vor der militärischen Verteidigung.

Kaiser Diokletian fand auch eine Insel im Nil, dicht bei der Stadt Elephantine, und ließ darauf eine sehr starke Festung anlegen. Bei dieser Gelegenheit errichtete er hier auch gemeinsame Heiligtümer und Altäre für die Römer und die er-

δὴ κατεστήσατο τοῖς βαρβάροις, καὶ ἱερεῖς ἑκάστων ἐν
τῷ φρουρίῳ τούτῳ ἱδρύσατο, ἐν τῷ βεβαίῳ τὴν φιλίαν
αὐτοῖς ἔσεσθαι τῷ μετέχειν τῶν ἱερῶν σφίσιν οἰόμενος.
διὸ δὴ καὶ Φίλας ἐπωνόμασε τὸ χωρίον. ἄμφω δὲ ταῦτα
τὰ ἔθνη, οἵ τε Βλέμυες καὶ οἱ Νοβάται, τούς τε ἄλλους
θεοὺς, οὕσπερ Ἕλληνες νομίζουσι πάντας, καὶ τήν τε
Ἶσιν τόν τε Ὄσιριν σέβουσι, καὶ οὐχ ἥκιστά γε τὸν
Πρίαπον. οἱ μέντοι Βλέμυες καὶ ἀνθρώπους τῷ ἡλίῳ
θύειν εἰώθασι. ταῦτα δὲ τὰ ἐν Φίλαις ἱερὰ οὗτοι δὴ οἱ
βάρβαροι καὶ ἐς ἐμὲ εἶχον, ἀλλὰ βασιλεὺς αὐτὰ Ἰουστινιανὸς καθελεῖν ἔγνω. Ναρσῆς γοῦν, Περσαρμένιος γένος,
οὗ πρόσθεν ἅτε ηὐτομοληκότος ἐς Ῥωμαίους ἐμνήσθην,
τῶν ἐκείνη στρατιωτῶν ἄρχων τά τε ἱερὰ καθεῖλε, βασιλέως οἱ ἐπαγγείλαντος, καὶ τοὺς μὲν ἱερεῖς ἐν φυλακῇ
ἔσχε, τὰ δὲ ἀγάλματα ἐς Βυζάντιον ἔπεμψεν. ἐγὼ δὲ ἐπὶ
τὸν πρότερον λόγον ἐπάνειμι.

Ὑπὸ τοὺς χρόνους τοῦ πολέμου τοῦδε Ἑλλησθεαῖος
ὁ τῶν Αἰθιόπων βασιλεύς, Χριστιανός τε ὢν καὶ δόξης
τῆσδε ὡς μάλιστα ἐπιμελούμενος, ἐπειδὴ Ὁμηριτῶν
τῶν ἐν τῇ ἀντιπέρας ἠπείρῳ ἔγνω πολλοὺς μὲν Ἰουδαίους
ὄντας, πολλοὺς δὲ δόξαν τὴν παλαιὰν σέβοντας, ἣν δὴ
καλοῦσιν Ἑλληνικὴν οἱ νῦν ἄνθρωποι, ἐπιβουλῇ μέτρον
οὐκ ἐχούσῃ ἐς τοὺς ἐκείνη Χριστιανοὺς χρῆσθαι, στόλον
τε νηῶν καὶ στράτευμα ἀγείρας ἐπ᾽ αὐτοὺς ἦλθε, καὶ
μάχῃ νικήσας τόν τε βασιλέα καὶ τῶν Ὁμηριτῶν πολλοὺς ἔκτεινεν, ἄλλον τε αὐτόθι Χριστιανὸν βασιλέα καταστησάμενος, Ὁμηρίτην μὲν γένος, ὄνομα δὲ Ἐσιμιφαῖον,
φόρον τε αὐτῷ τάξας Αἰθίοψι φέρειν ἀνὰ πᾶν ἔτος, ἐπ᾽
οἴκου ἀνεχώρησε. τούτου τοῦ Αἰθιόπων στρατοῦ δοῦλοί
τε πολλοὶ καὶ ὅσοι ἐπιτηδείως ἐς τὸ κακουργεῖν εἶχον
τῷ μὲν βασιλεῖ ἕπεσθαι οὐδαμῆ ἤθελον, αὐτοῦ δὲ ἀπο-

wähnten Barbaren und bestellte außerdem in der Festung
allgemeine Priesterschaften. Durch den gemeinsamen Besitz der Heiligtümer glaubte er zwischen den Völkern eine
dauernde Freundschaft begründen zu können. Er nannte deshalb auch den Ort Philae. Beide Völkerschaften, Blemyer
wie Nobaten, verehren all die anderen Götter, an welche die
Hellenen glauben, dazu auch die Isis und den Osiris und nicht
zuletzt den Priapos. Die Blemyer aber pflegen der Sonne sogar Menschenopfer darzubringen. Bis auf meine Zeit befanden sich die genannten Tempel im Besitz dieser Barbaren,
dann beschloß Kaiser Justinian, sie zu zerstören. Narses, ein
gebürtiger Persarmenier und Befehlshaber der dortigen Garnison, dessen Übertritt zu den Römern ich früher schon erwähnte, ließ also auf Weisung des Kaisers die Heiligtümer
niederreißen und nahm die Priester in Gewahrsam, während
er die Götzenbilder nach Byzanz schickte. Doch jetzt will ich
zu meinem früheren Bericht zurückkehren.

20. Die kriegerischen Unternehmungen des äthiopischen Königs Hellestheaios
gegen die Homeriten. Justinian sucht mit ihm Verbindung

Zur Zeit dieses Krieges herrschte Hellestheaios als König
über die Äthiopen, ein Christ, der sich um diesen Glauben
sehr annahm. Als er erfuhr, daß unter den Homeriten auf
dem gegenüberliegenden Festland viele Juden seien, viele
aber auch dem alten Glauben, den man heutzutage den helle-
nischen nennt, anhingen und daß diese alle die dortigen Christen maßlos bedrängten, sammelte er eine Flotte und ein
Heer und zog gegen sie. In einer siegreichen Schlacht tötete er
den König der Homeriten und zahlreiche seiner Leute. Darauf bestellte er dort einen anderen – christlichen – König namens Esimiphaios, einen gebürtigen Homeriten, legte ihm
eine jährliche Abgabe an Äthiopien auf und kehrte nach Hause zurück. Viele Sklaven und die Verbrecher aus dem äthiopischen Heer wollten sich jedoch dem König nicht mehr anschließen, trennten sich also und blieben aus Gefallen am

λειπόμενοι ἔμενον ἐπιθυμίᾳ τῆς Ὁμηριτῶν χώρας·
ἀγαθὴ γὰρ ὑπερφυῶς ἐστιν. οὗτος ὁ λεὼς χρόνῳ οὐ πολλῷ 3
ὕστερον ξὺν ἑτέροις τισὶν Ἐσιμιφαίῳ τῷ βασιλεῖ ἐπαναστάντες αὐτὸν μὲν ἔν τινι τῶν ἐκείνῃ φρουρίων καθεῖρξαν, ἕτερον δὲ Ὁμηρίταις βασιλέα κατεστήσαντο, Ἄβραμον ὄνομα. ὁ δὲ Ἄβραμος οὗτος Χριστιανὸς μὲν ἦν, 4
δοῦλος δὲ Ῥωμαίου ἀνδρός, ἐν πόλει Αἰθιόπων Ἀδούλιδι
ἐπὶ τῇ κατὰ θάλασσαν ἐργασίᾳ διατριβὴν ἔχοντος. ἃ δὴ 5
Ἑλλησθεαῖος μαθὼν τίσασθαί τε Ἄβραμον ὁμοῦ τοῖς
ξὺν αὐτῷ ἐπαναστᾶσι τῆς ἐς τὸν Ἐσιμιφαῖον ἀδικίας
ἐν σπουδῇ ἔχων, στράτευμά τε τρισχιλίων ἀνδρῶν καὶ
ἄρχοντα τῶν τινα ξυγγενῶν τῶν αὐτοῦ ἐπ᾽ αὐτοὺς
ἔπεμψεν. οὗτος ὁ στρατὸς οὐκέτι ἐθέλοντες ἐπ᾽ οἴκου 6
ἐπανιέναι, ἀλλ᾽ αὐτοῦ ἐν χώρᾳ ἀγαθῇ μένειν, κρύφα
τοῦ ἄρχοντος τῷ Ἀβράμῳ ἐς λόγους ἦλθον, ἔς τε ξυμβολὴν καταστάντες τοῖς ἐναντίοις, ἐπειδὴ ἐν τῷ ἔργῳ
ἐγένοντο, κτείναντες τὸν ἄρχοντα τῷ τε τῶν πολεμίων
στρατῷ ἀνεμίγνυντο καὶ αὐτοῦ ἔμενον. θυμῷ δὲ πολλῷ 7
Ἑλλησθεαῖος ἐχόμενος καὶ ἄλλο στράτευμα ἐπ᾽ αὐτοὺς
ἔπεμψεν, οἳ δὴ τοῖς ἀμφὶ τὸν Ἄβραμον ἐς χεῖρας ἐλθόντες
παρὰ πολύ τε ἡσσηθέντες τῇ μάχῃ ἐπ᾽ οἴκου εὐθὺς
ἀνεχώρησαν. δείσας τε τὸ λοιπὸν ὁ τῶν Αἰθιόπων βασιλεὺς ἐπὶ τὸν Ἄβραμον οὐκέτι ἐστράτευσεν. Ἑλλησθεαίου
δὲ τελευτήσαντος φόρους Ἄβραμος ὡμολόγησε φέρειν 8
τῷ μετ᾽ αὐτὸν τὴν Αἰθιόπων βασιλείαν παραλαβόντι,
οὕτω τε τὴν ἀρχὴν ἐκρατύνατο. ἀλλὰ ταῦτα μὲν χρόνῳ
τῷ ὑστέρῳ ἐγένετο.

Τότε δὲ Ἰουστινιανὸς βασιλεὺς ἐν μὲν Αἰθίοψι βασι- 9
λεύοντος Ἑλλησθεαίου, Ἐσιμιφαίου δὲ ἐν Ὁμηρίταις,
πρεσβευτὴν Ἰουλιανὸν ἔπεμψεν, ἀξιῶν ἄμφω Ῥωμαίοις
διὰ τὸ τῆς δόξης ὁμόγνωμον Πέρσαις πολεμοῦσι ξυνά-
ρασθαι, ὅπως Αἰθίοπες μὲν ὠνούμενοί τε τὴν μέταξαν
ἐξ Ἰνδῶν ἀποδιδόμενοί τε αὐτὴν ἐς Ῥωμαίους, αὐτοὶ
μὲν κύριοι γένωνται χρημάτων μεγάλων, Ῥωμαίους δὲ

Homeritenland dort zurück; es ist ja auch ungemein fruchtbar. Dieses Volk erhob sich kurz danach mit anderen zusammen gegen den König Esimiphaios, belagerte ihn in einer dortigen Festung und setzte einen anderen König namens Abramos über die Homeriten ein. Der war zwar Christ, aber Sklave
eines Römers, der in der äthiopischen Stadt Adulis lebte und
Schiffahrt trieb. Sobald Hellestheaios von dieser Empörung
hörte, wollte er den Abramos samt seinen Helfershelfern für
das an Esimiphaios begangene Verbrechen bestrafen und entsandte deshalb ein Heer von dreitausend Mann unter Führung eines seiner Verwandten gegen sie. Doch die Leute wollten nicht mehr nach Hause zurückkehren, sondern dort in
dem fruchtbaren Lande bleiben. Ohne Wissen ihres Führers
traten sie mit Abramos in Verbindung. Als es dann mit den
Feinden zum Treffen kam und der Kampf beginnen sollte,
machten sie ihren Feldherrn nieder, vereinigten sich mit dem
Heer der Gegner und blieben im Lande. Hellestheaios war
darüber sehr erzürnt und schickte ein zweites Heer gegen die
Feinde; doch im Kampf mit Abramos und den Seinen erlitten
sie eine schwere Niederlage und mußten sogleich wieder nach
Hause zurückkehren. Aus Angst wagte der Äthiopenkönig
nicht mehr, gegen Abramos zu Felde zu ziehen. Erst als er
gestorben war, erklärte sich Abramos bereit, seinem Nachfolger auf dem äthiopischen Thron Tribut zu leisten und festigte so seine Herrschaft. Doch das spielt erst in späterer
Zeit.

Damals nun, als in Äthiopien Hellestheaios und bei den
Homeriten Esimiphaios herrschten, schickte Kaiser Justinian
den Gesandten Julianos dorthin und verlangte von beiden
Königen, sie sollten um des gemeinsamen Glaubens willen die
Römer in ihrem Krieg gegen die Perser unterstützen, und
zwar in der Weise, daß die Äthiopen die Seide von den Indern
kauften und an die Römer weitergäben. Sie selbst sollten dadurch zu großem Wohlstand gelangen, den Römern aber nur

τοῦτο ποιήσωσι κερδαίνειν μόνον, ὅτι δὴ οὐκέτι ἀναγκα-
σθήσονται τὰ σφέτερα αὐτῶν χρήματα ἐς τοὺς πολεμίους
μετενεγκεῖν (αὕτη δέ ἐστιν ἡ μέταξα, ἐξ ἧς εἰώθασι τὴν
ἐσθῆτα ἐργάζεσθαι, ἣν πάλαι μὲν Ἕλληνες Μηδικὴν
ἐκάλουν, τανῦν δὲ σηρικὴν ὀνομάζουσιν), Ὁμηρῖται δὲ
ὅπως Καϊσὸν τὸν φυγάδα φύλαρχον Μαδδηνοῖς καταστή-
σωνται καὶ στρατῷ μεγάλῳ αὐτῶν τε Ὁμηριτῶν καὶ
Σαρακηνῶν τῶν Μαδδηνῶν ἐσβάλωσιν ἐς τὴν Περσῶν
γῆν. (ὁ δὲ Καϊσὸς οὗτος γένους μὲν ἦν τοῦ φυλαρχικοῦ 10
καὶ διαφερόντως ἀγαθὸς τὰ πολέμια, τῶν δέ τινα Ἐσιμιφαίου ξυγγενῶν κτείνας ἐς γῆν ἔφευγεν, ἣ δὴ ἔρημος
ἀνθρώπων παντάπασίν ἐστιν.) ἑκάτερος μὲν οὖν τὴν 11
αἴτησιν ὑποσχόμενος ἐπιτελῆ ποιήσειν τὸν πρεσβευτὴν
ἀπεπέμψατο, ἔδρασε δὲ αὐτοῖν τὰ ὡμολογημένα οὐδέτε-
ρος. τοῖς τε γὰρ Αἰθίοψι τὴν μέταξαν ὠνεῖσθαι πρὸς 12
τῶν Ἰνδῶν ἀδύνατα ἦν, ἐπεὶ ἀεὶ οἱ Περσῶν ἔμποροι
πρὸς αὐτοῖς τοῖς ὅρμοις γινόμενοι, οὗ δὴ τὰ πρῶτα αἱ τῶν
Ἰνδῶν νῆες καταίρουσιν, ἅτε χώραν προσοικοῦντες τὴν
ὅμορον, ἅπαντα ὠνεῖσθαι τὰ φορτία εἰώθασι, καὶ τοῖς
Ὁμηρίταις χαλεπὸν ἔδοξεν εἶναι χώραν ἀμειψαμένοις
ἔρημόν τε καὶ χρόνου πολλοῦ ὁδὸν κατατείνουσαν ἐπ'
ἀνθρώπους πολλῷ μαχιμωτέρους ἰέναι. ἀλλὰ καὶ 13
Ἄβραμος ὕστερον, ὅτε δὴ τὴν ἀρχὴν ὡς ἀσφαλέστατα
ἐκρατύνατο, πολλάκις μὲν Ἰουστινιανῷ βασιλεῖ ὡμολόγησεν ἐς γῆν τὴν Περσίδα ἐσβάλλειν, ἅπαξ δὲ μόνον τῆς
πορείας ἀρξάμενος ὀπίσω εὐθὺς ἀπεχώρησε. τὰ μὲν οὖν
Αἰθιόπων τε καὶ Ὁμηριτῶν ταύτῃ Ρωμαίοις ἐχώρησεν.

Ἑρμογένης δὲ τότε, ἐπειδὴ τάχιστα ἡ πρὸς τῷ Εὐφράτῃ **21**
μάχη ἐγέγετο, παρὰ Καβάδην ἐπὶ πρεσβείᾳ ἥκων, ἐπέ-
ραινεν οὐδὲν τῆς εἰρήνης πέρι, ἧς ἕνεκα ἦλθεν, ἐπεὶ αὐτὸν
οἰδαίνοντα ἔτι ἐπὶ Ρωμαίους εὗρε· διὸ δὴ ἄπρακτος

den einzigen Vorteil verschaffen, daß sie ihr eigenes gutes
Geld nicht mehr an die Feinde zahlen müßten – Seide (Meta-
xa) heißt der Stoff, aus dem man herkömmlicherweise jenes
Kleid fertigt, das die Griechen früher das „medische", jetzt
aber das „serikische" (chinesische) nennen. Die Homeriten
ihrerseits sollten den Flüchtling Kaisos zum Phylarchen über
die Maddenen einsetzen und mit einem großen Heer von Homeriten und maddenischen Sarazenen in Persien einfallen.
Dieser Kaisos stammte aus dem Phylarchengeschlecht und
war ein ausgezeichneter Kriegsmann, hatte aber, da er einen
Verwandten des Esimiphaios tötete, in ein völlig menschenleeres Gebiet fliehen müssen. Beide Könige entließen den Gesandten mit der Zusage, sie wollten sein Verlangen erfüllen,
keiner aber hielt Wort. Den Äthiopen fehlte nämlich die Möglichkeit, Seide von den Indern zu erwerben; denn die persischen Kaufleute finden sich gerade an den Ankerplätzen ein,
wo die indischen Schiffe zuerst anlegen – sie bewohnen ja
auch das Nachbarland – und kaufen gewöhnlich alle Frachten
auf. Was die Homeriten anlangt, so schien es ihnen schwierig,
ein ausgedehntes Wüstengebiet zu durchqueren und sich dann
mit Männern, viel streitbarer als sie, im Kampfe zu messen.
Auch Abramos, der späterhin nach völliger Sicherung seiner
Herrschaft wiederholt dem Kaiser Justinian einen Einfall
nach Persien versprochen hatte, begann nur einmal mit einem
Zug dorthin, kehrte aber sogleich wieder um. So erging es den
Römern mit den Äthiopen und den Homeriten.

21. Sittas übernimmt anstelle Belisars den römischen Oberbefehl gegen die Perser, die zur Belagerung von Martyropolis schreiten. Kabades stirbt, Chosroes
wird sein Nachfolger

Hermogenes war damals unmittelbar nach der Schlacht am
Euphrat als Gesandter zu Kabades gekommen, doch fand er
den Herrscher noch sehr auf die Römer erzürnt und konnte
deshalb den Zweck seiner Sendung, den Abschluß eines Frie-

ἀνεχώρησε. καὶ Βελισάριος βασιλεῖ ἐς Βυζάντιον μετά- 2
πεμπτος ἦλθε περιῃρημένος ἣν εἶχεν ἀρχήν, ἐφ' ᾧ ἐπὶ
Βανδίλους στρατεύσειε. Σίττας δέ, Ἰουστινιανῷ βασιλεῖ 3
τοῦτο δεδογμένον, ὡς φυλάξων τὴν ἑῴαν ἐνταῦθα ἦλθε.
καὶ Πέρσαι αὖθις στρατῷ πολλῷ ἐς Μεσοποταμίαν, 4
Χαναράγγου τε καὶ Ἀσπεβέδου καὶ Μερμερόου ἡγουμένων σφίσιν, ἐσέβαλον. ἐπεί τε αὐτοῖς ἐτόλμα οὐδεὶς 5
ἐς χεῖρας ἰέναι, Μαρτυρόπολιν ἐγκαθεζόμενοι ἐπολιόρ-
κουν, οὗ δὴ Βούζης τε καὶ Βέσσας τεταγμένοι ἐπὶ τῇ
φυλακῇ ἔτυχον.

Αὕτη δὲ κεῖται μὲν ἐν τῇ Σοφανηνῇ καλουμένῃ χώρᾳ, 6
πόλεως Ἀμίδης τεσσαράκοντά τε καὶ διακοσίοις σταδίοις διέχουσα πρὸς βορρᾶν ἄνεμον· πρὸς αὐτῷ δὲ Νυμφίῳ
τῷ ποταμῷ ἐστιν, ὃς τήν τε Ῥωμαίων γῆν καὶ
Περσῶν διορίζει. οἱ μὲν οὖν Πέρσαι τῷ περιβόλῳ προσ- 7
έβαλλον, οἱ δὲ πολιορκούμενοι κατ' ἀρχὰς μὲν αὐτοὺς
ἀνδρείως ὑφίσταντο, οὐ διὰ πολλοῦ δὲ ἀνθέξειν ἐπίδοξοι
ἦσαν. ὅ τε γὰρ περίβολος ἐπιμαχώτατος ἦν ἐκ τοῦ ἐπὶ 8
πλεῖστον καὶ πολιορκίᾳ Περσῶν ῥᾷστα ἁλώσιμος, αὐτοί
τε τὰ ἐπιτήδεια οὐ διαρκῶς εἶχον, οὐ μὴν οὐδὲ μηχανὰς
οὐδέ τι ἄλλο ἀξιόχρεων καθ' ὅ τι ἀμύνωνται. Σίττας δὲ 9
καὶ ὁ Ῥωμαίων στρατὸς ἐς χωρίον μὲν Ἀτταχᾶς ἦλθον,
Μαρτυροπόλεως ἑκατὸν σταδίοις διέχον, ἐς τὰ πρόσω
δὲ οὐκ ἐτόλμων ἰέναι, ἀλλ' αὐτοῦ ἐνστρατοπεδευσάμενοι
ἔμενον. ξυνῆν δὲ αὐτοῖς καὶ Ἑρμογένης αὖθις ἐπὶ πρεσ- 10
βείᾳ ἐκ Βυζαντίου ἥκων. ἐν τούτῳ δὲ τοιόνδε τι ξυνηνέχθη
γενέσθαι.

Κατασκόπους ἐκ παλαιοῦ ἔν τε Ῥωμαίοις καὶ Πέρ- 11
σαις δημοσίᾳ σιτίζεσθαι νόμος, οἳ δὴ λάθρα ἰέναι παρὰ
τοὺς πολεμίους εἰώθασιν, ὅπως περισκοπήσαντες ἐς τὸ
ἀκριβὲς τὰ πρασσόμενα εἶτα ἐπανιόντες τοῖς ἄρχουσιν
ἐσαγγείλωσι. τούτων πολλοὶ μὲν εὐνοίᾳ, ὡς τὸ εἰκός, 12
χρῆσθαι ἐς τοὺς ὁμογενεῖς ἐν σπουδῇ ἔχουσι, τινὲς δὲ
καὶ τοῖς ἐναντίοις προΐενται τὰ ἀπόρρητα. τότε οὖν ἐκ 13

densvertrages, nicht erreichen; unverrichteter Dinge mußte
er die Heimreise antreten. Belisar aber wurde vom Kaiser seines Kommandos enthoben und nach Byzanz geholt, um den
Feldzug gegen die Vandalen zu leiten. Dafür kam Sittas auf
Befehl des Kaisers Justinian zum Schutz der Provinzen in
den Osten. Und die Perser fielen wiederum unter Führung des
Chanaranges, Aspebedos und Mermeroes mit einem starken
Heer in Mesopotamien ein. Da ihnen niemand entgegenzutreten wagte, schlugen sie vor Martyropolis ein Lager und
schlossen die Stadt ein, deren Schutz Buzes und Bessas anvertraut war.

Martyropolis liegt in der Landschaft namens Sophanene,
240 Stadien nördlich der Stadt Amida unmittelbar am Flusse
Nymphios, der die Grenze zwischen dem römischen und persischen Land bildet. Anfänglich wehrten die Belagerten die
persischen Angriffe auf die Stadtmauer tapfer ab, doch drohte
für die Länge der Zeit ihre Widerstandskraft zu erlahmen;
denn die Befestigung bot auf weite Strecken hin den Feinden
keine Schwierigkeiten und war für die persischen Belagerer
ganz leicht einzunehmen. Außerdem hatte die Besatzung
nicht genügend Lebensmittel und verfügte auch über keine
Kriegsmaschinen oder sonstige Vorrichtungen zu Abwehr.
Sittas und das römische Heer erreichten indessen einen Ort
namens Arrachas, hundert Stadien von Martyropolis entfernt,
wagten sich aber nicht weiter vorwärts, sondern schlugen ein
Lager und blieben an Ort und Stelle. Auch diesmal weilte wieder Hermogenes, als Gesandter aus Byzanz eingetroffen, unter
ihnen. Da trug sich Folgendes zu:

Römer und Perser unterhalten von staatswegen herkömmlicherweise seit alters Kundschafter. Diese begeben sich gewöhnlich unbemerkt ins Feindesland, spionieren alles, was
dort geschieht, genau aus und berichten nach Rückkehr ihren
Vorgesetzten darüber. Viele von ihnen sind, wie es sich gehört, der Sache ihres Volkes treu ergeben, doch geben manche auch den Gegnern ihre Geheimnisse preis. Damals er-

Περσῶν κατάσκοπός τις ἐς 'Ρωμαίους σταλεὶς ἐς ὄψιν
τε 'Ιουστινιανῷ βασιλεῖ ἥκων, ἄλλα τε πολλὰ ἐξεῖπεν
ἐν τοῖς βαρβάροις πρασσόμενα καὶ ὡς γένος Μασ-
σαγετῶν ἐπὶ τῷ 'Ρωμαίων πονηρῷ αὐτίκα δὴ μάλα ἐς
τὰ Περσῶν ἤθη ἐξίασιν, ἐνθένδε τε ἐς 'Ρωμαίων τὴν
γῆν ἰόντες τῷ Περσῶν στρατῷ ἕτοιμοί εἰσιν ἀναμίγνυσθαι. ὁ δὲ ταῦτα ἀκούσας, πεῖράν τε ἤδη τοῦ ἀνθρώπου 14
ἀληθείας πέρι ἐς αὐτὸν ἔχων, χρήμασιν αὐτὸν ἀδροῖς
τισι χαρισάμενος πείθει ἔς τε τὸ Περσῶν στρατόπεδον
ἰέναι, ὃ δὴ Μαρτυροπολίτας ἐπολιόρκει, καὶ τοῖς ταύτῃ
βαρβάροις ἀγγεῖλαι, ὅτι δὴ οἱ Μασσαγέται οὗτοι χρήμασιν ἀναπεισθέντες τῷ 'Ρωμαίων βασιλεῖ μέλλουσιν ὅσον
οὔπω ἐπ' αὐτοὺς ἥξειν. ὁ δὲ κατὰ ταῦτα ἐποίει, ἔς τε τὸ 15
τῶν βαρβάρων στρατόπεδον ἀφικόμενος τῷ τε Χαναράγγῃ καὶ τοῖς ἄλλοις ἀπήγγελλε στράτευμα Οὕννων
πολεμίων σφίσιν οὐκ ἐς μακρὰν ἐς τοὺς 'Ρωμαίους ἀφίξεσθαι. οἱ δὲ ἐπεὶ ταῦτα ἤκουσαν, κατωρρώδησάν τε καὶ 16
ἐπὶ τοῖς παροῦσι διηποροῦντο. ἐν τούτῳ δὲ ξυνέβη πο- 17
νήρως τῷ Καβάδῃ νοσῆσαι τὸ σῶμα, καὶ Περσῶν ἕνα
τῶν οἱ ἐν τοῖς μάλιστα ἐπιτηδειοτάτων καλέσας, Μεβόδην ὄνομα, ἐκοινολογεῖτο ἀμφί τε τῷ Χοσρόῃ καὶ τῇ
βασιλείᾳ, δεδιέναι τε Πέρσας ἔφασκε μή τι τῶν αὐτῷ
βεβουλευμένων ἀλογῆσαι ἐν σπουδῇ ἕξουσιν. ὁ δέ οἱ τῆς 18
γνώμης τὴν δήλωσιν ἐν γράμμασιν ἀπολιπεῖν ἠξίου,
θαρσοῦντα ὡς οὐ μή ποτε αὐτὴν ὑπεριδεῖν τολμήσωσι
Πέρσαι. Καβάδης μὲν οὖν ἄντικρυς διετίθετο βασιλέα 19
Χοσρόην Πέρσαις καθίστασθαι. τὸ δὲ γράμμα ὁ Μεβόδης αὐτὸς ἔγραφε καὶ ὁ Καβάδης αὐτίκα ἐξ ἀνθρώπων
ἠφάνιστο.

Καὶ ἐπεὶ τὰ νόμιμα πάντα ἐπὶ τῇ τοῦ βασιλέως ταφῇ 20
ἐγεγόνει, ὁ μὲν Καόσης τῷ νόμῳ θαρσῶν ἐπεβάτευε τῆς
τιμῆς, ὁ δὲ Μεβόδης ἐκώλυε, φάσκων οὐδένα χρῆναι
αὐτόματον ἐς τὴν βασιλείαν ἰέναι, ἀλλὰ ψήφῳ Περσῶν
τῶν λογίμων. καὶ ὃς ἐπέτρεπε ταῖς ἀρχαῖς τὴν περὶ τοῦ 21

schien nun ein persischer Spion, der gegen die Römer ausgeschickt war, vor Kaiser Justinian und verriet neben vielem
anderen, was bei den Barbaren vor sich ging, auch dies, daß
sich ein Massagetenstamm den Römern zum Schaden alsbald
nach Persien aufmachen, von dort ins römische Gebiet wei-
terziehen und sich hier mit dem Perserheer vereinigen wolle.
Der Kaiser hörte dies und da er die Aufrichtigkeit des Mannes
ihm gegenüber schon aus Erfahrung kannte, brachte er ihn
durch viele Geldgeschenke dahin, sich zu dem Perserheer, das
eben Martyropolis belagerte, zu begeben und den Barbaren
dort zu berichten, die genannten Massageten hätten sich vom
römischen Kaiser durch Geld gewinnen lassen und würden
nun alsbald gegen sie heranziehen. Der Mann handelte nach
Auftrag: Er ging in das Lager der Barbaren und meldete dem
Chanaranges und seinen Mitfeldherrn, ein Heer feindlicher
Hunnen werde in Kürze bei den Römern eintreffen. Über diese
Kunde gerieten die persischen Führer in Angst und wußten
nicht, was sie im Augenblick tun sollten. Kabades wurde indessen von einer schweren Krankheit befallen; er berief daher
einen seiner vertrautesten persischen Freunde namens Mebodes zu sich, sprach mit ihm über Chosroes und Königtum und
gab dabei seiner Befürchtung Ausdruck, die Perser möchten
es darauf anlegen, seinen Beschluß zu vereiteln. Mebodes verlangte indessen nur, der König solle seine Willensmeinung
schriftlich hinterlassen und sich keine weiteren Gedanken machen, daß die Perser seine Anordnung mißachten könnten.
So verfügte Kabades mit aller Deutlichkeit, Chosroes solle
Perserkönig werden. Mebodes selbst fertigte das Schriftstück
aus, und alsbald schied Kabades aus dem Leben.

Nachdem der König mit allen herkömmlichen Ehren bei-
gesetzt war, wollte Kaoses der geltenden Ordnung entsprechend den Thron besteigen, doch Mebodes trat ihm entgegen
und erklärte, niemand dürfe aus eigener Machtvollkommenheit die Herrschaft antreten, sondern nur nach dem Entscheid der persischen Großen. Und tatsächlich stellte Kaoses

πράγματος γνῶσιν, οὐδὲν ἐνθένδε ἔσεσθαί οἱ ἐναντίωμα
ὑποτοπάζων. ἐπεὶ δὲ ἅπαντες οἱ Περσῶν λόγιμοι ἐς τοῦτο 22
ἀγηγερμένοι ἐκάθηντο, τὸ μὲν γράμμα ὁ Μεβόδης ἀνα-
λεξάμενος τὴν Καβάδου ἀμφὶ τῷ Χοσρόῃ ἐδήλου γνώμην, ἀναμνησθέντες δὲ τῆς Καβάδου ἀρετῆς ἅπαντες
βασιλέα Πέρσαις αὐτίκα Χοσρόην ἀνεῖπον. οὕτω μὲν ὁ 23
Χοσρόης τὴν ἀρχὴν ἔσχεν. ἐν δὲ Μαρτυροπόλει Σίττας
τε καὶ Ἑρμογένης ἀμφὶ τῇ πόλει δειμαίνοντες, ἀμύνειν
γὰρ κινδυνευούσῃ οὐδαμῇ εἶχον, ἔπεμψάν τινας ἐς τοὺς
πολεμίους, οἳ τοῖς στρατηγοῖς ἐς ὄψιν ἐλθόντες ἔλεξαν
τοιάδε·

„Λελήθατε ὑμᾶς αὐτοὺς βασιλεῖ τε τῷ Περσῶν καὶ 24
τοῖς τῆς εἰρήνης ἀγαθοῖς καὶ πολιτείᾳ ἑκατέρᾳ ἐμποδὼν
οὐ δέον γινόμενοι. πρέσβεις γὰρ ἐκ βασιλέως ἐσταλμένοι
τανῦν πάρεισιν, ἐφ' ᾧ παρὰ τὸν Περσῶν βασιλέα ἰόντες
τά τε διάφορα διαλύσουσι καὶ τὰς σπονδὰς πρὸς αὐτὸν
θήσονται· ἀλλ' ὡς τάχιστα ἐξανιστάμενοι τῆς Ῥωμαίων
γῆς ξυγχωρεῖτε τοῖς πρέσβεσι πράσσειν ᾗ ἑκατέροις
ξυνοίσειν μέλλει. ἕτοιμοι γάρ ἐσμεν ὑπὲρ τούτων αὐτῶν 25
καὶ ὁμήρους διδόναι ἄνδρας δοκίμους, ὡς δὴ ἔργῳ οὐκ
εἰς μακρὰν ἐπιτελῆ ἔσται." Ῥωμαίων μὲν οἱ πρέσβεις 26
τοσαῦτα εἶπον. ἐτύγχανε δὲ καὶ ἄγγελος ἐκ τῶν βασιλείων ἐς αὐτοὺς ἥκων, ὃς δὴ αὐτοῖς τετελευτηκέναι μὲν
Καβάδην ἐσήγγελλε, Χοσρόην δὲ τὸν Καβάδου βασιλέα
καταστῆναι Πέρσαις, ταύτῃ τε τὰ πράγματα ᾐωρῆσθαι
σφίσι. καὶ ἀπ' αὐτοῦ τοὺς Ῥωμαίων λόγους οἱ στρατη- 27
γοὶ ἄσμενοι ἤκουσαν, ἅτε καὶ τὴν Οὔννων ἔφοδον δείσαντες. Ῥωμαῖοι μὲν οὖν ἐν ὁμήρων λόγῳ εὐθὺς ἔδοσαν
Μαρτῖνόν τε καὶ τῶν Σίττα δορυφόρων ἕνα, Σενέκιον
ὄνομα· Πέρσαι δὲ διαλύσαντες τὴν προσεδρείαν εὐθυωρὸν
τὴν ἀναχώρησιν ἐποιήσαντο. οἵ τε Οὖννοι οὐ πολλῷ ὕστε- 28
ρον ἐσβαλόντες εἰς γῆν τὴν Ῥωμαίων, ἐπεὶ τὸν Περσῶν
στρατὸν ἐνταῦθα οὐχ εὗρον, δι' ὀλίγου τὴν ἐπιδρομὴν
ποιησάμενοι ἐπ' οἴκου ἀπεκομίσθησαν ἅπαντες.

den Würdenträgern, ohne von dieser Seite her mit Schwierigkeiten zu rechnen, die Entscheidung anheim. Wie nun sämtliche persischen Großen zu diesem Zwecke versammelt waren
und Platz genommen hatten, verlaß Mebodes das Schriftstück
und tat Kabades' Willen hinsichtlich seines Sohnes Chosroes
kund. Da erinnerten sich alle der Tüchtigkeit des Kabades
und riefen Chosroes sogleich zum Perserkönig aus. Auf solche
Weise gelangte Chosroes zur Herrschaft. In Martyropolis
machten sich indessen Sittas und Hermogenes Sorgen um die
Stadt, gegen deren Bedrohung sie keine Abhilfe fanden. Sie
schickten daher einige Gesandte zu den Feinden, die vor die
Feldherrn hintraten und ihnen folgendes eröffneten:

„Ihr stellt euch, ohne es zu merken, dem Perserkönig, den
Gütern des Friedens und den beiden Staaten unnötigerweise
hemmend in den Weg; denn Gesandte, vom Kaiser geschickt,
stehen jetzt bereit und wollen sich zu euerem Herrn begeben,
um die strittigen Punkte zu bereinigen und den Friedensvertrag mit ihm abzuschließen. Räumt denn möglichst schnell
das römische Gebiet und laßt die Gesandten ihre Tätigkeit
zum beiderseitigen Besten aufnehmen! Außerdem sind wir ja
auch bereit, angesehene Männer als Geiseln zu stellen, daß
eben dieser unser Vorschlag tatsächlich rasch verwirklicht
wird." Soweit die Worte der römischen Gesandten. Zufällig
traf auch ein Bote aus der königlichen Residenz ein und meldete den Tod des Kabades und den Regierungsantritt seines
Sohnes Chosroes als König der Perser. Dies machte die Lage
unsicher, und so nahmen die Feldherrn die römischen Erklärungen gern zur Kenntnis, zumal sie auch vor dem Angriff
der Hunnen bangten. Die Römer stellten alsbald Martinos
und einen Doryphor des Sittas namens Senekios als Geiseln,
während die Perser die Belagerung aufhoben und geradewegs
in ihr Land zurückkehrten. Bald darauf unternahmen die
Hunnen einen Einfall ins römische Gebiet. Da sie aber das
persische Heer dort nicht mehr antrafen, stellten sie den Angriff schon nach kurzer Zeit ein und traten insgesamt den
Heimweg an.

Αὐτίκα δὲ καὶ Ῥουφῖνός τε καὶ Ἀλέξανδρος καὶ Θω- 22
μᾶς ὡς ξὺν Ἑρμογένει πρεσβεύσοντες ἦλθον, παρά τε
Περσῶν τὸν βασιλέα πάντες ἀφίκοντο ἐς ποταμὸν Τίγρην.
καὶ αὐτοὺς μὲν Χοσρόης ἐπειδὴ εἶδε, τοὺς ὁμήρους ἀφῆκε. 2
τιθασσεύοντες· δὲ Χοσρόην οἱ πρέσβεις ἐπαγωγά τε πολλὰ
ἔλεξαν καὶ Ῥωμαίων ὡς ἥκιστα πρέσβεσι πρέποντα.
οἷς δὴ χειροήθης ὁ Χοσρόης γενόμενος τὴν μὲν εἰρήνην 3
πέρας οὐκ ἔχουσαν δέκα καὶ ἑκατὸν κεντηναρίων ὡμολόγει πρὸς αὐτοὺς θήσεσθαι, ἐφ' ᾧ δὴ ὁ τῶν ἐν Μεσοποταμίᾳ στρατιωτῶν ἄρχων μηκέτι ἐν Δάρας τὸ λοιπὸν
εἴη, ἀλλ' ἐν Κωνσταντίνῃ τὸν ἅπαντα χρόνον διαγένοιτο,
ᾗπερ καὶ τὸ παλαιὸν εἴθιστο· φρούρια δὲ τὰ ἐν Λαζικῇ
οὐκ ἔφη ἀποδώσειν, καίπερ αὐτὸς τό τε Φαράγγιον καὶ
Βῶλον τὸ φρούριον δικαιῶν πρὸς Ῥωμαίων ἀπολαβεῖν.
ἕλκει δὲ λίτρας τὸ κεντηνάριον ἑκατόν, ἀφ' οὗ δὴ καὶ 4
ὠνόμασται. κέντον γὰρ τὰ ἑκατὸν καλοῦσι Ῥωμαῖοι.
τοῦτο δέ οἱ δίδοσθαι τὸ χρυσίον ἠξίου, ὡς μήτε πόλιν 5
Δάρας Ῥωμαῖοι καθελεῖν ἀναγκάζωνται μήτε φυλακτηρίου τοῦ ἐν πύλαις Κασπίαις μεταλαχεῖν Πέρσαις. οἱ 6
μέντοι πρέσβεις τὰ μὲν ἄλλα ἐπήνουν, τὰ δὲ φρούρια
ἐνδιδόναι οὐκ ἔφασκον οἷοί τε εἶναι, ἢν μὴ βασιλέως ἀμφ'
αὐτοῖς πύθωνται πρότερον. ἔδοξε τοίνυν Ῥουφῖνον μὲν 7
ὑπὲρ τούτων ἐς Βυζάντιον στέλλεσθαι, τοὺς δὲ ἄλλους,
ἕως αὐτὸς ἐπανίῃ, μένειν. καὶ χρόνος ἡμερῶν ἑβδομήκοντα Ῥουφίνῳ ξυνέκειτο ἐς τὴν ἄφιξιν. ἐπεὶ δὲ ὁ Ῥου- 8
φῖνος ἐς Βυζάντιον ἀφικόμενος βασιλεῖ ἀπήγγελλεν, ὅσα
Χοσρόῃ ἀμφὶ τῇ εἰρήνῃ δοκοῦντα εἴη, ἐκέλευσε βασιλεὺς
κατὰ ταῦτα σφίσι τὴν εἰρήνην ξυνίστασθαι.

Ἀλλ' ἐν τούτῳ φήμη τις οὐκ ἀληθὴς ἤκουσα ἐς τὰ 9
Περσῶν ἤθη βασιλέα Ἰουστινιανὸν ἤγγελλεν ὀργισθέντα

Kurz nachher fanden sich Rufinos, Alexandros und Thomas ein, um mit Hermogenes zusammen die Gesandtschaftsreise anzutreten; am Tigris trafen sie dann alle den Perserkönig. Sobald sie Chosroes bei sich sah, gab er die Geiseln frei. Die Gesandten aber ließen, um den Herrscher günstig zu stimmen, viele Schmeichelworte vernehmen, wie sie sich für Römer ihrer Stellung ganz und gar nicht schicken. Chosroes fühlte sich dadurch zur Nachgiebigkeit bewogen und versprach, für 110 Kentenarien einen ewigen Frieden mit ihnen abzuschließen, jedoch mit der Auflage, daß der militärische Befehlshaber in Mesopotamien künftig nicht mehr in Daras, sondern, wie auch früher schon, in Konstantine seinen dauernden Sitz habe. Was die festen Plätze in Lazika anlagte, so lehnte er deren Rückgabe ab, verlangte aber selbst die Räumung der Festungen Pharangion und Bolon durch die Römer. Das Kentenarion wiegt hundert Pfund, wovon es auch seinen Namen trägt. Kenton heißt nämlich bei den Römern hundert. Die Zahlung dieser Goldsumme verlangte Chosroes dafür, daß die Römer weder die Stadt Daras schleifen noch die Bewachung der Kaspischen Tore gemeinsam mit den Persern übernehmen sollten. Mit allen anderen Bedingungen waren die Gesandten einverstanden, wegen der Festungen jedoch erklärten sie sich erst nach Fühlungnahme mit dem Kaiser zu Zugeständnissen imstande. Man beschloß daher, Rufinos in dieser Sache nach Byzanz zu entsenden, während die übrigen Gesandten bis zu seiner Rückkehr dableiben sollten. Als Frist bis zu seinem Eintreffen wurden siebzig Tage vereinbart. Rufinos berichtete nach seiner Ankunft in Byzanz dem Kaiser über die Friedensbedingungen des Chosroes und erhielt von ihm Befehl, in Übereinstimmung damit den Vertrag abzuschließen.

Inzwischen aber war ein falsches Gerücht nach Persien gedrungen, Kaiser Justinian habe in seinem Zorn Rufinos hin-

Ρουφῖνον κτεῖναι. οἷς δὴ Χοσρόης ξυνταραχθείς τε καὶ
θυμῷ πολλῷ ἤδη ἐχόμενος τῷ παντὶ στρατῷ ἐπὶ Ῥωμαίους ᾔει. Ῥουφῖνος δέ οἱ μεταξὺ ἐπανήκων ἐνέτυχε
πόλεως Νισίβιδος οὐ μακρὰν ἄποθεν. διὸ δὴ αὐτοί τε ἐν
τῇ πόλει ταύτῃ ἐγένοντο καί, ἐπεὶ τὴν εἰρήνην βεβαιοῦν
ἔμελλον, τὰ χρήματα οἱ πρέσβεις ἐνταῦθα ἐκόμιζον. ἀλλ'
Ἰουστινιανῷ βασιλεῖ τὰ Λαζικῆς φρούρια ξυγκεχωρη-
κότι μετέμελεν ἤδη, γράμματά τε ἄντικρυς ἀπολέγοντα
τοῖς πρέσβεσιν ἔγραφε, μηδαμῶς αὐτὰ προΐεσθαι Πέρσαις. διὸ δὴ Χοσρόης τὰς σπονδὰς θέσθαι οὐκέτι ἠξίου,
καὶ τότε Ῥουφίνῳ ἔννοιά τις ἐγένετο ὡς ταχύτερα ἢ
ἀσφαλέστερα βουλευσάμενος ἐς γῆν τὴν Περσῶν τὰ χρήματα ἐσκομίσειεν. αὐτίκα γοῦν ἐς τὸ ἔδαφος καθῆκε τὸ
σῶμα, κείμενός τε πρηνὴς Χοσρόην ἱκέτευε τά τε χρήματα σφίσι ξυμπέμψαι καὶ μὴ ἐπὶ Ῥωμαίους εὐθὺς
στρατεύειν, ἀλλὰ ἐς χρόνον τινὰ ἕτερον τὸν πόλεμον ἀποτίθεσθαι. Χοσρόης δὲ αὐτὸν ἐνθένθε ἐκέλευεν ἐξανίστασθαι, ἅπαντά οἱ ταῦτα χαριεῖσθαι ὑποσχόμενος. οἵ τε γοῦν
πρέσβεις ξὺν τοῖς χρήμασιν ἐς Δάρας ἦλθον καὶ ὁ Περσῶν στρατὸς ὀπίσω ἀπήλαυνε. καὶ τότε μὲν Ῥουφῖνον
οἱ ξυμπρεσβευταὶ δι' ὑποψίας τε αὐτοὶ ἐς τὰ μάλιστα
ἔσχον καὶ ἐς βασιλέα διέβαλλον, τεκμαιρόμενοι, ὅτι δὴ
οἱ ἅπαντα ὁ Χοσρόης ὅσα ἔχρῃζεν αὐτοῦ ἀναπεισθεὶς
ξυνεχώρησεν. ἔδρασε μέντοι αὐτὸν διὰ ταῦτα βασιλεὺς
οὐδὲν ἄχαρι. χρόνῳ δὲ οὐ πολλῷ ὕστερον Ῥουφῖνός τε
αὐτὸς καὶ Ἑρμογένης αὖθις παρὰ Χοσρόην ἐστέλλοντο,
ἔς τε τὰς σπονδὰς αὐτίκα ἀλλήλοις ξυνέβησαν, ἐφ' ᾧ
ἑκάτεροι ἀποδώσουσιν ὅσα δὴ ἀμφότεροι χωρία ἐν τῷδε
τῷ πολέμῳ ἀλλήλους ἀφείλοντο, καὶ μηκέτι στρατιωτῶν
τις ἀρχὴ ἐν Δάρας εἴη· τοῖς τε Ἴβηρσιν ἐδέδοκτο ἐν γνώμῃ
εἶναι ἢ μένειν αὐτοῦ ἐν Βυζαντίῳ, ἢ ἐς σφῶν τὴν πατρίδα
ἐπανιέναι. ἦσαν δὲ πολλοὶ καὶ οἱ μένοντες καὶ οἱ ἐπανιόντες ἐς τὰ πάτρια ἤθη. οὕτω τοίνυν τήν τε ἀπέραντον καλουμένην εἰρήνην ἐσπείσαντο, ἕκτον ἤδη ἔτος τὴν βασι-

richten lassen. Chosroes fühlte sich dadurch sehr beunruhigt, und heftiger Groll veranlaßte ihn schon, sein ganzes Heer gegen die Römer in Marsch zu setzen. Doch Rufinos war in der Zwischenzeit schon wieder auf dem Rückweg und traf unweit der Stadt Nisibis mit dem Perserkönig zusammen. So begaben sie sich dorthin, und da die Gesandten den Frieden fest abschließen wollten, hatten sie auch die ausbedungene Geldsumme dabei. Kaiser Justinian aber reute es schon, die Festungen in Lazika zugestanden zu haben, weshalb er seinen Gesandten ein Schreiben zugehen ließ und darin die Überlassung der Plätze an Persien ausdrücklich verbot. Nun aber wollte Chosroes nichts mehr vom Abschluß eines Vertrages wissen, und Rufinos wurde klar, daß sein Entschluß, die Gelder nach Persien zu bringen, mehr schnell als überlegt gewesen war. Sogleich warf er sich deshalb zu Boden und flehte, auf dem Antlitz liegend, Chosroes an, er möchte ihnen doch wieder das Geld mitgeben und nicht unmittelbar den Krieg gegen die Römer eröffnen, sondern auf eine andere Zeit verschieben. Der König ließ ihn darauf sich erheben und versprach die gnädige Gewährung all dieser Bitten. Und die Gesandten begaben sich mit dem Geld nach Daras, während das Perserheer umkehrte. Damals schöpften die Mitgesandten schwersten Verdacht gegen Rufinos und zeigten ihn beim Kaiser an; als Beweis diente ihnen die Tatsache, daß Chosroes ihm Gehör geschenkt und alle Bitten erfüllt habe. Der Kaiser tat ihm jedoch deswegen nichts zuleide, er wurde vielmehr kurz darauf zusammen mit Hermogenes wieder zu Chosroes entsandt, und alsbald einigte man sich auf den Friedensvertrag. Danach sollten beide Parteien alle Plätze, die sie in diesem Kriege einander abgenommen hatten, zurückgeben, außerdem in Daras keine militärische Befehlsstelle mehr bestehen. Den Iberern aber wurde freigestellt, entweder weiterhin in Byzanz zu bleiben oder in ihr Vaterland zurückzukehren. Und es waren viele, die dort blieben, viele aber auch, die es nach Hause verlangte. So schlossen sie denn im sechsten Regierungsjahre Kaiser Justinians den sog. ewigen Frieden. Die Römer überließen die Festungen Pharangion und Bolon sowie das Geld den Persern, die Perser ihrerseits

λείαν Ἰουστινιανοῦ ἔχοντος. καὶ Ῥωμαῖοι μὲν τό τε 18
Φαράγγιον καὶ Βῶλον τὸ φρούριον ξὺν τοῖς χρήμασι
Πέρσαις ἔδοσαν, Πέρσαι δὲ Ῥωμαίοις τὰ Λαζικῆς φρούρια. καὶ Δάγαριν δὲ Ῥωμαίοις ἀπέδοσαν Πέρσαι, ἀντ'
αὐτοῦ ἕτερον κεκομισμένοι οὐκ ἀφανῆ ἄνδρα. οὗτος ὁ 19
Δάγαρις χρόνῳ τῷ ὑστέρῳ πολλάκις Οὔννους ἐς γῆν τὴν
Ῥωμαίων ἐσβεβληκότας μάχαις νικήσας ἐξήλασεν· ἦν
γὰρ διαφερόντως ἀγαθὸς τὰ πολέμια. τὰς μὲν οὖν πρὸς
ἀλλήλους σπονδὰς τρόπῳ τῷ εἰρημένῳ ἀμφότεροι ἐκρα-
τύναντο.

Εὐθὺς δὲ βασιλεῖ ἑκατέρῳ ἐπιβουλὴν γενέσθαι ξυνη- 23
νέχθη πρὸς τῶν ὑπηκόων· ὅντινα μέντοι τρόπον, αὐτίκα
δηλώσω. Χοσρόης ὁ Καβάδου ἄτακτός τε ἦν τὴν διάνοιαν καὶ νεωτέρων πραγμάτων ἐραστὴς ἄτοπος. διὸ δὴ 2
αὐτός τε ἀεὶ ἔμπλεως ταραχῆς τε καὶ θορύβων ἐγίνετο
καὶ τῶν ὁμοίων τοῖς ἄλλοις ἅπασιν αἰτιώτατος. ἀχθό- 3
μενοι οὖν αὐτοῦ τῇ ἀρχῇ ὅσοι ἐν Πέρσαις δραστήριοι
ἦσαν ἕτερον σφίσι βασιλέα καταστήσασθαι ἐκ τῆς Καβάδου οἰκίας ἐν βουλῇ εἶχον. καὶ (ἦν γὰρ αὐτοῖς πολύς 4
τις πόθος τῆς Ζάμου ἀρχῆς, ἣν δὴ ὁ νόμος αἰτίᾳ τῆς
τοῦ ὀφθαλμοῦ λώβης, ὥσπερ μοι ἐρρήθη, ἐκώλυε) λογισάμενοι ηὕρισκον σφίσιν αὐτοῖς ἄμεινον εἶναι Καβάδην
μὲν τὸν αὐτοῦ παῖδα καὶ τῷ πάππῳ ὁμώνυμον ἐς τὴν
ἀρχὴν καταστήσασθαι, Ζάμην δέ, ἅτε τῷ παιδὶ ἐπίτροπον ὄντα, διοικεῖσθαι ὅπη βούλοιτο τὰ Περσῶν πράγματα. γενόμενοί τε παρὰ τὸν Ζάμην τό τε βούλευμα 5
ἐξήνεγκαν καὶ προθυμίᾳ πολλῇ ἐγκελευόμενοι ἐς τὴν
πρᾶξιν ἐνῆγον. καὶ ἐπεὶ τὸν ἄνδρα ἡ βουλὴ ἤρεσκεν, ἐς
καιρὸν τῷ Χοσρόῃ ἐπιθήσεσθαι διενοοῦντο. ἔκπυστος δὲ
ἡ βουλὴ μέχρι ἐς τὸν βασιλέα γεγενημένη τὰ πρασσόμενα διεκώλυσε. Ζάμην τε γὰρ αὐτὸν ὁ Χοσρόης καὶ 6
τοὺς αὐτοῦ τε καὶ Ζάμου ἀδελφοὺς ἅπαντας ξὺν γόνῳ
παντὶ ἄρσενι ἔκτεινε, καὶ Περσῶν τῶν δοκίμων ὅσους

den Römern die festen Plätze in Lazika. Auch den Dagaris
gaben die Perser den Römern zurück, wofür sie einen anderen angesehenen Mann erhielten. Dieser Dagaris besiegte späterhin wiederholt im Kampf die Hunnen, die ins römische
Reich eingebrochen waren, und trieb sie außer Landes; er war
ja ein ausgezeichneter Soldat. In der geschilderten Weise
setzten nun beide Teile den gegenseitig abgeschlossenen Friedensvertrag in Kraft.

23. Chosroes unterdrückt grausam eine Verschwörung und schont auch nicht
hohe Würdenträger. Der persische Prinz Kabades flieht nach Byzanz

Alsbald mußten beide Herrscher Anschläge ihrer Untertanen erfahren. Wie es dazu kam, will ich jetzt berichten:
Chosroes, der Sohn des Kabades, war zügellos in seinem Denken und hatte eine maßlose Vorliebe für alle Neuerungen.
Selbst jederzeit voller Unruhe und Störungen, wurde er auch
allen anderen Hauptanlaß für dergleichen. Die tatkräftigen
Perser lehnten deshalb samt und sonders seine Regierung ab
und wollten ein anderes Mitglied aus dem Hause des Kabades
zu ihrem König erheben. Sehr gerne hätten sie den Zames
zum Herrscher gehabt, doch war dies, wie schon gesagt, wegen seiner Augenverletzung unmöglich. So fanden sie es nach
reiflichen Überlegungen als beste Lösung für sich, wenn sie
Kabades, seinen Sohn und Namensträger des Großvaters,
zum König machten, Zames aber als Vormund des Kindes
nach Gutbefinden die Geschicke Persiens lenke. Sie gingen
nun zu Zames, trugen ihm ihre Absicht vor und suchten ihn
durch eindringliches Zureden für die Sache zu erwärmen. Der
Plan fand auch seinen Beifall, worauf sie den Gedanken er-
wogen, bei Gelegenheit gegen Chosroes vorzugehen. Indessen
wurde das Vorhaben dem König verraten und die Ausführung
vereitelt. Chosroes ließ nämlich Zames selbst wie auch seine
eigenen und dessen sämtliche Brüder mit all ihren männlichen
Nachkommen umbringen, desgleichen jeden vornehmen Per-

τῶν ἐπ' αὐτῷ βεβουλευμένων ἢ ἄρξαι ἢ μεταλαχεῖν
τρόπῳ δὴ ὅτῳ τετύχηκεν. ἐν τοῖς καὶ 'Ασπεβέδης ἦν ὁ
τῆς Χοσρόου μητρὸς ἀδελφός.

Καβάδην μέντοι τὸν Ζάμου υἱὸν αὐτὸς μὲν κτείνειν
οὐδαμῆ εἶχεν. ἔτι γὰρ ὑπὸ χαναράγγῃ τῷ 'Αδεργου-
δουνβάδῃ ἐτρέφετο. αὐτῷ δὲ χαναράγγῃ τὸν παῖδα τοῦτον,
ὅνπερ ἐθρέψατο, ἐπέστελλε διαχρήσασθαι. οὔτε γὰρ τῷ
ἀνδρὶ ἀπιστεῖν ἐδικαίου οὔτε ἄλλως αὐτὸν βιάζεσθαι
εἶχεν. ὁ μὲν οὖν χαναράγγης, ἐπεὶ τὰς Χοσρόου ἐντολὰς
ἤκουσε, περιαλγήσας τε καὶ ἀποκλαύσας τὴν συμφορὰν
ἐκοινολογεῖτο τῇ γυναικὶ καὶ Καβάδου τίτθῃ ὅσα οἱ ὁ
βασιλεὺς ἐπιστείλειε. δακρύσασα δὲ ἡ γυνὴ καὶ τῶν
γονάτων τοῦ ἀνδρὸς λαβομένη ἔχρῃζε τέχνῃ μηδεμιᾷ
Καβάδην κτεῖναι. βουλευσάμενοι οὖν ἐν σφίσιν αὐτοῖς
ἐλογίσαντο κρυπτόμενον μὲν ὡς ἀσφαλέστατα τὸν παῖδα
ἐκτρέφειν, τῷ δὲ Χοσρόῃ κατὰ τάχος σημῆναι ὥς οἱ ὁ
Καβάδης ἐξ ἀνθρώπων ἀφανισθείη. καὶ τῷ τε βασιλεῖ
κατὰ ταῦτα ἐσήμαινον τόν τε Καβάδην οὕτως ἀπέκρυψαν,
ὥστε τούτου γε παρείχοντο οὐδενὶ αἴσθησιν, ὅτι μὴ
Οὐαρράμῃ τε τῷ σφετέρῳ παιδὶ καὶ τῶν οἰκετῶν ἑνί,
ὃς δὴ αὐτοῖς πιστότατος ἐς τὰ μάλιστα ἔδοξεν εἶναι. ἐπεὶ
δὲ προϊόντος τοῦ χρόνου ἐς ἡλικίαν ὁ Καβάδης ἦλθε,
δείσας ὁ χαναράγγης μὴ τὰ πεπραγμένα ἐς φῶς ἄγοιτο,
χρήματά τε τῷ Καβάδῃ ἐδίδου καὶ αὐτὸν ἀπαλλαγέντα
ἐκέλευε διασώζεσθαι ὅπη οἱ φεύγοντι δυνατὰ εἴη. τότε
μὲν οὖν Χοσρόην τε καὶ τοὺς ἄλλους ἅπαντας ταῦτα
διαπεπραγμένος ὁ χαναράγγης ἐλάνθανε. χρόνῳ δὲ ὕστερον ὁ μὲν Χοσρόης ἐς γῆν τὴν Κολχίδα στρατῷ μεγάλῳ
ἐσέβαλλεν, ὥς μοι ἐν τοῖς ὄπισθεν λόγοις γεγράψεται.
εἵπετο δὲ αὐτῷ ὁ τούτου δὴ τοῦ χαναράγγου υἱὸς Οὐαρράμης, ἄλλους τε τῶν οἰκετῶν ἐπαγόμενος καὶ ὃς αὐτῷ
τὰ ἐς τὸν Καβάδην ξυνεπιστάμενος ἔτυχεν· ἐνταῦθα τῷ
βασιλεῖ Οὐαρράμης τὰ ἀμφὶ τῷ Καβάδῃ ἅπαντα ἔφραζε,
καὶ τὸν οἰκέτην ἐφ' ἅπασίν οἱ ὁμολογοῦντα παρείχετο.

ser, der den Anschlag gegen ihn ausgeheckt oder irgendwie
daran teilgenommen hatte. Zu den Opfern gehörte auch Aspebedes, der Mutterbruder des Chosroes.

Kabades jedoch, den Sohn seines Bruders Zames, konnte
er nicht beseitigen, da dieser noch unter der Obhut des
Chanaranges Adergudunbades aufwuchs. Er gab indes dem
Chanaranges selbst Befehl, den Knaben, den er erzogen hatte,
zu töten; denn er hatte keine Veranlassung, dem Manne zu
mißtrauen, sah auch sonst keine Möglichkeit, ihn zu zwingen.
Sobald der Chanaranges den Auftrag des Chosroes vernommen hatte, beweinte er in tiefem Schmerz die Unglücksbotschaft und teilte seiner Frau sowie der Amme des Kabades den
Befehl des Königs mit. Da brach die Frau in Tränen aus, umfaßte die Kniee ihres Mannes und bat ihn, Kabades auf keinen Fall zu töten. Nun berieten sie miteinander und kamen
zu dem Schluß, das Kind in aller Heimlichkeit und unter
strengster Sicherung aufzuziehen, dem Chosroes aber so
schnell wie möglich zu melden, daß Kabades nicht mehr unter den Lebenden weile. Und sie gaben auch dem König entsprechenden Bescheid, den Kabades aber verbargen sie so
sorgfältig, daß sie niemand außer ihrem Sohne Uarrhames
und einem unbedingt zuverlässigen Diener etwas davon merken ließen. Als Kabades im Laufe der Zeit heranwuchs, fühlte
der Chanaranges jedoch Angst, seine Tat könne ans Licht
kommen. Er versorgte daher den jungen Mann mit Geld und
forderte ihn auf, sich davonzumachen und sich auf der Flucht
nach Möglichkeit irgendwo in Sicherheit zu bringen. Damals
merkten weder Chosroes noch die anderen Perser etwas von
der Tat des Chanaranges, später jedoch, als Chosroes, wie ich
noch im folgenden berichten werde, mit einem starken Heer
in Kolchis einfiel, begleitete ihn Uarrhames, der Sohn des genannten Chanaranges. Der hatte unter anderen auch jenen
Diener bei sich, der gemeinsam mit ihm um die Sache mit
Kabades wußte. Nun erzählte Uarrhames dem König die ganze Geschichte des Kabades und zog auch den Diener bei, der
seine sämtlichen Angaben bestätigte.

Ταῦτα ἐπεὶ ὁ Χοσρόης ἔγνω, τῷ τε θυμῷ ἤδη ὑπερ- 14
φυῶς εἴχετο καὶ δεινὰ ἐποιεῖτο εἰ πρὸς δούλου ἀνδρὸς
τοιαῦτα ἔργα πεπονθὼς εἴη, οὐκ ἔχων τε ὅπως οἱ ὑπο-
χείριον τὸν ἄνδρα ποιοίη, ἐπενόει τάδε. ἡνίκα ἐκ γῆς 15
τῆς Κολχίδος ἐπ᾽ οἴκου ἀναχωρεῖν ἔμελλε, γράφει τῷ
χαναράγγῃ τούτῳ ὅτι δὴ αὐτῷ βεβουλευμένα εἴη παντὶ
τῷ στρατῷ ἐς γῆν τὴν Ῥωμαίων ἐσβάλλειν, οὐκ ἐν μιᾷ
μέντοι τῆς χώρας εἰσόδῳ, ἀλλὰ δίχα ποιησαμένῳ τὸ
Περσῶν στράτευμα, ὅπως οἱ ἐντός τε καὶ ἐκτὸς ποταμοῦ Εὐφράτου ἐπὶ τοὺς πολεμίους ἡ ἐσβολὴ ἔσται. μιᾷ 16
μὲν οὖν τῆς στρατιᾶς μοίρᾳ ἐς τὴν πολεμίαν αὐτόν, ὡς
τὸ εἰκός, ἐξηγήσεσθαι, ἑτέρῳ δὲ οὐδενὶ ἐνδιδόναι τῶν
αὐτοῦ δούλων ἴσα τῷ βασιλεῖ ἐν ταύτῃ δὴ τῇ τιμῇ
ἔχειν, ὅτι μὴ αὐτῷ χαναράγγῃ τῆς ἀρετῆς ἕνεκα. δεῖν 17
τοίνυν αὐτὸν μὲν ἐν τῇ ἀποπορείᾳ κατὰ τάχος οἱ ἐς
ὄψιν ἐλθεῖν, ὅπως αὐτῷ κοινολογησάμενος ἅπαντα
ἐπιστέλλοι ὅσα ξυνοίσειν τῇ στρατιᾷ μέλλοι, τοὺς δὲ
ξὺν αὐτῷ ὄπισθε κελεύειν ὁδῷ ἰέναι. ταῦτα ἐπεὶ ὁ 18
χαναράγγης ἀπενεχθέντα εἶδε, περιχαρὴς γεγονὼς τῇ
ἐς αὐτὸν τοῦ βασιλέως τιμῇ, μακράν τε ἀπολελειμμένος
τῶν οἰκείων κακῶν αὐτίκα τὰ ἐντεταλμένα ἐπιτελῆ
ἐποίει. ἐν δὲ τῇ ὁδῷ ταύτῃ ἀντέχειν τῷ πόνῳ οὐδαμῆ 19
ἔχων (ἦν γάρ τις γέρων ὁ ἀνὴρ μάλιστα) τόν τε χαλινὸν
μεθεὶς τοῦ ἵππου ἐκπίπτει καί οἱ τὸ ἐν τῷ σκέλει ὀστέον
ἐρράγη· διὸ δὴ αὐτῷ ἐπάναγκες ἦν ἐνταῦθα θεραπευο-
μένῳ ἡσυχῇ μένειν, ἔς τε τὸ χωρίων τοῦτο τῷ βασιλεῖ
ἥκοντι ἐς ὄψιν ἦλθε. καὶ αὐτῷ Χοσρόης ἔφασκε ξυστρα- 20
τεύειν σφίσιν οὕτως ἔχοντι τοῦ ποδὸς ἀδύνατα εἶναι,
ἀλλὰ χρῆναι αὐτὸν ἔς τι τῶν ἐκείνῃ φρουρίων ἰόντα τῆς
πρὸς τῶν ἰατρῶν ἐπιμελείας ἐνταῦθα τυχεῖν. οὕτω μὲν 21
ὁ Χοσρόης τὴν ἐπὶ τῷ θανάτῳ τὸν ἄνθρωπον ἀπεπέμψατο, καὶ ξὺν αὐτῷ ὄπισθεν εἴποντο οἴπερ αὐτὸν ἐν
τῷ φρουρίῳ ἀπολεῖν ἔμελλον, ἄνδρα ἐν Πέρσαις ἀήτ-
τητον στρατηγὸν ὄντα τε καὶ λεγόμενον, ὅσπερ ἐπὶ

Die Mitteilung versetzte Chosroes in heftigsten Zorn; er
fand es empörend, daß er von einem Sklaven so etwas hatte
hinnehmen müssen. Da er aber nicht wußte, wie er den Mann
in seine Gewalt bringen könne, dachte er sich folgende List
aus: Eben im Begriffe aus Kolchis nach Hause zurückzukehren, schrieb er dem genannten Chanaranges, daß er mit
seiner gesamten Streitmacht einen Einfall ins Römerreich
beabsichtige; er wolle jedoch nicht an einer einzigen Stelle
einbrechen, sondern das Perserheer in zwei Säulen teilen, damit der Angriff auf die Feinde diesseits und jenseits des Euphrat erfolge. Den einen Teil des Heeres werde er natürlich
selbst ins Feindesland führen, keinem anderen Untertanen
aber könne er gestatten, in dieser Ehre es dem Herrscher
gleichzutun, als eben nur dem Chanaranges wegen seiner
Tüchtigkeit. Dieser müsse sich darum beim Abmarsch so
rasch wie möglich beim König einfinden, damit er ihm in gemeinsamer Aussprache alle Anweisungen gebe, die zum Besten des Heeres seien. Seine Begleiter solle der Chanaranges
indessen erst später nachkommen lassen. Beim Empfang der
Nachricht war der Perser über die ihm vom König erwiesene
Ehre hocherfreut und ohne auch nur im entferntesten an das
drohende Unheil zu denken, kam er sofort dem Befehle nach.
Als hochbetagter Mann war er jedoch den Beschwerden der
Reise nicht gewachsen; die Zügel entglitten seinen Händen, er
stürzte vom Pferd und brach sich den Schenkel, so daß er an
Ort und Stelle stilliegen und sich behandeln lassen mußte.
Der König besuchte ihn dort und erklärte, mit solcher Fuß-
verletzung könne er unmöglich den Feldzug mitmachen. Er
müsse sich vielmehr in eine der dortigen Festungen begeben
und von Ärzten betreuen lassen. So schickte er den Mann von
sich weg in den Tod, und die Mörder, die ihn in der Festung
töten sollten, folgten ihm auf dem Fuße. Dabei handelte es
sich bei dem Chanaranges um einen unbesieglichen und bei
den Persern gepriesenen Feldherrn, der auf Feldzügen gegen

δώδεκα έθνη βαρβάρων στρατεύσας άπαντα Καβάδη
βασιλεῖ παρεστήσατο.

Τοῦ δὲ Ἀδεργουδουνβάδου ἐξ ἀνθρώπων ἀφανισθέν-
τος, Οὐάρράμης ὁ παῖς τὸ τοῦ χαναράγγου ἀξίωμα 22
ἔσχε. χρόνῳ δὲ οὐ πολλῷ ὕστερον εἴτε Καβάδης αὐτός, 23
ὁ τοῦ Ζάμου υἱός, εἴτε τις ἄλλος ἐπιβατεύων τοῦ Καβάδου ὀνόματος ἐς Βυζάντιον ἦλθε· Καβάδη μέντοι βασιλεῖ τὴν ὄψιν ἐμφερέστατος ἦν. καὶ αὐτὸν Ἰουστινιανὸς 24
βασιλεὺς ἀμφιγνοῶν μέν, ἅτε δὴ Καβάδου βασιλέως
υἱωνόν, ξὺν φιλοφροσύνῃ πολλῇ ἐν τιμῇ ἔσχε. τὰ μὲν οὖν
ἀμφὶ Πέρσας τοὺς Χοσρόῃ ἐπανταστάντας ἐγένετο ὧδε.
Ὕστερον δὲ καὶ τὸν Μεβόδην ὁ Χοσρόης διεχρήσατο 25
ἐξ αἰτίας τοιᾶσδε. τῶν τι σπουδαίων διαχειρίζων, παρόντι τῷ Ζαβεργάνῃ ἐπέταττε τὸν Μεβόδην καλεῖν·
ἐτύγχανε δὲ τῷ Μεβόδῃ ὁ Ζαβεργάνης διάφορος ὤν·
ὃς δὴ παρ' αὐτὸν ἀφικόμενος εὕρισκε μὲν στρατιώτας
τοὺς αὐτῷ ἑπομένους διέποντα, ἔλεγε δὲ ὅτι δὴ αὐτὸν
ὡς τάχιστα ὁ βασιλεὺς καλοίη. καὶ ὁ μὲν αὐτίκα μάλα, 26
ἐπειδὰν τὰ ἐν ποσὶ διάθηται, ἕψεσθαι ὡμολόγει, ὁ δὲ
τῷ ἐς αὐτὸν ἔχθει ἡγμένος ἀπήγγελλε Χοσρόῃ ὡς οὐ
βούλοιτο Μεβόδης ἐν τῷ παρόντι ἥκειν, φάσκων οἵ τινα
ἀσχολίαν εἶναι. θυμῷ τοίνυν ὁ Χοσρόης ἐχόμενος, 27
στείλας τῶν οἱ ἑπομένων τινὰ παρὰ τὸν τρίποδα τὸν
Μεβόδην ἐκέλευεν ἰέναι. ὅ τι δὲ τοῦτό ἐστιν, αὐτίκα
δηλώσω. τρίπους σιδηροῦς πρὸ τῶν βασιλείων ἐσαεὶ 28
ἔστηκεν. ἐπειδὰν οὖν τις τῶν Περσῶν πύθηται ὅτι δὴ
αὐτῷ ὁ βασιλεὺς χαλεπῶς ἔχοι, τούτῳ δὲ οὔτε πῃ ἐς
ἱερὸν καταφυγεῖν θέμις οὔτε ἀλλαχόσε ἰέναι, ἀλλὰ
παρὰ τοῦτον καθημένῳ τὸν τρίποδα τὴν βασιλέως
προσδέχεσθαι ψῆφον, τῶν πάντων οὐδενὸς φυλάσσειν
αὐτὸν ἀξιοῦντος. ἐνταῦθα ὁ Μεβόδης ἐν σχήματι οἰκτρῷ 29
ἐκάθητο ἡμέρας πολλάς, ἕως τις αὐτὸν Χοσρόου ἐπαγγείλαντος λαβὼν ἔκτεινεν. ἐς τοῦτό τε αὐτῷ τὰ τῆς ἐς
Χοσρόην εὐεργεσίας ἐχώρησεν.

zwölf Barbarenstämme diese sämtlich dem König Kabades unterworfen hatte.

Nachdem nun Adergudunbades die Welt verlassen hatte, empfing sein Sohn Uarrhames die Würde eines Chanaranges. Kurze Zeit darauf kam ein Mann, entweder Kabades selbst, der Sohn des Tames, oder ein anderer, der sich den Namen Kabades beigelegt hatte, nach Byzanz; jedenfalls glich er im Aussehen sehr dem König Kabades. Kaiser Justinian zweifelte zwar an seiner Person, nahm ihn aber als Enkel des Königs Kabades sehr freundlich auf und erwies ihm Ehre. So erging es den Persern, die sich gegen Chosroes erhoben hatten.

Später ließ Chosroes auch den Mebodes töten und zwar aus folgendem Anlaß: Bei Erledigung einer dringenden Angelegenheit gab er dem Zaberganes, der gerade zugegen war, den Auftrag, den Mebodes zu rufen. Ersterer aber war mit ihm verfeindet. Als er nun zu Mebodes kam, fand er ihn eben mit der Ordnung seines militärischen Gefolges beschäftigt, und richtete ihm aus, der König lasse dringendst rufen. Mebodes versprach auch sofort zu kommen, wenn er sein augenblickliches Geschäft erledigt habe. In seinem Haß ließ sich aber Zaberganes dazu verleiten, Chosroes zu melden, Mebodes erkläre, keine Zeit zu haben, und wolle daher im Augenblick nicht kommen. Darüber ergrimmte Chosroes, so daß er einen Mann aus seinem Gefolge abschickte und dem Mebodes sagen ließ, er solle sich zum Dreifuß begeben. Was es damit für eine Bewandtnis hat, will ich sogleich berichten: Vor dem königlichen Palast steht dauernd ein Dreifuß. Sobald nun ein Perser erfährt, daß er beim König in Ungnade gefallen ist, darf er sich weder in ein Heiligtum flüchten noch anderswohin begeben, sondern er muß sich bei diesem Dreifuß niederlassen und den königlichen Entscheid abwarten. Dort mußte nun auch Mebodes viele Tage in jammervoller Verfassung sitzen, bis ihn schließlich auf Chosroes' Befehl ein Mann ergriff und tötete. Solchen Lohn erntete er für seine Verdienste um diesen Herrscher.

Ὑπὸ δὲ τοὺς αὐτοὺς χρόνους ἐν Βυζαντίῳ στάσις τῷ **24**
δήμῳ ἐκ τοῦ ἀπροσδοκήτου ἐνέπεσεν, ἣ μεγίστη τε παρὰ
δόξαν ἐγένετο καὶ ἐς κακὸν μέγα τῷ τε δήμῳ καὶ τῇ
βουλῇ ἐτελεύτησε τρόπῳ τοιῷδε. οἱ δῆμοι ἐν πόλει **2**
ἑκάστῃ ἔς τε Βενέτους ἐκ παλαιοῦ καὶ Πρασίνους διῄ-
ρηντο, οὐ πολὺς δὲ χρόνος ἐξ οὗ τούτων τε τῶν ὀνομάτων
καὶ τῶν βάθρων ἕνεκα, οἷς δὴ θεώμενοι ἐφεστήκασι,
τά τε χρήματα δαπανῶσι καὶ τὰ σώματα αἰκισμοῖς
πικροτάτοις προΐενται καὶ θνήσκειν οὐκ ἀπαξιοῦσι θανάτῳ αἰσχίστῳ· μάχονται δὲ πρὸς τοὺς ἀντικαθισταμέ- **3**
νους, οὔτε εἰδότες ὅτου αὐτοῖς ἕνεκα ὁ κίνδυνός ἐστιν,
ἐξεπιστάμενοί τε ὡς, ἢν καὶ περιέσωνται τῶν δυσμενῶν
τῇ μάχῃ, λελείψεται αὐτοῖς ἀπαχθῆναι μὲν αὐτίκα ἐς
τὸ δεσμωτήριον, αἰκιζομένοις δὲ τὰ ἔσχατα εἶτα ἀπολωλέναι. φύεται μὲν οὖν αὐτοῖς τὸ ἐς τοὺς πέλας ἔχθος **4**
αἰτίαν οὐκ ἔχον, μένει δὲ ἀτελεύτητον ἐς τὸν πάντα αἰῶνα,
οὔτε κήδει οὔτε ξυγγενείᾳ οὔτε φιλίας θεσμῷ εἶκον, ἢν
καὶ ἀδελφοὶ ἢ ἄλλο τι τοιοῦτον οἱ ἐς τὰ χρώματα ταῦτα
διάφοροι εἶεν. μέλει τε αὐτοῖς οὔτε θείων οὔτε ἀνθρω- **5**
πείων πραγμάτων παρὰ τὸ ἐν τούτοις νικᾶν, ἤν τέ τι
ἀσέβημα ἐς τὸν θεὸν ὑφ' ὁτουοῦν ἁμαρτάνηται ἤν τε οἱ
νόμοι καὶ ἡ πολιτεία πρὸς τῶν οἰκείων ἢ τῶν πολεμίων
βιάζωνται, ἐπεὶ καὶ τῶν ἐπιτηδείων σπανίζοντες ἴσως
κἂν τοῖς ἀναγκαιοτάτοις ἀδικουμένης αὐτοῖς τῆς πα-
τρίδος, οὐ προσποιοῦνται, ἤν γε αὐτοῖς κεῖσθαι τὸ μέρος
ἐν καλῷ μέλλῃ· οὕτω γὰρ τοὺς συστασιώτας καλοῦσι.
μεταλαγχάνουσι δὲ τοῦ ἄγους τούτου καὶ γυναῖκες
αὐτοῖς, οὐ τοῖς ἀνδράσιν ἑπόμεναι μόνον, ἀλλὰ καὶ τούτοις, ἂν οὕτω τύχοι, ἀντιστατοῦσαι, καίπερ οὔτε εἰς τὰ **6**
θέατρα τὸ παράπαν ἰοῦσαι οὔτε τῳ ἄλλῳ αἰτίῳ ἠγμέναι·
ὥστε οὐκ ἔχω ἄλλο τι ἔγωγε τοῦτο εἰπεῖν ἢ ψυχῆς

24. Der sog. Nikaaufstand in Byzanz bedroht Justinians Kaisertum, wird aber unter großen Blutopfern niedergeworfen (532)

Um die gleiche Zeit kam es unter dem Volke in Byzanz plötzlich zu einer Erhebung, die wider Erwarten gewaltigen Umfang annahm und schließlich über Volk und Senat großes Unglück brachte. Das kam so: Die Demen in jeder Stadt sind seit alters in Venetoi (Blaue) und Prasinoi (Grüne) gespalten, doch es liegt noch nicht lange zurück, daß sie um dieser Namen und ihrer Zuschauerplätze willen ihr Geld vergeuden, sich härtesten Mißhandlungen aussetzen und selbst den schimpflichsten Tod nicht scheuen. Sogar Schlachten fechten sie mit der Gegenpartei aus, ohne recht zu wissen, warum sie sich in solche Gefahr stürzen, und sind sich nur des einen sicher, daß auch nach einem Sieg über die Widersacher nichts anderes auf sie wartet, als sofort ins Gefängnis abgeführt, dort auf das schwerste mißhandelt und schließlich hingerichtet zu werden. So wächst in ihnen ohne wirkliche Veranlassung der Haß gegen den Nächsten, und dieses Gefühl dauert in alle Ewigkeit und läßt weder Verschwägerung noch Blutsverwandtschaft noch auch das Gesetz der Freundschaft gelten, selbst wenn die nach den Farben getrennten Parteigänger Brüder oder sonst dergleichen sind. Gilt es den Sieg dieser Farben, so kümmern sie sich weder um göttliche noch menschliche Dinge, und es hat nichts zu sagen, wenn darüber von jemand ein Sakrileg begangen wird oder Gesetz und Staatsverfassung durch eigene Leute oder Feinde Gewalt leiden; sie kehren sich auch nicht daran, wenn sie vielleicht das Lebensnotwendige entbehren müssen und in bitterster Bedrängnis das Vaterland durch sie zu Schaden kommt. Wichtig ist nur, daß es ihrem Meros (Teil) – so heißen sie ihre Parteigänger – gut gehen wird. Selbst Frauen beteiligen sich bei ihnen an diesem verbrecherischen Treiben, indem sie sich nicht nur ihren Männern anschließen, sondern gegebenenfalls auch gegen sie auftreten; dabei gehen Frauen doch gar nicht ins Theater, und es gibt auch sonst keinen Grund, der sie zu einem derartigen Verhalten bestimmen könnte. Ich kann da-

νόσημα. ταῦτα μὲν οὖν ταῖς τε πόλεσι καὶ δήμῳ ἑκάστῳ
ὧδέ πη ἔχει.

Τότε δὲ ἡ ἀρχή, ἣ τῷ δήμῳ ἐφειστήκει ἐν Βυζαντίῳ, 7
τῶν στασιωτῶν τινας τὴν ἐπὶ θανάτῳ ἀπῆγε. ξυμφρο
νήσαντες δὲ καὶ σπεισάμενοι πρὸς ἀλλήλους ἑκάτεροι
τούς τε ἀγομένους ἁρπάζουσι καὶ ἐς τὸ δεσμωτήριον
αὐτίκα ἐσβάντες ἀφιᾶσιν ἅπαντας ὅσοι στάσεως ἢ ἑτέρου
του ἁλόντες ἀτοπήματος ἐδέντο. καὶ οἱ μὲν ὑπηρέται, 8
ὅσοι τῇ τῆς πόλεως ἀρχῇ ἕπονται, ἐκτείνοντο οὐδενὶ
λόγῳ, τῶν δὲ πολιτῶν εἴ τι καθαρὸν ἦν ἐς τὴν ἀντιπέρας
ἤπειρον ἔφευγον, καὶ τῇ πόλει πῦρ ἐπεφέρετο, ὡς δὴ
ὑπὸ πολεμίοις γεγενημένη. καὶ τὸ ἱερὸν ἡ Σοφία τό τε 9
βαλανεῖον ὁ Ζεύξιππος καὶ τῆς βασιλέως αὐλῆς τὰ ἐκ
τῶν προπυλαίων ἄχρι ἐς τὸν Ἄρεως λεγόμενον οἶκον
καυθέντα ἐφθάρη, ἐπὶ τούτοις τε ἄμφω αἱ μεγάλαι στοαὶ
μέχρι τῆς ἀγορᾶς ἀνήκουσαι, ἣ Κωνσταντίνου ἐπώνυ
μός ἐστιν, εὐδαιμόνων τε ἀνθρώπων οἰκίαι πολλαὶ καὶ
χρήματα μεγάλα. βασιλεὺς δὲ καὶ ἡ συνοικοῦσα καὶ τῶν 10
ἀπὸ βουλῆς ἔνιοι καθείρξαντες σφᾶς αὐτοὺς ἐν παλατίῳ
ἡσύχαζον. ξύμβολον δὲ ἀλλήλοις ἐδίδοσαν οἱ δῆμοι τὸ
νίκα, καὶ ἀπ᾿ αὐτοῦ ἐς τόδε τοῦ χρόνου ἡ κατάστασις
ἐκείνη προσαγορεύεται.

Τότε τῆς μὲν αὐλῆς ἔπαρχος Ἰωάννης ἦν ὁ Καππα 11
δόκης, Τριβουνιανὸς δέ, Πάμφυλος γένος, βασιλεῖ πά
ρεδρος· κοιαίστωρα τοῦτον καλοῦσι Ῥωμαῖοι. τούτοιν 12
ἅτερος, Ἰωάννης, λόγων μὲν τῶν ἐλευθερίων καὶ παι
δείας ἀνήκοος ἦν. οὐ γὰρ ἄλλο οὐδὲν ἐς γραμματιστοῦ
φοιτῶν ἔμαθεν, ὅτι μὴ γράμματα, καὶ ταῦτα κακὰ
κακῶς· φύσεως δὲ ἰσχύϊ πάντων γέγονε δυνατώτατος
ὧν ἡμεῖς ἴσμεν. γνῶναί τε γὰρ τὰ δέοντα ἱκανώτατος 13
ἦν καὶ λύσιν τοῖς ἀπόροις εὑρεῖν. πονηρότατος δὲ γεγο
νὼς ἀνθρώπων ἁπάντων τῇ τῆς φύσεως δυνάμει ἐς τοῦτο
ἐχρῆτο καὶ οὔτε θεοῦ λόγος οὔτε ἀνθρώπων αὐτὸν αἰδώς
τις ἐσῄει, ἀλλὰ βίους τε αὐτῷ ἀνθρώπων πολλῶν ἀπολ·

her dies nur als eine Seelenkrankheit bezeichnen. So steht es also damit in den Städten und in jedem Demos.

Damals ließ der Stadtpräfekt von Byzanz einige Aufrührer zur Hinrichtung abführen. Die beiden Parteien einigten sich jedoch und schlossen gegenseitig ein Abkommen, worauf sie die Verurteilten wegholten, sogleich auch ins Gefängnis einbrachen und alle freiließen, die wegen Empörung oder eines sonstigen Vergehens dort in Fesseln lagen. Die Bediensteten, soweit sie der Stadtpräfektur unterstanden, wurden dabei rücksichtslos hingeschlachtet. Indessen floh der anständige Teil der Bürgerschaft auf das jenseitige Festland, und Feuer wurde an die Stadt gelegt, als wäre sie in Feindeshand gefallen. Die Sophienkirche, das Zeuxipposbad, die Teile der kaiserlichen Residenz von den Propyläen bis zum sog. Hause des Ares wurden ein Raub der Flammen, außerdem die beiden großen Säulenhallen bis zum Forum des Konstantinos und viele Häuser und große Wertgegenstände reicher Leute. Der Kaiser, seine Gemahlin und einige Senatoren schlossen sich daraufhin in den Palast ein und verhielten sich abwartend. Als gegenseitige Losung aber verwendeten die Demen das Wort Nika, wovon jener Aufstand bis heute seinen Namen trägt.

Damals war Johannes der Kappadoker praefectus praetorio, Tribunianos aber, ein geborener Pamphylier, juristischer Beirat des Kaisers – Quästor heißt er bei den Römern. Der eine von ihnen, Johannes, wußte nichts von feinerer Bildung und Erziehung; er hatte in der Schule eines Elementarlehrers nur das Schreiben und auch dies schlecht genug gelernt, war aber allen, die wir kennen, an natürlicher Fähigkeit überlegen. Ihm eignete eine außerordentliche Geschicklichkeit, das Notwendige zu erkennen und eine Lösung für Schwierigkeiten zu finden. Dabei war er aber der allerschlechteste Charakter und gebrauchte seine natürlichen Kräfte nur zu diesem Zweck. Er kümmerte sich weder um Gott noch schämte er sich vor den Menschen, sein Dichten und Trach-

λύναι κέρδους ἕνεκα καὶ πόλεις ὅλας καθελεῖν ἐπιμελὲς ἦν.
χρόνου γοῦν ὀλίγου χρήματα μεγάλα περιβαλόμενος ἐς 14
κραιπάλην τινὰ ἐκλελάκτικεν ὅρον οὐκ ἔχουσαν, ἄχρι
μὲν ἐς τὸν τοῦ ἀρίστου καιρὸν ληιζόμενος τὰς τῶν ὑπη-
κόων οὐσίας, μέθῃ δὲ τὸ λοιπὸν καὶ σώματος ἔργοις
ἀσελγέσιν ἠσχολημένος· κατέχειν δὲ ἑαυτὸν οὐδαμῆ 15
ἴσχυεν, ἀλλὰ τά τε βρώματα μέχρι ἐς τὸν ἔμετον ἤσθιε
καὶ τὰ χρήματα κλέπτειν μὲν ἦν ἐς ἀεὶ ἕτοιμος, προΐεσθαι δὲ καὶ δαπανᾶν ἑτοιμότερος. Ἰωάννης μὲν οὖν
τοιοῦτός τις ἦν.

Τριβουνιανὸς δὲ φύσεως μὲν δυνάμει ἐχρῆτο καὶ παι- 16
δείας ἐς ἄκρον ἀφίκετο τῶν κατ' αὐτὸν οὐδενὸς ἧσσον,
ἐς δὲ φιλοχρηματίαν δαιμονίως ἐσπουδακὼς οἷός τε ἦν
κέρδους ἀεὶ τὸ δίκαιον ἀποδίδοσθαι, τῶν τε νόμων
ἡμέρᾳ ἐκ τοῦ ἐπὶ πλεῖστον ἑκάστῃ τοὺς μὲν ἀνῄρει, τοὺς
δὲ ἔγραφεν, ἀπεμπολῶν τοῖς δεομένοις κατὰ τὴν χρείαν
ἑκάτερον. ἕως μὲν οὖν ὁ δῆμος ὑπὲρ τῶν ἐν τοῖς χρώ- 17
μασιν ὀνομάτων τὸν πόλεμον πρὸς ἀλλήλους διέφερον,
λόγος οὐδεὶς ἦν ὧν οὗτοι ἐς τὴν πολιτείαν ἡμάρτανον·
ἐπεὶ δὲ ξυμφρονήσαντες, ὥσπερ ἐρρήθη, ἐς τὴν στάσιν
κατέστησαν, ἔκ τε τοῦ ἐμφανοῦς ἀνὰ πᾶσαν τὴν πόλιν
ἐς αὐτοὺς ὕβριζον καὶ περιόντες ἐζήτουν ἐφ' ᾧ κτείνωσι.
διὸ δὴ βασιλεὺς ἑταιρίζεσθαι τὸν δῆμον ἐθέλων ἄμφω
τῆς ἀρχῆς ἐν τῷ παραυτίκα παρέλυσε. καὶ Φωκᾶν μέν, 18
ἄνδρα πατρίκιον, ἔπαρχον τῆς αὐλῆς κατεστήσατο,
ξυνετώτατόν τε καὶ τοῦ δικαίου ἐπιμελεῖσθαι ἱκανῶς
πεφυκότα· Βασιλείδην δὲ τὴν τοῦ κοιαίστωρος ἀρχὴν
ἔχειν ἐκέλευεν, ἔκ τε ἐπιεικείας γνώριμον ἐν πατρικίοις
ὄντα καὶ ἄλλως δόκιμον. οὐδὲν μέντοι ἧσσον ἡ στάσις 19
ἐπ' αὐτοῖς ἤκμαζε. πέμπτῃ δὲ ἀπὸ τῆς στάσεως ἡμέρᾳ
περὶ δείλην ὀψίαν Ἰουστινιανὸς βασιλεὺς Ὑπατίῳ τε καὶ
Πομπηίῳ τοῖς Ἀναστασίου τοῦ βεβασιλευκότος ἀδελ-
φιδοῖς οἴκαδε ὡς τάχιστα ἐπέσκηπτεν ἰέναι, εἴτε τι
νεώτερον πράσσεσθαι πρὸς αὐτῶν ἐς σῶμα τὸ οἰκεῖον

ten ging vielmehr einzig darauf hin, aus Gewinnsucht viele
Leben auszulöschen und ganze Städte zu vernichten. In kurzer Zeit erwarb er sich große Reichtümer und überließ sich
nun grenzenloser Trunkenheit, wobei er bis zur Frühstücks-
zeit den Besitz der Untertanen ausplünderte, den Rest des
Tages aber in Rausch und körperlichen Ausschweifungen hin-
brachte. Er kannte keine Beherrschung, sondern fraß bis
zum Erbrechen. Stets war er bereit, das Gut anderer zu stehlen, noch lieber aber verschleuderte und verpraßte er diesen
Erwerb. Ein solcher Mensch etwa war Johannes.

Tribunianos hingegen besaß natürliche Fähigkeiten und
hatte sich dazu eine Bildung erworben, die ihn den Besten
seiner Zeit gleichstellte, war jedoch unglaublich geldgierig
und stets bereit, das Recht um schnöden Gewinn zu verkau-
fen. Und was die Gesetze anlagt, so hob er fast jeden Tag alte
auf und verfaßte neue, wobei er von den Bittstellern je nach
Bedarf sich beides bezahlen ließ. Solange sich das Volk lediglich für den Ruf seiner Farben gegenseitig bekriegte, nahm
man von den Staatsverbrechen nicht weiter Kenntnis. Doch
nachdem sich die Parteien geeinigt und, wie gesagt, zum offenen Aufstand entschlossen hatten, verübten sie unverhüllt
über die ganze Stadt hin Gewalttaten an den Einwohnern
und suchten umherziehend Anlässe zu Morden. Der Kaiser,
der das Volk zu gewinnen suchte, entließ beide Männer sogleich aus ihren Ämtern und bestellte zum praefectus praetorio Phokas, einen Patrikier und sehr verständigen wie auch
rechtlich gesinnten Mann, während er mit der Leitung der
Quästur den Basileides betraute. Dieser zeichnete sich unter
den Patrikiern durch seine anständige Gesinnung aus und erfreute sich auch sonst bedeutenden Ansehens. Gleichwohl
nahm der Aufstand unter ihrer Amtsführung immer größere
Ausmaße an. Am fünften Tag nach Beginn der Erhebung gebot Kaiser Justinian während des Spätnachmittags Hypatios
und Pompeios, den Neffen des früheren Kaisers Anastasios,
sich so rasch wie möglich nach Hause zu begeben, sei es daß
er von ihrer Seite einen Anschlag auf sein Leben befürchtete,

ὑποτοπήσας εἴτε καὶ αὐτοὺς ἡ πεπρωμένη ἐς τοῦτο
ἦγεν. οἱ δέ, ὅπερ ἐγένετο, δείσαντες μὴ σφᾶς ὁ δῆμος 20
ἐς τὴν βασιλείαν βιάζοιτο, ἔφασαν οὐ δίκαια ποιήσειν
εἰ σφῶν τὸν βασιλέα παρήσουσιν ἐς τοσόνδε κίνδυνον
ἥκοντα. ταῦτα ἀκούσας Ἰουστινιανὸς βασιλεὺς ἔτι μᾶλ- 21
λον ἐς τὴν ὑποψίαν ἐνέπιπτε, καὶ αὐτοὺς αὐτίκα μάλα
ἐκέλευεν ἀπαλλάσσεσθαι. οὕτω γοῦν οἴκαδε τὼ ἄνδρε
τούτω ἐκομιζέσθην καὶ τέως μὲν νὺξ ἐτύγχανεν οὖσα,
ἐνταῦθα ἡσυχαζέτην.

Τῇ δὲ ὑστεραίᾳ ἅμα ἡλίῳ ἀνίσχοντι ἔκπυστα ἐς τὸν 22
δῆμον ἐγένετο ὡς ἀμφοτέρω ἀπηλλαγήτην τῆς ἐν παλατίῳ διατριβῆς. ἔτρεχον οὖν ἐπ' αὐτοὺς ὁ λεὼς ἅπας,
βασιλέα τε Ὑπάτιον ἀνηγόρευον, καὶ αὐτὸν ὡς παρα-
ληψόμενον τὰ πράγματα ἐς τὴν ἀγορὰν ἦγον. ἡ δὲ Ὑπα- 23
τίου γυνὴ Μαρία, ξυνετή τε οὖσα καὶ δόξαν ἐπὶ σωφροσύνῃ μεγίστην ἔχουσα, εἴχετο μὲν τοῦ ἀνδρὸς καὶ οὐ
μεθίει, ἐβόα δὲ ὀλολυγῇ τε χρωμένη καὶ τοῖς ἐπιτηδείοις
ἅπασιν ἐγκελευομένη, ὡς αὐτὸν τὴν ἐπὶ θανάτῳ οἱ
δῆμοι ἄγοιεν. ὑπερβιαζομένου μέντοι τοῦ ὁμίλου, αὐτή 24
τε οὐχ ἑκοῦσα μεθῆκε τὸν ἄνδρα καὶ αὐτὸν ὁ λεὼς οὔτι
ἑκούσιον ἐς τὴν Κωνσταντίνου ἀγορὰν ἥκοντα ἐς τὴν
βασιλείαν ἐκάλουν, καὶ (οὐ γὰρ ἦν αὐτοῖς οὔτε διάδημα
οὔτε τι ἄλλο ὧν βασιλέα περιβάλλεσθαι νόμος) στρεπτόν
τινα χρυσοῦν ἐπὶ τῇ κεφαλῇ θέμενοι βασιλέα Ῥωμαίων
ἀνεῖπον. ἤδη δὲ καὶ τῶν ἐκ βουλῆς ξυνιόντων, ὅσοι οὐκ 25
ἀπολειφθέντες ἐτύγχανον ἐν τῇ βασιλέως αὐλῇ, πολλαὶ
μὲν ἐλέγοντο γνῶμαι ὡς αὐτοῖς ἰτέον ἀγωνιουμένοις ἐς
παλάτιον·

Ὠριγένης δέ, ἀνὴρ ἐκ βουλῆς, παρελθὼν ἔλεξε τοιάδε 26
,,Τὰ μὲν παρόντα ἡμῖν, ὦ ἄνδρες Ῥωμαῖοι, πράγματα
μὴ οὐχὶ πολέμῳ διακριθῆναι οὐχ οἷόν τε. πόλεμος δὲ
καὶ βασιλεία τὰ μέγιστα τῶν ἐν ἀνθρώποις ἁπάντων
ὡμολόγηται εἶναι. τῶν δὲ δὴ πράξεων αἱ μεγάλαι οὐ 27
βραχύτητι καιροῦ κατορθοῦσθαι θέλουσιν, ἀλλ' εὐβου-

sei es daß ihr Schicksal sie diesen Weg gehen hieß. Beide waren aber in Sorge, das Volk möchte sie – was dann auch eintrat – gewaltsam auf den Thron erheben, und erklärten deshalb, es sei nicht recht von ihnen, ihren Kaiser in solcher Gefahr allein zu lassen. Diese Äußerung bestärkte Kaiser Justinian noch mehr in seinem Verdacht; er befahl ihnen daher,
sich auf der Stelle zu entfernen, und so wurden die beiden
Männer nach Hause gebracht, wo sie während der Nacht unbehelligt blieben.

Am nächsten Tage jedoch mit Sonnenaufgang erfuhr das
Volk, daß die zwei den kaiserlichen Palast verlassen hätten.
Eilends begab sich daraufhin die ganze Masse zu ihnen, rief
Hypatios zum Kaiser aus und geleitete ihn aufs Forum, damit er dort die Macht übernehme. Maria aber, die Gemahlin
des Hypatios, eine kluge und ob ihrer Besonnenheit hochan-
gesehene Frau, klammerte sich an ihren Gatten und wollte
ihn nicht loslassen; sie schrie und jammerte laut und redete
auf alle ihre Verwandten ein, die Demen führten ihren Gemahl nur zum Tode. Doch unter dem übermächtigen Zwang
der Masse mußte sie schließlich widerstrebend ihren Mann
ziehen lassen, und auch er folgte nur zögernd zum Konstantinsforum, wo ihn das Volk als Herrscher begrüßte, in Er-
mangelung eines Diadems oder eines anderen Teiles des Kai-
serornats mit einer goldenen Kette krönte und zum römischen
Kaiser ausrief. Und schon wurden auch bei den Senatoren,
soweit sie sich zusammenfanden und nicht am kaiserlichen
Hof zurückgeblieben waren, viele Stimmen laut, man müsse
den Palast stürmen.

Da trat ein Senator namens Origenes auf und sprach folgende Worte: „Römer, unsere augenblickliche Lage kann nur
durch Krieg entschieden werden. Krieg aber und Kaisertum
sind anerkanntermaßen das Allerwichtigste bei den Menschen.
Nun können freilich große Unternehmungen nicht in einem
kurzen Augenblick erfolgreich durchgeführt werden, nein,
erste reifliche Überlegung und körperliche Anstrengungen

λία τε λογισμῶν καὶ πόνοις σωμάτων, ἅπερ ἄνθρωποι
ἐς χρόνου μῆκος ἐνδείκνυνται. ἢν μὲν οὖν ἐπὶ τὸν πολέμιον ἴοιμεν, ἐπὶ ξυροῦ μὲν ἀκμῆς τὰ πράγματα ἡμῖν 28
στήσεται, περὶ δὲ τῶν ὅλων ἐν βραχεῖ διακινδυνεύσομεν
χρόνῳ, τῶν δὲ ἀποβήσεσθαι μελλόντων ἕνεκα τὴν τύχην
ἢ προσκυνήσομεν ἢ μεμψόμεθα πάντως. τὰ γὰρ τῶν
πραγμάτων ὀξύτατα ἐς τὸ τῆς τύχης ὡς τὰ πολλὰ πε- 29
ριίσταται κράτος. ἢν δὲ σχολαίτερον τὰ παρόντα διοικη-
σώμεθα, οὐδὲ βουλομένοις παρέσται ἡμῖν Ἰουστινιανὸν
ἐν παλατίῳ λαβεῖν, ἀλλ᾽ ἀγαπήσει ὡς τάχιστα ἤν τις
αὐτὸν ἐῴη φυγεῖν. ἀρχὴ γὰρ περιορωμένη καταρρεῖν 30
εἴωθεν, ἀποληγούσης αὐτῇ τῆς ἰσχύος ἐς ἡμέραν ἑκάστην.
ἔστι τοίνυν ἡμῖν βασίλεια ἕτερα, Πλακιλλιαναί τε καὶ
τὰ Ἑλένης ἐπώνυμα, ὅθεν χρὴ βασιλέα τόνδε ὁρμώ-
μενον τόν τε πόλεμον διενεγκεῖν καὶ τὰ ἄλλα διοικήσασθαι
ἢ ἄμεινον ἕξει." Ὠριγένης μὲν τοσαῦτα εἶπεν. οἱ δὲ δὴ 31
ἄλλοι, ὅπερ φιλεῖ ὅμιλος ποιεῖν, ὀξύτερόν τε ἀντελαμ-
βάνοντο καὶ τὸ παραυτίκα ᾤοντο ξύμφορον εἶναι, καὶ
οὐχ ἥκιστά γε Ὑπάτιος (χρῆν γὰρ οἱ γενέσθαι κακῶς)
τῆς ἐπὶ τὸν ἱππόδρομον ὁδοῦ ἐκέλευεν ἡγεῖσθαι. τινὲς
δέ φασιν ἐξεπίτηδες αὐτὸν ἐνταῦθα ἥκειν, βασιλεῖ εὐνοϊκῶς ἔχοντα.

Οἱ δὲ ἀμφὶ τὸν βασιλέα ἐν βουλῇ ἦσαν, πότερα μένου- 32
σιν αὐτοῖς ἢ ταῖς ναυσὶν ἐς φυγὴν τρεπομένοις ἄμεινον
ἔσται. καὶ λόγοι μὲν πολλοὶ ἐλέγοντο ἐς ἑκάτερα φέροντες. καὶ Θεοδώρα δὲ ἡ βασιλὶς ἔλεξε τοιάδε ,,Τὸ μὲν 33
γυναῖκα ἐν ἀνδράσι μὴ χρῆναι τολμᾶν ἢ ἐν τοῖς ἀποκ-
νοῦσι νεανιεύεσθαι, τὸν παρόντα οἶμαι καιρὸν ἥκιστα
ἐφεῖναι διασκοπεῖσθαι, εἴτε ταύτῃ εἴτε ἄλλῃ πη νομι-
στέον. οἷς γὰρ τὰ πράγματα ἐς κίνδυνον τὸν μέγιστον 34
ἥκει, οὐκ ἄλλο οὐδὲν εἶναι δοκεῖ ἄριστον ἢ τὰ ἐν ποσὶν
ὡς ἄριστα θέσθαι. ἡγοῦμαι δὲ τὴν φυγὴν ἔγωγε, εἴπερ 35
ποτὲ, καὶ νῦν, ἢν καὶ τὴν σωτηρίαν ἐπάγηται, ἀξύμφορον
εἶναι. ἀνθρώπῳ μὲν γὰρ ἐς φῶς ἥκοντι τὸ μὴ οὐχὶ καὶ

bringen zustande, was die Menschen für lange Zeit aufzuweisen haben. Wenn wir nun gegen den Feind ziehen, wird unser Schicksal auf des Messers Schneide stehen, und wir werden in Kürze ums Ganze kämpfen müssen, je nach dem Ausgang aber das Schicksal entweder aufs höchste preisen oder völlig verdammen; denn in seiner Hand liegen ja vielfach die wichtigsten Entscheidungen. Lassen wir uns jedoch bei den jetzigen Plänen etwas Zeit, dann werden wir, selbst wenn wir wollten, Justinian im Palaste nicht mehr antreffen können; er wird froh sein, wenn man ihm so schnell wie möglich einen Fluchtweg gönnt. Eine Regierung, die man nicht weiter beachtet, muß ja zusammenbrechen, da sie Tag für Tag an Stärke verliert. Außerdem haben wir noch andere Paläste, die Plakillianai und den, der nach Helena benannt ist. Von dort aus soll dieser unser Kaiser den Krieg führen und die übrigen Maßnahmen so einleiten, wie es am besten sein wird." Soviel der Worte des Origenes. Nach Art der Masse waren aber die anderen für schärferes Vorgehen, sie hielten die augenblickliche Lage für günstig, und nicht zuletzt war es Hypatios selbst – es mußte ja schlimm mit ihm enden –, der den Befehl zum Marsch aufs Hippodrom gab. Wie einige Gewährsmänner behaupten, soll er aber nur in loyaler Gesinnung gegen den Kaiser dorthin gegangen sein.

Indessen berieten sich der Kaiser und seine Umgebung, ob es vorteilhafter für sie sei, zu bleiben oder zu Schiff zu fliehen. Während viele Stimmen dafür oder dagegen laut wurden, ließ sich die Kaiserin Theodora folgendermaßen vernehmen: „Ob eine Frau vor Männern kühn auftreten oder vor Zauderern große Worte sprechen darf, läßt meiner Ansicht nach der gegenwärtige Augenblick nicht entscheiden, und niemand weiß, ob man es so oder anders halten soll. Wo sich nämlich der Staat in äußerster Gefahr befindet, gibt es offensichtlich nur eine wichtige Aufgabe: die drängenden Nöte möglichst gut zu meistern. Ich bin der Auffassung, daß Flucht, mag sie auch Rettung schaffen, gerade im jetzigen Augenblick Nachteile bringt; denn wie ein Mensch, einmal geboren, dem Tode nicht

νεκρῷ γενέσθαι ἀδύνατον, τῷ δὲ βεβασιλευκότι τὸ
φυγάδι εἶναι οὐκ ἀνεκτόν. μὴ γὰρ ἂν γενοίμην τῆς ἀλουρ- 36
γίδος ταύτης χωρίς, μηδ᾽ ἂν τὴν ἡμέραν ἐκείνην βιῴην,
ἐν ᾗ με δέσποιναν οἱ ἐντυχόντες οὐ προσεροῦσιν. εἰ μὲν
οὖν σώζεσθαί σοι βουλομένῳ ἐστίν, ὦ βασιλεῦ, οὐδὲν
τοῦτο πρᾶγμα. χρήματα γάρ τε πολλὰ ἔστιν ἡμῖν, καὶ 37
θάλασσα μὲν ἐκείνη, πλοῖα δὲ ταῦτα. σκόπει μέντοι μὴ
διασωθέντι ξυμβήσεταί σοι ἥδιστα ἂν τῆς σωτηρίας
τὸν θάνατον ἀνταλλάξασθαι. ἐμὲ γάρ τις καὶ παλαιὸς
ἀρέσκει λόγος, ὡς καλὸν ἐντάφιον ἡ βασιλεία ἐστί".
τοσαῦτα τῆς βασιλίδος εἰπούσης, θάρσος τε τοῖς πᾶσιν 38
ἐπεγένετο καὶ ἐς ἀλκὴν τραπόμενοι ἐν βουλῇ ἐποιοῦντο
ᾗ ἂν ἀμύνεσθαι δυνατοὶ γένοιντο, ἤν τις ἐπ᾽ αὐτοὺς
πολεμήσων ἴοι.

Οἱ μὲν οὖν στρατιῶται ξύμπαντες, οἵ τε ἄλλοι καὶ 39
ὅσοι ἀμφὶ τὴν βασιλέως αὐλὴν ἐτετάχατο, τῷ βασιλεῖ
εὐνοϊκῶς εἶχον οὔτε ἐς τὸ ἐμφανὲς ἔργου ἔχεσθαι ἤθελον, ἀλλὰ τὸ μέλλον ἐκαραδόκουν ὅπη ἐκβήσεται. πᾶσαν 40
δὲ τὴν ἐλπίδα ἐν Βελισαρίῳ τε καὶ Μούνδῳ ὁ βασιλεὺς
εἶχεν, ὧν ἅτερος μέν, Βελισάριος, ἄρτι ἐκ τοῦ Μηδικοῦ
ἐπανήκων πολέμου τήν τε ἄλλην θεραπείαν δυνατήν
τε καὶ λόγου ἀξίαν ἐπήγετο καὶ δορυφόρων τε εἶχε καὶ
ὑπασπιστῶν πλῆθος ἔν τε ἀγῶσι καὶ τοῖς τοῦ πολέμου
κινδύνοις τὰς μελέτας πεποιημένον. Μοῦνδος δέ, Ἰλλυ- 41
ριῶν στρατηγὸς ἀποδεδειγμένος, τύχῃ τινὶ ξυνεκύρησε
βαρβάρους Ἐρούλους ἐπαγαγόμενος κατά τινα χρείαν
ἐς Βυζάντιον μετάπεμπτος ἥκειν. Ὑπάτιος μὲν οὖν 42
ἐπειδὴ εἰς τὸν ἱππόδρομον ἀφίκετο, ἀναβαίνει μὲν αὐτίκα οὗ δὴ βασιλέα καθίστασθαι νόμος, κάθηται δὲ ἐς
τὸν βασίλειον θρόνον, ὅθεν ἀεὶ βασιλεὺς εἰώθει τόν τε
ἱππικὸν καὶ γυμνικὸν θεᾶσθαι ἀγῶνα. ἐκ δὲ παλατίου 43
Μοῦνδος μὲν διὰ πύλης ἐξῄει, ἔνθα δὴ ὁ κοχλίας ἀπὸ
τῆς καθόδου κυκλοτεροῦς οὔσης ὠνόμασται. Βελισά- 44
ριος δὲ τὰ μὲν πρῶτα εὐθὺ αὐτοῦ τε Ὑπατίου καὶ θρόνου

entgehen kann, so muß jedem, der einmal den Kaiserpurpur trug, ein Flüchtlingsdasein unerträglich erscheinen. Niemals möchte ich daher dieses Purpurkleid verlieren und auch jenen Tag nicht erleben, an dem jene, die vor mir hintreten, mich nicht mehr als Herrin ansprechen werden. Mein Kaiser, wenn du dich in Sicherheit bringen willst, so macht dies keine Schwierigkeit. Wir verfügen ja über viel Geld, und dort ist das Meer und hier sind die Schiffe. Sieh aber zu, ob nach glücklicher Rettung du nicht am liebsten den Tod fürs Leben eintauschen würdest! Mir jedenfalls gefällt ein altes Wort, daß das Kaisertum ein schönes Totenkleid ist!" So sprach die Kaiserin, und allen zusammen wuchs der Mut. Sie entschlossen sich zum Widerstand und berieten, wie sie einen etwaigen Angriff abschlagen könnten.

Das ganze Militär jedoch, unter anderem auch die Palastgarden, standen Justinian ablehnend gegenüber und wollten nichts von einem offenen Eingreifen wissen, sondern erst die Entwicklung der Dinge abwarten. So setzte der Kaiser seine ganze Hoffnung auf Belisar und Mundos, von denen der eine, Belisar, eben aus dem Perserkrieg zurückgekommen war. Dieser führte neben seinem sonstigen Gefolge, einer starken und beachtlichen Schar, viele in Kämpfen und Kriegsgefahren wohlgeübte Doryphoren und Hypaspisten mit sich heran. Mundos hingegen, der magister militum per Illyriam (Oberbefehlshaber in Illyrien), war zufällig zu irgend einem Zweck mit Barbaren aus dem Herulerstamm nach Byzanz geholt worden. Nach seiner Ankunft im Hippodrom stieg Hypatios sogleich zur kaiserlichen Loge empor und ließ sich auf dem Thron nieder, von dem aus der Herrscher den Pferderennen und gymnischen Wettspielen zuzuschauen pflegt. Während nun Mundos den Palast durch eine Pforte an der Stelle verließ, die nach der gewundenen Form der Treppe „die Schnekke" heißt, versuchte Belisar zunächst unmittelbar in Richtung auf Hypatios und den kaiserlichen Thron die Höhe zu

τοῦ βασιλείου ἀνέβαινεν, ὡς δὲ ἐς τὸ πλησίον οἴκημα
ἦλθεν, οὗ δὴ στρατιωτῶν φρουρὰ ἐκ παλαιοῦ ἐστιν,
ἐβόα τοῖς στρατιώταις ἐγκελευόμενος ἀνοιγνύναι οἱ τὴν
θύραν ὡς τάχιστα, ὅπως ἐπὶ τὸν τύραννον ἴοι. δεδογμέ- 45
νον δὲ τοῖς στρατιώταις μηδετέρῳ ἀμύνειν, ἕως αὐτῶν
ἄτερος λαμπρῶς νικῴη, ὡς ἥκιστα ἐπαΐειν δοκοῦντες
διεκρούσαντο. ἀναστρέψας οὖν Βελισάριος ὡς βασιλέα 46
διεφθάρθαι ἰσχυρίζετο σφίσι τὰ πράγματα. νεωτερίζειν 47
γὰρ ἐς αὐτὸν τοὺς στρατιώτας, οἳ τὴν παλατίου φρουρὰν
ἔχουσιν. ἐκέλευεν οὖν αὐτὸν βασιλεὺς ἐπὶ τὴν καλουμένην Χαλκῆν καὶ τὰ ἐνταῦθα προπύλαια ἰέναι. ὁ δὲ 48
δὴ μόλις καὶ οὔτε κινδύνων οὔτε πόνων μεγάλων χωρὶς
δι᾽ ἐρειπίων τε καὶ χωρίων ἡμιφλέκτων διεξιὼν ἐς τὸ
ἱππικὸν ἀναβαίνει. καὶ ἐπειδὴ παρὰ τὴν Βενέτειον ἐγε- 49
γόνει στοάν, ἣ τοῦ βασιλέως θρόνον ἐν δεξιᾷ ἐστιν,
ἐβούλευσε μὲν ἐπὶ πρῶτον Ὑπάτιον ἰέναι, βραχείας
δὲ οὔσης ἐνταῦθα πυλίδος, ἣ ἀπεχέκλειστό τε καὶ ὑπὸ
τῶν ἐντὸς Ὑπατίου στασιωτῶν ἐφυλάσσετο, κατωρ-
ρώδησε μή οἱ ἐν στενῷ πονουμένῳ ὁ δῆμος ξυνεπιθέ-
μενος αὐτόν τε καὶ τοὺς ἑπομένους ἅπαντας διαφθείραντες ῥᾷόν τε καὶ ἀπονώτερον ἐπὶ βασιλέα χωρήσωσι.
λογισάμενος οὖν ὥς οἱ ἐπὶ τὸν δῆμον ἰτέον ἐστίν, οἳ 50
ἐν τῷ ἱπποδρόμῳ ἑστήκεσαν, πλήθει τε ἄμετροι καὶ
μετὰ πολλῆς ἀκοσμίας ὑπ᾽ ἀλλήλων ὠθούμενοι, ἀπὸ
τοῦ κολεοῦ τὸ ξίφος ἀράμενος τοῖς τε ἄλλοις κατὰ
ταὐτὰ ποιεῖν ἐπαγγείλας, δρόμῳ τε καὶ κραυγῇ ἐπ᾽
αὐτοὺς ἤει. ὁ δὲ δῆμος, ἅτε δὴ ἐν ὁμίλῳ καὶ οὐκ ἐν 51
τάξει ἱστάμενοι, ἐπειδὴ στρατιώτας εἶδον τεθωρακισ-
μένους τε καὶ δόξαν πολλὴν ἐπί τε ἀνδρίᾳ καὶ πολέμων
ἐμπειρίᾳ ἔχοντας, καὶ τοῖς ξίφεσιν οὐδεμιᾷ φειδοῖ παίον-
τας, ἐς φυγὴν ὥρμηντο.

Κραυγῆς δὲ πολλῆς, ὡς τὸ εἰκός, γεγενημένης, πλη- 52
σίον που ἑστηκὼς Μοῦνδος καὶ βουλόμενος ἔργου ἔχεσθαι (ἦν γάρ τις τολμητὴς καὶ δραστήριος), ἀπορού-

gewinnen. Als er daher an das nahe gelegene Gebäude kam,
wo sich seit alters die Militärwache befindet, forderte er mit
lauter Stimme die Soldaten auf, ihm so schnell wie möglich
die Türe zu öffnen, damit er gegen den Empörer vorgehen
könne. Die Soldaten hatten indessen beschlossen, sich für
keine Partei einzusetzen, bevor nicht der einen oder anderen
der Sieg eindeutig zugefallen sei, taten also, als hörten sie
nicht und ließen Belisar unverrichteter Dinge abziehen. Der
kehrte daraufhin zum Kaiser zurück und erklärte ihre Sache
für verloren, da die Palastwache meutere. Doch jetzt erteilte
ihm Justinian Befehl, die sog. Chalke und die dortigen Vor-
hallen anzugreifen. Nur schwer und nicht ohne Gefahren und
große Mühen konnte Belisar über Trümmer und halbver-
brannte Plätze hinweg sich zur Rennbahn emporarbeiten.
Als er bis zur Säulenhalle der Venetoi, die sich rechts vom
Kaiserthron erhebt, vorgedrungen war, wollte er zuerst unmittelbar auf Hypatios losgehen, jedoch ein schmales Pfört-
chen dort war abgeschlossen und von Hypatios' Parteigän-
gern bewacht. Belisar mußte daher fürchten, daß das Volk,
während er auf engem Raum in Bedrängnis sei, sich am Angriff beteiligen, ihn und sein gesamtes Gefolge niedermachen
und so ganz leicht und ungehindert zum Kaiser vordringen
könne. Dies führte Belisar zu dem Schluß, ein Angriff auf die
riesige Volksmenge, die ohne alle Ordnung im Hippodrom
durcheinander wogte, sei nicht zu vermeiden, und so riß er
sein Schwert aus der Scheide, befahl den andern, das Gleiche
zu tun, und stürmte mit lautem Geschrei auf die Menge los.
Als das Volk, dichtgedrängt und ungeordnet, sehen mußte,
wie gepanzerte und ob ihrer Tapferkeit und Kriegserfahrung
hochberühmte Soldaten mit ihren Schwertern schonungslos
einschlugen, wandte es sich zur Flucht, und ein Riesenlärm
war die natürliche Folge.

Mundos, der irgendwo in der Nähe stand, wollte sich als
kühner und tatkräftiger Mann an dem Kampf beteiligen, war
sich aber zunächst nicht klar, wie er sich augenblicklich ver-

μενος δὲ ᾗ χρήσεται τοῖς παροῦσιν, ἐπειδὴ ἐτεκμήρατο
ὡς Βελισάριος ἐν τῷ πόνῳ εἴη, εὐθὺς ἐπὶ τὸ ἱπποδρόμιον διὰ τῆς εἰσόδου, ἣ Νεκρὰ καλεῖται, εἰσβάλλει. τότε 53
δὴ ἑκατέρωθεν οἱ Ὑπατίου στασιῶται κατὰ κράτος
πλησσόμενοι διεφθείροντο. ἐπεὶ δὲ ἡ τροπὴ λαμπρὰ
ἐγεγόνει καὶ φόνος ἦν ἤδη τοῦ δήμου πολύς, Βοραΐδης
τε καὶ Ἰοῦστος, Ἰουστινιανοῦ βασιλέως ἀνεψιοί, χεῖρας
αὐτοῖς οὐδενὸς ἀνταίρειν τολμῶντος, καθεῖλόν τε
ἀπὸ τοῦ θρόνου Ὑπάτιον καὶ αὐτὸν ἐσαγαγόντες βασιλεῖ ἅμα Πομπηίῳ παρέδωκαν. θνήσκουσί τε τοῦ 54
δήμου πλέον ἢ τρισμύριοι ἐν ταύτῃ τῇ ἡμέρᾳ. βασιλεὺς
δὲ αὐτοὺς ἐν φυλακῇ χαλεπῇ ἐπέλευεν εἶναι. ἐνταῦθα 55
Πομπήιος μὲν ἐδάκρυέ τε καὶ ἄξια ἐλέου ἐφθέγγετο·
ἦν γὰρ δὴ ὁ ἀνὴρ πραγμάτων τε καὶ κακῶν τοιούτων
ἥκιστα ἔμπειρος· Ὑπάτιος δὲ αὐτὸν πολλὰ ὀνειδίσας
οὐκ ἔφη χρῆναι τοὺς οὐκ ἐν δίκῃ ἀπολουμένους ὀδύρεσθαι. ἀρχήν τε γὰρ ὑπὸ τοῦ δήμου ἄκοντας βιασθῆναι 56
καὶ οὐκ ἐπὶ κακῷ τοῦ βασιλέως ὕστερον ἐς τὸ ἱπποδρόμιον ἀφικέσθαι. κτείναντες δὲ οἱ στρατιῶται τῇ
ὑστεραίᾳ ἑκάτερον, ἐς θάλασσαν καθῆκαν τὰ σώματα.
βασιλεὺς δὲ αὐτῶν τε τὰ χρήματα ἐς τὸ δημόσιον ἀνά- 57
γραπτα ἐποιήσατο καὶ ἄλλων τῶν ἐκ βουλῆς ἁπάντων,
οἳ δὴ τὴν γνώμην ξὺν αὐτοῖς ἔθεντο. ἔπειτα μέντοι 58
τοῖς τε ἄλλοις ἅπασι καὶ τοῖς Ὑπατίου καὶ Πομπηίου
παισὶ τά τε ἀξιώματα, οἷς πρότερον ἐχρῶντο, ἀπέδωκε
καὶ τῶν χρημάτων ὅσοις τῶν ἐπιτηδείων τινὰς οὐκ
ἔτυχε δωρησάμενος. ἐς τόδε μὲν Βυζαντίῳ ἡ στάσις
ἐτελεύτα.

Τριβουνιανὸς δὲ καὶ Ἰωάννης τῆς τιμῆς οὕτω παρα- **25**
λυθέντες χρόνῳ ὕστερον ἐς ἀρχὰς τὰς αὐτὰς κατέστησαν ἄμφω. ἀλλὰ Τριβουνιανὸς μὲν ἔτη πολλὰ ἐπιβιοὺς 2
τῇ τιμῇ ἐτελεύτησε νόσῳ, ἄλλο οὐδὲν ἄχαρι πρὸς οὐδενὸς παθών. ἦν γὰρ αἱμύλος τε καὶ τἄλλα ἡδὺς καὶ τῆς

halten solle. Da er aber vermutete, daß Belisar bedrängt sei,
drang er sogleich durch den Eingang namens Nekra ins Hippodrom ein. Jetzt wurden die Parteigänger des Hypatios von
zwei Seiten her mit aller Macht niedergeschlagen und vernichtet. Als die Wende schon deutlich und ein großes Blutbad unter dem Volke angerichtet war, zogen Boraides und
Justos, die Neffen des Kaisers Justinian, ohne daß jemand
eine Hand gegen sie zu erheben wagte, Hypatios vom Throne
herunter, führten ihn in den Palast und übergaben ihn wie
auch Pompeios dem Kaiser. Mehr als dreißigtausend Menschen aus dem Volke kamen an diesem Tage ums Leben. Der
Kaiser aber befahl, die beiden Gefangenen in strenge Haft
zu nehmen. Hier vergoß Pompeios Tränen und jammerte zum
Erbarmen; denn er wußte gar wenig von solchen Dingen und
Schicksalsschlägen. Hypatios aber gab ihm viel harte Worte
und erklärte, ein Mann, der widerrechtlich den Tod erleide,
dürfe nicht klagen. Von allem Anfang an seien sie ja gegen
ihren Willen vom Volk genötigt worden und seien späterhin
nicht in böser Absicht gegen den Kaiser in die Rennbahn gekommen. Die Soldaten aber ermordeten beide am folgenden
Tage und versenkten ihre Leichen ins Meer, während der Kaiser ihr Vermögen zugunsten des Staates einzog. Ebenso verfuhr er gegen alle, die für sie Partei ergriffen hatten. In der
Folgezeit aber gab er allen anderen und so auch den Kindern
des Hypatios und Pompeios die früheren Würden zurück, dazu auch ihr Vermögen, soweit er es nicht schon an Angehörige verschenkt hatte. Damit endete der Aufstand in Byzanz.

25. Der Sturz Johannes' des Kappadokers

Tribunianos und Johannes, die, wie berichtet, entlassen
worden waren, kehrten beide nach einiger Zeit in ihre alten
Ämter zurück. Noch viele Jahre erfreute sich Tribunianos
seiner Würde und starb, ohne daß er von irgend einer Seite
etwas Böses erfahren hätte, an einer Krankheit. Er war näm-

φιλοχρηματίας τὸ νόσημα ἐπισκιάσαι ἱκανώτατος τῆς
παιδείας περιουσία. Ἰωάννης δὲ (πᾶσι γὰρ ἀνθρώποις 3
βαρύς τε ὁμοίως καὶ χαλεπὸς ἦν, πληγάς τε τοῖς προ-
σπίπτουσιν ἐντεινόμενος καὶ τὰ χρήματα ἀπαξάπαντα
λόγῳ οὐδενὶ ληιζόμενος) δέκατον ἔτος τὴν ἀρχὴν ἔχων
τὴν δίκην ὀρθῶς καὶ δικαίως τῆς ἐς τὴν δίαιταν παρανομίας ἐξέτισε τρόπῳ τοιῷδε.

Θεοδώρα ἡ βασιλὶς ἤχθετο αὐτῷ πάντων μάλιστα. 4
καὶ ὃς τῇ γυναικὶ προσκεκρουκὼς οἷς ἡμάρτανε, θωπεία
μὲν αὐτὴν ἢ χάριτι μετελθεῖν ὡς ἥκιστα ἔγνω, ἐς ἐπιβουλὴν δὲ αὐτῇ ἐκ τοῦ ἐμφανοῦς καθιστάμενος ἐς τὸν
βασιλέα διέβαλλεν, οὔτε τὴν τιμὴν ἐρυθριῶν οὔτε τὴν
στοργὴν αἰσχυνόμενος, ἥνπερ ἐς αὐτὴν ὁ βασιλεὺς εἶχεν
ἐξαισίαν οἵαν. αἰσθομένη δὲ ἡ βασιλὶς τῶν ποιουμένων 5
κτεῖναι μὲν διενοεῖτο τὸν ἄνθρωπον, μηχανῇ δὲ οὐδεμιᾷ εἶχεν, ἐπεὶ λόγον αὐτοῦ Ἰουστινιανὸς βασιλεὺς
ἐποιεῖτο πολύν. γνοὺς δὲ Ἰωάννης τὴν τῆς βασιλίδος 6
ἐς αὐτὸν γνώμην ἐν δείμασι μεγάλοις ἐγίνετο. ἐπειδάν
τε ὡς καθευδήσων ἐς τὸν κοιτῶνα ἴοι, τῶν τινα βαρ- 7
βάρων ἐπιστήσεσθαί οἱ ὡς ἀπολοῦντα ὑπώπτευεν ἐς
νύκτα ἑκάστην, ὑπερκύπτων τε ἀεὶ ἐκ τοῦ δωματίου
καὶ τὰς εἰσόδους περισκοπῶν ἄϋπνος ἔμενε, καίπερ
ἑταιρισάμενος δορυφόρων τε καὶ ὑπασπιστῶν χιλιάδας
πολλάς, οὐ γεγονὸς ὑπάρχων τινὶ πρότερον τοῦτό γε.
ἀλλ' ἐπιλελησμένος ἅμα ἡμέρᾳ θείων τε καὶ ἀνθρω- 8
πείων δειμάτων ἁπάντων ὄλεθρος αὖθις κοινῇ τε καὶ
ἰδίᾳ πᾶσι Ῥωμαίοις ἐγίνετο. καὶ φαρμακεῦσι μὲν τὰ
πολλὰ ὡμίλει, μαντείαις δὲ ἀσεβέσιν ἐς ἀεὶ χρώμενος
τὴν αὐτοκράτορα αὐτῷ τερατευομέναις ἀρχήν, ἀεροβατῶν
τε καταφανὴς ἦν καὶ μετέωρος ἀρθεὶς ταῖς τῆς βασιλείας
ἐλπίσι. τῆς μέντοι πονηρίας αὐτῷ καὶ τῆς ἐς τὴν δίαιταν 9
παρανομίας οὐδὲν οὔτε ἐλώφα οὔτε ὑπέληγε. καί τις 10
αὐτῷ θεοῦ λόγος τὸ παράπαν οὐκ ἦν, ἀλλὰ καί, εἴ που
εἰς ἱερὸν ὡς εὐξόμενός τε καὶ διανυκτερεύσων ἐνταῦθα

lich umgänglich und auch sonst liebenswürdig und wußte sein
Laster, die Habsucht, durch überragende Bildung sehr geschickt zu verbergen. Johannes dagegen zeigte sich gegen alle
Menschen ebenso hart wie bösartig, versetzte den Bittstellern
Schläge und raubte bedenkenlos ganze Vermögen. So erlitt er
im zehnten Jahre seiner Amtsführung wegen seines ungesetzlichen Verhaltens die gerechte und wohlverdiente Strafe. Das
geschah auf folgende Weise:

Kaiserin Theodora war über diesen Mann ganz besonders
erbittert; denn obwohl seine Vergehen bei der hohen Frau
Anstoß erregt hatten, war er doch keineswegs bereit, sie durch
Schmeichelei und Gefälligkeit zu versöhnen, im Gegenteil, er
spann in aller Offenheit gegen sie Ränke und verleumdete sie
beim Kaiser. Dabei empfand er weder Ehrfurcht vor ihrer
Würde noch Scheu vor der Liebe, die ihr der Kaiser in höch-
stem Maße schenkte. Als nun die Herrscherin von seinem Tun
und Treiben hörte, wollte sie ihn beseitigen, konnte dies aber,
da der Kaiser große Stücke auf ihn hielt, keineswegs erreichen. Johannes, von ihren Absichten gegen ihn unterrichtet,
geriet darüber in große Angst. Sooft er sich in sein Schlafge-
mach zur Ruhe begab, bangte er jede Nacht, ein Barbar
möchte ihn überfallen und töten. Er beugte sich daher ständig aus dem Zimmer, beobachtete die Eingänge und konnte,
obschon – ein bisher einmaliger Fall – von Tausenden Doryphoren und Hypaspisten umgeben, keinen Schlaf finden. Mit
Tagesanbruch hatte er freilich schon wieder alle Furcht vor
göttlichen wie menschlichen Dingen vergessen und zeigte sich
von neuem im öffentlichen und privaten Leben als das Verderben sämtlicher Römer. Viel verkehrte er auch mit Gift-
mischern, und indem er ihren gottlosen Weissagungen, die
ihm die Kaiserherrschaft vorgaukelten, andauernd sein Ohr
lieh, baute er offensichtlich an Luftschlössern und ließ sich
von den eitlen Hoffnungen tragen, selbst einmal Kaiser zu
werden. Dabei gab er aber in seiner Schlechtigkeit und seinem ungesetzlichen Verhalten nichts nach oder machte gar
Schluß damit. Er kümmerte sich ja auch in keiner Weise um
Gott. Selbst wenn er in eine Kirche ging, um dort zu beten
und dort die Nacht zu verbringen, benahm er sich nicht so,

ἴοι, οὐδὲν ὁμοίως τοῖς Χριστιανῶν ἤθεσιν ἔπραττεν,
ἀλλὰ τριβώνιον ἐνδιδυσκόμενος ἱερεῖ πρέπον τῆς παλαιᾶς δόξης, ἣν νῦν Ἑλληνικὴν καλεῖν νενομίκασι, λόγους οὐχ ὁσίους τινάς, οὕσπερ ἐμεμελετήκει, ἀπεστο-
μάτιζεν ἀνὰ πᾶσαν τὴν νύκτα ἐκείνην, ὅπως οἵ ἥ τε
βασιλέως διάνοια ἔτι μᾶλλον ὑποχειρία εἴη καὶ αὐτὸς
κακῶν γένοιτο ἀπαθὴς πρὸς πάντων ἀνθρώπων.

Ἐν τούτῳ δὲ Βελισάριος Ἰταλίαν καταστρεψάμενος 11
βασιλεῖ ἐς Βυζάντιον ξὺν Ἀντωνίνῃ τῇ γυναικὶ μετάπεμπτος ἦλθεν, ἐφ' ᾧ ἐπὶ Πέρσας στρατεύσειε. καὶ τοῖς 12
μὲν ἄλλοις ἅπασιν ἔντιμός τε καὶ λόγου πολλοῦ ἄξιος,
ὡς τὸ εἰκός, ἦν, μόνος δὲ Ἰωάννης αὐτῷ χαλεπῶς εἶχε
καὶ πολλῇ ἐπιβουλῇ ἐς αὐτὸν εἴχετο, κατ' ἄλλο μὲν
οὐδέν, ὅτι δὲ αὐτὸς μὲν τὸ ἐκ πάντων ἔχθος ἐφ' ἑαυτὸν
εἷλκε, Βελισάριος δὲ πάντων εὐδοκιμῶν μάλιστα ἔτυ-
χεν· ἐπ' αὐτῷ τε γενομένης τῆς Ῥωμαίων ἐλπίδος
αὖθις ἐπὶ Πέρσας ἐστράτευσε, τὴν γυναῖκα ἐν Βυζαντίῳ ἀπολιπών. Ἀντωνίνα δὲ ἡ Βελισαρίου γυνὴ (ἦν 13
γὰρ ἱκανωτάτη ἀνθρώπων ἁπάντων μηχανᾶσθαι τὰ
ἀμήχανα) χαριεῖσθαι τῇ βασιλίδι βουλευσαμένη ἐπενόει
τοιάδε. ἦν τῷ Ἰωάννῃ θυγάτηρ Εὐφημία, δόξαν μὲν
ἐπὶ σωφροσύνῃ πολλὴν ἔχουσα, νέα δὲ κομιδῇ, καὶ ἀπ'
αὐτοῦ λίαν εὐάλωτος, ἣν δὴ ὁ πατὴρ ὑπερηγάπα, ἐπειδὴ
καὶ μόνης αὐτῆς ἐγεγόνει πατήρ. ταύτην ἡ Ἀντωνίνα 14
τιθασσεύουσα ἐς ἡμέρας συχνὰς προσποιήσασθαί τε
ἅτε φίλην ἐνδελεχέστατα ἴσχυσε καὶ τῶν αὐτῇ ἀπορρήτων μεταδιδόναι οὐκ ἀπηξίου. καί ποτε αὐτῆς οἱ μόνης 15
ἐν τῷ δωματίῳ παρούσης ὀδύρεσθαι τύχας τὰς παρού-
σας ἐπλάσσετο, ὅτι δὴ Βελισάριος εὐρυτέραν ποιησάμενος τὴν Ῥωμαίων ἀρχὴν πλείονι μέτρῳ ἢ πρότερον
οὖσα ἐτύγχανε, βασιλεῖς τε δορυαλώτους δύο καὶ πλούτου τοσοῦτόν τι χρῆμα ἐς Βυζάντιον ἀγαγών, ἀχαρίστου
Ἰουστινιανοῦ ἔτυχε· τά τε ἄλλα ὥς οὐ δικαίαν οὖσαν
τὴν πολιτείαν διέβαλλε. περιχαρὴς δὲ τῷ λόγῳ γενο- 16

wie es den christlichen Bräuchen entsprach. Dann kleidete er sich in ein Gewand wie ein Priester des alten Glaubens und sprach die ganze Nacht hindurch eingeübte, ruchlose Worte, daß ihm der Sinn des Kaisers noch mehr unterworfen sein und er selbst von keinem Menschen Leid erfahren möge.

Zu dieser Zeit kam Belisar nach Unterwerfung Italiens mit seiner Gemahlin Antonina auf kaiserlichen Befehl nach Byzanz, um die Leitung des persischen Feldzugs zu übernehmen. Während er bei allen anderen mit Recht in hohen Ehren und großem Ansehen stand, war nur Johannes schlecht auf ihn zu sprechen; vielfach arbeitete er ihm sogar entgegen, und zwar aus dem einzigen Grunde, weil er selbst den allgemeinen Haß auf sich lenkte, während sich Belisar überall des höchsten Ansehens erfreute und bei seinem zweiten Perserfeldzug alle Hoffnungen der Römer ihm galten. Seine Gemahlin Antonina blieb indessen in Byzanz zurück, eine Frau, die es am besten von allen Menschen verstand, das Unmögliche möglich zu machen. Nun wollte sie der Kaiserin einen Gefallen erweisen und dachte sich daher folgenden Plan aus: Johannes hatte eine Tochter namens Euphemia, weitberühmt wegen ihrer Klugheit, doch noch sehr jung und daher leicht zu gewinnen. Als sein einziges Kind liebte es der Vater über die Maßen. Durch langes Schmeicheln vermochte sich Antonina ihre bleibende Freundschaft zu gewinnen, und versäumte auch nicht, dem Mädchen von ihren Geheimnissen mitzuteilen. Als nun einmal Euphemia allein im Zimmer zugegen war, tat sie so, als beklage sie ihr augenblickliches Schicksal: Belisar habe zwar das Römerreich weit größer als zuvor gemacht und zwei Könige als Gefangene, dazu eine Riesenmenge von Schätzen nach Byzanz gebracht, jedoch nur Undank von Justinian geerntet. Auch sonst sei die Staatsordnung, wie sie arglistig einfließen ließ, nur auf Unrecht gegründet. Hocherfreut über solche

μένη ή Εύφημία (δέει γὰρ τῷ ἐκ τῆς βασιλίδος καὶ
αὐτὴ τῇ παρούσῃ ἀρχῇ ἤχθετο) ,,Καὶ τοῦδε μέντοι, ὦ
φιλτάτη," ἔφη, ,,ὑμεῖς αἴτιοι, ὅτι δὴ παρὸν ὑμῖν τῇ
δυνάμει οὐ βούλεσθε χρῆσθαι". ὑπολαβοῦσα δὲ ἡ Ἀν- 17
τωνίνα ,,Οὐ γὰρ οἷοί τέ ἐσμεν, ὦ θύγατερ," εἶπεν, ,,ἐν
στρατοπέδῳ νεωτέροις ἐγχειρεῖν πράγμασιν, ἢν μὴ τοῦ
ἔργου ξυνεπιλάβωνται ἡμῖν τῶν ἔνδον τινές· ἀλλ' εἴπερ
ὁ σὸς πατήρ ἤθελε, ῥᾷστα ἂν ἐς τήνδε τὴν πρᾶξιν καθιστάμενοι ὅσα ἦν τῷ θεῷ βουλομένῳ ἐπράσσομεν".
ἀκούσασα ταῦτα Εὐφημία προθύμως μὲν ὑπέσχετο 18
ἐπιτελῆ ἔσεσθαι, ἀπαλλαγεῖσα δὲ ἐνθένδε τὸ πρᾶγμα
ἐπὶ τὸν πατέρα εὐθὺς ἤνεγκε. καὶ ὃς τῷ λόγῳ ἡσθεὶς 19
(ταύτην γὰρ οἱ ὁδὸν ἔς τε τὰ μαντεῖα καὶ τὴν βασιλείαν
ὑπετόπαζε φέρειν τὴν πρᾶξιν) εὐθὺς μελλήσει οὐδεμιᾷ
ὡμολόγησε, πράσσειν τε τὴν παῖδα ἐκέλευεν ὅπως τῇ
ὑστεραίᾳ ἐς λόγους τῇ Ἀντωνίνῃ αὐτὸς ξυμμίξῃ καὶ τὰ
πιστὰ δοίη.

Μαθοῦσα δὲ Ἀντωνίνα τὴν Ἰωάννου γνώμην καὶ ὡς 20
ἀπωτάτω τὸν ἄνθρωπον τῆς τοῦ ἀληθοῦς ἀπαγαγεῖν
ἐννοίας ἐθέλουσα νῦν μὲν ἔφη οἱ ξυγγενέσθαι αὐτὸν
ἀξύμφορον εἶναι, μή τις ὑποψία μεταξὺ ἐπιγενομένη
διακωλῦσαι τὰ πρασσόμενα ἱκανὴ εἴη· μέλλειν δὲ αὐτίκα
δὴ μάλα ἐς τὴν ἕω παρὰ Βελισάριον στέλλεσθαι. ἐπει- 21
δὰν οὖν ἐκ Βυζαντίου ἀπαλλαγεῖσα ἐν τῷ προαστείῳ
γένηται (ὃ δὴ Ῥουφινιαναὶ μὲν ὀνομάζεται, Βελισαρίου
δὲ ἴδιον ἐτύγχανεν ὄν), ἐνταῦθα τὸν Ἰωάννην ὡς ἀσπα-
σόμενόν τε καὶ προπέμψοντα ἥκειν, καὶ τούς τε λόγους
περὶ τῶν ὅλων ποιήσασθαι καὶ τὰ πιστὰ λαβεῖν τε καὶ
δοῦναι. ταῦτα εἰποῦσα εὖ τε τῷ Ἰωάννῃ εἰπεῖν ἔδοξε καὶ
ἡμέρα τακτὴ ἐπὶ τῇ πράξει διώριστο. ἥ τε βασιλὶς τὸν
πάντα λόγον παρὰ τῆς Ἀντωνίνης ἀκούσασα ἐπῄνει μὲν 22
τὰ βεβουλευμένα, ἐγκελευομένη δὲ πολλῷ ἔτι μᾶλλον
ἐς τὴν προθυμίαν ἐνῆγεν. ἐπειδή τε ἡ κυρία παρῆν, 23
ἀσπασαμένη μὲν ἡ Ἀντωνίνα τὴν βασιλίδα ἐκ τῆς πό-

Worte – denn aus Furcht vor der Kaiserin war auch sie mit
der bestehenden Herrschaft unzufrieden – meinte Euphemia: „Daran, teuerste Freundin, seid aber nur Ihr schuld, weil
Ihr trotz der Möglichkeit von Euerer Macht keinen Gebrauch
machen wollt." Ihr erwiderte Antonina: „Wir sind ja, mein
Töchterchen, nicht imstande, beim Heer einen Umsturz herbeizuführen, sofern nicht einige Leute in der Heimat mit uns
dabei zusammenarbeiten; doch wenn dein Vater wollte, könnten wir mühelos an dieses Unternehmen gehen und es mit
Gottes Hilfe ausführen." Euphemia versprach daraufhin be-
reitwillig die Verwirklichung des Plans, entfernte sich und
hinterbrachte sogleich alles ihrem Vater. Auch der freute sich
über die Nachricht; denn dieses Vorhaben mußte seinem Vermuten nach ihm einen Weg zu den Weissagungen und zum
Kaiserthron hin eröffnen. So willigte er gleich bedenkenlos ein
und beauftragte seine Tochter, die nötigen Einleitungen zu
treffen, daß er am nächsten Tage schon mit Antonina zusam-
mentreffen und ihr sein Wort geben könne.

Als diese von seiner Absicht hörte, wollte sie ihn möglichst
weit von der Erkenntnis der wahren Zusammenhänge ab-
lenken. Daher ließ sie ihm sagen, im Augenblick sei eine Zu-
sammenkunft mit ihm nicht ratsam; sonst könne in der Zwischenzeit Verdacht entstehen und die Ausführung des Vor-
habens vereiteln. Doch wolle sie in allernächster Zeit sich auf
den Weg machen und in den Osten zu Belisar reisen. Wenn
sie dann Byzanz verlassen habe und in der Vorstadt – sie
heißt Rufinianai und gehörte Belisar – eingetroffen sei, solle
Johannes zur Begrüßung und Begleitung dorthin kommen.
Dann könnten sie über die ganze Angelegenheit sprechen und
ihr Wort gegenseitig verpfänden. Dies schien Johannes ein
vernünftiger Vorschlag, und so wurde ein bestimmter Ter-
min für die Sache festgelegt. Inzwischen hatte die Kaiserin
durch Antonina von der ganzen Geschichte gehört und lobte
den Plan, wobei sie nicht verfehlte, durch aufmunternde
Worte den Eifer ihrer Vertrauten noch viel mehr anzusta-
cheln. Als der entscheidende Tag gekommen war, verabschie-
dete sich Antonina von der Kaiserin, verließ die Stadt und

λεως ἀπηλλάσσετο, ἔν τε Ῥουφινιαναῖς ἐγένετο, ὡς τῇ
ὑστεραίᾳ τῆς ἐπὶ τὴν ἕω ὁδοῦ ἀρξομένη, οὗ δὴ καὶ Ἰωάννης τὰ ξυγκείμενα ἐπιτελέσων ἐς νύκτα ἦλθεν. ἡ δὲ 24
βασιλὶς διαβάλλουσα πρὸς τὸν αὑτῆς ἄνδρα τὰ πρὸς
τοῦ Ἰωάννου ἐπὶ τῇ τυραννίδι πρασσόμενα, Ναρσῆν τε
τὸν εὐνοῦχον καὶ Μάρκελλον τὸν τῶν ἐν παλατίῳ φυ-
λάκων ἄρχοντα ἐς Ῥουφινιανὰς ξὺν στρατιώταις πολλοῖς ἔπεμψεν, ἐφ' ᾧ διερευνησάμενοι τὰ πρασσόμενα,
ἢν τὸν Ἰωάννην πράγμασι νεωτέροις ἐγχειροῦντα εὑρή-
σωσι, κτείναντες εὐθὺς τὸν ἄνθρωπον ἐπανήξουσι. καὶ 25
οἱ μὲν ἐπὶ τῷ ἔργῳ τούτῳ ἐστέλλοντο. φασὶ δὲ βασιλέα
τῶν ποιουμένων αἰσθόμενον τῶν τινα Ἰωάννῃ ἐπιτηδείων παρ' αὐτὸν πέμψαι, ἀπεροῦντα αὐτῷ μηδαμῇ τῇ
Ἀντωνίνῃ ἐντυχεῖν λάθρα. Ἰωάννης δὲ (χρῆν γὰρ αὐτῷ 26
γενέσθαι κακῶς) τὴν βασιλέως ὑποθήκην ἐν ἀλογίᾳ
πεποιημένος ἀμφὶ νύκτα μέσην τῇ Ἀντωνίνῃ ξυνέμιξεν,
αἱμασιᾶς πού τινος ἄγχιστα, ἧς δὴ ὄπισθεν καθίσασα
ἐτύγχανε τοὺς ἀμφὶ Ναρσῆν τε καὶ Μάρκελλον, ὅπως
τῶν λεγομένων ἀκούσειαν. ἐνταῦθα Ἰωάννης μὲν ἀφυ- 27
λάκτῳ στόματι τὰ ἐς τὴν ἐπίθεσιν ὡμολόγει τε καὶ
ὅρκοις δεινοτάτοις ἀπισχυρίζετο, Ναρσῆς δὲ αὐτῷ καὶ
Μάρκελλος ἐκ τοῦ αἰφνιδίου ἐπέστησαν.

Θορύβου δέ, ὡς τὸ εἰκός, γενομένου οἱ τοῦ Ἰωάννου 28
δορυφόροι (ἄγχιστα γάρ πη ἑστήκεσαν) παρ' αὐτὸν
αὐτίκα ἐγένοντο. καὶ αὐτῶν τις Μάρκελλον, οὐκ 29
εἰδὼς ὅστις ποτὲ ἦν, ξίφει ἔπληξεν, οὕτω τε Ἰωάννης
διαφυγεῖν ξὺν αὐτοῖς ἴσχυσεν, ἔς τε τὴν πόλιν κατὰ
τάχος ἀφίκετο. καὶ εἰ μὲν εὐθὺς ἐλθεῖν παρὰ βασιλέα 30
ἐθάρσησεν, οἶμαι ἄν, οὐδὲν ἐπεπόνθει πρὸς αὐτοῦ ἄχαρι·
νῦν δὲ καταφυγὼν ἐς τὸ ἱερὸν δέδωκε τῇ βασιλίδι κατ'
ἐξουσίαν τῇ ἐς αὐτὸν ἐπιβουλῇ χρῆσθαι. τότε μὲν οὖν 31
ἐξ ἐπάρχων ἰδιώτης γενόμενος ἐς ἕτερον ἐνθένδε ἀναστὰς
ἐκομίσθη, ὅπερ ἐν τῷ προαστείῳ Κυζίκου πόλεως ἵδρυ-

begab sich nach Rufinianai, um am nächsten Morgen die Reise in den Osten anzutreten. Dort fand sich gegen Abend auch
Johannes ein und wollte die Vereinbarungen zum Abschluß
bringen. Die Kaiserin aber hinterbrachte ihrem Manne alles,
was Johannes an Vorbereitungen für den Umsturz traf, und
schickte den Eunuchen Narses und Markellos, den Befehlshaber der Palastwache, mit vielen Soldaten nach Rufinianai,
damit sie dort die Vorgänge genau beobachteten, Johannes
aber, falls sie ihn als Empörer fänden, sogleich töteten und
dann zurückkehrten. Und man schickte sie also dazu ab. Der
Kaiser jedoch soll, wie es heißt, gleich nachdem er von den
Geschehnissen erfahren hatte, einen Vertrauten an Johannes
gesandt und ihm verboten haben, sich heimlich mit Antonina
zu treffen. Das Schicksal aber wollte sein Verderben. Daher
schlug er die Warnung des Kaisers in den Wind und traf sich
um Mitternacht mit Antonina, dicht bei einem Vorhang, hinter dem sie Narses und Markellos samt ihrer Begleitung hatte
Platz nehmen lassen, damit sie die Aussprache mit anhörten.
Hier berichtete Johannes in aller Offenheit von seinen feindlichen Absichten und bekräftigte sie mit heiligsten Eiden, als
ihm plötzlich Narses und Markellos entgegentraten.

Dabei entstand natürlich ein Tumult, worauf die Doryphoren des Johannes, die ganz in der Nähe standen, ihrem
Herr sogleich zu Hilfe kamen. Einer von ihnen verwundete
sogar den Markellos mit dem Schwerte, ohne zu wissen, wer er
sei. Auf diese Weise konnte Johannes mit seinen Leuten entkommen, und eilends kehrte er in die Stadt zurück. Hätte er
soviel Mut gehabt und wäre gleich zum Kaiser gegangen,
ihm wäre meiner Ansicht nach von dieser Seite nichts Schlimmes widerfahren. So aber suchte er Zuflucht in einer Kirche
und gab dadurch der Kaiserin freie Hand, gegen ihn vorzugehen. Damals wurde nun Johannes aus einem praefectus
praetorio zu einem Privatmann gemacht und nachdem er die
Kirche verlassen hatte, in eine andere gebracht, die in der

ται, Ἀρτάκην καλοῦσι Κυζικηνοὶ τὸ προάστειον. ἐνταῦθα ἱερέως οὔ τι ἑκούσιος περιβέβληται σχῆμα, οὐκ
ἐπισκόπου μέντοι, ἀλλ' ὅνπερ καλεῖν πρεσβύτερον νενομίκασιν. ὁ δὲ ἱερουργεῖν ἥκιστα ἤθελεν, ὡς μή ποτε 32
αὐτῷ ἐμπόδιον εἴη ἐς τὰς ἀρχὰς αὖθις ἰέναι· τῶν γὰρ
ἐλπίδων μεθίεσθαι οὐδαμῆ ἤθελε. τὰ δὲ χρήματα ἐς τὸ
δημόσιον ἀνάγραπτα εὐθὺς γέγονεν. ὧν δὴ αὐτῷ μοῖραν 33
βασιλεὺς πολλὴν ἡφίει· ἔτι γὰρ τῇ ἐς αὐτὸν φειδοῖ
εἴχετο.

Ἐνταῦθα παρῆν τῷ Ἰωάννῃ, ἀφροντιστήσαντι μὲν 34
κινδύνων ἁπάντων, χρήματα δὲ περιβεβλημένῳ μεγάλα,
ὅσα τε αὐτὸς ἐτύγχανε κρύψας καὶ ὅσα βασιλέως γνώμῃ
παρ' αὐτῷ ἔμεινε, τρυφᾶν τε κατ' ἐξουσίαν καὶ τὰ παρόντα ἡγεῖσθαι λογισμῷ σώφρονι εὐδαίμονα εἶναι. διὸ
δὴ καὶ πάντες Ῥωμαῖοι ἐπὶ τῷ ἀνθρώπῳ ἀτεχνῶς 35
ἤχθοντο, ὅτι δὴ πονηρότατος γεγονὼς δαιμόνων ἁπάντων βίον παρὰ τὴν ἀξίαν εὐδαιμονέστερον ἢ πρότερον
ἔχοι. ἀλλ' ὁ θεός, οἶμαι, οὐκ ἤνεγκεν ἐς τοῦτο τὴν τίσιν 36
Ἰωάννῃ ἀποκεκρίσθαι, ἐπὶ μέγα τε αὐτῷ τὴν κόλασιν
ἐξηρτύετο. ἐγίνετο δὲ ὧδε. ἦν τις ἐν Κυζίκῳ ἐπίσκοπος 37
Εὐσέβιος ὄνομα, χαλεπὸς ἅπασι τοῖς ἐντυγχάνουσιν,
Ἰωάννου οὐδέν τι ἧσσον· τοῦτον Κυζικηνοὶ βασιλεῖ
διαβάλλοντες ἐς δίκην ἐκάλουν. ἐπεὶ δὲ οὐδὲν ἤνυον, 38
δυνάμει αὐτοὺς περιελθόντος Εὐσεβίου πολλῇ ξυμφρονήσαντες νεανίαι τινὲς ἐν τῇ Κυζίκου ἀγορᾷ κτείνουσιν.
ἐτύγχανε δὲ Ἰωάννης τῷ Εὐσεβίῳ διάφορος γεγονὼς 39
μάλιστα, καὶ ἀπ' αὐτοῦ ἡ τῆς ἐπιβουλῆς ὑποψία ἐς
αὐτὸν ἦλθε. στέλλονται τοίνυν ἐκ βουλῆς ἄνδρες διερευ- 40
νησόμενοι τὸ μίασμα τοῦτο· οἳ δὴ τὸν Ἰωάννην πρῶτα
μὲν ἐν δεσμωτηρίῳ καθεῖρξαν, ἔπειτα δὲ ἄνδρα ἔπαρχον
μὲν δυνατὸν οὕτω γενόμενον, ἐς πατρικίους δὲ ἀναγρα-
φέντα καὶ ἐς τῶν ὑπάτων ἀναβεβηκότα τὸν δίφρον, οὗ

Vorstadt von Kyzikos liegt, in Artake, wie der Ort bei den Einwohnern heißt. Hier wurde er gegen seinen Willen als Priester eingekleidet, nicht jedoch als Bischof, sondern nur als sogenannter Presbyter. Johannes weigerte sich indessen aufs entschiedenste, seine Tätigkeit als Geistlicher zu versehen, damit ihm dadurch kein Hindernis entstehe, jemals wieder in die Ämter zurückzukehren; denn seine Hoffnungen wollte er keineswegs aufgeben. Was das Vermögen anlangte, so wurde es alsbald zugunsten des Staates eingezogen, doch überließ ihm der Kaiser, der den Mann immer noch schonen wollte, einen beträchtlichen Teil davon.

Johannes konnte nun, aller Gefahren überhoben und im Besitz von viel Geld, das er entweder selbst verborgen oder durch kaiserliche Verfügung behalten hatte, nach Herzenslust ein Schwelgerleben führen und seine augenblickliche Lage bei vernünftiger Überlegung als Glück betrachten. Sämtliche Römer waren daher auch maßlos auf den Mann erbittert, weil er, obschon der schlimmste aller bösen Geister, unverdientermaßen ein angenehmeres Leben als vordem führe. Gott ließ es jedoch, wie ich glaube, nicht zu, daß die Strafe des Johannes damit ihr Bewenden haben sollte; er steigerte sie noch bedeutend, und das kam so: In Kyzikos lebte ein Bischof namens Eusebios, ebenso wie Johannes allen verhaßt, die mit ihm zu tun hatten. Diesen verklagten die Einwohner von Kyzikos beim Kaiser und verlangten seine gerichtliche Verurteilung. Sie hatten indessen keinen Erfolg, da Eusebios dank seinem großen Einfluß ihnen den Rang ablief; deshalb taten sich einige junge Männer zusammen und töteten den Bischof auf dem Marktplatz von Kyzikos. Nun war Johannes mit Eusebios bitter verfeindet, weshalb sich auf ihn der Verdacht lenkte, den Anschlag veranlaßt zu haben. Man schickte nun Senatoren mit dem Auftrag, das Verbrechen zu untersuchen. Diese sperrten Johannes zunächst ins Gefängnis, dann ließen sie dem einst so mächtigen praefectus praetorio, der den Patrikiern zugezählt und bis zum Konsulat, dem allerhöchsten Amte im römischen Staat, befördert worden war,

μεῖζον εἶναι οὐδὲν ἕν γε τῇ Ῥωμαίων πολιτείᾳ δοκεῖ,
ἔστησάν τε γυμνόν, ἅτε ληστήν τινα ἢ λωποδύτην, καὶ
ξαίνοντες κατὰ τοῦ νώτου πολλὰς εἰπεῖν τὰ βεβιωμένα
ἠνάγκαζον. καὶ τοῦ μὲν Εὐσεβίου φόνου αἴτιος Ἰωάννης 41
οὐ λίαν ἐξελήλεγκτο, ἐῴκει μέντοι ἡ τοῦ θεοῦ δίκη ποι-
νὰς αὐτὸν τῆς οἰκουμένης ἐσπραττομένη. ἔπειτα δὲ τὰ 42
χρήματα πάντα ἀφελόμενοι γυμνὸν ἐς τὴν ναῦν εἰσεβί-
βασαν, ἱμάτιον ἕν, καὶ τοῦτο τραχὺ κομιδῇ, ἀμπεχόμε-
νον, ὀβολῶν ὠνηθὲν ὀλίγων τινῶν, οἵ τε αὐτὸν παραπέμ-
ποντες ὅπη ἂν ἡ ναῦς ὁρμισθείη ἐκέλευον ἄρτον ἢ ὀβο-
λοὺς ἐκ τῶν προσπιπτόντων αἰτεῖσθαι. οὕτω τε πτω- 43
χεύων πανταχόθι τῆς πορείας τῆς Αἰγύπτου ἐς τὴν
Ἀντινόου κομίζεται. καὶ τρίτον τοῦτο ἔτος αὐτὸν ἐνταῦθα καθείρξαντες τηροῦσιν. ὁ δέ, καίπερ ἐν τοιού- 44
τοις γεγονὼς πάθεσιν, οὐδὲ τὴν τῆς βασιλείας ἐλπίδα
μεθῆκεν, ἀλλὰ καὶ Ἀλεξανδρέων τινάς, ἅτε τῷ δημοσίῳ
χρυσίον ὀφείλοντας, διαβαλεῖν ἔγνω. Ἰωάννην μὲν οὖν
τὸν Καππαδόκην δέκα ἐνιαυτοῖς ὕστερον αὕτη τῶν
πεπολιτευμένων κατέλαβε τίσις.

Τότε δὲ βασιλεὺς στρατηγόν τε τῆς ἑῴας αὖθις Βε- 26
λισάριον κατεστήσατο καὶ ἐς Λιβύην πέμψας τὴν χώραν
ἔσχεν, ὥσπερ ἐν τοῖς ὄπισθεν λελέξεται λόγοις. ὅπερ 2
ἐπεὶ ἔς τε Χοσρόην καὶ Πέρσας ἦλθε, δεινῶς ἤσχαλλον,
καὶ αὐτοῖς τὴν εἰρήνην ἐς Ῥωμαίους πεποιημένοις
μετέμελεν ἤδη, ὅτι δὴ αὐτοῖς τὴν δύναμιν ἐπὶ μέγα
χωρεῖν ᾔσθοντο. πέμψας τε ὁ Χοσρόης ἐς Βυζάντιον 3
πρέσβεις, ξυγχαίρειν τε Ἰουστινιανῷ τῷ βασιλεῖ ἔφασκε
καὶ τὸ μέρος λαβεῖν ξὺν γέλωτι δῆθεν τῶν ἐκ Λιβύης
λαφύρων ἠξίου, ὅτι δὴ οὐκ ἄν ποτε Βανδίλων τῷ πολέμῳ περιέσεσθαι ἴσχυσεν, εἰ μὴ αὐτῷ Πέρσαι ἐσπείσαντο. τότε μὲν οὖν Χοσρόην Ἰουστινιανὸς χρήμασι 4
δωρησάμενος, τοὺς πρέσβεις οὐκ εἰς μακρὰν ἀπεπέμψατο.

als einem Räuber und Plünderer die Kleider ausziehen und
wollten ihn durch zahlreiche Hiebe auf den Rücken zu einem
Geständnis seiner Gewalttaten zwingen. Die Schuld an der
Ermordung des Eusebios konnte ihm freilich nicht eindeutig
nachgewiesen werden, doch gewann man den Eindruck, als
fordere die göttliche Gerechtigkeit von ihm Buße für das ganze Reich. Man nahm ihm sodann den ganzen Besitz ab und
brachte ihn unbekleidet aufs Schiff. Nur ein einziges Obergewand, und auch dieses nur aus gröbstem Stoff und für ein paar
Obolen gekauft, trug er auf dem Leibe, und wo das Schiff vor
Anker ging, mußte er auf Geheiß seiner Begleiter Brot und
Kleingeld von den nächstbesten Leuten erbetteln. So bettelte
er sich auf der ganzen Fahrt bis nach Antinopolis in Ägypten
durch. Dort sperrte man ihn ein und bewacht ihn nun schon
das dritte Jahr. Obwohl es ihm so schlecht geht, hat er doch
keineswegs die Hoffnung auf den Kaiserthron aufgegeben,
vielmehr beschloß er, sogar einige Einwohner von Alexandreia wegen Schulden an die Staatskasse anzuzeigen. Johannes den Kappadoker traf nun zehn Jahre später diese Strafe
für seine Amtsführung.

26. Während Belisar das Vandalenreich unterwirft, wird in Daras die Empörung eines gewissen Johannes nach kurzer Zeit unterdrückt

Damals ernannte der Kaiser Belisar wiederum zum Oberbefehlshaber im Osten, entsandte ihn aber nach Afrika und
eroberte dieses Land, wie in den folgenden Büchern noch berichtet wird. Als Chosroes und die Perser davon erfuhren,
waren sie sehr ungehalten und bereuten schon, den Frieden
mit den Römern abgeschlossen zu haben; merkten sie doch,
daß deren Macht einen gewaltigen Aufschwung erlebte. Chosroes schickte deshalb Gesandte nach Byzanz, beglückwünsch-
te Kaiser Justinian und verlangte – natürlich nur zum Hohn-
seinen Anteil an der afrikanischen Beute: Niemals hätte er
nämlich den Krieg mit den Vandalen gewinnen können, wenn
nicht die Perser mit ihm Frieden geschlossen hätten. Justinian beschenkte damals Chosroes mit Geld und entließ bald
nachher die Gesandten in ihre Heimat.

Ἐν δὲ πόλει Δάρας τοιόνδε τι ξυνέβη γενέσθαι. 5
Ἰωάννης τις ἦν ἐνταῦθα ἐν καταλόγῳ τεταγμένος πεζῶν·
οὗτος οὐχ ἀπάντων οἱ ξυμφρονούντων στρατιωτῶν,
ἀλλ' ὀλίγων τινῶν, τυραννίδι ἐπιθέμενος τὴν πόλιν ἔσχεν.
ἔν τε παλατίῳ καθήμενος ὥσπερ ἐν ἀκροπόλει, τὴν 6
τυραννίδα ἐκρατύνετο ἡμέρᾳ ἑκάστῃ. καὶ εἰ μὴ Πέρσας 7
ἔχεσθαι εἰρήνης ἐς τοὺς Ῥωμαίους τηνικαῦτα ξυνέβη,
ἀνήκεστα ἂν ἐνθένδε Ῥωμαίοις ἐγεγόνει κακά. νῦν δὲ
τοῦτο ἐκώλυσε φθάσασα, ὥσπερ μοι ἐρρήθη, ἡ ξύμβα-
σις. ἡμέρᾳ δὲ ἀπὸ τῆς τυραννίδος τετάρτῃ ξυμφρονή- 8
σαντες στρατιῶται, γνώμῃ Μάμαντός τε τοῦ τῆς πόλεως
ἱερέως καὶ Ἀναστασίου τῶν δοκίμων τινὸς πολιτῶν, ἐς
τὸ παλάτιον μεσημβρίας ἀκμαζούσης ἀνέβησαν, κρύψας
ἕκαστος ὑπὸ τῷ ἱματίῳ ξιφίδιον. καὶ πρῶτα μὲν ἐν τῇ 9
μεταύλῳ θύρᾳ τῶν δορυφόρων εὑρόντες ὀλίγους τινὰς
εὐθὺς ἔκτειναν. ἔπειτα δὲ καὶ εἰς τὸν ἀνδρῶνα ἐσβάντες
τοῦ τυράννου ἥπτοντο· τινὲς δὲ φασιν οὐ τοὺς στρατιώτας
αὐτὸ πρώτους εἰργάσθαι, ἀλλ' αὐτῶν ἔτι μελλόντων τε
ἐν τῇ μεταύλῳ καὶ κατωρρωδηκότων τὸν κίνδυνον, τῶν
τινα ἀλλαντοπωλῶν ξὺν αὐτοῖς ὄντα ἐσπηδῆσαί τε ξὺν
τῇ κοπίδι καὶ τῷ Ἰωάννῃ ἐντυχόντα ἀπροσδοκήτως παῖ-
σαι. καὶ τὸν οὐ πληγέντα μὲν καιρίαν πληγήν, ξὺν θο- 10
ρύβῳ δὲ πολλῷ φεύγοντα, ἐς τούτους δὴ τοὺς στρατιώτας ἐμπεσεῖν ἄφνω. οὕτω τε τοῦ ἀνθρώπου αὐτοὺς 11
ἀψαμένους πυρὶ μὲν αὐτίκα τὸ παλάτιον ὑφάψαντας
καῦσαι, ὡς μή τις ἐλπὶς ἐνθένδε ἀπολειφθείη τοῖς τὰ νεώτερα πράγματα πράσσουσιν, αὐτὸν δὲ ἐς τὸ δεσμωτήριον ἀπαγαγόντας δῆσαι. καὶ αὐτῶν τινα δείσαντα μὴ 12
οἱ στρατιῶται περιεῖναι τὸν τύραννον γνόντες πράγματα
τῇ πόλει αὖθις παράσχωνται, κτεῖναί τε τὸν Ἰωάννην,
καὶ τούτῳ δὴ τῷ τρόπῳ τὴν ταραχὴν παῦσαι. τὰ μὲν
οὖν ἀμφὶ ταύτῃ τῇ τυραννίδι τῇδε ἐχώρησεν.

In der Stadt Daras trug sich indessen folgendes zu: Ein
gewisser Johannes diente dort in einem Infanterieregiment.
Dieser Mann schwang sich nicht mit Unterstützung aller, sondern nur weniger Soldaten zum Selbstherrscher auf und besetzte die Stadt. Hierauf ließ er sich im Kaiserpalast wie in
einer Burg nieder und befestigte von Tag zu Tag seine Gewaltherrschaft. Hätten damals die Perser nicht mit den Römern
in Frieden gelebt, so wäre für die Römer daraus entsetzliches
Unheil entstanden. So aber ließ es der vorausliegende Vertrag, von dem ich bereits sprach, nicht dazu kommen. Am
vierten Tage nach Errichtung der Gewaltherrschaft ver-
schworen sich nun, und zwar auf Betreiben des Bischofs der
Stadt Mamas und eines angesehenen Bürgers Anastasios, einige Soldaten und stiegen um die Mittagszeit zum Palast hinauf; jeder hielt unter seinem Obergewand einen Dolch verborgen. Zuerst stießen sie beim Eingang ins Frauengemach
auf einige Doryphoren und machten diese sogleich nieder.
Dann drangen sie in das Männergemach und verhafteten den
Gewaltherrscher. Einige berichten freilich, nicht die Soldaten
hätten als erste diese Tat vollbracht, sondern während sie
noch im Frauengemach zögerten und vor der Gefahr bangten,
sei ein Wurstverkäufer, der sie begleitete, mit seinem Schlacht-
messer hineingestürmt und habe dem Johannes, als ihm dieser unvermutet in den Weg kam, einen Streich versetzt. Die
Verwundung sei freilich nicht tödlich gewesen, so daß Johannes mit lautem Geschrei entfliehen konnte, dabei jedoch
plötzlich auf die erwähnten Soldaten traf. Diese packten ihn,
legten alsbald Feuer an den Palast und brannten ihn nieder,
damit den Verschwörern jede weitere Hoffnung genommen
werde; hierauf führten sie Johannes ins Gefängnis ab und
legten ihn in Fesseln. Einer von ihnen bekam nun Furcht, die
Soldaten könnten, wenn sie merkten, daß der Tyrann noch
am Leben sei, die Stadt in neue Schwierigkeiten stürzen; er
tötete deshalb den Johannes und stellte auf diese Weise die
Ruhe wieder her. Mit der Gewaltherrschaft nahm es denn ein
solches Ende.

Χρόνῳ δὲ οὐ πολλῷ ὕστερον ὁ Χοσρόης μαθὼν ὡς καὶ **1**
Ἰταλίαν Βελισάριος Ἰουστινιανῷ βασιλεῖ προσποιεῖν
ἤρξατο, οὐκέτι κατέχειν οἷός τε ἦν τὴν διάνοιαν, ἀλλὰ
σκήψεις ἐπινοεῖν ἤθελεν, ὅπως δὴ λόγῳ τινὶ εὐπρεπεῖ
τὰς σπονδὰς λύσειεν. ὑπὲρ ὧν κοινολογησάμενος Ἀλα- **2**
μουνδάρῳ ἐκέλευεν αὐτὸν ξυμπορίζεσθαι πολέμου αἰτίας.
ὁ δὲ Ἀρέθᾳ ἐπικαλέσας ὅτι αὐτὸν περὶ γῆς ὁρίων βιά- **3**
ζοιτο, ἐς χεῖράς τε αὐτῷ ἐν σπονδαῖς ἦλθε καὶ γῆν τὴν
Ῥωμαίων ἐπὶ ταύτῃ τῇ σκήψει καταθεῖν ἤρξατο. ἔφασκέ **4**
τε ὡς αὐτὸς οὐ λύει τὰς Περσῶν τε καὶ Ῥωμαίων σπονδάς, ἐπεὶ αὐτὸν ἐς ταύτας οὐδέτεροι ἐσεγράψαντο. καὶ **5**
ἦν δὲ οὕτως. οὐ γάρ τις πώποτε Σαρακηνῶν λόγος ἐν
σπονδαῖς γέγονεν, ἅτε ξυνεχομένων τῷ Περσῶν τε καὶ
Ῥωμαίων ὀνόματι. αὕτη δὲ ἡ χώρα, ἣ δὴ πρὸς ἑκατέ- **6**
ρων τότε Σαρακηνῶν ἀντελέγετο, Στρᾶτα μὲν κέκληται,
Παλμύρας δὲ πόλεως πρὸς νότον ἄνεμον τέτραπται,
δένδρον μὲν ἢ τι τῶν ἐν τοῖς ληίοις ἀγαθῶν οὐδαμῇ
φέρουσα (ἡλιόκαυστος γὰρ ὑπερφυῶς ἐστι), προβάτων
δέ τισιν ἐκ παλαιοῦ ἀνειμένη νομαῖς. Ἀρέθας μὲν οὖν **7**
Ῥωμαίων ἰσχυρίζετο εἶναι τὸν χῶρον, τῷ τε ὀνόματι
τεκμηριούμενος, οὗ δὴ πρὸς πάντων ἄνωθεν ἔτυχε
(Στρᾶτα γὰρ ἡ ἐστρωμένη ὁδὸς τῇ Λατίνων καλεῖται
φωνῇ) καὶ μαρτυρίαις παλαιοτάτων ἀνδρῶν χρώμενος.
Ἀλαμούνδαρος δὲ φιλονεικεῖν μὲν ὑπὲρ τοῦ ὀνόματος **8**
ἥκιστα ἐδικαίου, μισθοὺς δέ οἱ τοῦ ἐνταῦθα νομοῦ ἐκ
παλαιοῦ ἔφασκε τοὺς τὰ πρόβατα κεκτημένους διδόναι.
Διὸ δὴ βασιλεὺς Ἰουστινιανὸς Στρατηγίῳ τε πατρι- **9**
κίῳ ἀνδρὶ καὶ τῶν βασιλικῶν θησαυρῶν ἄρχοντι, ἄλλως
δὲ ξυνετῷ καὶ εὐπατρίδῃ, ἔτι μέντοι καὶ Σούμμῳ τῶν

BUCH II

1. Streitigkeiten zwischen den auf Römer- und Perserseite stehenden Sarazenen
verstärken die Spannungen zwischen den beiden Großreichen

Bald darauf erfuhr Chosroes, daß Belisar begonnen hatte,
auch Italien dem Kaiser Justinian zu gewinnen. Jetzt konnte
er seinen Sinn nicht mehr bezähmen, sondern suchte nach
Vorwänden, um mit gutem Grund den Vertrag zu brechen.
Er besprach sich deshalb mit Alamundaros und forderte ihn
auf, gemeinsam Kriegsanlässe zu schaffen. Der beschuldigte
nun Arethas verschiedener Grenzverletzungen, griff seinen
Gegner trotz des Friedens an und begann unter diesem Vorwand mit Streifzügen ins römische Gebiet. Nach seiner Behauptung verletzte er damit nicht den Friedensvertrag zwischen Persern und Römern, da ihn ja keine der beiden Parteien darin einbezogen habe. Und so war es tatsächlich: Nirgends im Vertrag waren die Sarazenen erwähnt, sie liefen
unter dem Namen Perser und Römer. Das Gebiet, das damals
von den beiden Sarazenengruppen beansprucht wurde, heißt
Strata und erstreckt sich südlich der Stadt Palmyra. Von der
Sonne völlig ausgedorrt, bringt es weder Bäume noch Feld-
früchte hervor und dient seit alters nur zu Schafweiden. Arethas behauptete nun, der Landstrich gehöre den Römern.
Als Beweis führte er den Namen an, den die Gegend seit jeher
allgemein führe – Strata heißt nämlich auf Lateinisch „die befestigte Straße" – und bediente sich auch des Zeugnisses ur-
alter Männer. Demgegenüber wollte sich Alamundaros in keinerlei Streit wegen des Namens einlassen und erklärte nur,
die Herdenbesitzer zahlten ihm seit alters Abgaben für die
dortige Weide.

So übertrug Kaiser Justinian dem Patrikier und kaiserlichen Schatzmeister Strategios, im übrigen einem verständigen und vornehmen Mann, dazu auch dem Summos, dem

ἐν Παλαιστίνῃ στρατιωτῶν ἡγησαμένῳ, τὴν τῶν ἀντι-
λεγομένων ἐπέτρεψε δίαιταν. ὁ δὲ Σοῦμμος Ἰουλιανοῦ 10
ἀδελφὸς ἦν, ὃς ὀλίγῳ ἔμπροσθεν ἐς Αἰθίοπάς τε καὶ
Ὁμηρίτας ἐπρέσβευσε. καὶ αὐτοῖν ἅτερος μέν, Σοῦμ- 11
μος, μὴ χρῆναι Ῥωμαίους καταπροίεσθαι τὴν χώραν
ἠξίου, Στρατήγιος δὲ βασιλέως ἐδεῖτο μὴ χώρας τινὸς
ἕνεκα βραχείας τε καὶ ὡς ἥκιστα λόγου ἀξίας, ἀλλὰ
ἀγόνου τε καὶ ἀκάρπου παντάπασιν οὔσης, Πέρσαις
πολεμησείουσι σκήψεις τοῦ πολέμου χαρίζεσθαι· βασιλεὺς μὲν οὖν Ἰουστινιανὸς ταῦτα ἐν βουλῇ ἐποιεῖτο,
καὶ χρόνος πολὺς ταύτῃ δὴ τῇ διαίτῃ ἐτρίβη.

Χοσρόης δὲ ὁ Περσῶν βασιλεὺς λελύσθαι πρὸς Ἰου- 12
στινιανοῦ τὰς σπονδὰς ἔφασκε, πολλὴν ἐπιβουλὴν ἐς
οἶκον τὸν αὐτοῦ ἄρτι ἐνδειξαμένου, οἷς δὴ ἑταιρίζεσθαι
Ἀλαμούνδαρον ἐν σπονδαῖς ἐνεχείρησε. Σοῦμμον γὰρ 13
ἔναγχος ἐπὶ διαίτῃ δῆθεν τῷ λόγῳ παρ' αὐτὸν ἥκοντα
ἐπαγγελίαις αὐτὸν περιελθεῖν μεγάλων χρημάτων, ἐφ'
ᾧ προσχωρήσει Ῥωμαίοις, γράμματά τε προΐσχετο, ἃ
δὴ πρὸς Ἀλαμούνδαρον ὑπὲρ τούτων Ἰουστινιανὸς βασι- 14
λεὺς ἔγραψε. καὶ πρὸς Οὔννων δέ τινας ἰσχυρίζετο αὐτὸν
ἐπιστολὴν πέμψαι, ἐγκελευομένην αὐτοῖς ἐσβαλεῖν τε ἐς
τὴν Περσῶν γῆν καὶ τοῖς ἐκείνῃ χωρίοις ἐπὶ πλεῖστον
λυμήνασθαι. ἣν δὴ οἱ τοὺς Οὔννους αὐτοὺς ἔφασκεν
ἐγχειρίσαι ἐς ὄψιν ἐλθόντας. ταῦτα μὲν Χοσρόης ἐπι- 15
καλῶν Ῥωμαίοις τὰς σπονδὰς λύειν διενοεῖτο. εἰ μέντοι
ταῦτα λέγοντί οἱ ἀληθίζεσθαι ξυνέβαινεν, οὐκ ἔχω εἰπεῖν.

Ἐν τούτῳ δὲ Οὐίττιγις, ὁ τῶν Γότθων ἡγούμενος, 2
ἤδη τῷ πολέμῳ κεκακωμένος, πρέσβεις δύο παρ' αὐτὸν
ἔπεμψεν, ἀναπείσοντας ἐπὶ Ῥωμαίους στρατεύεσθαι, οὐ

Truppenbefehlshaber in Palästina, die schiedsrichterliche
Klärung des Streitfalles. Summos war der Bruder des Julianos, der kurz vorher als Gesandter zu den Äthiopen und Homeriten gegangen war. Der eine von beiden, Summos, vertrat
die Ansicht, die Römer dürften den Landstrich nicht preisgeben, während Strategios den Kaiser bat, er möge doch um
eines kleinen Gebietes willen, das keinerlei Bedeutung habe
und völlig wüst und unfruchtbar sei, den kriegslüsternen Persern keine Vorwände zum Krieg liefern. Kaiser Justinian stellte daraufhin Überlegungen an, ohne daß aber eine rasche
Entscheidung fiel.

Indessen sprach der Perserkönig Chosroes von einem Frie-
densbruch durch Justinian; denn dieser habe mit dem Versuch, Alamundaros mitten im Frieden zum Freunde zu gewinnen, sich eben erst gar hinterhältig gegen sein Haus be-
nommen. Jedenfalls sei kurz zuvor Summos angeblich wegen
des Schiedsspruches bei Alamundaros gewesen und habe ihn
dabei unter Zusicherung reichen Lohnes auf die römische
Seite ziehen wollen. Für diese Behauptung wies Chosroes ein
Schriftstück vor, das Kaiser Justinian in der erwähnten Sache an Alamundaros gerichtet hatte. Der Kaiser habe sich
außerdem, wie sein Gegner betonte, brieflich an einigen Hunnen mit der Aufforderung gewandt, in Persien einzufallen
und in den dortigen Gebieten möglichst schweren Schaden
anzurichten. Dieses Schreiben hätten ihm die Hunnen selbst
in die Hand gegeben, als sie bei ihm waren. Mit solchen Vor-
würfen gegen die Römer gedachte Chosroes, den Friedensvertrag außer Kraft zu setzen. Ob diese seine Angaben indes
der Wahrheit entsprachen, vermag ich nicht zu sagen.

2. Wittigis sucht durch eine Gesandtschaft Chosroes zum Krieg gegen die Römer zu veranlassen

Um diese Zeit schickte der Gotenkönig Wittigis, durch den
Krieg schon hart bedrängt, zwei Gesandte an Chosroes, um
ihn zu einem Feldzug gegen die Römer zu veranlassen. Damit

Γότθους μέντοι, ὅπως μὴ κατάδηλοι αὐτόθεν γινόμενοι ξυγχέωσι τὰ πρασσόμενα, ἀλλὰ Λιγούρους ἱερεῖς, χρήμασιν ἁδροῖς ἐς ταύτην ἠγμένους τὴν πρᾶξιν. ὧν ἅτερος 2 μὲν, ὅσπερ ἀξιώτερος ἔδοξεν εἶναι, δόκησίν τε καὶ ὄνομα ἐπισκόπου περιβεβλημένος οὐδὲν αὐτῷ προσῆκον, ἐς τὴν πρεσβείαν καθίστατο, ὁ δὲ δὴ ἕτερος αὐτῷ ὑπηρετῶν εἵπετο. ὁδῷ τε ἰόντες ἐς τὰ ἐπὶ τῆς Θρᾴκης χωρία 3 ἑταιρίζονταί τινα ἐνθένδε Σύρας τε καὶ τῆς Ἑλληνίδος φωνῆς ἑρμηνέα σφίσιν ἐσόμενον, ἅπαντάς τε Ῥωμαίους λαθόντες ἐς τὰ Περσῶν ἤθη ἀφίκοντο. ἅτε γὰρ ἐν σπονδαῖς καθεστῶτες οὐκ ἐς τὸ ἀκριβὲς ταύτῃ ἐφύλασσον.

Χοσρόου τε ἐς ὄψιν ἐλθόντες ἔλεξαν τοιάδε ,,Τοὺς 4 μὲν ἄλλους ἅπαντας, ὦ βασιλεῦ, πρέσβεις τῶν αὐτοῖς ἕνεκα ξυμφόρων ἐκ τοῦ ἐπὶ πλεῖστον ξυμβαίνει ἐς τὴν πρεσβείαν καθίστασθαι, ἡμᾶς δὲ Οὐίττιγις ὁ Γότθων τε καὶ Ἰταλιωτῶν βασιλεὺς ἔπεμψε τοὺς λόγους ὑπὲρ τῆς σῆς ποιησομένους ἀρχῆς· καὶ αὐτὸν νόμιζε παρόντα σοι τανῦν φθέγγεσθαι τάδε. εἴ τίς σε, ὦ βασιλεῦ, ξυνε- 5 λὼν φαίη τήν τε σὴν βασιλείαν καὶ πάντας ἀνθρώπους Ἰουστινιανῷ προέσθαι, ὀρθῶς ἂν εἴποι. ὁ μὲν γὰρ νεω- 6 τεροποιός τε ὢν φύσει καὶ τῶν οὐδ᾽ ὁπωστιοῦν αὐτῷ προσηκόντων ἐρῶν, μένειν τε οὐ δυνάμενος ἐν τοῖς καθεστῶσι, γῆν μὲν ἅπασαν ξυλλαβεῖν ἐπεθύμησεν, ἑκάστην δὲ ἀρχὴν περιβαλέσθαι ἐν σπουδῇ ἔσχεν. εἶτα (οὐδὲ 7 γὰρ Πέρσαις κατὰ μόνας ἐγχειρεῖν ἴσχυεν οὐδὲ Περσῶν οἱ ἀντιστατούντων οἷός τε ἦν ἐπ᾽ ἄλλους ἰέναι) σὲ μὲν τῷ τῆς εἰρήνης παραπετάσματι ἐξαπατᾶν ἔγνω, τοὺς δὲ λοιποὺς βιαζόμενος μεγάλας δυνάμεις ἐπὶ τῇ σῇ ἀρχῇ ἑταιρίζεσθαι. Βανδίλων μὲν οὖν ἤδη καθελὼν τὴν βασι- 8 λείαν καὶ Μαυρουσίους καταστρεψάμενος, Γότθων αὐτῷ φιλίας ὀνόματι ἐκποδὼν ἱσταμένων, χρήματά τε μεγάλα καὶ σώματα πολλὰ ἐπαγόμενος ἐφ᾽ ἡμᾶς ἥκει. ἔνδηλος 9

sie aber nicht sogleich erkannt würden und ihr Unternehmen scheitere, wählte er keine Goten, sondern Priester aus Ligurien, die sich um viel Geld für dieses Geschäft hatten gewinnen lassen. Der eine von ihnen, der den würdigeren Eindruck machte, gab sich das Ansehen eines Bischofs samt dem entsprechenden Titel und trat so die Gesandtschaftsreise an, während der andere ihn als sein Diener begleitete. Auf ihrem Wege kamen sie in das Gebiet von Thrakien und gewannen dort einen Mann, den sie als Dolmetscher für Syrisch und Griechisch verwenden wollten. So gelangten sie, ohne daß ein Römer davon merkte, nach Persien; man handhabe dort auch – es war ja Friede – die Überwachung nicht allzu streng.

Und die Gesandten traten vor Chosroes und richteten folgende Worte an ihn: „Alle anderen Gesandten, König, erfüllen ihre Aufgabe meist nur, um ihren eigenen Vorteil wahrzunehmen; uns hingegen schickte Wittigis, der König der Goten und Italiker, damit wir mit unseren Ausführungen dem Besten deines Reiches dienen. Und so betrachte denn unsere jetzigen Worte als seine persönliche Erklärung! König, wenn jemand, um es kurz zu sagen, behaupten wollte, du gäbest dein Königtum und alle deine Untertanen Justinian preis, so hat er damit wohl recht. Denn seiner Natur nach ist dieser Mensch auf Neuerungen erpicht, verlangt nach Dingen, auf die er nicht das mindeste Anrecht hat, und bringt es nicht über sich, die bestehende Ordnung zu wahren. Daher überkam ihn auch das Verlangen, die ganze Welt an sich zu reißen, und war sein ganzes Trachten auf die Eroberung eines Reiches nach dem anderen gerichtet. Da er nun nicht imstande war, für sich allein die Perser anzugreifen, und wenn diese ihn bekriegten, auch nicht gegen andere vorgehen konnte, so entschloß er sich, dich unter Vorspiegelung eines Friedensvertrages zu täuschen, um dann durch Unterwerfung der anderen Völker gewaltige Kräfte gegen dein Reich zu gewinnen. Das Königreich der Vandalen hat er bereits vernichtet und auch die Maurusier unterworfen; denn die Goten legten ihm aus Freundschaft keine Hindernisse in den Weg. Nun aber zieht Justinian unter Aufgebot vieler Mittel und starker

δέ ἐστιν, ἣν καὶ Γότθους παντάπασιν ἐξελεῖν δύνηται,
ὡς ξὺν ἡμῖν τε καὶ τοῖς ἤδη δεδουλωμένοις ἐπὶ Πέρσας
στρατεύσει, οὔτε τὸ τῆς φιλίας ἐννοῶν ὄνομα οὔτε τι
τῶν ὁμωμοσμένων ἐρυθριῶν. ἕως οὖν ἔτι σοι λείπεταί 10
τις σωτηρίας ἐλπίς, μήτε ἡμᾶς ἐργάσῃ κακὸν περαιτέρω
μηδὲν μήτε αὐτὸς πάθῃς, ἀλλ' ὅρα μὲν ἐν τοῖς ἡμετέροις κακοῖς ὅσα ὀλίγῳ ὕστερον ξυμβήσεται Πέρσαις,
ἐνθυμοῦ δὲ ὡς Ῥωμαῖοι τῇ σῇ βασιλείᾳ εὖνοι μὲν οὐκ
ἄν ποτε εἶεν, δυνάμει δὲ κρείσσους γενόμενοι οὐδὲν
μελλήσουσι τὸ ἐς Πέρσας ἔχθος ἐνδείκνυσθαι. ἐν δέοντι 11
τοίνυν τῇ ἐξουσίᾳ χρῆσαι, μὴ παυσαμένην ἐπιζητήσῃς.
λωφήσασα γὰρ ἡ τῶν καιρῶν ἀκμὴ ἐπανιέναι οὐδαμῶς
πέφυκεν. ἄμεινον δὲ προτερήσαντα ἐν τῷ ἀσφαλεῖ εἶναι
ἢ τῶν καιρῶν ὑστερηκότα τὰ πάντων αἰσχρότατα πρὸς
τῶν πολεμίων παθεῖν."

Ταῦτα ἐπεὶ Χοσρόης ἤκουσεν, εὖ τέ οἱ παραινεῖν 12
Οὐίττιγις ἔδοξε καὶ λύειν τὰς σπονδὰς ἔτι μᾶλλον ἐν
σπουδῇ εἶχε. φθόνῳ γὰρ ἐς Ἰουστινιανὸν βασιλέα ἐχόμενος λογίζεσθαι ὡς ἥκιστα ἔγνω, ὅτι δὴ πρὸς ἀνδρῶν
Ἰουστινιανῷ βασιλεῖ δυσμενῶν μάλιστα οἱ λόγοι ἐς αὐτὸν
γένοιντο. ἀλλὰ τῷ βούλεσθαι ἐς τὸ πεισθῆναι αὐτόμολος 13
ἦλθεν. ὃ δὴ καὶ ἐς τοὺς Ἀρμενίως τε καὶ Λαζῶν λόγους
ὀλίγῳ ὕστερον ἔδρασεν ἅπερ μοι αὐτίκα μάλα λελέξεται. 14
καίτοι τοιαῦτα Ἰουστινιανῷ ἐπεκάλουν ἐγκλήματα, ἅπερ
ἄν εἰκότως βασιλεῖ γενναίῳ ἐγκώμια εἴη, ὅτι δὴ τὴν
βασιλείαν τὴν αὐτοῦ μείζω τε ποιῆσαι καὶ πολλῷ ἐπι-
φανεστέραν ἐν σπουδῇ ἔχοι. ταῦτα γὰρ καὶ Κύρῳ ἄν τις 15
ἐπενέγκοι τῷ Περσῶν βασιλεῖ καὶ Ἀλεξάνδρῳ τῷ
Μακεδόνι. ἀλλὰ γὰρ φθόνῳ τὸ δίκαιον οὐδαμῇ εἴωθε
ξυνοικίζεσθαι. διὰ ταῦτα μὲν ὁ Χοσρόης τὰς σπονδὰς
λύειν διενοεῖτο.

Streitkräfte gegen uns, und es besteht kein Zweifel, daß er, sofern er auch die Goten völlig niederzuringen vermag, zusammen mit uns und den bereits geknechteten Völkern die Perser
angreifen wird. Er wird sich dabei weder um das Wort Freundschaft kümmern noch vor den geleisteten Eiden schämen. Solange dir also noch irgend eine Hoffnung auf Rettung bleibt,
sollst du weder uns künftighin schädigen noch selbst durch
uns geschädigt werden; erkenne vielmehr an unseren Un-
glücksfällen, was in Bälde auch den Persern widerfahren
kann, und bedenke, daß die Römer wohl niemals deinem Königtum freundlich gesinnt sind und ihre Feindschaft gegen
die Perser sogleich offen an den Tag legen werden, wenn sie
die Übermacht gewonnen haben! Nütze darum die Möglichkeit nach Gebühr und suche nicht erst danach, wenn sie ent-
schwunden ist! Versäumte Gelegenheiten pflegen ja nicht
wiederzukehren. Es ist daher besser, zuvorzukommen und in
Sicherheit zu leben als die günstigen Augenblicke vorüber-
gehen zu lassen und dann die allerschmählichste Behandlung
durch die Feinde erdulden zu müssen.‟

Als Chosroes diese Rede vernommen hatte, gewann er den
Eindruck, als gebe ihm Wittigis einen guten Rat, und er fühlte sich darum noch mehr veranlaßt, den Frieden zu brechen.
Denn es war von Neid auf Justinian erfüllt und wollte es keineswegs für wahr haben, daß die Worte aus dem Munde von
dessen bittersten Feinden kamen, er ließ sich vielmehr, da
sein Entschluß bereits feststand, nur zu gern überreden. Auch
mit Rücksicht auf die Vorstellungen der Armenier und Lazen
hin tat er kurz darauf all das, wovon ich sogleich sprechen
werde. Diese erhoben nun freilich gegen Justinian nur solche
Vorwürfe, wie sei einem echten Kaiser eigentlich zur Ehre
gereichen müßten: Er sei darauf bedacht, seine kaiserliche
Macht zu erweitern und ihr viel größeren Glanz zu verleihen.
Einen derartigen Tadel könnte man ja auch gegen den Perserkönig Kyros und den Makedonen Alexander aussprechen.
Aber Neid und rechtliches Empfinden wohnen ja gewöhnlich
nicht beisammen, weshalb auch Chosroes den Friedensvertrag zu brechen gedachte.

Ἐν τούτῳ δὲ καὶ ἄλλο τι γενέσθαι τοιόνδε ξυνέβη. **3**
Συμεώνης ἐκεῖνος, ὁ τὸ Φαράγγιον Ῥωμαίοις ἐνδοὺς,
Ἰουστινιανὸν βασιλέα πείθει, ἔτι τοῦ πολέμου ἀκμάζον-
τος, κώμαις αὐτόν τισιν ἀνδρῶν Ἀρμενίων δωρήσασθαι.
κύριός τε τῶν χωρίων γενόμενος πρὸς τῶν αὐτὰ πάλαι 2
κεκτημένων ἐξ ἐπιβουλῆς θνήσκει. ἐξειργασμένου δὲ τοῦ 3
κακοῦ οἱ τοῦ φόνου αὐτουργοὶ φεύγουσιν ἐς τὰ Περσῶν
ἤθη. ἀδελφὼ δὲ ἤστην δύο Περόζου παῖδε. βασιλεύς
τε ταῦτα ἀκούσας τάς τε κώμας Ἀμαζασπῃ παραδίδωσι
τῷ Συμεώνου ἀδελφιδῷ καὶ ἄρχοντα κατεστήσατο Ἀρ- 4
μενίοις αὐτόν. τοῦτον τὸν Ἀμαζάσπην, προϊόντος τοῦ
χρόνου, Ἰουστινιανῷ βασιλεῖ τῶν τις ἐπιτηδείων διέβαλλεν, Ἀκάκιος ὄνομα, κακουργεῖν τε ἐς Ἀρμενίους
καὶ βούλεσθαι Πέρσαις ἐνδοῦναι Θεοδοσιούπολίν τε καὶ
ἄλλα ἄττα πολίσματα. ταῦτα εἰπὼν γνώμῃ βασιλέως 5
Ἀκάκιος τὸν Ἀμαζάσπην δόλῳ ἔκτεινε, καὶ τὴν Ἀρμενίων ἀρχὴν δόντος βασιλέως ἔσχεν αὐτός. πονηρὸς 6
δὲ ὢν φύσει ἔσχε καθ' ὅ τι τὰ τῆς ψυχῆς ἤθη ἐνδείξοιτο.
γέγονεν οὖν ἐς τοὺς ἀρχομένους ὠμότατος ἀνθρώπων
ἁπάντων. τά τε γὰρ χρήματα ἐληίζετο οὐδενὶ λόγῳ καὶ 7
φόρου αὐτοῖς ἀπαγωγὴν οὔποτε οὖσαν ἐς κεντηνάρια
τέσσαρα ἔταξεν. Ἀρμένιοι δὲ (φέρειν γὰρ οὐκέτι αὐτὸν
οἷοί τε ἦσαν) κτείνουσί τε ξυμφρονήσαντες τὸν Ἀκάκιον
καὶ ἐς τὸ Φαράγγιον καταφεύγουσι. διὸ δὴ Σίτταν ἐπ' 8
αὐτοὺς ἐκ Βυζαντίου βασιλεὺς ἔπεμψεν. ἐνταῦθα γὰρ ὁ
Σίττας διέτριβεν, ἐπειδὴ Ῥωμαίοις ἐγένοντο αἱ πρὸς 9
Πέρσας σπονδαί. ὃς δὴ ἐς Ἀρμενίους ἐλθὼν τὰ μὲν
πρῶτα ἐς τὸν πόλεμον ὀκνηρῶς ᾔει, τιθασσεύειν μέντοι
καὶ ἐπὶ τὰ πρότερα ἤθη ἀντικαθιστάναι τοὺς ἀνθρώπους
ἠπείγετο, πείθειν βασιλέα ὑποσχόμενος ἀφεῖναι αὐτοῖς
τὴν καινὴν τοῦ φόρου ἀπαγωγήν. ἐπεὶ δὲ αὐτὸν βασι- 10

3. Armenien, der alte Zankapfel zwischen Rom und Persien. Chosroes entschließt sich zum Krieg

In diese Zeit fällt noch ein anderes und zwar folgendes Ereignis: Jener Symeon, der das Pharangion den Römern übergeben hatte, bewog noch mitten im Krieg Kaiser Justinian,
ihm einige Dörfer mit Armeniern zu schenken. Als deren
Herr fiel er aber einem Anschlag der früheren Eigentümer
zum Opfer. Die Mörder – es waren zwei Brüder, Söhne des
Perozes – flüchteten nach dem Verbrechen auf persisches Gebiet. Als der Kaiser davon hörte, überließ er die Dörfer dem
Amazaspes, dem Neffen Symeons, und bestellte ihn zum
Herrn über die Armenier. Im Laufe der Zeit verleumdete ein
Verwandter namens Akakios den Amazaspes bei Kaiser Justinian, er mißhandle die Armenier und wolle Theodosiopolis und noch einige andere Städte den Persern in die Hände
spielen. Auf diese Anklage hin tötete Akakios im kaiserlichen
Auftrag hinterlistigerweise den Amazaspes und bekam von
Justinian nun selbst die Herrschaft über die Armenier übertragen. Von Natur aus ein Verbrecher, verschaffte er sich dadurch die Möglichkeit, seinen Charakter offen zu zeigen und
gegen die Untertanen aufs allergrausamste zu verfahren.
Rücksichtslos nahm er ihnen den Besitz und legte ihnen eine
neue Abgabe von vier Kentenarien auf. Die Armenier aber,
deren Leistungsfähigkeit damit überfordert war, zettelten
eine Verschwörung an, töteten den Akakios und suchten im
Pharangion Zuflucht. Deshalb schickte der Kaiser gegen sie
von Byzanz aus den Sittas, der sich nach dem römisch-persischen Friedensschluß in der Reichshauptstadt aufhielt.
Nach seiner Ankunft in Armenien betrieb er die Kriegsführung zunächst nur lässig, suchte vielmehr gütlich auf die Bevölkerung einzuwirken und die früheren Verhältnisse wieder
herzustellen. Aus diesem Grunde versprach er ihnen auch,
beim Kaiser darauf hinzuarbeiten, daß ihnen die neue Steuerabgabe erlassen werde. Als jedoch der Herrscher, veranlaßt

λεὺς τῆς μελλήσεως πολλὰ ὀνειδίζων ἐκάκιζεν, ἡγμένος
ταῖς Ἀδολίου διαβολαῖς τοῦ Ἀκακίου παιδός, ἐνταῦθα
ἤδη ὁ Σίττας τὰ ἐς τὴν ξυμβολὴν ἐξηρτύετο. πρῶτον 11
μὲν οὖν ὑποσχέσεσι πολλῶν ἀγαθῶν ἀναπείθειν τε καὶ
ἑταιρίζεσθαι αὐτῶν τινας ἐνεχείρησεν, ὅπως αὐτῷ ῥᾶον
τε καὶ ἀπονώτερα ἡ ἐς τοὺς λοιποὺς ἐπικράτησις γένοιτο.
καί οἱ τὸ τῶν Ἀσπετιανῶν καλουμένων γένος, μέγα τε 12
ὂν καὶ πολυάνθρωπον, προσχωρεῖν ἤθελε. πέμψαντές τε 13
παρὰ τὸν Σίτταν ἐν γράμμασιν ἐδέοντο διδόναι τὰ πιστὰ
σφίσιν, ὅτι δὴ, ἢν ἐν τῷ ἔργῳ τοὺς ὁμογενεῖς ἀπολιπόντες ἥξωσιν ἐς τὴν Ῥωμαίων παράταξιν, κακῶν παντάπασιν ἀπαθεῖς μείνωσι, τὰ σφέτερα αὐτῶν ἔχοντες. ὁ 14
δὲ αὐτοῖς ἄσμενός τε γράψας ἐν βιβλιδίῳ, καθάπερ
ἐδέοντο, τὰ πιστὰ ἔδωκε, καὶ τὸ γράμμα κατασημηνά-
μενος ἐς αὐτοὺς ἔπεμψε.

Θαρσῶν τε ὡς δι᾽ αὐτῶν ἀμαχητὶ τοῦ πολέμου κρα- 15
τήσει, τῷ παντὶ στρατῷ ἐς χωρίον Οἰνοχαλάκων ᾔει,
ἔνθα τοὺς Ἀρμενίους ἐστρατοπεδεῦσθαι ξυνέβαινε. τύχῃ 16
δέ τινι οἱ τὸ βιβλίον ἔχοντες ἑτέρᾳ ἰόντες ὁδῷ Ἀσπε-
τιανοῖς ἐντυχεῖν οὐδαμῆ ἴσχυσαν. μοῖρα μέντοι τοῦ Ῥω- 17
μαίων στρατοῦ ὀλίγοις τισὶν αὐτῶν ἐντυχόντες, οὐκ εἰδότες τε τὰ ξυγκείμενα, ὡς πολεμίοις ἐχρήσαντο. καὶ 18
αὐτὸς Σίττας ἐν σπηλαίῳ που παῖδάς τε αὐτῶν καὶ
γυναῖκας λαβὼν ἔκτεινεν, ἢ τὸ γεγονὸς οὐ ξυνιεὶς ἢ δι᾽
ὀργῆς Ἀσπετιανοὺς ἔχων, ὅτι οἱ, καθάπερ ξυνέκειτο,
οὐ προσεχώρουν. οἱ δὲ θυμῷ ἤδη ἐχόμενοι ξὺν τοῖς 19
ἄλλοις ἅπασιν ὡς ἐς μάχην ἐτάξαντο. ἅτε δὲ ἐν δυσχωρίαις χαλεπαῖς τε καὶ κρημνώδεσιν ἑκάτεροι ὄντες οὐκ
ἐν ἑνὶ χώρῳ ἐμάχοντο, ἀλλὰ διασκεδαννύμενοι ἔν τε
ὑπωρείαις καὶ φάραγξι. τετύχηκεν οὖν τῶν τε Ἀρμενίων ὀλίγους τινὰς καὶ Σίτταν τῶν ἑπομένων οὐ πολλοὺς
ἔχοντα ἀλλήλων πῃ ἄγχιστα ἰέναι, φάραγγος σφίσι τινὸς
μεταξὺ οὔσης. ἱππεῖς δὲ ἦσαν ἑπάτεροι. ὁ μὲν οὖν Σίττας, 20
ὀλίγων οἱ ἐπισπομένων, ἐπὶ τοὺς ἐναντίους τὴν φάραγγα

durch die Verdächtigungen des Adolios, des Sohnes von Akakios, ihm wegen seines zögernden Vorgehens viele Vorwürfe
machte, rüstete er sich nunmehr zum Kampf. Zuerst versuchte er allerdings noch durch große Versprechungen einzelne Armenier umzustimmen und auf seine Seite zu ziehen,
um dann umso leichter und müheloser mit den übrigen fertig
zu werden. Der große und zahlreiche Stamm der sog. Aspetianen war tatsächlich auch zum Anschluß bereit; sie schickten Gesandte an Sittas und ersuchten ihn um die schriftliche
Zusage, daß ihnen, wenn sie während des Kampfes ihre Stam-
mesbrüder verließen und zum römischen Heere überliefen,
nicht das mindeste widerfahre und sie auch im Besitz ihres
Eigentums blieben. Gerne gab er ihnen schriftlich in einem
Brief die erbetene Zusicherung und übersandte das untersie-
gelte Dokument.

Er war nun des festen Glaubens, den Krieg dadurch kampflos beendigen zu können, und zog mit dem ganzen Heere zu
dem Orte Oinochalakon, wo die Armenier ihr Lager geschlagen hatten, doch wollte es der Zufall, daß die Boten mit dem
Brief einen anderen Weg einschlugen und die Aspetianen nicht
treffen konnten. Hingegen stieß eine römische Abteilung auf
einige von ihnen und behandelte sie, ohne von dem Abkommen etwas zu wissen, wie Feinde. Ja, Sittas nahm sogar selbst
in einer Höhle Kinder und Frauen von ihnen gefangen und
ließ sie niedermachen, entweder seiner Handlungsweise nicht
bewußt oder aus Zorn über die Aspetianen, weil sie nicht, wie
vereinbart, auf seine Seite übertraten. Diese gerieten nun in
Zorn und stellten sich mit den übrigen Armeniern vereint
zum Kampfe. Da aber beide Parteien in schwierigem und stei-
lem Gelände operierten, spielte das Gefecht nicht an einem
Platz, sondern zog sich über den Fuß der Berge und über
Schluchten hin. Da geschah es, daß einige Armenier und Sittas mit geringem Gefolge – alle waren beritten – ganz nahe
aneinander herankamen und nur noch durch eine Kluft getrennt waren. Sittas überquerte diese mit einigen Begleitern
und stürmte auf seine armenischen Gegner los, die sich zu-

διαβὰς ἤλαυνεν, Ἀρμένιοι δὲ ὀπίσω ὑποχωρήσαντες
ἔστησαν, καὶ ὁ Σίττας οὐκέτι ἐδίωκεν, ἀλλ' αὐτοῦ ἔμενεν. ἄφνω δέ τις τοῦ Ῥωμαίων στρατοῦ, Ἔρουλος γένος, 21
δίωξιν ἐπὶ τοὺς πολεμίους πεποιημένος, ἐνθένδε τε ξὺν
θυμῷ ἀπελαύνων παρὰ τοὺς ἀμφὶ τὸν Σίτταν ἦλθεν.
ἐτύγχανε δὲ ὁ Σίττας ἐς τὸ ἔδαφος τὸ δόρυ ἐρείσας· ὁ
δὴ ὁ τοῦ Ἐρούλου ἵππος ἐπιπεσὼν ξὺν πολλῇ ῥύμῃ
κατέαξε. τόν τε στρατηγὸν τοῦτο ἠνίασεν ἐς τὰ μάλιστα, 22
καὶ αὐτὸν τῶν τις Ἀρμενίων ἰδὼν ἔγνω τε καὶ Σίτταν
αὐτὸν τοῖς ἄλλοις ἅπασιν ἰσχυρίζετο εἶναι. ξυνέβαινε
γάρ οἱ ἐν τῇ κεφαλῇ κράνος οὐκ εἶναι. διὸ δὴ τοὺς πολεμίους οὐκ ἔλαθε ξὺν ὀλίγοις τισὶν ἐνταῦθα ἥκων. Σίττας 23
μὲν οὖν, ἐπεὶ ταῦτα τοῦ Ἀρμενίου λέγοντος ἤκουσε καὶ
τὸ δόρυ, ὥσπερ ἐρρήθη, οἱ ἀποκαυλισθὲν ἐς τὴν γῆν
ἔκειτο, σπασάμενος τὸ ξίφος τὴν φάραγγα διαβαίνειν
εὐθὺς ἐνεχείρησεν. οἱ δὲ πολέμιοι σπουδῇ πολλῇ ἐπ' 24
αὐτὸν ἤλαυνον, καί τις αὐτὸν καταλαβὼν ἐν τῇ φάραγγι
ξίφει ἐς ἄκραν κεφαλὴν ἔτυψε πληγῇ ἐγκαρσίᾳ. καὶ τὸ
μὲν βρέγμα ὅλον ἀφείλετο, τοῦ δὲ ὀστέου ὁ σίδηρος οὐδαμῆ ἥψατο. καὶ ὁ μὲν Σίττας ἔτι μᾶλλον ἢ πρότερον πρόσω 25
ἤλαυνεν, Ἀρταβάνης δὲ Ἰωάννου παῖς Ἀρσακίδης ὄπισθεν ἐπιπεσὼν καὶ παίσας τῷ δόρατι ἔκτεινεν. οὕτω τε 26
ὁ Σίττας ἐξ ἀνθρώπων ἠφάνιστο οὐδενὶ λόγῳ, ἀναξίως
τῆς τε ἀρετῆς καὶ τῶν ἐς τοὺς πολεμίους ἀεὶ πεπραγμένων, ἀνὴρ τό τε σῶμα ἐς ἄγαν καλὸς γεγονὼς καὶ ἀγαθὸς
τὰ πολέμια, στρατηγός τε ἄριστος τῶν καθ' αὑτὸν οὐδενὸς ἥσσων.

Τινὲς δέ φασι τὸν Σίτταν οὐ πρὸς τοῦ Ἀρταβάνου 27
ἀπολωλέναι, ἀλλὰ Σολόμωνα, λίαν ἐν Ἀρμενίοις ἀφανῆ
ἄνδρα, τὸν ἄνθρωπον διαχρήσασθαι. τελευτήσαντος δὲ
Σίττα Βούζην βασιλεὺς ἐπὶ τοὺς Ἀρμενίους ἐκέλευσεν 28
ἰέναι· ὃς ἐπεὶ ἄγχιστά που ἐγένετο, ἔπεμψε πρὸς αὐτοὺς
βασιλεῖ τε καταλλάξειν Ἀρμενίους ὑποσχόμενος ἅπαντας
καὶ ὑπὲρ τούτων ἐς λόγους οἱ ἐλθεῖν ἀξιῶν τῶν δοκί-

nächst zurückzogen und dann wieder Halt machten. Daraufhin setzte auch Sittas die Verfolgung nicht fort, sondern blieb an Ort und Stelle. Doch plötzlich sprengte ein römischer Soldat, ein gebürtiger Heruler, der die Feinde verfolgt hatte, zornig von dort zurück, traf auf Sittas und seine Leute und zerbrach durch den heftigen Anprall seines Pferdes die Lanze, die jener zufällig in den Boden gestoßen hatte. Das ärgerte den Feldherrn über die Maßen, so daß ein Armenier, der den Vorfall beobachtete, Sittas erkannte und dies allen anderen gegenüber bestätigte. Ohne Helm auf dem Haupte konnte er ja auch nicht unbemerkt mit einigen wenigen Begleitern herankommen. Als nun Sittas die Worte des Armeniers vernahm, zog er – sein Speer lag ja, wie gesagt, abgebrochen am Boden – das Schwert und wollte sogleich die Schlucht überqueren. Jedoch die Feinde sprengten in aller Eile heran, und einer, der ihn in der Schlucht erreichte, traf ihn mit einem Schwerthieb schräg auf die Schädeldecke. Dadurch wurde der ganze vordere Teil abgetrennt, ohne daß aber das Eisen irgendwie den Knochen berührte. Sittas stürmte jetzt noch rascher als bisher voran, wurde aber von dem Arsakiden Artabanes, dem Sohn des Johannes, von hinten angegriffen und durch einen Lanzenstoß getötet. So fand Sittas ein jähes Ende, wie es seiner Tüchtigkeit und den gegen die Feinde stets vollbrachten Taten nicht entsprach, ein Mann von ausnehmender Schönheit und hervorragender Soldat, dazu ein glänzender Feldherr, der sich mit jedem seiner Zeitgenossen messen konnte.

Wie einige berichten, soll Sittas nicht durch Artabanes, sondern durch Solomon, einen ganz unbekannten Armenier, getötet worden sein. Der Kaiser aber betraute nach seinem Tod den Buzes mit der Kriegsführung gegen die Armenier. Sobald er in ihre unmittelbare Nähe gelangt war, ließ er ihnen durch Gesandte versprechen, er wolle sämtliche Armenier mit dem Kaiser versöhnen; einige vornehme Männer sollten deshalb als Unterhändler zu ihm kommen. Die anderen, voll

μων τινάς. οἱ μὲν οὖν ἄλλοι οὔτε πιστεύειν τῷ Βούζῃ 29
εἶχον οὔτε τοὺς λόγους ἐνδέχεσθαι τοὺς αὐτοῦ ἤθελον.
ἦν δέ τις αὐτῷ μάλιστα φίλος ἀνὴρ Ἀρσακίδης, Ἰωάννης ὄνομα, Ἀρταβάνου πατήρ, ὃς δὴ τῷ Βούζῃ τότε
ἅτε φίλῳ θαρσήσας ξύν τε Βασσάκῃ τῷ κηδεστῇ καὶ
ἄλλοις ὀλίγοις τισὶ παρ' αὐτὸν ἦλθεν· οἱ δὴ ἐν χωρίῳ
γενόμενοι τε καὶ αὐλισθέντες, ἔνθα τῷ Βούζῃ τῇ ὑστεραίᾳ ἐντυχεῖν ἔμελλον, ᾔσθοντο ἐς κύκλωσιν πρὸς τοῦ
Ῥωμαίων στρατοῦ ἥκοντες. πολλὰ μὲν οὖν τὸν Ἰωάννην 30
Βασσάκης ὁ γαμβρὸς ἐλιπάρει δρασμοῦ ἔχεσθαι. ἐπεὶ
δὲ αὐτὸν πείθειν οὐκ εἶχε, μόνον ἐνταῦθα καταλιπὼν
ξὺν τοῖς ἄλλοις ἅπασι λαθὼν τοὺς Ῥωμαίους, ὁδῷ τῇ
αὐτῇ ὀπίσω αὖθις ἀπήλαυνε. Βούζης τε τὸν Ἰωάννην 31
μόνον εὑρὼν ἔκτεινε, καὶ ἀπ' αὐτοῦ οὔτε τινὰ ἐλπίδα ἐς
Ῥωμαίους Ἀρμένιοι ξυμβάσεως πέρι τὸ λοιπὸν ἔχοντες
οὔτε βασιλέα τῷ πολέμῳ ὑπεραίρειν οἷοί τε ὄντες παρὰ
τὸν Περσῶν βασιλέα ἦλθον, Βασσάκου σφίσιν ἡγουμένου, δραστηρίου ἀνδρός.
Ὧν τότε οἱ πρῶτοι Χοσρόῃ ἐς ὄψιν ἐλθόντες ἔλεξαν 32
τοιάδε ,,Εἰσὶ μὲν ἡμῶν πολλοὶ Ἀρσακίδαι, ὦ δέσποτα,
ἐκείνου Ἀρσάκου ἀπόγονοι, ὃς δὴ οὔτε τῆς Πάρθων
βασιλείας ἀλλότριος ἐτύγχανεν ὤν, ἡνίκα ὑπὸ Πάρθοις
ἔκειτο τὰ Περσῶν πράγματα, καὶ βασιλεὺς ἐπιφανὴς
γέγονε τῶν καθ' αὑτὸν οὐδενὸς ἧσσον. πάρεσμεν δὲ 33
τανῦν εἰς ὑμᾶς ἅπαντες δοῦλοί τε καὶ δραπέται γεγενημένοι, οὐχ ἑκούσιοι μέντοι, ἀλλ' ἠναγκασμένοι ὡς μάλιστα, τῷ μὲν φαινομένῳ ὑπὸ τῆς Ῥωμαίων ἀρχῆς, τῷ
δὲ ἀληθεῖ λόγῳ ὑπὸ σῆς, ὦ βασιλεῦ, γνώμης. εἴπερ ὁ 34
τὴν ἰσχὺν τοῖς ἀδικεῖν βουλομένοις διδοὺς αὐτὸς ἂν φέ-
ροιτο καὶ τὴν αἰτίαν τῶν ἔργων δικαίως. εἰρήσεται δὲ
μικρὸν ἄνωθεν ὅπως δὴ ἅπασι παρακολουθεῖν τοῖς
πεπραγμένοις δυνήσεσθε. Ἀρσάκης γὰρ ὁ τῶν προγό- 35
νων τῶν ἡμετέρων βασιλεὺς ὕστατος ἐξέστη τῆς ἀρχῆς
τῆς αὑτοῦ Θεοδοσίῳ τῷ Ῥωμαίων αὐτοκράτορι ἑκών

Mißtrauen gegen Buzes, wollten jedoch sein Angebot nicht
annehmen, und nur ein Arsakide namens Johannes, der Vater
des Artabanes und enger Freund des Sittas, fand sich damals
im Vertrauen auf dieses gute Verhältnis mit seinem Schwiegersohn Bassakes und einigen anderen Begleitern bei ihm ein.
Als sie sich nach ihrer Ankunft auf dem Platze gelagert hatten, wo sie anderntags Buzes treffen sollten, merkten sie, daß
sie dem römischen Heer ins Netz gegangen waren. Wiederholt
bat daraufhin der Schwiegersohn Bassakes den Johannes, er
solle doch die Flucht ergreifen. Da er ihn aber nicht überreden konnte, ließ er ihn schließlich dort allein zurück und ritt,
ohne daß die Römer es bemerkten, mit seinen sämtlichen Begleitern auf dem nämlichen Wege wieder zurück. So fand Buzes nur Johannes vor und nahm ihm das Leben. Seitdem bestand für die Armenier keine weitere Aussicht mehr, mit den
Römern zu einer Verständigung zu kommen, und da sie auch
den Kaiser nicht durch Krieg besiegen konnten, begaben sie
sich unter Führung des Bassakes, eines tatkräftigen Mannes,
zum Perserkönig.

Ihre Vornehmsten traten nun vor Chosroes und richteten
an ihn folgende Worte: „Es gibt unter uns, Herr, viele Arsakiden, Nachkommen jenes Arsakes, der das Königtum über
die Parther besaß, als noch der Perserstaat den Parthern unterstand, und der ein hervorragender König war, so daß er
sich mit allen Herrschern messen konnte. Nun aber stehen
wir vor euch, allesamt zu Sklaven und Flüchtlingen geworden,
jedoch nicht aus freiem Entschluß, sondern durch härtesten
Zwang, und schuld daran ist nur scheinbar die Römerherr-
schaft, in Wirklichkeit du, mein König, mit deiner Entscheidung. Denn wer Menschen, die zum Unrechttun entschlossen
sind, die Möglichkeit dazu läßt, dürfte selbst mit Recht auch
die Schuld an den Untaten tragen. Doch wir wollen in unseren Ausführungen ein wenig zurückgreifen, damit ihr den
Gang aller Ereignisse verfolgen könnt: Arsakes, der letzte
König unserer Vorfahren, verzichtete freiwillig zugunsten des
Kaisers Theodosios auf die Herrschaft und zwar unter der
Bedingung, daß seine sämtlichen späteren Stammesgenossen

γε εἶναι, ἐφ' ᾧ δὴ ἅπαντες οἱ κατὰ γένος αὐτῷ μέλλον-
τες πάντα τὸν αἰῶνα προσήκειν τά τε ἄλλα βιοτεύσουσι
κατ' ἐξουσίαν καὶ φόρου ὑποτελεῖς οὐδαμῇ ἔσονται. καὶ 36
διεσωσάμεθα τὰ ξυγκείμενα, ἕως ὑμεῖς ταύτας πεποίησθε τὰς διαβοήτους σπονδάς, ἃς δὴ κοινόν τινα
ὄλεθρον καλῶν τις, οἰόμεθα, οὐκ ἂν ἁμάρτοι. φίλων τε 37
γὰρ καὶ πολεμίων τὸ ἐντεῦθεν ἀφροντιστήσας ἅπαντα
ξυνέχεέ τε καὶ ξυνετάραξε τὰ ἀνθρώπεια ὁ σός, ὦ βασιλεῦ, τῷ λόγῳ μὲν φίλος, ἔργῳ δὲ δυσμενής. ὅπερ καὶ 38
αὐτὸς οὐκ εἰς μακρὰν εἴσῃ, ἐπειδὰν τάχιστα τοὺς ἑσπερίους οἷός τε ᾖ παντάπασι καταστρέψασθαι. τί γὰρ
τῶν πρότερον ἀπειρημένων οὐκ ἔπραξεν; ἢ τί οὐκ ἐκίνησε τῶν εὖ καθεστώτων; οὐχ ἡμῖν μὲν φόρου ἀπαγω- 39
γὴν ἔταξεν οὐ πρότερον οὖσαν, καὶ Τζάνους τοὺς ὁμόρους ἡμῖν αὐτονόμους ὄντας δεδούλωται, τῷ δὲ βασιλεῖ
τῶν ἀθλίων Λαζῶν ἄρχοντα Ῥωμαῖον ἐπέστησε; πρᾶγμα
οὔτε τῇ φύσει τῶν πραγμάτων ξυμβαῖνον οὔτε λόγῳ
ῥάδιον ἑρμηνεύεσθαι. οὐ Βοσπορίταις μὲν τοῖς Οὔννων 40
κατηκόοις στρατηγοὺς ἔπεμψε καὶ τὴν πόλιν προσε-
ποιήσατο οὐδὲν αὐτῷ προσῆκον, ὁμαιχμίαν δὲ πεποίηται
πρὸς τὰς τῶν Αἰθιόπων ἀρχάς, ὧν καὶ ἀνήκοοι τὸ παράπαν Ῥωμαῖοι ἐτύγχανον ὄντες; ἀλλὰ καὶ Ὁμηρίτας 41
τε καὶ θάλασσαν τὴν Ἐρυθρὰν περιβέβληται καὶ τὸν
φοινικῶνα προστίθησι τῇ Ῥωμαίων ἀρχῇ. ἀφίεμεν γὰρ 42
λέγειν τὰ Λιβύων τε καὶ Ἰταλῶν πάθη. ἡ γῆ τὸν ἄνθρωπον οὐ χωρεῖ ξύμπασα· μικρόν ἐστιν αὐτῷ πάντων ὁμοῦ
τῶν ἀνθρώπων κρατεῖν. ὁ δὲ καὶ τὸν αἰθέρα περισκοπεῖ 43
καὶ τοὺς ὑπὲρ τὸν ὠκεανὸν διερευνᾶται μυχούς, ἄλλην
αὐτῷ τινα οἰκουμένην περιποιεῖσθαι βουλόμενος. τί 44
οὖν ἔτι, ὦ βασιλεῦ, μέλλεις; τί δὲ τὴν κάκιστα ἀπολο-
μένην εἰρήνην αἰσχύνῃ, ὅπως δηλαδὴ σε ὑστάτην ποιήσηται βρῶσιν τῶν ἄλλων ἁπάντων; εἰ μὲν ἐστί σοι βου- 45
λομένῳ μαθεῖν ὁποῖός τις ἂν Ἰουστινιανὸς ἐς τοὺς αὐτῷ
εἴκοντας γένοιτο, ἐγγύθεν σοι τὸ παράδειγμα παρ'

in Freiheit leben und keine Abgaben bezahlen sollten. Dieses
Abkommen haben wir glücklich so lange retten können, bis
ihr den berüchtigten Friedensvertrag abschloßt, den man,
ohne fehlzugehen, wie wir glauben, als allgemeines Unglück
bezeichnen darf. Seitdem hat nämlich, mein König, dein an-
geblicher Freund, aber tatsächlicher Gegner ohne Rücksicht
auf Freund und Feind alle menschlichen Verhältnisse in heillose Verwirrung gebracht. Das wirst auch du selbst in Bälde
erfahren, sobald er nur imstande ist, die Völker des Westens
sich ganz und gar zu unterwerfen. Denn was hat er nicht von
all dem durchgesetzt, was ihm früher verwehrt war? Oder
was hat er nicht an wohlgeordneten Verhältnissen geändert?
Hat er uns nicht eine Steuerabgabe auferlegt, die nie zuvor
bestanden hat? Hat er nicht auch die Tzanen, unsere Grenznachbarn, die freie Menschen waren, geknechtet und dem
König der unglücklichen Lazen einen römischen Beamten
vorgesetzt? Ein Vorgehen, das weder der Natur der Dinge
entspricht noch sich leicht in Worten ausdrücken läßt. Hat
er nicht den Einwohnern von Bosporos, Untertanen der Hunnen, Feldherrn geschickt und ihre Stadt, die ihn gar nichts anging, in seinen Besitz gebracht, mit den Reichen der Äthiopen aber, von denen die Römer noch nicht das Mindeste gehört hatten, ein Waffenbündnis geschlossen? Aber auch die
Homeriten und das Rote Meer hat er sich angeeignet und fügt
nun den Palmenwald dem Römerreich hinzu. Von dem, was
Libyen und Italien erlitten haben, wollen wir gar nicht sprechen. Die ganze Erde vermag ja diesen Menschen nicht zu
fassen, und wenig bedeutet es ihm, alle Menschen zusammen
zu beherrschen. Auch im Luftraum hält er Umschau und
durchspürt die Winkel jenseits des Ozeans, alles in dem Bestreben, sich noch eine weitere Welt anzueignen. Was zögerst
du da noch, mein König? Was kümmerst du dich noch weiter
um den so schmählich gebrochenen Frieden, damit jener offenbar dich zuletzt von allen anderen verspeisen kann? Wenn
du erfahren willst, wie sich wohl Justinian denen gegenüber
zeigt, die sich ihm beugen, so hast du ganz in der Nähe unser
eigenes Beispiel und das der armen Lazen vor Augen. Willst

ἡμῶν τε αὐτῶν ἐστι καὶ τῶν ταλαιπώρων Λαζῶν· εἰ 46
δέ, ὅπως ποτὲ εἴωθε τοῖς τε ἀγνῶσι καὶ οὐδ᾽ ὁτιοῦν
ἠδικηκόσι χρῆσθαι, Βανδίλους τε καὶ Γότθους καὶ Μαυρουσίους διαλογίζου. τό τε δὴ κεφάλαιον οὔπω λέλεκται. 47
οὐκ Ἀλαμούνδαρον μὲν ἐν σπονδαῖς τὸν σόν, ὦ κράτιστε
βασιλεῦ, δοῦλον ἀπάτῃ τε περιελθεῖν καὶ βασιλείας
ἀποστῆσαι τῆς σῆς ἔργον πεποίηται, Οὔννους δὲ τοὺς
οὐδαμόθεν αὐτῷ γνωρίμους ἐπὶ τοῖς σοῖς ἔναγχος ἑταιρίζεσθαι πράγμασιν ἐν σπουδῇ ἔσχε; καίτοι πρᾶξις
ἀτοπωτέρα ταύτης οὐ γέγονεν ἐκ τοῦ παντὸς χρόνου.
ἐπειδὴ γὰρ ᾔσθετο, οἶμαι, εἰς πέρας αὐτῷ ὅσον οὔπω 48
ἀφίξεσθαι τὴν τῶν ἑσπερίων καταστροφήν, τοὺς ἑῴους
ἤδη μετελθεῖν ὑμᾶς ἐγκεχείρηκεν, ἐπεὶ καὶ μόνον ἀπολέλειπται αὐτῷ ἐς ἀγῶνα τὸ Περσῶν κράτος. ἡ μὲν οὖν 49
εἰρήνη τὸ ἐκείνου μέρος ἤδη σοι λέλυται, καὶ σπονδαῖς
αὐτὸς πέρας ταῖς ἀπεράντοις ἐπέθηκε. λύουσι γὰρ τὴν 50
εἰρήνην οὐχ οἳ ἂν ἐν ὅπλοις γένοιντο πρῶτοι, ἀλλ᾽ οἳ
ἂν ἐπιβουλεύοντες ἐν σπονδαῖς τοῖς πέλας ἁλοῖεν. τὸ 51
γὰρ ἔγκλημα τῷ ἐγκεχειρηκότι, κἂν ἀπῇ τὸ κατορθοῦν,
πέπρακται. ὅπῃ ποτὲ δὲ ὁ πόλεμος χωρήσει παντί που
δῆλον. οὐ γὰρ οἱ τὰς αἰτίας τῷ πολέμῳ παρασχόμενοι,
ἀλλ᾽ οἱ τοὺς παρασχομένους αὐτὰς ἀμυνόμενοι, κρατεῖν
ἀεὶ τῶν πολεμίων εἰώθασιν. οὐ μὴν οὐδὲ ἐξ ἀντιπάλου 52
ἡμῖν τῆς δυνάμεως ὁ ἀγὼν ἔσται. Ῥωμαίοις γὰρ τῶν
τε στρατιωτῶν πλείστους πρὸς ταῖς τῆς οἰκουμένης
ἐσχατιαῖς ξυμβαίνει εἶναι καὶ δυοῖν στρατηγοῖν, οἵπερ
αὐτοῖς ἄριστοι ἦσαν, τὸν ἕτερον μὲν Σίτταν κτείναντες
ἥκομεν, Βελισάριον δὲ οὔποτε Ἰουστινιανὸς τὸ λοιπὸν
ὄψεται. οὗπερ ἐκεῖνος ὀλιγωρήσας μεμένηκε πρὸς ταῖς
ἡλίου δυσμαῖς, αὐτὸς ἔχων τὸ Ἰταλῶν κράτος. ὥστε 53
σοι ἐπὶ τοὺς πολεμίους ἰόντι ἀπαντήσει τῶν πάντων
οὐδείς, ἕξεις δὲ καὶ ἡμᾶς εὐνοίᾳ τε, ὡς τὸ εἰκός, καὶ
χωρίων ἐμπειρίᾳ πολλῇ τῷ σῷ στρατῷ ἐξηγουμένους."

Ταῦτα ἐπεὶ Χοσρόης ἤκουσεν, ἥσθη τε καὶ ξυγκα- 54

du hingegen wissen, auf welche Art er mit Menschen umzu-
springen beliebt, die ihn gar nicht kennen und ihm auch nichts
Böses zugefügt haben, so denke an die Vandalen, Goten und
Maurusier! Noch fehlt aber die Hauptsache. Hat er es nicht
unternommen, trotz des Friedens den Alamundaros, deinen
Knecht, o großmächtigster König, betrügerisch zu überlisten
und zum Abfall von deiner Herrschaft zu verleiten, die ihm
völlig unbekannten Hunnen aber erst jüngst als Bundesgenossen gegen deinen Staat zu gewinnen? Eine vermessenere
Handlungsweise als diese hat es aber noch nie gegeben: Sobald er, glaube ich, merkte, daß die Unterwerfung der westlichen Völker dicht vor dem Abschluß stehe, begann er schon,
sich gegen euch Bewohner des Ostens zu wenden; denn nur
die Bekämpfung des Perserreichs steht noch aus. Der Friede
ist also, was Justinian anlangt, bereits für dich gebrochen,
und er selbst hat dem ewigen Vertrag ein Ende gesetzt. Nicht
brechen ja den Frieden diejenigen, die zuerst die Waffen ergreifen, sondern jene, die man mitten im Frieden hinterhälti-
ger Anschläge gegen ihre Nachbarn überführt, und das Verbrechen hat der begangen, der den Versuch unternommen hat,
mag ihm auch der Erfolg versagt bleiben. Welchen Verlauf
aber der Krieg nehmen wird, ist wohl jedem klar. Ihre Feinde
besiegen nämlich in der Regel nicht jene, die den Kriegsgrund liefern, sondern diejenigen, welche sich gegen die An-
stifter zur Wehr setzen. Indessen werden wir es nicht einmal
mit einem gleichstarken Gegner zu tun haben; denn die Mehrzahl der römischen Truppen steht in den Randgebieten des
Reiches, und von ihren beiden besten Feldherrn haben wir
den einen, Sittas, getötet und kommen eben von der Tat,
während Belisar niemals mehr vor Justinians Antlitz erscheinen wird; ohne sich um den Kaiser zu kümmern, ist er im
Westen geblieben, wo er selbst die Herrschaft über Italien in
Händen hält. So wird sich dir beim Angriff auf die Feinde
kein einziger Mensch in den Weg stellen; du sollst aber auch
an uns Männer besitzen, die selbstverständlich wohlgesinnt
und wohlvertraut mit den Örtlichkeiten dein Heer führen.“

Chosroes hörte mit Freuden diese Ausführungen; er berief

λέσας εἴ τι ἐν Πέρσαις καθαρὸν ἦν ἐς πάντας ἐξήνεγκεν
ἅ τε Οὐίττιγις ἔγραψε καὶ ὅσα οἱ Ἀρμένιοι εἶπον, ἀμφί
τε τῷ πρακτέῳ βουλὴν προὔθηκεν. ἔνθα δὴ ἐλέχθησαν 55
μὲν γνῶμαι πολλαὶ ἐφ' ἑκάτερα φέρουσαι, τέλος δὲ πολεμητέα σφίσιν ἅμα ἦρι ἀρχομένῳ ἐπὶ Ῥωμαίους ἔδοξεν 56
εἶναι. ἦν γὰρ τοῦ ἔτους μετόπωρον, τρίτον καὶ δέκατον
ἔτος Ἰουστινιανοῦ βασιλέως τὴν αὐτοκράτορα ἀρχὴν
ἔχοντος. οὐ μέντοι Ῥωμαῖοι τοῦτο ὑπώπτευον, οὐδὲ δὴ 57
Πέρσας λύσειν ποτὲ τὰς ἀπεράντους καλουμένας σπονδὰς
ᾤοντο, καίπερ Χοσρόην ἀκούσαντες τῷ τε σφῶν αὐτῶν
βασιλεῖ ἐγκαλεῖν οἷς εὐημέρησεν ἐν ταῖς ἡλίου δυσμαῖς
καὶ τὰ ἐγκλήματα ἐπιφέρειν ταῦτα, ὧν ἄρτι ἐμνήσθην.

Τότε καὶ ὁ κομήτης ἀστὴρ ἐφάνη, τὰ μὲν πρῶτα 4
ὅσον εὐμήκης ἀνὴρ μάλιστα, ὕστερον δὲ καὶ πολλῷ μείζων. καὶ αὐτοῦ τὸ μὲν πέρας πρὸς δύοντα ἥλιον, ἡ δὲ
ἀρχὴ πρὸς ἀνίσχοντα ἦν, αὐτῷ δὲ τῷ ἡλίῳ ὄπισθεν
εἵπετο. ὁ μὲν γὰρ ἐν αἰγοκέρῳ ἦν, αὐτὸς δὲ ἐν τοξότῃ. 2
καὶ αὐτὸν οἱ μέν τινες ἐκάλουν ξιφίαν, ὅτι δὴ ἐπιμήκης
τε ἦν καὶ λίαν ὀξεῖαν τὴν ἀρχὴν εἶχεν, οἱ δὲ πωγωνίαν,
ἡμέρας τε πλείους ἢ τεσσαράκοντα ἐφάνη. οἱ μὲν οὖν 3
ταῦτα σοφοὶ ἀλλήλοις ὡς ἥκιστα ὁμολογοῦντες ἄλλος
ἄλλα προὔλεγον πρὸς τούτου δὴ τοῦ ἀστέρος σημαίνε-
σθαι· ἐγὼ δὲ ὅσα γενέσθαι ξυνηνέχθη γράφων δίδωμι
ἑκάστῳ τοῖς ἀποβεβηκόσι τεκμηριοῦσθαι ᾗ βούλοιτο.

Μέγα μὲν εὐθὺς στράτευμα Οὐννικόν, διαβάντες πο- 4
ταμὸν Ἴστρον, ξυμπάσῃ Εὐρώπῃ ἐπέσκηψαν, γεγονὸς
μὲν πολλάκις ἤδη, τοσαῦτα δὲ τὸ πλῆθος κακὰ ἢ τοιαῦτα
τὸ μέγεθος οὐκ ἐνεγκὸν πώποτε τοῖς ταύτῃ ἀνθρώποις.
ἐκ κόλπου γὰρ τοῦ Ἰονίου οἱ βάρβαροι οὗτοι ἅπαντα

sämtliche vornehmen Perser zusammen, teilte ihnen allen den
Inhalt von Wittigis' Schreiben sowie die Erklärungen der Armenier mit und ließ über das weitere Vorgehen beraten. Hier
wurden viele sich widersprechende Ansichten laut, doch kam
es am Ende zu dem Beschluß, daß mit Frühjahrsbeginn der
Krieg gegen die Römer eröffnet werden solle. Man stand im
Herbst des Jahres, da Justinian sein Kaiseramt im dreizehn-
ten Jahre inne hatte. Die Römer aber ahnten nichts von all
dem, sie glaubten auch nicht, daß die Perser jemals den sog.
ewigen Frieden aufkündigen würden. Dabei waren sie doch
gut unterrichtet, daß Chosroes ihrem Kaiser seine Erfolge im
Westen zum Vorwurf mache und außerdem die eben von mir
erwähnten Anklagen vorbringe.

4. Erscheinung eines Kometen. Während Hunnen in Europa einbrechen, versucht
Justinian auf gütliche Weise Chosroes von seinem Kriegsplan abzubringen

Damals erschien auch der Komet, der anfangs etwa die
Größe eines hochgewachsenen Mannes, später noch viel be-
deutendere Ausmaße hatte. Sein Schweif war gegen Westen,
sein Kopf gegen Osten gerichtet, und er zog unmittelbar hinter der Sonne her. Während diese nämlich im Steinbock
stand, hatte er seinen Platz im Schützen. Einige nannten ihn
wegen seiner beachtlichen Länge und sehr scharfen Spitze
schwertähnlich, andere redeten von Bartform; dabei zeigte
er sich mehr als vierzig Tage am Himmel. Die Gelehrten, un-
eins in ihren Meinungen, sahen in dem Stern die Ankündigung
teils dieser, teils jener Ereignisse. Was indessen mich, der ich
die ganze Geschichte zu schildern habe, anlangt, so überlasse
ich es jedem einzelnen, aus dem Gang der Dinge nach Belieben seine Schlüsse zu ziehen.
Tatsächlich überschritt alsbald ein starkes Hunnenheer den
Ister und warf sich auf ganz Europa, ein Ereignis, das sich
zwar schon wiederholt zugetragen, aber noch nie so vieles
und großes Unglück über die Menschen dort gebracht hatte;
vom Jonischen Meer bis zu den Vororten von Byzanz plünderten ja diese Barbaren einen Landstrich nach dem anderen.

ἐφεξῆς ἐληίσαντο μέχρι ἐς τὰ Βυζαντίων προάστεια.
καὶ φρούρια μὲν δύο καὶ τριάκοντα ἐν Ἰλλυριοῖς εἷλον, 5
πόλιν δὲ τὴν Κασσάνδρειαν κατεστρέψαντο βίᾳ (ἦν οἱ
παλαιοὶ Ποτίδαιαν ἐκάλουν, ὅσα γε ἡμᾶς εἰδέναι)οὐ
τειχομαχήσαντες πρότερον. καὶ τά τε χρήματα ἔχοντες 6
αἰχμαλώτων τε μυριάδας δυοκαίδεκα ἀπαγόμενοι ἐπ'
οἴκου ἅπαντες ἀνεχώρησαν, οὐδενὸς σφίσιν ἐναντιώματος ἀπαντήσαντος. χρόνῳ τε τῷ ὑστέρῳ πολλάκις ἐν- 7
ταῦθα γενόμενοι ἀνήκεστα ἐς Ῥωμαίους δεινὰ ἔδρασαν.
οἱ δὴ καὶ ἐν Χερρονήσῳ τειχομαχήσαντες, βιασάμενοί 8
τε τοὺς ἐκ τοῦ τείχους ἀμυνομένους καὶ διὰ τοῦ τῆς
θαλάσσης ῥοθίου τὸν περίβολον ὑπερβάντες, ὃς πρὸς
κόλπῳ τῷ μέλανι καλουμένῳ ἐστίν, οὕτω τε ἐντὸς τῶν
μακρῶν τειχῶν γεγενημένοι καὶ τοῖς ἐν Χερρονήσῳ
Ῥωμαίοις ἀπροσδόκητοι ἐπιπεσόντες, ἔκτεινάν τε πολλοὺς καὶ ἠνδραπόδισαν σχεδὸν ἅπαντας. ὀλίγοι δέ τινες 9
καὶ διαβάντες τὸν μεταξὺ Σηστοῦ τε καὶ Ἀβύδου πορθ-
μόν, ληισάμενοί τε τὰ ἐπὶ τῆς Ἀσίας χωρία καὶ αὖθις
ἐς Χερρόνησον ἀναστρέψαντες ξὺν τῷ ἄλλῳ στρατῷ
καὶ πάσῃ τῇ λείᾳ ἐπ' οἴκου ἀπεκομίσθησαν ἐν ἑτέρᾳ
τε εἰσβολῇ τούς τε Ἰλλυριοὺς καὶ Θεσσαλοὺς ληισάμενοι 10
τειχομαχεῖν μὲν ἐνεχείρησαν ἐν Θερμοπύλαις, τῶν δὲ
ἐν τοῖς τείχεσι φρουρῶν καρτερώτατα ἀμυνομένων διε-
ρευνώμενοι τὰς περιόδους παρὰ δόξαν τὴν ἀτραπὸν
εὗρον ἣ φέρει εἰς τὸ ὄρος ὃ ταύτῃ ἀνέχει. οὕτω τε σχε- 11
δὸν ἅπαντας Ἕλληνας, πλὴν Πελοποννησίων, διεργα-
σάμενοι ἀπεχώρησαν.

Πέρσαι δὲ οὐ πολλῷ ὕστερον τὰς σπονδὰς λύσαντες 12
ἔργα Ῥωμαίους τοὺς ἑῴους εἰργάσαντο ἅπερ ἐγὼ αὐτίκα δὴ μάλα δηλώσω. Βελισάριος τῶν Γότθων τε καὶ 13
Ἰταλιωτῶν βασιλέα Οὐίττιγιν καθελὼν ζῶντα ἐς Βυζάντιον ἤνεγκεν. ὅπως δὲ ὁ Περσῶν στρατὸς ἐς γῆν τὴν
Ῥωμαίων ἐσέβαλεν, ἐρῶν ἔρχομαι. ἡνίκα Χοσρόου πο- 14
λεμησείοντος Ἰουστινιανὸς βασιλεὺς ᾔσθετο, παραίνεσίν

Zweiunddreißig Festungen eroberten sie in Illyrien und erstürmten, während sie vorher keinen Angriff auf Mauern gewagt hatten, auch die Stadt Kassandreia, die meines Wissens bei den Alten einmal Potideia hieß. Mit ihren Schätzen und 120 000 Gefangenen kehrten die Hunnen, ohne auf irgendwelchen Widerstand gestoßen zu sein, alle nach Hause zurück. Auch in der Folgezeit suchten sie noch oft diese Gebiete auf und fügten den Römern entsetzliches Leid zu. Andere Hunnen, die auch auf der Cherronesos die dortige Mauer angegriffen hatten, kämpften deren Verteidiger nieder, überstiegen durch die Meeresbrandung hin den Befestigungsring am sog. Schwarzen Golf und kamen damit auf die Innenseite der Langen Mauern. Dann überfielen sie plötzlich die Römer auf der Cherronesos, töteten eine Menge und machten fast den ganzen Rest zu Sklaven. Einige Barbaren setzten sogar über die Meerenge zwischen Sestos und Adydos und plünderten die Plätze auf der asiatischen Seite, worauf sie zur Cherronesos zurückkehrten und schließlich mit dem übrigen Heer und der gesamten Beute wieder nach Hause abzogen. Bei einem weiteren Einfall plünderten sie Illyrien und Thessalien und versuchten dabei einen Angriff auf die Sperrlinie in Thermopylai. Da sich jedoch die Besatzungen auf den Mauern nachdrücklichst wehrten, spähten sie nach Umgehungswegen und fanden auch unvermutet den Pfad, der in das dort aufsteigende Gebirge führt. So mordeten sie außer den Peloponnesiern fast alle Griechen hin, um dann wieder abzuziehen.

Kurz danach brachen die Perser den Frieden und taten den Römern im Osten Dinge an, davon ich sogleich berichten will. Belisar aber hatte den König der Goten und Italiker, Wittigis, gestürzt und brachte ihn als Gefangenen nach Byzanz. Wie nun das Perserheer ins Römerreich einfiel, werde ich jetzt schildern. Als Kaiser Justinian von Chosroes' Absicht erfuhr, den Krieg zu beginnen, wollte er eine Mahnung an ihn richten und ihn von seinem Vorhaben abbringen. Nun

τε ποιεῖσθαί τινα καὶ τῆς ἐγχειρήσεως αὐτὸν ἀπαγαγεῖν
ἤθελεν. ἐτύγχανε δέ τις ἐς Βυζάντιον ἥκων ἐκ Δάρας 15
πόλεως, Ἀναστάσιος ὄνομα, δόξαν ἐπὶ ξυνέσει ἔχων,
ὃς καὶ τὴν ἐν Δάρας ἔναγχος γενομένην τυραννίδα κατα-
λελύκει. τοῦτον οὖν τὸν Ἀναστάσιον παρὰ Χοσρόην 16
Ἰουστινιανὸς ἔπεμψε γράμματα γράψας· ἐδήλου δὲ ἡ 17
γραφὴ τάδε· ,,Ξυνετῶν μὲν ἀνθρώπων ἐστὶ καὶ οἷς τὰ ἐς
τὸ θεῖον ἱκανῶς ἤσκηται πολέμου φυομένας αἰτίας,
ἄλλως τε καὶ πρὸς ἄνδρας τὰ μάλιστα φίλους, σθένει
παντὶ ἀποτέμνεσθαι· ἀξυνέτων δὲ καὶ τὰ τοῦ θεοῦ σφίσιν
αὐτοῖς ῥᾷστα ποιουμένων πολέμια μάχης τε καὶ ταραχῆς
ἀφορμὰς οὐδαμῇ οὔσας ἐπιτεχνᾶσθαι. εἰρήνην μὲν γὰρ 18
καταλύσασιν ἐς πόλεμον ἰέναι οὐδὲν πρᾶγμά ἐστιν, ἐπεὶ
τῶν ἐπιτηδευμάτων τὰ πονηρότατα καὶ τοῖς τῶν ἀνθώ-
πων ἀτιμοτάτοις εὔκολα τίθεσθαι ἡ τῶν πραγμάτων
νενόμικε φύσις. πόλεμον δὲ κατὰ γνώμην διατιθεμένοις 19
αὖθις ἐπὶ τὴν εἰρήνην χωρεῖν ἀνθρώποις οἶμαι οὐ ῥᾴδιον εἶναι. καίτοι σὺ μὲν ἡμῖν γράμματα οὐκ ἐπίτηδες 20
γεγραμμένα ἐπικαλεῖς, ταῦτά τε γνώμῃ αὐτονόμῳ τανῦν
ἑρμηνεύειν ἐσπούδακας, οὐχ ᾗπερ ἡμεῖς διανοηθέντες
γεγράφαμεν, ἀλλ' ᾗ σοι τὰ βεβουλευμένα ἐπιτελεῖν οὐκ
ἄνευ τινὸς παραπετάσματος ἐφιεμένῳ ξυνοίσειν δοκεῖ.
ἡμῖν δὲ πάρεστιν Ἀλαμούνδαρον δεικνύναι τὸν σὸν γῆν
ἔναγχος καταδραμόντα τὴν ἡμετέραν ἔργα ἐν σπονδαῖς 21
διαπεπρᾶχθαι ἀνήκεστα, χωρίων ἁλώσεις, χρημάτων ἁρ-
παγάς, ἀνθρώπων φόνους τε καὶ ἀνδραποδισμοὺς τοσούτων τὸ πλῆθος, ὑπὲρ ὧν σε οὐκ αἰτιᾶσθαι ἡμᾶς,
ἀλλ' ἀπολογεῖσθαι δεήσει. τὰ γὰρ τῶν ἠδικηκότων 22
ἐγκλήματα αἱ πράξεις, οὐχ αἱ διάνοιαι, δηλοῦσι τοῖς
πέλας. ἀλλὰ καὶ τούτων τοιούτων ὄντων ἡμεῖς μὲν
ἔχεσθαι καὶ ὡς τῆς εἰρήνης ἐγνώκαμεν, σὲ δὲ πολεμη-
σείοντα ἐπὶ Ῥωμαίους ἀκούομεν ἀναπλάττειν αἰτίας
οὐδαμόθεν ἡμῖν προσηκούσας. εἰκότως· οἱ μὲν γὰρ τὰ 23
παρόντα περιστέλλειν ἐν σπουδῇ ἔχοντες καὶ σφόδρα

traf damals gerade aus Daras ein Mann namens Anastasios in
Byzanz ein, der sich wegen seiner Klugheit hohen Ansehens
erfreute und auch die erst jüngst in Daras entstandene Gewaltherrschaft beseitigt hatte. Diesen Anastasios entsandte Justinian an Chosroes mit einem Schreiben folgenden Inhalts: „Es
ist Sache verständiger und gottesfürchtiger Männer, Zündstoffe
für einen Krieg, zumal wenn es sich um engste Freunde handelt, mit aller Kraft zu beseitigen, während Toren, die es mit
Gottes Strafe sehr leicht nehmen, darauf ausgehen, Anlässe zu
Kampf und Zerwürfnis neu zu schaffen. Denn ist einmal der
Friede gebrochen, so macht es keine weitere Schwierigkeit,
in den Krieg einzutreten, da der natürliche Lauf der Dinge
selbst minderwertigsten Menschen die mühevollsten Unternehmungen gewöhnlich erleichtert. Einen Krieg aber ver-
nünftig beizulegen und wieder zum Frieden zu kommen, ist
meiner Auffassung nach für Menschen keine leichte Sache.
Nun machst du uns Schreiben zum Vorwurf, die nicht entsprechend ausgefertigt wurden, und bist bemüht, dieselben
jetzt willkürlich auszulegen, nicht in dem Sinne, wie wir sie
abfaßten, sondern in jenem, der dem Bestreben, deine Pläne
nicht ohne einen gewissen Deckmantel auszuführen, als künftig förderlich erscheint. Wir aber können darauf hinweisen,
daß dein Alamundaros unser Land erst jüngst überfallen und
mitten im Frieden heillose Schandtaten verübt hat; er hat
Orte eingenommen, Hab und Gut geraubt und eine solche
Menge von Menschen getötet und zu Sklaven gemacht, daß
du uns nicht beschuldigen, sondern dich entschuldigen soll-
test. Denn die Verbrechen der Übeltäter offenbaren sich den
Mitmenschen in ihren Handlungen, nicht in ihren Gedanken.
Trotzdem haben wir uns entschlossen, am Frieden festzuhal-
ten, während wir von dir hören müssen, daß du die Römer
bekriegen willst und zu diesem Zweck Gründe erfindest, die
mit uns gar nichts zu tun haben. Das ist nicht verwunderlich;
denn wer die bestehenden Verhältnisse aufrecht zu erhalten
wünscht, schenkt selbst schwerwiegenden Anschuldigungen

ἐγκειμένας ἀποσείονται τὰς ἐπὶ τοὺς φίλους αἰτίας, οὓς
δὲ ὁ τῆς φιλίας οὐκ ἀρέσκει θεσμός, καὶ τὰς οὐκ οὔσας
ἐφίενται πορίζεσθαι σκήψεις. ἀλλὰ ταῦτα μὲν οὐδὲ τοῖς 24
τυχοῦσιν ἀνθρώποις, μή τί γε δὴ βασιλεῦσι, πρέπειν ἂν
δόξειε. σὺ δὲ τούτων ἀφέμενος σκόπει μὲν τὸ μέτρον 25
τῶν ἑκατέρωθεν κατὰ τὸν πόλεμον ἀπολουμένων καὶ
τίς ἂν εἴη τῶν ξυμπεσουμένων τὴν αἰτίαν φέρεσθαι
δίκαιος, λογίζου δὲ τοὺς ὅρκους, οὓς δὴ ὀμοσάμενός τε
καὶ τὰ χρήματα κομισάμενος, εἶτα ἀτιμάσας οὐ δέον
τέχναις τισὶν ἢ σοφίσμασι παραγαγεῖν οὐκ ἂν δύναιο·
τὸ γὰρ θεῖον κρεῖσσον ἢ ἐξαπατᾶσθαι πέφυκε πρὸς πάντων ἀνθρώπων.

Ταῦτα ἐπεὶ ὁ Χοσρόης ἀπενεχθέντα εἶδεν, ἐν μὲν τῷ 26
αὐτίκα οὔτε τι ἀπεκρίνατο οὔτε τὸν Ἀναστάσιον ἀπεπέμψατο, ἀλλ᾿ αὐτοῦ μένειν ἠνάγκαζεν.

Ἐπειδὴ δὲ ὁ μὲν χειμὼν ἤδη ὑπέληγε, τρίτον δὲ καὶ 5
δέκατον ἔτος ἐτελεύτα Ἰουστινιανῷ βασιλεῖ τὴν αὐτοκράτορα ἀρχὴν ἔχοντι, Χοσρόης ὁ Καβάδου ἐς γῆν τὴν
Ῥωμαίων ἅμα ἦρι ἀρχομένῳ στρατῷ μεγάλῳ ἐσέβαλε,
τήν τε ἀπέραντον καλουμένην εἰρήνην λαμπρῶς ἔλυεν.
ἤει δὲ οὐ κατὰ τὴν μέσην τῶν ποταμῶν χώραν, ἀλλὰ
τὸν Εὐφράτην ἐν δεξιᾷ ἔχων. ἔστι δὲ τοῦ ποταμοῦ ἐπὶ 2
θάτερα Ῥωμαίων φρούριον ἔσχατον, ὃ Κιρκήσιον ἐπικαλεῖται, ἐχυρὸν ἐς τὰ μάλιστα ὄν, ἐπεὶ Ἀβόρρας μὲν
ποταμὸς μέγας ἐνταῦθα τὰς ἐκβολὰς ἔχων τῷ Εὐφράτῃ
ἀναμίγνυται, τὸ δὲ φρούριον τοῦτο πρὸς αὐτῇ που τῇ
γωνίᾳ κεῖται, ἣν δὴ τοῖν ποταμοῖν ἡ μίξις ποιεῖται. καὶ 3
τεῖχος δὲ ἄλλο μακρὸν τοῦ φρουρίου ἐκτὸς χώραν τὴν
μεταξὺ ποταμοῦ ἑκατέρου ἀπολαμβάνον τρίγωνον ἐνταῦθα
ἀμφὶ τὸ Κιρκήσιον ἐπιτελεῖ σχῆμα. διὸ δὴ ὁ Χοσρόης οὔτε 4
φρουρίου ἐθέλων οὕτω δὴ ἐχυροῦ ἀποπειρᾶσθαι οὔτε

gegen Freunde kein Gehör. Wem hingegen die feste Ordnung der Freundschaft nicht zusagt, der sucht sogar aus der Luft Vorwände zu holen. Solch ein Verhalten paßt aber wohl, wie es scheint, nicht einmal für gewöhnliche Menschen, geschweige denn für Könige. So laß davon ab und bedenke lieber, wieviele Menschen auf beiden Seiten in diesem Krieg ihr Leben verlieren werden und wer gerechtermaßen die Schuld an den kommenden Ereignissen tragen dürfte! Erinnere dich der von dir beschworenen Eide, die du trotz der empfangenen Gelder ohne Grund mißachtest hast und nun durch gewisse Künsteleien und Kniffe wohl kaum umdeuten kannst! Denn die Gottheit ist zu mächtig, als daß sie sich von irgend einem Menschen täuschen ließe."

Chosroes nahm die Botschaft zur Kenntnis, gab aber weder eine sofortige Antwort noch entließ er Anastasios, sondern zwang ihn dazubleiben.

5. Chosroes dringt bis Sergiopolis vor

Als der Winter und das dreizehnte Regierungsjahr Kaiser Justinians endeten, fiel zu Frühlingsbeginn Chosroes, der Sohn des Kabades, mit einem starken Heere ins römische Gebiet ein und brach ganz offen den sog. ewigen Frieden. Er durchzog aber nicht das Land mitten zwischen beiden Strömen, sondern hatte den Euphrat zur Rechten. Am anderen Flußufer liegt die letzte römische Festung namens Kirkesion, ein sehr starker Platz; denn hier mündet der große Fluß Aborrhas in den Euphrat, und die Festung liegt unmittelbar in dem Winkel, den die beiden Gewässer bei ihrer Vereinigung bilden. Ferner durchschneidet noch eine gewaltige Mauer außerhalb der Festung das Land zwischen den zwei Flüssen und bildet so um Kirkesion ein Dreieck. Chosroes wagte daher auf den stark befestigten Platz keinen Angriff

διαβαίνειν ποταμὸν Εὐφράτην διανοούμενος, ἀλλ' ἐπὶ
Σύρους τε καὶ Κίλικας ἰέναι, οὐδὲν διαμελλήσας, ἐπίπροσθεν τὸν στρατὸν ἤλαυνε, τριῶν τε σχεδόν τι ὁδὸν
ἡμερῶν εὐζώνῳ ἀνδρὶ παρὰ τοῦ Εὐφράτου τὴν ὄχθην
ἀνύσας πόλει Ζηνοβίᾳ ἐπιτυγχάνει· ἣν ἡ Ζηνοβία ποτὲ
δειμαμένη τὴν ἐπωνυμίαν τῇ πόλει, ὡς τὸ εἰκός, ἔδωκεν.
ἣν δὲ ἡ Ζηνοβία Ὀδονάθου γυνή, τῶν ἐκείνη Σαρακηνῶν 5
ἄρχοντος, οἳ Ῥωμαίοις ἔνσπονδοι ἐκ παλαιοῦ ἦσαν.
οὗτος Ὀδόναθος ἀνεσώσατο Ῥωμαίοις τὴν ἑῴαν ἀρχὴν 6
ὑπὸ Μήδοις γεγενημένην. ἀλλὰ ταῦτα μὲν ἐν τοῖς ἄνω
χρόνοις ἐγένετο.

Χοσρόης δὲ τότε ἄγχιστά που τῆς Ζηνοβίας ἥκων, 7
ἐπειδὴ τὸ χωρίον οὔτε ἀξιόλογον ἔμαθεν εἶναι καὶ τὴν
χώραν κατενόησεν ἀοίκητόν τε καὶ πάντων ἀγαθῶν ἔρημον οὖσαν, δείσας μή τίς οἱ χρόνος ἐνταῦθα τριβεὶς
πράξεσι μεγάλαις ἐπ' οὐδενὶ ἔργῳ ἐμπόδιος εἴη, ἀπεπει-
ράσατο μὲν ὁμολογίᾳ τὸ χωρίον ἑλεῖν. ὡς δὲ οὐδὲν
προὐχώρει, πρόσω κατὰ τάχος τὸν στρατὸν ἤλαυνεν.
ὁδόν τε αὖθις τοσαύτην ἀνύσας ἀφίκετο ἐς πόλιν Σού- 8
ρων, πρὸς τῷ Εὐφράτῃ ποταμῷ οὖσαν, ἧς δὴ ἀγχοτάτω
γενόμενος ἔστη. ἐνταῦθα δὲ τῷ ἵππῳ ξυνέβη, ἐφ' οὗ ὁ 9
Χοσρόης ἐκάθητο, χρεμετίσαι τε καὶ τῷ ποδὶ τὸ ἔδαφος
κρούειν. ὁ δὴ οἱ μάγοι ξυμβαλόντες ἁλώσεσθαι τὸ χωρίον ἀπέφαινον. ὁ δὲ στρατοπεδευσάμενος ἐπὶ τὸν περί- 10
βολον ὡς τειχομαχήσων τὸ στράτευμα ἐπῆγεν. ἐτύγχανε 11
δέ τις ὄνομα μὲν Ἀρσάκης, Ἀρμένιος δὲ γένος, τῶν
ἐνταῦθα στρατιωτῶν ἄρχων, ὃς τοὺς στρατιώτας ἐς τὰς
ἐπάλξεις ἀναβιβάσας, ἐνθένδε τε μαχόμενος ἰσχυρότατα
καὶ πολλοὺς τῶν πολεμίων κτείνας, τοξεύματι βληθεὶς
ἐτελεύτησε.

Καὶ Πέρσαι μὲν τότε (ἦν γὰρ τῆς ἡμέρας ὀψὲ) ὡς 12
αὖθις τῇ ὑστεραίᾳ τειχομαχήσοντες ἐπὶ τὸ στρατόπεδον
ἀνεχώρησαν, Ῥωμαῖοι δὲ ἀπογνόντες, ἅτε τετελευτη-
κότος σφίσι τοῦ ἄρχοντος, ἱκέται διενοοῦντο Χοσρόου

und gedachte auch nicht, den Euphrat zu überqueren, sondern rückte ohne Zeitverlust gegen Syrien und Kilikien und führte sein Heer so rasch voran, daß er nach einem etwa dreitägigen Eilmarsch entlang dem Euphratufer schon zur Stadt Zenobia gelangte, einer Gründung Zenobias, die ihr daher auch ihren Namen gab. Sie war die Gemahlin des Odenathes, des Fürsten der dortigen Sarazenen, die seit alters mit den Römern verbündet waren. Dieser Odenathes gewann den Römern den unter Perserherrschaft geratenen Ostteil ihres Reiches zurück. Doch das spielte vor langer Zeit.

Damals rückte nun Chosroes bis dicht an Zenobia heran, wie er aber sah, daß es nur ein unbedeutender Ort sei und das Land jeder Besiedlung und aller Güter entbehre, fürchtete er, die hier nutzlos vertane Zeit möchte ihn an der Ausführung großer Unternehmungen hindern, und versuchte daher, den Platz durch Verhandlungen in seine Gewalt zu bringen. Als er jedoch damit keinen Erfolg hatte, führte er sein Heer eilends weiter. Wiederum legte er eine ebenso große Wegstrecke zurück und gelangte nach Sura, einer Stadt am Euphrat, in deren unmittelbarer Nähe er Halt machte. Hier geschah es, daß das Pferd, auf dem Chosroes ritt, wieherte und mit dem Huf den Boden stampfte. Die Magier deuteten das auf Einnahme der Stadt, und so schlug der König ein Lager und führte sein Heer zum Angriff gegen die Mauer heran. Befehlshaber der dortigen Besatzung war ein geborener Armenier namens Arsakes. Der ließ seine Leute auf den Brustwehren Stellung beziehen und verteidigte sich von dort aus mit aller Kraft; dabei tötete er zahlreiche Feinde, bis er schließlich selbst einem Pfeilschuß erlag.

Inzwischen war es spät geworden, und die Perser zogen sich in ihr Lager zurück, um am nächsten Tag den Angriff auf die Mauer wieder aufzunehmen. Der Tod ihres Befehlshabers aber hatte die Römer so entmutigt, daß sie sich entschlos-

γενέσθαι. τῇ οὖν ἐπιούσῃ ἡμέρᾳ τὸν τῆς πόλεως ἐπίσκο- 13
πον δεησόμενόν τε καὶ τὸ χωρίον ἐξαιτησόμενον ἔπεμψαν, ὃς τῶν ὑπηρετῶν τινας ἐπαγόμενος, ὄρνις τε φέροντας καὶ οἶνον καὶ καθαροὺς ἄρτους, παρὰ Χοσρόην
ἀφίκετο, ἐς δὲ τὸ ἔδαφος καθῆκεν αὑτὸν καὶ δεδακρυ-
μένος ἱκέτευε φείδεσθαι ἀνθρώπων οἰκτρῶν καὶ πόλεως Ῥωμαίοις μὲν ἀτιμοτάτης, Πέρσαις δὲ ἐν οὐδενὶ
λόγῳ οὔτε τὰ πρότερα γεγενημένης οὔτε ὕστερόν ποτε
ἐσομένης· λύτρα τέ οἱ τοὺς Σουρηνοὺς δώσειν σφῶν
τε αὐτῶν καὶ πόλεως ᾗσπερ οἰκοῦσιν ἐπαξίως ὑπέσχετο.
Χοσρόης δὲ Σουρηνοῖς μὲν χαλεπῶς εἶχεν, ὅτι δὴ αὐτῷ 14
πρῶτοι περιπεπτωκότες Ῥωμαίων ἁπάντων οὐ τῇ πόλει
ἐδέξαντο ἐθελούσιοι, ἀλλὰ καὶ ἀνταίρειν οἱ ὅπλα τολμήσαντες πολύν τινα δοκίμων Περσῶν ὅμιλον ἔκτειναν.
τὴν μέντοι ὀργὴν οὐκ ἐξήνεγκεν, ἀλλ᾽ ὑπὸ τῷ προσώπῳ 15
ἀκριβῶς ἔκρυψεν, ὅπως τὴν κόλασιν ἐς Σουρηνοὺς
ποιησάμενος φοβερόν τε Ῥωμαίοις αὐτὸν καὶ ἄμαχόν
τινα καταστήσηται. οὕτω γὰρ οἱ προσχωρήσειν οὐδενὶ
πόνῳ ὑπετόπαζε τοὺς ἐν ποσὶν ἀεὶ γενησομένους. διὸ δὴ 16
ξύν τε φιλοφροσύνῃ πολλῇ τὸν ἐπίσκοπον ἐξανέστησε,
καὶ τὰ δῶρα δεξάμενος παρείχετό τινα δόκησιν ὡς ἀμφὶ
τοῖς Σουρηνῶν λύτροις αὐτίκα κοινολογησόμενος Περσῶν τοῖς λογίμοις εὖ τὴν δέησιν διαθήσεται. οὕτω τε 17
ξὺν τοῖς ἑπομένοις τὸν ἐπίσκοπον ἀπεπέμψατο, οὐδεμίαν
τῆς ἐπιβουλῆς αἴσθησιν ἔχοντα, καί οἱ τῶν ἐν Πέρσαις
δοκίμων τινὰς παραπομποὺς ἐσομένους δῆθεν τῷ λόγῳ
ξυνέπεμψεν. οὓς δὴ λάθρα ἐκέλευε μὲν ἰέναι ξὺν αὐτῷ 18
ἄχρι ἐς τὸ τεῖχος, παρηγοροῦντας καί τισιν ἀγαθαῖς
ἐπαίροντας ἐλπίσιν, ὥστε αὐτὸν καὶ τοὺς ξὺν αὐτῷ
ἅπαντας χαίροντάς τε καὶ οὐδὲν δεδιότας τοῖς ἔνδον
ὀφθῆναι. ἐπειδὰν δὲ οἱ φύλακες ἀνακλίναντες τὴν πυλίδα 19
τῇ πόλει αὐτοὺς δέχεσθαι μέλλωσι, λίθον τινὰ ἢ ξύλον
τοῦ τε οὐδοῦ καὶ τῆς θύρας μεταξὺ ῥίψαντας οὐ ξυγχω-
ρεῖν ἐπιτίθεσθαι, ἀλλὰ καὶ αὐτοὺς τοῖς ἐπιθεῖναι βου-

sen, Chosroes um Schonung zu bitten. Daher schickten sie am folgenden Tage den Bischof ihrer Stadt zu ihm, damit er Fürbitte einlege und Gnade für den Ort erflehe, und dieser nahm einige Diener mit, die Geflügel, Wein und weiße Brote trugen. Nach seiner Ankunft warf sich der Bischof vor Chosroes nieder und bat ihn unter Tränen, er möge doch mit armseligen Menschen und einer Stadt Mitleid haben, die bei den Römern in keinerlei Ansehen stehe, aber auch bei den Persern früher nichts bedeutet habe und in Zukunft ebensowenig gelten werde. Außerdem versprach er, die Surener wollten ihm ein Lösegeld bezahlen, wie es ihnen und ihrer Stadt entspreche. Chosroes aber grollte den Surenern, weil sie ihm als erste von allen Römern, auf die er getroffen sei, nicht freiwillig in ihre Stadt aufgenommen, sondern sogar die Hand gegen ihn zu erheben und eine große Zahl angesehener Perser zu töten gewagt hätten. Doch ließ er seinen Zorn nicht offen merken, sondern verbarg ihn sorgfältig hinter seiner Miene, um durch Bestrafung der Surener den Römern als furchtbar und unbezwinglich zu erscheinen. Auf diese Weise hoffte er nämlich, daß sich ihm alle, auf die er stoße, jederzeit sofort unterwerfen würden. Er hieß deshalb mit großer Freundlichkeit den Bischof aufstehen, nahm auch die Geschenke entgegen und tat so, als wolle er sich gleich mit den angesehenen Persern wegen des Lösegeldes der Surener besprechen und gnädig ihrer Bitte willfahren. Und er entließ den Bischof, der keine Ahnung von seinem tückischen Plane hatte, samt den Begleitern und gab ihm einige vornehme Perser, angeblich als Geleite, mit auf den Weg. Diesen erteilte Chosroes heimlich die Weisung, sie sollten mit dem Bischof bis zur Mauer hingehen und ihm freundlich zureden und gute Hoffnungen machen, so daß er und alle seine Begleiter heiter und ohne Furcht erschienen. Sobald aber die Wächter das Tor öffneten und sie in die Stadt einlassen wollten, sollten die Perser einen Stein oder ein Stück Holz zwischen Schwelle und Torflügel werfen und ihn nicht mehr schließen lassen, sondern denen, die es tun wollten, eine Zeitlang Widerstand leisten; denn das Heer wer-

λομένοις χρόνον δή τινα ἐμποδὼν ἵστασθαι· οὐκ εἰς
μακρὰν γὰρ αὐτοῖς τὸν στρατὸν ἔψεσθαι. ταῦτα τοῖς 20
ἀνδράσιν ὁ Χοσρόης ἐντειλάμενος ἐν παρασκευῇ τὸν
στρατὸν ἐποιεῖτο, δρόμῳ τε χωρεῖν ἐπὶ τὴν πόλιν, ὅταν
αὐτὸς σημήνῃ ἐκέλευεν. ἐπεὶ δὲ ἄγχιστα τοῦ περιβόλου 21
ἐγένοντο, οἱ μὲν Πέρσαι τὸν ἐπίσκοπον ἀσπασάμενοι
ἐκτὸς ἔμενον, οἱ δὲ Σουρηνοὶ περιχαρῆ γεγονότα τὸν
ἄνδρα ὁρῶντες ξὺν τιμῇ τε πολλῇ προπεμπόμενον πρὸς
τῶν πολεμίων, ἀφροντιστήσαντες δυσκόλων ἁπάντων
τήν τε πυλίδα ὅλην ἀνέῳγον καὶ τὸν ἱερέα ξὺν τοῖς ἑπομένοις κροτοῦντές τε καὶ πολλὰ εὐφημοῦντες ἐδέξαντο.
ἐπεί τε ἅπαντες εἴσω ἐγένοντο, τὴν μὲν πυλίδα ὡς ἐπι- 22
θήσοντες οἱ φύλακες ὦθουν, οἱ δὲ Πέρσαι λίθον, ὃς αὐτοῖς παρεσκεύαστο, ἐν μέσῳ ἐρρίπτουν. οἵ τε φύλακες 23
ἔτι μᾶλλον ὠθοῦντές τε καὶ βιαζόμενοι ἐξικνεῖσθαι τῇ
πυλίδι ἐς τὸν οὐδὸν οὐδαμῇ ἴσχυον. οὐ μὴν οὐδὲ ἀνοιγνύ- 24
ναι αὐτὴν αὖθις ἐτόλμων, ἐπεὶ πρὸς τῶν πολεμίων αὐτὴν
ἔχεσθαι ἠσθοντο. τινὲς δὲ οὐ λίθον, ἀλλὰ ξύλον Πέρσας
ἐς τὴν πυλίδα φασὶν ἐμβεβλῆσθαι.

Οὔπω δὲ Σουρηνῶν σχεδόν τι τῆς ἐπιβουλῆς ἠσθημέ- 25
νων, παρῆν τε τῷ παντὶ ὁ Χοσρόης στρατῷ καὶ τὴν
πυλίδα οἱ βάρβαροι βιασάμενοι ἀνεπέτασαν, δι' ὀλίγου
τε κατὰ κράτος ἧλω. εὐθὺς μὲν οὖν θυμῷ ὁ Χοσρόης 26
ἐχόμενος τάς τε οἰκίας ἐλῄσατο καὶ τῶν ἀνθρώπων
πολλοὺς μὲν κτείνας, τοὺς δὲ λοιποὺς ἅπαντας ἐν ἀνδραπόδων ποιησάμενος λόγῳ πυρπολήσας τε ξύμπασαν
τὴν πόλιν ἐς ἔδαφος καθεῖλεν. οὕτω τε τὸν Ἀναστά- 27
σιον ἀπεπέμψατο, Ἰουστινιανῷ βασιλεῖ ἀπαγγέλλειν κελεύσας ὅπῃ ποτὲ γῆς Χοσρόην τὸν Καβάδου ἀπολιπὼν
εἴη. μετὰ δέ, εἴτε φιλανθρωπίᾳ εἴτε φιλοχρηματίᾳ ἐχό- 28
μενος, ἢ γυναικὶ χαριζόμενος, ἣν δὴ ἐνθένδε δορυάλωτον ἐξελών, Εὐφημίαν ὄνομα, γυναῖκα γαμετὴν ἐποιήσατο ἔρωτα ἐξαίσιον αὐτῆς ἐρασθεὶς (ἦν γὰρ τὴν ὄψιν
εὐπρεπὴς μάλιστα) δρᾶν τι ἀγαθὸν ὁ Χοσρόης τοὺς Σου-

de ihnen alsbald auf dem Fuße folgen. Diesen Auftrag erteilte
also Chosroes seinen Männern, und er machte das Heer bereit
und befahl ihm, sein Zeichen abzuwarten und dann auf die
Stadt loszustürmen. Sobald man nun dicht an die Mauer herangekommen war, verabschiedeten sich die Perser vom Bischof und blieben draußen stehen, die Surener aber, die den
Mann in heiterster Stimmung und von den Feinden höchst
ehrenvoll geleitet sahen, dachten an nichts Böses mehr, öffneten das ganze Tor und ließen den Bischof mit seinen Begleitern unter Beifall und vielen freudigen Zurufen herein. Als
dann alle die Stadt betreten hatten, wollten die Wachen das
Tor zudrücken und verschließen, doch die Perser warfen
einen Stein, den sie für diesen Zweck bereit hielten, dazwischen. Die Wachen drückten daraufhin noch stärker und
wendeten noch größere Kraft an, konnten aber den Torflügel
nicht mehr bis zur Schwelle hinführen. Sie wagten aber auch
nicht wieder zu öffnen, da sie merkten, wie sich die Feinde an
den Flügel klammerten. Nach Angabe einiger sollen übrigens
die Perser keinen Stein, sondern ein Stock Holz ins Tor ge-
klemmt haben.

Die Surener waren sich des Anschlags noch kaum recht bewußt geworden, da war auch schon Chosroes mit seiner ganzen Streitmacht zur Stelle, und Barbaren öffneten gewaltsam
das Tor und hatten bald die Stadt im Sturm genommen. Sofort ließ Chosroes in seinem Zorn die Häuser plündern; viele
Einwohner wurden niedergemetzelt, alle übrigen zu Sklaven
gemacht und die gesamte Stadt bis auf den Boden niedergebrannt. Jetzt entließ er den Anastasios nach Hause: Er solle
dem Kaiser Justinian berichten, an welcher Stelle er Chosroes, den Sohn des Kabades, verlassen habe. Nachher aber,
aus Menschenfreundlichkeit oder Habgier oder auch Gefälligkeit gegenüber einer Frau namens Euphemia, die er dort unter
den Gefangenen ausgesucht und in leidenschaftlicher Liebe
als besondere Schönheit zur Ehegattin erkoren hatte, entschloß sich Chosroes, den Surenern etwas Gutes zu erweisen.

ρηνοὺς ἔγνω. πέμψας οὖν ἐς Σεργιούπολιν, τὴν Ῥω- 20
μαίων κατήκοον, ἣ Σεργίου ἐπιφανοῦς ἁγίου ἐπώνυμός
ἐστι, πόλεως τῆς ἁλούσης ἓξ καὶ εἴκοσι καὶ ἑκατὸν
σταδίοις διέχουσα, κειμένη δὲ αὐτῆς πρὸς ἄνεμον νότον
ἐν τῷ βαρβαρικῷ καλουμένῳ πεδίῳ, Κάνδιδον τὸν ταύτῃ
ἐπίσκοπον κεντηναρίοιν δυοῖν δισχιλίους τε καὶ μυρίους
ὄντας ὠνεῖσθαι τοὺς αἰχμαλώτους ἐκέλευεν. ὁ δὲ (χρή- 30
ματα γάρ οἱ οὐκ ἔφασκεν εἶναι) τὴν πρᾶξιν ἄντικρυς
ἀνεδύετο. διὸ δὴ αὐτὸν ὁ Χοσρόης ἠξίου ἐν βιβλιδίῳ τὴν
ὁμολογίαν ἀφέντα τοῦ δώσειν χρόνῳ τῷ ὑστέρῳ τὰ
χρήματα οὕτω δὴ ὀλίγων χρημάτων πρίασθαι ἀνδράποδα τοσαῦτα τὸ πλῆθος. Κάνδιδος δὲ κατὰ ταῦτα 31
ἐποίει, καὶ τὸ μὲν χρυσίον ὡμολόγησεν ἐνιαυτοῦ δώσειν,
ὅρκους δεινοτάτους ὀμωμοκώς, ζημίαν δέ οἱ αὐτῷ διώ-
ρισε ταύτην, ἣν μὴ διδοίη χρόνῳ τῷ ξυγκειμένῳ τὰ
χρήματα, διπλάσια μὲν αὐτὰ δώσειν, αὐτὸν δὲ ἱερέα
μηκέτι εἶναι, ἅτε τὰ ὀμωμοσμένα ἠλογηκότα. ταῦτα 32
Κάνδιδος ἐν γραμματείῳ γράψας τοὺς Σουρηνοὺς ἅπαντας ἔλαβεν. ὧν ὀλίγοι μέν τινες διεβίωσαν, οἱ δὲ πλεῖστοι 33
ἀντέχειν τῇ ξυμπεσούσῃ ταλαιπωρίᾳ οὐχ οἷοί τε ὄντες
ὀλίγῳ ὕστερον διεφθάρησαν. ταῦτα διαπεπραγμένος
Χοσρόης πρόσω ἐπῆγε τὸ στράτευμα.

Ἐτύγχανε δὲ ὀλίγῳ ἔμπροσθεν βασιλεὺς ἀρχὴν τῆς 6
ἕω τὴν στρατηγίδα διελὼν δίχα, καὶ τὰ μὲν ἄχρι ἐς
ποταμὸν Εὐφράτην ἐς τὸ Βελισαρίου ἀπολιπὼν ὄνομα,
ὃς ξύμπασαν τὴν ἀρχὴν τὰ πρότερα εἶχε, τὰ δὲ ἐνθένδε
μέχρι τῶν Περσικῶν ὁρίων τῷ Βούζῃ ἐπιτρέψας, ὃν δὴ
ἁπάσης ἐπιμέλεσθαι τῆς ἑῴας ἀρχῆς, ἕως Βελισάριος
ἐξ Ἰταλίας ἐπανήκοι, ἐκέλευε. διὸ δὴ ὁ Βούζης ἅπαντα 2
τὸν στρατὸν ἑπόμενον ἔχων τὰ μὲν πρῶτα ἐπὶ τῆς Ἱεραπόλεως ἔμενεν· ἐπεὶ δὲ τὰ ξυμπεσόντα Σουρηνοῖς ἔμαθε,
ξυγκαλέσας τοὺς Ἱεραπολιτῶν πρώτους ἔλεξε τοιάδε·

Sergiopolis, den Römern untertan und nach dem berühmten
heiligen Sergios so benannt, ist von der eroberten Stadt 126
Stadien entfernt und liegt südlich davon in der sogenannten
Barbarenebene. Dorthin schickte der Perserkönig Gesandte
und verlangte vom Ortsbischof Kandidos, er solle die 12 000
Gefangenen um zwei Kentenarien Gold loskaufen. Doch der
erklärte, kein Geld zu haben, und lehnte das Geschäft offen
ab. Darauf forderte Chosroes von ihm, er solle schriftlich wenigstens die spätere Entrichtung der Summe versprechen
und so für billiges Geld eine derartige Menge Sklaven frei-
kaufen. Kandidos war damit einverstanden. Unter heiligsten
Eiden erklärte er sich bereit, binnen Jahresfrist das Gold bei-
zubringen, und verpflichtete sich, wenn er in der festgesetzten
Zeit das Geld nicht liefern könne, als Buße den doppelten
Betrag zu entrichten; außerdem wolle er als Eidbrüchiger sein
Bischofsamt zur Verfügung stellen. Kandidos gab diese Erklärung in Form einer Urkunde schriftlich ab, worauf ihm
sämtliche Surener übergeben wurden. Doch nur eine kleine
Zahl von ihnen blieb am Leben, die meisten starben bald darauf an den erlittenen Strapazen. Hierauf zog Chosroes mit
dem Heere weiter.

6. Das römische Heer sammelt sich unter Buzes bei Hierapolis, während Germanos Antiocheia zu retten versucht. Hierapolis kauft sich frei

Kurz zuvor hatte der Kaiser das Oberkommando im Osten
zweigeteilt: Dem Belisar, der früher allein befehligt hatte,
übertrug er das Gebiet bis zum Euphrat, von dort bis zu den
persischen Grenzgebieten bekam das übrige Land Buzes zu-
gewiesen. Der letztere sollte bis zur Rückkehr Belisars aus
Italien die Gesamtführung im Osten haben. Aus diesem Grunde blieb Buzes zunächst mit dem ganzen Heere, das ihn begleitete, in Hierapolis. Als er aber von dem Unglück der Surener erfuhr, rief er die angesehensten Bürger aus Hierapolis
zusammen und richtete an sie folgende Rede:

,,Οἷς μὲν ἐξ ἀντιπάλου τῆς δυνάμεως πρὸς τοὺς
ἐπιόντας ὁ ἀγών ἐστιν, ἐς χεῖρας τοῖς πολεμίοις ἐκ τοῦ 3
εὐθέος καθίστασθαι οὐδὲν ἀπεικός, οἷς δὲ τῶν ἐναντίων πολλῷ τῷ διαλλάσσοντι καταδεεστέροις ξυμβαίνει
εἶναι, μηχαναῖς τισι τοὺς πολεμίους περιελθεῖν μᾶλλον
ξυνοίσει ἢ ἐκ τοῦ ἐμφανοῦς ἀντιτασσομένοις ἐς κίνδυνόν
τινα προῦπτον ἰέναι. ἡλίκος μὲν οὖν ἐστιν ὁ Χοσρόου 4
στρατὸς ἀκούετε δήπου. ἢν δὲ αὐτὸς μὲν πολιορκίᾳ ἡμᾶς
ἐξελεῖν βούληται, ἡμεῖς δὲ ἀπὸ τοῦ τείχους τὸν πόλεμον διενέγκωμεν, ἡμᾶς μὲν τὰ ἐπιτήδεια ἐπιλείψειν
εἰκός, Πέρσας δὲ ἅπαντα ἐκ τῆς ἡμετέρας, οὐδενὸς
ἀντιστατοῦντος, κομίζεσθαι. ταύτῃ τε τῆς πολιορκίας 5
μηκυνομένης οὐδὲ ἀρκέσειν τὸν περίβολον ταῖς τῶν πολεμίων ἐπιβουλαῖς οἶμαι, ὃν δὴ ἐπιμαχώτατον πολλα-
χόσε τετύχηκεν εἶναι, καὶ τι Ῥωμαίοις τῶν ἀνηκέστων
ξυμβήσεσθαι. ἢν δέ γε μοίρᾳ μέν τινι τοῦ στρατοῦ τὸ 6
τῆς πόλεως φυλάξωμεν τεῖχος, οἱ δὲ λοιποὶ τὰς ἀμφὶ
τὴν πόλιν ὑπωρείας καταλάβωσιν, ἐνθένδε καταθέοντες
πῆ μὲν τὸ τῶν ἐναντίων στρατόπεδον, πῆ δὲ τοὺς τῶν
ἐπιτηδείων ἕνεκα στελλομένους, ἀναγκάσουσι Χοσρόην
αὐτίκα δὴ μάλα λύσαντα τὴν προσεδρείαν, τὴν ἀναχώρησιν δι' ὀλίγου ποιήσασθαι, οὔτε τὰς προσβολὰς ἀδεέστερον ἐπάγειν τῷ περιβόλῳ παντελῶς ἔχοντα οὔτε τι
τῶν ἀναγκαίων στρατῷ τοσούτῳ πορίζεσθαι." τοσαῦτα 7
ὁ Βούζης εἰπὼν λέγειν μὲν τὰ ξύμφορα ἔδοξεν, ἔπαξε
δὲ τῶν δεόντων οὐδέν. ἀπολέξας γὰρ εἴ τι ἐν τῷ Ῥωμαίων στρατῷ δόκιμον ἦν, ἀπιὼν ᾤχετο. καὶ ὅποι ποτὲ 8
γῆς ἐτύγχανεν οὔτε τις τῶν ἐν Ἱεραπόλει Ῥωμαίων
οὔτε ὁ τῶν πολεμίων στρατὸς μαθεῖν ἴσχυσε. ταῦτα μὲν
οὖν ἐφέρετο τῇδε.

Βασιλεὺς δὲ Ἰουστινιανὸς πυθόμενος τὴν Περσῶν 9
ἔφοδον Γερμανὸν μὲν εὐθὺς τὸν ἀνεψιὸν τὸν αὑτοῦ ξὺν
θορύβῳ πολλῷ τριακοσίους ἑπομένους ἔχοντα ἔπεμψε,
στρατὸν δέ οἱ οὐκ ἐς μακρὰν ὑπέσχετο πολὺν ἕψεσθαι.

„Wer über die gleichen Kräfte wie der Angreifer verfügt, darf geradewegs sich auf eine Entscheidung mit den Feinden einlassen; wer hingegen seinen Gegnern weit unterlegen ist, wird größeren Nutzen haben, wenn er sie durch allerlei Listen hintergeht, als wenn er ihnen offen begegnet und sich dadurch einer augenscheinlichen Gefahr aussetzt. Wie groß das Heer des Chosroes ist, wißt ihr doch genau. Falls er uns nun durch Belagerung in die Kniee zwingen will, wir uns aber lediglich hinter der Mauer verteidigen und so den Krieg in die Länge ziehen möchten, werden uns natürlich die Lebensmittel ausgehen, während die Perser ohne Widerstand sich alles aus unserem Land beschaffen können. Auch die Stadtmauer wird meiner Ansicht nach, sofern sich die Belagerung derart in die Länge zieht, den feindlichen Anschlägen nicht standhalten; sie ist ja an vielen Stellen ganz leicht anzugreifen, weshalb sich die Römer auf Schlimmstes gefaßt machen müssen. Schützen wir jedoch nur mit einem Teil des Heeres die Stadtmauer und halten mit dem Rest der Truppen die unteren Bereiche des Berglandes rings um die Stadt besetzt, so können wir von dort aus teils das feindliche Lager, teils die abgestellten Versorgungsgruppen angreifen und Chosroes dazu zwingen, allsogleich die Belagerung aufzuheben und in Kürze den Rückmarsch anzutreten. Er kann ja dann keineswegs mehr unbehelligt seine Stürme auf die Stadtmauer durchführen oder den Bedarf für ein so gewaltiges Heer heranschaffen." Mit diesen Worten schien Buzes das Richtige getroffen zu haben, doch unterließ er die nötigen Maßnahmen, suchte vielmehr nur die besten Leute im römischen Heere aus und zog damit ab. Wohin er in alle Welt marschierte, konnte kein Römer in Hierapolis und auch nicht die feindliche Truppe in Erfahrung bringen. Dies trug sich nun so zu.

Kaiser Justinian aber sandte auf die Nachricht vom Angriff der Perser sogleich seinen Neffen Germanos – er war ja sehr beunruhigt – mit dreihundert Begleitern ab und versprach, ihm alsbald ein starkes Heer folgen zu lassen. Nach

ἔς τε Ἀντιόχειαν ὁ Γερμανὸς ἀφικόμενος περιῆλθε τὸν
περίβολον ἅπαντα κύκλῳ, καὶ αὐτοῦ ἐχυρὰ μὲν ὄντα τὰ
πολλὰ ηὕρισκε (τά τε γὰρ ἐν τῷ ὁμαλεῖ ποταμὸς Ὀρόντης παρρεῖ ξύμπαντα τοῖς ἐπιοῦσιν ἄπορα ἐργαζό-
μενος καὶ τὰ ἐν τῷ ἀνάντει χωρίοις κρημνώδεσιν ἀνε-
χόμενα ἐσβατὰ τοῖς πολεμίοις ὡς ἥκιστα ἦν), ἐν δὲ τῇ
ἄκρᾳ γενόμενος, ἣν δὴ Ὀροκασιάδα καλεῖν οἱ ταύτῃ
ἄνθρωποι νενομίκασιν, ἐπιμαχώτατον κατενόησεν ὂν τὸ
κατ' αὐτὴν τεῖχος. πέτρα γὰρ τυγχάνει τις ἐνταῦθά πῃ
οὖσα, εὔρους μὲν ἐπὶ πλεῖστον ἱκανῶς ἔχουσα, ὕψος δὲ
ὀλίγῳ τοῦ περιβόλου ἐλασσουμένη. ἐκέλευεν οὖν ἢ τὴν
πέτραν ἀποτεμνομένους βαθύν τινα βόθρον ἀμφὶ τὸ
τεῖχος ἐργάζεσθαι, μή τις ἐνθένδε ἀναβησόμενος ἐπὶ
τὸν περίβολον ἴοι, ἢ πύργον μέγαν τινὰ δειμαμένους
ἐνταῦθα τὴν ἀπ' αὐτοῦ οἰκοδομίαν ἐνάψαι τῷ τῆς πόλεως
τείχει. ἀλλὰ τοῖς τῶν οἰκοδομιῶν ἀρχιτέκτοσι ποιητέα
τούτων ἐδόκει οὐδέτερα εἶναι. οὔτε γὰρ ἐν χρόνῳ βραχεῖ
ἐπιτελῆ ἔσεσθαι οὕτως ἐγκειμένης τῆς τῶν πολεμίων
ἐφόδου, ἀρχόμενοί τε τοῦ ἔργου τούτου καὶ οὐκ ἐς πέρας
αὐτοῦ ἐξικνούμενοι οὐκ ἄλλο οὐδὲν ἢ τοῖς πολεμίοις
ἐνδείξονται ὅπῃ ποτὲ τοῦ τείχους σφίσι πολεμητέα εἴη.
Γερμανὸς δὲ ταύτης δὴ τῆς ἐννοίας σφαλεὶς τὰ μὲν
πρῶτα στρατὸν ἐκ Βυζαντίου καραδοκῶν ἐλπίδα τινὰ
ἐπ' αὐτῷ εἶχεν. ἐπεὶ δὲ χρόνου τριβέντος συχνοῦ οὔτε
τις ἐκ βασιλέως στρατὸς ἀφίκετο οὔτε ὅτι ἀφίξεται ἐπίδοξος ἦν, ἐς δέος ἦλθε μὴ ὁ Χοσρόης πυθόμενος βασιλέως ἀνεψιὸν ἐνταῦθα εἶναι, προυργιαίτερον ἄλλου
ὁτουοῦν ποιήσηται Ἀντιόχειάν τε καὶ αὐτὸν ἐξελεῖν,
καὶ ἀπ' αὐτοῦ τῶν ἄλλων ἁπάντων ἀφέμενος παντὶ τῷ
στρατῷ ἐπ' αὐτὴν ἴοι.

Ταῦτα καὶ Ἀντιοχεῦσιν ἐν νῷ ἔχουσι βουλήν τε ὑπὲρ
τούτων πεποιημένοις ξυμφορώτατον ἔδοξεν εἶναι χρήματα προεμένοις Χοσρόῃ κίνδυνον τὸν παρόντα διαφυγεῖν. Μέγαν τοίνυν, τὸν Βεροίας ἐπίσκοπον, ἄνδρα

seiner Ankunft in Antiocheia ging Germanos die ganze Mauer
ringsum ab und stellte dabei fest, daß der größte Teil sicheren
Schutz bot; denn der Orontes fließt an den in der Ebene gelegenen Abschnitten vorbei und macht sie alle für die Angreifer unzugänglich, und ebenso verwehren die auf felsigem
Höhengelände aufragenden Befestigungen den Feinden jeden
Zugang. Als Germanos nun freilich den Berggipfel erreichte,
den die Einwohner Orokasias zu nennen pflegen, mußte er
sehen, daß die Mauer hier nur ganz geringen Verteidigungs-
wert hatte. Dort erhebt sich nämlich ein Fels, sehr breit und
nur um ein weniges niedriger als die Stadtmauer. Germanos
befahl nun, entweder den Felsen abzutragen und rings um die
Mauer einen tiefen Graben anzulegen, damit niemand von
dort aus den Befestigungsring ersteigen könne, oder auf dem
Felsen einen stattlichen Turm zu errichten und diesen Bau in
die Stadtmauer einzubeziehen. Beide Vorhaben erschienen
jedoch den Baumeistern als unausführbar; denn angesichts
des unmittelbar drohenden feindlichen Angriffs könnten sie
in so kurzer Zeit nicht mehr zu Ende geführt werden, außerdem würden sie, wenn man diese Arbeit nur beginne und
nicht vollende, den Feinden lediglich die Stelle zeigen, wo sie
an der Mauer den Kampf aufnehmen müßten. Germanos
stand daraufhin von seinem Plane ab und erwartete zunächst
die Truppen aus Byzanz, auf die er einige Hoffnung setzte.
Nachdem aber lange Zeit verstrichen war, ohne daß vom Kaiser ein Heer eintraf oder mit seiner Ankunft gerechnet werden konnte, machte er sich Sorgen und meinte, Chosroes
könnte, wenn er von der Anwesenheit eines kaiserlichen Neffen höre, die Eroberung von Antiocheia und seine eigene Gefangennahme als besonders dringend ansehen und unter Zurückstellung aller anderen Pläne gegen die Stadt ziehen.

Auch die Einwohner von Antiocheia bedachten dies und
kamen nach entsprechender Beratung zu dem Schluß, es sei
am besten, Chosroes Geld anzubieten und so der drohenden
Gefahr zu entgehen. Sie schickten daher Megas, den Bischof
von Beroia, einen klugen Mann, der sich damals gerade bei

ξυνετὸν (ἐπιχωριάζων γὰρ αὐτοῖς ἐτύγχανε τότε) Χοσρόου δεησόμενον πέμπουσιν, ὃς δὴ ἐνθένδε σταλεὶς κατα-
λαμβάνει τὸν Μήδων στρατὸν Ἱεραπόλεως οὐ μακρὰν
ἄποθεν. Χοσρόῃ τε ἐς ὄψιν ἥκων πολλὰ ἐλιπάρει ἀνθρώπους οἰκτεῖραι, οἳ οὔτε τι ἐς αὐτὸν ἥμαρτον οὔτε τῇ
Περσῶν στρατιᾷ οἷοί τε ἀντιτείνειν εἰσί. πρέπειν γὰρ
ἀνδρὶ βασιλεῖ πάντων ἥκιστα τοῖς ὑποχωροῦσι καὶ οὐδαμῇ ἐθέλουσιν ἀντιτάσσεσθαι ἐπεμβαίνειν τε καὶ βιάζεσθαι, ἐπεὶ οὐδὲ τῶν νῦν δρωμένων βασιλικόν τι οὐδὲ
γενναῖον αὐτῷ ἐργασθαίη, ὅτι δὴ οὐ παρασχόμενος τῷ
Ῥωμαίων βασιλεῖ βουλῆς τινα χρόνον, ὥστε ἢ τὴν
εἰρήνην κρατύνασθαι, ὅπῃ ἂν ἑκατέρῳ δοκοίη, ἢ τὰ ἐς
τὸν πόλεμον ἐκ συνθήκης, ὡς τὸ εἰκός, ἐξαρτύεσθαι,
ἀλλ' οὕτως ἀνεπισκέπτως ἐπὶ Ῥωμαίους ἐν ὅπλοις
ἔλθοι, οὔπω τοῦ σφετέρου βασιλέως ἐπισταμένου τὰ
παρόντα σφίσι. ταῦτα ὁ Χοσρόης ἀκούσας λόγῳ ξυνετῷ
τὸν τρόπον ῥυθμίζεσθαι ὑπὸ ἀμαθίας οὐδαμῶς ἴσχυσεν, ἀλλ' ἔτι μᾶλλον τὴν διάνοιαν ἢ πρότερον ἤρθη. Σύρους τε οὖν ἠπείλησε καταστρέψασθαι καὶ Κίλικας
πάντας, καί οἱ τὸν Μέγαν ἕπεσθαι κελεύσας ἐς τὴν
Ἱεράπολιν ἐπῆγε τὸ στράτευμα. οὗ δὴ ἀφικόμενός τε
καὶ ἐνστρατοπεδευσάμενος, ἐπειδὴ τόν τε περίβολον
ὀχυρὸν ὄντα εἶδε καὶ στρατιωτῶν ἔμαθε φυλακτήριον
διαρκῶς ἔχειν, χρήματα τοὺς Ἱεραπολίτας ᾔτει, Παῦλον ἑρμηνέα παρ' αὐτοὺς πέμψας. ὁ δὲ Παῦλος οὗτος
ἐτέθραπτό τε ἐν γῇ τῇ Ῥωμαίων καὶ εἰς γραμματιστοῦ
παρὰ Ἀντιοχεῦσιν ἐφοίτησεν, ἐλέγετο δὲ καὶ Ῥωμαῖος
γένος τὸ ἐξ ἀρχῆς εἶναι. οἱ δὲ μάλιστα μὲν καὶ ὡς ἀμφὶ
τῷ περιβόλῳ δειμαίνοντες, χώραν περιβεβλημένῳ πολλὴν μέχρι ἐς τὸ ὄρος, ὃ ταύτῃ ἀνέχει, ἔπειτα δὲ καὶ τὴν
γῆν ἀδήωτον ἔχειν ἐθέλοντες, ὡμολόγησαν ἀργύρου
σταθμὰ δισχίλια δώσειν. τότε δὴ Μέγας, ὑπὲρ τῶν
ἑῴων ἀπάντων Χοσρόην ἱκετεύων οὐκέτι ἀνίει, ἕως αὐτῷ

ihnen aufhielt, als Bittsteller zu Chosroes. Unweit von Hierapolis traf dieser auf seiner Reise das persische Heer, wurde
vor den König geführt und richtete an ihn viele begütigende
Worte: Er möge doch Mitleid mit Menschen haben, die ihm
weder etwas zuleide getan hätten noch sich gegen das persische Heer wehren könnten. Denn für einen König zieme
es sich am allerwenigsten, Menschen, die sich ihm unterwerfen und keineswegs Widerstand leisten wollen, mit Füßen zu
treten und ihnen Gewalt anzutun. Auch seine augenblicklichen Taten seien unköniglich und unedel. Habe er doch dem
römischen Kaiser keine Zeit zur Entscheidung gelassen, um
entweder im gegenseitigen Einvernehmen den Frieden zu befestigen oder unter Einhaltung der Vertragsbestimmungen
– wie es recht und billig sei – zum Kriege zu rüsten. Statt dessen sei er, ohne daß ihr Kaiser schon etwas von ihrer derzei-
tigen Lage wisse, derart rücksichtslos gegen die Römer bewaffnet vorgegangen. Chosroes hörte sich die Ausführungen
an, ließ sich aber – ungebildet wie er war – durch die ver-
nünftige Rede in seinem Wesen nicht besänftigen, sondern
ward in seinem Denken nur noch mehr bestärkt. Und er drohte mit der Unterwerfung Syriens und ganz Kilikiens, befahl
Megas, sich ihm anzuschließen, und führte das Heer gegen
Hierapolis. Nach seiner Ankunft schlug er dort ein Lager.
Doch da er sah, daß die Stadtmauer stark befestigt und ausreichend mit Soldaten besetzt war, schickte er Paulos als
Dolmetscher zu den Einwohnern und forderte von ihnen
Geld. Dieser Paulos war im römischen Reiche aufgewachsen
und hatte in Antiocheia die Elementarschule besucht; wie
man sagte, soll er auch ein gebürtiger Römer gewesen sein.
Die Einwohner von Hierapolis waren aber trotzdem in großer Sorge um ihre Stadtmauer, da sie ja bis zu dem dort aufragenden Berge hin ein weites Gelände umschloß; außerdem
wollten sie eine Verwüstung ihres Gebiets vermeiden. Sie erklärten sich daher bereit, zweitausend Stathmen Silber zu bezahlen. Jetzt ließ Megas nicht mehr nach, Chosroes um Schonung für alle Bewohner der östlichen Landesteile zu bitten,

ὁ Χοσρόης ὡμολόγησε δέκα τε χρυσοῦ κεντηνάρια λήψεσθαι καὶ πάσης ἀπαλλαγήσεσθαι τῆς Ῥωμαίων ἀρχῆς.

Οὕτω μὲν οὖν ἐκείνῃ τῇ ἡμέρᾳ ὅ τε Μέγας ἐνθένδε 7 ἀπαλλαγεὶς τὴν ἐπὶ τοὺς Ἀντιοχέας ἤλαυνε καὶ ὁ Χοσρόης τὰ λύτρα λαβὼν ἐς Βέροιαν ᾔει. Βέροια δὲ Ἀντιο- 2 χείας μὲν καὶ Ἱεραπόλεως μεταξὺ κεῖται, δυοῖν δὲ ἡμερῶν ὁδῷ εὐζώνῳ ἀνδρὶ ἑκατέρας διέχει. ὁ μὲν οὖν 3 Μέγας ἅτε ξὺν ὀλίγοις τισὶ πορευόμενος ὀξύτερον ᾔει, ὁ δὲ Περσῶν στρατὸς μοῖραν ἀεὶ τὴν ἡμίσειαν τῆς ὁδοῦ ἤνυε. τετάρτῃ δὲ ἡμέρᾳ ὁ μὲν ἐς Ἀντιόχειαν, οἱ δὲ τὸ 4 Βεροίας προάστειον ἦλθον. καὶ χρήματα Χοσρόης τοὺς 5 Βεροιαίους τὸν Παῦλον στείλας εὐθὺς ἔπραττεν, οὐχ ὅσα πρὸς τῶν Ἱεραπολιτῶν ἔλαβε μόνον, ἀλλὰ καὶ τούτων διπλάσια, ἐπεὶ τὸ τεῖχος αὐτοῖς ἐπιμαχώτατον ὂν πολλαχῇ εἶδε. Βεροιαῖοι δὲ (θαρρεῖν γὰρ ἐπὶ τῷ περι- 6 βόλῳ οὐδαμῇ εἶχον) ξὺν προθυμίᾳ μὲν ὑπεδέξαντο ἅπαντα δώσειν, δισχίλια δὲ δόντες ἀργύρου σταθμά, τὰ λειπόμενα διδόναι οὐκ ἔφασαν οἷοί τε εἶναι. ἐγκειμένου τε 7 σφίσι διὰ ταῦτα Χοσρόου, νυκτὸς ἐπιλαβούσης ἐς τὸ φρούριον ἅπαντες, ὃ ἐν τῇ ἀκροπόλει ἐστί, κατέφυγον ξὺν τοῖς στρατιώταις, οἳ δὴ ἐνταῦθα ἐπὶ φυλακῇ ἐτετάχατο. Τῇ δὲ ἐπιούσῃ ἡμέρᾳ ἐστέλλοντο μὲν πρὸς Χοσρόου 8 ἐς τὴν πόλιν τινὲς ἐφ᾽ ᾧ τὰ χρήματα λήψονται, οἱ δὲ ἄγχιστά πη τοῦ περιβόλου γενόμενοι κεκλεισμένας μὲν τὰς πύλας ἁπάσας εὗρον, ἀνθρώπων δὲ οὐδενὶ ἐντυχεῖν ἔχοντες τῷ βασιλεῖ τὰ παρόντα σφίσιν ἐσήγγελλον. καὶ 9 ὃς τῷ τείχει κλίμακας ἐπιθέντας ἀποπειρᾶσθαι τῆς ἀνόδου ἐκέλευεν, οἱ δὲ κατὰ ταῦτα ἐποίουν. οὐδενός τε 10 σφίσιν ἀντιστατοῦντος, ἐντὸς τοῦ περιβόλου γενόμενοι τὰς μὲν πύλας κατ᾽ ἐξουσίαν ἀνέῳγον, ἐδέχοντο δὲ τῇ πόλει τόν τε στρατὸν ἅπαντα καὶ Χοσρόην αὐτόν. θυμῷ 11

bis dieser ihm zusicherte, für zehn Kentenarien Gold das gesamte Römerreich zu räumen.

7. Einnahme und Zerstörung von Beroia. Weitere Verhandlungen zwischen Römern und Chosroes

So reiste an jenem Tage Megas von dort ab und machte sich auf den Weg nach Antiocheia, während Chosroes nach Empfang der Lösegelder gegen Beroia zog. Diese Stadt liegt zwischen Antiocheia und Hierapolis, von beiden Orten zwei gute Tagemärsche entfernt. Megas, der mit nur wenigen Begleitern reiste, kam schneller voran, das Perserheer legte hingegen jeweils nur die halbe Wegstrecke zurück. So kam er schon am vierten Tage nach Antiocheia, die Perser erst in die Vorstadt von Beroia. Und sofort schickte Chosroes wieder den Paulos ab und verlangte von den Einwohnern Geldzahlungen, nicht in der gleichen Höhe, wie er sie von Hierapolis erhalten hatte, sondern doppelt so viel; sah er doch, daß ihre Stadtmauer viele sehr schwache Stellen hatte. Auch die Einwohner von Beroia setzten kein Vertrauen auf ihre Befestigung und waren gern mit allen Forderungen einverstanden; nachdem sie aber zweitausend Stathmen Silber bezahlt hatten, erklärten sie sich außerstande, den Rest aufzubringen. Als Chosroes deshalb heftig in sie drang, flüchteten sie insgesamt nach Einbruch der Nacht auf die Burg, die in der oberen Stadt liegt, und die Besatzung schloß sich ihnen an.

Tags darauf kamen einige Gesandte des Chosroes zur Stadt, um das Geld in Empfang zu nehmen. Wie sie dicht vor der Mauer standen, fanden sie alle Tore verschlossen und erstatteten daher dem König Bericht über die Lage. Chosroes befahl nun, Sturmleitern an die Mauer zu legen und den Aufstieg zu versuchen; und so geschah es. Die Angreifer aber gelangten, ohne auf Widerstand zu treffen, in den Mauerring, öffneten nach Belieben die Tore und ließen Chosroes mit seinem ganzen Heere in die Stadt ein. Schwer erzürnt, wie er nun

τε πολλῷ ὁ βασιλεὺς ἤδη ἐχόμενος τὴν πόλιν ὀλίγου
δέοντος ἐνέπρησε πᾶσαν. ἐς δὲ τὴν ἀκρόπολιν ἀναβὰς
ἐπὶ τὸ φρούριον τειχομαχεῖν ἔγνω. ἐνταῦθα οἱ μὲν Ῥω- 12
μαίων στρατιῶται καρτερῶς ἀμυνόμενοι τῶν πολεμίων
τινὰς ἔκτεινον, τῷ δὲ Χοσρόῃ εὐτύχημα μέγα τῷ τῶν
πολιορκουμένων ἀξυνέτῳ γενέσθαι ξυνέβη, οἱ δὴ οὐ
μόνοι ἐς τὸ φρούριον τοῦτο, ἀλλὰ ξύν τε τοῖς ἵπποις
καὶ ζῴοις τοῖς ἄλλοις κατέφυγον, ταύτῃ τε τῇ σμικρο-
λογίᾳ καταστρατηγηθέντες ἐς κίνδυνον ἦλθον. μιᾶς 13
γὰρ οὔσης ἐνταῦθα πηγῆς, ἵππων τε καὶ ἡμιόνων καὶ
ζῴων ἑτέρων οὐ δέον αὐτὴν ἐκπεπωκότων, ἀποξηρανθῆναι ξυνέβη τὸ ὕδωρ. Βεροιαίοις μὲν τὰ πράγματα
ὧδέ πῃ εἶχεν.
   Ὁ δὲ Μέγας εἰς Ἀντιόχειαν ἀφικόμενος ἀγγείλας τε 14
ὅσα οἱ πρὸς Χοσρόην ξυνέκειτο, ἔργῳ ταῦτα ἐπιτελεῖν
οὐδαμῇ ἔπειθεν. ἐτύγχανε γὰρ Ἰουστινιανὸς βασιλεὺς 15
Ἰωάννην τε τὸν Ῥουφίνου καὶ Ἰουλιανὸν τὸν τῶν ἀπορρήτων γραμματέα πρέσβεις παρὰ Χοσρόην στείλας.
ἀσηκρῆτις καλοῦσι τὸ ἀξίωμα τοῦτο Ῥωμαῖοι· σή-
κρητα γὰρ καλεῖν τὰ ἀπόρρητα νενομίκασιν. οἱ δὴ ἐς
Ἀντιόχειαν ἀφικόμενοι ἔμενον. Ἰουλιανός τε, τῶν 16
πρέσβεων ἄτερος, διαρρήδην ἀπεῖπεν ἅπασι χρήματα μὴ
διδόναι τοῖς πολεμίοις, μηδὲ τὰς βασιλέως ὠνεῖσθαι
πόλεις, ἀλλὰ καὶ τῷ Γερμανῷ διέβαλλε τὸν ἀρχιερέα
Ἐφραίμιον, ἄτε τῷ Χοσρόῃ ἐνδοῦναι τὴν πόλιν ἐν σπουδῇ ἔχοντα. διὸ δὴ Μέγας ἄπρακτος ἀνεχώρησεν. Ἐφραί- 17
μιος δέ, ὁ τῆς Ἀντιοχείας ἐπίσκοπος, δείσας τὴν Περσῶν ἔφοδον ἐς Κίλικας ἦλθεν. οὗ δὴ καὶ Γερμανὸς ἀφί- 18
κετο οὐ πολλῷ ὕστερον, ὀλίγους μέν τινας ἐπαγόμενος.
τοὺς δὲ πλείστους ἐνταῦθα ἐάσας. Μέγας δὲ κατὰ τάχος 19
ἐς Βέροιαν ἤκων περιώδυνός τε τοῖς ξυμπεσοῦσι γενόμενος ἠτιᾶτο Χοσρόην εἰργάσθαι Βεροιαίους ἀνόσια
ἔργα, ὅτι δὴ αὐτὸν μὲν ἐς Ἀντιόχειαν ὡς ἐπὶ ταῖς σπονδαῖς στείλειε, τῶν δὲ πολιτῶν οὐδὲν τὸ παράπαν ἠδικη-

schon war, steckte er fast den gesamten Ort in Brand um
dann zur Oberstadt emporzusteigen und die Burg anzugreifen. Doch da leisteten die römischen Soldaten erbitterten
Widerstand, so daß sogar einige Feinde den Tod fanden. Die
Unvernunft der Belagerten aber brachte Chosroes großen
Vorteil; denn sie hatten nicht nur sich selbst, sondern auch
ihre Pferde und übrigen Tiere in die Festung geflüchtet und
gerieten nun durch dieses kleinliche Denken in Gefahr. Es gab
nämlich dort nur eine einzige Quelle, daraus aber hatten unnötigerweise Pferde, Maulesel und andere Tiere getrunken,
worauf das Wasser versiegte. So stand es nun um die Einwohner von Beroia.

Megas berichtete nach seiner Ankunft in Antiocheia über
seine Abrede mit Chosroes, konnte jedoch deren Durchfüh-
rung keineswegs erreichen. Hatte doch Kaiser Justinian
Johannes, den Sohn des Rufinos, und den Geheimschreiber
Julianos als Gesandte an Chosroes geschickt. Asekretis heißt
dieses Amt bei den Römern, da sie mit dem Wort „secreta"
Geheimnisse zu bezeichnen pflegen. Diese Gesandte blieben
nun nach ihrem Eintreffen in Antiocheia, und der eine von
ihnen, Julianos, verbot jedermann ausdrücklich, Geld an die
Feinde zu zahlen und die kaiserlichen Städte loszukaufen, ja
verdächtigte sogar den Erzbischof Ephraimios bei Germanos,
als wolle er dem Chosroes die Stadt in die Hände spielen. Daher mußte Megas unverrichteter Dinge zurückkehren. Ephraimios aber, der Bischof von Antiocheia, begab sich aus
Furcht vor dem Angriff der Perser nach Kilikien. Hier fand
sich kurze Zeit darauf auch Germanos mit einigen Begleitern
ein, nachdem er die Mehrzahl von ihnen in Antiocheia zurückgelassen hatte. Megas, der eiligst nach Beroia gereist war, war
von den dortigen Vorgängen schmerzlichst berührt und beschuldigte Chosroes, er habe an den Einwohnern von Beroia
frevelhaft gehandelt; denn während ihn der König zum Abschluß eines Vertrags nach Antiocheia geschickt habe, habe
er das Eigentum völlig unschuldiger Bürger geraubt, sie selbst

κότων τά τε χρήματα ἐληίσατο καὶ ἠνάγκασε σφᾶς
αὐτοὺς ἐν τούτῳ δὴ τῷ φρουρίῳ καθεῖρξαι, οὕτω τε
τὴν ἐμπρήσας ἐς τὸ ἔδαφος οὐ δέον καθεῖλε.

Πρὸς ταῦτα ὁ Χοσρόης ἀπεκρίνατο ὧδε· ,,Τούτων 20
μέντοι, ὦ ἑταῖρε, αὐτὸς αἴτιος, ἐνταῦθα ἀναγκάσας
ἡμᾶς διατρῖψαι· οὐ γὰρ ἐν τῷ τεταγμένῳ καιρῷ, ἀλλὰ
κατὰ πολὺ τούτου γε ὑστερήσας τανῦν ἀφίξαι. τῶν δὲ 21
σῶν πολιτῶν τὴν ἀτοπίαν τί ἄν τις ἐπὶ πλεῖστον, ὦ
βέλτιστε, μακρολογοίη; οἵ γε τακτὸν ἡμῖν ὡμολογη-
κότες ἀργύριον δώσειν ὑπὲρ τῆς σφῶν αὐτῶν σωτηρίας,
οὔπω καὶ νῦν ἐπιτελεῖν οἴονται δεῖν τὰ ξυγκείμενα, ἀλλ'
ἀνέδην οὕτω χωρίου ἰσχύϊ θαρσήσαντες περιορῶσιν
ἡμᾶς ὡς μάλιστα ἠναγκασμένους ἐς φρουρίου πολιορκίαν, ὡς ὁρᾷς δήπου, καθίστασθαι. οὕς γε δὴ ἔγωγε
ξὺν θεοῖς ἐλπίδα ἔχω ὀλίγῳ ὕστερον τίσεσθαι, καὶ Περσῶν τῶν μοι οὐ δέον πρὸ τοῦδε τοῦ τείχους ἀπολω- 22
λότων τὴν κόλασιν ἐς τοὺς αἰτίους ἐπιτελέσειν."

Ὁ μὲν Χοσρόης τοσαῦτα εἶπεν, ὁ Μέγας δὲ ἀμείβε- 23
ται ὧδε· ,,Εἰ μέν, ὅτι βασιλεὺς ἀνθρώποις οἰκτροῖς τε
καὶ ἀτιμοτάτοις ταῦτα ἐπικαλεῖς, σκοπήσειεν ἄν τις,
ἀνάγκη μηδὲν ἀντιλέγοντα τοῖς εἰρημένοις ὁμολογεῖν·
τῇ γὰρ ἐξουσίᾳ τῇ ἄλλῃ καὶ τὸ τῷ λόγῳ κρατεῖν ἕπεσθαι
πέφυκεν. ἢν δέ τῳ ἐξῇ τἄλλα ἀποσεισαμένῳ τὸν ἀληθῆ 24
λόγον ἑλέσθαι, οὐδὲν ἂν ἡμῖν, ὦ βασιλεῦ, δικαίως ἐπι-
καλεῖν ἔχοις· ὅπως δὲ ἅπαντα ἀκούσῃ πράως. ἐγὼ μὲν 25
γάρ, ἐπειδὴ ἅπερ Ἀντιοχεῦσιν ἐπήγγελλες, δηλώσων
ἐστάλην, ἑβδομαῖός σοι ἐς ὄψιν ἥκων (οὗ τί ἂν γενέσθαι
δύναιτο θᾶσσον;) ταῦτά σοι ἐξειργασμένα ἐς πατρίδα
τὴν ἐμὴν εὗρον. οἱ δὲ δὴ πάντων ἤδη τῶν τιμιωτάτων 26
ἐκστάντες, εἶτα ἐς τὸν περὶ ψυχῆς ἀγῶνα καθίστανται
μόνον, κρείσσους, οἶμαι, γεγενημένοι ἢ σοί τι τὸ λοιπὸν

gezwungen, sich in diese Festung einzuschließen, und dann ohne Not die Stadt in Schutt und Asche gelegt.

Darauf erteilte Chosroes folgende Antwort: „Du bist selbst daran schuld, mein Freund! Denn da du nicht zum festgesetzten Zeitpunkt, sondern viel später jetzt eingetroffen bist, hast du uns gezwungen, hier zu bleiben. Und nun gar erst die Torheit deiner Mitbürger! Was sollte man da, mein Bester, lange Worte machen? Sie haben uns doch für ihre Schonung eine bestimmte Menge Silber zu zahlen versprochen, glauben aber auch jetzt noch nicht, den Vertrag erfüllen zu müssen, sondern setzen sich so im Vertrauen auf die Stärke des Platzes in unverschämter Weise über uns hinweg, daß uns, wie du selber siehst, gar nichts anderes übrig bleibt, als die Festung zu belagern. Mit Hilfe der Götter hoffe ich indessen, mich in Bälde an ihnen rächen und die Schuldigen dafür bestrafen zu können, daß meine Perser vor dieser Mauer sterben mußten."

Soweit ließ sich Chosroes vernehmen; ihm antwortete Megas folgendermaßen: „Wenn man nur darauf sehen wollte, daß du als König gegen bemitleidenswerte und ganz mißachtete Menschen solche Vorwürfe erhebst, dann müßte man sich ohne Widerrede deinen Worten fügen; denn zu deiner Machtvollkommenheit gehört es von Natur aus nun einmal auch, dich mit deiner Auffassung durchzusetzen. Wenn jedoch die Möglichkeit bestünde, alle anderen Rücksichten fallen zu lassen und nur das Wort der Wahrheit zu wählen, dann dürfte es dir, mein König, unmöglich sein, uns einen berechtigten Vorwurf zu machen. Höre nur alles gnädig an! Schon am siebten Tage, nachdem du mich mit deiner Botschaft an die Leute von Antiocheia abgesandt hattest, bin ich wieder vor deinem Antlitz erschienen – wie könnte das wohl schneller geschehen? –, mußte aber feststellen, daß du so schweres Leid meiner Vaterstadt angetan hast. Schon haben ja ihre Bewohner den gesamten kostbaren Besitz hergegeben und kämpfen nur noch ums nackte Leben, wozu sie, glaube ich, eher imstande sind, als dir noch irgendwie den Rest des Geldes zu entrich-

τῶν χρημάτων εἰσφέρειν. τὸ γὰρ ἐκτιννύναι τι τῶν οὐ 27
παρόντων ἀνθρώπῳ ἂν οὐδεμία μηχανὴ γένοιτο. πάλαι 28
δὲ τοῖς ἀνθρώποις εὖ τε καὶ καλῶς διώρισται τὰ τῶν
πραγμάτων ὀνόματα· ἐν οἷς καὶ τόδε ἐστίν, ἀγνωμοσύ-
νης κεχωρίσθαι ἀσθένειαν. ἡ μὲν γὰρ τρόπου ἀκολασίᾳ 29
ἐς τὸ ἀντιτείνειν χωροῦσα μισεῖσθαι, ὡς τὸ εἰκός, εἴωθεν,
ἡ δὲ τῷ τῆς ὑπουργίας ἀδυνάτῳ ἐς ταὐτὸ τοῦτο ἐκφερομένη
ἐλεεῖσθαι ἱκανῶς πέφυκεν. ἔασον τοίνυν ἡμᾶς ἅπαντα, 30
ὦ βασιλεῦ, κληρωσαμένους τὰ χείριστα τοῦτο γοῦν
φέρεσθαι παραμύθιον, τὸ μὴ δοκεῖν τῶν ξυμπεπτωκό-
των ἡμῖν αὐτοὺς αἰτίους γενέσθαι. καὶ χρήματα μέν σοι, 31
ὅσα λαβὼν ἔχεις, διαρκεῖν οἴου, μὴ τῷ σῷ ταῦτα σταθ-
μώνενος ἀξιώματι, ἀλλὰ τὴν Βεροιαίων σκοπῶν δύναμιν. περαιτέρω δὲ ἡμᾶς βιάζου μηδέν, μή ποτε δόξῃς 32
οἷς ἐγκεχείρηκας ἀδύνατος εἶναι· τὸ γὰρ ὑπερβάλλον
ἀεὶ τῷ ἀμηχάνῳ τετίμηται· τὸ δὲ μὴ τοῖς ἀδυνάτοις
ἐγχειρεῖν κράτιστον. ταῦτα μὲν οὖν μοι ἀπολελογήσθω 33
ἐν τῷ παραυτίκα ὑπὲρ ἀνδρῶν τῶνδε. ἢν δέ γε τοῖς τα-
λαιπώροις ξυγγενέσθαι δυνατὸς εἴην, ἔχοιμι ἄν τι καὶ
ἄλλο τῶν νῦν με λεληθότων εἰπεῖν."

Τοσαῦτα τὸν Μέγαν εἰπόντα ὁ Χοσρόης ἐς τὴν ἀκρό- 34
πολιν ἀφῆκεν ἰέναι. ὃς δὴ ἐνταῦθα γενόμενος καὶ τὰ
ξυμπεσόντα ἀμφὶ τῇ πηγῇ μαθὼν ἅπαντα, δεδακρυμέ-
νος τε παρὰ Χοσρόην αὖθις ἀφίκετο καὶ πρηνὴς κείμενος
οὐδὲν μὲν Βεροιαίοις ἰσχυρίζετο ἀπολελεῖφθαι τῶν πάντων χρημάτων, μόνα δέ οἱ τῶν ἀνθρώπων ἱκέτευε χαριεῖσθαι τὰ σώματα. ταῖς τε τοῦ ἀνδρὸς ὀλοφύρσεσιν ὁ 35
Χοσρόης ἠγμένος τὴν δέησιν ἐπιτελῆ ἐποιεῖτο, καὶ διο-
μοσάμενος ἅπασι τοῖς ἐν ἀκροπόλει τὰ πιστὰ ἔδωκε.
Βεροιαῖοι δὲ παρὰ τοσοῦτον κινδύνου ἐλθόντες ἀπέλι- 36
πόν τε τὴν ἀκρόπολιν ἀπαθεῖς κακῶν καὶ ἀπιόντες
ᾤχοντο ὡς ἕκαστός πῃ ἐβούλετο. τῶν δὲ στρατιωτῶν 37

ten. Denn was ein Mensch nicht hat, kann er wohl unmöglich hergeben. Schon lange haben die Menschen richtig und treffend die Bezeichnungen für Dinge von einander abgegrenzt. Dazu gehört auch die Unterscheidung zwischen Trotz und Unvermögen; denn ersterer entwickelt sich infolge zuchtloser Wesensart zu Widerstand und erweckt dann natürlich gerne Haß, während Nichtkönnen durch seine Hilflosigkeit zwar zum gleichen Ergebnis führt, indessen von Natur aus volles Mitleid findet. Laß uns also, mein König, die wir in allem das schlimmste Los gezogen haben, wenigstens den einen kleinen Trost hinwegnehmen, nicht den Eindruck zu erwecken, als hätten wir unser Unglück selbst verschuldet! Daher begnüge dich mit der empfangenen Geldsumme, indem du sie nicht an deiner Machtstellung mißt, sondern dir das Leistungsvermögen der Beroier vor Augen hältst! Darüber hinaus aber wende keine Gewalt gegen uns an, damit man nicht etwa von dir den Eindruck gewinnt, als seiest du außerstande, deine Vorhaben auch tatsächlich durchzuführen! Hat doch Übermaß stets zu Mißerfolg geführt, während es sich als das Beste erwies, Unmögliches erst gar nicht anzustreben. Das will ich im Augenblick zur Verteidigung dieser Männer vorgebracht haben. Könnte ich mit den unglücklichen Menschen zusammenkommen, dann wäre ich vielleicht in der Lage, noch anderes, was mir jetzt entgangen ist, vorzubringen."

Auf diese Worte hin ließ Chosroes den Megas zur Oberstadt gehen. Als er sich dorthin begeben und alles, was mit der Quelle geschehen war, erfahren hatte, kehrte er tränenüberströmt zu Chosroes zurück, warf sich ihm zu Füßen und erklärte, den Einwohnern von Beroia sei nichts mehr von ihrem ganzen Besitz geblieben; man möge ihm daher ihr nacktes Leben schenken. Die Klagen des Mannes bewogen Chosroes, die Bitte zu erfüllen, und so gab er allen Leuten in der Oberstadt sein eidliches Versprechen. Die Beroier aber konnten, nachdem sie in so schwere Gefahr geraten waren, ungekränkt die Oberstadt verlassen und sich hinbegeben, wohin ein jeder wollte. Nur wenige Soldaten schlossen sich ihnen an, während

ὀλίγοι μὲν αὐτοῖς τινες εἵποντο, οἱ δὲ πλεῖστοι ἐθελούσιοι παρὰ Χοσρόην αὐτόμολοι ἦλθον, ἐπικαλοῦντες
ὅτι δὴ τὰς συντάξεις χρόνου μακροῦ σφίσι τὸ δημόσιον ὦφλε, καὶ ξὺν αὐτῷ ὕστερον ἐς τὰ Περσῶν ἤθη
ἐχώρησαν.

Χοσρόης δὲ (καὶ γὰρ οἱ Μέγας χρήματα ἔφασκεν 8
οὐδαμῇ πεπεικέναι Ἀντιοχέας φέρειν) παντὶ τῷ στρατῷ 2
ἐπ᾽ αὐτοὺς ᾔει. Ἀντιοχέων δέ τινες μὲν ἐνθένδε ξὺν
τοῖς χρήμασιν ἐξαναστάντες ἔφευγον ὡς ἕκαστός πη
ἐδύνατο. ταὐτὸ δὲ τοῦτο διενοοῦντο καὶ οἱ λοιποὶ ξύμπαντες, εἰ μὴ μεταξὺ ἥκοντες οἱ τῶν ἐν Λιβάνῳ στρατιωτῶν ἄρχοντες, Θεόκτιστός τε καὶ Μολάτζης, ξὺν
ἑξακισχιλίοις ἀνδράσιν ἐλπίσι τε αὐτοὺς ἐπιρρώσαντες
διεκώλυσαν. οὗ δὴ οὐ πολλῷ ὕστερον καὶ τὸ Περσῶν 3
στράτευμα ἦλθεν. ἐνταῦθά τε διεσκηνημένοι ἐστρατοπεδεύσαντο ἅπαντες πρός τε Ὀρόντῃ τῷ ποταμῷ καὶ
αὐτοῦ οὐ πολλῷ ἄποθεν. Χοσρόης τε Παῦλον παρὰ τὸν 4
περίβολον στείλας τοὺς Ἀντιοχέας χρήματα ᾔτει, δέκα
χρυσοῦ κεντηναρίων ἀπαλλαγήσεσθαι ἐνθένδε, ἔνδηλός
τε ἦν καὶ τούτων ἐλάσσω ἐπὶ τῇ ἀναχωρήσει ληψόμενος.
καὶ τότε μὲν ἥκοντες παρὰ τὸν Χοσρόην οἱ πρέσβεις, 5
εἰπόντες τε ἀμφὶ τῇ διαλύσει τῆς εἰρήνης πολλὰ καὶ
πρὸς ἐκείνου ἀκούσαντες ἀνεχώρησαν. τῇ δὲ ἐπιούσῃ 6
ἡμέρᾳ τῶν Ἀντιοχέων ὁ δῆμος (εἰσὶ γὰρ οὐ κατεσπου-
δασμένοι, ἀλλὰ γελοίοις τε καὶ ἀταξίᾳ ἱκανῶς ἔχονται)
πολλὰ ἐς τὸν Χοσρόην ὕβριζόν τε ἀπὸ τῶν ἐπάλξεων
καὶ ξὺν γέλωτι ἀκόσμῳ ἐτώθαζον· καὶ Παῦλον τοῦ 7
περιβόλου ἐγγὺς ἥκοντα παραινοῦντά τε χρημάτων ὀλίγων σφᾶς τε αὐτοὺς καὶ τὴν πόλιν ὠνεῖσθαι, ὀλίγου
ἐδέησαν τοξεύσαντες κτεῖναι, εἰ μὴ προϊδὼν ἐφυλάξατο.
διὸ δὴ ζέων τῷ θυμῷ ὁ Χοσρόης τειχομαχεῖν ἔγνω.

die meisten aus freien Stücken zu Chosroes übergingen und
ihr Verhalten mit dem Vorwurf begründeten, der Staat sei
ihnen schon lange Zeit den Sold schuldig geblieben. Später
zogen sie mit dem König nach Persien.

8. Belagerung und Einnahme von Antiocheia durch Chosroes

Chosroes marschierte nun mit seinem ganzen Heere gegen
Antiocheia; denn Megas hatte ihm berichtet, daß er die Bewohner zu keinerlei Geldzahlungen habe gewinnen können.
Indessen machten sich einige aus Antiocheia mit ihrer Habe
davon und suchten, so gut ein jeder konnte, Zuflucht. Auch
die übrigen Einwohner hegten insgesamt die gleiche Absicht,
doch waren inzwischen die Militärbefehlshaber des Libanon,
Theoktistos und Molatzes, mit 6000 Mann eingetroffen, was
ihre Hoffnungen stärkte und sie von der Ausführung ihres
Planes abhielt. Bald darauf erschien dort auch das persische
Heer, und alle schlugen, auf verschiedene Plätze verteilt, ihr
Lager am Orontes oder nicht weit davon entfernt auf. Chosroes aber entsandte den Paulos zur Stadtmauer und verlangte
mit der Erklärung, daß er für zehn Kentenarien Gold abziehen wolle, von den Einwohnern Antiocheias Geld; deutlich
ließ er dabei erkennen, daß er auch für einen kleineren Betrag
dazu bereit sei. In dieser Zeit kamen die Gesandten zu Chosroes, ergingen sich in langen Ausführungen über den Friedens-
bruch und verfügten sich, nachdem sie seine Erwiderung entgegen genommen hatten, wieder nach Hause. Anderntags
aber verhöhnte das Volk von Antiocheia – es sind ja keine
ernsten Menschen, sondern nur ganz zuchtlose Possenreißer –
von den Brustwehren herab den König mit vielen Worten
und trieb unter ausgelassenem Gelächter seinen Spott mit
ihm. Den Paulos aber, der nahe an die Stadtmauer herantrat
und sie aufforderte, für wenig Geld sich und die Stadt loszukaufen, hätten sie beinahe mit Pfeilschüssen getötet, wenn
er nicht in der Erwartung dessen auf der Hut gewesen wäre.
Das alles erfüllte Chosroes mit glühendem Zorn, so daß er
sich zum Angriff auf die Mauern entschloß.

Τῇ οὖν ὑστεραίᾳ ἐπαγαγὼν ἅπαντας Πέρσας ἐπὶ τὸ τεῖχος ἄλλους μὲν ἄλλῃ προσβάλλειν τοῦ ποταμοῦ ἐκέλευεν, αὐτὸς δὲ τοὺς πλείστους τε καὶ ἀρίστους ἔχων κατὰ τὴν ἄκραν προσέβαλλε. ταύτῃ γάρ, ὥς μοι ἔμπροσθεν ἐρρήθη, ἐπιμαχώτατος ὁ περίβολος ἦν. ἐνταῦθα Ῥωμαῖοι (στενοτάτη γὰρ ἡ οἰκοδομία ἐτύγχανεν οὖσα, ἐφ' ἧς ἱστάμενοι πολεμεῖν ἔμελλον) ἐπενόησαν τάδε. δοκοὺς μακρὰς ἐς ἀλλήλους ξυνδέοντες μεταξὺ τῶν πύργων ἐκρέμων, οὕτω τε πολλῷ εὐρυτέρας δὴ ταύτας τὰς χώρας ἐποίουν, ὅπως ἔτι πλείους ἐνθένδε ἀμύνεσθαι τοὺς τειχομαχοῦντας οἷοί τε ὦσιν. οἱ μὲν οὖν Πέρσαι ἰσχυρότατα ἐγκείμενοι πανταχόθεν τὰ τοξεύματα συχνὰ ἔπεμπον, ἄλλως τε καὶ κατὰ τὴν τῆς ἄκρας ὑπερβολήν. οἱ δὲ Ῥωμαῖοι ἠμύνοντο δυνάμει πάσῃ, οὐ στρατιῶται μόνον, ἀλλὰ καὶ τοῦ δήμου εὐτολμότατοι νεανίαι πολλοί. ἐδόκουν δὲ οἱ τειχομαχοῦντες ἐνταῦθα ἐς τὴν μάχην ἐκ τοῦ ἀντιπάλου τοῖς πολεμίοις καθίστασθαι. ἡ γὰρ πέτρα, εὐρεῖά τις καὶ ὑψηλὴ οὖσα καὶ ὥσπερ ἀντιτεταγμένη τῷ περιβόλῳ καθάπερ ἐφ' ὁμαλοῦ εἶναι τὴν ξυμβολὴν ἐποίει.

Καὶ εἰ μέν τις ἐθάρσησε τοῦ Ῥωμαίων στρατοῦ ξὺν τριακοσίοις ἔξω τε γενέσθαι τοῦ περιβόλου καὶ τὴν πέτραν ἐκείνην προτερήσας καταλαβεῖν ἐνθένδε τε τοὺς ἐπιόντας ἀμύνασθαι, οὐκ ἄν ποτε, οἶμαι, πρὸς τῶν πολεμίων ἐς κίνδυνόν τινα ἡ πόλις ἦλθεν. οὐ γὰρ εἶχον ὅθεν ὁμώμενοι τειχομαχοῖεν οἱ βάρβαροι, κατὰ κορυφὴν ἔκ τε τῆς πέτρας καὶ ἀπὸ τοῦ τείχους βαλλόμενοι· νῦν δὲ (καὶ γὰρ ἔδει Ἀντιοχέας τούτῳ τῷ Μήδων στρατῷ ἀπολέσθαι) οὐδενὶ τοῦτο ἐς ἔννοιαν ἦλθε.

Τῶν μὲν οὖν Περσῶν, ἅτε Χοσρόου παρόντος σφίσι καὶ κραυγῇ ἐγκελευμένου μεγάλῃ, ὑπὲρ δύναμιν βιαζομένων καὶ οὐδένα τοῖς ἐναντίοις ἐνδιδόντων καιρόν, ὥστε διασκοπεῖσθαι ἢ φυλάσσεσθαι τὰς τοξευμάτων

Schon am nächsten Tage führte er alle Perser gegen die
Mauer heran, und während er die eine Truppe da, die andere
dort an der Flußseite vorgehen ließ, stürmte er selbst mit den
stärksten und besten Verbänden gegen den Berggipfel. Dort
war nämlich, wie schon von mir erwähnt, die Stadtmauer am
leichtesten anzugreifen. Da das Bauwerk, auf dem sich die
Römer zum Kampfe aufstellen sollten, sehr schmal war, fanden sie folgende Lösung: Sie banden lange Balken zusammen, hängten sie zwischen den Türmen auf und erweiterten
so die Flächen um ein erhebliches Stück, damit noch mehr
Leute von dort aus die Angreifer abwehren konnten. Nun
drängten die Perser ungestüm von allen Seiten heran und
verschossen eine Unmenge Pfeile, namentlich vom Gipfel des
Berges herab. Die Römer ihrerseits leisteten kräftigsten Widerstand, und zwar nicht nur die Soldaten, sondern auch viele
beherzte junge Männer aus dem Volke. Angreifern wie Verteidigern aber schien der Kampf gleiche Aussichten zu bieten;
denn der Fels, breit und hoch und der Stadtmauer gleichsam
gegenübergelagert, bewirkte, daß sich der Zusammenprall wie
auf einer Ebene abspielte.

Hätte sich damals einer aus dem römischen Heere ein Herz
gefaßt, mit dreihundert Mann die Stadtmauern verlassen und
jenen Felsen vorweg besetzt, um von dort aus die Angreifer
abzuwehren, die Stadt wäre meinem Dafürhalten nach niemals durch die Feinde in irgendwelche Gefahr geraten. Denn
die Barbaren hätten keinen Ausgangspunkt für ihren Angriff
auf die Mauer gehabt, da sie sowohl vom Felsen wie von der
Stadtbefestigung aus aufs Haupt getroffen worden wären.
So aber war es den Einwohnern Antiocheias vom Schicksal
bestimmt, diesem Perserheer zu erliegen, und niemand kam
daher auf diesen Gedanken.

Während sich nun die Perser unter den Augen ihres Königs,
der seine Leute mit lauter Stimme anfeuerte, über die Maßen
einsetzten und den Gegnern keine Zeit mehr ließen, auf Pfeil-
schüsse zu achten und in Deckung zu gehen, verstärkten die

βολάς, τῶν δὲ Ῥωμαίων ἔτι μᾶλλον πλήθει τε πολλῷ
καὶ θορύβῳ ἀμυνομένων, οὐκ ἐνεγκοῦσαι τὸ ἄχθος αἱ
σχοῖνοι, αἷς αἱ δοκοὶ ξυνδεδέατο, διερράγησαν ἐκ τοῦ
αἰφνιδίου καὶ ξὺν ταῖς δοκοῖς ἅπαντες ὅσοι αὐταῖς
ἐφεστήκεσαν ἐς τὸ ἔδαφος ἐξέπεσον πατάγῳ πολλῷ.
οὗ δὴ αἰσθόμενοι καὶ ἄλλοι Ῥωμαίων, οἱ ἐκ πύργων
τῶν ἐχομένων ἐμάχοντο, καὶ ξυμβάλλειν μὲν τὸ γεγονὸς οὐδαμῆ ἔχοντες, διεφθάρθαι δὲ ταύτῃ τὸ τεῖχος
οἰόμενοι ἐς φυγὴν ὥρμηντο. τοῦ μὲν οὖν δήμου νεανίαι
πολλοί, ὅσοι τὰ πρότερα πρός γε ἀλλήλους στασιάζειν
ἐν τοῖς ἱπποδρομίοις εἰώθεσαν, ἐπειδὴ ἀπὸ τοῦ περιβόλου κατέβησαν, οὐδαμῆ ἔφευγον, ἀλλ᾽ αὐτοῦ ἔμενον,
οἱ δὲ στρατιῶται ξύν τε Θεοκτίστῳ καὶ Μολάτζῃ εὐθὺς
ἐπὶ τοὺς ἵππους ἀναθορόντες, οἳ δὴ ἐνταῦθά πῃ πα-
ρεσκευασμένοι ἐτύγχανον, ἐπὶ τὰς πύλας ἀπήλαυνον,
Βούζην αὐτοῖς ἐπιθρυλοῦντες ξὺν στρατῷ ἥκειν, ἐθέλειν τε κατὰ τάχος δέξασθαι μὲν αὐτοὺς τῇ πόλει, ξὺν
αὐτοῖς δὲ τοὺς πολεμίους ἀμύνασθαι. ἐνταῦθα τῶν Ἀντιοχέων πολλοὶ μὲν ἄνδρες, γυναῖκες δὲ πᾶσαι ξὺν τοῖς
παιδίοις ἐπὶ τὰς πύλας δρόμῳ πολλῷ ᾖεσαν· εἶτα πρὸς
τῶν ἵππων ὠθούμενοι ἅτε ἐν στενοχωρίᾳ πολλῇ ἔπιπτον. οἱ δὲ στρατιῶται τῶν ἐν ποσὶν οὐδενὸς τὸ παράπαν φειδόμενοι ἔτι μᾶλλον ἢ πρότερον ὕπερθεν τῶν
κειμένων ἅπαντες ἤλαυνον, γέγονέ τε φόνος ἐνταῦθα
πολὺς ἄλλως τε καὶ κατὰ τὰς πύλας αὐτάς. οἱ δὲ Πέρσαι,
οὐδενὸς σφίσιν ἀντιστατοῦντος, κλίμακας ἐπιθέντες ἐπὶ
τὸ τεῖχος οὐδενὶ πόνῳ ἀνέβαινον. ἔν τε ταῖς ἐπάλξεσι
κατὰ τάχος γενόμενοι χρόνον τινὰ καταβαίνειν οὐδαμῆ
ἤθελον, ἀλλὰ διασκοπουμένοις τε καὶ ἀπορουμένοις
ἐῴκεσαν, ἐμοὶ μὲν δοκεῖ, προλοχίζεσθαι τὰς δυσχωρίας
ἐνέδραις τισὶ τῶν πολεμίων ὑποτοπάζοντες. τὰ γὰρ ἐντὸς
τοῦ περιβόλου ἀπὸ τῆς ἄκρας εὐθὺς κατιόντι ἀοίκητος
χώρα ἐπὶ πλεῖστόν ἐστι. πέτραι τε λίαν ὑψηλαὶ ἀνέχου-
σιν ἐνταῦθα καὶ τόποι κρημνώδεις.

Römer in gewaltiger Zahl und unter wildem Getümmel ihren Widerstand. Da hielten aber die Seile, mit denen die Balken zusammengehalten waren, die Belastung nicht mehr aus, unversehens rissen sie, und mit den Balken zusammen stürzten alle, die darauf gestanden hatten, unter lautem Krachen auf die Erde. Andere Römer, die von den benachbarten Türmen aus kämpften und den Vorgang sahen, konnten sich kein klares Bild machen und meinten, die Mauer sei an dieser Stelle zerstört, worauf sie die Flucht ergriffen. Viele junge Männer, die sich früher in den Rennbahnen gewöhnlich bekämpft hatten, folgten indessen nach Verlassen der Stadtmauer nicht ihrem Beispiel, sondern blieben an Ort und Stelle. Anders die Soldaten. Zusammen mit Theoktistos und Molatzes sprangen sie sofort auf ihre dort bereitstehenden Pferde und ritten gegen die Tore zu. Dabei schwatzten sie viel davon, Buzes sei mit einem Heer ihnen zu Hilfe gekommen, nun wollten sie Leute eilends in die Stadt einlassen und dann gemeinsam den Feinden entgegen treten. Was die Einwohner Antiocheias aber anlangte, so stürmten jetzt viele Männer, dazu sämtliche Frauen mit ihren Kindern eiligst zu den Toren, wo sie in drangvoller Enge von den Pferden zu Boden gestoßen wurden. Die Soldaten nahmen indes auf niemand, der in den Weg kam, irgendwelche Rücksicht, alle sprengten vielmehr noch ungestümer als zuvor über die am Boden liegenden Menschen hinweg, so daß hier, namentlich dicht bei den Toren, ein großes Blutbad angerichtet wurde. Nun legten die Perser, ohne Widerstand zu finden, ihre Sturmleitern an die Mauer, stiegen mühelos daran empor und besetzten rasch die Brustwehren. Mit dem Abstieg ließen sie sich dann freilich einige Zeit; die Sache schien ihnen bedenklich und zweifelhaft, weil sie meiner Ansicht nach wohl vermuteten, die Feinde könnten in dem schwierigen Gelände einige Hinterhalte gelegt haben. Denn innerhalb der Stadtmauer kommt man gleich beim Abstieg von der Höhe weithin in unbewohntes Gebiet mit hochaufragenden Felsen und abschüssigen Stellen.

Ἔνιοι δέ φασι Χοσρόου γνώμῃ γεγονέναι τὴν μέλλησιν 2
Πέρσαις. ἐπειδὴ γὰρ τήν τε δυσχωρίαν κατενόησε καὶ τοὺς 2
στρατιώτας φεύγοντας εἶδεν, ἔδεισε μή τινι ἀνάγκῃ ἐκ τῆς
ὑπαγωγῆς ἀναστρέψαντες πράγματα σφίσι παράσχωνται,
ἐμπόδιοί τε γένωνται, ἂν οὕτω τύχοι, πόλιν ἑλεῖν ἀρχαίαν τε
καὶ λόγου ἀξίαν καὶ πρώτην Ῥωμαίοις οὖσαν τῶν κατὰ τὴν
ἕω πασῶν πόλεων, πλούτῳ τε καὶ μεγέθει καὶ πολυανθρωπίᾳ καὶ κάλλει καὶ τῇ ἄλλῃ εὐδαιμονίᾳ. οὗ δή, περὶ ἐλάσσο- 2
νος τἆλλα ποιούμενος ἅπαντα, ἤθελε τοῖς Ῥωμαίων στρατιώταις καιρὸν ἐνδιδόναι, ὥστε κατ' ἐξουσίαν τῇ φυγῇ
χρῆσθαι. διὸ δὴ καὶ ταῖς χερσὶ τοῖς φεύγουσι Πέρσαι
σημαίνοντες ἐνεκελεύοντο φεύγειν ὡς τάχιστα. οἱ μὲν 2
οὖν στρατιῶται Ῥωμαίων ξὺν τοῖς ἄρχουσιν ἀπιόντες
ᾤχοντο ἅπαντες διὰ πύλης, ᾗ ἐπὶ Δάφνην ἄγει τὸ τῶν
Ἀντιοχέων προάστειον. ταύτης γὰρ μόνης, τῶν ἄλλων 2
κατειλημμένων, ἀπέσχοντο Πέρσαι· τοῦ δὲ δήμου ὀλίγοι τινὲς ξὺν τοῖς στρατιώταις διέφυγον. ἐπεὶ δὲ Πέρσαι 2
ἅπαντας τοὺς Ῥωμαίων στρατιώτας εἶδον πρόσω χω-
ρήσαντας, καταβάντες ἀπὸ τῆς ἄκρας ἐν μέσῃ πόλει
ἐγένοντο. ἐνταῦθα δὲ αὐτοῖς τῶν Ἀντιοχέων νεανίαι 2
πολλοὶ ἐς χεῖρας ἐλθόντες τὰ πρῶτα καθυπέρτεροι ἔδο-
ξαν τῇ ξυμβολῇ εἶναι. ἦσαν δὲ αὐτῶν τινες μὲν ὁπλῖται,
οἱ δὲ πλεῖστοι γυμνοὶ καὶ λίθων βολαῖς χρώμενοι μό-
ναις. ὠσάμενοι δὲ τοὺς πολεμίους ἐπαιάνιζόν τε καὶ 2
Ἰουστινιανὸν βασιλέα καλλίνικον, ἅτε νενικηκότες, ἀνέκραγον.

Ἐν τούτῳ δὲ Χοσρόης ἐν πύρνῳ τῷ κατὰ τὴν ἄκραν 2
καθήμενος τοὺς πρέσβεις ἐθέλων τι εἰπεῖν μετεπέμψατο.
καὶ αὐτὸν τῶν τις ἀρχόντων, ὁ Ζαβεργάνης, οἰόμενος
ξυμβάσεως πέρι βούλεσθαι τοῖς πρέσβεσιν ἐς λόγους
ἰέναι, ἐς ὄψιν τε τῷ βασιλεῖ κατὰ τάχος ἦλθε καὶ ἔλεξεν
ὧδε· ,,Οὐχὶ ταὐτά μοι δοκεῖς, ὦ δέσποτα, Ῥωμαίοις 2
ἀμφὶ τῇ τούτων σωτηρίᾳ γινώσκειν. οἱ μὲν γὰρ καὶ πρὸ

Nun behaupten einige, das Zögern der Perser sei auf einen Befehl des Chosroes zurückzuführen. Als er nämlich das schwierige Gelände gewahrte und die Flucht der Soldaten sah, überkam ihn Furcht, sie möchten notgedrungen kehrt machen, den Persern Schwierigkeiten bereiten und sie vielleicht gar an der Einnahme einer alten und hochberühmten Stadt hindern, die, was Reichtum, Größe, Einwohnerzahl, Schönheit und sonstige Vorzüge anlange, an erster Stelle unter den Römerstädten des Ostens stehe. Unter Zurückstellung aller anderen Gesichtspunkte wollte daher der König den römischen Soldaten Zeit zu ungehinderter Flucht lassen, und gaben die Perser sogar eigenhändig den Abziehenden zu verstehen, sie sollten sich so schnell wie möglich davon machen. Die römischen Soldaten entkamen denn auch vollzählig samt ihren Führern durch ein Tor, das nach Daphne, der Vorstadt von Antiocheia, hinausführt und allein von den Persern frei gelassen wurde, während sie alle übrigen Ausgänge besetzt hatten. Vom Volke gelang es indessen nur wenigen, zusammen mit den Truppen zu entkommen. Erst als die Perser sahen, daß alle römischen Soldaten abgezogen waren, stiegen sie von der Höhe zur Stadtmitte herunter. Dort traten ihnen viele junge Männer aus Antiocheia im Nahkampf entgegen, und man hatte zunächst den Eindruck, als würden sie die Oberhand gewinnen; doch nur wenige von ihnen verfügten über schwere Bewaffnung, während die Mehrzahl keine Rüstung hatte und sich mit Steinwürfen begnügen mußte. Als sie nun die Feinde zurückgeworfen hatten, stimmten sie den Päan an und ließen aus Freude über den Erfolg Kaiser Justinian als den Siegreichen hoch leben.

Unterdessen hatte Chosroes in dem Turm auf der Höhe Platz genommen und beschied die Gesandten zu sich, um ihnen etwas mitzuteilen. Einer seiner Befehlshaber namens Zaberganes aber meinte, der König wolle wegen eines Abkommens mit den Gesandten verhandeln, trat daher eilends vor ihn hin und äußerte sich folgendermaßen: „Ich habe den Eindruck, mein Herrscher, daß du über das Wohlergehen dieser Leute da anders denkst als die Römer; denn vor den Ge-

τῶν κινδύνων ὑβρίζουσιν ἐς τὴν βασιλείαν τὴν σὴν καὶ
ἡσσημένοι τολμῶσί τε τὰ ἀμήχανα καὶ δρῶσι τοὺς Πέρσας ἀνήκεστα ἔργα, ὥσπερ δεδιότες μή τις αὐτοῖς παρὰ
σοὶ φιλανθρωπίας λελείψεται λόγος· σὺ δὲ τούς τε σώζεσθαι οὐκ ἀξιοῦντας ἐλεεῖν βούλει καὶ φείδεσθαι τῶν
οὐδαμῆ ἐθελόντων ἐσπούδακας. οἱ δὲ προλοχίσαντες ἐν 32
ἁλούσῃ πόλει τοὺς νενικηκότας ἐνέδραις τισὶ διαφθεί-
ρουσι, καίπερ ἁπάντων αὐτοῖς πάλαι πεφευγότων στρατιωτῶν."

Ταῦτα ὁ Χοσρόης ἀκούσας, τῶν ἀρίστων πολλοὺς 33
ἐπ' αὐτοὺς ἔπεμψεν, οἳ οὐκ ἐς μακρὰν ἐπανήκοντες
οὐδὲν ξυμβῆναι φλαῦρον ἀπήγγελλον. ἤδη γὰρ 'Αντιο- 34
χέας Πέρσαι βιασάμενοι πλήθει ἐτρέψαντο, καὶ γέγονε
φόνος ἐνταῦθα πολύς. οἱ γὰρ Πέρσαι οὐδεμιᾶς ἡλικίας
φειδόμενοι τοὺς ἐν ποσὶν ἅπαντας ἡβηδὸν ἔκτεινον.
τότε φασὶ γυναῖκας τῶν ⟨ἐν⟩ 'Αντιοχεῦσιν ἐπιφανῶν 35
δύο γενέσθαι μὲν ἔξω τοῦ περιβόλου, αἰσθομένας δὲ
ὡς ὑπὸ τοῖς πολεμίοις γενήσονται (πανταχόσε γὰρ ἤδη
περιιόντες καθεωρῶντο) δρόμῳ μὲν παρὰ ποταμὸν
'Ορόντην ἐλθεῖν, φοβουμένας δὲ μή τι σφᾶς ἐς τὸ σῶμα
ὑβρίσωσι Πέρσαι, ταῖς τε καλύπτραις ἐγκαλυψαμένας
τὰ πρόσωπα καὶ ἐς τὸ τοῦ ποταμοῦ ῥεῦμα ἐμπεσούσας
ἀφανισθῆναι. οὕτω πᾶσα κακοῦ τοὺς 'Αντιοχέας ἰδέα
ἔσχεν.

'Ενταῦθα· ὁ Χοσρόης τοῖς πρέσβεσιν ἔλεξε τοιάδε 9
,,Οὐκ ἔξω τοῦ ἀληθοῦς τὸν παλαιὸν λόγον οἶμαι εἶναι,
ὅτι δὴ οὐκ ἀκραιφνῆ τἀγαθὰ ὁ θεός, ἀλλὰ κεραννύων
αὐτὰ τοῖς κακοῖς εἶτα τοῖς ἀνθρώποις παρέχεται. καὶ 2
δι' αὐτὸ οὐδὲ τὸ γελᾶν ἄκλαυστον ἔχομεν, παραπέπηγε
δέ τις ἀεὶ τοῖς μὲν εὐτυχήμασι συμφορά, ταῖς δὲ ἡδο-
ναῖς λύπη, οὐκ ἐῶσαί τινα γνησίας ποτὲ τῆς δεδομένης

fahren verhöhnen sie dein Königtum und leisten sich auch nach der Niederlage noch Unmögliches, indem sie deinen Persern ärgsten Schaden zufügen, wie wenn sie fürchten müßten, es könnte bei dir noch eine Spur Menschenliebe für sie bleiben. Du hingegen willst Mitleid mit Menschen haben, die selbst nach keiner Rettung verlangen, und bist um die Schonung von Leuten bemüht, die solche ganz und gar nicht wünschen. Obwohl ihre sämtlichen Truppen schon längst geflohen sind, haben sie sich in den Hinterhalt gelegt und bringen in einer eroberten Stadt den Siegern noch durch tückische Überfälle Verderben."

Daraufhin sandte Chosroes viele seiner besten Leute gegen jene aus, aber schon bald kehrten sie zurück und meldeten, es sei nichts Schlimmes vorgefallen. Denn die Perser hatten bereits infolge ihrer Übermacht die Einwohner Antiocheias gewaltsam in die Flucht geschlagen und dabei ein großes Blutbad angerichtet; schonten sie doch kein Alter, sondern machten Mann für Mann alles nieder, was ihnen vor die Klinge kam. Damals sollen zwei Frauen vornehmer Bürger aus Antiocheia aus den Stadtmauern geflohen sein. Als sie merkten, daß sie den Feinden in die Hände fallen würden – man sah schon, wie diese die Frauen von allen Seiten her umzingelten –, eilten sie zum Orontes, verschleierten in ihrer Angst vor persischer Vergewaltigung ihr Angesicht und stürzten sich in die Fluten des Stromes, wo sie versanken. So traf die Antiocheier Unglück jeglicher Art.

9. Chosroes' heuchlerisches und niederträchtiges Verhalten beim Untergang Antiocheias

Nun richtete Chosroes an die Gesandten folgende Worte: „Der alte Spruch, glaube ich, bleibt doch wahr, daß Gott den Menschen kein reines Glück gewährt, sondern ihm erst Leiden beimischt. Und deshalb gibt es auch für uns kein Lachen ohne Tränen, und immer haften irgendwie den Glücksfällen das Unglück und den Freuden der Schmerz an und lassen niemals einen Menschen den ihm geschenkten Freudentag

εὐημερίας ἀπόνασθαι. πόλιν γὰρ τήνδε, ἀξιολογωτάτην 3
ἐς τὰ μάλιστα λεγομένην τε καὶ οὖσαν ἐν γῇ τῇ Ῥωμαίων, ἀπονώτατα μὲν ἑλεῖν ἴσχυσα, τοῦ θεοῦ αὐτοσχε-
διάσαντος ἡμῖν, ὡς ὁρᾶτε δήπου, τὴν νίκην. φόνον μέντοι 4
ἀνθρώπων ὁρῶντί μοι τοσούτων τὸ πλῆθος, αἵματί τε
πολλῷ βεβαπτισμένον τὸ τρόπαιον, οὐδεμία τῆς ἀπὸ
τῆς πράξεως ἡδονῆς γέγονεν αἴσθησις. καὶ τῶνδε οἱ 5
ταλαίπωροι Ἀντιοχεῖς αἴτιοι, οἵ γε τειχομαχοῦντας
μὲν οὐχ οἷοί τε γεγόνασι Πέρσας ἀπώσασθαι, πρὸς δὲ
νενικηκότας ἤδη καὶ αὐτοβοεὶ τὴν πόλιν ἑλόντας θράσει
θανατῶντες ἀλογίστῳ ζυγομαχεῖν ἔγνωσαν. πάντες μὲν 6
οὖν οἱ Περσῶν δόκιμοι πολλὰ ἐνοχλοῦντες σαγηνεῦσαι
τέ με τὴν πόλιν ἠξίουν καὶ ξύμπαντας διαφθεῖραι τοὺς
ἡλωκότας, ἐγὼ δὲ τοὺς φεύγοντας ἐκέλευον εἰς τὴν
ὑπαγωγὴν ἔτι μᾶλλον ὁρμᾶν, ὅπως ὅτι τάχιστα σώζοιντο. τὸ γὰρ ἐπεμβαίνειν τοῖς ἡλωκόσιν οὐχ ὅσιον."

Τοσαῦτα μὲν ὁ Χοσρόης τερατευόμενός τε καὶ δια- 7
θρυπτόμενος τοῖς πρέσβεσιν εἶπεν, οὐκ ἔλαθε μέντοι
αὐτοὺς ὅτου ἕνεκα τὸν καιρὸν φεύγουσι τοῖς Ῥωμαίοις
ἐνδοίη. ἦν γὰρ δεινότατος ἀνθρώπων ἁπάντων τὰ μὲν 8
οὐκ ὄντα εἰπεῖν, τὰ δὲ ἀληθῆ ἀποκρύψασθαι, καὶ ὧν
αὐτὸς ἐξημάρτανε τὰς αἰτίας τοῖς ἠδικημένοις ἐπενεγ-
κεῖν· ἔτι δὲ ὁμολογῆσαι μὲν ἕτοιμος ἅπαντα καὶ ὅρκῳ
τὴν ὁμολογίαν πιστώσασθαι, λίαν δὲ τῶν ἔναγχος αὐτῷ
ξυγκειμένων τε καὶ ὁμωμοσμένων ἑτοιμότερος ἐς λήθην
ἀφῖχθαι, καὶ χρημάτων μὲν ἕνεκεν ἐπὶ πᾶν ἄγος καθ-
εῖναι τὴν ψυχὴν ἄοκνος, τῷ δὲ προσώπῳ σχηματίζε-
σθαι τὴν εὐλάβειαν ἀτεχνῶς ἔμπειρος, ἀφοσιοῦσθαί τε
τῷ λόγῳ τὴν πρᾶξιν. ὃς καὶ Σουρηνούς, πρότερον οὐδὲν 9
τὸ παράπαν ἠδικηκότας, δόλῳ τε περιελθὼν καὶ τρόπῳ
ἀπολέσας τῷ εἰρημένῳ, ἐπειδὴ γυναῖκα κοσμίαν τε καὶ
οὐκ ἀφανῆ ἁλισκομένης τῆς πόλεως εἶδεν ἐκ χειρὸς μὲν
τῆς ἀριστερᾶς πρός του τῶν βαρβάρων ἑλκομένην ξὺν
πολλῇ βίᾳ, παιδίον δέ, ὅπερ αὐτῇ ἄρτι τοῦ τιτθοῦ ἦν

voll genießen. Mir war es vergönnt, diese Stadt hier, die als
die bedeutendste im Römerreiche gilt und es auch tatsächlich
ist, ganz mühelos einzunehmen, nachdem uns Gott, wie ihr
doch selbst seht, überraschend den Sieg verliehen hatte.
Schaue ich aber auf den Tod so vieler Menschen und auf über
und über mit Blut bedeckte Siegeszeichen, dann verspüre ich
keine Freude an meiner Tat. Und daran sind die unseligen
Einwohner Antiocheias schuld. Sie vermochten nicht, den
persischen Angriff auf ihre Mauer abzuschlagen, und waren
gleichwohl entschlossen, gegen die Feinde, die bereits den
Sieg errungen und beim ersten Ansturm schon die Stadt genommen hatten, in sinnloser Todesverachtung anzutreten.
Wohl drangen sämtliche persischen Vornehmen wiederholt in
mich, ich solle die Stadt wie in einem Netz einschließen und
alle Gefangenen niedermachen lassen, doch ich befahl, den
Rückzug der Flüchtenden noch mehr zu beschleunigen, damit sie sich so rasch wie möglich in Sicherheit bringen könnten. Besiegte zu mißhandeln ist ja Frevel."

Solch gleißnerische und beschönigende Worte sprach Chosroes zu den Gesandten, doch merkten sie genau, weshalb er
den Römern zur Flucht verholfen hatte. Er verstand sich ja
von allen Menschen am besten darauf, Dinge zu erdichten,
die Wahrheit aber zu verbergen und die Schuld an eigenen
Verbrechen den Leidtragenden zuzuschieben. Außerdem fand
er sich bereit, alle möglichen Versprechen zu geben und seine
Zusage zu beeiden, vergaß aber noch sehr viel lieber auf eben
erst von ihm getroffene und beschworene Abreden und er-
niedrigte aus Habgier sein Herz unbedenklich zu jeder
Schandtat. Dabei wußte er aber, in seinen Mienen sehr geschickt Gottesfurcht zu Schau zu stellen und mit glatten
Worten seine Handlungsweise zu entschuldigen. Dieser
Mensch überlistete ebenso die Einwohner von Sura, die ihm
vorher nicht das Mindeste zuleide getan hatten, und stürzte
sie auf die erwähnte Art ins Unglück, wie er auch bei folgender
Gelegenheit seinen Charakter zu erkennen gab: Bei Einnah-
me der Stadt sah er nämlich, daß eine schöne und vornehme
Frau von einem Barbaren mit roher Gewalt an der linken
Hand fortgeschleppt wurde, ihr kleines, eben der Mutterbrust

ἀπαλλαγέν, ἀφεῖναι μὲν οὐ βουλομένην, ἕλκουσαν δὲ
θατέρᾳ χειρὶ ἐμπεπτωκὸς εἰς τὸ ἔδαφος, ἐπεί οἱ ξυντρέ-
χειν οὐχ οἷόν τε ἦν τοῦτον δὴ τὸν βίαιον δρόμον, τὸν
οἰκεῖον κἀνταῦθα ἐνδέδεικτει τρόπον. φασὶ γὰρ αὐτὸν
στενάξαντα δῆθεν τῷ λόγῳ, δόκησίν τε ὡς εἴη δεδα- 10
κρυμένος παρεχόμενον τοῖς τότε παροῦσιν ἄλλοις τε
καὶ Ἀναστασίῳ τῷ πρεσβευτῇ, εὔξασθαι τὸν θεὸν τίσασθαι τὸν τῶν γεγονότων κακῶν αἴτιον. Ἰουστινιανὸν 11
δὲ τὸν Ῥωμαίων αὐτοκράτορα παραδηλοῦν ἤθελεν, ἐξε-
πιστάμενος ὅτι δὴ αὐτὸς αἰτιώτατος ἁπάντων εἴη.

Τοσαύτῃ χρώμενος φύσεως ἀτοπίᾳ Χοσρόης βασιλεύς τε Περσῶν γέγονε (Ζάμου τὸν ὀφθαλμὸν τοῦ δαι- 12
μονίου πηρώσαντος, ὅσπερ τῷ χρόνῳ τὰ πρωτεῖα ἐς
τὴν βασιλείαν ἐφέρετο μετά γε τὸν Καόσην, ὅνπερ οὐδενὶ λόγῳ ἐμίσει Καβάδης) καὶ πόνῳ οὐδενὶ τῶν οἱ
ἐπαναστάντων ἐκράτησε, κακά τε Ῥωμαίους ὅσα ἐβού-
λευσεν εὐπετῶς ἔδρασε. βουλομένη γάρ τινα μέγαν ἀεὶ 13
ποιεῖν ἡ τύχη πράσσει τοῖς καθήκουσι χρόνοις τὰ δόξαντα, οὐδενὸς τῇ ῥύμῃ τῆς βουλήσεως ἀντιστατοῦντος,
οὔτε τὸ τοῦ ἀνδρὸς διασκοπουμένη ἀξίωμα οὔτε ὅπως
μὴ γένηταί τι τῶν οὐ δεόντων λογιζομένη, οὐδὲ ὅτι
βλασφημήσουσιν ἐς αὐτὴν διὰ ταῦτα πολλοὶ τὸ γεγονὸς
αὐτῇ παρὰ τὴν ἀξίαν τοῦ τῆς χάριτος τετυχηκότος
χλευάζοντες, οὐδὲ ἄλλο τῶν πάντων οὐδὲν ἐν νῷ ποιου-
μένη, ἢν τὸ δόξαν αὐτῇ περαίνοιτο μόνον. ἀλλὰ ταῦτα
μὲν ὅπη τῷ θεῷ φίλον ἐχέτω.

Χοσρόης δὲ τὸ μὲν στράτευμα τῶν Ἀντιοχέων τοὺς 14
περιόντας ζωγρεῖν καὶ ἀνδραποδίζειν ἐκέλευε καὶ τὰ
χρήματα πάντα ληίζεσθαι, αὐτὸς δὲ ξὺν τοῖς πρέσβεσιν
ἐς τὸ ἱερὸν ἀπὸ τῆς ἄκρας κατέβαινεν, ὅπερ ἐκκλησίαν
καλοῦσιν. ἐνταῦθα κειμήλια χρυσοῦ τε καὶ ἀργύρου 15
τοσαῦτα τὸ πλῆθος ὁ Χοσρόης εὗρεν, ὥστε τῆς λείας
ἄλλο οὐδὲν ὅτι μὴ τὰ κειμήλια ταῦτα λαβὼν πλούτου
τι μέγεθος περιβεβλημένος ἀπιὼν ᾤχετο. καὶ μάρμαρά 16

entwöhntes Kind aber nicht loslassen wollte, sondern mit der anderen Hand hinter sich herschleifte – das Kleine war bei dem gewaltsamen Laufe nicht mitgekommen und zu Boden gestürzt. Da soll, wie man erzählt, Chosroes – natürlich nur zum Schein – in Klagen ausgebrochen sein, und indem er sich den eben Anwesenden, darunter auch dem Gesandten Anastasios, wie zu Tränen gerührt zeigte, feierlich zu Gott gefleht haben, er möge den Schuldigen an diesem Unglück bestrafen. Er wollte damit auf den römischen Kaiser Justinian anspielen, wiewohl er genau wußte, daß er die Hauptschuld an allem trage.

Trotz solch verdorbenen Wesens war Chosroes Perserkönig geworden – das Schicksal hatte nämlich Zames eines Auges beraubt, der dem Alter nach den ersten Anspruch auf den Königsthron nach Kaoses besaß, und diesen wieder verfolgte Kabades grundlos mit seinem Hasse –, ja er gewann darüber hinaus auch noch mühelos die Oberhand über alle Widersacher und konnte ungehindert den Römern jedes nur erdenkliche Böse zufügen. Will nämlich das Schicksal einmal einen Menschen erhöhen, dann setzt es zu gegebener Zeit seine Absichten durch, und niemand kann der Gewalt seiner Entscheidung widerstehen. Es achtet dabei weder auf die Stellung des Einzelnen noch nimmt es Rücksicht darauf, ob Ungebührliches geschieht, es ist ihm auch gleichgültig, daß viele es wegen seiner Gnadengeschenke an Unwürdige verspotten und ihm fluchen werden, nein, gar nichts hat für die Tyche Bedeutung, wenn sie nur ihren Beschluß verwirklichen kann. Doch dies mag sich verhalten, wie es Gott gefällt.

Chosroes befahl nun dem Heer, die überlebenden Einwohner von Antiocheia gefangenzunehmen und zu Sklaven zu machen und sämtlichen Besitz als Beute wegzuführen. Dann stieg er selbst mit den Gesandten von der Höhe zu dem Heiligtum herunter, das man Hauptkirche hießt. Hier fand der König so viele goldene und silberne Kleinodien, daß er aus der gesamten Beute nur diese Stücke für sich zu nehmen brauchte, um mit gewaltigen Schätzen abzuziehen. Auch zahlreiche herrliche Werke aus Marmor ließ er entfernen und außerhalb

τε πολλὰ καὶ θαυμαστὰ ἐνθένδε ἀφελὼν ἔξω τοῦ περιβόλου ἐκέλευε κατατίθεσθαι, ὅπως καὶ ταῦτα ἐς τὰ
Περσῶν ἤθη κομίσωνται. ταῦτα διαπεπραγμένος ξύμ- 17
πασαν τὴν πόλιν ἐμπρῆσαι Πέρσαις ἐπέστελλε. καὶ
αὐτοῦ οἱ πρέσβεις ἐδέοντο τῆς ἐκκλησίας ἀπέχεσθαι
μόνης, ἧς τὰ λύτρα κεκομισμένος διαρκῶς εἴη. ὁ δὲ 18
τοῦτο τοῖς πρέσβεσι ξυγκεχωρηκὼς τἄλλα καίειν ἐκέλευε πάννα, ὀλίγους τέ τινας αὐτόθι ἀπολιπὼν τοὺς τὴν
πόλιν ἐμπρήσοντας αὐτὸς ξὺν τοῖς ἄλλοις ἅπασιν ἐς
τὸ στρατόπεδον ἀπεχώρησεν. οὗ καὶ πρότερον διεσκηνημένοι ἐτύγχανον.

Τούτου τοῦ πάθους χρόνῳ τινὶ πρότερον τέρας ὁ θεὸς 10
ἐνδειξάμενος τοῖς ταύτῃ ᾠκημένοις ἐσήμηνε τὰ ἐσόμενα.
τῶν γὰρ στρατιωτῶν, οἵπερ ἐνταῦθα ἐκ παλαιοῦ ἵδρυνται, τὰ σημεῖα πρότερον ἑστῶτα πρὸς δύοντά που τὸν
ἥλιον, ἀπὸ ταὐτομάτου στραφέντα πρὸς ἀνίσχοντα ἥλιον
ἔστησαν, ἐς τάξιν τε αὖθις ἐπανῆκον τὴν προτέραν
οὐδενὸς ἁψαμένου. ταῦτα οἱ στρατιῶται ἄλλοις τε πολλοῖς 2
ἄγχιστά πη παροῦσι καὶ τῷ χορηγῷ τῆς τοῦ στρατοπέδου δαπάνης ἔδειξαν, ἔτι τῶν σημείων κραδαινομέ-
νων. ἦν δὲ οὗτος ἀνήρ, Τατιανὸς ὄνομα, ξυνετὸς μάλιστα, ἐκ Μοψουεστίας ὁρμώμενος. ἀλλ᾽ οὐδ᾽ ὡς ἔγνωσαν οἱ τὸ τέρας τοῦτο ἰδόντες ὡς δὴ ἐκ βασιλέως τοῦ 3
ἑσπερίου ἐπὶ τὸν ἑῷον τὸ τοῦ χωρίου ἀφίξεται κράτος,
ὅπως δηλαδὴ διαφυγεῖν μηδεμιᾷ μηχανῇ δύνωνται
οὕσπερ ἔδει ταῦτα, ἅπερ ξυνηνέχθη, παθεῖν.

Ἐγὼ δὲ ἰλιγγιῶ πάθος τοσοῦτον γράφων τε καὶ 4
παραπέμπων ἐς μνήμην τῷ μέλλοντι χρόνῳ, καὶ οὐκ
ἔχω εἰδέναι τί ποτε ἄρα βουλομένῳ τῷ θεῷ εἴη πράγματα μὲν ἀνδρὸς ἢ χωρίου του ἐπαίρειν εἰς ὕψος, αὖθις
δὲ ῥιπτεῖν τε αὐτὰ καὶ ἀφανίζειν ἐξ οὐδεμιᾶς ἡμῖν φαι-
νομένης αἰτίας. αὐτῷ γὰρ οὐ θέμις εἰπεῖν μὴ οὐχὶ ἅπαν- 5
τα κατὰ λόγον ἀεὶ γίγνεσθαι, ὃς δὴ καὶ Ἀντιόχειαν

der Stadtmauer zum Abtransport nach Persien niederlegen.
Hierauf erteilte er den Persern Befehl, die ganze Stadt in
Brand zu stecken. Die Gesandten baten ihn jedoch, wenigstens
die Hauptkirche zu schonen, da er für sie ja schon genug Lösegeld erhalten habe. Diese Bitte erfüllte Chosroes den Gesandten, gebot aber, die übrigen Gebäude anzuzünden, und
ließ zu dem Zweck einige Leute zurück, während er mit allen
anderen sich zu dem Lager begab, wo sie auch früher schon
gezeltet hatten.

10. Weitere diplomatische Verhandlungen zwischen Byzanz und Persien

Einige Zeit vor diesem Unglück kündete Gott durch ein
Wunderzeichen den Einwohnern von Antiocheia das Kommende an: Die Feldzeichen der dort seit alters liegenden Besatzung, die früher nach Westen gerichtet waren, drehten
sich von selbst nach Osten und kehrten dann, ohne daß sie
jemand berührt hätte, wieder in ihre alte Stellung zurück.
Noch während sich die Feldzeichen bewegten, machten die
Soldaten neben vielen anderen Leuten, die dicht dabei standen, auch den Heereszahlmeister auf den Vorgang aufmerk-
sam. Dieser Mann, Tatianos mit Namen und aus Mopsuestia
gebürtig, war ein sehr kluger Kopf, trotzdem kam keiner von
denen, die das Zeichen gesehen hatten, zu der Erkenntnis,
daß die Herrschaft über den Ort vom Gebieter des Westens
auf den des Ostens übergehen werde; denn niemand, dem das
genannte Schicksal bestimmt war, sollte offensichtlich ihm
irgendwie entgehen.

Schwindel aber erfaßt mich, wenn ich solch schreckliches
Unglück schildere und dem Gedächtnis der Nachwelt über-
liefere und nicht verstehen kann, wie es denn Gottes Wille
sein soll, die Macht eines Mannes und einer Stadt erst zu erheben, um sie dann in tiefem Sturze zu vernichten, alles, ohne
daß uns ein Grund ersichtlich wird. Man darf nämlich nicht
sagen, daß sämtliche Taten Gottes sich erklären lassen; sah
er doch damals ruhig zu, wie auch Antiocheia von einem ganz

τότε ὑπέστη ἐς τὸ ἔδαφος πρὸς ἀνδρὸς ἀνοσιωτάτου
καταφερομένην ἰδεῖν, ἧς τό τε κάλλος καὶ τὸ ἐς ἅπαντα
μεγαλοπρεπὲς οὐδὲ νῦν ἀποκρύπτεσθαι παντάπασιν ἔσχεν.
ἡ μὲν οὖν ἐκκλησία καθαιρεθείσης τῆς πόλεως ἐλείφθη
μόνη, πόνῳ τε καὶ προνοίᾳ Περσῶν, οἷς τὸ ἔργον ἐπέκειτο τοῦτο. ἐλείφθησαν δὲ καὶ ἀμφὶ τὸ λεγόμενον
Κεραταῖον οἰκίαι πολλαί, οὐκ ἐκ προνοίας ἀνθρώπων
τινός, ἀλλ᾽ ἐπεὶ ἔκειντό που πρὸς ἐσχάτοις τῆς πόλεως,
ἑτέρας αὐταῖς οὐδεμιᾶς τινος οἰκοδομίας ξυναπτομένης,
τὸ πῦρ ⟨ἐς⟩ αὐτὰς ἐξικνεῖσθαι οὐδαμῆ ἴσχυσεν. ἐνέ-
πρησάν τε καὶ τὰ ἐκτὸς τοῦ περιβόλου οἱ βάρβαροι,
πλὴν τοῦ ἱεροῦ, ὅπερ Ἰουλιανῷ ἀνεῖται ἁγίῳ, καὶ τῶν
οἰκιῶν, αἳ δὴ ἀμφὶ τὸ ἱερὸν τοῦτο τυγχάνουσιν οὖσαι.
τοὺς γὰρ πρέσβεις ἐνταῦθα καταλῦσαι ξυνέπεσε. τοῦ
μέντοι περιβόλου παντάπασιν ἀπέσχοντο Πέρσαι.

Ὀλίγῳ δὲ ὕστερον ἥκοντες αὖθις παρὰ τὸν Χοσρόην
οἱ πρέσβεις ἔλεξαν ὧδε· ,,Εἰ μὴ πρὸς παρόντα σέ, ὦ
βασιλεῦ, οἱ λόγοι ἐγίνοντο, οὐκ ἄν ποτε ᾠόμεθα Χοσρόην τὸν Καβάδου ἐς γῆν τὴν Ῥωμαίων ἐν ὅπλοις ἥκειν,
ἀτιμάσαντα μὲν τοὺς διομωμοσμένους σοι ἔναγχος ὅρκους, ὃ τῶν ἐν ἀνθρώποις ἁπάντων ὕστατόν τε καὶ
ὀχυρώτατον εἶναι δοκεῖ τῆς ἐς ἀλλήλους πίστεώς τε καὶ
ἀληθείας ἐνέχυρον, διαλύσαντα δὲ τὰς σπονδάς, ὧν ἡ
ἐλπὶς ἀπολέλειπται μόνη τοῖς διὰ τὴν ἐν πολέμῳ κακο-
πραγίαν οὐκ ἐν τῷ ἀσφαλεῖ βιοτεύουσιν. οὐ γὰρ ἄλλο
οὐδὲν τὸ τοιοῦτον εἴποι τις ἂν εἶναι ἢ τῶν ἀνθρώπων
τὴν δίαιταν ἐς τὴν τῶν θηρίων μεταβεβλῆσθαι. ἐν γὰρ
τῷ μηδαμῆ σπένδεσθαι τὸ πολεμεῖν ἀπέραντα λελείψεται πάντως, πόλεμος δὲ ὁ πέρας οὐκ ἔχων ἐξοικίζειν
τῆς φύσεως τοὺς αὐτῷ χρωμένους ἐς ἀεὶ πέφυκε. τί δὲ
καὶ βουλόμενος πρὸς τὸν σὸν ἀδελφὸν ὀλίγῳ πρότερον
γέγραφας ὡς αὐτὸς εἴη τοῦ λελύσθαι τὰς σπονδὰς αἴτιος;
ἢ δῆλον ὅτι ὁμολογῶν κακόν τι παμμέγεθες εἶναι τὴν
τῶν σπονδῶν λύσιν; εἰ μὲν οὖν ἐκεῖνος οὐδὲν ἥμαρτεν,

verruchten Menschen dem Erdboden gleichgemacht wurde,
eine Stadt, deren Schönheit und allgemeine Pracht nicht einmal in diesem Augenblick verloren gehen konnten. Dank der
Mühe und Vorsicht der Perser, die mit dieser Aufgabe be-
traut waren, blieb die Hauptkirche allein erhalten, während
die Stadt in Trümmer fiel. Auch am sog. Kerataion blieben
zahlreiche Häuser stehen, nicht aus Fürsorge eines Menschen,
sondern weil sie am Stadtrand lagen und kein anderes Gebäude mit ihnen zusammenhing; daher konnte das Feuer
nicht so weit vordringen. Die Barbaren steckten des weiteren
die Teile außerhalb des Mauerrings in Brand, nur nicht die
Kirche des hl. Julianos und die umliegenden Häuser, da hier
die Gesandten wohnten. Die Stadtmauer hingegen ließen die
Perser völlig unberührt.

Kurze Zeit danach kamen die Gesandten wieder zu Chosroes und richteten folgende Worte an ihn: ,,Wenn wir nicht
unmittelbar mit dir sprächen, König, könnten wir niemals
glauben, daß Chosroes, der Sohn des Kabades, bewaffnet ins
römische Reich eingedrungen ist und dabei die erst jüngst
von dir geleisteten Eidschwüre, die doch als allerletztes und
sicherstes Unterpfand gegenseitiger Treue und Wahrhaftig-
keit unter Menschen gelten, mißachtet und den Vertrag gebrochen hat, auf dem die einzige Hoffnung derer ruht, die infolge der Kriegsleiden nicht in Sicherheit zu leben vermögen.
Denn so etwas heißt wohl nichts anderes, als die Lebensweise
der Menschen in die von wilden Tieren verkehren. Wenn
nämlich kein Vertrag zustande kommt, wird bloß ein endloser
Kriegszustand übrig bleiben, und dieser Krieg entfremdet natürlich all jene, die sich seiner bedienen, der menschlichen
Wesensart. Wozu hast du denn vor kurzem deinem Bruder
geschrieben, daß er selbst am Vertragsbruch schuld sei ? Nicht
wahr, weil du zugeben mußt, daß Vertragsbruch ein ganz
großes Verbrechen ist ? Falls sich nun jener nichts zuschulden
kommen ließ, dann bist doch du zu Unrecht gegen uns in den
Krieg gezogen. Hat aber dein Bruder etwas dergleichen ge-

οὐ δικαίως τανῦν ἐφ᾿ ἡμᾶς ἥκεις· εἰ δέ τι τοιοῦτον τ᾿
ἀδελφῷ τῷ σῷ εἰργάσθαι ξυμβαίνει, ἀλλὰ καὶ σοὶ μέχρι
τούτου γε καὶ μὴ περαιτέρω διαπεπράχθω τὸ ἔγκλημα,
ὅπως αὐτὸς κρείσσων εἶναι δοκῇς. ὁ γὰρ ἐν τοῖς κακοῖς
ἐλασσούμενος, οὗτος ἂν ἐν τοῖς ἀμείνοσι νικῴη δικαίως.
καίτοι ἡμεῖς ἐξεπιστάμεθα ᾿Ιουστινιανὸν βασιλέα μηδε-
πώποτε τῆς εἰρήνης ἀπ᾿ ἐναντίας ἐληλυθέναι, καὶ σοῦ
δεόμεθα μὴ τοιαῦτα ἐργάσασθαι ῾Ρωμαίους κακά, ἐξ
ὧν Πέρσαις μὲν ὄνησις οὐδεμία ἔσται, σὺ δὲ τοῦτο κερ-
δανεῖς μόνον, ἀνήκεστα ἔργα τοὺς ἄρτι σοι σπεισαμέ-
νους οὐ δέον εἰργάσθαι."
Οἱ μὲν πρέσβεις τοσαῦτα εἶπον. Χοσρόης δὲ ταῦτα
ἀκούσας ἰσχυρίζετο μὲν τὰς σπονδὰς πρὸς ᾿Ιουστινια-
νοῦ βασιλέως λελύσθαι· καὶ τὰς αἰτίας κατέλεγεν ἅσπερ
ἐκεῖνος παρέσχετο, τὰς μέν τινας καὶ λόγου ἀξίας, τὰς
δὲ φαύλας τε καὶ οὐδενὶ λόγῳ ξυμπεπλασμένας. μάλιστα δὲ αὐτοῦ τὰς ἐπιστολὰς τοῦ πολέμου αἰτιωτάτας
ἠξίου δεικνύναι πρός τε ᾿Αλαμούνδαρον καὶ Οὔννους
αὐτῷ γεγραμμένας, καθάπερ ηοι ἐν τοῖς ἔμπροσθεν
λόγοις ἐρρήθη. ἄνδρα μέντοι ῾Ρωμαῖον ἐς τὴν Περσῶν γῆν ἐσβεβληκέναι ἢ πολέμια ἔργα ἐνδείξασθαι
οὔτε λέγειν εἶχεν οὔτε δεικνύναι. οἱ μέντοι πρέσβεις
πῆ μὲν τὰς αἰτίας οὐκ ἐς ᾿Ιουστινιανὸν ἀνέφερον, ἀλλ᾿
ἐς τῶν ὑπουργηκότων τινάς, πῆ δὲ ὡς οὐχ οὕτω γεγονότων ἐπελαμβάνοντο τῶν εἰρημένων. τέλος δὲ χρήματα
μὲν οἱ πολλὰ ὁ Χοσρόης ἠξίου διδόναι ῾Ρωμαίους,
παρήνει δὲ μὴ τὰ χρήματα ἐν τῷ παραυτίκα μόνον
παρεχομένους τὴν εἰρήνην ἐθέλειν ἐς τὸν πάντα αἰῶνα
κρατύνασθαι. τὴν γὰρ ἐπὶ χρήμασι γινομένην ἀνθρώποις φιλίαν ἀναλισκομένοις ἐκ τοῦ ἐπὶ πλεῖστον ξυνδα-
πανᾶσθαι τοῖς χρήμασι. δεῖν τοίνυν ῾Ρωμαίους τακτόν
τι φέρειν ἐπέτειον Πέρσαις. ,,Οὕτω γὰρ αὐτοῖς" ἔφη
,,τὴν εἰρήνην Πέρσαι βέβαιον ἕξουσι, τάς τε Κασπίας
αὐτοὶ φυλάσσοντες πύλας καὶ οὐκέτι αὐτοῖς ἀχθόμενοι

gen dich begangen, nun gut, so sollst auch du nur bis zu diesem Punkte und nicht darüber hinaus deine Anklage ausdehnen, damit du selbst als der Bessere erscheinst. Wer nämlich
im Unrechttun unterliegt, dürfte mit Recht in den besseren
Taten als Sieger hervorgehen. Wir wissen indessen nur zu gut,
daß Kaiser Justinian niemals dem Frieden entgegen gearbei-
tet hat, und so bitten wir dich, du möchtest den Römern nicht
solche Leiden zufügen, die den Persern keinen Nutzen, dir
selbst aber nur den einzigen Gewinn bringen werden, ohne
Not denen bitterstes Unrecht angetan zu haben, die eben
erst mit dir einen Vertrag eingegangen sind."

Soweit die Gesandten. Chosroes hörte sie wohl an, beharrte
jedoch steif auf seiner Ansicht, der Friedensvertrag sei von
Kaiser Justinian gebrochen worden, und zählte die einzelnen
Beschwerden auf, zu denen jener Anlaß gegeben habe. Einige
davon hatten sogar Gewicht, die meisten freilich waren bedeutungslos und in unsinniger Weise erdichtet. Namentlich
wollte er den Briefen, die, wie schon erwähnt, Kaiser Justinian an Alamundaros und die Hunnen gerichtet hatte, die
Hauptschuld am Kriege beimessen. Daß jedoch ein Römer
ins Perserreich eingebrochen sei oder feindliche Handlungen
verübt habe, konnte er weder behaupten noch beweisen. Demgegenüber sprachen die Gesandten nicht von Schuld Justinians, sondern einiger untergeordneter Personen und tadelten
außerdem, daß die Worte anders gelautet hätten. Zum
Schluß verlangte Chosroes von den Römern die Zahlung gewaltiger Geldsummen und verband damit die Forderung,
man solle nicht den Versuch machen, durch eine einmalige
und sofortige Leistung den Frieden für alle Zeit zu befestigen. Denn Freundschaft unter Menschen, die nur auf Geld
gegründet sei, verbrauche sich meist mit diesem zusammen.
Deshalb müßten die Römer Jahr für Jahr den Persern einen
bestimmten Betrag entrichten. „Auf solche Weise", erklärte
Chosroes, „werden die Perser in beständigem Frieden mit den
Römern leben; sie werden von sich aus die Kaspischen Tore
bewachen, ihnen auch wegen der Stadt Daras nicht weiter

διὰ πόλιν Δάρας, ὑπὲρ ὧν ἔμμισθοι καὶ αὐτοὶ ἐς ἀεὶ
ἔσονται."

,,Οὐκοῦν" οἱ πρέσβεις ἔφασαν ,,ὑποτελεῖς Πέρσαι 22
βούλονται Ῥωμαίους ἐς φόρου ἀπαγωγὴν ἔχειν."

,,Οὔκ, ἀλλὰ στρατιώτας οἰκείους" ὁ Χοσρόης εἶπεν 23
,,ἕξουσι τὸ λοιπὸν Πέρσας Ῥωμαῖοι, μισθὸν τῆς ὑπουργίας αὐτοῖς χορηγοῦντες ῥητόν· ἐπεὶ καὶ Οὔννων τισὶ
καὶ Σαρακηνοῖς ἐπέτειον χορηγεῖτε χρυσόν, οὐ φόρου
αὐτοῖς ὑποτελεῖς ὄντες, ἀλλ᾽ ὅπως ἀδήωτον γῆν τὴν
ὑμετέραν φυλάξωσιν ἐς τὸν πάντα αἰῶνα."

Τοιαῦτα Χοσρόης τε καὶ οἱ πρέσβεις πολλὰ πρὸς 24
ἀλλήλους διαλεχθέντες ξυνέβησαν ὕστερον ἐφ᾽ ᾧ Χοσρόην ἐν μὲν τῷ παραυτίκα κεντηνάρια πεντήκοντα
πρὸς Ῥωμαίων λαβόντα, πέντε δὲ ἄλλων φερόμενον
ἐπέτειον ἐς τὸν πάντα αἰῶνα δασμὸν μηδὲν αὐτοὺς ἐργάσασθαι περαιτέρω κακόν, ἀλλ᾽ αὐτὸν μὲν ὁμήρους
ἐπὶ ταύτῃ τῇ ὁμολογίᾳ παρὰ τῶν πρέσβεων κεκομισ-
μένον τὴν ἀποπορείαν παντὶ τῷ στρατῷ ἐς τὰ πάτρια
ἤθη ποιήσασθαι, ἐνταῦθα δὲ πρέσβεις παρὰ βασιλέως
Ἰουστινιανοῦ στελλομένους τὰς ἀμφὶ τῇ εἰρήνῃ ξυνθήκας ἐν βεβαίῳ τὸ λοιπὸν θέσθαι.

Τότε ὁ Χοσρόης ἐς Σελεύκειαν, πόλιν ἐπιθαλασσίαν, 11
Ἀντιοχείας τριάκοντα καὶ ἑκατὸν σταδίοις διέχουσαν
ἦλθεν, ἐνταῦθά τε Ῥωμαίων οὐδένα οὔτε εὑρὼν οὔτε
λυμηνάμενος ἀπελούσατο μὲν ἐκ τῆς θαλάσσης τῷ
ὕδατι μόνος, θύσας τε τῷ ἡλίῳ καὶ οἷστισιν ἄλλοις
ἐβούλετο, πολλά τε ἐπιθειάσας ὀπίσω ἀπήλαυνεν. ἔς τε
τὸ στρατόπεδον ἀφικόμενος ἐπιθυμίαν οἱ ἔφασκέ τινα
εἶναι τὴν Ἀπαμέων πόλιν ἐν γειτόνων οὖσαν οὐκ ἄλλου 2
του ἕνεκα ἢ ἱστορίας θεάσασθαι. ξυνεχώρουν τε οὐχ 3

grollen, dabei ihrerseits sogar stets in römischem Solde stehen."

„Die Perser wollen also", erwiderten die Gesandten, „die Römer tributpflichtig machen?"

„Nein, im Gegenteil", meinte darauf Chosroes, „die Römer werden künftighin an den Persern eigene Soldaten haben, wobei sie ihnen für ihre Dienstleistung einen bestimmten Sold bezahlen. Ihr laßt doch auch einigen Hunnen und den Sarazenen alljährlich Gold zukommen, ohne ihnen tributpflichtig zu sein; sie sollen nur euer Land für alle Zeit vor Verwüstung schützen."

In dieser Weise führten Chosroes und die Gesandten ausgedehnte Gespräche. Später kamen sie überein, Chosroes solle von den Römern sogleich fünfzig Kentenarien Gold, außerdem als dauernden Jahrestribut fünf Kentenarien erhalten, sich aber dafür verpflichten, daß er ihnen keinen weiteren Schaden mehr zufügen wolle. Der Vertrag sah fernerhin vor, daß die Gesandten dem König Geiseln stellten und er sodann mit dem gesamten Heer nach Hause abzog. Schließlich sollten sich eigene Bevollmächtigte Kaiser Justinians dort einfinden und die Friedensabmachung für die Zukunft in feste Form bringen.

11. Chosroes' Unternehmungen im Raume von Seleukeia und Apameia

Nun begab sich Chosroes nach der Seestadt Seleukeia, die von Antiocheia einhundertdreißig Stadien entfernt ist. Da er dort keine römische Besatzung vorfand, tat er den Einwohnern nichts zuleide; er badete lediglich allein im Meer, brachte der Sonne und wem er sonst von den Göttern wollte, unter häufigen Anrufungen Opfer dar und zog sich dann wieder zurück. Nach seiner Ankunft im Lager äußerte er den Wunsch, die Nachbarstadt Apameia nur zum Kennenlernen besuchen zu wollen. Auch dies genehmigten, obschon ungern, die Gesandten und knüpften daran die Bedingung, daß Chosroes

ἑκούσιοι καὶ τοῦτο οἱ πρέσβεις, ἐφ᾽ ᾧ μέντοι αὐτὸν
θεασάμενόν τε τὴν πόλιν καὶ ἀργύρου χιλίας κομισά-
μενον ἐνθένδε λίτρας οὐδέν τι ἄλλο λυμηνάμενον ἀπελαύνειν ὀπίσω. ἔνδηλος δὲ ἦν ὁ Χοσρόης τοῖς τε πρέσ- 4
βεσι καὶ πᾶσι τοῖς ἄλλοις ὅτι δὴ ἐς τὴν Ἀπάμειαν τοῦδε
ἕνεκα στέλλοιτο μόνον, ὅπως δή τινος σκήψεως οὐκ
ἀξιολόγου λαβόμενος αὐτήν τε καὶ τὴν ἐκείνῃ χώραν
λῄσηται. τότε μὲν οὖν ἐς Δάφνην ἀνέβη, τὸ Ἀντιοχείας
προάστειον. ἔνθα δὴ τό τε ἄλσος ἐν θαύματι μεγάλῳ 5
ἐποιήσατο καὶ τὰς τῶν ὑδάτων πηγάς· ἄμφω γὰρ ἀξιο-
θέατα ἐπιεικῶς ἐστι. καὶ θύσας ταῖς νύμφαις ἀπιὼν 6
ᾤχετο, ἄλλο μὲν οὐδὲν λυμηνάμενος, τοῦ δὲ ἀρχαγγέλου Μιχαὴλ τὸ ἱερὸν καύσας ξὺν ἑτέραις τισὶν οἰκίαις
ἐξ αἰτίας τοιᾶσδε.

Πέρσης ἀνὴρ ἵππῳ ὀχούμενος, ἔν τε τῷ Περσῶν 7
στρατῷ δόκιμος καὶ Χοσρόῃ βασιλεῖ γνώριμος, ἐς χῶρον κρημνώδη ἀμφὶ τὸν λεγόμενον Τρητὸν ἦλθε ξὺν
ἑτέροις τισὶν, οὗ δὴ τοῦ ἀρχαγγέλου Μιχαὴλ νεώς
ἐστιν, Εὐάριδος ἔργον. οὗτος ἀνὴρ τῶν τινα Ἀντιο- 8
χέων νεανίαν πεζόν τε καὶ μόνον κρυπτόμενον ἐνταῦθα
ἰδὼν ἐδίωκε τῶν ἑτέρων χωρίς. ἦν δὲ κρεοπώλης ὁ
νεανίας, Ἀείμαχος ὄνομα. ὃς ἐπειδὴ καταλαμβάνεσθαι 9
ἔμελλεν, ἐπιστραφεὶς ἐκ τοῦ αἰφνιδίου λίθῳ τὸν διώ-
κοντα βάλλει, ἐπιτυγχάνει τε τοῦ μετώπου ἐς τὴν παρὰ
τὸ οὖς μήνιγγα. καὶ ὁ μὲν ἐς τὸ ἔδαφος εὐθὺς ἔπεσεν,
ὁ δὲ αὐτοῦ τὸν ἀκινάκην σπασάμενος κτείνει τὸν ἄνδρα.
σκυλεύσας τε αὐτοῦ κατ᾽ ἐξουσίαν τά τε ὅπλα καὶ τὸν 10
χρυσὸν ἅπαντα καὶ εἴ τι ἄλλο ἐτύγχανεν ἀμπεχόμενος,
ἐπί τε τὸν ἵππον ἀναθορὼν πρόσω ἤλαυνεν. εἴτε δὲ 11
τύχῃ εἴτε χωρίων ἐμπειρίᾳ χρησάμενος, λαθεῖν τε τοὺς
πολεμίους καὶ διαφυγεῖν παντελῶς ἴσχυσε. ταῦτα ὁ 12
Χοσρόης μαθὼν καὶ τοῖς ξυμπεσοῦσι περιαλγήσας τῶν
οἱ ἑπομένων τινὰς καῦσαι τὸν τοῦ ἀρχαγγέλου νεών,
οὗ πρόσθεν ἐμνήσθην, ἐκέλευεν. οἱ δὲ τοῦτον ἐκεῖνον 13

sich mit der Besichtigung der Stadt und einem Geschenk von
tausend Litren Silber begnügen und ohne weitere Schädigung
entfernen solle. Es war indessen den Gesandten und allen anderen klar, daß Chosroes nur deshalb Apameia besuche, um
unter einem nichtigen Vorwand die Stadt und ihre Umgebung
auszuplündern. Damals stieg er nach Daphne, der Vorstadt
von Antiocheia, hinauf und bestaunte dort besonders den
Hain und die Wasserquellen, beides großartige Sehenswürdig-
keiten. Nach einem Opfer an die Nymphen entfernte er sich
wieder, ohne einen Schaden angerichtet zu haben; nur die
Kirche des Erzengels Michael ließ Chosroes samt einigen anderen Gebäuden niederbrennen, und zwar aus folgendem
Grunde:

Ein Perser, der in seinem Heere eine angesehene Stelle bekleidete und mit König Chosroes befreundet war, kam zu
Pferd mit einigen Begleitern beim sog. Tretos an eine abschüssige Stelle, wo auch die Kirche des Erzengels Michael,
ein Werk des Euaris, liegt. Dort beobachtete er einen einzelnen jungen Mann aus Antiocheia, der zu Fuß war und sich
verstecken wollte, und versuchte ihm ohne die Begleiter nach-
zusetzen. Der junge Mann aber, Aeimachos mit Namen, war
Metzger. Als ihn sein Verfolger eben fassen wollte, drehte er
sich plötzlich um, warf einen Stein und traf ihn damit auf die
Stirne und zwar an die dünne Stelle neben dem Ohr. Der Perser stürzte sogleich zu Boden, worauf Aeimachos dessen Kurzschwert zog und den Mann tötete. Danach beraubte er ihn
ungehindert seiner Waffen, dazu seines Goldschmuckes und
was er sonst auf dem Leibe trug, schwang sich auf das Pferd
und sprengte davon. Sei es daß ihm ein Zufall, sei es daß seine
Ortskenntnis ihm zu Hilfe kam, jedenfalls gelang es ihm, sich
von den Feinden unbemerkt in Sicherheit zu bringen. Die
Nachricht von dem Vorfall schmerzte Chosroes zutiefst, so
daß er einigen aus seinem Gefolge befahl, die vorher erwähnte
Kirche des Erzengels niederzubrennen. Die Leute meinten
nun, es handle sich dabei um jene Kirche, steckten sie daher
nebst den umliegenden Gebäuden in Brand und glaubten so,

εἶναι ἡγούμενοι ξὺν ταῖς ἀμφ' αὐτὸν οἰκοδομίαις ἐνέ-
πρησαν, ἐπιτελεῖς τε πεποιῆσθαι τὰς Χοσρόου ἐντολὰς
ᾤοντο. ταῦτα μὲν δὴ οὕτως ἔσχε.

Χοσρόης δὲ παντὶ τῷ στρατῷ τὴν ἐπὶ Ἀπάμειαν ᾔει. 14
ἔστι δὲ ξύλον πηχυαῖον ἐν Ἀπαμείᾳ τοῦ σταυροῦ μέρος,
ἐν ᾧ τὸν Χριστὸν ἐν Ἱεροσολύμοις ποτὲ τὴν κόλασιν
οὔτι ἀκούσιον ὑποστῆναι ὁμολογεῖται, κατὰ δὴ τὸν
παλαιὸν χρόνον ἐνταῦθα πρὸς Σύρου ἀνδρὸς κομισθὲν
λάθρα. καὶ αὐτὸ οἱ πάλαι ἄνθρωποι φυλακτήριον μέγα 15
σφίσι τε αὐτοῖς καὶ τῇ πόλει πιστεύοντες ἔσεσθαι θήκην αὐτοῦ ξυλίνην τινὰ πεποιημένοι κατέθεντο, ἣν δὴ
χρυσῷ τε πολλῷ καὶ λίθοις ἐντίμοις ἐκόσμησαν, καὶ
τρισὶ μὲν ἱερεῦσι παρέδοσαν, ἐφ' ᾧ ξὺν πάσῃ ἀσφαλείᾳ
φυλάξουσιν, ἐξάγοντες δὲ ἀνὰ πᾶν ἔτος πανδημεὶ ἐν
ἡμέρᾳ προσκυνοῦσι μιᾷ. τότε οὖν ὁ τῶν Ἀπαμέων 16
λεώς, ἐπειδὴ τὸν Μήδων στρατὸν ἐπὶ σφᾶς ἐπύθοντο
ἰέναι, ἐν δέει μεγάλῳ ἐγένοντο. Χοσρόην δὲ ἀκούοντες
ὡς ἥκιστα ἀληθίζεσθαι καὶ παρὰ Θωμᾶν τὸν τῆς πόλεως ἀρχιερέα γενόμενοι ἐδέοντο τὸ τοῦ σταυροῦ ξύλον
ἐπιδεῖξαι σφίσιν, ὅπως αὐτὸ ὕστατα προσκυνήσαντες
τελευτήσωσιν. ὁ δὲ κατὰ ταῦτα ἐποίει. τότε δὴ θέαμα 17
ξυνηνέχθη λόγου τε καὶ πίστεως κρεῖσσον ἐνταῦθα
γενέσθαι. τὸ μὲν γὰρ ξύλον ὁ ἱερεὺς φέρων ἐδείκνυεν,
ὕπερθεν δὲ αὐτοῦ σέλας πυρὸς ἐπεφέρετο καὶ τὸ κατ'
αὐτὸ τῆς ὀροφῆς μέρος φωτὶ πολλῷ ὑπὲρ τὸ εἰωθὸς
κατελάμπετο. βαδίζοντός τε τοῦ ἱερέως πανταχῇ τοῦ
νεὼ συμπροῄει τὸ σέλας, φυλάσσον ἀεὶ τὴν ὑπὲρ
αὐτοῦ τῆς ὀροφῆς χώραν. ὁ μὲν οὖν τῶν Ἀπαμέων 19
δῆμος ὑπὸ τῆς τοῦ θαύματος ἡδονῆς ἐθαμβεῖτό τε καὶ
ἐγεγήθει καὶ ἔκλαιεν, ἤδη τε ἅπαντες ὑπὲρ τῆς σωτηρίας τὸ θαρσεῖν εἶχον. ὁ δὲ Θωμᾶς, ἐπειδὴ περιῆλθε 20
τὸν νεὼν ἅπαντα, καταθέμενος ἐν τῇ θήκῃ τὸ τοῦ σταυροῦ ξύλον ἐκάλυψε, καὶ τὸ σέλας ἐκ τοῦ αἰφνιδίου ἐπέ-
παυτο. μαθὼν δὲ τὸν τῶν πολεμίων στρατὸν ἄγγιστα

Chosroes' Befehl ausgeführt zu haben. Diesen Verlauf nahmen denn die Dinge.

Der König aber schlug mit dem ganzen Heer den Weg nach
Apameia ein. Dort befindet sich eine hölzerne, etwa ellenlange
Partikel des Kreuzes, an dem nach einhelligem Glauben Chri-
stus einstens in Jerusalem freiwillig die Marter auf sich nahm.
In alter Zeit soll es dann von einem Syrer dorthin gebracht
worden sein. Die früheren Geschlechter glaubten nun, die
Reliquie werde für sie wie auch für ihre Stadt ein starker
Schutz sein, weshalb sie einen hölzernen, mit viel Gold und
kostbaren Steinen verzierten Behälter anfertigen ließen, die
Kreuzpartikel hineinlegten und drei Priestern zur völlig sicheren Aufbewahrung übergaben. Jahr für Jahr aber führt sie
das ganze Volk an einem Tag aus der Kirche und erweist ihr
seine Verehrung. Als damals das Volk von Apameia erfuhr,
daß das Perserheer heranziehe, geriet es in große Angst; denn
Chosroes sollte, wie man vernahm, keineswegs sein Wort halten. Die Einwohner wandten sich daher an den Bischof ihrer
Stadt namens Thomas und baten ihn, er möge ihnen doch die
Kreuzpartikel sehen lassen, damit sie diese zum letzten Male
verehrten und dann in den Tod gingen. Der Bischof erfüllte
ihren Wunsch. Da bot sich ein Schauspiel, wie man es weder
schildern noch für möglich halten kann. Während nämlich
der Priester das Holz in seinen Händen trug und zeigte, fiel
ein Feuerschein von oben her darauf, und die Decke über der
Reliquie erstrahlte in ungewöhnlich hellem Lichte. Wenn nun
der Priester weiter ging, begleitete ihn der feurige Glanz durch
die ganze Kirche und behielt den Platz stets zu seinen Häup-
ten an der Decke. Das Volk von Apameia staunte indes ent-
zückt über das Wunder und schöpfte unter Freudentränen
insgesamt schon wieder Hoffnung auf Rettung. Mit dem
Augenblick aber, da Thomas seinen Rundgang durch die ganze Kirche beendet und die Kreuzpartikel wieder in ihr Behältnis eingeschlossen hatte, war plötzlich auch der Glanz er-
loschen. Nun hörte der Bischof, daß das feindliche Heer bis

που τῆς πόλεως ἥκειν, σπουδῇ πολλῇ παρὰ τὸν Χοσρόην
ἀφίκετο.

Καὶ ὃς ⟨ἐπεὶ⟩ ἀνεπυνθάνετο τοῦ ἱερέως εἰ βουλο- 21
μένοις τοῖς Ἀπαμεῦσιν εἴη ἀπὸ τοῦ περιβόλου ἀντιτάξασθαι τῷ Μήδων στρατῷ, ἀπεκρίνατο Θωμᾶς οὐδὲν
τοῖς ἀνθρώποις τοιοῦτο ἐς ἔννοιαν ἥκειν. „Οὐκοῦν" 22
ἔφη ὁ Χοσρόης „δέξασθέ με τῇ πόλει ξὺν ὀλίγοις τισὶ
πάσαις ἀναπεπταμέναις ταῖς πύλαις." ὁ ἱερεὺς εἶπεν 23
„Ἐπ' αὐτὸ γὰρ δὴ παρακαλέσων τοῦτο ἀφῖγμαι." ὁ
μὲν οὖν στρατὸς ἅπας ἐστρατοπεδεύσαντο διεσκηνημένοι πρὸ τοῦ περιβόλου. ὁ δὲ Χοσρόης ἄνδρας τῶν ἐν 24
Πέρσαις ἀρίστων διακοσίους ἀπολεξάμενος ἐς τὴν
πόλιν εἰσήλασεν. ἐπεὶ δὲ γέγονεν εἴσω πυλῶν, ἐπελά-
θετο ἑκών γε εἶναι τῶν αὐτῷ τε καὶ τοῖς πρέσβεσι ξυγκειμένων, καὶ τὸν ἐπίσκοπον ἐκέλευε δοῦναι οὐ χίλια
μόνον ἀργύρου σταθμὰ οὐδὲ τούτων δεκαπλάσια, ἀλλὰ
καὶ τὰ κειμήλια ὅσα δὴ ἐνταῦθα ἔτυχε κείμενα, χρυσᾶ
τε καὶ ἀργυρᾶ ξύμπαντα, μεγάλα ὑπερφυῶς ὄντα. οἶμαι 25
δ' ἂν αὐτὸν καὶ τὴν πόλιν ὅλην ἀνδραποδίσασθαί τε καὶ
λῄσασθαι οὐκ ἂν ἀποκνῆσαι, εἰ μή τι θεῖον αὐτὸν ἐκ
τοῦ ἐμφανοῦς διεκώλυσεν. οὕτως αὐτὸν ἥ τε φιλοχρη- 26
ματία ἐξέπλησσε καὶ ἔστρεφεν αὐτοῦ τὴν διάνοιαν ἡ τῆς
δόξης ἐπιθυμία. κλέος γάρ οἱ μέγα τοὺς τῶν πόλεων 27
ἀνδραποδισμοὺς ᾤετο εἶναι, οὐδὲν τὸ παράπαν ποιούμενος εἰ σπονδάς τε καὶ ξυνθήκας ἠλογηκὼς τὰ τοιαῦτα
ἐς τοὺς Ῥωμαίους ἐργάζεται.

Ταύτην τε Χοσρόου δηλώσει τὴν γνώμην ἅ τε ἀμφὶ 28
πόλιν Δάρας ἐν ταύτῃ δὴ ἐνεχείρησε τῇ ἀποπορείᾳ, ἐν
πάσῃ ἀλογίᾳ ποιησάμενος τὰ ξυγκείμενα, καὶ ἃ Καλλι-
νικησίους ὀλίγῳ ὕστερον ἐν σπονδαῖς ἔδρασεν, ἅπερ μοι
ἐν τοῖς ὄπισθε λελέξεται λόγοις. ἀλλ' ὁ θεός, ὥσπερ
εἴρηται, Ἀπάμειαν διεσώσατο. ἐπεὶ δὲ τὰ κειμήλια ὁ 29
Χοσρόης ξύμπαντα εἷλε καὶ αὐτὸν μεθύοντα ἤδη τῇ
τῶν χρημάτων ἀφθονίᾳ ὁ Θωμᾶς εἶδε, τὸ τοῦ σταυροῦ

dicht vor die Stadt gekommen sei, und begab sich in aller
Eile zu Chosroes.

Der fragte den Priester, ob die Einwohner von Apameia
dem Perserheer von der Stadtmauer aus Widerstand leisten
wollten. Die Leute dächten nicht daran, war die Antwort des
Thomas, worauf Chosroes meinte: „Nun, so öffnet alle Tore
und nehmt mich mit einigen Begleitern in eurer Stadt auf!"
„Eben deshalb bin ich gekommen, um dich einzuladen", entgegnete der Bischof, und während nun, in einzelne Quartiere
verteilt, das ganze Heer vor der Stadtmauer Lager bezog,
wählte Chosroes zweihundert aus den vornehmsten Persern
und ritt in die Stadt ein. Innerhalb der Tore aber vergaß er
absichtlich auf die zwischen ihm und Gesandten getroffenen
Abmachungen und befahl dem Bischof, ihm nicht nur tausend Stathmen Silber und deren zehnfachen Betrag, sondern
auch alle Kleinodien zu geben, die sich dort befanden. Diese
waren sämtlich aus Gold und Silber und ungewöhnlich groß.
Auch hätte er, glaube ich, die ganze Stadt versklavt und unbedenklich ausgeplündert, wenn ihn nicht eine Gottheit offensichtlich daran gehindert hätte. So sehr verwirrte ihn seine
Habsucht und verdrehte ihm die Ruhmbegierde den Sinn.
Denn die Versklavung von Städten galt ihm als großer Ehren-
titel, wobei es ihm gar nichts ausmachte, wenn er unter Mißachtung von Verträgen und Abmachungen den Römern dergleichen antat.

Dies sein Denken wird auch noch durch die Übergriffe deutlich werden, die er sich, alle Abreden völlig außer acht las-
send, auf dem Rückmarsch gegenüber der Stadt Daras erlaubte, und ebenso beweisen es die kurz danach trotz des Vertrages an den Einwohnern von Kallinike begangenen Untaten, worauf ich noch zu sprechen kommen werde. Aber, wie
gesagt, Gott rettete Apameia. Als Chosroes sich sämtliche
Kleinodien angeeignet hatte und Thomas ihn schon von der
Fülle des Besitzes trunken sah, trug er auch noch die Kreuz-

ξύλον ξὺν τῇ θήκῃ ἐξενεγκὼν ἀνέῳγέ τε τὴν θήκην καὶ
τὸ ξύλον ἐνδεικνύμενος „Ὦ κράτιστε βασιλεῦ" ἔφη
„ταῦτά μοι ἀπολέλειπτει μόνα ἐκ πάντων χρημάτων.
θήκην μὲν οὖν τήνδε (χρυσῷ τε γὰρ κεκαλλώπισται καὶ 30
λίθοις ἐντίμοις) φθόνος οὐδεὶς λαβόντα σε ξὺν τοῖς
ἄλλοις ἅπασιν ἔχειν, τουτὶ δὲ τὸ ξύλον, σωτήριόν τε
ἡμῖν καὶ τίμιόν ἐστι, τοῦτο, ἱκετεύω σε καὶ δέομαι,
δός μοι." ὁ μὲν ἱερεὺς τοσαῦτα εἶπε. ξυνεχώρει δὲ
Χοσρόης καὶ τὴν δέησιν ἐπιτελῆ ἐποίει. μετὰ δὲ φιλο- 31
τιμίᾳ πολλῇ χρώμενος τόν τε δῆμον ἐς τὸ ἱπποδρόμιον
ἀναβαίνειν ἐκέλευε καὶ τοὺς ἡνιόχους ἀγωνίζεσθαι τὰ
εἰωθότα σφίσιν. οὗ δὴ καὶ αὐτὸς ἀναβὰς θεατὴς γενέ- 32
σθαι τῶν ποιουμένων ἐν σπουδῇ ἐποιεῖτο. ἐπεὶ δὲ ἠκηκόει πολλῷ πρότερον Ἰουστινιανὸν βασιλέα χρώματος
τοῦ Βενέτου, ὃ δὴ κυάνεόν ἐστιν, ἐκτόπως ἐρᾶν, ἀπ'
ἐναντίας αὐτῷ κἀνταῦθα ἰέναι βουλόμενος ἤθελε τῷ
πρασίνῳ τὴν νίκην ἁρμόσαι. οἱ μὲν οὖν ἡνίοχοι ἀπὸ 33
βαλβίδων ἀρξάμενοι ἔργου εἴχοντο, τύχῃ δέ τις τῷ τὰ
Βένετα ἐνδιδυσκομένῳ ἐγένετο παρελάσαντι ἐπίπροσθεν
ἰέναι. εἵπετο δὲ αὐτῷ κατὰ τὰς αὐτὰς ἁματροχιὰς ὁ τὸ 34
πράσινον ἀμπεχόμενος χρῶμα. ὅπερ ἐξεπίτηδες ὁ Χοσ- 35
ρόης γεγονέναι οἰόμενος ἠγανάκτει τε καὶ ξὺν ἀπειλῇ
ἀνεβόα τὸν Καίσαρα προτερῆσαι τῶν ἄλλων οὐ δέον,
ἐκέλευέ τε τοὺς προτέρους ἰόντας ἵππους ἐπέχεσθαι,
ὅπως τὸ λοιπὸν κατόπισθεν γενόμενοι ἀγωνίζωνται·
ὅπερ ἐπειδὴ οὕτως ἐπέπρακτο ὥσπερ ἐκεῖνος ἐκέλευε,
νικᾶν οὕτως ὅ τε Χοσρόης καὶ μέρος τὸ πράσινον ἔδοξεν. ἐνταῦθα τῶν τις Ἀπαμέων Χοσρόῃ ἐς ὄψιν ἥκων 36
ᾐτιᾶτο Πέρσην ἄνδρα ἐς τὴν οἰκίαν τὴν αὐτοῦ ἀναβάντα
τὴν παῖδα οὖσαν παρθένον βιάζεσθαι. ὁ δὲ ταῦτα ἀκού- 37
σας καὶ τῷ θυμῷ ζέων ἄγεσθαι τὸν ἄνδρα ἐκέλευε.
καὶ ἐπεὶ παρῆν ἤδη, ἀνασκολοπισθῆναι αὐτὸν ἐν τῷ
στρατοπέδῳ ἐπέστελλε. γνοὺς δὲ ὁ δῆμος παντὶ σθένει 38
ἀνέκραγον ἐξαίσιον οἷον, πρὸς τῆς τοῦ βασιλέως ὀργῆς

partikel mit dem Behälter heraus, öffnete ihn und sprach, indem er auf das Holz hinwies: „Mächtigster König, dies ist mir
allein von allem, was ich hatte, geblieben. Das Behältnis da
– es ist ja mit Gold und kostbaren Steinen geschmückt – soll
dir zusammen mit den sämtlichen anderen Dingen neidlos gehören, doch dieses Holz, uns heilbringend und teuer, laß mir
auf meine flehentlichen Bitten!" Soweit die Worte des Prie-
sters. Chosroes aber willigte ein und erfüllte die Bitte. Danach veranlaßte er aus brennendem Ehrgeiz, daß sich das
Volk in die Rennbahn hinaufbegab und die Rennfahrer ihre
gewohnten Spiele abhielten. Und er stieg dort auch selbst
empor und legte Wert darauf, sich die Darbietungen als Zuschauer zu betrachten. Da er schon lange zuvor gehört hatte,
daß Kaiser Justinian die Farbe der Veneter, das Blau, außerordentlich schätzte, wollte er auch hier den entgegengesetzten
Weg einschlagen und den Grünen den Sieg verschaffen. Als
nun die Rennfahrer von den Schranken aus starteten, wollte
es der Zufall, daß der Blaue überholte und die Führung übernahm. Ihm folgte in der nämlichen Wagenspur der Grüne.
Chosroes aber meinte, dies sei absichtlich geschehen, er wurde
ungehalten und schrie unter Drohungen, der Kaiser sei un-
berechtigterweise den anderen zuvorgekommen. Hierauf ließ
er die vornweg laufenden Pferde anhalten, damit sie weiterhin nur noch auf dem hinteren Platze kämpften, und so gewann, nachdem sein Befehl ausgeführt war, Chosroes mit der
grünen Partei scheinbar den Sieg. Da trat ein Einwohner von
Apameia vor den König und beklagte sich, ein Perser sei in
sein Haus eingedrungen und habe seiner Tochter, einer Jung-
frau, Gewalt angetan. Diese Anzeige versetzte Chosroes in
glühenden Zorn; sofort ließ er den Mann herbeiholen und
befahl, als er zur Stelle war, seine Aufpfählung im Lager. Doch
das Volk, das davon erfuhr, erhob mit aller Kraft ein riesiges
Geschrei und bat den Schuldigen vom Zorne des Königs frei.

τὸν ἄνθρωπον ἐξαιτούμενοι. Χοσρόης δὲ ὡμολόγησε
μὲν αὐτοῖς τὸν ἄνδρα ἀφήσειν, λάθρα δὲ ἀνεσκολόπισεν οὐ πολλῷ ὕστερον. ταῦτα μὲν οὖν τῇδε διαπεπραγμένος παντὶ τῷ στρατῷ ὀπίσω ἀπήλαυνεν.

Ἐπεὶ δὲ ἐς Χαλκίδα πόλιν ἀφίκετο, Βεροίας πόλεως 12
τέτρασι καὶ ὀγδοήκοντα σταδίοις διέχουσαν, αὖθις ἐς
λήθην τινὰ τῶν ξυγκειμένων ἦλθε, στρατοπεδευσά-
μενός τε τοῦ περιβόλου οὐ μακρὰν ἄποθεν ἔπεμψε
Παῦλον, ἀπειλήσοντα Χαλκιδεῦσι πολιορκίᾳ τὴν πόλιν
αἱρήσειν, εἰ μὴ τήν τε σωτηρίαν ὤνιον κτήσονται τὰ
λύτρα διδόντες καὶ τοὺς στρατιώτας, ὅσους ἐνταῦθα
ξυμβαίνει εἶναι, ξὺν τῷ ἡγεμόνι ἐκδοῖεν σφίσι. Χαλ- 2
κιδεῖς δὲ ἐς δέος μέγα πρὸς ἑκατέρου βασιλέως ἐμπεπτωκότες στρατιώτας μὲν ἀπώμοσαν ὡς ἥκιστα ἐπιδημεῖν
σφίσι, καίπερ ἄλλους τε καὶ Ἀδόναχον τὸν τῶν στρατιωτῶν ἄρχοντα κρύψαντες ἐν οἰκίσκοις τισίν, ὅπως μὴ
τοῖς πολεμίοις ἔνδηλοι ὦσι· χρυσοῦ δὲ κεντηνάρια δύο
συλλέξαντες μόλις, ἐπεὶ πόλιν οὐ λίαν εὐδαίμονα ᾤκουν,
τῷ τε Χοσρόῃ ζωάγρια δόντες τήν τε πόλιν καὶ σφᾶς
αὐτοὺς διεσώσαντο.

Ἐνθένδε οὐκέτι ὁ Χοσρόης ἐβούλετο τὴν ἀποπορείαν 3
ᾗπερ ἐληλύθει ποιήσασθαι, ἀλλ' Εὐφράτην τε ποταμὸν
διαβῆναι καὶ χρήματα ὅτι πλεῖστα ἐκ Μεσοποταμίας
ληίζεσθαι. γέφυραν οὖν ζεύξας ἀμφὶ Ὀββάνης τὸ χω- 4
ρίον, ὅπερ τοῦ ἐν Βαρβαλισσῷ φρουρίου τεσσαράκοντα
σταδίους ἀπέχει, αὐτός τε διέβη καὶ παντὶ τῷ στρατῷ
ὡς τάχιστα διαβαίνειν ἐπέστελλεν, ὑπειπὼν μὲν τὴν
γέφυραν τρίτη ἡμέρᾳ λύσεσθαι, τάξας δὲ καὶ τὸν τῆς
ἡμέρας καιρόν. καὶ ἐπεὶ παρῆν ἡ κυρία, τινὰς μὲν τοῦ 5
στρατοῦ ἀπολελεῖφθαι μή πω διαβάντας ξυνέβαινεν, ὁ
δὲ οὐδ' ὁτιοῦν ὑπολογισάμενος ἔπεμψε τοὺς τὴν γέφυραν διαλύσοντας. οἵ τε ἀπολειπόμενοι, ὡς ἕκαστός πη 6

Chosroes versprach den Leuten auch seine Begnadigung, doch ließ er ihn bald danach heimlich aufpfählen. Nach solchen Taten trat er mit dem ganzen Heer den Rückmarsch an.

12. Rückzug der Perser. Chosroes' Vorgehen gegen Edessa

Als Chosroes zur Stadt Chalkis gekommen war – vierundachtzig Stadien trennen sie von der Stadt Beroia –, verlor er wiederum die Abmachungen etwas aus dem Gedächtnis: Unweit der Stadtmauer schlug er sein Lager und ließ durch seinen Abgesandten Paulos den Einwohnern von Chalkis mit Belagerung und Einnahme der Stadt drohen, wenn sie sich nicht Schonung erkauften, durch Zahlung des Lösegelds und Auslieferung aller dortigen Soldaten samt ihrem Führer. Die Chalkidier fühlten sich beiden Herrschern gegenüber in arger Bedrängnis. So versicherten sie einerseits eidlich, daß es keine Soldaten in der Stadt gebe, obwohl sie unter anderen den Truppenbefehlshaber Adonachos in einigen kleinen Räumen vor den Blicken der Feinde versteckt hatten, andererseits brachten sie mit Müh und Not als Bürger einer nicht eben reichen Stadt zwei Kentenarien Gold zusammen und zahlten sie als Lösegeld an Chosroes, wodurch sie Stadt und eigenes Leben retteten.

Von hier aus wollte der König nicht mehr den Weg, auf dem er gekommen war, zum Rückzug nehmen, sondern entschloß sich, den Euphrat zu überschreiten und möglichst viel Beute aus Mesopotamien herauszuholen. Er schlug also bei dem Orte Obbanes, der von der Festung Barbalisson vierzig Stadien entfernt liegt, eine Brücke, setzte selbst darauf über und befahl auch dem ganzen Heer, so rasch wie möglich den Fluß zu überschreiten. Des weiteren ordnete er an, daß die Brücke am dritten Tage abgebrochen werden solle, und bestimmte sogar die Tageszeit. Als nun der vorgesehene Tag gekommen war, hatten einige Truppen immer noch nicht den Euphrat überquert, sondern waren zurückgeblieben. Chosroes jedoch kehrte sich keineswegs daran, sondern schickte das Kommando zum Abbruch der Brücke. Daraufhin mußte

ἐδύνατο, εἰς τὰ πάτρια ἤθη ἀνέβαινον. τότε δὴ φιλοτι-
μία τις Χοσρόην ἐσῆλθε πόλιν Ἔδεσσαν ἐξελεῖν.

Ἐνῆγε γὰρ αὐτὸν ἐς τοῦτο Χριστιανῶν λόγος καὶ 7
ἔδακνεν αὐτοῦ τὴν διάνοιαν, ὅτι δὴ ἀνάλωτον αὐτὴν
ἰσχυρίζοντο εἶναι ἐξ αἰτίας τοιᾶσδε. Αὔγαρος ἦν τις ἐν 8
τοῖς ἄνω χρόνοις Ἐδέσσης τοπάρχης (οὕτω γὰρ τοὺς
κατὰ ἔθνος βασιλεῖς τηνικαῦτα ἐκάλουν). ὁ δὲ Αὔγαρος
οὗτος ξυνετώτατος ἐγεγόνει τῶν κατ' αὐτὸν ἀνθρώπων
ἁπάντων, καὶ ἀπ' αὐτοῦ βασιλεῖ Αὐγούστῳ ἐς τὰ μάλιστα φίλος. ἔνσπονδος γὰρ Ῥωμαίοις εἶναι βουλόμενος 9
ἐς Ῥώμην τε ἀφίκετο, καὶ τῷ Αὐγούστῳ ἐς λόγους
ἥκων οὕτω δὴ αὐτὸν τῆς ξυνέσεως τῷ περιόντι ἐξέπλη-
ξεν ὥστε οὐκέτι αὐτοῦ μεθίεσθαι Αὔγουστος τῆς ξυ-
νουσίας ἐβούλετο, ἀλλ' ἦν τε αὐτοῦ τῆς ὁμιλίας εὐθὺς
διάπυρος ἐραστὴς καὶ ἐπειδὰν ἐντύχοι, ἀπαλλάσσεσθαι
αὐτοῦ οὐδαμῆ ἤθελε. χρόνος οὖν αὐτῷ ἐν ταύτῃ δὴ 10
συχνὸς τῇ ἀποδημίᾳ ἐτρίβη. καὶ ποτε ἐς ἤθη πάτρια
ἐθέλων ἰέναι πείθειν τε τὸν Αὔγουστον μεθεῖναι αὐτὸν
ὡς ἥκιστα ἔχων, ἐπενόει τάδε. ἐστάλη μὲν ὡς κυνηγε- 11
τήσων ἐς τὰ ἐπὶ Ῥώμης χωρία· μελέτην γὰρ περὶ
ταῦτα κατεσπουδασμένην τινὰ ἐτύγχανεν ἔχων. περιιὼν
δὲ χώραν πολλὴν συχνὰ τῶν ἐκείνῃ θηρίων ζῶντα ἐθήρα,
καὶ χοῦν ἐκ τῆς γῆς ξυναμησάμενος ἔφερεν ἐκ χώρας
ἑκάστης· οὕτω τε ἐπανῆκεν εἰς Ῥώμην, τόν τε χοῦν
καὶ τὰ θηρία ἔχων. ὁ μὲν οὖν Αὔγουστος ἐς τὸν ἱππό- 12
δρομον ἀναβὰς ἐκάθητο ᾗπερ εἰώθει, Αὔγαρος δέ οἱ
ἐς ὄψιν ἥκων τήν τε γῆν καὶ τὰ θηρία ἐπέδειξε, κατα-
λέγων ἐς ποίας ποτὲ χώρας ἥ τε γῆ ἑκάστη καὶ τῶν
θηρίων τίνα ποτὲ εἴη. ἔπειτα τὴν μὲν γῆν ἄλλην ἄλλῃ 13
τοῦ ἱπποδρομίου ἐλέκευε θέσθαι, πάντα δὲ ἐς ταὐτὸ τὰ
θηρία ξυναγαγόντας εἶτα ἀφεῖναι. οἱ μὲν οὖν ὑπηρέται 14
κατὰ ταῦτα ἐποίουν. τὰ δὲ θηρία χωρὶς ἀλλήλων γενόμενα ἐς ἐκείνην ἐχώρει τὴν γῆν, ἣ δὴ ἐκ τῆς χώρας
ὅθεν εἴληπτο ἐτύγχανεν οὖσα. καὶ ὁ μὲν Αὔγουστος 15

der Rest zusehen, wie ein jeder nach Gelegenheit in seine Heimat zurückkehren konnte. Chosroes aber faßte jetzt irgendwie den ehrgeizigen Plan, die Stadt Edessa einzunehmen. Hiezu veranlaßte ihn eine Behauptung der Christen, die seinen Stolz kränkte; sie erklärten nämlich ihre Stadt aus folgendem Grunde für uneinnehmbar: Ein gewisser Augaros war in früheren Zeiten Toparch – so hießen damals die Könige einer Völkerschaft – von Edessa. Er war der klügste all seiner Zeitgenossen, weshalb er sich auch der besonderen Freundschaft des Kaisers Augustus erfreute. Denn als er in der Absicht, mit den Römern ein Bündnis abzuschließen, nach Rom kam und mit Augustus verhandelte, setzte er ihn durch seinen überlegenen Verstand derart in Erstaunen, daß der Kaiser nicht mehr auf seine Gesellschaft verzichten wollte. Er fand vielmehr sogleich lebhaftestes Gefallen an seinem Umgang und wollte ihn, sooft er auch darum bat, keinesfalls ziehen lassen. Daher mußte Augaros lange Zeit in der Fremde verbringen. Als er nun trotz seines Wunsches nach Heimkehr Augustus durchaus nicht bewegen konnte, ihn ziehen zu lassen, kam er einst auf folgenden Einfall: Als gründlich geübter Jäger begab er sich auf Jagd in die Umgebung von Rom und fing bei einem ausgedehnten Streifzug viele Tiere, wie sie dort zu Hause sind. Er sammelte auch Bodenerde aus jedem Gebiet und kehrte mit dieser und den Tieren nach Rom zurück. Wie nun Augustus die Rennbahn betrat und sich auf seinem gewohnten Platze niederließ, ging Augaros vor ihn hin, wies auf die Erde und die Tiere und zählte im einzelnen auf, aus welchem Gebiet jede Erdart und jedes Tier stamme. Dann ließ er die eine Erdart hier, die andere dort in der Rennbahn ausstreuen, hierauf sämtliche Tiere an ein und dieselbe Stelle zusammenbringen und schließlich frei laufen. Die Diener führten seinen Befehl aus, die Tiere aber trennten sich und liefen zu jener Erde hin, die dem Gebiet entstammte, daraus ein jedes genommen war. Sehr lange und genau verfolgte Augustus

ἐπὶ πλεῖστον τὰ ποιούμενα ἐς τὸ ἀκριβὲς ἔβλεπε, καὶ
ἐθαύμαζέ γε ὅτι δὴ τοῖς ζῴοις ἡ φύσις ἀδίδακτος οὖσα
ποθεινὴν ποιεῖται τὴν πάτριον γῆν. Αὔγαρος δὲ αὐτοῦ
τῶν γονάτων ἐκ τοῦ αἰφνιδίου λαβόμενος ,,Ἐμὲ δὲ‟ 16
εἶπε ,,τίνα ποτὲ γνώμην ἔχειν, ὦ δέσποτα, οἴει, ᾧ γυνή
τέ ἐστι καὶ παιδία καὶ βασιλεία βραχεῖα μέν, ἀλλ' ἐν
γῇ τῇ πατρῴᾳ;‟ καὶ ὃς τῷ ἀληθεῖ τοῦ λόγου ἡσσηθείς 17
τε καὶ βιασθεὶς ἀπιέναι τε ξυνεχώρει οὔτι ἑκούσιος καὶ
προσαιτεῖσθαι ἐκέλευεν ὅτου ἂν δέηται. ἐπεὶ δὲ τούτου 18
Αὔγαρος ἔτυχεν, Αὐγούστου ἐδεῖτο ἱπποδρόμιόν οἱ δείμασθαι ἐν πόλει Ἐδέσσῃ. ὁ δὲ ξυνεχώρει καὶ τοῦτο.
οὕτω μὲν ἐκ Ῥώμης ἀπαλλαγεὶς Αὔγαρος ἐς Ἔδεσσαν
ἦλθε.

Καὶ αὐτοῦ οἱ πολῖται ἀνεπυνθάνοντο εἴ τι φέρων
ἀγαθὸν σφίσιν ἐκ βασιλέως Αὐγούστου ἥκοι. ὁ δὲ ἀπο- 19
κρινάμενος Ἐδεσσηνοῖς ἐνεγκεῖν ἔφη λύπην τε ἀζή-
μιον καὶ χαρὰν ἀκερδῆ, τὴν τοῦ ἱπποδρομίου παραδηλῶν τύχην. χρόνῳ δὲ ὕστερον πόρρω που ἡλικίας Αὔγαρος ἥκων νόσῳ ποδάγρας χαλεπῆς τινος ὑπερφυῶς ἥλω. 20
ταῖς γοῦν ὀδύναις ἀχθόμενος καὶ τῇ ἐνθένδε ἀκινησίᾳ
ἐπὶ τοὺς ἰατροὺς τὸ πρᾶγμα ἦγεν. ἐκ πάσης τε γῆς
ξυνέλεγε τοὺς περὶ ταῦτα σοφοὺς ἅπαντας. ὧν δὴ ὕστε- 21
ρον (οὐ γάρ οἱ ἄκεσίν τινα τοῦ κακοῦ ἐξευρεῖν ἴσχυον)
ἀπέστη τε καὶ ἐς ἀμηχανίαν ἐμπεσὼν τύχας τὰς πα-
ρούσας ὠδύρετο. ὑπὸ δὲ τὸν χρόνον ἐκεῖνον Ἰησοῦς ὁ 22
τοῦ θεοῦ παῖς ἐν σώματι ὢν τοῖς ἐν Παλαιστίνῃ ἀνθρώποις ὡμίλει, τῷ τε μηδὲν τὸ παράπαν ἁμαρτεῖν πώποτε,
ἀλλὰ καὶ τὰ ἀμήχανα ἐξεργάζεσθαι διαφανῶς ἐνδεικνύμενος ὅτι δὴ τοῦ θεοῦ παῖς ὡς ἀληθῶς εἴη· νεκροὺς 23
τε γὰρ καλῶν ἐξανίστη ὥσπερ ἐξ ὕπνου καὶ πηροῖς τοὺς
ὀφθαλμοὺς οὕτω τεχθεῖσιν ἀνέῳγε, σώματός τε ὅλου
λεύκας ἐκάθηρε καὶ ποδῶν πήρωσιν ἔλυσε, καὶ ὅσα
ἄλλα ἰατροῖς πάθη ἀνίατα ὠνομασμένα ἐστί. ταῦτα 24
ἀπαγγελλόντων Αὔγαρος τῶν ἐκ Παλαιστίνης ἐς τὴν

die Vorgänge und wunderte sich, daß die angeborene Natur
den Tieren die heimatliche Erde so anziehend mache. Augaros
aber umfaßte plötzlich seine Kniee und sprach: „Was mich
anlangt, Herrscher, was glaubst du denn, daß ich für eine
Sinnesart besitze, der ich Weib und Kinder und ein zwar kleines, aber doch in der Heimaterde gelegenes Königreich habe?"
Augustus aber freute sich und beugte sich der Wahrheit dieser Rede, gestattete Augaros, wenn auch ungern, die Abreise
und hieß ihn dazu noch um die Erfüllung eines Wunsches bitten. Daraufhin bat Augaros den Augustus, er möge ihm eine
Rennbahn in Edessa bauen, und der Kaiser bewilligte auch
dies. So verließ Augaros Rom und kehrte nach Edessa zurück.

Als ihn seine Bürger fragten, ob er ihnen denn etwas Gutes
von Kaiser Augustus mitgebracht habe, gab er den Einwohnern von Edessa zur Antwort, er habe bei sich einen Schmerz,
der nicht schade, und eine Freude, die keinen Gewinn bringe,
womit er auf das Schicksal der Rennbahn anspielte. Später,
als Augaros schon in vorgerücktem Alter stand, wurde er sehr
heftig von einer schmerzhaften Fußgicht befallen. Infolge der
Schmerzen und der dadurch veranlaßten Gehbehinderung
mußte er ärztliche Hilfe in Anspruch nehmen und so holte er
aus der ganzen Welt sämtliche Fachleute zusammen. Keiner
aber konnte ihn von seinem Leiden heilen, so daß er später
auf sie verzichtete und, hilflos wie er war, sein augenblickliches Schicksal beklagte. Zu jener Zeit aber weilte Jesus, der
Sohn Gottes in Menschengestalt, unter den Einwohnern von
Palästina und bewies durch seine völlige Sündenlosigkeit wie
auch durch seine Wundertaten deutlich, daß er in Wahrheit
der Sohn Gottes sei. Durch sein Wort erweckte er nämlich
Tote wie aus dem Schlafe, öffnete den Blindgeborenen die
Augen, reinigte ganz vom Aussatz befallene Menschen, machte Lahme gehend und heilte alle sonstigen Leiden, welche von
den Ärzten als hoffnungslos bezeichnet sind. Als nun Augaros
von Palästinensern, die nach Edessa kamen, darüber Kunde

Ἔδεσσαν ἐπιχωριαζόντων ἀκούσας ἐθάρσησέ τε καὶ
γράμματα πρὸς τὸν Ἰησοῦν γράψας ἐδεῖτο αὐτοῦ ἀπαλλάσσεσθαι μὲν τῆς Ἰουδαίας καὶ τῶν ἐνταῦθα ἀγνω-
μόνων ἀνθρώπων, αὐτῷ δὲ τὸ λοιπὸν ξυμβιοτεύειν.
ἐπεὶ ταῦτα ὁ Χριστὸς ἀπενεχθέντα εἶδεν, ἀντέγραψε 25
πρὸς τὸν Αὔγαρον, ὡς μὲν οὐκ ἀφίξεται ἄντικρυς ἀπο-
λέγων, τὴν δὲ ὑγίειαν τῷ γράμματι ὑποσχόμενος. φασὶ 26
δὲ καὶ τοῦτο αὐτὸν ἐπειπεῖν, ὡς οὐδὲ ἡ πόλις ποτὲ βαρβάροις ἁλώσιμος ἔσται. τοῦτο τῆς ἐπιστολῆς τὸ ἀκρο-
τελεύτιον οἱ μὲν ἐκείνου τοῦ χρόνου τὴν ἱστορίαν ξυγ-
γράψαντες οὐδαμῇ ἔγνωσαν· οὐ γὰρ οὖν οὐδέ πη αὐτοῦ
ἐπεμνήσθησαν· Ἐδεσσηνοὶ δὲ αὐτὸ ξὺν τῇ ἐπιστολῇ
εὑρέσθαι φασὶν, ὥστε ἀμέλει καὶ ἀνάγραπτον οὕτω
τὴν ἐπιστολὴν ἀντ' ἄλλου του φυλακτηρίου ἐν ταῖς τῆς
πόλεως πεποίηνται πύλαις.
Γέγονε μὲν οὖν ὑπὸ Μήδοις χρόνῳ τινὶ ὕστερον, οὐχ 27
ἁλοῦσα μέντοι, ἀλλὰ τρόπῳ τοιῷδε. ἐπειδὴ τὸ γράμμα 28
τοῦ Χριστοῦ Αὔγαρος ἔλαβε, κακῶν μὲν ὀλίγῳ ὕστερον
ἀπαθὴς γέγονε, συχνὸν δὲ τῇ ὑγιείᾳ ἐπιβιοὺς χρόνον
ἐτελεύτησεν· ὅστις δὲ διεδέξατο τὴν βασιλείαν τῶν
αὐτοῦ παίδων, ἀνοσιώτατος γεγονὼς ἁπάντων ἀνθρώπων, ἄλλα τε πολλὰ ἐς τοὺς ἀρχομένους ἐξήμαρτε καὶ
τὴν ἐκ Ῥωμαίων δεδιὼς τίσιν προσεχώρησεν ἑκούσιος
Πέρσαις. χρόνῳ τε πολλῷ Ἐδεσσηνοὶ ὕστερον ἀνε- 29
λόντες τῶν βαρβάρων τοὺς σφίσιν ἐνδημοῦντας φρου-
ροὺς ἐνέδοσαν Ῥωμαίοις τὴν πόλιν. * * * * * * * *
αὐτῷ προσποιεῖσθαι ἐπιμελές ἐστι, τεκμαιρόμενος οἷς
ἐν τοῖς κατ' ἐμὲ χρόνοις γέγονεν, ἅπερ ἐν τοῖς καθή
κουσι λόγοις δηλώσω. καὶ μοί ποτε ἔννοια γέγονεν 30
ὡς εἰ μὴ ταῦτα, ἅπερ ἐρρήθη, ὁ Χριστὸς ἔγραψεν,
ἀλλ' ὅτι ἐς τοῦτο δόξης ἄνθρωποι ἦλθον, φυλάξαι διὰ
τοῦτο ἀνάλωτον ἐθέλει τὴν πόλιν, ὡς μήποτε αὐτοῖς
πλάνης τινὰ σκῆψιν διδοίη. ταῦτα μὲν οὖν ὅπῃ τῷ θεῷ
φίλον, ταύτῃ ἐχέτω τε καὶ λεγέσθω.

erhielt, faßte er neuen Mut, schrieb einen Brief an Jesus und
bat ihn, er möge Judäa und seine undankbaren Menschen verlassen und künftig bei ihm wohnen. Dieses Schreiben wurde
Christus überbracht, der es las und Augaros auch seinerseits
einen Brief zugehen ließ. Darin erklärte er zwar mit deutlichen Worten, daß er nicht kommen werde, versprach aber
dem König Heilung auf schriftlichem Wege. Wie man sagt,
soll Christus auch noch beigefügt haben, daß die Stadt niemals von Barbaren eingenommen werden könne. Dieser
Schlußteil des Briefes blieb den Geschichtsschreibern jener
Zeit völlig unbekannt, sie taten seiner auch nirgendswo Erwähnung; hingegen erklären die Einwohner von Edessa, sie
hätten dieses Stück mit dem Brief zusammen aufgefunden,
so daß sie ihn natürlich auch in Abschrift anstatt eines sonstigen Schutzmittels auf die Stadttore setzten.

Einige Zeit darauf kam Edessa unter persische Herrschaft,
jedoch nicht durch Eroberung, sondern auf folgende Art:
Nachdem Augaros Christi Brief empfangen hatte, wurde er
bald darauf von seinen Leiden befreit und lebte gesund noch
lange Zeit bis zu seinem Tode. Derjenige aber von seinen
Söhnen, der ihm auf den Thron folgte, war der allerruchlose-
ste Mensch; er machte sich vieler anderer Verbrechen gegen
seine Untertanen schuldig und trat schließlich aus Furcht vor
römischer Strafe freiwillig zu den Persern über. Lange danach machten die Einwohner von Edessa die barbarische Besatzung in ihrer Stadt nieder und übergaben diese den Römern... ihm liegt an der Gewinnung, wobei ich (?) mich als
Beweis auf die Ereignisse meiner Zeit berufe, auf die ich auch
noch an passender Stelle zu sprechen kommen werde. Auch
kam mir einmal der Gedanke, daß Christus, mag er auch das
erwähnte Schreiben nicht verfaßt haben, sondern nur die
Menschen zu dieser Ansicht gekommen sein, dennoch die
Stadt deshalb vor Eroberung bewahren will, um ihnen niemals einen Vorwand für Zweifel zu geben. Dies soll sich nun
verhalten, wie es Gott gefällt, und dementsprechend berichtet sein!

Χοσρόη δὲ τότε προὔργου διὰ ταῦτα ἔδοξεν εἶναι
Ἔδεσσαν ἐξελεῖν. καὶ ἐπεὶ ἐς Βάτνην ἀφίκετο, πόλισμα
μὲν βραχὺ καὶ λόγου οὐδενὸς ἄξιον, ἡμέρας δὲ ὁδῷ
Ἐδέσσης διέχον, ἐνταῦθα μὲν τὴν νύκτα ἐκείνην ηὐλί-
σατο, ὄρθρου δὲ βαθέος παντὶ τῷ στρατῷ ἐπὶ τὴν
Ἔδεσσαν ἤλαυνε. καὶ αὐτοῖς ξυνέβη πλάνῃ περιπε-
σοῦσι τῇ ὑστεραίᾳ ἐς τὸν αὐτὸν αὐλίζεσθαι χῶρον·
ὅπερ αὐτοῖς λέγουσι καὶ δὶς ξυμβῆναι. μόλις δὲ ἄγχιστα
Ἐδέσσης γενομένῳ Χοσρόῃ ῥεύματός φασιν ἐς τὸ
πρόσωπον ἐπιπεσόντος ἐπῆρθαι τὴν γνάθον. διὸ δὴ
τῆς μὲν πόλεως ἀποπειρᾶσθαι οὐδαμῆ ἤθελε, Παῦλον
δὲ πέμψας χρήματα Ἐδεσσηνοὺς ᾔτει. οἱ δὲ ἀμφὶ τῇ
πόλει μὲν δεδιέναι ἥκιστα ἔφασκον, ὅπως δὲ μὴ τοῖς
χωρίοις λυμήνηται, ὡμολόγησαν δύο χρυσοῦ κεντηνάρια δώσειν. καὶ ὃς τά τε χρήματα ἔλαβε καὶ διεσώσατο
τὰ ξυγκείμενα.

Τότε καὶ γράμματα Χοσρόῃ βασιλεὺς Ἰουστινιανὸς
ἔγραψεν, ἐπιτελέσειν ὁμολογῶν τά τε αὐτῷ καὶ τοῖς
πρέσβεσιν ἀμφὶ τῇ εἰρήνῃ ξυγκείμενα. ἅπερ ἐπεὶ ὁ Χοσρόης ἀπενεχθέντα εἶδε, τούς τε ὁμήρους ἀφῆκε καὶ
συνεσκευάζετο ἐς τὴν ἄφοδον, τούς τε Ἀντιοχέων αἰχμαλώτους ἀποδίδοσθαι ἅπαντας ἤθελεν. ὅπερ Ἐδεσσηνοὶ ἐπειδὴ ἔμαθον, προθυμίαν ἐπεδείξαντο ἀκοῆς κρείσσω. οὐ γὰρ ἦν οὐδεὶς ὃς οὐ τὰ λύτρα ἐν τῷ ἱερῷ φέρων
ὑπὲρ τούτων δὴ τῶν αἰχμαλώτων κατὰ λόγον τῆς οὐσίας
κατέθετο. εἰσὶ δὲ οἷς καὶ μᾶλλον ἢ κατὰ λόγον ταῦτα
ἐπράσσετο. αἵ τε γὰρ ἑταῖραι τὸν κόσμον ἀφελοῦσαι,
ὅσος αὐταῖς ἐν τῷ σώματι ἦν, ἐνταῦθα ἐρρίπτουν, καὶ
εἴ τῳ γεωργῷ ἐπίπλων ἢ ἀργυρίου σπανίζοντι ὄνος ἢ
προβάτιον ἦν, τοῦτο δὴ ἐς τὸ ἱερὸν σπουδῇ πολλῇ ἦγεν.

Chosroes aber schien es nun deshalb von Wert, Edessa einzunehmen. Und so ließ er nach seiner Ankunft in Batne, einem bescheidenen und kaum erwähnenswerten, eine Tagereise von Edessa entfernten Städtchen, seine Truppen die Nacht dort im Freien lagern und brach am frühen Morgen mit seiner Streitmacht gegen Edessa auf. Da geschah es, daß sie den Weg verfehlten und am nächsten Tage wieder am gleichen Platz biwakieren mußten; das soll ihnen sogar zweimal widerfahren sein. Kaum aber war Chosroes vor Edessa eingetroffen, befiel ihn, wie man sich erzählt, ein Gesichtsreißen, und die Wange schwoll stark an. Aus diesem Grund vermied er einen Angriff auf die Stadt, schickte vielmehr nur den Paulos und verlangte von den Einwohnern Geld. Die erklärten, sie machten sich um ihre Stadt nicht die geringsten Sorgen, doch wollten sie ihm, damit er das Umland schone, zwei Kentenarien Gold zahlen. Und Chosroes nahm das Geld an und hielt sich an die Abmachungen.

13. Weitere Verhandlungen zwischen Römern und Persern. Chosroes setzt seinen Rückzug von Edessa nach Daras fort

Damals richtete Kaiser Justinian an Chosroes auch einen Brief, worin er die zwischen ihm und den Gesandten vereinbarten Friedensbedingungen zu erfüllen versprach. Nach Kenntnisnahme ließ der König die Geiseln frei und machte sich zum Abzug fertig; er erklärte sich auch bereit, die gefangenen Antiocheier zurückzugeben. Sowie die Einwohner von Edessa das hörten, bewiesen sie eine ungewöhnliche Hilfsbereitschaft. Es gab nämlich niemand, der nicht seinem Vermögen entsprechend Lösegeld für diese Gefangenen in die Kirche gebracht und dort niedergelegt hätte. Einige gingen dabei sogar über ihre Grenzen hinaus. So entäußerten sich die Hetären des ganzen Schmuckes, den sie auf dem Leibe trugen, und warfen ihn im Heiligtum zu den übrigen Gaben, und wenn ein Bauer kein Hausgerät oder Geld, dafür aber einen Esel oder ein Schaf besaß, so führte er sie eiligst dorthin. So

ἀθροίζεται μὲν οὖν χρυσοῦ τε καὶ ἀργύρου καὶ ἄλλων χρημάτων πάμπολυ πλῆθος, δέδοται δὲ ὑπὲρ λύτρων οὐδέν. Βούζης γὰρ ἐνταῦθα παρὼν ἔτυχεν, ὃς διακωλῦσαι τὴν πρᾶξιν ὑπέστη, κέρδος οἱ ἔσεσθαι μέγα τι ἐνθένδε καραδοκῶν. διὸ δὴ ὁ Χοσρόης τοὺς αἰχμαλώτους ἅπαντας ἐπαγόμενος πρόσω ἐχώρει.

Καρρηνοὶ δὲ ἀπήντων χρήματα πολλὰ προτεινόμενοι· ὁ δὲ οὐ προσήκειν ἔφασκεν, ὅτι δὴ οἱ πλεῖστοι οὐ Χριστιανοί, ἀλλὰ δόξης τῆς παλαιᾶς τυγχάνουσιν ὄντες. Καὶ μὴν καὶ Κωνσταντινιέων χρήματα διδόντων ἐδέξατο, καίπερ φάσκων οἱ ἐκ πατέρων προσήκειν τὴν πόλιν. ἐπειδὴ γὰρ Καβάδης Ἀμίδαν εἷλεν, Ἔδεσσάν τε καὶ Κωνσταντίναν ἐξελεῖν ἤθελεν. ἀλλ' Ἐδέσσης μὲν ἀγχοῦ γενόμενος τῶν μάγων ἀνεπυνθάνετο εἰ οἱ ἁλώσιμος ἡ πόλις ἔσται, δείξας τῇ δεξιᾷ χειρὶ τὸ χωρίον αὐτοῖς. οἱ δὲ αὐτῷ τὴν πόλιν ἁλώσεσθαι οὐδεμιᾷ μηχανῇ ἔλεγον, τεκμαιρόμενοι, ὅτι δὴ τὴν δεξιὰν αὐτῇ χεῖρα προτείνας, οὐχ ἁλώσεως ταύτῃ οὐδὲ ἄλλου ὁτουοῦν χαλεποῦ ξύμβολον, ἀλλὰ σωτηρίας διδοίη. καὶ ὃς ταῦτα ἀκούσας, ἐπείθετό τε καὶ ἐπῆγεν ἐπὶ Κωνσταντίναν τὸ στράτευμα. ἐνταῦθα δὲ ἀφικόμενος ἐνστρατοπεδεύεσθαι παντὶ τῷ στρατῷ ὡς πολιορκήσων ἐπέστελλεν. ἦν δὲ Κωνσταντίνης ἱερεὺς τότε Βαράδοτος, ἀνὴρ δίκαιός τε καὶ τῷ θεῷ ἐς τὰ μάλιστα φίλος, καὶ ἀπ' αὐτοῦ ἐνεργοῦσαν ἐς ὅ τι βούλοιτο ἀεὶ τὴν εὐχὴν ἔχων· οὗ καὶ τὸ πρόσωπον ἰδὼν ἄν τις εὐθὺς εἴκασεν ὅτι δὴ τῷ θεῷ ἐνδελεχέστατα κεχαρισμένος ὁ ἀνὴρ εἴη. οὗτος ὁ Βαράδοτος τηνικαῦτα παρὰ τὸν Καβάδην ἐλθὼν οἶνόν τε ἤνεγκε καὶ ἰσχάδας καὶ μέλι καὶ καθαροὺς ἄρτους, καὶ αὐτοῦ ἐδεῖτο μὴ ἀποπειρᾶσθαι πόλεως, ἣ οὔτε λόγου ἀξία ἐστὶ καὶ πρὸς Ῥωμαίων ἀπημέληται λίαν, οὔτε στρατιωτῶν φρουρὰν ἔχουσα οὔτε ἄλλο τι φυλακτήριον, ἀλλὰ τοὺς οἰκήτορας μόνους, ἀνθρώπους οἰκτρούς. ὁ μὲν ταῦτα εἶπε· Καβάδης δὲ αὐτῷ τήν τε

kam eine bedeutende Menge von Gold, Silber und anderen
Wertsachen zusammen, doch durfte nichts als Lösegeld verwendet werden; denn Buzes, der gerade in der Stadt weilte,
hatte die Stirn, das Vorhaben zu hintertreiben, da er sich davon einen großen Gewinn versprach. So zog Chosroes eben
mit den Gefangenen weiter.

Dabei kamen ihm Leute aus Karrhä entgegen und boten
ihm viel Geld an, der König aber erklärte, dies zieme sich
nicht, weil die meisten Einwohner nicht Christen, sondern
Anhänger des alten Glaubens seien. Als nun auch die Bürger
von Konstantine Zahlungen leisteten, nahm er diese zwar entgegen, bemerkte jedoch, daß ihm die Stadt von seinen Vätern
her gehöre. Kabades wollte nämlich, nachdem er Amida erobert hatte, auch Edessa und Konstantine in Besitz nehmen.
Indessen fragte er, sowie er in die unmittelbare Nähe von
Edessa gelangt war, seine Magier, ob er sich der Stadt bemächtigen könne, und zeigte ihnen dabei mit der Rechten den
Platz. Sie aber waren der Ansicht, daß es ihm unmöglich ge-
lingen werde. Dies schlossen sie aus der Tatsache, daß er der
Stadt die rechte Hand entgegen gestreckt und damit ihr nicht
ein Zeichen der Einnahme oder sonst eines Übels, sondern des
der Rettung gegeben habe. Und Kabades ließ sich dadurch
überzeugen und führte sein Heer gegen Konstantine. Nach
seiner Ankunft befahl er dem ganzen Heere, ein Lager zu
schlagen und mit der Einschließung zu beginnen. Nun lebte
aber damals in Konstantine ein Priester namens Baradotos,
ein gerechter und Gott gar wohlgefälliger Mann, dessen Bitte
daher immer Erhörung fand. Auch wenn man sein Antlitz sah,
hätte man sogleich vermuten können, daß er sich steten göttlichen Segens erfreute. Dieser Baradotos ging damals zu Kabades, brachte ihm Wein, getrocknete Feigen, Honig und
Brote aus reinem Weizenmehl und bat ihn, er möge doch die
Stadt nicht angreifen. Sie sei von geringer Bedeutung und
von den Römern ganz mißachtet, habe auch keine militärische Besatzung oder sonstigen Schutz, sondern beherberge
nur ihre Einwohner, armselige Menschen. Dies waren seine
Worte. Kabades aber versprach, daß er die Stadt ihm gerne

πόλιν χαριεῖσθαι ὡμολόγησε καὶ τοῖς σιτίοις ἐδωρήσατο αὐτὸν ἅπασιν, ὅσα οἱ τῷ στρατοπέδῳ ἐς τὴν
πολιορκίαν ἠτοίμαστο, μεγάλοις ὑπερφυῶς οὖσιν· οὕτω
τε ἀπηλλάσσετο ἐκ γῆς τῆς Ῥωμαίων. διὸ δὴ ὁ Χοσρόης ἐκ πατέρων οἱ προσήκειν ἠξίου τὴν πόλιν.
Ἐς Δάρας τε ἀφικόμενος ἐς πολιορκίαν καθίστατο.
ἔνδοθεν δὲ Ῥωμαῖοι καὶ Μαρτῖνος ὁ στρατηγὸς (καὶ
γὰρ ἐνταῦθα ὢν ἔτυχε) τὰ ἐς ἀντίστασιν ἐξηρτύοντο.
δύο δὲ ἡ πόλις τείχεσι περιβέβληται, ὧν τὸ μὲν ἐντὸς
μέγα τε καὶ ἀξιοθέατον ἀτεχνῶς ἐστιν (ἐς ὕψος γὰρ
διήκει πύργος μὲν ἕκαστος ποδῶν ἑκατόν, τὸ δὲ ἄλλο
τεῖχος ἑξήκοντα), τὸ δὲ ἐκτὸς πολλῷ μὲν ἔλασσον συμ-
βαίνει εἶναι, ἄλλως δὲ ἐχυρόν τε καὶ λόγου πολλοῦ
ἄξιόν ἐστι. τὸ δὲ μεταξὺ χωρίον εὖρος οὐχ ἧσσον ἢ
πεντήκοντα ἔχει ποδῶν· ἐνταῦθα εἰώθασι Δαρηνοὶ
τούς τε βόας καὶ τἄλλα ζῷα πολεμίων σφίσιν ἐγκει-
μένων ἐμβάλλεσθαι. τὰ μὲν οὖν πρῶτα ὁ Χοσρόης
προσβολὴν ποιησάμενος ἐς τὰ πρὸς ἑσπέραν τοῦ περιβόλου πλήθει τε βελῶν βιασάμενος, τὰς πύλας τείχους
τοῦ βραχέος ἐνέπρησεν. ἐντὸς μέντοι γενέσθαι οὐδεὶς
τῶν βαρβάρων ἐτόλμησεν. ἔπειτα δὲ κατώρυχα ποιεῖσθαι λάθρα ἐς τὰ πρὸς ἕω τῆς πόλεως ἔγνω. ταύτῃ
γὰρ μόνον ὀρύσσεσθαι ἡ γῆ οἵα τέ ἐστιν, ἐπεὶ τὰ ἄλλα
τοῦ περιβόλου ἐπὶ πέτρας τοῖς δειμαμένοις πεποίηται.
οἱ γοῦν Πέρσαι ἀπὸ τῆς τάφρου ἀρξάμενοι ὤρυσσον.
ἧς δὴ βαθείας κομιδῇ οὔσης οὔτε καθεωρῶντο πρὸς
τῶν πολεμίων οὔτε αὐτοῖς τινα αἴσθησιν τοῦ ποιουμένου παρείχοντο. ἤδη μὲν οὖν ὑπέδυσαν τὰ θεμέλια
τοῦ ἐκτὸς τείχους, ἔμελλον δὲ καὶ κατὰ τὴν μεταξὺ
χώραν ἑκατέρου περιβόλου γινόμενοι ὀλίγῳ ὕστερον
καὶ τὸ μέγα τεῖχος ἀμείψαντες τὴν πόλιν κατὰ κράτος
ἑλεῖν, ἀλλ᾽ (οὐ γὰρ αὐτὴν ἔδει Πέρσαις ἁλῶναι) εἷς
ἐκ τοῦ Χοσρόου στρατοπέδου ἀμφὶ ἡμέραν μέσην
ἄγχιστά πη τοῦ περιβόλου μόνος ἀφίκετο, εἴτε ἄνθρω-

überlasse, und beschenkte ihn auch noch mit dem ganzen gewaltigen Proviant, den er aus Anlaß der Belagerung für sein Heer hatte herbeischaffen lassen. Damit zog er aus dem Römerreiche ab, Chosroes aber erhob auf Grund der erwähnten Vorgänge den Anspruch, daß ihm die Stadt von Väterzeiten her gehöre.

Als er nun jetzt vor Daras eintraf, begann er sogleich mit der Belagerung, und die römische Besatzung sowie der Feldherr Martinos, der sich gerade dort aufhielt, trafen die nötigen Verteidigungsmaßnahmen. Die Stadt ist von zwei Mauern umgeben, von denen die innere groß und stattlich anzusehen ist; hundert Fuß ragt jeder Turm empor, während die Höhe des übrigen Befestigungsrings sechzig Fuß beträgt. Die äußere Mauer ist hingegen weit weniger ansehnlich, im übrigen aber doch stark und recht bedeutend. Die Breite des Zwischenraums beträgt mindestens fünfzig Fuß, und dorthin bringen die Einwohner von Daras, wenn ihnen feindliche Angriffe drohen, gewöhnlich ihre Rinder und sonstigen Tiere. Chosroes ging zuerst gegen den Westteil der Stadtbefestigung vor, überschüttete ihn mit einem Hagel von Geschossen und setzte die Tore der niedrigen Mauer in Brand. Einzudringen wagte aber kein Barbar. Sodann beschloß der König, auf der Ostseite der Stadt heimlich einen Stollen anzulegen, an der Stelle, wo man allein Erdgrabungen vornehmen kann; denn die übrigen Teile des Mauerrings sind auf Felsgrund errichtet. Die Perser begannen also vom Graben aus mit ihrem Stollenbau, und zwar so tief, daß weder ein Feind sie sehen konnte noch sie selbst etwas von ihrem Vorhaben verrieten. Schon hatten sie die Fundamente der äußeren Mauer untergraben und wollten, im Raum zwischen den beiden Befestigungsringen stehend, alsbald auch die große Mauer queren und die Stadt mit Gewalt einnehmen, als ein Mann aus dem Heere des Chosroes, entweder ein gewöhnlicher Mensch oder ein höheres Wesen – Daras sollte ja nicht durch die Perser erobert werden – um die Mittagszeit allein ganz dicht an die Mauer herantrat und den Eindruck bei den Zuschauern erweckte, wie wenn er die

πος ὢν εἴτε τι ἄλλο ἀνθρώπου κρεῖσσον, δόξαν τε τοῖς
ὁρῶσι παρείχετο, ὅτι δὴ τὰ βέλη ξυλλέγοι, ἅπερ ἐκ
τοῦ τείχους Ῥωμαῖοι ὀλίγῳ πρότερον ἐπὶ τοὺς ἐνο-
χλοῦντας βαρβάρους ἀφῆκαν. ταῦτά τε ποιῶν καὶ τὴν
ἀσπίδα προβεβλημένος ἐρεσχελεῖν τε τοὺς ἐν ταῖς ἐκάλ-
ξεσι καὶ ξὺν γέλωτι τωθάζειν ἐδόκει. εἶτα φράσας
αὐτοῖς τὸν πάντα λόγον ἐγρηγορέναι πάντας ἐνέλευε
καὶ ὡς ἔνι μάλιστα τῆς σωτηρίας ἐπιμεῖσθαι. καὶ ὁ
μὲν ταῦτα σημήνας ἀπιὼν ᾤχετο, Ῥωμαῖοι δὲ τὰ ἐν
μέσῳ τείχους ἑκατέρου θορύβῳ πολλῷ καὶ ταραχῇ
ἐκέλευον σκάπτειν. καὶ Πέρσαι μέντοι οὐκ εἰδότες
τὰ πρασσόμενα οὐδέν τι ἧσσον ἔργου εἴχοντο. τῶν
μὲν οὖν βαρβάρων ὀρθήν τινα ἔνερθεν ποιουμένων
ὁδὸν ἐπὶ τὸ τῆς πόλεως τεῖχος, τῶν δὲ Ῥωμαίων Θεο-
δώρου γνώμῃ, ἐπὶ σοφίᾳ τῇ καλουμένῃ μηχανικῇ λο-
γίου ἀνδρός, ἐγκαρσίαν τε τὴν διώρυχα ἐργαζομένων
καὶ βάθους ἱκανῶς ἔχουσαν, ξυνέβη Πέρσας κατὰ
μέσον τοῖν περιβόλοιν γεγενημένους ἐκ τοῦ αἰφνιδίου
ἐμπεσεῖν ἐς τὴν Ῥωμαίων κατώρυχα. καὶ αὐτῶν τοὺς
μὲν πρώτους Ῥωμαῖοι ἔκτειναν, οἱ δὲ ὄπιστεν φυγόντες κατὰ τάχος ἐς τὸ στρατόπεδον διεσώθησαν. διώκειν
γὰρ αὐτοὺς ἐν σκότῳ Ῥωμαῖοι οὐδαμῇ ἔγνωσαν.

Ταύτης οὖν τῆς πείρας ὁ Χοσρόης ἀποτυχὼν ἑλεῖν
τε τὴν πόλιν μηχανῇ τὸ λοιπὸν οὐδεμιᾷ ἐλπίσας, τοῖς
πολιορκουμένοις ἐς λόγους ἦλθε, χίλιά τε κεκομισμένος
ἀργύρου σταθμὰ ἐς τὰ Περσῶν ἤθη ἐχώρει. ταῦτα
ἐπεὶ βασιλεὺς Ἰουστινιανὸς ἔμαθεν, οὐκέτι τὰ ξυγκείμενα ἐπιτελῆ ποιήσειν ἤλελεν, ἐπικαλῶν Χοσρόῃ ὅτι
δὴ πόλιν Δάρας ἐν σπονδαῖς ἐξελεῖν ἐνεχείρησε. ταῦτα
μὲν ἐν τῇ πρώτῃ Χοσρόου ἐσβολῇ Ῥωμαίοις ξυνέβη,
καὶ τὸ θέρος μὲν ἐτελεύτα.

Ὁ δὲ Χοσρόης πόλιν ἐν Ἀσσυρίοις δειμάμενος ἐν
χώρῳ Κτησιφῶντος πόλεως διέχοντι ἡμέρας ὁδῷ,
Ἀντιόχειάν τε τὴν Χοσρόου αὐτὴν ἐπωνόμασε καὶ

Pfeile sammle, welche die Römer kurz zuvor von der Befestigung aus auf die andringenden Barbaren verschossen hatten. Während er dies tat, hielt er den Schild vor sich hin und schien die Leute auf den Brustwehren zu necken und unter Gelächter zu verspotten. Dann aber verriet er ihnen die ganze Sache und hieß sie alle wachsam und möglichst auf der Hut sein. Nach diesen Mitteilungen entfernte sich der Mann, während die Römer in großer Hast und Unruhe das Gelände zwischen den beiden Mauern aufgraben ließen. Die Perser aber setzten, ohne etwas von dem Geschehenen zu ahnen, ihre Arbeit unvermindert fort. Indem nun die Barbaren einen unterirdischen Gang gerade auf die Stadtmauer zu anlegten, hoben die Römer auf den Rat des Theodoros, eines ausgezeichneten Ingenieurs, einen ziemlich tiefen Quergraben aus. So kam es, daß die Perser, als sie mitten zwischen den beiden Befestigungsringen waren, plötzlich auf den römischen Graben stießen. Wer von ihnen am vordersten stand, wurde von den Feinden niedergemacht; die rückwärtigen Perser hingegen konnten sich in eiliger Flucht ins Lager retten, da die Römer in der Dunkelheit an keine Verfolgung dachten.

Nach diesem Fehlschlag gab Chosroes die Hoffnung auf, die Stadt auf irgendeine Weise noch einnehmen zu können; er trat mit den Belagerten in Unterhandlungen und kehrte schließlich, nachdem man ihm tausend Stathmen Silber zugestanden hatte, nach Persien zurück. Als Kaiser Justinian von den Vorfällen hörte, wollte er das Abkommen nicht mehr einhalten; denn er machte Chosroes zum Vorwurf, daß er trotz des Waffenstillstandes versucht habe, die Stadt Daras zu erobern. So erging es den Römern beim ersten Einbruch des Chosroes, und der Sommer neigte sich dem Ende zu.

14. Chosroes gründet für die in Gefangenschaft weggeführten Einwohner von Antiocheia eine neue Stadt. Belisar wird Oberbefehlshaber im Osten

Chosroes erbaute in Assyrien, einen Tagemarsch von Ktesiphon entfernt, eine neue Stadt, gab ihr den Namen Chosroantiocheia und siedelte dort sämtliche Gefangenen aus Antio-

Ἀντιοχέων τοὺς αἰχμαλώτους ἐνταῦθα ξυνῴκισεν ἅπαντας, οἷς δὴ βαλανεῖόν τε καὶ ἱπποδρόμιον κατεσκεύαζε
καὶ ταῖς ἄλλαις τρυφαῖς ἀνεῖσθαι ἐποίει. τούς τε γὰρ 2
ἡνιόχους καὶ τοὺς τῶν μουσικῶν ἔργων τεχνίτας ἔκ
τε Ἀντιοχείας καὶ τῶν ἄλλων Ῥωμαϊκῶν πόλεων
ξὺν αὑτῷ ἦγεν. ἔτι μέντοι καὶ δημοσίᾳ τοὺς Ἀντιο- 3
χέας τούτους ἐπιμελεστέρως ἢ κατὰ αἰχμαλώτους ἐσί-
τιζεν ἐς πάντα τὸν χρόνον, καὶ βασιλικοὺς καλεῖσθαι
ἠξίου, ὥστε τῶν ἀρχόντων οὐδενὶ ὑποχειρίους εἶναι ἢ
βασιλεῖ μόνῳ. εἰ δέ τις καὶ τῶν ἄλλων Ῥωμαίων δρα- 4
πέτης γεγονὼς ἐς Ἀντιόχειαν τὴν Χοσρόου διαφυγεῖν
ἴσχυσε, καί τις αὐτὸν ξυγγενῆ τῶν ταύτῃ ᾠκημένων
ἐκάλεσεν, οὐκέτι ἐξῆν τῷ κεκτημένῳ τὸν αἰχμάλωτον
τοῦτον ἀπάγειν, οὐδ' ἤν τις τῶν λίαν ἐν Πέρσαις δοκίμων ὁ τὸν ἄνθρωπον ἐξανδραποδίσας τυγχάνοι.

Ἀντιοχεῦσι μέντοι τὸ ξυμβὰν ἐπὶ Ἀναστασίου βασι- 5
λεύοντος τέρας ἐς τοῦτο ἀποβὰν ἐτελεύτησε. τότε γὰρ
ἀνέμου σκληροῦ Δάφνῃ τῷ προαστείῳ ἐκ τοῦ αἰφνιδίου
ἐπιπεσόντος, τῶν κυπαρίσσων αἳ ταύτῃ ὑψηλαὶ ἀτεχνῶς ἦσαν ἐκ ῥιζῶν τῶν ἐσχάτων ἀνατραπεῖσαι εἰς
τὴν γῆν ἔπεσον, ἅσπερ ὁ νόμος ἐκτέμνεσθαι οὐδαμῆ
εἴα. ὀλίγῳ μὲν οὖν ὕστερον, ἡνίκα Ἰουστῖνος Ῥω- 6
μαίων ἦρχε, σεισμός τις ἐπιγενόμενος ἐξαίσιος λίαν
τήν τε πόλιν κατέσεισε πᾶσαν καὶ τῶν οἰκοδομημάτων
τά τε πλεῖστα καὶ κάλλιστα ἐς τὸ ἔδαφος εὐθὺς ἤνεγκε,
καὶ λέγονται τότε τριάκοντα μυριάδες Ἀντιοχέων ἀπό-
λωλέναι. ἐν ταύτῃ δὲ τῇ ἁλώσει ξύμπασα ἡ πόλις 7
ὥσπερ μοι ἐρρήθη, διέφθαρται. τὸ μὲν οὖν Ἀντιοχέων
πάθος τῇδε ἐχώρησε.

Βελισάριος δὲ βασιλεῖ ἐς Βυζάντιον ἐξ Ἰταλίας 8
μετάπεμπτος ἦλθε, καὶ αὐτὸν διαχειμάσαντα ἐν Βυζαντίῳ στρατηγὸν ἐπί τε Χοσρόην καὶ Πέρσας ἅμα ἦρι
ἀρχομένῳ βασιλεὺς ἔπεμψεν ἄρχοντάς τε τοὺς ἐξ Ἰταλίας ξὺν αὐτῷ ἥκοντας, ὧν δὴ ἕνα Βαλεριανὸν ἡγεῖ-

cheia an. Auch ein Bad und eine Rennbahn ließ er ihnen errichten und ermöglichte die Befriedigung aller sonstigen fei-
neren Lebensansprüche. Er brachte nämlich die Rennfahrer
und geschulten Musiker aus Antiocheia und den anderen römischen Städten mit. Außerdem verpflegte er von Staats wegen diese Antiocheier stets fürsorglicher, als es bei Gefangenen üblich ist, und verlangte, daß man sie Königsleute nenne;
sie sollten eben keinem Würdenträger außer dem König allein
untertan sein. Ja, auch wenn von den übrigen Römern einer
flüchtig geworden, sich nach Chosroantiocheia retten konnte
und einer von den dortigen Einwohnern ihn als Verwandten
bezeichnete, durfte der Besitzer diesen Gefangenen nicht mehr
wegholen, selbst dann nicht, wenn einer von den höchstgestellten Persern den Mann zu seinem Sklaven gemacht hatte.

Für die Antiocheier aber ging damit das Wunderzeichen in
Erfüllung, das sich unter der Regierung des Kaisers Anastasios zugetragen hatte. Damals brach plötzlich ein heftiger
Sturm über die Vorstadt Daphne herein, riß dort die riesen-
großen Zypressen, die nicht umgehauen werden durften,
samt den untersten Wurzeln aus der Erde und warf sie zu
Boden. Kurz darauf, als Justinos über die Römer herrschte,
erschütterte der Eintritt eines außerordentlich schweren Erd-
bebens die ganze Stadt und brachte die meisten und schönsten
Gebäude sogleich zum Einsturz; dreihunderttausend Einwohner von Antiocheia sollen damals den Tod gefunden haben. Bei der damaligen Einnahme ist jedoch, wie schon gesagt, die gesamte Stadt zerstört worden. So ging es nun mit
dem Unglück der Antiocheier.

Damals kam auf kaiserlichen Ruf Belisar aus Italien nach
Byzanz. Nachdem er hier den Winter verbracht hatte, entsandte ihn der Herrscher mit Frühlingsbeginn als Feldherrn
gegen Chosroes und die Perser, ebenso die mit ihm aus Italien
eingetroffenen Befehlshaber, von denen er einen, den Valeria-

σθαι τῶν ἐν Ἀρμενίοις καταλόγων ἐκέλευε. Μαρτῖνος 9
γὰρ ἔτυχεν εὐθὺς εἰς τὴν ἑῴαν σταλείς, καὶ διὰ τοῦτο
Χοσρόης αὐτὸν, ὡς προδεδήλωται, ἐς Δάρας εὖρε.
τῶν δὲ Γότθων Οὐίττιγις μὲν ἐν Βυζαντίῳ ἔμεινεν, 10
οἱ δὲ λοιποὶ ξύμπαντες ἐπὶ Χοσρόην σὺν Βελισαρίῳ
ἐστράτευσαν. τότε τῶν Οὐιττίγιδος πρέσβεων ἅτερος 11
μὲν, ὅσπερ τοῦ ἐπισκόπου ὀνόματος ἐπεβάτευεν, ἐν
τοῖς Περσῶν ἤθεσι θνήσκει, ὁ δὲ δὴ ἕτερος αὐτοῦ ἔμεινεν. ὅστις δὲ αὐτοῖς ἑρμηνεὺς εἵπετο, ἀνεχώρησεν 12
ἐς Ῥωμαίων τὴν γῆν, καὶ αὐτὸν Ἰωάννης, ὃς τῶν ἐν
Μεσοποταμίᾳ στρατιωτῶν ἦρχεν, ἀμφὶ τὰ Κωνσταντίνης ὅρια ξυλλαβὼν ἔς τε τὴν πόλιν εἰσαγαγὼν ἐν
δεσμωτηρίῳ καθεῖρξεν, ὅσπερ οἱ ἐνταῦθα ἅπαντα ἀνα-
πυνθανομένῳ τὰ πεπραγμένα ἐξήνεγκε. ταῦτα μὲν 13
οὖν τῇδε ἐχώρησε. Βελισάριος δὲ ξὺν τοῖς ἑπομένοις
κατὰ τάχος ᾔει, προτερῆσαι ἐν σπουδῇ ἔχων, πρίν
τινα ὁ Χοσρόης ἐσβολὴν αὖθις ποιήσεται ἐς Ῥωμαίων
τὴν γῆν.

Ἐν τούτῳ δὲ ὁ Χοσρόης ἐπὶ Κολχίδα τὸν στρατὸν 15
ἦγε, Λαζῶν αὐτὸν ἐπαγομένων ἐξ αἰτίας τοιᾶσδε. Λαζοὶ
τὰ μὲν πρῶτα γῆν τὴν Κολχίδα ᾤκουν, Ῥωμαίων 2
κατήκοοι ὄντες, οὐ μέντοι ἐς φόρου ἀπαγωγήν, οὐδέ
τι ἄλλο ἐπαγγέλλουσιν αὐτοῖς ἐπακούοντες, πλήν γε
δὴ ὅτι, ἐπειδὰν αὐτοῖς ὁ βασιλεὺς τελευτήσειε, ξύμ-
βολα τῆς ἀρχῆς τῷ διαδεξομένῳ τὴν βασιλείαν ὁ Ῥωμαίων βασιλεὺς ἔπεμπε. τὰ δὲ τῆς χώρας ὅρια ξὺν τοῖς 3
ἀρχομένοις ἐς τὸ ἀκριβὲς διεφύλασσεν, ὅπως δὴ μὴ
Οὖννοι πολέμιοι ἐξ ὄρους τοῦ Καυκάσου, ὁμόρου σφίσιν
ὄντος, διὰ Λαζικῆς πορευόμενοι ἐσβάλλωσιν ἐς γῆν τὴν
Ῥωμαίων. ἐφύλασσον δὲ οὔτε αὐτοὶ χρήματα ἢ στρα- 4
τιὰν πρὸς Ῥωμαίων δεχόμενοι οὔτε Ῥωμαίοις πη
ξυστρατεύοντες, ἐπ' ἐμπορίᾳ δὲ τῇ κατὰ θάλασσαν πρὸς
Ῥωμαίους ἀεὶ τοὺς ἐν πόντῳ ᾠκημένους ἐργαζόμενοι.

nos, mit der Führung der Regimenter in Armenien betraute.
Martinos war nämlich unmittelbar in den Osten beordert
worden, weshalb ihn, wie schon erwähnt, Chosroes in Daras
antraf. Von den Goten blieb allein Wittigis in Byzanz, während alle anderen zusammen mit Belisar gegen Chosroes zogen. Damals starb der eine von Wittigis' Gesandten, der sich
die Würde eines Bischofs angemaßt hatte, in Persien, der andere nahm dort seinen Wohnsitz. Der Dolmetscher hingegen,
der sie begleitete, kehrte auf römisches Gebiet zurück, wo ihn
Johannes, der Oberbefehlshaber in Mesopotamien, bei Konstantine festnahm. Sodann brachte er ihn in die Stadt und
sperrte ihn ins Gefängnis, und dort verriet ihm der Mann auf
Befragen die ganze Vorgeschichte. In dieser Weise liefen nun
die Dinge. Belisar aber und seine Begleiter beschleunigten
ihren Marsch; denn er wollte schon zur Stelle sein, bevor
Chosroes erneut ins römische Gebiet einfiel.

15. Ausbruch des Krieges in Lazien

Indessen zog Chosroes mit seinem Heer gegen Kolchis, wohin ihn die Lazen aus folgendem Grunde zu Hilfe riefen: Die
Lazen bewohnten ursprünglich das Land Kolchis und waren
den Römern untertan, jedoch nicht zu Tributleistungen und
auch sonst nur insoweit zu Gehorsam verpflichtet, daß beim
Tode ihres Königs der römische Kaiser dem Regierungsnachfolger die Abzeichen seiner Würde übersenden durfte. Die
Grenzgebiete seines Landes ließ er aber durch seine Untertanen sorgfältig bewachen, damit nicht feindliche Hunnen
vom benachbarten Kaukasus aus Lazien durchziehen und ins
Römerland einfallen konnten. Was ihre Wachdienste aber anlangt, so nahmen sie von den Römern selbst weder finanzielle
oder militärische Unterstützung in Anspruch noch zogen sie
mit ihnen zusammen ins Feld, trieben vielmehr nur mit den
am Meer wohnenden Römern dauernd Seehandel. Sie haben
nämlich selber weder Salz noch Getreide noch sonst ein Gut,

αὐτοὶ μὲν γὰρ οὔτε ἅλας οὔτε σῖτον οὔτε ἄλλο τι ἀγα- 5
θὸν ἔχουσι, δέρρεις δὲ καὶ βύρσας καὶ ἀνδράποδα παρεχόμενοι τὰ σφίσιν ἐπιτήδεια ἐκομίζοντο.

Ἐπειδὴ δὲ τὰ ἀμφὶ Γουργένει τῷ Ἰβήρων βασιλεῖ 6
γενέσθαι ξυνέπεσεν, ὥσπερ μοι ἐν τοῖς ἔμπροσθεν
λόγοις ἐρρήθη, στρατιῶται Ῥωμαίων ἐπιχωριάζειν Λαζοῖς ἤρξαντο, οἷς δὴ οἱ βάρβαροι οὗτοι ἤχθοντο, καὶ
πάντων μάλιστα Πέτρῳ τῷ στρατηγῷ ἐπηρεάζειν τοῖς
ἐντυγχάνουσιν εὐπετῶς ἔχοντι. ὁ δὲ Πέτρος οὗτος 7
ὥρμητο μὲν ἐξ Ἀρζανηνῆς, ἡ ἐκτὸς Νυμφίου ποταμοῦ ἐστι, Περσῶν κατήκοος ἐκ παλαιοῦ οὖσα, πρὸς
Ἰουστίνου δὲ βασιλέως ἔτι παῖς ὢν ἠνδραπόδιστο,
ἡνίκα Ἰουστῖνος μετὰ τὴν Ἀμίδης ἅλωσιν ξὺν τῷ
Κέλερος στρατῷ ἐσέβαλλεν ἐς τὴν Περσῶν γῆν. φιλανθρωπίᾳ δὲ πολλῇ χρωμένου τοῦ κεκτημένου ἐς αὐτὸν
ἐς γραμματιστοῦ ἐφοίτησε. καὶ τὰ μὲν πρῶτα Ἰουστί- 8
νου γραμματεὺς γέγονεν, ἐπεὶ δὲ Ἀναστασίου τετελευ-
τηκότος Ἰουστῖνος τὴν βασιλείαν παρέλαβε Ῥωμαίων,
ὁ Πέτρος στρατηγὸς γεγονὼς ἔς τε φιλοχρηματίαν
εἴπερ τις ἄλλος ἐξώκειλε καὶ ἀβελτερίᾳ πολλῇ ἐς ἅπαντας ἐχρῆτο. ὕστερον δὲ βασιλεὺς Ἰουστινιανὸς ἄλλους 9
τε ἐς Λαζικὴν ἄρχοντας ἔπεμψε καὶ Ἰωάννην, ὃν Τζίβον
ἐκάλουν, ἄνδρα ἐξ ἀφανῶν μὲν καὶ ἀδόξων ἀρχὴν γεγονότα, ἐς στρατηγίαν δὲ ἀναβεβηκότα κατ' ἄλλο οὐδὲν
ἢ ὅτι πονηρότατός τε ἦν ἀνθρώπων ἁπάντων καὶ πόρους
χρημάτων ἀδίκους ἱκανώτατος ἐξευρεῖν. ὃς δὴ ἅπαντα
ἔσφηλέ τε καὶ συνετάραξε τὰ Ῥωμαίων τε καὶ Λαζῶν
πράγματα. οὗτος καὶ βασιλέα Ἰουστινιανὸν πόλιν ἀνέ- 10
πεισε ἐπιθαλασσίαν, Πέτραν ὄνομα, ἐν Λαζοῖς δείμασθαι·
ἐνταῦθά τε ὥσπερ ἐν ἀκροπόλει καθήμενος ἦγέ τε καὶ
ἔφερε τὰ Λαζῶν πράγματα. τούς τε γὰρ ἅλας καὶ ὅσα 11
ἄλλα φορτία Λαζοῖς ἀναγκαῖα ἐδόκει εἶναι, οὐκέτι
φέρειν ἐς γῆν τὴν Κολχίδα τοῖς ἐμπόροις ἐξῆν, ἢ ἄλλο
τι ἐνθένδε ὠνεῖσθαι, ἀλλ' ἐν Πέτρᾳ ξυστησάμενος τὸ

sondern gewannen ihren Lebensunterhalt durch Lieferung von Häuten, Fellen und Sklaven.

Als sich aber – ich sprach schon früher davon – die Dinge mit dem Ibererkönig Gurgenes zutrugen, begann die Stationierung römischer Truppen in Lazien. Darüber aber waren diese Barbaren erbost und ganz besonders über den Feldherrn Petros, der sehr dazu neigte, Menschen, mit denen er zu tun hatte, schlecht zu behandeln. Der genannte Petros stammte aus Arzanene, das jenseits des Flusses Nymphios liegt und seit alters den Persern untertan ist, doch schon im Knabenalter war er von Kaiser Justinos zum Sklaven gemacht worden und zwar zu jener Zeit, als er nach der Einnahme von Amida mit dem Heer des Celer in Persien einfiel. Der Junge fand aber einen sehr gütigen Herrn und durfte eine Grundschule besuchen. Zuerst diente er Justinos als Schreiber. Als aber Justinos nach dem Tode des Anastasios den römischen Kaiserthron bestieg, rückte Petros zum Feldherrn auf; er verfiel dabei der größten Habsucht und benahm sich gegen jedermann sehr einfältig. Späterhin schickte Kaiser Justinian neben anderen Befehlshabern auch den Johannes mit dem Beinamen Tzibos nach Lazien, einen Mann von niederer und geringer Herkunft, der nur deshalb zur Würde eines Feldherrn aufgestiegen war, weil er, der größte Schurke auf Erden, sich ungemein geschickt in der Auffindung unrechtmäßiger Geldeinnahmen zeigte. Der brachte das ganze Staatswesen der Römer und Lazen in heillose Unordnung; auch veranlaßte er Kaiser Justinian dazu, eine Seestadt namens Petra in Lazien zu erbauen, und er saß nun dort wie in einer Burg und raubte und plünderte den Lazenstaat aus. Salz und was sonst an Einfuhren von den Lazen benötigt wurde, durften nämlich die Kaufleute nicht mehr nach Kolchis bringen oder dortzulande etwas einkaufen. Statt dessen errichtete er in Petra das so-

δὴ καλούμενον μονοπώλιον αὐτὸς κάπηλός τε καὶ ξυμπάσης τῆς περὶ ταῦτα ἐργασίας ἐπιστάτης ἐγίγνετο, ἅπαντα ὠνούμενός τε καὶ ἀποδιδόμενος Κόλχοις, οὐχ ᾗπερ εἴθιστο, ἀλλ' ᾗπερ ἐξῆν. Ἅμα δὲ καὶ ἄλλως οἱ βάρβαροι ἤχθοντο ἐπιχωριάζοντι αὐτοῖς οὐκ εἰωθὸς πρότερον τῷ Ῥωμαίων στρατῷ. ἃ δὴ οὐκέτι φέρειν οἷοί τε ὄντες Πέρσαις τε καὶ Χοσρόῃ προσχωρεῖν ἔγνωσαν, πρέσβεις τε αὐτίκα τοὺς ταῦτα διαπραξομένους κρύφα Ῥωμαίων παρ' αὐτοὺς ἔπεμψαν. οἷς δὴ εἴρητο τὰ πιστὰ πρὸς Χοσρόου λαβοῦσιν, ὅτι γε οὔποτε Λαζοὺς ἄκοντας ἐκδώσει Ῥωμαίοις, οὕτω δὴ αὐτὸν ξὺν τῷ Περσῶν στρατῷ ἐς τὴν χώραν ἐπαγαγέσθαι.

Ἀφικόμενοι τοίνυν ἐς Πέρσας οἱ πρέσβεις καὶ Χοσρόῃ λάθρα ἐς ὄψιν ἐλθόντες ἔλεξαν τοιάδε· ,,Εἴ τινας καὶ ἄλλους ἐκ τοῦ παντὸς χρόνου τῶν μὲν οἰκείων ἀποστάντας ὅντινα δὴ τρόπον, ἀνδράσι δὲ τὸ παράπαν ἀγνῶσι προσκεχωρηκότας οὐ δέον αὖθις εὖ ποιοῦσα ἡ τύχη ὡς μάλιστα ἀσμένους ἐπὶ τοὺς πρὶν ἐπανήγαγεν ἐπιτηδείους, τοιούτους δή τινας καὶ Λαζούς, ὦ μέγιστε βασιλεῦ, νόμιζε εἶναι. Κόλχοι γὰρ Πέρσαις σύμμαχοι τὸ ἀνέκαθεν ὄντες πολλά τε εἰργάσαντο αὐτοὺς ἀγαθὰ καὶ αὐτοὶ ἔπαθον· ὧν δὴ ἐν γράμμασι μνημεῖα πολλὰ ἡμεῖς τε ἔχομεν κἂν τοῖς βασιλείοις τοῖς σοῖς ἐς τὸ παρὸν διασώζεται. χρόνῳ δὲ ὕστερον τοῖς ἡμετέροις προγόνοις τετύχηκεν εἴτε παρ' ὑμῶν ἀμεληθεῖσιν εἴτε ἄλλου του ἕνεκα (οὐ γὰρ ἔχομέν τι σαφὲς περὶ τούτων εἰδέναι) Ῥωμαίοις ἐνσπόνδοις γενέσθαι. καὶ νῦν ἡμεῖς τε καὶ ὁ Λαζικῆς βασιλεὺς δίδομεν Πέρσαις ἡμᾶς τε αὐτοὺς καὶ γῆν τὴν ἡμετέραν ὅ τι βούλοισθε χρῆσθαι. δεόμεθα δὲ ὑμῶν οὑτωσὶ σκοπεῖσθαι περὶ ἡμῶν· εἰ μὲν οὐδὲν πρὸς Ῥωμαίων πεπονθότες δεινὸν, ἀλλ' ἀγνωμοσύνῃ ἐχόμενοι κεχωρήκαμεν εἰς ὑμᾶς, τήνδε ἡμῶν εὐθὺς ἀποσείσασθε τὴν ἱκετείαν, οὐδὲ ὑμῖν ποτε

genannte Monopol und trat selbst als Krämer und Leiter des
gesamten Warenvertriebs auf, wobei er alles von den Kolchern
kaufte bzw. an sie verkaufte, jedoch nicht auf die herkömmliche Weise, sondern nur so, wie es gerade anging.

Auch sonst waren die Barbaren über die Anwesenheit des
römischen Heeres – einen bisher für sie ungewohnten Zustand – zutiefst empört. Da sie dies für nicht mehr erträglich
hielten, entschlossen sie sich, auf die Seite der Perser und des
Chosroes zu treten, und schickten deshalb, ohne daß die Römer etwas ahnten, sogleich Gesandte zu ihnen. Diese sollten
sich von Chosroes die eidliche Zusicherung geben lassen, daß
er die Lazen niemals gegen ihren Willen den Römern ausliefern werde, und ihn dann selbst mit dem persischen Heer ins
Land holen.

Nach ihrer Ankunft in Persien hatten denn auch die Gesandten eine heimliche Audienz bei Chosroes, auf der sie folgende Erklärungen abgaben: ,,Wenn jemals schon ein gnädi-
ges Schicksal auch andere Menschen, die sich irgendwie ohne
Not von ihren Freunden losgesagt und gänzlich fremden Männern angeschlossen hatten, zu ihrer größten Freude in die
Arme der ehemals Vertrauten zurückführte, so sieh, großmächtigster König, als solche etwa auch die Lazen an! Waren
doch die Kolcher seit alters Bundesgenossen der Perser und
haben ihnen viel Gutes erwiesen und auch ihrerseits von ihnen
empfangen. Dafür besitzen wir zahlreiche schriftliche Doku-
mente, doch auch in deinem Palaste sind solche bis auf den
heutigen Tag erhalten. Einige Zeit später wollte es aber das
Schicksal, daß unsere Vorfahren – war es Vernachlässigung
von euerer Seite, war es ein anderer Grund, wir wissen es nicht
genau – sich mit den Römern verbündeten. Heute aber geben
wir und der Lazenkönig uns und unser Land in die Hände der
Perser, und ihr könnte damit verfahren, wie ihr wollt. Wir
bitten euch nur, folgendermaßen über uns zu urteilen: Sollten wir ohne schlimme Erfahrungen von Seiten der Römer,
aus reinem Undank also zu euch gekommen sein, dann lehnt
unsere Bitte ohne weiteres ab und glaubt nicht, daß die Kolcher auch jemals treu bleiben werden! Die Art, wie ein enges

πιστοὺς ἔσεσθαι Κόλχους οἰόμενοι (φιλίας γὰρ διαλε-
λυμένης ὁ τρόπος τῆς μετ' ἐκείνην πρὸς ἑτέρους κα-
θισταμένης ἔλεγχος γίγνεται)· εἰ δὲ λόγῳ μὲν φίλοι 19
Ῥωμαίων, ἔργῳ δὲ ἀνδράποδα γεγονότες πιστά. ἔργα
πεπόνθαμεν πρὸς τῶν ἐφ' ἡμῖν τετυραννηκότων ἀνόσια,
δέξασθε μὲν ἡμᾶς τοὺς πρόσθε ξυμμάχους, κτήσασθε
δὲ δούλους οἷς φίλοις ἐχρῆσθε, μισήσατε δὲ τυραννίδα
πικρὰν οὕτως ἡμῖν ἐν γειτόνων ἐγηγερμένην, τῆς δι-
καιοσύνης ἄξια πράσσοντες, ἣν περιστέλλειν ἀεὶ πάτριον Πέρσαις. οὐ γὰρ ὁ μηδὲν αὐτὸς ἀδικῶν δίκαιος, 20
εἰ μὴ καὶ τοὺς ὑφ' ἑτέρων ἀδικουμένους ἔχων ἐν ἐξουσίᾳ ῥύεσθαι πέφυκεν. ἔνια δὲ εἰπεῖν ὧν τετολμήσακιν 21
οἱ κατάρατοι Ῥωμαῖοι καθ' ἡμῶν ἄξιον. τῷ μὲν γὰρ
ἡμετέρῳ βασιλεῖ τὸ σχῆμα μόνον τῆς βασιλείας ἀπολιπόντες αὐτοὶ τὴν ἐξουσίαν ἐπὶ τῶν ἔργων ἀφήρηνται,
καὶ κάθηται βασιλεὺς ἐν ὑπηρέτου μοίρᾳ, τὸν ἐπιτάτ-
τοντα στρατηγὸν δεδιώς· στρατιᾶς δὲ ἡμῖν ἐπέστησαν 22
πλῆθος, οὐχ ὅπως τὴν χώραν ἀπὸ τῶν ἐνοχλούντων
φρουρήσουσιν (οὐ γὰρ οὐδέ τις τῶν ὁμόρων ἡμᾶς πλήν
γε δὴ Ῥωμαίων ἠνώχλησεν), ἀλλ' ὅπως ἡμᾶς ὥσπερ
ἐν δεσμωτηρίῳ καθείρξαντες κύριοι τῶν ἡμετέρων γενήσονται. λογισάμενοι δὲ συντομωτέραν ποιήσασθαι 23
τὴν τῶν ἡμῖν ὑπαρχόντων ἀφαίρεσιν, ὅρα, ὦ βασιλεῦ,
ἐς ὁποίαν τινὰ ἔννοιαν ἦλθον· τῶν ἐπιτηδείων ἃ μὲν 24
περιττὰ παρ' ἐκείνοις εἶναι τετύχηκεν, ἀναγκάζουσιν
οὐχ ἑκόντας ὠνεῖσθαι Λαζούς, ὅσα δὲ αὐτοῖς χρησι-
μώτατα φέρειν Λαζικὴ πέφυκεν, οἵδε ἀξιοῦσι δῆθεν
τῷ λόγῳ παρ' ἡμῶν πρίασθαι, τιμῆς ἑκατέρωθι γνώμῃ
τῶν κρατούντων ὁριζομένης. οὕτω τε ξὺν τοῖς ἀναγκαίοις 25
ἅπαν ἀφαιροῦνται τὸ χρυσίον ἡμᾶς, ὀνόματι μὲν τῷ
τῆς ἐμπορίας εὐπρεπεῖ χρώμενοι, ἔργῳ δὲ ἡμᾶς ὡς
ἔνι μάλιστα βιαζόμενοι. ἐφέστηκέ τε ἡμῖν ἄρχων κά-
πηλος, τὴν ἡμετέραν ἀπορίαν ἐργασίαν τινὰ τῇ τῆς
ἀρχῆς ἐξουσίᾳ πεποιημένος. ἡ μὲν οὖν τῆς ἀποστά- 26

Verhältnis sich aufgelöst hat, wird ja zum Prüfstein für eine
spätere, mit anderen geschlossene Freundschaft. Wenn wir
hingegen nur zum Schein Freunde der Römer, in Wirklichkeit aber deren treue Sklaven waren und viele Freveltaten
von unseren Zwingherrn erdulden mußten, dann nehmt uns,
die alten Bundesgenossen, gnädig auf, erwerbt euch frühere
Freunde als Sklaven und gebt euerer Abscheu gegen ein bittere Gewaltherrschaft Ausdruck, die uns so in euerer Nähe
erweckt worden ist! Ihr handelt damit der Gerechtigkeit entsprechend, deren Pflege immer bei den Persern zu Hause ist.
Denn derjenige, der selbst kein Unrecht begeht, ist nicht gerecht, wenn er, obschon imstande, von anderen mißhandelte
Menschen zu schützen, dies nicht tut. Einiges von dem, was
sich die verfluchten Römer gegen uns herausgenommen haben, verdient nun aber doch Erwähnung: Sie haben z. B. unserem König nur noch eine Scheinwürde gelassen und sich
selbst die volle Handlungsfreiheit angemaßt, so daß er wie
ein Untergebener dasitzt und vor den Befehlen des Feldherrn
zittern muß. Ferner haben sie über uns eine Menge Soldaten
gesetzt, nicht damit sie das Land vor seinen Bedrängern
schützen – mit Ausnahme der Römer hat uns ja kein einziger
Nachbar Böses angetan –, sondern damit sie uns wie in einem
Gefängnis einsperren und sich selbst zu Herren unseres Besitzes machen können. Sieh nur, König, auf was für einen Gedanken sie bei ihren Überlegungen verfallen sind, um uns
schneller Hab und Gut abzunehmen! Was sie an überschüssi-
gen Lebensmitteln haben, das müssen die Lazen sehr wider
ihren Willen von ihnen kaufen, was hingegen an wertvollsten
Gütern für sie Laziens Natur hervorbringt, wollen diese Menschen nur zum Schein käuflich von uns erwerben; denn in
beiden Fällen ist der Preis vom Willen der Gewalthaber bestimmt. So nehmen sie uns mit dem Verkauf der lebensnotwen-
digen Güter alles Gold ab und bedienen sich noch der schön
klingenden Bezeichnung Handel, während sie uns in Wirklichkeit härteste Gewalt antun. Unser oberster Gebieter ist
eben ein Krämer, der gestützt auf seine Amtsgewalt aus unserer Not gewissermaßen ein Geschäft gemacht hat. Dies ist
so etwa der Anlaß für unseren Parteiwechsel und er hat das

σεως αἰτία τοιαύτη τις οὖσα τὸ δίκαιον ἐφ' ἑαυτῆς
ἔχει· ὅσα δὲ ὑμῖν αὐτοῖς ξύμφορα ἔσται, δεχομένοις
τὴν Λαζῶν δέησιν, αὐτίκα ἐροῦμεν. τῇ Περσῶν ἀρχῇ 27
βασιλείαν ἀρχαιοτάτην προσθήσετε, μηκυνόμενόν τε ἀπ'
αὐτῆς ἕξετε τὸ τῆς ἡγεμονίας ἀξίωμα, μετεῖναι δὲ τῆς
Ῥωμαίων θαλάσσης ὑμῖν διὰ τῆς ἡμετέρας ξυμβήσεται
χώρας, ἐν ᾗ πλοῖά σοι, ὦ βασιλεῦ, ναυπηγουμένῳ
βατὸν οὐδενὶ πόνῳ τὸ ἐν Βυζαντίῳ παλάτιον ἔσται. μεταξὺ γὰρ ἐναντίωμα οὐδέν ἐστι. προσθείη δ' ἄν τις 28
ὡς καὶ ληίζεσθαι τοὺς ὁμόρους βαρβάρους τὴν Ῥωμαίων γῆν ἀνὰ πᾶν ἔτος ἐφ' ὑμῖν κείσεται. ὄρεσι γὰρ 29
τοῖς Καυκασίοις ἐπιτείχισμα μέχρι τοῦδε γεγονέναι τὴν
Λαζῶν χώραν πάντως που καὶ ὑμεῖς ξυνεπίστασθε.
ἡγουμένου τοίνυν τοῦ δικαίου, προσόντος δὲ τοῦ ξυμ- 30
φέροντος, τὸ μὴ οὐχὶ τοὺς λόγους προσέσθαι οὐδεμιᾶς
ἂν εὐβουλίας οἰόμεθα εἶναι." τοσαῦτα μὲν οἱ πρέσβεις
εἶπον.

Χοσρόης δὲ τοῖς λόγοις ἡσθεὶς ἀμύνειν τε Λαζοῖς 31
ὡμολόγησε καὶ τῶν πρέσβεων ἐπυνθάνετο εἰ οἱ στρατῷ
μεγάλῳ ἐς γῆν τὴν Κολχίδα ἰέναι δυνατὰ εἴη. πολλῶν 32
γὰρ ἀπαγγελλόντων ἔφασκεν ἀκηκοέναι τὰ πρότερα
δύσοδον ἐπιεικῶς καὶ ἀνδρὶ εὐζώνῳ τὴν χώραν εἶναι,
κρημνώδη τε ὑπερφυῶς οὖσαν καὶ δένδροις συχνοῖς τε
καὶ ἀμφιλαφέσιν ἐπὶ μακρότατον συνεχομένην. οἱ δέ οἱ 33
ἰσχυρίζοντο παντὶ τῷ Περσῶν στρατῷ τὴν ἐκείνῃ ὁδὸν
εὐπετῆ ἔσεσθαι, τέμνουσι μὲν τὰ δένδρα, ἐς δὲ τῶν
κρημνῶν τὰς δυσχωρίας αὐτὰ ἐμβαλλομένοις. καὶ αὐτοὶ 34
ὡμολόγουν τῆς τε ὁδοῦ ἡγεμόνες καὶ τοῦ ἔργου τούτου Πέρσαις ἔσεσθαι. ταύτῃ ὁ Χοσρόης ἐπηρμένος τῇ 35
ὑποθήκῃ στρατιάν τε πολλὴν ἤγειρε καὶ τὰ ἐς τὴν
ἔφοδον ἐξηρτύετο, οὔτε τὸ βούλευμα ἐς Πέρσας ἐξενεγ-
κών, πλήν γε δὴ οἷς τὰ ἀπόρρητα κοινολογεῖσθαι μόνοις εἰώθει, καὶ τοῖς πρέσβεσιν ἐπαγγείλας ὅπως τὰ
πρασσόμενα μηδενὶ φράσωσιν, ἀλλ' ἐς Ἰβηρίαν τῷ

Recht auf seiner Seite. Was ihr aber für euch selbst an Vorteilen einheimsen werdet, sofern ihr der Bitte des Lazenvolkes
nachkommt, das wollen wir gleich näher ausführen: Ihr werdet dem persischen Reich ein sehr altes Königtum hinzufügen, weiterhin das Ansehen eurer Führungsstellung dadurch
noch vergrößern und schließlich durch unser Land Anteil am
römischen Meer bekommen, auf dem du, König, nur Schiffe
zu bauen brauchst, um dir mühelos den Zugang zum Kaiserpalast in Byzanz zu bahnen; denn kein Hindernis liegt auf
dem Wege dorthin. Hinzufügen ließe sich noch, daß es ebenfalls in euerer Macht stehen wird, ob die angrenzenden Barbaren Jahr für Jahr das römische Gebiet ausplündern; denn
daß das Lazenland bis heute eine Schutzwehr gegen den Kaukasos darstellt, wißt auch ihr wohl ganz genau. Da nun das
Recht die Führung hat und auch der Vorteil mit dabei ist,
so zeugt es unserem Dafürhalten nach wohl nicht von Klugheit, sich unseren Worten zu verschließen." Soweit die Rede
der Gesandten.

Chosroes freute sich über die Erklärungen, sicherte den
Lazen Hilfe zu und wollte schließlich von den Gesandten noch
wissen, ob er denn mit einem großen Heere ins Gebiet von
Kolchis ziehen könne. Aus vielen Berichten habe er nämlich,
wie er sagte, früher entnehmen müssen, daß das Land selbst
für einen rüstigen Wanderer ziemlich unwegsam sei; außerordentlich gebirgig, werde es weithin von dichten und ausgedehnten Waldungen bedeckt. Die Gesandten versicherten
indessen dem König, der Weg dorthin lasse keinem Perserheer Schwierigkeiten erwarten, nur müsse man die Bäume
fällen und auf die schwer begehbaren Steilhänge legen. Sie
selbst erklärten sich bereit, den Persern auf dem Weg und bei
dem Unternehmen als Führer dienen zu wollen. Durch dieses
Versprechen ermutigt, sammelte Chosroes ein starkes Heer
und traf die nötigen Angriffsvorbereitungen. Er ließ aber
außer seinen vertrauten Beratern keinen Perser etwas von
dem Plane wissen und verbot auch den Gesandten, irgend
jemand über sein Vorhaben zu unterrichten. Statt dessen
sprach er von einem Zuge nach Iberien; ein hunnisches Volk

λόγῳ ἐστέλλετο, ὡς τὰ τῇδε καταστησόμενος πράγματα·
ἔθνος γὰρ Οὑννικὸν ἐνταῦθά πη ἐπισκῆψαι τῇ Περσῶν ἀρχῇ ἐπεφήμιζεν.

Ἐν τούτῳ δὲ γενόμενος Βελισάριος ἐν Μεσοποταμίᾳ 16
πανταχόθεν τὸν στρατὸν ἤγειρε, καί τινας ἐς τὰ Περσῶν ἤθη ἐπὶ κατασκοπῇ ἔπεμπεν. αὐτὸς δὲ τοῖς πολε- 2
μίοις ἐνταῦθα ὑπαντιάσαι βουλόμενος, ἤν τινα ἐσβολὴν
ἐς Ῥωμαίων τὴν γῆν αὖθις ποιήσωνται, διεῖπέ τε αὐτοῦ
καὶ διεκόσμει τοὺς στρατιώτας, γυμνούς τε καὶ ἀνό-
πλους ἐπὶ πλεῖστον ὄντας, κατωρρωδηκότας τὸ Περσῶν ὄνομα. οἱ μὲν οὖν κατάσκοποι ἐπανήκοντες οὐδεμίαν 3
τῶν πολεμίων ἰσχυρίζοντο ἐν τῷ παρόντι ἐσβολὴν
ἔσεσθαι· πολέμου γὰρ Οὑννικοῦ ἀσχολίαν Χοσρόῃ ἑτέρωθι εἶναι. Βελισάριος δὲ ταῦτα ἀκούσας παντὶ τῷ 4
στρατῷ αὐτίκα ἐσβάλλειν ἐς τῶν πολεμίων τὴν γῆν
ἤθελε. καί οἱ Ἀρέθας τε ξὺν πολλῷ στρατῷ Σαρακηνῶν 5
ἦλθε καὶ βασιλεὺς γράμματα γράψας ἐσβάλλειν κατὰ
τάχος ἐς τὴν πολεμίων ἐπέστελλε γῆν.

Ξυγκαλέσας οὖν ἅπαντας τοὺς ἄρχοντας ἐν Δάρας 6
ἔλεξε τοιάδε· ,,Ἅπαντας ὑμᾶς, ὦ ξυνάρχοντες, πολέμων
πολλῶν ἐμπείρους οἶδα, ξυνήγαγόν τε ἐν τῷ παρόντι,
οὐχ ὅπως ὑπομνήσας ἢ παραίνεσίν τινα ποιησάμενος
τὴν ὑμετέραν γνώμην ἐπὶ τοὺς πολεμίους ὁρμήσω
(οὐ γὰρ λόγου δεῖσθαι ὑμᾶς τοῦ ἐς εὐτολμίαν ἐνά-
γοντος οἶμαι), ἀλλ’ ὅπως ξυμβουλήν τινα ἔν γε ἡμῖν
αὐτοῖς ποιησάμενοι ἑλώμεθα μᾶλλον ἅπερ ἂν δοκῇ
βέλτιστά τε καὶ ἄριστα τοῖς βασιλέως πράγμασιν εἶναι.
πόλεμος γὰρ εὐβουλίᾳ πάντων μάλιστα κατορθοῦσθαι 7
φιλεῖ. δεῖ δὲ τοὺς ἐς βουλὴν καθισταμένους αἰδοῦς τε
καὶ φόβου παντάπασιν ἐλευθέραν ποιεῖσθαι τὴν γνώμην. ὅ τε γὰρ φόβος, ἀεὶ τοὺς αὐτῷ περιπεπτωκότας 8
ἐκπλήσσων, οὐκ ἐᾷ τὴν διάνοιαν ἑλέσθαι τὰ κρείσσω,

sei dort ins Perserreich eingefallen, und er wolle nun die
Dinge dort in Ordnung bringen.

16. Belisar entsendet Kundschafter nach Persien. Kriegsrat in Daras

Belisar war unterdessen in Mesopotamien eingetroffen und
zog von allen Seiten her seine Truppen zusammen, auch
schickte er einige Mann zur Erkundigung nach Persien. Er
selbst war entschlossen, an Ort und Stelle den Feinden entgegenzutreten, falls sie wieder ins römische Gebiet einbrechen
sollten, und so versorgte und ordnete er seine Soldaten, die
größtenteils ohne genügende Bekleidung und Bewaffnung,
sich vor dem bloßen Namen Perser fürchteten. Bei ihrer
Rückkehr berichteten nun die Kundschafter, daß Chosroes
anderswo mit einem Hunnenkrieg beschäftigt sei und man
deshalb im Augenblick mit keinem feindlichen Angriff zu
rechnen habe. Diese Kunde bewog Belisar, sofort mit dem
ganzen Heer ins Feindesland einzudringen. Außerdem stieß
Arethas mit einem starken Sarazenenaufgebot zu ihm, während der Kaiser in einem eigenen Schreiben rasches Vordringen nach Persien befahl.

Belisar berief nun alle Befehlshaber nach Daras zusammen
und richtete an sie folgende Worte: „Ich weiß, meine Mitfeldherrn, daß ihr alle reiche Kriegserfahrung besitzt, und
habe euch daher jetzt auch nicht zusammen gerufen, um
durch irgend ein Erinnern oder Mahnen euere Entschlossen-
heit gegen die Feinde zu stärken – es bedarf ja, glaube ich,
bei euch keines ermutigenden Wortes –, sondern um unter
uns Rat zu halten und demjenigen Plan den Vorzug zu geben,
der für die kaiserliche Sache der beste und vorteilhafteste ist;
denn kluge Überlegung vor allem führt im Kriege gewöhnlich
zu Erfolg. Indes müssen die zur Beratung entbotenen Männer
ganz frei von Scheu und Furcht ihre Ansicht vortragen dürfen; denn Furcht verwirrt stets jene, die von ihr befallen sind,
und läßt ihren Verstand nicht das Vorteilhaftere wählen,
während Scheu die besseren Entschlüsse verdunkelt und die
Erkenntnis gerade in entgegengesetzte Richtung lenkt. Wenn

ἥ τε αἰδὼς ἐπισκιάζουσα τοῖς δόξασιν εἶναι ἀμείνοσιν
ἐπὶ τὴν ἐναντίαν ἐκφέρει τὴν γνῶσιν. εἴ τι τοίνυν ἢ 9
βασιλεῖ τῷ μεγάλῳ ἢ ἐμοὶ βεβουλεῦσθαι ὑπὲρ τῶν παρόντων δοκεῖ, μηδὲν ὑμᾶς τοῦτο εἰσίτω. ὁ μὲν γὰρ μακράν 10
που ἀπολελειμμένος τῶν πρασσομένων οὐκ ἔχει τοῖς
καιροῖς ἁρμόσαι τὰς πράξεις· ὥστε φόβος οὐδεὶς ἀπ' 11
ἐναντίας αὐτῷ ἰόντας τὰ ξυνοίσοντα ἐργάζεσθαι τοῖς
αὐτοῦ πράγμασιν. ἐμὲ δὲ ἄνθρωπόν τε ὄντα καὶ χρόνῳ 12
μακρῷ ἐκ τῶν ἑσπερίων ἐνταῦθα ἐλθόντα μὴ οὐχὶ δια-
λαθεῖν τι τῶν δεόντων ἀδύνατον. ὥστε οὐδὲν τὴν ἐμὴν 13
γνώμην αἰδεσθέντας ὑμᾶς προσήκει διαρρήδην εἰπεῖν
ὅσα ἂν ξυνοίσειν ἡμῖν τε αὐτοῖς καὶ βασιλεῖ μέλλῃ. τὸ 14
μὲν οὖν ἐξ ἀρχῆς ἐνθάδε ἥκομεν, ὦ ξυνάρχοντες, ὡς διακωλύσοντες τὸν πολέμιον ἐσβολήν τινα ἐς τὴν ἡμετέραν
ποιήσασθαι, νῦν δὲ τῶν πραγμάτων ἡμῖν ἄμεινον ἢ κατ'
ἐλπίδας κεχωρηκότων πάρεστι περὶ τῆς ἐκείνου βουλεύεσθαι. ἐφ' ᾧ δὴ ξυνειλεγμένους ὑμᾶς δίκαιον, 15
οἶμαι, οὐδὲν ὑποστειλαμένους εἰπεῖν ἅπερ ἂν ἄριστά τε
δοκῇ καὶ ξυμφορώτατα ἑκάστῳ εἶναι."

Βελισάριος μὲν τοσαῦτα εἶπε. Πέτρος δὲ καὶ Βού- 16
ζης ἐξηγεῖσθαι τῷ στρατῷ οὐδὲν μελλήσοντα ἐπὶ τὴν
πολεμίαν ἐκέλευον. ὧν δὴ τῇ γνώμῃ εἴποντο εὐθὺς
ὁ ξύλλογος ἅπας. Ῥεκίθαγγος μέντοι καὶ Θεόκτιστος, 17
οἱ τῶν ἐν Λιβάνῳ στρατιωτῶν ἄρχοντες, ταῦτα μὲν
τοῖς ἄλλοις ἀμφὶ τῇ ἐσβολῇ βούλεσθαι καὶ αὐτοὶ ἔφασαν, δεδιέναι δὲ μὴ σφῶν ἐκλελοιπότων τά τε ἐπὶ
Φοινίκης καὶ Συρίας χωρία κατ' ἐξουσίαν μὲν Ἀλαμούνδαρος ταῦτα λῃζηται, βασιλεὺς δὲ σφᾶς δι' ὀργῆς
ἔχοι, ἅτε οὐ φυλάξαντας ἀδήωτον τὴν χώραν ἧς ἦρχον,
καὶ δι' αὐτὸ συνεισβάλλειν τῷ ἄλλῳ στρατῷ οὐδαμῇ
ἤθελον. Βελισάριος δὲ τὼ ἄνδρε τούτω ὡς ἥκιστα 18
ἀληθῆ οἴεσθαι ἔλεγε. τοῦ γὰρ καιροῦ τροπὰς θερινὰς
εἶναι. ταύτης δὲ τῆς ὥρας δύο μάλιστα μῆνας ἀνάθημα τῷ σφετέρῳ θεῷ Σαρακηνοὺς ἐς ἀεὶ φέροντας

also der großmächtige Kaiser oder ich über die augenblickliche Lage Entscheidungen getroffen zu haben scheinen, so
soll das euch in keiner Weise beeinflussen! Wer nämlich weit
von den Ereignissen entfernt ist, kann sein Handeln nicht den
augenblicklichen Umständen anpassen, und so werden jene,
die den entgegengesetzten Weg wie er beschreiten, ganz
gewiß seiner Sache nützen. Was nun mich betrifft, der ich
doch nur ein Mensch bin und nach langer Zeit aus dem Westen
hieher zurückgefunden habe, so kann mir sehr wohl irgendeine nötige Maßnahme entgangen sein. Ihr sollt daher ohne
Rücksicht auf meine persönliche Meinung offen erklären, was
uns selbst und dem Kaiser Nutzen bringen kann! Ursprünglich, meine Mitfeldherrn, sind wir hieher gekommen, um den
Feind an einem Einfall in unser Land zu hindern, jetzt aber,
da sich unsere Lage über Erwarten günstig gestaltet hat,
können wir uns beraten, wie wir es mit seinem Gebiet halten
sollen. Nachdem ihr zu diesem Zweck versammelt seid, ist es
meiner Ansicht nach wohl angezeigt, daß jeder rückhaltslos
vorbringt, was ihm am besten und vorteilhaftesten erscheint.‘‘

Soweit Belisars Worte. Petros und Buzes machten nun den
Vorschlag, unverzüglich mit dem Heer ins Feindesland einzu-
brechen, und der ganze Kriegsrat schloß sich sogleich ihrer
Meinung an. Rekithangos und Theoktistos, die Truppenbefehlshaber im Libanon, erklärten jedoch, sie seien zwar, was
den Vorstoß anlange, mit der Absicht der anderen einverstanden, müßten aber befürchten, Alamundaros möchte die Plätze Phönikiens und Syriens ausplündern, wenn sie daraus ab-
zögen; außerdem hätten sie mit dem kaiserlichen Zorn zu
rechnen, wenn sie das von ihnen verwaltete Land nicht vor
Verwüstung bewahrten. Deshalb lehnten sie es völlig ab, gemeinsam mit dem übrigen Heer den Angriff zu unternehmen.
Demgegenüber betonte Belisar, die beiden Feldherrn hätten
keineswegs recht. Denn zur Zeit sei Sommersonnenwende und
die Sarazenen brächten dann etwa zwei Monate lang ihrem
Gotte jeweils Weihegaben und griffen inzwischen niemals

ἐν ταύτῃ ἐπιδρομῇ τινι οὔποτε χρῆσθαι ἐς γῆν ἀλλο-
τρίαν. διὸ δὴ ἑξήκοντα ἡμερῶν ὁμολογήσας ξὺν τοῖς 19
ἑπομένοις ἄμφω ἀφήσειν, ἐκέλευε καὶ αὐτοὺς ξὺν τῷ
ἄλλῳ στρατῷ ἕπεσθαι. Βελισάριος μὲν οὖν τὰ ἐς τὴν
ἐσβολὴν σπουδῇ πολλῇ ἐξηρτύετο.

Χοσρόης δὲ καὶ ὁ Μήδων στρατός, ἐπειδὴ τὴν Ἰβη- 17
ρίαν ἀμείψαντες ἐν τοῖς τῆς Λαζικῆς ὁρίοις, τῶν πρέσβεων
σφίσιν ἡγουμένων, ἐγένοντο, τὰ δένδρα οὐδενὸς ἀντιστατοῦντος ἐκτέμνοντες, ἅπερ ἐνταῦθα συχνά τε καὶ
δεινῶς ἀμφιλαφῆ τε καὶ ὑψηλὰ ἐν χωρίοις κρημνώδεσιν
ὄντα παντάπασιν ἄβατον τῇ στρατιᾷ τὴν χώραν ἐποίει,
ταῦτά τε ἐς τὰς δυσχωρίας ἐρρίπτουν καὶ ὅλως εὐπετῆ
τὴν ὁδὸν ἀπειργάζοντο. ἀφικομένοις τε αὐτοῖς ἐς μέσην 2
Κολχίδα (οὗ δὴ τά τε ἀμφὶ Μήδειαν καὶ Ἰάσονα οἱ ποιη-
ταὶ γεγενῆσθαι μυθολογοῦσιν) ἐλθὼν Γουβάζης, ὁ
Λαζῶν βασιλεύς, προσεκύνησεν ἅτε δεσπότην Χοσρόην
τὸν Καβάδου, αὐτόν τέ οἱ ξὺν τοῖς βασιλείοις καὶ Λαζικὴν ἐνδιδοὺς ἅπασαν.
Ἔστι δὲ Πέτρα πόλις ἐπιθαλασσία ἐν Κόλχοις, 3
πρὸς τῷ Εὐξείνῳ καλουμένῳ πόντῳ, ἣν δὴ φαῦλόν τι
χωρίον τὰ πρότερα οὖσαν Ἰουστινιανὸς βασιλεὺς τῷ
τε περιβόλῳ καὶ τῇ ἄλλῃ κατασκευῇ ἐχυράν τε καὶ
ἄλλως ἐπιφανῆ κατεστήσατο. ἐνταῦθα τὸ Ῥωμαίων 4
στράτευμα εἶναι ξὺν τῷ Ἰωάννῃ μαθὼν ὁ Χοσρόης
στρατιάν τε καὶ στρατηγὸν Ἀνιαβέδην ὡς αὐτοβοεὶ
ἐξελοῦντας ἐπ᾿ αὐτοὺς ἔπεμψε. γνοὺς δὲ Ἰωάννης τὴν 5
ἔφοδον οὔτε τοῦ περιβόλου τινὰ ἔξω γενέσθαι οὔτε
ἀπὸ τῶν ἐπάλξεων φανῆναι τοῖς πολεμίοις ἐκέλευσεν,
ἀλλὰ πᾶν ἐξοπλίσας τὸ στράτευμα πλησίον που τῶν
πυλῶν ἔστησεν, ἐπιστείλας σιγῇ ἔχεσθαι, μήτε ἦχον
μήτε φωνὴν ἀφιέντας τινά. οἱ γοῦν Πέρσαι ἄγχιστά 6
που τοῦ περιβόλου γενόμενοι, ἐπεὶ οὐδὲν σφίσι πολέ-

fremdes Gebiet an. Er versprach also, beide nach sechzig Tagen samt ihren Leuten zu entlassen, und erteilte nun auch
ihnen Befehl, sich dem übrigen Heere anzuschließen. Hierauf
traf er mit großem Eifer seine Angriffsvorbereitungen.

17. Chosroes dringt in Lazien ein und erobert Petra

Nachdem Chosroes und das Perserheer Iberien durchquert
hatten und unter Führung der Gesandten in die Grenzgebiete
von Lazien gelangt waren, fällten sie, ohne auf Widerstand
zu treffen, die Bäume, die dort in großer Zahl und gewaltiger
Ausdehnung wie Höhe die Abhänge bedeckten und das Land
für die Truppen völlig ungangbar machten, warfen die Stämme auf die schwierigen Geländeabschnitte und stellten so
einen ganz bequemen Weg her. Bei ihrer Ankunft inmitten
von Kolchis, wo sich nach den Erzählungen der Dichter die
Geschichte mit Medea und Jason abgespielt haben soll, erschien der Lazenkönig Gubazes, huldigte Chosroes, dem Sohn
des Kabades, als seinem Herrn und stellten sich samt der
Königsburg und ganz Lazien unter dessen Schutz.

Petra ist eine Seestadt in Kolchis und liegt am sog. Schwarzen Meer. Früher war es ein unbedeutender Ort gewesen, den
erst Kaiser Justinian durch die Ringmauer und die anderen
Bauten in eine feste, auch sonst ansehnliche Stadt verwandel-
te. Hier nun sollte sich, wie Chosroes vernahm, das römische
Heer unter Johannes befinden. Er schickte deshalb den Feldherrn Aniabedes mit Truppen dorthin, um die Festung im
Sturm zu nehmen. Als Johannes von dem Anmarsch erfuhr,
durfte niemand mehr die Ringmauer verlassen oder sich von
den Brustwehren aus den Feinden zeigen, er ließ vielmehr die
ganze Besatzung sich wappnen und irgendwo in der Nähe der
Tore Aufstellung nehmen; dort sollten die Leute Ruhe halten, keinen Lärm machen oder sonstwie einen Laut von sich
geben. Die Perser rückten indessen dicht an die Mauer heran,

μιον οὔτε καθεωρᾶτο οὔτ᾽ ἠκούετο, ἔρημον ἀνδρῶν
εἶναι τὴν πόλιν, Ῥωμαίων αὐτὴν ἐκλελοιπότων, ἐνό-
μιζον. διὸ δὴ ἔτι μᾶλλον ἀμφὶ τὸν περίβολον ἦλθον, ὡς 7
κλίμακας εὐθύς, ἅτε οὐδενὸς ἀμυνομένου, ἐπιθήσοντες.
πολέμιόν τε οὐδὲν οὔτε ὁρῶντες οὔτε ἀκούοντες, πέμ- 8
ψαντες παρὰ Χοσρόην τὰ παρόντα σφίσιν ἐδήλουν. καὶ 9
ὃς τὸ μὲν πλεῖστον τοῦ στρατοῦ πέμψας πανταχόθεν
ἀποπειρᾶσθαι τοῦ περιβόλου ἐκέλευε, κριῷ τε τῇ μηχανῇ ἀμφὶ τὰς πύλας χρῆσθαι τῶν τινι ἀρχόντων ἐπέστελλεν, ἐν δὲ τῷ λόφῳ καθήμενος, ὃς δὴ τῇ πόλει ὡς
ἀγχοτάτω ἐπίκειται, θεατὴς τῶν πρασσομένων ἐγίνετο.
αὐτίκα δὲ Ῥωμαῖοι τάς τε πύλας ἀνέκλινον ἐκ τοῦ 10
αἰφνιδίου καὶ ἀπροσδόκητοι ἐπιπεσόντες πλείστους τῶν
πολεμίων διέφθειραν, καὶ μάλιστα τοὺς ἀμφὶ τὸν κριὸν
τεταγμένους· οἱ δὲ λοιποὶ μόλις ξὺν τῷ στρατηγῷ
διαφυγόντες ἐσώθησαν. θυμῷ τε ὁ Χοσρόης ἐχόμενος 11
Ἀνιαβέδην ἀνεσκολόπισεν, ἅτε καταστρατηγηθέντα πρὸς
τοῦ Ἰωάννου, καπήλου τε καὶ ἀπολέμου τὸ παράπαν
ἀνδρός. τινὲς δὲ οὐκ Ἀνιαβέδην, ἀλλὰ τὸν ἄρχοντα, 12
ὃς δὴ ἐφειστήκει τοῖς τὸν κριὸν ἐνεργοῦσιν, ἀνασκολο-
πισθῆναί φασιν.
   Αὐτὸς δὲ ἄρας παντὶ τῷ στρατῷ ἄγχιστά τε τοῦ 13
Πέτρας περιβόλου ἀφίκετο καὶ στρατοπεδευσάμενος ἐς
πολιορκίαν καθίστατο. τῇ δὲ ὑστεραίᾳ κύκλῳ περιιὼν 14
τὸν περίβολον, ἐπεὶ οὐ λίαν ἀξιόμαχον αὐτὸν ὑπώπτευ-
σεν εἶναι, τειχομαχεῖν ἔγνω. τό τε στράτευμα ὅλον ἐνταῦθα ἐπαγαγὼν ἔργου εἴχετο, καὶ τοξεύειν ἅπαντας
ἐπὶ τὰς ἐπάλξεις ἐκέλευε. Ῥωμαῖοι δὲ ἀμυνόμενοι ταῖς 15
τε μηχαναῖς καὶ πᾶσιν ἐχρῶντο τοξεύμασι. τὰ μὲν
οὖν πρῶτα Πέρσαι, καίπερ συχνὰ κομιδῇ βάλλοντες,
ὀλίγα τε Ῥωμαίους ἐλύπουν καὶ πολλὰ πρὸς ἐκείνων,
ἅτε ἀφ᾽ ὑψηλοῦ βαλλόμενοι, κακὰ ἔπασχον. ἔπειτα δὲ 16
(καὶ γὰρ ἔδει Πέτραν Χοσρόῃ ἁλῶναι) βληθεὶς Ἰωάννης τύχῃ τινὶ ἐς τὸν τράχηλον θνήσκει, καὶ ἀπ᾽ αὐτοῦ

und da sie vom Feinde weder etwas sahen noch hörten, meinten sie, die Römer hätten die Stadt geräumt und diese sei nun unbesetzt. So näherten sie sich noch weiter der Befestigung, um sogleich – es war ja kein Verteidiger zu sehen – die Sturmleitern anzulegen. Sie schickten auch, da sie vom Feinde weder etwas sahen noch hörten, Boten an Chosroes und gaben ihm einen Lagebericht. Daraufhin setzte der König die Hauptmasse seines Heeres in Marsch und befahl konzentrischen Angriff auf die Mauer; ein Befehlshaber sollte außerdem einen Mauerbrecher bei den Toren zum Einsatz bringen. Doch während der Herrscher von einem Hügel dicht bei der Stadt aus, wo er sich niedergelassen hatte, die Vorgänge als Zuschauer verfolgte, öffneten die Römer plötzlich die Tore, warfen sich überraschend auf die Feinde und machten eine große Zahl nieder, vor allem jene, die bei dem Mauerbrecher eingeteilt waren; nur mit Müh' und Not konnte sich der Rest samt dem Führer durch Flucht retten. Dies versetzte Chosroes in solchen Zorn, daß er den Aniabedes aufpfählen ließ, weil er sich von Johannes, einem Krämer und ganz unkriegerischen Manne, hatte überlisten lassen. Einige berichten freilich, nicht Aniabedes, sondern der Befehlshaber, dem die Bedienung des Mauerbrechers unterstand, sei aufgepfählt worden.

Jetzt brach Chosroes selbst mit dem ganzen Heere auf, rückte unmittelbar an die Stadtmauer von Petra heran und begann, nachdem er ein Lager geschlagen hatte, mit der Einschließung. Anderntags ging er die Mauer ringsum ab. Er gewann dabei nicht den Eindruck besonderer Festigkeit, weshalb er sich zu einem Sturm auf die Stadt entschloß. Nachdem er also seine gesamte Streitmacht herangeführt hatte, machte er sich ans Werk und befahl allen, die Brustwehren mit Pfeilen zu beschießen. Die Römer verteidigten sich unter Einsatz ihrer Kriegsmaschinen und sämtlicher Bogenschützen, und so konnten die Perser trotz ihres Geschoßhagels den Römern zunächst nur geringen Schaden zufügen, erlitten vielmehr durch ihre Gegner, die sie von oben her bestrichen, erhebliche Verluste. In der Folgezeit wurde aber Johannes – denn Petra sollte ja durch Chosroes eingenommen werden –

οἱ ἄλλοι Ῥωμαῖοι ἐς ὀλιγωρίαν ἁπάντων κατέστησαν. τότε μὲν οὖν οἱ βάρβαροι ἐς τὸ στρατόπεδον ἀνεχώρησαν· ἤδη γὰρ καὶ ξυνεσκόταζε· τῇ δὲ ὑστεραίᾳ διώρυχα ἐπὶ τὸν περίβολον ἐπενόουν τρόπῳ τοιῷδε. Πέτρα ἡ πόλις πὴ μὲν ἐκ θαλάσσης ἀπρόσοδός ἐστι, πὴ δὲ ἐκ πετρῶν ἀποτόμων, αἲ ταύτῃ πανταχόθεν ἀνέχουσιν· ἀφ' οὗ δὴ καὶ τὴν προσηγορίαν ἔλαχε ταύτην. μίαν δὲ εἴσοδον ἐν τῷ ὁμαλεῖ ἔχει, καὶ ταύτην οὐ λίαν εὐρεῖαν· κρημνοὶ γὰρ αὐτῆς ἐφ' ἑκάτερα ἐξαίσιοι ἀποκρέμανται. ἐνταῦθα προορώμενοι τὰ πρότερα οἱ τὴν πόλιν δειμάμενοι, μὴ σφίσι τὸ ἐκείνῃ τοῦ περιβόλου μέρος ἐπίμαχον εἴη, τείχη μακρὰ παρὰ τὸν κρημνὸν ἑκάτερον τῆς εἰσόδου ἐπὶ πλεῖστον πεποίηνται. τούτων τε τῶν τειχῶν ἑκατέρωθι πύργους ἐτεκτήναντο δύο, οὐχ ᾗπερ εἰώθει, ἀλλὰ τρόπῳ ἑτέρῳ. κενὸν γὰρ τὸ ἐν μέσῳ τῆς οἰκοδομίας χωρίον οὐδαμῇ εἴασαν, ἀλλ' ὅλους ἐκ γῆς ἄχρι ἐς ὕψος μέγα τοὺς πύργους λίθοις παμμεγέθεσιν ἀλλήλων ἐχομένοις εἰργάσαντο, ὅπως δὴ κριῷ ἢ μηχανῇ ἄλλῃ ὡς ἥκιστα κατασείοιντο. τὰ μὲν οὖν Πέτρας τοῦ περιβόλου ταύτῃ πη ἔχει.

Πέρσαι δὲ λάθρα ἐς τὴν γῆν κατώρυχα ποιησάμενοι ἔνερθεν θατέρου τῶν πύργων ἐγένοντο, τῶν τε λίθων ἐνθένδε πολλοὺς ἐκφοροῦντες, ξύλα ἐς τὴν ἐκείνων ἐτίθεντο χώραν, ἅπερ ὀλίγῳ ὕστερον ἔκαυσαν. ἥ τε φλὸξ κατὰ βραχὺ αἰρομένη διέθρυψε μὲν τὴν τῶν λίθων ἰσχύν, ὅλον δὲ τὸν πύργον κατασείσασα ἐκ τοῦ αἰφνιδίου ἐς τὸ ἔδαφος καθεῖλεν αὐτίκα. Ῥωμαῖοι δέ, οἳ ἐν τῷ πύργῳ ἦσαν, τοσοῦτον τῶν ποιουμένων ᾔσθοντο πρότερον, ὅσον αὐτῷ μὴ ξυμπεσεῖν ἐς τὸ ἔδαφος, ἀλλὰ φυγόντες ἐντὸς τοῦ τῆς πόλεως περιβόλου γενέσθαι. παρῆν τε ἤδη τοῖς πολεμίοις ἐν τῷ ὁμαλεῖ τειχομαχοῦσι πόνῳ οὐδενὶ τὴν πόλιν κατὰ κράτος ἑλεῖν. διὸ δὴ κατωρρωδηκότες Ῥωμαῖοι τοῖς βαρβάροις ἐς λόγους ἦλθον, καὶ τὰ πιστὰ ὑπέρ τε τῶν σωμάτων καὶ τῶν χρημά-

durch einen Zufall tödlich in den Hals getroffen, worauf die übrigen Römer in allen Dingen säumig wurden. Damals nun zogen sich die Barbaren vor der einbrechenden Dunkelheit in ihr Lager zurück, für den nächsten Tag aber planten sie, einen Stollen und zwar auf folgende Art gegen die Mauer vorzutreiben: An die Stadt Petra kann man auf der einen Seite durch das Meer, auf der anderen durch die steilen, dort allenthalben aufragenden Felsen nicht herankommen, und dem verdankt sie auch ihren Namen. Auf ebenem Wege besitzt sie nur einen einzigen Zugang, und auch dieser ist nicht eben breit; denn links und rechts stürzen gewaltige Felsen ab. Die Erbauer der Stadt hatten daher einst in weiser Voraussicht, damit der dortige Mauerteil nicht leicht anzugreifen sei, zu beiden Seiten des Eingangs sehr hohe Mauern bis zum Felsabsturz hin aufgeführt und jeden dieser Abschnitte mit einem Turm versehen. Deren Bauweise war nicht die herkömmliche, sondern anderer Art: Man ließ im Innern der Bauwerke keinen Hohlraum, sondern führte sie vom Boden bis zu großer Höhe massiv aus gewaltigen, miteinander verbundenen Steinen auf, damit sie durch keinen Sturmbock oder eine andere Kriegsmaschine erschüttert werden könnten. So steht es nun mit dem Mauerring um Petra.

Die Perser aber trieben unbemerkt in der Erde einen Stollen vor und gelangten auf diese Weise unter den einen Turm; dort entfernten sie viele Steine, setzten Hölzer an deren Stelle und steckten diese kurz darauf in Brand. Die Flamme, langsam um sich greifend, zerstörte die Festigkeit der Steine und zermürbte den ganzen Turm, worauf dieser schon nach kurzer Zeit plötzlich einstürzte. Indessen hatten die Römer, die auf dem Turme standen, von dem Geschehen doch so viel vorher bemerkt, daß sie nicht mit in den Sturz hineingerissen wurden, sondern sich durch die Flucht hinter die Stadtmauer retten konnten. Nunmehr vermochten die Feinde auf gleicher Ebene den Kampf fortzusetzen und mühelos die Stadt in ihre Gewalt zu bringen. Die Römer aber, deshalb in großer Angst, knüpften mit den Barbaren Verhandlungen an und übergaben, nachdem ihnen Chosroes Leben und Besitz eidlich zugesichert hatte, sich und die Stadt auf Grund eines Vertrags

τῶν πρὸς Χοσρόου λαβόντες σφᾶς τε αὐτοὺς καὶ τὴν
πόλιν ὁμολογίᾳ παρέδοσαν. οὕτω μὲν Πέτραν Χοσρόης
εἷλε. καὶ τὰ μὲν Ἰωάννου χρήματα λίαν ἁδρὰ εὑρὼν 28
αὐτὸς ἔλαβε, τῶν δὲ ἄλλων οὐδενὸς οὔτε αὐτὸς οὔτε τις
τῶν Περσῶν ἥψατο, ἀλλὰ Ῥωμαῖοι τὰ σφέτερα αὐτῶν
ἔχοντες τῷ Μήδων στρατῷ ἀνεμίγνυντο.

Ἐν τούτῳ δὲ Βελισάριός τε καὶ ὁ Ῥωμαίων στρα- 18
τός, οὐδέν τι πεπυσμένοι ὧν ταύτῃ ἐπράσσετο, κόσμῳ
πολλῷ ἐκ Δάρας πόλεως ἐπὶ Νίσιβιν ᾔεσαν. ἐπειδὴ 2
δὲ τῆς ὁδοῦ κατὰ μέσον ἐγένοντο, Βελισάριος μὲν ἐν
δεξιᾷ τὸ στράτευμα ἦγεν, οὗ δὴ πηγαί τε ὑδάτων διαρ-
κεῖς ἦσαν καὶ πεδίον ἅπασιν ἐνστρατοπεδεύσασθαι 3
ἱκανῶς ἔχον. ἐνταῦθά τε στρατόπεδον ἐκέλευε ποιεῖσθαι
ὅσον ἀπὸ σταδίων δύο καὶ τεσσαράκοντα Νισίβιδος
πόλεως. οἱ δὲ ἄλλοι ξύμπαντες ἐν θαύματι μεγάλῳ 4
ἐποιοῦντο, ὅτι δὴ οὐκ ἄγχιστά πη ἐθέλοι τοῦ περιβόλου στρατοπεδεύεσθαι, τινὲς δὲ ὡς ἥκιστά οἱ ἕπεσθαι
ἤθελον.

Διὸ δὴ Βελισάριος τῶν ἀρχόντων τοῖς ἀμφ' αὐτὸν 5
οὖσιν ἔλεξεν ὧδε· ,,Ἐμοὶ μὲν οὐκ ἦν βουλομένῳ ἐς
ἅπαντας ὅσα γινώσκω ἐξενεγκεῖν. λόγος γὰρ ἐν στρατοπέδῳ περιφερόμενος οὐκ οἶδε τηρεῖν τὰ ἀπόρρητα,
ἐπεὶ κατὰ βραχὺ προϊὼν μέχρι καὶ ἐς τοὺς πολεμίους
ἐκφέρεται. ὁρῶν δὲ τούς τε πολλοὺς ὑμῶν ἀταξίᾳ πολλῇ 6
εἴκοντας καὶ αὐτὸν ἕκαστον αὐτοκράτορα τοῦ πολέμου
ἐθέλοντα εἶναι, λέξω τανῦν ἐν ὑμῖν ὅσα χρῆν σιωπᾶν,
ἐκεῖνο μέντοι πρότερον ὑπειπών, ὡς πολλῶν ἐν στρατιᾷ
γνώμῃ αὐτονόμῳ χρωμένων γενέσθαι τι τῶν δεόντων
ἀδύνατον. οἶμαι τοίνυν Χοσρόην ἐφ' ἑτέρους ἰόντα 7
βαρβάρους ὡς ἥκιστα φυλακῆς τινος αὐτάρκους χωρὶς

den Persern. So gelang dem König die Eroberung von Petra. Er selbst nahm die sehr beträchtlichen Schätze des Johannes, die er hier vorfand, in Besitz, das sonstige Eigentum tastete weder er persönlich noch einer der Perser an, vielmehr durften die Römer ihre Habe behalten und wurden sogar ins Perserheer aufgenommen.

18. Belisar eröffnet den Feldzug mit einem Vorstoß auf Nisibis

Währenddessen rückten Belisar und das römische Heer, die beide von den Vorgängen in Lazien nichts wußten, in guter Ordnung von Daras gegen Nisibis. Sie hatten eben die Hälfte der Wegstrecke zurückgelegt, als Belisar die Truppen nach rechts führte, wo es genügend Wasserquellen gab und sich eine Ebene dehnte, groß genug, daß alle darauf lagern konnten. Dort ließ er denn auch, etwa zweiundvierzig Stadien von der Stadt Nisibis entfernt, ein Lager schlagen. Alle anderen waren sehr verwundert, daß er dies nicht in unmittelbarer Nähe der Stadtmauer tun wollte, ja einige weigerten sich sogar, seinem Befehl Folge zu leisten.

Aus diesem Grunde richtete Belisar an die Befehlshaber in seiner Umgebung folgende Worte: „Es lag nicht in meiner Absicht, meine Beschlüsse allgemein bekanntzugeben. Denn, was sich im Lager herumspricht, kann nicht geheim bleiben, sondern verbreitet sich allmählich weiter und dringt schließlich sogar bis zu den Ohren der Feinde. Da ich aber sehen muß, daß die Mehrzahl von euch sich sehr undiszipliniert benimmt und jeder eigenmächtig über die Kriegführung entscheiden möchte, so will ich jetzt in euerem Kreise Dinge erörtern, über die man eigentlich Stillschweigen bewahren sollte; dabei schicke ich aber voraus, daß unmöglich die nötigen Maßnahmen getroffen werden können, wenn viele im Heer nach eigenem Gutdünken handeln. Meiner Auffassung nach hat doch Chosroes bei seinem Zug gegen andere Barbaren

τὴν οἰκείαν ἀπολιπεῖν γῆν, ἄλλως τε καὶ τήνδε τὴν
πόλιν, ἣ πρώτη τε τυγχάνει οὖσα καὶ πάσης τῆς ἐκείνου γῆς προβεβλημένη. ἐν ᾗ στρατιώτας εὖ οἶδα ὅτι 8
τοσούτους τε τὸ πλῆθος καὶ τοιούτους τὴν ἀρετὴν
κατεστήσατο ὥστε ἱκανοὺς εἶναι ταῖς παρ' ἡμῶν ἐφό-
δοις ἐμποδὼν στήσεσθαι. καὶ τὸ παράδειγμα ἐγγύθεν
ὑμῖν. Ναβέδην γὰρ στρατηγὸν τούτοις ἐπέστησεν, 9
ὃς δὴ μετά γε τὸν Χοσρόην αὐτὸν δόξῃ τε καὶ τῷ ἄλλῳ
ἀξιώματι πρῶτος ἐν Πέρσαις εἶναι δοκεῖ. ὃν ἔγωγε 10
οἶμαι καὶ ἀποπειράσεσθαι τῆς ἡμετέρας δυνάμεως καὶ
τὴν πάροδον ἡμῖν οὐδενὶ ἄλλῳ τρόπῳ ἢ μάχῃ τινὶ πρὸς
ἡμῶν ἡσσηθέντα ἐνδώσειν. εἰ μὲν οὖν ἄγχιστά που 11
τῆς πόλεως ἡ ξυμβολὴ εἴη, οὐκ ἐκ τοῦ ἀντιπάλου ἡμῖν
τε καὶ Πέρσαις ὁ ἀγὼν ἔσται. αὐτοὶ γὰρ ἐκ τοῦ ἐχυροῦ 12
ἐπεξιόντες εὐημερήσαντές τε, ἂν οὕτω τύχῃ, ἐπὶ πλεῖστον θαρρήσουσιν ἐπιθήσεσθαι καὶ ἡσσηθέντες εὐπετῶς διαφεύξονται τὴν ἡμετέραν ἐπίθεσιν. δι' ὀλίγου γὰρ 13
ἡμῖν ἡ δίωξις ἔσται καὶ τῇ πόλει ἐνθένδε οὐδὲν γενήσεται βλάβος, ἣν τοῖς τειχομαχοῦσιν ἀνάλωτον οὖσαν
στρατιωτῶν αὐτῆς ἀμυνομένων ὁρᾶτε δήπου. ἢν δέ γε 14
τῶν πολεμίων ἐνταῦθα ἡμῖν ἐς χεῖρας ἰόντων κρατή-
σωμεν, τὴν πόλιν ἐξελεῖν πολλήν τινα, ὦ ξυνάρχοντες,
ἐλπίδα ἔχω. φεύγουσι γὰρ τοῖς ἐναντίοις πολύν τινα 15
δρόμον ἢ ἀναμιχθέντες εἴσω πυλῶν, ὡς τὸ εἰκός, ξυ-
νεισπεσούμεθα, ἢ προτερήσαντες αὐτοὺς μὲν ἐφ' ἑτέρας
τινὸς ἀναγκάσομεν τεθράφθαι τε καὶ διαφυγεῖν χώρας,
ἡμῖν δὲ αὐτοῖς Νίσιβιν τῶν ἀμυνομένων χωρὶς εὐάλωτον καταστήσομεν."

Ταῦτα Βελισαρίου εἰπόντος οἱ μὲν ἄλλοι πάντες 16
ἐπείθοντό τε καὶ ξὺν αὐτῷ στρατοπεδευσάμενοι ἔμενον.
Πέτρος δὲ Ἰωάννην ἑταιρισάμενος, ὃς τῶν ἐν Μεσοποταμίᾳ καταλόγων ἄρχων μοῖραν οὐ φαύλην τινὰ τοῦ
στρατοῦ εἶχεν, οὐκ ἄποθεν τοῦ περιβόλου, ἀλλ' ὅσον
ἀπὸ σταδίων δέκα ἐλθὼν ἡσυχῇ ἔμενε. Βελισάριος δὲ 17

sein eigenes Land keinesfalls ohne ausreichenden Schutz zurückgelassen, am wenigsten diese Stadt hier, welche die erste
ist und seinem ganzen Lande als Schutzwehr dient. Sicherlich hat er so zahlreiche und tüchtige Soldaten in die Festung
gelegt, daß sie genügen, unseren Angriffen standzuhalten.
Den Beweis dafür habt ihr in Händen: Zu ihrem Befehlshaber hat Chosroes den Nabedes bestellt, der nach dem König
selbst an Ruhm und sonstiger Würde der erste unter den Persern zu sein scheint. Was ihn aber betrifft, so bin ich der Auffassung, daß er unsere Streitmacht angreifen und uns erst
nach einer Niederlage den Zugang gestatten wird. Wenn nun
das Treffen irgendwo in nächster Nähe der Stadt sich abspie-
len sollte, so wird der Kampf für uns und die Perser nicht unter den gleichen Bedingungen stattfinden. Sie selbst werden
nämlich von einer sicheren Stellung aus operieren und sofern
sie im Vorteil sind, mit größtem Mut angreifen, im Falle einer
Niederlage aber sich leicht unserem Vorstoß durch Flucht
entziehen. Denn unsere Verfolgung wird sich nur über eine
kurze Strecke hin ausdehnen können und der Stadt kein
Schaden daraus erwachsen, die, wie ihr doch seht, bei Verteidigung durch Soldaten keinen Angreifer auf Eroberung
hoffen läßt. Wenn uns aber hier an dieser Stelle die Feinde
entgegentreten und wir sie besiegen, dann darf ich, meine
Mitfeldherrn, die Einnahme der Stadt sicher erwarten. In
dem Fall müssen nämlich die Feinde einen weiten Fluchtweg
zurücklegen, so daß wir vermutlich entweder mit ihnen zusammen durch die Tore eindringen oder sie sogar überholen
und zwingen werden, in anderer Richtung sich in Sicherheit
zu bringen. Uns selbst aber wird Nisibis, von seinen Verteidigern entblößt, als leichte Beute zufallen.‟

Durch diese Worte Belisars ließen sich alle anderen Befehlshaber überzeugen und bezogen mit ihm zusammen ein
Standlager. Nur Petros gewann Johannes, der als Kommandeur der Regimenter in Mesopotamien einen nicht geringen
Teil des Heeres leitete, für sich und rückte mit ihm auf eine
Entfernung von etwa zehn Stadien an die Mauer heran, worauf er dann in Ruhe ging. Belisar aber stellte seine Leute in

τούς τε ξὺν αὑτῷ ὡς εἰς παράταξιν ἔστησε καὶ τοῖς
ἀμφὶ τὸν Πέτρον ἐπέστελλεν ὡς ἐπὶ ξυμβολῇ παρατάσσεσ-
θαι μέχρι αὐτὸς σημήνῃ, εὖ τε εἰδέναι ὡς οἱ βάρβαροι περὶ
μεσημβρίαν ἐπιθήσονται σφίσιν, ἐκεῖνο δηλονότι ἐν
νῷ ἔχοντες, ὅτι δὴ αὐτοὶ μὲν τροφῆς ἐς δείλην ὀψίαν
μεταλαγχάνειν εἰώθασι, Ῥωμαῖοι δὲ ἀμφὶ μεσημβρίαν.
Βελισάριος μὲν ταῦτα παρῄνει· οἱ δὲ ξὺν τῷ Πέτρῳ 18
ἐν οὐδενὶ τὰς ἐντολὰς ποιησάμενοι ἀμφί τε ἡμέραν
μέσην τῷ ἡλίῳ ἀχθόμενοι (ἔστι γὰρ τὸ χωρίον ἐπιεικῶς αὐχμῶδες) τά τε ὅπλα κατέθεντο καὶ τῶν πολεμίων
ἀφροντιστήσαντες σικύους ἐνταῦθά πῃ φυομένους κόσμῳ
οὐδενὶ περιιόντες κατήσθιον.
Ὅπερ κατιδὼν ὁ Ναβέδης δρόμῳ πολλῷ ἐπῆγεν 19
ἐπ᾽ αὐτοὺς τὸ Περσῶν στράτευμα. Ῥωμαῖοι δὲ (οὐ 20
γὰρ ἔλαθον αὐτοὺς ἐκ τοῦ περιβόλου ἐξιόντες οἱ βάρβαροι, ἐπεὶ καθεωρῶντο λαμπρῶς ἅτε ἐν πεδίῳ ὑππίῳ
ἰόντες) παρά τε Βελισάριον ἔπεμπον, ἀμύνειν σφίσι
παρακαλοῦντες, καὶ αὐτοὶ τὰ μὲν ὅπλα ἀνελόμενοι,
ἀκοσμίᾳ δὲ καὶ θορύβῳ ἐχόμενοι ὑπηντίαζον. οἱ δὲ 21
ἀμφὶ Βελισάριον, οὔπω παρὰ σφᾶς τοῦ ἀγγέλου ἀφι-
κομένου γνόντες διὰ τοῦ κονιορτοῦ τὴν Περσῶν ἔφοδον,
ἐβοήθουν δρόμῳ. ἐπελθόντες τε Πέρσαι Ῥωμαίους 22
οὐχ ὑποστάντας τὴν ἔφοδον πόνῳ οὐδενὶ ἐς φυγὴν ἔτρεψαν, ἐπισπόμενοι δὲ πεντήκοντά τε διέφθειραν καὶ τὸ
τοῦ Πέτρου σημεῖον ἁρπάσαντες ἔσχον. ἅπαντάς τε ἂν 23
ἐν ταύτῃ δὴ τῇ διώξει ἔκτειναν ἐς οὐδεμίαν ἀλκὴν
ὁρῶντας, εἰ μὴ Βελισάριός τε καὶ ὁ ξὺν αὐτῷ στρατὸς
καταλαβὼν διεκώλυσε. πρώτους γὰρ ἁπάντων ξὺν 24
δόρασι μακροῖς τε καὶ συχνοῖς Γότθους ἐπιόντας Πέρσαι οὐχ ὑπομείναντες ἐς φυγὴν ὥρμηντο. ἐπισπόμενοί 25
τε Ῥωμαῖοι ξὺν Γότθοις πεντήκοντα καὶ ἑκατὸν ἔκτειναν. δι᾽ ὀλίγου γὰρ τῆς διώξεως γενομένης οἱ λοιποὶ
κατὰ τάχος ἐντὸς τοῦ περιβόλου ἐγένοντο. τότε μὲν 26
οὖν Ῥωμαῖοι ξύμπαντες ἐς τὸ Βελισαρίου στρατό-

Schlachtordnung auf und befahl auch Petros und den Seinen,
sich zum Kampf bereit zu machen, bis er selbst ein Zeichen
gebe. Sie sollten sich nämlich darüber klar sein, daß die Barbaren gegen Mittag angreifen würden, und zwar offensichtlich
aus der Überlegung heraus, daß sie selbst gewöhnlich erst gegen Abend sich verköstigten, während es die Römer schon
gegen Mittag täten. So lauteten Belisars Weisungen. Doch
Petros und seine Leute schlugen sie in den Wind, legten gegen
Mittag wegen der Sonnenhitze – der Platz ist nämlich sehr
trocken – ihre Waffen ab und durchstreiften, ohne sich um die
Feinde zu kümmern und irgendwelche Ordnung einzuhalten,
die dortige Gegend. Dabei verspeisten sie Gurken, die hier
wuchsen.

Als Nabedes dies beobachtete, führte er eilends das persische Heer gegen sie heran. Die Römer merkten wohl, wie
die Barbaren den Mauerring verließen – ihr Marsch war ja in
dem ebenen Gelände deutlich zu verfolgen –, und schickten
zu Belisar um Hilfe. Dann griffen sie selbst zu den Waffen
und traten in völliger Unordnung den Feinden entgegen. Noch
war der Bote nicht eingetroffen, als Belisar und seine Leute
schon an der Staubwolke den persischen Angriff erkannten
und zur Unterstützung hergeeilten. Die Perser jedoch waren
bereits zur Stelle, schlugen die Römer, die dem Ansturm nicht
gewachsen waren, mit leichter Mühe in die Flucht, töteten
fünfzig bei der Verfolgung und erbeuteten das Feldzeichen
des Petros. Da niemand an Gegenwehr dachte, wären ihnen
alle bei dieser Jagd erlegen, hätten nicht Belisar und seine
Truppen dies durch ihr Eingreifen verhindert. Denn als sich
allen voran die Goten mit langen, dichtgedrängten Speeren
den Persern entgegenwarfen, hielten diese nicht stand und
wandten sich zur Flucht. Darauf setzten ihnen Römer und
Goten nach und töteten einhundertfünfzig Mann; denn die
Verfolgung war nur über eine kurze Strecke möglich, worauf
sich der Rest eilends hinter der Mauer in Sicherheit brachte.
Jetzt kehrten sämtliche Römer in Belisars Lager zurück, die
Perser aber stellten anderntags auf einem Turm das Feldzeichen des Petros als Siegestrophäe auf, hängten Würste dar-

πεδον ἀπεχώρησαν, οἱ δὲ Πέρσαι τῇ ἐπιγινομένῃ
ἡμέρᾳ ἐν πύργῳ τινὶ ἔστησαν ἀντὶ τροπαίου τὸ Πέτρου
σημεῖον, ἀλλᾶντάς τε αὐτοῦ ἀποκρεμάσαντες τοῖς πολεμίοις ξὺν γέλωτι ἐπετώθαζον, ἐπεξιέναι μέντοι οὐκέτι
ἐτόλμων, ἀλλὰ τὴν πόλιν ἐν τῷ ἀσφαλεῖ διεφύλασσον.

Βελισάριός τε Νίσιβιν ὁρῶν ἐχυρὰν ὑπερφυῶς οὖσαν, **19**
ἐλπίδα αὐτῆς οὐδεμίαν ἔχων ἁλώσεως πέρι, πρόσω ἰέναι
ἠπείγετο, ὅπως τι ἐξ ἐπιδρομῆς τοῖς πολεμίοις λυμήνηται. ἄρας τοίνυν παντὶ τῷ στρατῷ ἐπίπροσθεν ᾔει. 2
ἀνύσαντές τε ἡμέρας ὁδὸν φρουρίῳ ἐνέτυχον, ὃ Σισαυράνων καλοῦσι Πέρσαι. ἐνταῦθα πλῆθός τε οἰκητόρων 3
ἦν καὶ ἱππεῖς ὀκτακόσιοι Περσῶν ἄριστοι φυλακὴν
εἶχον, οἷς ἀνὴρ δόκιμος, Βλησχάμης ὄνομα, ἐφειστήκει.
Ῥωμαῖοι δὲ ἄγχιστά πη τοῦ φρουρίου στρατοπεδευ- 4
σάμενοι ἐς πολιορκίαν καθίσταντο, προσβολήν τε τῷ
περιβόλῳ ποιησάμενοι ἀπεκρούσθησαν, πολλοὺς τῇ μάχῃ
ἀποβαλόντες. τό τε γὰρ τεῖχος ἐς ἄγαν ἐχυρὸν ἐτύγχα- 5
νεν ὂν καὶ οἱ βάρβαροι καρτερώτατα ἐνθένδε τοὺς
ἐπιόντας ἠμύνοντο. διὸ δὴ τοὺς ἄρχοντας ἅπαντας
ξυγκαλέσας Βελισάριος ἔλεξε τοιάδε·
,,Ἐμπειρία πολέμων πολλῶν, ἄνδρες ἄρχοντες, δέδω- 6
κεν ἡμῖν ἐν τοῖς τῶν πραγμάτων ἀπόροις προορᾶν τε τὰ
ξυμβησόμενα καὶ δυνατοῖς εἶναι πρὸ τῶν δεινῶν ἑλέσθαι τὰ κρείσσω. ἐπίστασθε τοίνυν πηλίκον ἐστὶ κακὸν 7
στράτευμα ἐς γῆν πολεμίαν, πολλῶν μὲν ὀχυρωμάτων,
πολλῶν δὲ μαχίμων ἐν τούτοις ἀνδρῶν ὄπισθεν ἀπολελειμμένων, πορεύεσθαι. ὅπερ καὶ ἡμῖν ἔν γε τῷ πα- 8
ρόντι τετύχηκεν. ἐπίπροσθεν γὰρ ἰοῦσιν ἡμῖν ἐνθένδε
τε καὶ ἐκ Νισίβιδος πόλεως ἑπόμενοι λάθρα τῶν πολεμίων τινὲς ἐν χωρίοις, ὡς τὸ εἰκός, κακουργήσουσιν
ἐπιτηδείως αὐτοῖς πρὸς ἐνέδραν ἢ καὶ ἄλλην τινὰ ἐπιβουλὴν ἔχουσιν. ἢν δέ πη καὶ ἄλλος ἀπαντήσῃ στρατὸς 9
εἴς τε μάχην καθιστῶνται, πρὸς ἑκατέρους μὲν ἡμῖν

an und verspotteten unter Gelächter die Feinde. Zum Angriff freilich wagten sie nicht mehr die Mauern zu verlassen,
sondern beschränkten sich auf die Sicherung der Stadt.

**19. Belisar erobert die Festung Sisauranon, wird aber durch Krankheiten im
Heer und die Rückkehr des Chosroes aus Lazien an weiteren Unternehmungen
gehindert**

Angesichts der ungewöhnlichen Stärke von Nisibis glaubte
Belisar nicht mehr an eine Eroberung und beschleunigte seinen Vormarsch, um durch plötzlichen Angriff den Feinden
Schaden zuzufügen. Er brach also mit dem ganzen Heere auf
und zog weiter. Nach einem Tagemarsch trafen sie auf eine
Festung, bei den Persern Sisauranon genannt. Der Ort zählte
eine Menge Einwohner, die Bewachung aber lag bei achthundert ganz ausgezeichneten persischen Reitern, die ein angesehener Mann namens Bleschames befehligte. Nachdem die
Römer in unmittelbarer Nähe der Festung Lager bezogen hatten, begannen sie mit der Einschließung, doch wurden sie bei
einem Angriff auf die Mauer abgewiesen und verloren im
Kampfe viele Leute; denn die Befestigung war außerordentlich stark, und die Barbaren konnten von ihr aus die Angreifer sehr wirkungsvoll abwehren. So rief Belisar sämtliche Befehlshaber zusammen, um ihnen folgende Rede zu halten:

„Meine Herrn Kommandeure! Reiche Kriegserfahrung hat
uns gelehrt, in schwierigen Lagen die künftige Entwicklung
vorauszusehen, und so instandgesetzt, dem Besseren vor
dem Schlechten den Vorzug zu geben. Ihr seid euch also darüber im klaren, welch eine bedenkliche Sache es doch ist, mit
einem Heer in feindliches Gebiet vorzustoßen und dabei eine
Menge Festungen mit vielen streitbaren Männern darin hinter sich zurücklassen zu müssen. Auch wir befinden uns jetzt
in dieser Lage. Wenn wir nämlich weiter vorrücken, werden
uns von hier und von der Stadt Nisibis aus etliche Feinde
unbemerkt nachfolgen und uns natürlich Schaden an solchen
Plätzen zufügen, die ihnen einen Hinterhalt oder sonstwie
Gelegenheit für einen Anschlag bieten. Tritt uns dann noch
ein zweites Heer zum Kampf entgegen, dann müssen wir so-

ἀνάγκη τετάξεσθαι, πάθοιμεν δ' ἂν οὕτω πρὸς αὐτῶν
τὰ ἀνήκεστα· ἐῶ γὰρ λέγειν ὡς καὶ πταίσαντες ἐν τῇ
ξυμβολῇ, ἂν οὕτω τύχοι, ἐπάνοδον ἐς Ῥωμαίων τὴν
γῆν οὐδεμιᾷ μηχανῇ τὸ λοιπὸν ἕξομεν. μὴ τοίνυν ἀλο- 10
γίστῳ σπουδῇ χρώμενοι ἡμᾶς αὐτοὺς ἐσκυλευκότες
φαινώμεθα, μηδὲ τῷ φιλονείκῳ τὰ Ῥωμαίων πράγματα
βλάψωμεν. τόλμα μὲν γὰρ ἀμαθὴς ἐς ὄλεθρον φέρει,
μέλλησις δὲ σώφρων ἐς τὸ σώζειν ἀεὶ τοὺς αὐτῇ χρωμένους ἱκανῶς πέφυκεν. ἡμεῖς μὲν οὖν ἐνταῦθα ἐγκα- 11
θεζόμενοι ἐξελεῖν πειρώμεθα τὸ φρούριον τόδε, Ἀρέθας δὲ ξὺν τοῖς ἑπομένοις ἐς τὰ ἐπὶ Ἀσσυρίας χωρία
στελλέσθω. Σαρακηνοὶ γὰρ τειχομαχεῖν μέν εἰσιν ἀδύ- 12
νατοι φύσει, ἐς δὲ τὸ ληίζεσθαι πάντων μάλιστα δεξιοί.
συνεισβαλοῦσι δὲ αὐτοῖς καὶ στρατιῶται τῶν μαχίμων 13
τινές, ὅπως αὐτοί τε, μηδενὸς μὲν ἐναντιώματος σφίσι
φανέντος, τὰ ἀνήκεστα τοὺς προσπεσόντας ἐργάσωνται,
ἢν δέ τι ἀπαντήσῃ πολέμιον, εὐπετῶς ἀναχωροῦντες
εἰς ἡμᾶς σώζοιντο. καὶ ἡμεῖς ἐξελόντες, ἢν θεὸς θέλῃ, 14
τὸ φρούριον, οὕτω δὴ παντὶ τῷ στρατῷ Τίγρην ποταμὸν
διαβαίνωμεν, οὐ δεδιότες μὲν τοὺς ὄπισθεν κακουργή-
σοντας, εὖ δὲ εἰδότες ὅπῃ ποτὲ τοῖς Ἀσσυρίοις τὰ
πράγματα ἔχει."

Ταῦτα εἰπὼν Βελισάριος εὖ τε λέγειν ἅπασιν ἔδοξε 15
καὶ τὸ βούλευμα εὐθὺς ἐπετέλει. Ἀρέθαν τε ξὺν τοῖς
ἑπομένοις ἐπὶ Ἀσσυρίας ἐκέλευεν ἰέναι καὶ αὐτοῖς
στρατιώτας διακοσίους τε καὶ χιλίους ξυνέπεμψεν, ὧν
δὴ οἱ πλεῖστοι τῶν ὑπασπιστῶν τῶν αὐτοῦ ἦσαν, δορυφόρους αὐτοῖς ἐπιστήσας δύο, Τραϊανόν τε καὶ
Ἰωάννην τὸν Φαγᾶν καλούμενον, ἄμφω ἀγαθοὺς τὰ
πολέμια. καὶ αὐτοῖς μὲν Ἀρέθᾳ πειθομένοις ἅπαντα 16
πράσσειν ἐπέστελλεν, Ἀρέθαν δὲ ἅπαντα ἐκέλευε τὰ
ἐν ποσὶ ληισάμενον οὕτω τε ἐς τὸ στρατόπεδον ἐπα-
νήκοντα ἀπαγγέλλειν σφίσιν ὁποῖά ποτε δυνάμεως
πέρι τοῖς Ἀσσυρίοις τὰ πράγματα εἴη. οἱ μὲν οὖν ἀμφὶ 17

gar nach zwei Seiten hin Front machen und mit dem Schlimm-
sten von dort aus rechnen; ich will dabei gar nicht erwähnen,
daß schon eine Niederlage, falls es dazu kommen sollte, uns
jede Möglichkeit für einen Rückzug auf römisches Gebiet
rauben wird. So wollen wir denn nicht durch törichten Eifer
den Eindruck erwecken, als hätten wir uns selbst die Handlungsfreiheit genommen, und der römischen Sache durch Ehrgeiz schaden! Denn törichter Wagemut führt ins Verderben,
während kluge Vorsicht diejenigen, die sich ihrer bedienen, jederzeit zu bewahren vermag. Laßt uns also hier Stellung beziehen und diese Festung angreifen, während Arethas mit seinen Leuten in das Gebiet von Assyrien aufbrechen soll! Die
Sarazenen sind ja von Natur aus über Unternehmungen gegen
einen festen Platz ungeeignet, für Raubzüge aber am aller-
geschicktesten. An ihrem Vorstoß werden sich auch einige
kampferprobte Soldaten beteiligen, damit sie, falls ihnen kein
Widerstand begegnet, allen, auf die sie treffen, schwersten
Schaden zufügen, bei Feindberührung jedoch sich leicht zurückziehen und bei uns in Sicherheit bringen können. Wir
aber wollen, sofern uns nach Gottes Ratschluß die Eroberung
der Feste gelingt, mit dem ganzen Heer den Tigris überschreiten und brauchen uns dann nicht mehr vor etwaigen Anschlägen in unserem Rücken zu fürchten, wissen vielmehr
recht gut, wie denn die Lage in Assyrien ist."
Diese Worte Belisars fanden allgemeinen Beifall, weshalb
er sogleich seinen Plan in die Tat umsetzte. Er befahl dem
Arethas und seinen Leuten, gegen Assyrien zu ziehen, und
gab ihnen 1200 Soldaten mit, von denen die Mehrzahl zu
seinen Hypaspisten gehörte; mit ihrer Führung aber betraute
er zwei Doryphoren, Traianos und Johannes mit dem Beinamen Phagas, beide tüchtige Militärs. Sie sollten in allen
Dingen nach Arethas' Anweisungen handeln, dieser selbst
aber hatte Befehl, alle von ihm berührten Gebiete auszuplündern, hierauf ins Lager zurückzukehren und über die Kräfte-
verhältnisse in Assyrien zu berichten. So überschritt Arethas

τὸν Ἀρέθαν Τίγρην ποταμὸν διαβάντες ἐν Ἀσσυρίοις
ἐγένοντο. οὗ δὴ χώραν τε ἀγαθὴν εὑρόντες καὶ μακροῦ 18
χρόνου ἀδῄωτον, ταύτην τε ἀφύλακτον οὖσαν, ἐξ ἐπιδρομῆς πολλὰ λησάμενοι τῶν ἐκείνῃ χωρίων χρήματα
μεγάλα περιεβάλλοντο.

Τότε δὲ Βελισάριος τῶν τινας Περσῶν ξυλλαβών, 19
ἐνδεῖν τοῖς ἐν τῷ φρουρίῳ τὰ ἐπιτήδεια παντελῶς ἔμαθεν. οὐ γάρ, ὥσπερ ἐν Δάρας τε καὶ Νισίβιδι πόλει, ἐν 20
δημοσίῳ τὰς ἐπετείους τροφὰς ἀποτίθεσθαι νενομίκασιν, ἀλλὰ πολεμίων στρατοῦ ἀπροσδοκήτου σφίσιν ἐπιπεσόντος ἐσκομισάμενοί τι τῶν ἀναγκαίων οὐκ ἔφθησαν.
ἄφνω δὲ πολλῶν ἐς τὸ φρούριον καταφυγόντων, τῶν 21
ἐπιτηδείων τῇ ἀπορίᾳ, ὡς τὸ εἰκός, ἐπιέζοντο. ἃ δὴ 22
Βελισάριος γνοὺς Γεώργιον ἔπεμψεν, ἄνδρα ξυνετώτατόν τε καὶ τῶν ἀπορρήτων αὐτῷ κοινωνοῦντα, ἀπο-
πειρασόμενον τῶν ταύτῃ ἀνθρώπων, εἴ πως ὁμολογίᾳ
τινὶ δύναιτο τὸ χωρίον ἑλεῖν. Γεώργιος δὲ παραίνεσίν 23
τε ποιησάμενος καὶ πολλὰ ἐς αὐτοὺς ἐπαγωγὰ εἰπὼν
ἔπεισε τὰ πιστὰ λαβόντας ἀμφὶ τῇ σωτηρίᾳ σφᾶς τε
αὐτοὺς καὶ τὸ φρούριον ἐνδοῦναι Ῥωμαίοις. οὕτω Βε- 24
λισάριος τὸ Σισαυράνων ἑλὼν τοὺς μὲν οἰκήτορας
ἅπαντας Χριστιανούς τε καὶ Ῥωμαίους τὸ ἀνέκαθεν
ὄντας, ἀθῴους ἀφῆκε, τοὺς δὲ Πέρσας ξὺν τῷ Βλησχάμῃ
ἐς Βυζάντιον ἔπεμψε, καὶ τὸν τοῦ φρουρίου περίβολον
ἐς ἔδαφος καθεῖλε. βασιλεύς τε οὐ πολλῷ ὕστερον 25
τούτους τε τοὺς Πέρσας καὶ τὸν Βλησχάμην ἐς Ἰταλίαν
Γότθοις πολεμήσοντας ἔπεμψε. τὰ μὲν οὖν ἀμφὶ τῷ
Σισαυράνων φρουρίῳ ταύτῃ ἐχώρησεν.

Ἀρέθας δέ, δείσας μὴ τὴν λείαν πρὸς Ῥωμαίων 26
ἀφαιρεθείη, οὐκέτι ἀναστρέφειν ἐς τὸ στρατόπεδον
ἤθελε. πέμψας οὖν τῶν οἱ ἑπομένων τινὰς ἐπὶ κατα- 27
σκοπῇ δῆθεν τῷ λόγῳ ἐκέλευε λάθρα ὡς τάχιστα
ἐπανήκοντας σημῆναι σφίσιν, ὅτι δὴ πολύς τις πολεμίων στρατὸς ἀμφὶ τοῦ ποταμοῦ τὴν διάβασιν εἴη.

mit seinen Leuten den Tigris und drang in Assyrien ein. Da sie ein fruchtbares, schon lange von Raubzügen verschontes und noch dazu ungeschütztes Land vorfanden, konnten sie im ersten Ansturm viele dortige Plätze ausplündern und reiche Beute machen.

Belisar aber brachte zu dieser Zeit einige Perser in seine Gewalt und erfuhr durch sie, daß der Besatzung von Sisauranon sämtliche Lebensmittel ausgegangen seien. Es ist ja hier nicht wie bei den Städten Daras und Nisibis üblich, in einem staatlichen Gebäude Proviant für ein Jahr einzulagern, und so hatte der überraschende Angriff des feindlichen Heeres die rechtzeitige Beischaffung von lebenswichtigen Gütern verhindert. Hals über Kopf hatten sich auch viele Menschen in die Festung geflüchtet, die jetzt natürlich unter Verpflegungsschwierigkeiten litten. Belisar hörte von all dem und schickte den Georgios, einen sehr klugen, in alle seine Geheimnisse eingeweihten Mann, mit dem Auftrage ab, er solle bei den Belagerten in Erfahrung bringen, ob die Festung nicht vielleicht durch gütliches Abkommen zu gewinnen sei. Dieser redete nun in entsprechendem Sinn auf die Perser ein und erreichte durch viele lockende Versprechungen, daß sie gegen eidliche Zusicherung von Leib und Leben sich und die Festung den Römern übergaben. So brachte Belisar Sisauranon in seine Gewalt. Sämtliche Einwohner, Christen und Römer von altersher, ließ er unbehelligt, während er die Perser und Bleschames nach Byzanz schickte. Die Ringmauer der Festung aber wurde dem Erdboden gleichgemacht. Bald danach sandte der Kaiser dieser Perser unter Bleschames zum Krieg gegen die Goten nach Italien. So ging es denn mit der Festung Sisauranon.

Arethas aber fürchtete, die Römer möchten ihm seine Beute abnehmen, und wollte deshalb nicht mehr ins Lager zurückkehren. Er schickte also einige seiner Gefolgsleute zum Schein auf Erkundung aus und gab ihnen den heimlichen Befehl, möglichst rasch mit der Meldung zurückzukehren, daß ein starkes feindliches Heer am Flußübergang stehe. Darauf-

διὸ δὴ Τραϊανῷ τε καὶ Ἰωάννῃ παρήνει ἑτέρᾳ ἰοῦσιν ὁδῷ 28
ἐπανήκειν ἐς Ῥωμαίων τὴν γῆν. παρὰ μὲν οὖν Βελισά- 29
ριον οὐκέτι ἦλθον, ἔχοντες δὲ ποταμὸν Εὐφράτην ἐν
δεξιᾷ οὕτω δὴ ἐς Θεοδοσιούπολιν τὴν πρὸς τῷ Ἀβόρρᾳ
ποταμῷ ἵκοντο. Βελισάριος δὲ καὶ ὁ Ῥωμαίων στρα- 30
τὸς οὐδὲν περὶ τοῦ στρατεύματος τούτου πυθόμενοι
ἤσχαλλον, ἔς τε δέος καὶ ὑποψίαν οὔτε φορητήν τινα
οὔτε μετρίαν ἐμπίπτοντες. χρόνου τε σφίσιν ἐν ταύτῃ 31
δὴ τῇ προσεδρείᾳ τριβέντος συχνοῦ ξυνέβη πολλοῖς
τῶν στρατιωτῶν πυρετῷ δυσκόλῳ ἐνταῦθα ἁλῶναι·
αὐχμηρὰ γὰρ Μεσοποταμία ἡ Περσῶν κατήκοος ὑπερφυῶς ἐστιν. οὗπερ ἀήθεις ὄντες Ῥωμαῖοι καὶ διαφερόν- 32
τως οἱ ἐκ Θρᾴκης ὁρμώμενοι, ἐν χωρίῳ ἐκτόπως αὐχ-
μώδει καὶ καλύβαις τισὶ πνιγηραῖς ὥρᾳ θέρους δίαιταν
ἔχοντες, ἐνόσησαν οὕτως ὥστε ἡμιθνῆτες τὸ τριτημό-
ριον τοῦ στρατοῦ ἔκειντο. ἅπας μὲν οὖν ὁ στρατὸς 33
ἐνθένδε τε ἀπαλλάσσεσθαι καὶ ὅτι τάχιστα ἐς τὴν
οἰκείαν γῆν ἐπανήκειν ἐν σπουδῇ εἶχον, μάλιστα δὲ
ἁπάντων οἱ τῶν ἐν Λιβάνῳ καταλόγων ἄρχοντες, Ῥεκίθαγγός τε καὶ Θεόκτιστος, ὁρῶντες ὅτι δὴ καὶ ὁ
χρόνος τὸ Σαρακηνῶν ἀνάθημα παρῴχηκεν ἤδη. Βε- 34
λισαρίῳ γοῦν συχνὰ προσιόντες ἐδέοντο σφᾶς αὐτίκα
ἀφεῖναι, μαρτυρόμενοι ὡς Ἀλαμουνδάρῳ τά τε ἐπὶ
Λιβάνου καὶ Συρίας χωρία ἐνδιδόντες κάθηνται αὐτοῦ
οὐδενὶ λόγῳ.

⊦ Διὸ δὴ Βελισάριος ἅπαντας ξυγκαλέσας τοὺς ἄρ- 35
χοντας βουλὴν προύθηκεν. οὗ δὴ ἀναστὰς πρῶτος Ἰωάν- 36
νης ὁ Νικήτου υἱὸς ἔλεξε τοιάδε ,,Ἄριστε Βελισάριε,
στρατηγὸν μὲν οὔτε τὴν τύχην οὔτε τὴν ἀρετὴν ἐκ τοῦ
παντὸς χρόνου γεγενῆσθαι τοιοῦτον οἶμαι οἷος αὐτὸς
εἶ. δόξα τε αὕτη οὐ Ῥωμαίων κεκράτηκε μόνον, ἀλλὰ 37
καὶ βαρβάρων ἁπάντων. ταύτην μέντοι βεβαιότατα 38
διαφυλάξεις τὴν εὔκλειαν, ἤν γε ζῶντας ἡμᾶς ἐς Ῥωμαίων τὴν γῆν διασώσασθαι δυνατὸς εἴης· ὡς νῦν γε

hin empfahl er Traianos und Johannes, auf einem anderen
Weg ins römische Gebiet heimzuziehen. Sie kamen auf diese
Weise nicht mehr zu Belisar, sondern – stets den Euphrat zur
Rechten – nach Theodosiopolis am Flusse Aborrhas. Da nun
Belisar und das römische Heer nichts weiter mehr von der
genannten Truppe hörten, waren sie ungeduldig und gerieten
in Angst und hegten unerträgliche und maßlose Befürchtungen. Infolge der langen Belagerung von Sisauranon wurden
auch viele Soldaten – der persische Teil von Mesopotamien
ist ja außerordentlich trocken – von schlimmem Fieber befallen, und da die Römer, vor allem die Leute aus Thrakien,
daran nicht gewöhnt waren und sich zur Sommerszeit auf
völlig wasserlosem Gelände und in erstickend heißen Zelten
aufhalten mußten, erkrankten sie so schwer, daß ein Drittel
des Heeres halbtot darnieder lag. Sämtliche Truppen wünsch-
ten daher, von dort wegzukommen und auf dem schnellsten
Weg ins eigene Land zurückzukehren. Vor allem drängten
die Befehlshaber der libanesischen Regimenter, Rekithangos
und Theoktistos; denn sie sahen, daß auch die heilige Zeit der
Sarazenen verstrichen war. Wiederholt wandten sie sich an
Belisar und baten um ihre sofortige Entlassung. Sie säßen,
wie sie beteuerten, zwecklos hier herum, während sie die Gebiete im Libanon und in Syrien dem Alamundaros schutzlos
preisgäben.

Belisar ließ deshalb alle Befehlshaber zusammenrufen und
hielt mit ihnen Kriegsrat. Dort erhob sich als erster Johannes,
der Sohn des Niketas, zu folgender Rede: „Bester Belisar!
Noch nie gab es meiner Ansicht nach einen Feldherrn, den
Glück und eigene Tüchtigkeit in solchem Maße auszeichneten
wie dich. Diese Auffassung herrscht nicht nur bei den Römern, sondern auch bei allen Barbaren vor. Du wirst aber
diesen Ruhm am sichersten bewahren, wenn du uns lebend
ins römische Gebiet zurückbringen kannst; denn augenblicklich steht es um unsere Hoffnungen nicht gut. Laß dich also,

ἡμῖν τὰ τῆς ἐλπίδος οὐκ ἐν καλῷ κεῖται. οὑτωσὶ γάρ
μοι περὶ τοῦδε τοῦ στρατοῦ σκόπει. Σαρακηνοὶ μὲν καὶ 39
οἱ τῶν στρατιωτῶν μαχιμώτατοι Τίγρην ποταμὸν διαβάντες, ἡμέραν οὐκ οἶδα ὁπόστην ἄνω ἐς τοῦτο τύχης
ἀφίκοντο ὥστε οὐδὲ ἄγγελον πέμψαι τινὰ παρ'
ἡμᾶς ἴσχυσαν· Ῥεκίθαγγός τε καὶ Θεόκτιστος ἀπο-
πορεύσονται, ὡς ὁρᾷς δήπουθεν, αὐτίκα δὴ μάλα τὸν
Ἀλαμουνδάρου στρατὸν ἐν Φοίνιξι μέσοις εἶναι οἰόμενοι, ἄγοντά τε καὶ φέροντα ξύμπαντα τὰ ἐκείνῃ
χωρία. τῶν δὲ λειπομένων οἱ νοσοῦντές εἰσι τοσοῦτοι 40
τὸ πλῆθος ὥστε τοὺς θεραπεύσοντάς τε καὶ κομιοῦντας
ἐς Ῥωμαίων τὴν γῆν ἐλάσσους αὐτῶν παρὰ πολὺ τὸν
ἀριθμὸν εἶναι. τούτων δὲ τοιούτων ὄντων, ἤν τι ξυμ- 41
βαίη πολέμιον ἢ αὐτοῦ μένουσιν ἢ ὀπίσω ἰοῦσιν ἡμῖν
ἀπαντῆσαι, οὐδ' ἄν τις ἀπαγγεῖλαι τοῖς ἐν Δάρας Ῥωμαίοις δύναιτο τὸ ξυμπεσὸν πάθος. τὸ γὰρ ἐπίπροσθέ 42
πῃ ἰέναι οὐδὲ λόγῳ οἶμαι δυνατὸν εἶναι. ἕως οὖν ἔτι
λείπεταί τις ἐλπίς, τὰ ἐς τὴν ἐπάνοδον βουλεύεσθαί τε
καὶ πράσσειν ξυνοίσει. τοῖς γὰρ ἐς κίνδυνον ἄλλως τε 43
καὶ τοιοῦτον καθεστηκόσι μὴ τὴν σωτηρίαν διασκοπεῖσθαι, ἀλλὰ τὴν ἐς τοὺς πολεμίους ἐπιβουλὴν πολλὴ
ἄνοια."

Τοσαῦτα Ἰωάννης τε εἶπε καὶ οἱ λοιποὶ πάντες ἐπή- 44
νεσαν, ἔς τε θόρυβον καθιστάμενοι τὴν ἀναχώρησιν
κατὰ τάχος ποιεῖσθαι ἠξίουν. διὸ δὴ Βελισάριος πρότε- 45
ρον τοὺς νοσοῦντας ἐν τοῖς ὑποζυγίοις ἐνθέμενος ὑπῆ-
γεν ὀπίσω τὸ στράτευμα. ἐπειδή τε τάχιστα ἐν γῇ τῇ 46
Ῥωμαίων ἐγένοντο, ἅπαντα μὲν τὰ τῷ Ἀρέθᾳ εἰργασ-
μένα ἔγνω, δίκην μέντοι λαβεῖν οὐδεμίαν παρ' αὐτοῦ
ἴσχυσεν, ἐπεί οἱ ἐς ὄψιν οὐκέτι ἦλθεν. ἡ μὲν οὖν Ῥωμαίων ἐσβολὴ ἐς τοῦτο ἐτελεύτα.

Χοσρόῃ δὲ Πέτραν ἑλόντι Βελισάριος ἐσβαλὼν ἐς 47
γῆν τὴν Περσίδα ἠγγέλλετο καὶ ἡ ἀμφὶ πόλιν Νίσιβιν
ξυμβολή, φρουρίου τε τοῦ Σισαυράνων ἡ ἅλωσις, καὶ

was dieses Heer anlangt, von folgenden Gesichtspunkten leiten: Die Sarazenen und unsere besten Streiter haben, weiß
Gott wie lange schon, den Tigris überschritten und sind in
eine Lage geraten, daß sie uns nicht einmal einen Boten zusenden konnten. Rekithangos und Theoktistos wiederum wollen, wie du wohl siehst, den Rückweg antreten; glauben sie
doch, daß Alamundaros mit seinem Heer augenblicklich mitten in Phönikien steht und sämtliche Landstriche dort plün-
dert und ausraubt. Von den restlichen Soldaten aber sind so
viele erkrankt, daß diejenigen, die ihre Kameraden pflegen
und ins römische Gebiet bringen sollen, eine weit geringere
Zahl als jene darstellen. Sollte uns unter solchen Umständen
entweder bei längerem hiesigem Verbleib oder auf dem Rückmarsch irgend ein Feind entgegentreten, dann könnte wohl
nicht mal ein Bote den Römern in Daras unseren Untergang
berichten; was nämlich den Vormarsch anlangt, so verbietet
sich meiner Auffassung nach schon die bloße Erwähnung.
Solange noch ein kleiner Hoffnungsschimmer bleibt, wird es
uns demnach nur Vorteil bringen, wenn wir über Rückzugs-
möglichkeiten sprechen und das Ganze ins Werk setzen. Ist
es doch für Leute, die in eine gefährliche Lage, besonders in
eine solche wie wir, geraten sind, völlig widersinnig, nicht auf
Rettung, sondern auf Angriff gegen den Feind zu denken.‟

Soviel der Worte des Johannes. Alle anderen zollten ihm
Beifall und forderten lärmend möglichst raschen Rückzug.
Daher ließ Belisar die Kranken zuvor auf die Lasttiere bringen und führte dann das Heer langsam heimwärts. Gleich
nach seiner Ankunft auf römischem Boden erfuhr er von all
dem, was Arethas getan hatte, doch konnte er ihn nicht zur
Rechenschaft ziehen, da sich dieser nicht mehr bei ihm sehen
ließ. So endete der Vorstoß der Römer.

Chosroes erhielt nach der Eroberung Petras Nachricht von
Belisars Einfall in Persien, ferner von dem Gefecht bei Nisibis, der Einnahme der Festung Sisauranon und den Taten,

ὅσα Τίγρην ποταμὸν διαβὰν τὸ ξὺν τῷ Ἀρέθᾳ στράτευμα
ἔπρασσεν. αὐτίκα τε φυλακὴν ἐν τῇ Πέτρᾳ καταστησάμενος ξὺν τῷ ἄλλῳ στρατῷ καὶ Ῥωμαίων τοῖς
ἁλοῦσιν ἐς τὰ Περσῶν ἤθη ἀπήλαυνε. ταῦτα μὲν ἐν
τῇ δευτέρᾳ Χοσρόου ἐσβολῇ ξυνηνέχθη γενέσθαι. Βελισάριος δὲ βασιλεῖ ἐς Βυζάντιον μετάπεμπτος ἐλθὼν
διεχείμαζεν.

Ἅμα δὲ ἦρι ἀρχομένῳ Χοσρόης ὁ Καβάδου τὸ τρίτον στρατῷ μεγάλῳ ἐς γῆν τὴν Ῥωμαίων ἐσέβαλλε,
ποταμὸν Εὐφράτην ἐν δεξιᾷ ἔχων. Κάνδιδος δέ, ὁ Σερ-
γιουπόλεως ἱερεύς, ἐπειδὴ τὸν Μήδων στρατὸν ἄγχιστά
που ἥκειν ἐπύθετο, δείσας περί τέ οἱ αὐτῷ καὶ
τῇ πόλει, ἐπεὶ χρόνῳ τῷ ξυγκειμένῳ Χοσρόῃ τὰ ὡμολογημένα ὡς ἥκιστα ἐπετέλεσεν, ἐν τῷ τῶν πολεμίων
στρατοπέδῳ γενόμενος παρῃτεῖτο Χοσρόην μή οἱ διὰ
ταῦτα χαλεπῶς ἔχειν. χρήματα μὲν γὰρ οὐδεπώποτε
αὐτῷ γεγονέναι, καὶ διὰ τοῦτο ἀρχὴν οὐδὲ βεβουλῆ-
σθαι Σουρηνοὺς ῥύεσθαι, βασιλέα δὲ Ἰουστινιανὸν
ὑπὲρ τούτων πολλὰ ἱκετεύσας ἀνόνητος αὐτοῦ γεγενῆσθαι. Χοσρόης δὲ αὐτὸν ἐν φυλακῇ ἔσχε, καὶ τὸ σῶμα
πικρότατα αἰκιζόμενος διπλάσια χρήματα, ἧπερ ξυνέκειτο, πράττειν ἠξίου. ὁ δὲ αὐτὸν ἐς Σεργιούπολιν
τινὰς ἱκέτευε πέμψαι τὰ κειμήλια ξύμπαντα τοῦ ἐνταῦθα ἱεροῦ ληψομένους. καὶ ἐπεὶ κατὰ ταῦτα ὁ Χοσρόης ἐποίει, τῶν οἱ ἑπομένων τινὰς ὁ Κάνδιδος ξὺν
αὐτοῖς ἔπεμψεν. οἱ μὲν οὖν Σεργιουπολῖται τοὺς παρὰ
Χοσρόου σταλέντας τῇ πόλει δεξάμενοι τῶν κειμηλίων
πολλὰ ἔδοσαν, ἄλλο οὐδὲν σφίσιν ἀπολελεῖφθαι ἰσχυριζόμενοι. Χοσρόης δὲ ταῦτά οἱ ἀποχρῆν οὐδαμῇ ἔφη,
ἀλλ᾽ ἕτερα τούτων πλείω λαβεῖν ἐδικαίου. πέμπει
τοίνυν τινὰς τῷ μὲν λόγῳ διερευνησομένους ἐς τὸ ἀκριβὲς τὰ τῆς πόλεως χρήματα, ἔργῳ δὲ τὴν πόλιν καθέ-

die das Heer des Arethas nach Überquerung des Tigris voll-
führt hatte. Sogleich legte er eine Besatzung nach Petra und
rückte mit dem Rest des Heeres und den gefangenen Römern
nach Persien ab. Das alles geschah beim zweiten Einfall des
Chosroes, Belisar aber wurde vom Kaiser nach Byzanz entboten und verbrachte dort den Winter.

20. Chosroes' dritter Vorstoß richtet sich gegen Sergiupolis und veranlaßt Belisar zu raschen Gegenmaßnahmen

Mit Frühjahrsbeginn unternahm Chosroes, der Sohn des
Kabades, zum dritten Mal mit starker Macht einen Einfall ins
römische Gebiet; dabei ließ er den Euphrat auf seiner rechten
Seite. Sobald Kandidos, der Bischof von Sergiupolis, davon
hörte, daß das persische Heer in unmittelbarer Nähe stehe,
machte er sich Sorge um sich und seine Stadt, da er innerhalb
der vertragsmäßigen Frist seine Zusagen gegenüber Chosroes
nicht eingelöst hatte. Er ging daher ins feindliche Lager und
bat den König, ihm deswegen nicht zu zürnen. Geld habe er
ja niemals besessen und daher auch anfänglich den Loskauf
der Surener nicht beabsichtigt, an Kaiser Justinian aber sei
er wiederholt mit Bitten herangetreten, ohne jedoch Hilfe
von dort zu erhalten. Gleichwohl setzte ihn Chosroes gefangen, ließ ihn sehr hart foltern und verlangte die Zahlung der
doppelten Summe wie vereinbart. Der Bischof bat darauf den
König flehentlich, er möge einige Leute nach Sergiupolis
schicken, um sämtliche Kleinodien der dortigen Kirche in
Empfang zu nehmen. Dieser Bitte entsprach Chosroes, und
Kandidos gab noch ein paar von seinen Begleitern mit. Die
Einwohner von Sergiupolis aber ließen Chosroes' Abgesandte
in die Stadt ein, übergaben ihnen viele Kleinodien und beteuerten schließlich, nichts weiter mehr zu besitzen. Indessen
erklärte sich der König keineswegs zufrieden und verlangte
noch mehr. Er schickte daher einige Leute, welche die Stadt
scheinbar genau nach Wertsachen durchsuchen, in Wirklichkeit aber sie besetzen sollten. Doch da es nun einmal Schick-
salswille war, daß Sergiupolis nicht in persische Hände fiel,

ξοντας. καὶ ἐπεὶ οὐκ ἔδει Σεργιούπολιν Πέρσαις ἁλῶναι,
τῶν τις Σαρακηνῶν Χριστιανὸς μέν, ταττόμενος δὲ
ὑπὸ Ἀλαμουνδάρῳ, Ἄμβρος ὄνομα, νύκτωρ παρὰ τῆς
πόλεως τὸ τεῖχος ἥκων καὶ τὸν πάντα λόγον ἀγγείλας
ἐκέλευε Πέρσας τῇ πόλει μηδαμῇ δέξασθαι.
Οὕτω τε οἱ παρὰ Χοσρόου σταλέντες ἄπρακτοι ἐς
αὐτὸν ἐπανῆλθον, καὶ ὃς τῷ θυμῷ ζέων τὴν πόλιν
ἐξελεῖν διενοεῖτο. στράτευμα οὖν ἐς ἑξακισχιλίους
στείλας ἐκέλευεν ἔς τε πολιορκίαν καθίστασθαι καὶ
προσβολὰς τῷ περιβόλῳ ποιήσασθαι. καὶ οἱ μὲν ἐνταῦθα γενόμενοι ἔργου εἴχοντο, Σεργιουπολῖται δὲ
καρτερῶς μὲν τὰ πρῶτα ἠμύνοντο, ἔπειτα δὲ ἀπειπόντες τε καὶ κατωρρωδηκότες τὸν κίνδυνον ἐβουλεύ-
οντο τοῖς πολεμίοις τὴν πόλιν ἐνδοῦναι. στρατιώτας
γὰρ οὐ πλέον ἢ διακοσίους ἔχοντες ἔτυχον. ἀλλὰ Ἄμβρος, αὖθις παρὰ τὸν περίβολον ἐς νύκτα ἥκων, δυοῖν
ἡμέραιν τὴν πολιορκίαν διαλύσειν Πέρσας ἔφασκε, τοῦ
ὕδατος αὐτοὺς παντάπασιν ἐπιλιπόντος. διὸ δὴ αὐτοὶ
μὲν ἐς λόγους τοῖς πολεμίοις οὐδαμῇ ἦλθον, οἱ δὲ βάρβαροι δίψει ἐχόμενοι ἐξανέστησάν τε καὶ παρὰ Χοσρόην ἀφίκοντο. Κάνδιδον μέντοι Χοσρόης οὐκέτι ἀγῆκε.
χρῆν γάρ, οἶμαι, αὐτὸν τὰ ὀμωμοσμένα ἠλογηκότα
ἱερέα μηκέτι εἶναι. ταῦτα μὲν οὖν τῇδε ἐχώρησεν.
Ἐπεὶ δὲ εἰς τὴν Κομμαγηνῶν χώραν ὁ Χοσρόης
ἀφίκετο, ἣν καλοῦσιν Εὐφρατησίαν, ἐς λείαν μὲν ἢ
χωρίου του ἅλωσιν τρέπεσθαι οὐδαμῇ ἤθελεν, ἐπεὶ τὰ
ἐν ποσὶ μέχρι ἐς Σύρους τὰ μὲν ἐξελών, τὰ δὲ ἀργυ-
ρολογήσας πρότερον ἔτυχεν, ὥσπερ ἐν τοῖς ἔμπροσθεν
λόγοις δεδήλωται. γνώμην δὲ εἶχεν εὐθὺ Παλαιστίνης
ἄγειν τὸ στράτευμα, ὅπως τά τε ἄλλα καὶ τὰ ἐν Ἱεροσολύμοις κειμήλια πάντα ληίσηται. χώραν γὰρ ταύτην
ἀγαθήν τε διαφερόντως καὶ πολυχρύσων οἰκητόρων
εἶναι ἀκοῇ εἶχε. Ῥωμαῖοι δὲ ἅπαντες, ἄρχοντές τε καὶ
στρατιῶται, τοῖς μὲν πολεμίοις ὑπαντιάζειν ἢ τῇ πα-

kam ein christlicher Sarazene, ein Untergebener des Alamundaros namens Ambros, nächtlicherweile an die Stadtmauer heran, enthüllte die ganze Sache und riet, die Perser nicht in die Stadt aufzunehmen.

So mußten Chosroes' Abgesandte unverrichteter Dinge zu ihrem Herrn zurückkehren; dieser aber, in hellem Zorn darüber, wollte nun die Stadt mit Gewalt nehmen und schickte ein Heer von etwa sechstausend Mann mit dem Auftrag, die Belagerung zu beginnen und die Mauer anzugreifen. Gleich nach ihrem Eintreffen machten sich die Perser ans Werk. Die Einwohner von Sergiupolis leisteten zwar zunächst kräftigen Widerstand, erlahmten aber bald in ihren Anstrengungen und beschlossen aus Angst vor der Gefahr, den Feinden die Stadt zu übergeben; denn sie hatten nicht mehr als zweihundert Soldaten zur Verfügung. Doch Ambros kam wiederum gegen Abend an die Stadtmauer heran und erklärte, die Perser würden innerhalb von zwei Tagen die Belagerung aufgeben, da es ihnen völlig an Wasser fehle. Deshalb ließen sich die Einwohner auf keinerlei Unterhandlungen mit den Feinden ein, worauf die Barbaren, von Durst gequält, ihr Lager abbrachen und sich wieder zu Chosroes begaben. Den Kandidos aber gab der König nicht mehr frei; er durfte ja auch, wie ich glaube, als Eidbrüchiger nicht mehr Priester sein. Die Dinge hier nahmen also diesen Verlauf.

Sodann kam Chosroes zum Lande Kommagene, das den Namen Euphratesia trägt. Da er, wie bereits erwähnt, die vor ihm liegenden Gebiete bis nach Syrien hin schon früher teils ausgeraubt, teils gebrandschatzt hatte, wollte er sich nicht mehr mit Beutemachen und der Einnahme von Städten aufhalten, sondern beschloß, mit seinem Heere geradewegs auf Palästina vorzustoßen, um neben den anderen Wertsachen vor allem sämtliche Kostbarkeiten in Jerusalem wegzunehmen; denn er wußte vom Hörensagen, daß dieses Land sehr fruchtbar und seine Einwohner reich seien. Kein Römer aber, weder Führer noch Soldaten, dachte daran, sich den Feinden entgegenzustellen oder sie irgendwie am Durchzug zu hindern.

ρόδῳ ἐμποδὼν ἵστασθαι τρόπῳ οὐδενὶ διενοοῦντο, τὰ
δὲ ὀχυρώματα καταλαβόντες ὡς ἕκαστος ἠδύνατο ἀποχρῆν ᾤοντο ταῦτά τε διαφυλάσσειν καὶ αὐτοὶ σώζεσθαι.
Γνοὺς δὲ τὴν Περσῶν ἔφοδον Ἰουστινιανὸς βασιλεὺς Βελισάριον αὖθις ἐπ᾽ αὐτοὺς ἔπεμψεν. ὁ δὲ ἵπποις
τοῖς δημοσίοις ὀχούμενος, οὓς δὴ βερέδους καλεῖν
νενομίκασιν, ἅτε οὐ στράτευμα ξὺν αὑτῷ ἔχων, τάχει
πολλῷ ἐς Εὐφρατησίαν ἀφίκετο, Ἰοῦστος δέ, ὁ βασιλέως ἀνεψιός, ἐν Ἱεραπόλει ξύν τε τῷ Βούζῃ καὶ ἑτέροις
τισὶ καταφυγὼν ἔτυχεν. οἳ δὴ Βελισάριον οὐ μακρὰν
ἄποθεν ἥκειν ἀκούσαντες γράμματα πρὸς αὐτὸν ἔγρα-
φον. ἐδήλου δὲ ἡ γραφὴ τάδε ,,Καὶ νῦν ὁ Χοσρόης,
ὥσπερ οἶσθά που καὶ αὐτός, ἐπὶ Ῥωμαίους ἐστράτευσε,
στρατὸν μὲν πολλῷ πλείονα ἢ πρότερον ἄγων, ὅπη ποτὲ
δὲ ἰέναι διανοούμενος οὔπω ἔνδηλος ὤν, πλήν γε δὴ ὅτι
αὐτὸν ἄγχιστά πη ἀκούμεν εἶναι, χωρίῳ μὲν οὐδενὶ
λυμηνάμενον, ὁδῷ δὲ ἀεὶ ἐπίπροσθεν ἰόντα. ἀλλ᾽ ἧκε
παρ᾽ ἡμᾶς ὅτι τάχιστα, εἴπερ οἷός τε εἶ λαθεῖν τὸ τῶν
πολεμίων στρατόπεδον, ὅπως δὴ σῶς τε αὐτὸς βασιλεῖ
ἔσῃ καὶ Ἱεράπολιν ἡμῖν ξυμφυλάξῃς.''
Τοσαῦτα μὲν ἡ γραφὴ ἐδήλου. Βελισάριος δὲ οὐκ
ἐπαινέσας τὰ γεγραμμένα ἐς Εὐρωπὸν τὸ χωρίον ἀφίκετο, ὃ πρὸς Εὐφράτῃ ποταμῷ ἐστιν. ἐνθένδε τε περι-
πέμπων πανταχόσε τὸν στρατὸν ἤγειρε καὶ αὐτοῦ τὸ
στρατόπεδον κατεστήσατο, ἄρχοντάς τε τοὺς ἐν Ἱεραπόλει ἠμείβετο τοῖσδε ,,Εἰ μὲν ἐφ᾽ ἑτέρους ἀνθρώπων
τινάς, ἀλλ᾽ οὐ Ῥωμαίων κατηκόους ὁ Χοσρόης χωρεῖ,
εὖ τε καὶ ὡς ἀσφαλέστατα ὑμῖν βεβούλευται ταῦτα·
οἷς γὰρ πάρεστιν ἡσυχῆ μένουσιν ἀπηλλάχθαι κακῶν,
πολλὴ ἄνοια ἐς κίνδυνον οὐκ ἀναγκαῖόν τινα ἰέναι· εἰ
δὲ νῦν ἐνθένδε ἀπαλλαγεὶς ὁ βάρβαρος οὗτος ἑτέρᾳ
τινὶ ἐπισκήψει βασιλέως Ἰουστινιανοῦ χώρᾳ, καὶ ταύτῃ
διαφερόντως μὲν ἀγαθῇ, φρουρὰν δὲ οὐδαμῆ στρατιωτῶν ἐχούσῃ, εὖ ἴστε ὅτι τὸ ξὺν τῇ ἀρετῇ ἀπολωλέναι

Sie besetzten lediglich, so wie es jedem möglich war, die festen Plätze und hielten es für ausreichend, diese zu bewachen und sich selber in Sicherheit zu bringen.

Auf die Nachricht vom Einfall der Perser schickte ihnen Kaiser Justinian abermals Belisar entgegen. Der benützte, da er kein Heer bei sich hatte, die Staatspost – man heißt sie gewöhnlich Beredoi – und so gelangte er sehr rasch nach Euphratesia. Indessen hatte sich Justos, der Neffe des Kaisers, mit Buzes und einigen anderen Führern nach Hierapolis geflüchtet. Als sie hörten, daß Belisar in der Nähe eingetroffen sei, richteten sie ein Schreiben an ihn. Es hatte folgenden Inhalt: „Auch jetzt ist Chosroes, wie du wohl schon selbst weißt, gegen die Römer zu Felde gezogen und führt ein Heer, viel größer als zuvor, heran. Welche Richtung er aber einzuschlagen gedenkt, ist noch nicht klar auszumachen; nur das eine hören wir, daß er sich ganz in der Nähe aufhält. Dabei hat er keinem Orte Schaden zugefügt, sondern rückt nur auf der Straße weiter und weiter vorwärts. So komm' denn möglichst rasch zu uns, wenn du es unbemerkt vom feindlichen Heer tun kannst, damit du dich selber dem Kaiser erhältst und mit uns zusammen Hierapolis verteidigst!"

So lautete der Inhalt des Schreibens. Belisar aber war damit gar nicht einverstanden und begab sich zu dem Platze Europos, der am Euphrat liegt. Von dort aus schickte er Boten in die Runde, ließ das Heer sammeln und errichtete an Ort und Stelle ein Lager. Den Befehlshabern in Hierapolis erteilte er aber folgende Antwort: „Wenn Chosroes gegen irgendwelche andere Leute, nicht aber gegen römische Untertanen zu Felde zieht, so hat er damit einen guten und für euch ganz gefahrlosen Entschluß gefaßt. Wer nämlich in Ruhe allen Übeln fernbleiben kann, der wäre ein arger Tor, wenn er sich in unnötige Gefahr begäbe. Läßt aber dieser Barbar jetzt nur von hier ab, um ein anderes Land des Kaisers Justinian zu treffen, und zwar ein ausnehmend fruchtbares, militärisch gänzlich ungeschütztes Gebiet, dann wisset wohl, daß es in jedem Falle besser ist, tapfer den Tod gefunden als sich

τοῦ σεσῶσθαι ἀμαχητὶ τῷ παντὶ ἄμεινον. οὐ γὰρ ἂν 21
σωτηρία τοῦτό γε, ἀλλὰ προδοσία δικαίως καλοῖτο.
ἀλλ᾽ ἥκετε ὅτι τάχιστα ἐς τὸν Εὐρωπόν, οὗ δὴ συλλέ-
ξας τὸ στράτευμα ὅλον ὅσα ἂν ὁ θεὸς διδῷ ἐλπίδα ἔχω
τοὺς πολεμίους ἐργάσασθαι." ταῦτα ἐπεὶ ἀπενεχθέντα 21
οἱ ἄρχοντες εἶδον, ἐθάρρησάν τε καὶ Ἰοῦστον μὲν ξὺν
ὀλίγοις τισὶν αὐτοῦ ἔλιπον ἐφ᾽ ᾧ τὴν Ἱεράπολιν φυλάξουσιν, οἱ δὲ λοιποὶ τῷ ἄλλῳ στρατῷ ἐς Εὐρωπὸν
ἦλθον.

Χοσρόης δὲ μαθὼν Βελισάριον παντὶ τῷ Ῥωμαίων 21
στρατῷ ἐστρατοπεδεῦσθαι ἐν Εὐρωπῷ, πρόσω μὲν
ἐλαύνειν οὐκέτι ἔγνω, τῶν δὲ βασιλικῶν γραμματέων
ἕνα, Ἀβανδάνην ὄνομα, δόξαν ἐπὶ ξυνέσει πολλὴν ἔχοντα,
παρὰ Βελισάριον ἔπεμψε, τὸν στρατηγὸν ὁποῖός ποτε
εἴη κατασκεψόμενον, τῷ δὲ λόγῳ μεμψόμενον, ὅτι δὴ
βασιλεὺς Ἰουστινιανὸς τοὺς πρέσβεις ἐς Πέρσας ἥκιστα
πέμψειεν, ἐφ᾽ ᾧ τὰ ἀμφὶ τῇ εἰρήνῃ κατὰ τὰ ξυγκείμενα
πρυτανεύσωσιν. ὅπερ μαθὼν Βελισάριος ἐποίει τοιάδε.
αὐτὸς μὲν ἑξακισχιλίους ἀπολεξάμενος ἄνδρας εὐμή- 2
κεις τε καὶ τὰ σώματα καλοὺς μάλιστα μακράν που
ἄποθεν τοῦ στρατοπέδου ὡς κυνηγετήσων ἐστάλη, Διογένην δὲ τὸν δορυφόρον καὶ Ἀδόλιον τὸν Ἀκακίου,
ἄνδρα Ἀρμένιον γένος, βασιλεῖ μὲν ἀεὶ ἐν παλατίῳ τὰ
ἐς τὴν ἡσυχίαν ὑπηρετοῦντα (σιλεντιαρίους Ῥωμαῖοι
καλοῦσιν οἷς ἡ τιμὴ αὕτη ἐπίκειται), τότε δὲ Ἀρμενίων
τινῶν ἄρχοντα, τὸν ποταμὸν διαβάντας ξὺν ἱππεῦσι
χιλίοις περιιέναι τὴν ἐκείνῃ ἠϊόνα ἐκέλευε, δόκησιν ἀεὶ
παρεχομένους τοῖς πολεμίοις ὡς, ἢν ἐθέλωσι τὸν Εὐ-

kampflos in Sicherheit gebracht zu haben! Denn mit Recht
dürfte man ein solches Verhalten nicht Rettung, sondern Verrat nennen. So kommet denn möglichst rasch nach Europos,
wo ich das ganze Heer zusammengezogen habe und den Feinden hoffentlich so viel antun kann, wie uns die Gottheit erlaubt!" Als die Feldherrn diese Botschaft gelesen hatten,
schöpften sie neuen Mut und ließen Justos mit einigen wenigen Leuten an Ort und Stelle zum Schutz von Hierapolis zurück, während die übrigen mit dem Rest des Heeres nach
Europos marschierten.

21. Die Friedensverhandlungen zwischen Römern und Persern gewinnen allmählich Gestalt und lassen die Kampftätigkeit abklingen. Belisars Rückkehr
nach Italien

Auf die Nachricht, daß Belisar mit dem ganzen römischen
Heer in Europos ein Lager bezogen habe, beschloß Chosroes,
seinen Vormarsch nicht weiter fortzusetzen. Er schickte einen
der königlichen Schreiber namens Abandanes, der ob seiner
Klugheit hohes Ansehen genoß, an Belisar und erteilte ihm
den Auftrag auszukundschaften, über welche Feldherrneigen-
schaften er denn verfüge; zum Scheine sollte er sich indessen
beschweren, daß Kaiser Justinian noch keine Gesandten nach
Persien geschickt habe, um verabredungsgemäß die Friedensbedingungen festzulegen. Als Belisar davon hörte, traf er folgende Vorbereitungen: Er selbst wählte sechstausend hoch-
gewachsene und stattliche Männer aus und entfernte sich sehr
weit vom Lager, so als wollte er auf die Jagd gehen; zugleich
befahl er aber seinen Doryphoren Diogenes und Adolios, dem
Sohn des Akakios, einem gebürtigen Armenier, der für Ruhe
im Kaiserpalast zu sorgen hatte (solche Würdenträger heißen bei den Römern Silentiarioi), damals jedoch einige Armenier befehligte, sie sollten mit tausend Reitern den Fluß überschreiten und am dortigen Ufer auf- und abgehen. Dadurch
sollten sie bei den Feinden dauernd den Eindruck erwecken,
als würden sie diese daran hindern, wenn sie je den Euphrat

φράτην διαβάντες ἐπὶ τὰ σφέτερα αὐτῶν ὁδῷ ἰέναι, οὐ
μήποτε ἐπιτρέψουσι. καὶ οἱ μὲν κατὰ ταῦτα ἐποίουν.
Βελισάριος δέ, ἐπεὶ τὸν πρεσβευτὴν ἄγχιστά πη ἐπέ-
πυστο εἶναι, καλύβην ἐκ παχειῶν τινῶν σινδόνων πηξάμενος, ἣν δὴ παπυλεῶνα καλεῖν νενομίκασιν, ἐπάθητο
ἐκεῖ, ὥσπερ ἐν χωρίῳ ἐρήμῳ, παραδηλῶν ὅτι δὴ οὐδεμιᾷ
παρασκευῇ ἐνταῦθα ἥκοι. τοὺς δὲ στρατιώτας διέταξεν
ὧδε. τῆς μὲν καλύβης ἐφ᾽ ἑκάτερα Θρᾷκές τε καὶ Ἰλ-
λυριοὶ ἦσαν, Γότθοι δὲ μετ᾽ αὐτούς, καὶ τούτων ἐχόμενοι Ἔρουλοι, μεθ᾽ οὓς Βανδίλοι τε καὶ Μαυρούσιοι
ἦσαν. τοῦ τε πεδίου ἐπὶ πλεῖστον διῆκον. οὐ γὰρ ἑστῶτες
ἐπὶ χώρας ἀεὶ τῆς αὐτῆς ἔμενον, ἀλλὰ διεστηκότες τε
ἀπ᾽ ἀλλήλων καὶ περιπάτους ποιούμενοι παρέργως τε
καὶ ὡς ἥκιστα κατεσπουδασμένως ἐς τὸν Χοσρόου
πρεσβευτὴν ἔβλεπον. εἶχε δὲ αὐτῶν οὐδεὶς οὔτε χλαμύδα οὔτε ἄλλην ἐπωμίδα τινά, ἀλλὰ χιτῶνας μὲν λινοῦς
καὶ ἀναξυρίδας ἀμπεχόμενοι, εἶτα διεζωσμένοι ἐβάδιζον. εἶχε δὲ τὴν τοῦ ἵππου μάστιγα ἕκαστος, ὅπλον δὲ
τῷ μὲν ξίφος ἦν, τῷ δὲ πέλεκυς, τῷ δὲ τόξα γυμνά.
δόκησίν τε παρείχοντο ἅπαντες ὅτι δὴ ἀφροντιστήσαντες τῶν ἄλλων ἁπάντων κυνηγετήσειν ἠπείγοντο.

Ὁ μὲν οὖν Ἀβανδάνης Βελισαρίῳ ἐς ὄψιν ἥκων δεινὰ
ποιεῖσθαι τὸν βασιλέα Χοσρόην ἔφη, ὅτι δὴ καθὰ ξυνέκειτο πρότερον οὐ πέμψειε παρ᾽ αὐτὸν τοὺς πρέσβεις
ὁ Καῖσαρ (οὕτω γὰρ τὸν Ῥωμαίων βασιλέα καλοῦσι
Πέρσαι) καὶ ἀπ᾽ αὐτοῦ ὁ Χοσρόης ἠνάγκαστο ἐς γῆν
τὴν Ῥωμαίων ἐν ὅπλοις ἥκειν. Βελισάριος δὲ οὔτε
κατορρωδήσας, ἅτε πη ἄγχιστα ἐστρατοπεδευμένων
βαρβάρων τοσούτων τὸ πλῆθος, οὔτε τῷ λόγῳ ἐς ταραχήν τινα καταστάς, ἀλλὰ γελῶντί τε καὶ ἀνειμένῳ τῷ
προσώπῳ ἀμείβεται „Οὐ ταύτῃ" λέγων „ᾗ τῷ Χοσρόῃ
τανῦν εἴργασται νενόμισται τοῖς ἀνθρώποις τὰ πράγματα. οἱ μὲν γὰρ ἄλλοι, ἤν τι ἀντιλέγοιτο σφίσι τε καὶ
τῶν πέλας τισί, πρεσβεύουσι μὲν ἐς αὐτοὺς πρότερον,

zu überqueren und in ihr Land zu gelangen versuchten. Während nun die Leute die Weisung ausführten, ließ Belisar auf die Meldung hin, daß sich der Gesandte ganz in der Nähe aufhalte, ein Zelt aus starker Leinwand, einen sogenannten Papyleon, errichten und nahm darinnen wie an einem einsamen Orte Platz, womit er deutlich machen wollte, daß er ohne irgendwelche besondere Zurüstung dorthin gekommen sei. Die Soldaten aber verteilte er auf folgende Weise: Zu beiden Seiten des Zeltes standen Thraker und Illyrer, hinter ihnen Goten und an diese anschließend Heruler, denen Vandalen und Maurusier folgten, und alle schwärmten weithin über die Ebene; denn sie blieben nicht immer auf dem nämlichen Platze stehen, sondern gingen in Abständen voneinander umher, wobei sie nur so nebenbei und mit möglichst geringer Aufmerksamkeit auf den Gesandten des Chosroes blickten. Auch trug niemand von ihnen einen Kriegsmantel oder ein über die Schulter geknüpftes Gewand, sondern nur leinene Hemden und weite Beinkleider, die sie beim Umhergehen aufgeschürzt hatten. In der Hand aber hielt jeder eine Pferdepeitsche, während er als Waffe entweder ein Schwert, eine Axt oder einen schußbereiten Bogen führte. Man hatte von allen den Eindruck, als kümmerten sie sich sonst um nichts weiter und seien nur mit Jagd beschäftigt.

Jetzt trat Abandanes vor Belisar hin und erklärte, König Chosroes sei darüber erzürnt, daß der Kaisar – denn so nennen die Perser den römischen Kaiser – entgegen den früheren Abmachungen die Gesandten noch nicht zu ihm geschickt habe; infolgedessen sei er gezwungen gewesen, mit Waffengewalt ins römische Gebiet einzudringen. Obwohl so viele Barbaren in unmittelbarer Nähe lagerten, ließ sich aber Belisar weder in Schrecken versetzen noch sonstwie durch die Worte einschüchtern, sondern gab mit lachendem und heiterem Gesicht zur Antwort: „Es entspricht nicht Menschensitte, so zu handeln, wie Chosroes jetzt verfahren ist. Denn die anderen schikken, wenn ihnen oder einigen ihrer Freunde etwas strittig gemacht werden sollte, vorher zu ihren Widersachern Gesandte und erst wenn sie keine angemessene Antwort erhalten, greifen sie gegen diese zu den Waffen. Dein Herrscher aber bricht

348 ΥΠΕΡ ΤΩΝ ΠΟΛΕΜΩΝ II 21

ἐπειδὰν δὲ τῶν μετρίων μὴ τύχωσιν, οὕτω δὴ πολέμῳ
ἐπ' αὐτοὺς ἴασιν. ὁ δὲ γενόμενος ἐν μέσοις Ῥωμαίοις,
εἶτα τοὺς ὑπὲρ τῆς εἰρήνης προτείνεται λόγους." ὁ μὲν
τοσαῦτα εἰπὼν τὸν πρεσβευτὴν ἀπεπέμψατο.
Ὁ δὲ παρὰ Χοσρόην γενόμενος παρῄνει οἱ ὅτι τάχιστα ἀπαλλάσσεσθαι. στρατηγῷ τε γὰρ ἐντυχεῖν ἔφη
ἀνδρειοτάτῳ τε καὶ ξυνετωτάτῳ ἀνθρώπων ἀπάντων
καὶ στρατιώτας οἵους ἄλλους αὐτὸς οὐ πώποτε εἶδεν,
ὧν δὴ τὴν εὐκοσμίαν θαυμάσειε μάλιστα πάντων, εἶναί
τε οὐκ ἐξ ἀντιπάλου τοῦ κινδύνου αὐτῷ τε καὶ Βελισαρίῳ τὴν ἀγωνίαν, διαφέρειν δέ, ὅτι νικήσας μὲν
αὐτὸς τὸν Καίσαρος νικήσει δοῦλον, ἡσσηθεὶς δέ, ἂν
οὕτω τύχοι, μέγα τι αἶσχος τῇ τε βασιλείᾳ πορίσεται
καὶ τῷ Περσῶν γένει, καὶ Ῥωμαῖοι μὲν νενικημένοι
ῥᾳδίως ἂν ἔν τε ὀχυρώμασι καὶ γῇ τῇ αὑτῶν διασώ-
ζοιντο, αὐτῶν δέ, ἤν γέ τι ἐναντίωμα ξυμβαίη, οὐδ'
ἂν ἄγγελος διαφύγοι ἐς τὴν Περσῶν χώραν. ταύτῃ
ὁ Χοσρόης ἀναπεισθεὶς τῇ ὑποθήκῃ ἀναστρέφειν μὲν
ἐς τὰ Περσῶν ἤθη ἐβούλετο, ἀμηχανίᾳ δὲ πολλῇ εἴχετο.
τήν τε γὰρ διάβασιν τοῦ ποταμοῦ πρὸς τῶν πολεμίων
φυλάσσεσθαι ᾤετο καὶ ὁδῷ τῇ αὐτῇ, ἐρήμῳ ἀνθρώπων
παντάπασιν οὔσῃ, ὀπίσω ἀπελαύνειν οὐχ οἷός τε ἦν,
ἐπεὶ ἅπαντα σφᾶς τὰ ἐπιτήδεια ἤδη ἐπιλελοίπει, ἅπερ
τὸ πρότερον ξὺν αὐτοῖς ἔχοντες ἐς γῆν τὴν Ῥωμαίων
ἐσέβαλον. τέλος δὲ πολλὰ λογισαμένῳ ξυμφορώτατόν
οἱ ἔδοξεν εἶναι μάχῃ διακινδυνεύσαντι ἐς γῆν τε τὴν
ἀντιπέρας ἥκειν καὶ διὰ χώρας πᾶσιν εὐθηνούσης τοῖς
ἀγαθοῖς τὴν πορείαν ποιήσασθαι.
Βελισάριος δὲ εὖ μὲν ἠπίστατο ὡς οὐδ' ἂν δέκα
μυριάδες ἀνδρῶν τὴν διάβασιν Χοσρόῃ ἀναχαιτίζειν
ποτὲ ἱκαναὶ εἶεν· (ὅ τε γὰρ ποταμὸς πολλαχῇ τῶν ταύτῃ
χωρίων ναυσὶ διαβατὸς ὢν ἐπὶ πλεῖστον τυγχάνει καὶ
κρεῖσσον ἦν ἄλλως τὸ Περσῶν στράτευμα ἢ πρὸς πολεμίων ὀλίγων τινῶν τῆς διαβάσεως ἀποκεκλεῖσθαι·) τοῖς

zuerst mitten ins Römerland ein, um dann mit Friedensverhandlungen herauszurücken." Nach diesen Worten entließ
Belisar den Gesandten.

Der begab sich daraufhin zu Chosroes und legte ihm nahe,
möglichst schnell sich zu entfernen, denn er habe den aller-
tapfersten und allerklügsten Feldherrn angetroffen, dazu Soldaten, wie er selbst noch keine je gesehen habe und deren Disziplin er aufs allerhöchste bewundern müsse; das Risiko eines
Kampfes sei außerdem für ihn und Belisar nicht gleich, vielmehr bestehe der Unterschied darin, daß er im Falle eines Erfolges selbst nur einen Untertanen des Kaisers besiegen, im
Falle einer Niederlage aber seinem Königtum und dem Per-
serstamm große Schande bereiten werde. Auch könnten sich
wohl die Römer nach einer Niederlage leicht in den Festungen und in ihrem Lande behaupten, während bei einem eigenen Mißgeschick nicht einmal ein Bote mehr heil nach Persien durchkommen dürfte. Diese Warnung veranlaßte Chosroes, nach Persien zurückzukehren, doch sah er sich einer
großen Schwierigkeit gegenüber: Einesteils glaubte er den
Flußübergang durch Feinde bewacht, andernteils sich selbst
außerstande, auf dem gleichen Wege, der durch völlige Ein-
öde führte, den Rückmarsch anzutreten; denn den Persern
waren schon alle Lebensmittel ausgegangen, die sie zuvor bei
ihrem Einfall ins römische Gebiet mit sich geführt hatten.
Schließlich erschien es dem König nach langem Überlegen
doch das Beste, sich durch Kampf den Weg auf das jenseitige
Ufer zu erzwingen und den Marsch durch ein Land fortzusetzen, das an sämtlichen Gütern Überfluß hatte.

Belisar war sich völlig im klaren, daß nicht einmal hundert-
tausend Mann Chosroes jemals am Übergang hindern könnten;
war doch der Fluß an vielen Stellen dort mühelos mit Schiffen zu überqueren, im übrigen auch das Perserheer zu stark,
als daß ihm ein paar Feinde das Übersetzen hätten verwehren
können. Gleichwohl befahl Belisar dem Diogenes und Ado-

δὲ ἀμφὶ Διογένην τε καὶ Ἀδόλιον σὺν τοῖς χιλίοις ἐπέστελλε τὰ πρῶτα περιιέναι τὴν ἐκείνη ἀκτήν, ὅπως δὴ
ἐς ταραχὴν ἀφασίᾳ τινὶ τὸν βάρβαρον καταστήσονται.
ὅνπερ δεδιξάμενος, ὥσπερ μοι ἐρρήθη, ἔδεισε μή τι
αὐτῷ ἐμπόδισμα εἴη ἀπαλλάσσεσθαι ἐκ τῆς Ῥωμαίων
γῆς. λόγου τε οἱ πολλοῦ ἄξιον ἐφαίνετο εἶναι ἐξελάσαι
ἐνθένδε τὸν Χοσρόου στρατόν, οὐδεμιᾷ κινδυνεύσαντι
μάχῃ πρὸς μυριάδας βαρβάρων πολλὰς ξὺν στρατιώταις λίαν τε ὀλίγοις οὖσι καὶ ἀτεχνῶς κατεπτηχόσι
τὸν Μήδων στρατόν. διὸ δὴ ἐκέλευε Διογένην τε καὶ
Ἀδόλιον ἡσυχῇ μένειν. ὁ γοῦν Χοσρόης γέφυραν σὺν
πολλῷ τάχει πηξάμενος ποταμὸν Εὐφράτην ἐκ τοῦ
αἰφνιδίου διέβη παντὶ τῷ στρατῷ. Πέρσαις γὰρ πόνῳ
οὐδενὶ διαβατοί εἰσι ποταμοὶ ἅπαντες, ἐπεὶ αὐτοῖς ὁδῷ
ἰοῦσιν ἀγκιστροειδῆ σιδήρια ἐν παρασκευῇ ἐστιν, οἷς
δὴ ξύλα μακρὰ ἐς ἄλληλα ἐναρμόζοντες γέφυραν αὐτο-
σχεδιάζουσιν ἐκ τοῦ παραυτίκα ὅπη ἂν σφίσι βουλομένοις εἴη.

Ἐπεὶ δὲ τάχιστα γέγονεν ἐν τῇ ἀντιπέρας ἠπείρῳ,
πέμψας παρὰ Βελισάριον αὐτὸς μὲν Ῥωμαίοις κεχα-
ρίσθαι τοῦ Μήδων στρατοῦ τὴν ἀναχώρησιν ἔφασκε,
προσδέχεσθαι δὲ τοὺς παρ' αὐτῶν πρέσβεις, οὓς σφίσι
παρέσεσθαι οὐκ ἐς μακρὰν ἄξιον εἶναι. Βελισάριος δὲ
παντὶ καὶ αὐτὸς τῷ Ῥωμαίων στρατῷ τὸν Εὐφράτην
ποταμὸν διαβὰς παρὰ Χοσρόην εὐθὺς ἔπεμψεν. οἳ, ἐπεὶ
παρ' αὐτὸν ἵκοντο, πολλὰ τῆς ἀναχωρήσεως ἐπαινέ-
σαντες πρέσβεις ἐς αὐτὸν ἥξειν παρὰ βασιλέως αὐτίκα
δὴ μάλα ὑπέσχοντο, οἳ δὴ τὰ ἀμφὶ τῇ εἰρήνῃ ξυγκείμενα πρότερον ἔργῳ ἐπιτελῆ πρὸς αὐτὸν θήσονται.
ἠξίουν τε διὰ Ῥωμαίων ἅτε αὐτῷ τῇ πορείᾳ χρῆσθαι.
ὁ δὲ καὶ ταῦτα ὑπεδέχετο ἐπιτελέσειν, εἴ τινά οἱ δοῖεν
τῶν δοκίμων ἐν ὁμήρων λόγῳ ἐπὶ ταύτῃ τῇ ὁμολογίᾳ,
ἐφ' ᾧ τὰ ξυγκείμενα πράξουσιν. οἱ μὲν οὖν πρέσβεις
παρὰ Βελισάριον ἐπανήκοντες τοὺς Χοσρόου λόγους

lios, zunächst mit ihren tausend Mann am dortigen Ufer auf-
und abzuziehen, um so den Barbaren durch eine gewisse Angst
in Unruhe zu versetzen. Nachdem aber Belisar den König auf
die erwähnte Weise eingeschüchtert hatte, mußte er fürchten,
dieser könnte sich vielleicht veranlaßt sehen, das römische
Gebiet nicht mehr zu verlassen, und dabei erschien es ihm
doch höchst wichtig, Chosroes und sein Heer zur Räumung zu
veranlassen, ohne daß er selbst sein bescheidenes, vor der persischen Streitmacht angstvoll zitterndes Häuflein Soldaten
den Gefahren einer Schlacht gegen Tausende und Abertau-
sende von Barbaren aussetzte. Deshalb befahl er Diogenes
und Adolios, sich ruhig zu verhalten, während Chosroes nun
in aller Eile eine Brücke schlagen ließ und darauf mit seinem
ganzen Heere rasch den Euphrat überschritt. Die Perser können nämlich leicht alle Flüsse überqueren, da sie bei ihren
Kriegszügen angelförmige Eisen bei sich führen; damit fügen
sie lange Balken aneinander und stellen so blitzschnell nach
Wunsch eine Brücke her.

Sobald Chosroes auf dem jenseitigen Ufer stand, schickte er
Gesandte zu Belisar und erklärte, er sei den Römern zu Dank
verpflichtet, weil sie die Perser hätten abziehen lassen, er-
warte aber nun ihre Unterhändler, deren baldiges Eintreffen
angezeigt erscheine. Jetzt überschritt auch Belisar selbst mit
dem römischen Heere den Euphrat und schickte sogleich
Leute zu Chosroes. Nach ihrer Ankunft ergingen sie sich in
vielen Lobesworten wegen des Rückzuges und sicherten das
alsbaldige Eintreffen kaiserlicher Gesandter zu, welche die
früher getroffenen Friedensvereinbarungen mit dem König
zum Abschluß bringen sollten. Damit verbanden sie das Ersuchen, beim Weitermarsch das römische Gebiet als Freundes-
land zu behandeln. Der König gab auch diese Zusage und verlangte nur, sie sollten ihm für die Einhaltung der getroffenen
Vereinbarung einen angesehenen Mann als Geisel stellen.
Nach ihrer Rückkehr berichteten die Gesandten dem Belisar,
was Chosroes ihnen aufgetragen hatte, worauf sich dieser nach

ἀπήγγελλον, ὁ δὲ εἰς τὴν Ἔδεσσαν ἀφικόμενος Ἰωάννην τὸν Βασιλείου παῖδα, γένει τε καὶ πλούτῳ πάντων τῶν Ἐδεσσηνῶν διαφανέστατον, ὅμηρον τῷ Χοσρόῃ οὔτι ἑκούσιον εὐθὺς ἔπεμψε.

Ῥωμαῖοι δὲ Βελισάριον ἐν εὐφημίαις εἶχον, μᾶλλόν 2⁰ τε σφίσιν ὁ ἀνὴρ ἐν τούτῳ εὐδοκιμῆσαι τῷ ἔργῳ ἐδόκει ἢ ὅτε Γελίμερα δορυάλωτον ἢ τὸν Οὐίττιγιν ἐς Βυζάντιον ἤνεγκεν. ἦν γὰρ ὡς ἀληθῶς λόγου καὶ ἐπαίνου πολλοῦ ἄξιον, πεφοβημένων μὲν κἀν τοῖς ὀχυρώμασι 2¹ κρυπτομένων Ῥωμαίων ἁπάντων, Χοσρόου δὲ στρατῷ μεγάλῳ ἐν μέσῃ γεγονότος Ῥωμαίων ἀρχῇ, ἄνδρα στρατηγὸν ξὺν ὀλίγοις τισὶ δρόμῳ ὀξεῖ ἐκ Βυζαντίου μεταξὺ ἥκοντα ἀπ᾽ ἐναντίας τοῦ Περσῶν βασιλέως στρατοπεδεύσασθαι, Χοσρόην δὲ ἐκ τοῦ ἀπροσδοκήτου, ἢ τὴν τύχην ἢ τὴν ἀρετὴν τοῦ ἀνδρὸς δείσαντα ἢ καί τισιν ἐξαπατηθέντα σοφίσμασιν, ἐπίπροσθεν μηκέτι χωρῆσαι, ἀλλὰ τῷ μὲν ἔργῳ φυγεῖν, λόγῳ δὲ τῆς εἰρήνης ἐφίεσθαι. ἐν τούτῳ δὲ Χοσρόης ἀλογήσας τὰ ὡμολογημένα Καλ- 3⁰ λίνικον πόλιν οὐδενὸς τὸ παράπαν ἀμυνομένου εἷλε. ταύτης γὰρ τὸν περίβολον ὁρῶντες Ῥωμαῖοι σαθρόν τε καὶ εὐάλωτον παντάπασιν ὄντα, μοῖραν αὐτοῦ ἀεὶ καθαιροῦντές τινα, νέᾳ τινὶ ἀνενεοῦντο οἰκοδομίᾳ. τότε 31 γοῦν μέρος τι αὐτοῦ καθελόντες, οὔπω δὲ τὸ λειπόμενον τοῦτο δειμάμενοι, ἐπειδὴ τοὺς πολεμίους ἄγχιστά πη ἐπύθοντο εἶναι, τῶν χρημάτων ὑπεξαγαγόντες τὰ τιμιώτατα, οἱ μὲν εὐδαίμονες αὐτῆς τῶν οἰκητόρων ἐς ἕτερα ἄττα ὀχυρώματα ἀπεχώρησαν, οἱ δὲ λοιποὶ στρατιωτῶν χωρὶς αὐτοῦ ἔμειναν. καὶ γεωργῶν πάμπολύ τι 3² χρῆμα ἐνταῦθα ξυνειλέχθαι συνέβη. οὓς δὴ ὁ Χοσρόης ἀνδραποδίσας ἅπαν ἐς ἔδαφος καθεῖλεν. ὀλίγῳ τε ὕστε- 3³ ρον τὸν ὅμηρον Ἰωάννην δεξάμενος ἀπεχώρησεν ἐς τὰ πάτρια ἤθη. Ἀρμένιοί τε οἱ τῷ Χοσρόῃ προσκεχωρη- 3⁴ κότες, τὰ πιστὰ πρὸς Ῥωμαίων λαβόντες ξὺν τῷ Βασσάκῃ ἐς Βυζάντιον ἦλθον. ταῦτα μὲν ἐν τῇ τρίτῃ Χοσ-

Edessa begab und sogleich den Johannes, den Sohn des Basileios, den vornehmsten und reichsten Mann der ganzen Stadt, trotz seines Sträubens als Geisel an Chosroes sandte.

Die Römer aber erhoben Belisar in Lobreden, und er schien ihnen durch diese Tat größeren Ruhm erworben zu haben als damals, da er Gelimer oder Wittigis als Gefangene nach Byzanz gebracht hatte. Es war ja in der Tat eine großartige und sehr rühmliche Leistung, daß er, während sich sämtliche Römer voll Angst in den Festungen verkrochen und Chosroes mit einer gewaltigen Streitmacht mitten im Römerreich stand, als Feldherr, nur von wenigen begleitet, im Eilmarsch von Byzanz her dazwischentrat und gegen den Perserkönig ein Lager aufschlug, Chosroes aber wider aller Erwarten, entweder aus Furcht vor dem Schicksal oder vor Belisars Tüchtigkeit oder auch durch einzelne Manöver getäuscht, jeden weiteren Vormarsch aufgab und nur zum Scheine den Frieden anstrebte, in Wirklichkeit aber die Flucht ergriff. Inzwischen besetzte Chosroes unter Mißachtung der Abreden nichtsdestoweniger die Stadt Kallinikos, und kein einziger Mensch hinderte ihn daran. Da nämlich die Römer sahen, daß die Mauer dieser Stadt morsch und ganz leicht einnehmbar sei, rissen sie immer wieder ein Stück davon nieder und setzten dafür einen Neubau. Auch damals hatten sie einen Teil der Befestigung eingelegt und die Lücke noch nicht wieder aufgebaut. Sobald sie nun erfuhren, daß die Feinde ganz in der Nähe stünden, brachten sie ihren kostbarsten Besitz heimlich in Sicherheit, und die wohlhabenden Einwohner zogen sich sogar an andere feste Plätze zurück, während der Rest ohne militärischen Schutz an Ort und Stelle blieb. Auch eine sehr große Menge Bauern war in die Stadt zusammengeströmt. Sie alle machte Chosroes zu Sklaven und riß die ganze Befestigung bis auf den Erdboden nieder. Bald danach nahm er Johannes als Geisel in Empfang, worauf er in Richtung Heimat abzog. Die Armenier aber, die sich Chosroes angeschlossen hatten, ließen sich von den Römern eidliche Zusicherungen geben und reisten dann mit Bassakes nach Byzanz. Dies

ρόου ἐσβολῇ Ῥωμαίοις γενέσθαι ξυνέβη, καὶ ὁ Βελισάριος βασιλεῖ ἐς Βυζάντιον μετάπεμπτος ἦλθεν, ἐφ᾽ ᾧ
ἐς Ἰταλίαν αὖθις σταλήσεται, πονηρῶν ἤδη παντάπασι
τῶν ἐκείνῃ πραγμάτων Ῥωμαίοις ὄντων.

Ὑπὸ δὲ τοὺς χρόνους τούτους λοιμὸς γέγονεν, ἐξ οὗ
ἅπαντα ὀλίγου ἐδέησε τὰ ἀνθρώπεια ἐξίτηλα εἶναι.
ἅπασι μὲν οὖν τοῖς ἐξ οὐρανοῦ ἐπισκήπτουσιν ἴσως ἂν
καὶ λέγοιτό τις ὑπ᾽ ἀνδρῶν τολμητῶν αἰτίου λόγος, οἷα
πολλὰ φιλοῦσιν οἱ ταῦτα δεινοὶ αἰτίας τερατεύεσθαι
οὐδαμῇ ἀνθρώπῳ καταληπτὰς οὔσας, φυσιολογίας τε
ἀναπλάσσειν ὑπερορίους, ἐξεπιστάμενοι μὲν ὡς λέγουσιν οὐδὲν ὑγιές, ἀποχρῆν δὲ ἡγούμενοι σφίσιν, ἤν γε
τῶν ἐντυγχανόντων τινὰς τῷ λόγῳ ἐξαπατήσαντες πεί-
σωσι. τούτῳ μέντοι τῷ κακῷ πρόφασίν τινα ἢ λόγῳ
εἰπεῖν ἢ διανοίᾳ λογίσασθαι μηχανή τις οὐδεμία ἐστί,
πλήν γε δὴ ὅσα ἐς τὸν θεὸν ἀναφέρεσθαι. οὐ γὰρ ἐπὶ
μέρους τῆς γῆς οὐδὲ ἀνθρώπων τισὶ γέγονεν οὐδέ τινα
ὥραν τοῦ ἔτους ἔσχεν, ὅθεν ἂν καὶ σοφίσματα αἰτίας
εὑρέσθαι δυνατὰ εἴη, ἀλλὰ περιεβάλλετο μὲν τὴν γῆν
ξύμπασαν, βίους δὲ ἀνθρώπων ἅπαντας ἔβλαψε, καίπερ
ἀλλήλων ἐς τοὐναντίον παρὰ πολὺ διαλλάσσοντας, οὔτε
φύσεώς τινος οὔτε ἡλικίας φεισάμενον. εἴτε γὰρ χωρίων
ἐνοικήσει εἴτε νόμῳ διαίτης, ἢ φύσεως τρόπῳ, ἢ ἐπιτη-
δεύμασιν, ἢ ἄλλῳ ὅτῳ ἀνθρώπων ἄνθρωποι διαφέρουσιν, ἐν ταύτῃ δὴ μόνῃ τῇ νόσῳ τὸ διαλλάσσον οὐδὲν
ὤνησεν. ἐπέσκηψε δὲ τοῖς μὲν ὥρᾳ θέρους, τοῖς δὲ
χειμῶνι, τοῖς δὲ κατὰ τοὺς ἄλλους καιρούς. λεγέτω μὲν
οὖν ὥς πῃ ἕκαστος περὶ αὐτῶν γινώσκει καὶ σοφιστὴς
καὶ μετεωρολόγος, ἐγὼ δὲ ὅθεν τε ἤρξατο ἡ νόσος ἤδε
καὶ τρόπῳ δὴ ὅτῳ τοὺς ἀνθρώπους διέφθειρεν ἐρῶν
ἔρχομαι.

alles widerfuhr den Römern beim dritten Einfall des Chosroes, und Belisar wurde vom Kaiser nach Byzanz abberufen,
um wieder nach Italien zu gehen; denn dort stand es um die
Sache der Römer schon ganz schlecht.

22. Ausbruch der großen Pest in Byzanz 542

Damals brach eine Seuche aus, die fast die gesamte Menschheit dahingerafft hätte. Für alle Himmelsschickungen haben
vielleicht Wagehälse noch eine Erklärung ihrer Ursache zur
Hand, wie ja gern selbst Fachleute auf diesem Gebiete Gründe, die kein Mensch verstehen kann, vorgaukeln oder fremd-
artige Naturlehren erdichten, dabei aber nach ihren eigenen
Worten nichts Vernünftiges zu sagen wissen, sondern es für
ausreichend betrachten, wenn sie einige von den nächstbesten
Leuten mit ihrer betrügerischen Rede überzeugen. Für dieses
Unglück jedoch kann man einen Grund weder nennen noch
ausdenken, außer man sucht ihn bei Gott. Denn die Heimsuchung beschränkte sich nicht auf einen bestimmten Teil der
Erde oder auf gewisse Menschen und dauerte auch nicht bloß
über eine Jahreszeit hin, woraus man vielleicht sogar gewagte
Schlüsse auf einen Anlaß ziehen könnte, sie umfaßte vielmehr
die ganze Erde, schädigte alle Menschenleben, obschon die
Betroffenen sich weit voneinander unterschieden, und schon-
te weder Naturanlage noch Alter. Denn mögen auch die Menschen hinsichtlich Wohnsitz, Lebensweise, Wesensart, Be-
schäftigung oder sonstwie nichts Gemeinsames miteinander
haben, bei dieser einen Krankheit brachte der Unterschied
keinen Vorteil. Befiel doch die Seuche die einen zur Sommerszeit, die anderen im Winter, wieder andere zu den übrigen
Jahreszeiten. Jeder mag nun seine Ansicht darüber äußern,
Gelehrter und Himmelsdeuter, so wie er gerade denkt, ich
jedenfalls will nun daran gehen und berichten, von wo diese
Krankheit ihren Ausgang nahm und wie sie die Menschen
austilgte.

Ήρξατο μὲν ἐξ Αἰγυπτίων οἳ ᾤκηνται ἐν Πηλου- 6
σίῳ. γενομένη δὲ δίχα πὴ μὲν ἐπί τε Ἀλεξανδρείας καὶ
τῆς ἄλλης Αἰγύπτου ἐχώρησε, πὴ δὲ ἐπὶ Παλαιστίνους
τοὺς Αἰγυπτίοις ὁμόρους ἦλθεν, ἐντεῦθέν τε κατέλαβε
τὴν γῆν σύμπασαν, ὁδῷ τε ἀεὶ προϊοῦσα καὶ χρόνοις
βαδίζουσα τοῖς καθήκουσιν. ἐπὶ ῥητοῖς γὰρ ἐδόκει 7
χωρεῖν καὶ χρόνον τακτὸν ἐν χώρᾳ ἑκάστῃ διατριβὴν
ἔχειν, ἐς οὐδένας μὲν ἀνθρώπων παρέργως τῷ φθόρῳ
χρωμένη, σκεδαννυμένη δὲ ἐφ᾽ ἑκάτερα μέχρι ἐς τὰς
τῆς οἰκουμένης ἐσχατιάς, ὥσπερ δεδοικυῖα μή τις
αὐτὴν τῆς γῆς διαλάθοι μυχός. οὔτε γὰρ νῆσόν τινα ἢ 8
σπήλαιον ἢ ἀκρώρειαν ἐλίπετο ἀνθρώπους οἰκήτορας
ἔχουσαν· ἦν δέ πού τινα καὶ παρήλασε χώραν, ἢ μὴ
ψαύσασα τῶν ταύτῃ ἀνθρώπων ἢ ἀμωσγέπως αὐτῶν
ἁψαμένη, ἀλλὰ χρόνῳ τῷ ὑστέρῳ αὖθις ἐνταῦθα ἐπα-
νιοῦσα τῶν μὲν περιοίκων, οἷς δὴ πικρότατα ἐπέσκηψε
πρότερον, οὐδαμῶς ἥψατο, τῆς δὲ χώρας ἐκείνης οὐ
πρότερον ἀπέστη ἕως τὸ μέτρον ὀρθῶς καὶ δικαίως τῶν
τετελευτηκότων ἀπέδωκεν, ὅπερ καὶ τοῖς ἀμφ᾽ αὐτὴν
ᾠκημένοις χρόνῳ τῷ προτέρῳ διεφθάρθαι τετύχηκεν.
Ἀρξαμένη δὲ ἀεὶ ἐκ τῆς παραλίας ἡ νόσος ἥδε, οὕτω 9
δὴ ἐς τὴν μεσόγειον ἀνέβαινε χώραν. δευτέρῳ δὲ ἔτει ἐς
Βυζάντιον μεσοῦντος τοῦ ἦρος ἀφίκετο, ἔνθα καὶ ἐμοὶ
ἐπιδημεῖν τηνικαῦτα ξυνέβη. ἐγίνετο δὲ ὧδε. φάσματα 10
δαιμόνων πολλοῖς ἐς πᾶσαν ἀνθρώπου ἰδέαν ὤφθη,
ὅσοι τε αὐτοῖς παραπίπτοιεν, παίεσθαι ᾤοντο πρὸς
τοῦ ἐντυχόντος ἀνδρός, ὅπη παρατύχοι τοῦ σώματος,
ἅμα τε τὸ φάσμα τοῦτο ἑώρων καὶ τῇ νόσῳ αὐτίκα
ἡλίσκοντο. κατ᾽ ἀρχὰς μὲν οὖν οἱ παραπεπτωκότες 11
ἀποτρέπεσθαι αὐτὰ ἐπειρῶντο, τῶν τε ὀνομάτων ἀπο-
στοματίζοντες τὰ θειότατα καὶ τὰ ἄλλα ἐξοσιούμενοι,
ὡς ἕκαστός πη ἐδύνατο, ἤνυον μέντοι τὸ παράπαν οὐδέν,
ἐπεὶ κἂν τοῖς ἱεροῖς οἱ πλεῖστοι καταφεύγοντες διεφθείροντο. ὕστερον δὲ οὐδὲ τοῖς φίλοις καλοῦσιν ἐπα- 12

Sie brach in Ägypten bei den Einwohnern von Pelusion aus. Dann teilte sie sich und gelangte auf ihrem Wege einerseits nach Alexandreia und dem übrigen Ägypten, andererseits zu den Palästinensern, die an Ägypten angrenzen. Von dort breitete sie sich in entsprechenden Zeitabständen immer weiter aus, so daß sie schließlich die ganze Erde erfaßte. Man konnte nämlich den Eindruck gewinnen, als ob die Seuche nach einem festgelegten Plane verfahre und in jedem Land eine bestimmte Zeit verweile. Dabei überging sie auf ihrem Schreckenszuge niemand, sondern dehnte sich auf ihrem Wege bis zu den äußersten Grenzen der bewohnten Erde aus, so als fürchtete sie, es könnte ihr einer ihrer Winkel verborgen bleiben. Keine Insel, keine Höhle, kein Berggipfel, wo Menschen ihre Heimstätte hatten, wurde von ihr geschont, Ja, sogar wenn sie an einem Lande vorbeigezogen war und dabei die dortige Bevölkerung nicht befallen oder nur leicht berührt hatte, später aber in die betreffende Gegend zurückkehrte, dann erfaßte sie die Nachbarn, die sie zuvor aufs härteste heimgesucht hatte, gar nicht, während sie von jenem Land nicht früher wich, als bis es genau und richtig den gleichen Tribut an Toten wie zuvor die Umwohner geleistet hatte.

Ihren Anfang nahm diese Krankheit jeweils an der Küste und stieg dann ins Binnenland empor. Im zweiten Jahre aber und zwar mitten im Frühling erreichte sie Byzanz, wo auch ich mich damals aufhielt. Dabei ging es folgendermaßen zu: Viele sahen Gespenster in verschiedenster Menschengestalt, und alle, die ihnen begegneten, glaubten, von dem Manne, den sie da trafen, an irgendeiner Körperstelle einen Schlag zu erhalten; mit dem Augenblick aber, wo sie diese Erscheinung hatten, waren sie auch schon von der Krankheit befallen. Anfänglich versuchten die Betroffenen, die Erscheinungen von sich abzuwehren, indem sie die heiligsten Namen anriefen und nach Möglichkeit die übrigen frommen Bräuche übten; indes half ihnen dies gar nichts, da auch die Mehrzahl derer, die in den Heiligtümern Zuflucht suchten, sterben mußte. Später wollten sie nicht einmal mehr auf den Zuruf ihrer Freunde

κούειν ήξίουν, άλλά καθείρξαντες αὐτοὺς ἐν τοῖς δω-
ματίοις, ὅτι δὴ οὐκ ἐπαΐοιεν προσεποιοῦντο, καίπερ
ἀρασσομένων αὐτοῖς τῶν θυρῶν, δειμαίνοντες δηλονότι μὴ δαιμόνων τις ὁ καλῶν εἴη. τισὶ δὲ οὐχ οὕτως 13
ὁ λοιμὸς ἐπεγίνετο, ἀλλ' ὄψιν ὀνείρου ἰδόντες ταὐτὸ
τοῦτο πρὸς τοῦ ἐπιστάντος πάσχειν ἐδόκουν, ἢ λόγου
ἀκούειν προλέγοντος σφίσιν ὅτι δὴ ἐς τῶν τεθνηξομέ-
νων τὸν ἀριθμὸν ἀνάγραπτοι εἶεν. τοῖς δὲ πλείστοις
οὔτε ὕπαρ οὔτε ὄναρ αἰσθομένοις τοῦ ἐσομένου εἶτα
τῇ νόσῳ ξυνέβη ἀλῶναι.
Ἡλίσκοντο δὲ τρόπῳ τοιῷδε. ἐπύρεσσον ἄφνω, οἱ 15
μὲν ἐξ ὕπνου ἐγηγερμένοι, οἱ δὲ περιπάτους ποιούμενοι,
οἱ δὲ ἄλλο ὅ τι δὴ πράσσοντες. καὶ τὸ μὲν σῶμα οὔτε τι 16
διήλλασσε τῆς προτέρας χροιᾶς οὔτε θερμὸν ἦν, ἅτε
πυρετοῦ ἐπιπεσόντος, οὐ μὴν οὐδὲ φλόγωσις ἐπεγίνετο, ἀλλ' οὕτως ἀβληχρός τις ἐξ ἀρχῆς τε καὶ ἄχρις
ἑσπέρας ὁ πυρετὸς ἦν ὥστε μήτε τοῖς νοσοῦσιν αὐτοῖς
μήτε ἰατρῷ ἁπτομένῳ δόκησιν κινδύνου παρέχεσθαι. οὐ 17
γὰρ οὖν οὐδέ τις τελευτᾶν τῶν περιπεπτωκότων ἀπ'
αὐτοῦ ἔδοξεν. ἡμέρᾳ δὲ τοῖς μὲν τῇ αὐτῇ, τοῖς δὲ τῇ
ἐπιγενομένῃ, ἑτέροις δὲ οὐ πολλαῖς ὕστερον βουβὼν
ἐπῆρτο, οὐκ ἐνταῦθα μόνον, ἔνθα καὶ τὸ τοῦ σώματος
μόριον, ὃ δὴ τοῦ ἤτρου ἔνερθέν ἐστι, βουβὼν κέκληται,
ἀλλὰ καὶ τῆς μάλης ἐντός, ἐνίοις δὲ καὶ παρὰ τὰ ὦτα
καὶ ὅπου ποτὲ τῶν μηρῶν ἔτυχε. τὰ μὲν οὖν ἄχρι τοῦδε 18
πᾶσιν ὁμοίως σχεδόν τι τοῖς τῇ νόσῳ ἁλισκομένοις
ξυνέβαινε· τὰ δὲ ἐνθένδε οὐκ ἔχω εἰπεῖν πότερον ἐν τῷ
διαλλάσσοντι τῶν σωμάτων καὶ ἡ διαφορὰ τῶν ξυμπιπτόντων ἐγίνετο, ἢ ὅπῃ ποτὲ βουλομένῳ εἴη τῷ τὴν
νόσον ἐπαγαγόντι. ἐπεγίνετο γὰρ τοῖς μὲν κῶμα βαθύ, 19
τοῖς δὲ παραφροσύνη ὀξεῖα, ἑκάτεροί τε τὰ πρὸς τὴν
νόσον ἐπιτηδείως ἔχοντα ἔπασχον· οἷς μὲν γὰρ τὸ
κῶμα ἐπέκειτο, πάντων ἐπιλελησμένοι τῶν εἰωθότων
σφίσιν ἐς ἀεὶ καθεύδειν ἐδόκουν. καὶ εἰ μέν τις αὐτῶν 20

hören, sondern schlossen sich in ihre Zimmer ein und taten so, als merkten sie nichts, obwohl doch laut an ihre Türen gepocht wurde. Offensichtlich fürchteten sie, der Rufer sei einer der bösen Geister. Einige überfiel die Seuche nicht auf diese Weise, sie hatten vielmehr ein Traumgesicht und meinten, ihnen widerfahre ebendasselbe durch das Traumbild oder sie hörten eine Stimme, die ihnen ankündigte, daß sie unter die Zahl der dem Tod Verfallenen eingetragen seien. Die meisten aber merkten weder im wachen Zustande noch im Traum etwas von dem drohenden Unheil und wurden dann einfach von der Krankheit befallen.

Dies ging so vor sich: Sie bekamen plötzlich Fieber, entweder beim Erwachen aus dem Schlaf oder beim Umhergehen oder bei irgendwelcher sonstigen Tätigkeit. Gegen früher unterschied sich dabei der Leib weder in Hautfarbe noch fühlte er sich trotz des Fieberanfalles heiß an; nicht einmal eine Entzündung war zu beobachten. Das Fieber trat vielmehr anfangs und bis zum Abend hin so schwach auf, daß die Erkrankten selbst oder der behandelnde Arzt mit keinerlei Gefahr rechneten; denn niemand von den Befallenen schien daran sterben zu müssen. Indessen entstand teils noch am gleichen, teils am darauffolgenden Tage, teils auch wenige Tage später eine Schwellung, und zwar nicht nur dort, wo auch der Bubon genannte Körperteil am Unterleib sich befindet, sondern auch in der Achselhöhle, bei einigen sogar neben den Ohren und irgendwo an den Schenkeln. Bis zu diesem Stadium erging es allen von der Krankheit Ergriffenen fast gleich. Was den weiteren Verlauf angeht, so kann ich nicht sagen, ob der verschiedenen Körperbeschaffenheit auch die Verschiedenheit der Zustände entsprach oder ob sich diese nach dem Willen dessen richteten, der die Krankheit geschickt hatte. Die einen überkam nämlich eine tiefe Bewußtlosigkeit, die anderen wurden tobsüchtig, und beide Gruppen hatten dabei an den der Krankheit eigenen Erscheinungen zu leiden. Wer das Bewußtsein verloren hatte, wußte nichts mehr von all seinen sonstigen Gewohnheiten und machte den Eindruck, als gebe es für ihn kein Erwachen. Wenn sich nun jemand um diese Menschen kümmerte, nahmen sie wohl da-

ἐπιμελοῖτο, μεταξὺ ἤσθιον, τινὲς δὲ καὶ ἀπημελημένοι ἀπορίᾳ τροφῆς εὐθὺς ἔθνησκον. οἱ μέντοι τῷ τῆς πα- 21 ραφροσύνης ἁλόντες κακῷ ἀγρυπνίᾳ τε καὶ φαντασίᾳ πολλῇ εἴχοντο, καί τινας ὑποπτεύοντες ἐπιέναι σφίσιν ὡς δὴ ἀπολοῦντας ἐς ταραχήν τε καθίσταντο καὶ ἀνα- βοῶντες ἐξαίσιον οἷον ἐς φυγὴν ὥρμηντο. οἵ τε αὐτοὺς 22 θεραπεύοντες καμάτῳ ἀπαύστῳ ἐχόμενοι τὰ ἀνήκεστα ἐς ἀεὶ ἔπασχον. διὸ δὴ ἅπαντες αὐτοὺς οὐχ ἧσσον ἢ τοὺς 23 πονουμένους ᾠκτίζοντο, οὐχ ὅτι τῷ λοιμῷ ἐπιέζοντο ἐκ τοῦ προσιέναι (οὔτε γὰρ ἰατρῷ οὔτε ἰδιώτῃ μετα- λαχεῖν τοῦ κακοῦ τοῦδε τῶν νοσούντων ἢ τῶν τετελευ- τηκότων ἁπτομένῳ ξυνέβη, ἐπεὶ πολλοὶ μὲν ἀεὶ καὶ τοὺς οὐδὲν σφίσι προσήκοντας ἢ θάπτοντες ἢ θερα- πεύοντες ταύτῃ δὴ τῇ ὑπουργίᾳ παρὰ δόξαν ἀντεῖχον, πολλοὶ δὲ τῆς νόσου ἀπροφασίστως αὐτοῖς ἐπιπεσούσης εὐθὺς ἔθνησκον), ἀλλ᾽ ὅτι ταλαιπωρίᾳ πολλῇ εἴχοντο. ἔκ τε γὰρ τῶν στρωμάτων ἐκπίπτοντας καὶ καλινδου- 24 μένους ἐς τὸ ἔδαφος ἀντικαθίστων αὖθις καὶ ῥιπτεῖν σφᾶς αὐτοὺς ἐκ τῶν οἰκημάτων ἐφιεμένους ὠθοῦντές τε καὶ ἀνθέλκοντες ἐβιάζοντο. ὕδωρ τε οἷς παρατύχοι, 25 ἐμπεσεῖν ἤθελον οὐ δὴ οὐχ ὅσον τοῦ ποτοῦ ἐπιθυμίᾳ (ἐς γὰρ θάλασσαν οἱ πολλοὶ ὥρμηντο), ἀλλ᾽ αἴτιον ἦν μάλιστα ἡ τῶν φρενῶν νόσος. πολύς δὲ αὐτοῖς καὶ περὶ 26 τὰς βρώσεις ἐγένετο πόνος. οὐ γὰρ εὐπετῶς προσίεντο ταύτας. πολλοί τε ἀπορίᾳ τοῦ θεραπεύοντος διεφθά- ρησαν, ἢ λιμῷ πιεζόμενοι, ἢ ἀφ᾽ ὑψηλοῦ καθιέντες τὸ σῶμα.

Ὅσοις δὲ οὔτε κῶμα οὔτε παραφροσύνη ἐνέπεσε, 27 τούτοις δὴ ὅ τε βουβὼν ἐσφακέλιξε καὶ αὐτοὶ ταῖς ὀδύναις οὐκέτι ἀντέχοντες ἔθνησκον. τεκμηριώσειε δ᾽ 28 ἄν τις καὶ τοῖς ἄλλοις ἅπασι κατὰ ταὐτὰ ξυμβῆναι, ἀλλ᾽ ἐπεὶ ἐν αὐτοῖς ὡς ἥκιστα ἦσαν, ξυνεῖναι τῆς ὀδύ- νης οὐδαμῇ εἶχον, τοῦ πάθους αὐτοῖς τοῦ ἀμφὶ τὰς φρένας παραιρουμένου τὴν αἴσθησιν. ἀπορούμενοι γοῦν 29

zwischen hinein Nahrung zu sich, einige aber, für die niemand gesorgt hatte, starben auch sogleich an fehlender Verpflegung. Die von Irrsinn Befallenen hingegen litten an Schlaflosigkeit und vielen Wahnvorstellungen. Sie meinten, Leute gingen auf sie los und wollten sie töten, worüber sie außer Fassung gerieten und mit fürchterlichem Geschrei die Flucht ergriffen. Ihre Betreuer hatten mit ihnen ihre dauernde Not und mußten fortwährend Schlimmstes mitmachen. Deshalb hatten alle mit ihnen ebenso großes Mitgefühl wie mit den Kranken und zwar nicht, weil sie durch ihren Umgang der Ansteckung ausgesetzt waren – denn weder Arzt noch Privatmann wurde von dieser Seuche befallen, wenn sie die Kranken oder Toten berührten, und viele, die unausgesetzt auch gänzlich fremde Menschen bestatteten oder pflegten, blieben wider Erwarten trotz dieser Dienstleistung verschont, während eine Menge anderer Leute ohne weiteres von der Krankheit ergriffen wurde und sogleich dahinstarb –, sondern weil sie so große Mühen auf sich nehmen mußten. Aufgabe der Krankenpfleger war es ja, ihre Schützlinge, wenn sie aus ihren Betten fielen und sich auf dem Boden wälzten, wieder in ihre frühere Lage zu bringen und diejenigen, die sich aus den Häusern stürzen wollten, gewaltsam zurückzustoßen und wegzuziehen. Wer aber an ein Wasser kam, wollte hineinspringen, nicht sosehr aus Verlangen zu trinken – die meisten drängten ja ins Meer –, sondern vor allem aus Sinnesverwirrung. Große Mühe verursachte den Pflegern auch die Ernährung der Patienten, die nur unter Beschwerden die Speisen zu sich nehmen konnten. Und so kamen viele durch das Fehlen eines Betreuers ums Leben, indem sie entweder verhungerten oder sich von einer Höhe herab zu Tode stürzten.

Verfiel einer aber nicht in Bewußtlosigkeit oder Raserei, dann ging die Schwellung in Brand über, und er mußte unter unerträglichen Schmerzen sterben. Vermutlich hatten wohl auch alle anderen Kranken ebenso zu leiden, doch da sie ihrer Sinne ganz und gar nicht mächtig waren und die Geistesstörung ihnen die Empfindung nahm, kam ihnen der Schmerz nicht zu Bewußtsein. In ihrer Ratlosigkeit und Unkenntnis der Krankheitserscheinungen meinten einige Ärzte, der

τῶν τινες ἰατρῶν τῇ τῶν ξυμπιπτόντων ἀγνοίᾳ τό τε τῆς
νόσου κεφάλαιον ἐν τοῖς βουβῶσιν ἀποκεκρίσθαι οἰόμενοι, διερευνᾶσθαι τῶν τετελευτηκότων τὰ σώματα
ἔγνωσαν. καὶ διελόντες τῶν βουβώνων τινὰς ἄνθρακος
δεινόν τι χρῆμα ἐμπεφυκὸς εὗρον. ἔθνησκον δὲ οἱ μὲν 30
αὐτίκα, οἱ δὲ ἡμέραις πολλαῖς ὕστερον, τισί τε φλυκταί-
ναις μελαίναις, ὅσον φακοῦ μέγεθος, ἐξήνθει τὸ σῶμα,
οἳ οὐδὲ μίαν ἐπεβίων ἡμέραν, ἀλλ᾽ εὐθυωρὸν ἅπαντες
ἔθνησκον. πολλοὺς δὲ καί τις αὐτόματος αἵματος ἐπι- 31
γινόμενος ἔμετος εὐθὺς διεχρήσατο. ἐκεῖνο μέντοι ἀπο- 32
φήνασθαι ἔχω, ὡς τῶν ἰατρῶν οἱ δοκιμώτατοι πολλοὺς
μὲν τεθνήξεσθαι προηγόρευον, οἳ δὴ κακῶν ἀπαθεῖς
ὀλίγῳ ὕστερον παρὰ δόξαν ἐγίνοντο, πολλοὺς δὲ ὅτι
σωθήσονται ἰσχυρίζοντο, οἳ δὴ διαφθαρήσεσθαι ἔμελλον
αὐτίκα δὴ μάλα. οὕτως αἰτία τις ἦν οὐδεμία ἐν ταύτῃ 33
τῇ νόσῳ ἐς ἀνθρώπου λογισμὸν φέρουσα· πᾶσι γάρ τις
ἀλόγιστος ἀπόβασις ἐπὶ πλεῖστον ἐφέρετο, καὶ τὰ
λουτρὰ τοὺς μὲν ὤνησε, τοὺς δὲ οὐδέν τι ἧσσον κατέ-
βλαψεν. ἀμελούμενοί τε πολλοὶ ἔθνησκον, πολλοὶ δὲ 34
παρὰ λόγον ἐσώζοντο. καὶ πάλιν αὖ τὰ τῆς θεραπείας
ἐφ᾽ ἑκάτερα τοῖς χρωμένοις ἐχώρει, καὶ τὸ ξύμπαν
εἰπεῖν οὐδεμία μηχανὴ ἀνθρώπῳ ἐς τὴν σωτηρίαν
ἐξεύρητο, οὔτε προφυλαξαμένῳ μὴ πεπονθέναι οὔτε τοῦ
κακοῦ ἐπιπεσόντος περιγενέσθαι, ἀλλὰ καὶ τὸ παθεῖν
ἀπροφάσιστον ἦν καὶ τὸ περιεῖναι αὐτόματον. καὶ γυναιξὶ 35
δὲ ὅσαι ἐκύουν προῦπτος ἐγίνετο τῇ νόσῳ ἁλισκομέναις
ὁ θάνατος. αἱ μὲν γὰρ ἀμβλίσκουσαι ἔθνησκον, αἱ δὲ
τίκτουσαι ξὺν αὐτοῖς εὐθὺς τοῖς τικτομένοις ἐφθείροντο.
τρεῖς μέντοι λεχοῦς λέγουσι τῶν παίδων σφίσιν ἀπο- 36
λομένων περιγενέσθαι, καὶ μιᾶς ἤδη ἐν τῷ τοκετῷ
ἀποθανούσης τετέχθαι τε καὶ περιεῖναι τῷ παιδίῳ
ξυμβῆναι. ὅσοις μὲν οὖν μείζων τε ὁ βουβὼν ἤρετο καὶ 37
ἐς πῦον ἀφῖκτο, τούτοις δὴ περιεῖναι τῆς νόσου ἀπαλ-
λασσομένοις ξυνέβαινεν, ἐπεὶ δῆλον ὅτι αὐτοῖς ἡ ἀκμὴ

Krankheitsherd müsse in den Geschwülsten liegen, und entschlossen sich daher, die Leichen zu untersuchen. Sie öffneten
einige Geschwülste und fanden jeweils darin einen sehr großen Karbunkel. Es starben aber die einen sogleich, andere
erst nach vielen Tagen; dabei war der Körper bei einigen von
linsengroßen, schwarzen Blasen übersät, und diese Kranken
lebten keinen einzigen Tag mehr, sondern verschieden alle
auf der Stelle. Eine Menge bekam auch noch Blutbrechen,
was den raschen Tod herbeiführte. Darauf möchte ich indessen
hinweisen, daß die angesehensten Ärzte vielen den Tod vor-
aussagten, die kurz darauf wider Erwarten gesund wurden,
während sie vielen die Genesung in sichere Aussicht stellten,
die dann alsbald sterben sollten. So entzog sich die Ursache
dieser Krankheit jeder menschlichen Berechnung; denn für
alle gestaltete sich der Ausgang völlig unbestimmt, und während den einen die Bäder halfen, waren sie anderen ebenso
schädlich. Von denen, die keine Betreuung erfuhren, starb
eine große Zahl, viele aber kamen auch überraschend mit dem
Leben davon. Heilverfahren hinwiederum hatten entgegengesetzten Erfolg; kurz gesagt, kein Mittel war erfunden, mit
dem ein Mensch der Krankheit vorbeugen oder nach Erkrankung sein Leben erhalten konnte, vielmehr trat die Seuche ohne jede Veranlassung auf und ebenso vollzog sich das
Überleben von selber. Schwangere Frauen, die von der Krankheit befallen wurden, mußten mit dem Tode rechnen; die
einen starben nämlich während einer Fehlgeburt, die gebären-
den Mütter aber wurden sogleich zusammen mit ihren neuge-
borenen Kindern hinweggerafft. Drei Frauen sollen jedoch,
während ihre Säuglinge starben, lebend davon gekommen
sein. Hingegen wurde in einem Fall, wo die Frau unter der
Geburt verschied, das Kind zur Welt gebracht und blieb am
Leben. Alle nun, bei denen sich die Geschwulst vergrößerte
und in Eiter überging, wurden von der Krankheit frei und
waren gerettet; denn offensichtlich hatte damit der Karbunkel seinen Höhepunkt überschritten, und so galt dies ganz
allgemein als Zeichen der Genesung. Wo jedoch die Ge-

ἐς τοῦτο ἐλελωφήκει τοῦ ἄνθρακος, γνώρισμά τε τῆς
ὑγείας τοῦτο ἐκ τοῦ ἐπὶ πλεῖστον ἐγίνετο· οἷς δὲ ὁ βουβὼν ἐπὶ τῆς προτέρας ἰδέας διέμεινε, τούτοις περι-
ειστήκει τὰ κακὰ ὧν ἄρτι ἐμνήσθην. τισὶ δὲ αὐτῶν καὶ 38
τὸν μηρὸν ἀποξηρανθῆναι ξυνέβη, ἐφ' οὗ ὁ βουβὼν
ἐπαρθεὶς ὡς ἥκιστα ἔμπυος γέγονεν. ἄλλοις τε οὐκ 39
ἐπ' ἀκεραίῳ τῇ γλώσσῃ περιγενέσθαι τετύχηκεν, ἀλλ'
ἢ τραυλίζουσιν, ἢ μόλις τε καὶ ἄσημα φθεγγομένοις
βιῶναι.

Ἡ μὲν οὖν νόσος ἐν Βυζαντίῳ ἐς τέσσαρας διῆλθε 23
μῆνας, ἤκμασε δὲ ἐν τρισὶ μάλιστα. καὶ κατ' ἀρχὰς 2
μὲν ἔθνησκον τῶν εἰωθότων ὀλίγῳ πλείους, εἶτα ἔτι
μᾶλλον τὸ κακὸν ᾔρετο, μετὰ δὲ ἐς πεντακισχιλίους
ἡμέρᾳ ἑκάστῃ ἐξικνεῖτο τὸ τῶν νεκρῶν μέτρον, καὶ αὖ
πάλιν ἐς μυρίους τε καὶ τούτων ἔτι πλείους ἦλθε. τὰ 3
μὲν οὖν πρῶτα τῆς ταφῆς αὐτὸς ἕκαστος ἐπεμελεῖτο
τῶν κατὰ τὴν οἰκίαν νεκρῶν, οὓς δὴ καὶ ἐς ἀλλοτρίας
θήκας ἐρρίπτουν ἢ λανθάνοντες ἢ βιαζόμενοι· ἔπειτα
δὲ πάντα ἐν ἅπασι ξυνεταράχθη. δοῦλοί τε γὰρ ἔμειναν 4
δεσποτῶν ἔρημοι, ἄνδρες τε τὰ πρότερα λίαν εὐδαίμονες
τῆς τῶν οἰκετῶν ὑπουργίας ἢ νοσούντων ἢ τετελευτηκότων ἐστέρηντο, πολλαί τε οἰκίαι παντάπασιν ἔρημοι
ἀνθρώπων ἐγένοντο. διὸ δὴ ξυνέβη τισὶ τῶν γνωρίμων 5
τῇ ἀπορίᾳ ἡμέρας πολλὰς ἀτάφοις εἶναι. ἔς τε βασιλέα
ἡ τοῦ πράγματος πρόνοια, ὡς τὸ εἰκός, ἦλθε. στρατιώ- 6
τας οὖν ἐκ παλατίου καὶ χρήματα νείμας Θεόδωρον
ἐκέλευε τοῦ ἔργου τούτου ἐπιμελεῖσθαι, ὃς δὴ ἀπο-
κρίσεσι ταῖς βασιλικαῖς ἐφειστήκει, ἀεὶ τῷ βασιλεῖ τὰς
τῶν ἱκετῶν δεήσεις ἀγγέλλων, σημαίνων τε αὖθις ὅσα
ἂν αὐτῷ βουλομένῳ εἴη. ῥεφερενδάριον τῇ Λατίνων
φωνῇ τὴν τιμὴν ταύτην καλοῦσι Ῥωμαῖοι. οἷς μὲν οὖν 7
οὔπω παντάπασιν ἐς ἐρημίαν ἐμπεπτωκότα τὰ κατὰ
τὴν οἰκίαν ἐτύγχανεν, αὐτοὶ ἕκαστοι τὰς τῶν προση-

schwulst ihr bisheriges Aussehen beibehielt, drohte das eben
von mir erwähnte traurige Schicksal. Bei einigen Kranken
verdorrte auch nur der Schenkel, auf dem die Geschwulst entstanden, nicht aber in Eiter übergegangen war. Andere bezahlten ihre Genesung wieder mit einem Sprachschaden. In
ihrem weiteren Leben konnten sie nur noch lallen oder mühsam undeutliche Laute von sich geben.

23. Byzanz während der Pest

Die Seuche dauerte in Byzanz vier Monate lang, drei davon
stand sie auf ihrem Höhepunkt. Anfangs lag die Zahl der
Sterbefälle nur wenig über dem gewohnten Maß, dann aber
nahm das Unheil weiter zu, bis die Todesopfer täglich etwa
fünftausend und schließlich zehntausend und mehr erreichten. Zunächst sorgte jeder für die Beisetzung der in seinem
Hause Verstorbenen, wobei man freilich die Leichen auch in
fremde Gräber warf und dies heimlich oder unter Gewaltsan-
wendung tat. Später geriet alles durcheinander; denn Sklaven
blieben ohne Herrn, vorher schwerreiche Leute mußten der
Hilfe ihres Gesindes entbehren, das entweder krank darnieder
lag oder gestorben war, und viele Häuser standen sogar völlig
menschenleer. So kam es, daß in der allgemeinen Notlage
mancher Vornehme viele Tage lang unbeerdigt blieb. Hier
mußte der Kaiser natürlich Vorsorge treffen. Er stellte dem
Theodoros Leute der Palastgarde, außerdem Geldmittel zur
Verfügung und befahl ihm, sich der genannten Aufgabe anzunehmen. Dieser Theodoros leitete das kaiserliche Zivilkabi-
nett, wobei er dem Kaiser jeweils die Gesuche der Bittsteller
vorzutragen und ihnen dessen Entscheidungen mitzuteilen
hatte. Referendarius nennen die Römer dieses Amt auf Lateinisch. Wer nun in seinem Hause noch nicht gänzlich ver-
einsamt war, bestattete selbst seine Angehörigen. Hingegen

κόντων ἐποιοῦντο ταφάς. Θεόδωρος δὲ τά τε βασιλέως 8
διδοὺς χρήματα καὶ τὰ οἰκεῖα προσαναλίσκων τοὺς
ἀπημελημένους τῶν νεκρῶν ἔθαπτεν.

Ἐπεὶ δὲ τὰς θήκας ἁπάσας, αἳ πρότερον ἦσαν, ἐμ- 9
πίπλασθαι τῶν νεκρῶν ἔτυχεν, οἱ δὲ ὀρύσσοντες ἅπαντα
ἐφεξῆς τὰ ἀμφὶ τὴν πόλιν χωρία, ἐνταῦθά τε τοὺς
θνήσκοντας κατατιθέμενοι, ὡς ἕκαστός πη ἐδύνατο,
ἀπηλλάσσοντο, ἔπειτα δὲ οἱ τὰς κατώρυχας ταύτας
ποιούμενοι πρὸς τῶν ἀποθνησκόντων τὸ μέτρον οὐκέτι
ἀντέχοντες ἐς τοὺς πύργους τοῦ περιβόλου ἀνέβαινον,
ὃς ἐν Συκαῖς ἐστί· τάς τε ὀροφὰς περιελόντες ἐνταῦθα 10
ἐρρίπτουν τὰ σώματα οὐδενὶ κόσμῳ, καὶ ξυννήσαντες,
ὥς πη ἑκάστῳ παρέτυχεν, ἐμπλησάμενοί τε τῶν νεκρῶν
ὡς εἰπεῖν ἅπαντας, εἶτα ταῖς ὀροφαῖς αὖθις ἐκάλυπτον. 11
καὶ ἀπ' αὐτοῦ πνεῦμα δυσῶδες ἐς τὴν πόλιν ἰὸν ἔτι
μᾶλλον ἐλύπει τοὺς ταύτῃ ἀνθρώπους, ἄλλως τε ἦν
καὶ ἄνεμός τις ἐκεῖθεν ἐπίφορος ἐπιπνεύσειε. πάντα 12
τε ὑπερώφθη τότε τὰ περὶ τὰς ταφὰς νόμιμα. οὔτε
γὰρ παραπεμπόμενοι ἢ νενόμισται οἱ νεκροὶ ἐκομίζοντο
οὔτε καταψαλλόμενοι ᾗπερ εἰώθει, ἀλλ' ἱκανὸν ἦν. εἰ
φέρων τις ἐπὶ τῶν ὤμων τῶν τετελευτηκότων τινὰ ἔς
τε τῆς πόλεως τὰ ἐπιθαλάσσια ἐλθὼν ἔρριψεν, οὗ δὴ
ταῖς ἀκάτοις ἐμβαλλόμενοι σωρηδὸν ἔμελλον ὅπῃ
παρατύχοι κομίζεσθαι.

Τότε καὶ τοῦ δήμου ὅσοι στασιῶται πρότερον ἦσαν, 13
ἔχθους τοῦ ἐς ἀλλήλους ἀφέμενοι τῆς τε ὁσίας τῶν
τετελευτηκότων κοινῇ ἐπεμέλοντο καὶ φέροντες αὐτοὶ
τοὺς οὐ προσήκοντας σφίσι νεκροὺς ἔθαπτον. ἀλλὰ καὶ 14
ὅσοι πράγμασι τὰ πρότερα παριστάμενοι αἰσχροῖς τε καὶ
πονηροῖς ἔχαιρον, οἵδε τὴν ἐς τὴν δίαιταν ἀποσεισάμενοι
παρανομίαν τὴν εὐσέβειαν ἀκριβῶς ἤσκουν, οὐ τὴν
σωφροσύνην μεταμαθόντες οὐδὲ τῆς ἀρετῆς ἐρασταί
τινες ἐκ τοῦ αἰφνιδίου γεγενημένοι· ἐπεὶ τοῖς ἀνθρώ- 15
ποις ὅσα ἐμπέπηγε φύσει ἢ χρόνου μακροῦ διδασκαλίᾳ

ließ Theodoros unter Verwendung der kaiserlichen und eigenen Geldmittel die unversorgten Toten beisetzen.

Als sämtliche bisherigen Begräbnisstätten mit Leichen
überfüllt waren, grub man der Reihe nach alle Plätze um die
Stadt herum auf, legte dort, so gut man konnte, die Toten
hinein und ließ es dabei bewenden. Indessen waren die mit
solcher Aufgabe beschäftigten Männer bald der Zahl der Ster-
benden nicht mehr gewachsen. Sie bestiegen daher die Türme
der Stadtmauer in Sykai, deckten die Dächer ab, warfen die
Leichen, wie sie gerade kamen, hinein und häuften sie regellos aufeinander. Nachdem sie so fast alle Türme mit den Toten angefüllt hatten, setzten sie wieder die Dächer darauf.
Infolgedessen drang ein übler Geruch in die Stadt und be-
lästigte die Einwohner umso mehr, wenn auch noch Wind aus
dieser Richtung wehte. Damals geschahen die Bestattungen
ohne all die herkömmlichen Feierlichkeiten. Die Toten erhielten weder das übliche Geleite noch den gewöhnlichen Trauer-
gesang; es mußte genügen, wenn man eine Leiche auf den
Schultern bis zum städtischen Ufergelände trug und dort
hinwarf, wo dann die Toten auf Kähne verladen und haufen-
weise irgendwohin verfrachtet wurden.

In jener Zeit ließen auch die bisherigen Parteigänger des
Demos von ihrer gegenseitigen Feindschaft ab, nahmen sich
gemeinsam der frommen Fürsorge um die Toten an und trugen eigenhändig die Leichen fremder Menschen zur Beerdigung hinaus. Aber auch alle, die früher Gefallen daran gefunden hatten, bei schimpflichen Verbrechen dabei zu sein, gaben ihre ungesetzliche Lebensweise auf und befleißigten sich
gewissenhaft eines gottesfürchtigen Wandels. Sie stellten sich
damit freilich nicht auf vernünftiges Denken um und waren
auch nicht plötzlich irgendwie zu Freunden eines tugendsa-
men Lebens geworden; denn wenn es nicht ein guter Gott

ρᾷστα δὴ οὕτω μεταβάλλεσθαι ἀδύνατά ἔστιν, ὅτι μὴ
θείου τινὸς ἀγαθοῦ ἐπιπνεύσαντος· ἀλλὰ τότε ὡς εἰπεῖν
ἅπαντες καταπεπληγμένοι μὲν τοῖς ξυμπίπτουσι, τεθνήξεσθαι δὲ αὐτίκα δὴ μάλα οἰόμενοι, ἀνάγκῃ, ὡς τὸ
εἰκός, πάσῃ τὴν ἐπιείκειαν ἐπὶ καιροῦ μετεμάνθανον.
ταῦτά τοι, ἐπειδὴ τάχιστα τῆς νόσου ἀπαλλαγέντες 16
ἐσώθησαν ἔν τε τῷ ἀσφαλεῖ γεγενῆσθαι ἤδη ὑπετό-
πασαν, ἅτε τοῦ κακοῦ ἐπ' ἄλλους ἀνθρώπων τινὰς
κεχωρηκότος, ἀγχίστροφον αὖθις τῆς γνώμης τὴν μετα-
βολὴν ἐπὶ τὰ χείρω πεποιημένοι μᾶλλον ἢ πρότερον
τὴν τῶν ἐπιτηδευμάτων ἀτοπίαν ἐνδείκνυνται, σφᾶς αὐτοὺς μάλιστα τῇ τε πονηρίᾳ καὶ τῇ ἄλλῃ παρανομίᾳ
νενικηκότες· ἐπεὶ καὶ ἀπισχυρισάμενος ἄν τις οὐ τὰ
ψευδῆ εἴποι ὡς ἡ νόσος ἥδε εἴτε τύχῃ τινὶ εἴτε προνοίᾳ ἐς τὸ ἀκριβὲς ἀπολεξαμένη τοὺς πονηροτάτους
ἀφῆκεν. ἀλλὰ ταῦτα μὲν τῷ ὑστέρῳ ἀποδέδεικται χρόνῳ.

Τότε δὲ ἀγοράζοντά τινα οὐκ εὐπετὲς ἐδόκει εἶναι 17
ἔν γε Βυζαντίῳ ἰδεῖν, ἀλλ' οἴκοι καθήμενοι ἅπαντες,
ὅσοις ξυνέβαινε τὸ σῶμα ἐρρῶσθαι, ἢ τοὺς νοσοῦντας
ἐθεράπευον, ἢ τοὺς τετελευτηκότας ἐθρήνουν. ἦν δέ 18
τις καὶ προϊόντι τινὶ ἐντυχεῖν ἴσχυσεν, ὅδε τῶν τινα
νεκρῶν ἔφερεν. ἐργασία τε ξύμπασα ἤργει καὶ τὰς
τέχνας οἱ τεχνῖται μεθῆκαν ἁπάσας, ἔργα τε ἄλλα ὅσα
δὴ ἕκαστοι ἐν χερσὶν εἶχον. ἐν πόλει γοῦν ἀγαθοῖς 19
ἅπασιν ἀτεχνῶς εὐθηνούσῃ λιμός τις ἀκριβὴς ἐπεκώ-
μαζεν. ἄρτον ἀμέλει ἢ ἄλλο ὁτιοῦν διαρκῶς ἔχειν χαλεπόν τε ἐδόκει καὶ λόγου πολλοῦ ἄξιον εἶναι· ὥστε καὶ
τῶν νοσούντων τισὶν ἄωρον ξυμβῆναι δοκεῖν ἀπορίᾳ
τῶν ἀναγκαίων τὴν τοῦ βίου καταστροφήν. καὶ τὸ 20
ξύμπαν εἰπεῖν, χλαμύδα οὐκ ἦν ἐνδιδυσκόμενόν τινα
ἐν Βυζαντίῳ τὸ παράπαν ἰδεῖν, ἄλλως τε ἡνίκα βασιλεῖ
νοσῆσαι ξυνέβη (καὶ αὐτῷ γὰρ ξυνέπεσε βουβῶνα ἐπῆρθαι), ἀλλ' ἐν πόλει βασιλείαν ἐχούσῃ ξυμπάσης τῆς
Ῥωμαίων ἀρχῆς ἱμάτια ἐν ἰδιωτῶν λόγῳ ἅπαντες ἀμ-

gnädig fügt, sind die Menschen nicht imstande, so ohne weiteres von angeborenen oder durch lange Gewöhnung erworbenen Eigenschaften loszukommen. Doch damals waren sozusagen alle durch die Ereignisse tief erschüttert und im Glauben, sie müßten alsbald sterben, bekehrten sie sich natürlich unter dem harten Zwang für den Augenblick zu einem anständigen Leben. Sobald sie jedoch, der Seuche ledig, gerettet waren und sich nunmehr in Sicherheit wähnen durften – das Übel hatte sich ja irgendwelchen anderen Menschen zugewandt –, änderten sie schnell wieder ihre Gesinnung zum Schlechteren und taten noch mehr als zuvor mit ihrer verkehrten Handlungsweise groß, so daß sie gänzlich ihrer Gemeinheit und sonstigen Gesetzlosigkeit erlagen; denn wenn auch nur mit Widerstreben, muß man es wohl als wahr bezeichnen, daß die Pest, sei es zufällig, sei es absichtlich, gerade die schlechtesten Menschen genau aussuchte und am Leben ließ. Doch das hat sich erst in der Folgezeit herausgestellt.

Damals konnte man hingegen kaum einen Menschen auf dem Markt in Byzanz sehen, sondern alle, die gesund waren, saßen daheim und pflegten die Kranken oder beklagten die Toten. Wenn man aber wirklich jemand treffen konnte, der sich in die Öffentlichkeit herauswagte, dann trug er eine Leiche. Alle Arbeit ruhte, die Handwerker stellten ihre sämtlichen Tätigkeiten ein und ließen liegen, was sie an Vorhaben gerade zu erledigen hatten. So herrschte in einer Stadt, die großen Überfluß an allen möglichen Gütern hatte, schwere Hungersnot. Brot jedenfalls oder sonst etwas Eßbares in ausreichendem Maß zu bekommen, schien eine schwierige und wichtige Sache. Darum mußten auch einige Kranke offenbar aus Lebensmittelmangel vor der Zeit sterben. Kurz gesagt, man konnte in Byzanz keinen einzigen Menschen in einem Prunkgewand sehen, zumal als auch der Kaiser erkrankte – bei ihm bildete sich ebenfalls eine Geschwulst –, vielmehr trugen in einer Stadt, welche die kaiserliche Regierung des gesamten römischen Reiches in ihren Mauern barg, alle Leute nur Oberkleider wie einfache Bürger und verhielten sich still. So etwa stand es um die Pest im übrigen Römerreich und in

πεχόμενοι ἡσυχῇ ἔμενον. τὰ μὲν οὖν ἀμφὶ τῷ λοιμῷ 21
ἔν τε τῇ ἄλλῃ Ῥωμαίων γῇ καὶ ἐν Βυζαντίῳ ταύτῃ
πῃ ἔσχεν. ἐπέσκηψε δὲ καὶ ἐς τὴν Περσῶν γῆν καὶ ἐς
βαρβάρους τοὺς ἄλλους ἅπαντας.

Ἐτύγχανε δὲ ὁ Χοσρόης ἐξ Ἀσσυρίων ἐς χωρίον 24
Ἀδαρβιγάνων ἥκων πρὸς βορρᾶν ἄνεμον, ἔνθεν διενοεῖτο
ἐς τὴν Ῥωμαίων ἀρχὴν διὰ Περσαρμενίων ἐσβάλλειν.
τὸ μέγα πυρεῖον ἐνταῦθά ἐστιν, ὃ σέβονται Πέρσαι 2
θεῶν μάλιστα. οὗ δὴ τὸ πῦρ ἄσβεστον φυλάσσοντες
μάγοι τά τε ἄλλα ἐς τὸ ἀκριβὲς ἐξοσιοῦνται καὶ μαντείῳ ἐς τῶν πραγμάτων τὰ μέγιστα χρῶνται. τοῦτό
ἐστι τὸ πῦρ, ὅπερ Ἑστίαν ἐκάλουν τε καὶ ἐσέβοντο ἐν
τοῖς ἄνω χρόνοις Ῥωμαῖοι. ἐνταῦθα σταλείς τις ἐκ Βυ- 3
ζαντίου παρὰ Χοσρόην ἀπήγγελλε Κωνσταντιανόν τε
καὶ Σέργιον πρέσβεις ἐς αὐτὸν ἐπὶ τῇ ξυμβάσει αὐτίκα
δὴ μάλα ἀφίξεσθαι. ἤστην δὲ τὼ ἄνδρε τούτω ῥήτορέ 4
τε ἄμφω καὶ ξυνετὼ ἐς τὰ μάλιστα, Κωνσταντιανὸς μὲν
Ἰλλυριὸς γένος, Σέργιος δὲ ἐξ Ἐδέσσης πόλεως,
ἣ ἐν Μεσοποταμίᾳ τυγχάνει οὖσα. οὓς δὴ ὁ Χοσρόης 5
προσδεχόμενος ἡσυχῇ ἔμενεν. ἐν δὲ τῇ πορείᾳ ταύτῃ
Κωνσταντιανοῦ νοσήσαντος καὶ χρόνου τριβέντος συχνοῦ τὸν λοιμὸν ἐπισκῆψαι Πέρσαις ξυνέπεσε. διὸ δὴ 6
Ναβέδης τηνικαῦτα ἐν Περσαρμενίοις τὴν στρατηγίδα
ἔχων ἀρχὴν τὸν ἐν Δούβιος τῶν Χριστιανῶν ἱερέα βασιλέως ἐπαγγείλαντος παρὰ Βαλεριανὸν τὸν ἐν Ἀρμενίοις στρατηγὸν ἔπεμψεν, αἰτιασόμενόν τε τὴν τῶν
πρέσβεων βραδυτῆτα καὶ Ῥωμαίους ἐς τὴν εἰρήνην
ὁρμήσοντα προθυμίᾳ τῇ πάσῃ. καὶ ὃς ξὺν τῷ ἀδελφῷ 7
ἐς Ἀρμενίους ἥκων, τῷ τε Βαλεριανῷ ἐντυχών, αὐτός
τε Ῥωμαίοις ἅτε Χριστιανὸς ἰσχυρίζετο εὐνοϊκῶς ἔχειν
καί οἱ βασιλέα Χοσρόην πείθεσθαι ἀεὶ ἐς βουλὴν πᾶσαν·

Byzanz. Sie befiel aber auch Persien und alle anderen Barbarenländer.

24. Weitere Verhandlungen zwischen Römern und Persern. Der Krieg verlagert sich nach Persarmenien

Chosroes hatte sich von Assyrien aus nordwärts an einen
Ort Aderbiganon begeben, von wo aus er auf dem Wege über
Persarmenien einen Einfall ins römische Reich plante. Hier
befindet sich das große Feuerheiligtum, dem die Perser die
höchsten göttlichen Ehren erweisen. Die Magier hüten dort
die ewige Flamme, pflegen gewissenhaft auch die anderen heiligen Bräuche und benützen das Feuer als Orakel für die
wichtigsten Angelegenheiten. Dies ist das Feuer, das die Römer in alten Zeiten unter dem Namen Hestia heilig hielten.
An dem genannten Platze traf nun ein Bote aus Byzanz ein
und berichtete Chosroes, daß sich die Gesandten Konstantianos und Sergios in kürzester Zeit bei ihm einfinden würden,
um den Vertrag abzuschließen. Die beiden Männer waren von
Beruf Rhetoren und sehr kluge Köpfe, Konstantianos ein geborener Illyrier, während Sergios aus der mesopotamischen
Stadt Edessa stammte. Ihre Ankunft wartete nun Chosroes
in Ruhe ab. Indessen erkrankte Konstantianos auf dieser Reise, worüber viel Zeit verstrich und die Seuche auch Persien
befiel. Deshalb schickte der damalige Befehlshaber in Persarmenien Nabedes auf königlichen Befehl den christlichen
Bischof von Dubios an Valerianos, den Befehlshaber in Armenien; er sollte sich wegen der Saumseligkeit der Gesandten
beschweren und die Römer mit allem Nachdruck zum Friedensschluß veranlassen. So kam denn der Bischof mit seinem
Bruder nach Armenien und traf mit Valerianos zusammen.
Als Christ sei er, wie er versicherte, den Römern wohlgesinnt
und außerdem befolge König Chosroes jederzeit seine Rat-

ὥστε ἢν Ῥωμαίων οἱ πρέσβεις ἐς τὰ Περσῶν ἤθη ξὺν
αὐτῷ ἔλθωσιν, οὐκ ἄν τι αὐτοῖς ἐμπόδισμα εἴη τοῦ τὴν
εἰρήνην ὅπη βούλονται διαθήσεσθαι.

Ὁ μὲν οὖν ἱερεὺς τοσαῦτα εἶπεν· ὁ δὲ τοῦ ἱερέως
ἀδελφὸς Βαλεριανῷ ἐντυχὼν λάθρα Χοσρόην ἐν μεγάλοις εἶναι κακοῖς ἔφασκε· τόν τε γὰρ οἱ παῖδα τυραννίδι
ἐπιθέμενον ἐπαναστῆναι καὶ αὐτὸν ὁμοῦ ξὺν παντὶ τῷ
Περσῶν στρατῷ τῇ νόσῳ ἁλῶναι· διὸ δὴ καὶ Ῥωμαίοις
τανῦν ἐς τὴν ξύμβασιν ἐθέλειν ἰέναι. ταῦτα ἐπεὶ Βαλεριανὸς ἤκουσε, τὸν μὲν ἐπίσκοπον εὐθὺς ἀπεπέμψατο,
τοὺς πρέσβεις οὐκ εἰς μακρὰν ὑποσχόμενος παρὰ Χοσρόην ἀφίξεσθαι, αὐτὸς δὲ τοὺς λόγους ἐς βασιλέα Ἰουστινιανόν, οὕσπερ ἠκηκόει, ἀνήνεγκεν. οἷς δὴ ὁ βασιλεὺς αὐτίκα ἡγμένος αὐτῷ τε καὶ Μαρτίνῳ καὶ τοῖς
ἄλλοις ἄρχουσιν ὅτι τάχιστα ἐσβάλλειν εἰς τὴν πολεμίαν ἐπέστελλεν. εὖ γὰρ οἶδεν ὡς αὐτοῖς τῶν πολεμίων
οὐδεὶς ἐμποδὼν στήσεται. ἐκέλευε δὲ ξυλλεγέντας ἐς
τοῦτο ἅπαντας οὕτω τὴν ἐσβολὴν ἐπὶ Περσαρμενίους
ποιήσασθαι. ταῦτα ἐπεὶ ἀπενεχθέντα οἱ ἄρχοντες τὰ
γράμματα εἶδον, ἅπαντες ὁμοῦ τοῖς ἑπομένοις ξυνέρ-
ρεον ἐς τὰ ἐπὶ Ἀρμενίας χωρία.

Ἤδη δὲ ὁ Χοσρόης ὀλίγῳ πρότερον τὸ Ἀδαρβιγάνων δέει τῷ ἐκ τῆς νόσου ἀπολιπὼν ἐς τὴν Ἀσσυρίαν
παντὶ τῷ στρατῷ ἀπιὼν ᾤχετο, ἔνθα δὴ οὔπω
ἐνδεδημήκει τὸ τοῦ λοιμοῦ πάθος. Βαλεριανὸς μὲν οὖν
Θεοδοσιουπόλεως ἄγχιστα ἐστρατοπεδεύσατο ξὺν τοῖς
ἀμφ᾽ αὐτὸν καταλόγοις, καὶ οἱ Ναρσῆς ξυνετάττετο
Ἀρμενίους τε καὶ Ἐρούλων τινὰς ξὺν αὐτῷ ἔχων.

Μαρτῖνος δὲ ὁ τῆς ἕω στρατηγὸς ξύν τε Ἰλθίγερι καὶ
Θεοκτίστῳ ἐς Κιθαρίζων τὸ φρούριον ἀφικόμενος ἐνταῦθά τε πηξάμενος τὸ στρατόπεδον αὐτοῦ ἔμεινε·
διέχει δὲ Θεοδοσιουπόλεως ὁδῷ τεττάρων ἡμερῶν τὸ
φρούριον τοῦτο· ἵνα καὶ Πέτρος οὐκ εἰς μακρὰν ξύν
τε Ἀδολίῳ καὶ ἄλλοις τισὶν ἄρχουσιν ἦλθεν. ἡγεῖτο

schläge. Die römischen Gesandten bräuchten daher nur mit
ihm nach Persien zu kommen, wo sie ohne Schwierigkeiten
den Frieden wunschgemäß abschließen könnten.

Soweit die Worte des Bischofs. Sein Bruder aber besuchte
heimlich Valerianos und erklärte, daß sich Chosroes in großen
Nöten befinde; denn sein Sohn habe sich gegen ihn empört
und wolle die Herrschaft an sich reißen, während er selbst
mit dem ganzen Perserheere von der Krankheit befallen sei.
Daher sei er auch jetzt zum Friedensschluß mit den Römern
geneigt. Auf diese Nachricht hin gab Valerianos dem Bischof
die Zusage, daß sich die Gesandten in Bälde bei Chosroes einfinden würden, und entließ ihn sogleich nach Hause, während
er selbst die empfangenen Auskünfte an Kaiser Justinian
weitermeldete. Der aber fühlte sich dadurch sofort veranlaßt,
Valerianos, Martinos und den anderen Feldherrn Befehl zu
einem unverzüglichen Einfall ins Feindesland zu erteilen;
denn kein Gegner werde ihm – darüber war er sich völlig
klar – in den Weg treten. Zunächst sollten sich freilich alle an
einem Punkte sammeln und erst dann in Persarmenien einbrechen, und so vereinigten sich nach Empfang der schriftlichen Weisung sämtliche Befehlshaber mit ihren Truppen in
den armenischen Plätzen.

Chosroes hatte indessen schon kurz zuvor aus Angst vor
der Seuche Adarbiganon verlassen und war mit seiner gesamten Streitmacht nach Assyrien abgezogen, wo die Seuche noch
nicht wütete. Deshalb schlug Valerianos in unmittelbarer
Nähe von Theodosiopolis mit seinen Regimentern ein Lager,
und Narses schloß sich ihm mit seinen Armeniern samt einigen Herulern an.

Der magister militum per orientem Martinos hingegen begab sich mit Ildiger und Theoktistos zur Festung Kitharizon,
bezog dort sein Lager und blieb an Ort und Stelle liegen. Von
Theodosiopolis ist dieser feste Platz vier Tagemärsche entfernt. Hier traf bald auch Petros mit Adolios und einigen anderen Befehlshabern ein. Die Führung über die dortigen Re-

δὲ τῶν ταύτῃ καταλόγων Ἰσαάκης ὁ Ναρσοῦ ἀδελφός. Φιλημοὺθ δὲ καὶ Βῆρος ξὺν Ἐρούλοις τοῖς σφίσιν ἑπομένοις ἐς τὰ ἐπὶ Χορζιανηνῆς χωρία ἦλθον, τοῦ Μαρτίνου στρατοπέδου οὐ πολλῷ ἄποθεν. Ἰοῦστός τε ὁ βασιλέως ἀνεψιὸς καὶ Περάνιος καὶ Ἰωάννης ὁ Νικήτου παῖς ξύν τε Δομνεντιόλῳ καὶ Ἰωάννῃ τῷ Φαγᾷ τὴν ἐπίκλησιν ἐστρατοπεδεύσαντο πρὸς τῷ Φισῶν καλουμένῳ φρουρίῳ, ὅπερ ἄγχιστά πῃ τῶν Μαρτυρο-πόλεως ὁρίων ἐστίν. οὕτω μὲν οὖν ἐστρατοπεδεύσαντο οἱ Ῥωμαίων ἄρχοντες ξὺν τοῖς ἑπομένοις, ξυνῄει δὲ ὁ στρατὸς ἅπας ἐς τρισμυρίους. οὗτοι ἅπαντες οὔτε ἐς ταὐτὸ ξυνελέγησαν οὐ μὴν οὔτε ἀλλήλοις ἐς λόγους ἦλθον. πέμποντες δὲ παρ' ἀλλήλους οἱ στρατηγοὶ τῶν σφίσιν ἑπομένων τινὰς ὑπὲρ τῆς ἐσβολῆς ἐπυνθάνοντο.

Ἄφνω δὲ Πέτρος, οὐδενὶ κοινολογησάμενος, ξὺν τοῖς ἀμφ' αὐτὸν ἀνεπισκέπτως ἐς τὴν πολεμίαν ἐσέβαλλεν. ὅπερ ἡμέρᾳ τῇ ἐπιγινομένῃ γνόντες Φιλημοὺθ τε καὶ Βῆρος, οἱ τῶν Ἐρούλων ἡγούμενοι, εὐθὺς εἵποντο. ἐπεί τε ταῦτα οἵ τε ἀμφὶ Μαρτίνον καὶ Βαλεριανὸν ἔμαθον, τῇ ἐσβολῇ κατὰ τάχος ἐχρῶντο. ἅπαντες δὲ ἀλλήλοις ὀλίγῳ ὕστερον ἀνεμίγνυντο ἐν τῇ πολεμίᾳ, πλὴν Ἰούστου τε καὶ τῶν ξὺν αὐτῷ, οἳ δὴ μακράν τε ἄποθεν, ὥσπερ ἐρρήθη, ἐστρατοπεδευμένοι τοῦ ἄλλου στρατοῦ, καὶ χρόνῳ ὕστερον τὴν ἐκείνων ἐσβολὴν γνόντες, καὶ αὐτοὶ μὲν ἐσέβαλλον ὡς τάχιστα ἐς τὴν κατ' αὐτοὺς πολεμίαν, ἀναμίγνυσθαι δὲ τοῖς ξυνάρχουσιν οὐδαμῇ ἔσχον. οἱ μέντοι ἄλλοι ξύμπαντες ἐπορεύοντο εὐθὺ Δούβιος, οὔτε ληιζόμενοι οὔτε τι ἄλλο ἄχαρι πράσσοντες ἐς τὴν Περσῶν χώραν.

Ἔστι δὲ τὸ Δούβιος χώρα τις τά τε ἄλλα ἀγαθὴ καὶ ἀέρων τε καὶ ὑδάτων εὐεξίαν τινὰ διαρκῶς ἔχουσα,

gimenter aber lag in den Händen Isaaks, des Bruders des Narses. Philemuth und Veros ihrerseits marschierten mit ihren Leuten zu den Festungen in Chorzianene und standen so nicht weit vom Lager des Martinos entfernt. Justos endlich, der Neffe des Kaisers, außerdem Peranios und des Niketes Sohn Johannes samt Domentiolos und Johannes mit dem Beinamen Phagas errichteten ein Lager bei der Festung Phison, die das Grenzgebiet von Martyropolis fast berührt. So hatten sich denn die römischen Befehlshaber mit ihren Streitkräften auf verschiedene Standorte verteilt, und die Armee zählte im ganzen etwa dreißigtausend Mann. Sie alle sammelten sich weder an einem Platze noch kamen sie zu Beratungen zusammen, lediglich ein paar Männer ihres Gefolges schickten sie sich gegenseitig zu und zogen Nachrichten über den geplanten Vorstoß ein.

Plötzlich unternahm aber Petros, ohne sich mit irgend jemand abgesprochen zu haben, samt seinen Leuten einen unbedachten Angriff auf das feindliche Gebiet. Als tags darauf die Führer der Heruler, Philemuth und Veros, davon hörten, schlossen sie sich ihm sogleich an. Diese Nachricht bestimmte wiederum Martinos und Valerianos, mit den Ihren ebenfalls rasch zum Angriff vorzugehen. Kurz danach vereinigten sich aber alle Feldherrn im feindlichen Gebiet, und nur Justos und seine Soldaten, die, wie gesagt, weitab vom übrigen Heere ihr Lager hatten, waren nicht zugegen. Als sie etwas später vom Angriff ihrer Kameraden hörten, brachen auch sie eilends in das vor ihnen liegende Feindesland ein, konnten jedoch den Anschluß an ihre Mitfeldherrn nicht mehr erreichen. Diese aber rückten insgesamt, ohne zu plündern oder sonstwie das persische Land zu schädigen, geradewegs auf Dubios zu.

25. Die römischen Angreifer erleiden eine schwere Niederlage

Dubios ist in jeder Hinsicht ein fruchtbares Gebiet, dazu mit ziemlich günstigen Luft- und Wasserverhältnissen, acht

Θεοδοσιουπόλεως δὲ ὁδῷ ἡμερῶν ὀκτὼ διέχει. καὶ πεδία μὲν ἐνταῦθα ἱππήλατά ἐστι, κῶμαι δὲ πολλαὶ πολυανθρωπόταται ᾤκηνται ἀγχοτάτω ἀλλήλαις καὶ πολλοὶ ἔμποροι κατ' ἐργασίαν ἐν ταύταις οἰκοῦσιν. ἔκ τε γὰρ Ἰνδῶν καὶ τῶν πλησιοχώρων Ἰβήρων πάντων τε ὡς εἰπεῖν τῶν ἐν Πέρσαις ἐθνῶν καὶ Ῥωμαίων τινῶν τὰ φορτία ἐσκομιζόμενοι ἐνταῦθα ἀλλήλοις ξυμβάλλουσι. τόν τε τῶν Χριστιανῶν ἱερέα Καθολικὸν καλοῦσι τῇ Ἑλλήνων φωνῇ, ὅτι δὴ ἐφέστηκεν εἷς ὢν ἅπασι τοῖς ταύτῃ χωρίοις. Δούβιος δὲ ἄποθεν ὅσον εἴκοσι καὶ ἑκατὸν σταδίων ἐν δεξιᾷ ἰόντι ἐκ Ῥωμαίων τῆς γῆς ὄρος ἐστὶ δύσβατόν τε καὶ ἄλλως κρημνῶδες, καὶ κώμη τις ἐν δυσχωρίᾳ στενοτάτῃ κειμένη, Ἀγγλὼν ὄνομα. οὗ δὴ ὁ Ναβέδης, ἐπειδὴ τάχιστα τῶν πολεμίων τὴν ἔφοδον ἔγνω, παντὶ τῷ στρατῷ ἀποχωρήσας χωρίου τε ἰσχύϊ θαρσήσας καθεῖρξεν αὐτόν. καὶ ἡ μὲν κώμη ἐς τοῦ ὄρους τὰ ἔσχατα κεῖται, φρούριον δὲ ἐχυρὸν τῇ κώμῃ ταύτῃ ὁμώνυμον ἐν τῷ κρημνώδει ἐστίν. ὁ γοῦν Ναβέδης λίθοις μὲν καὶ ἁμάξαις τὰς ἐπὶ τὴν κώμην ἀποφράξας εἰσόδους δυσπρόσοδον ἔτι μᾶλλον εἰργάσατο ταύτην. ἐπίπροσθε δὲ τάφρον τινὰ ὀρύξας ἐνταῦθα τὸ στράτευμα ἔστησε, προλοχίσας οἰκίσκους τινὰς παλαιοὺς ἐνέδραις πεζῶν. ἐς τετρακισχιλίους δὲ ἄνδρας ἅπαν ξυνῄει τὸ Περσῶν στράτευμα.

Ταῦτα μὲν οὖν ἐπράσσετο τῇδε. Ῥωμαῖοι δὲ ἀφικόμενοι ἐς χῶρον ἡμέρας ὁδῷ Ἀγγλῶν διέχοντα, τῶν τινα πολεμίων ἐπὶ κατασκοπῇ ἰόντα λαβόντες ἐπυνθάνοντο ὅπη ποτὲ τανῦν ὁ Ναβέδης εἴη. καὶ ὃς ἀνακεχωρηκέναι τὸν ἄνδρα ἐξ Ἀγγλῶν παντὶ τῷ Μήδων στρατῷ ἔφασκεν. ὃ δὴ ὁ Ναρσῆς ἀκούσας δεινὰ ἐποιεῖτο, καὶ τοῖς ξυνάρχουσι τὴν μέλλησιν ὀνειδίζων ἐλοιδορεῖτο. ταὐτὸ δὲ τοῦτο καὶ ἄλλοι ἐποίουν, ἐς ἀλλήλους ὑβρίζοντες, καὶ τὸ λοιπὸν μάχης τε καὶ κιν-

Tagemärsche weit von Theodosiopolis entfernt. Dort gibt es
auch Ebenen, die sich für Pferde eignen; viele, sehr volkrei-
che Dörfer reihen sich dicht aneinander, und zahlreiche Kaufleute gehen dort ihren Geschäften nach. Denn aus Indien,
dem benachbarten Iberien und sozusagen von allen persischen
und auch einigen römischen Völkerschaften bringen sie ihre
Waren dorthin und verhandeln sie gegenseitig. Der christliche
Bischof heißt bei ihnen auf Griechisch Katholikos, weil er als
einziger die Leitung aller dortigen Orte hat. Rechter Hand,
wenn man vom römischen Gebiete her kommt, liegt etwa ein-
hundertzwanzig Stadien von Dubios entfernt ein schwer zu-
gänglicher und auch sonst steiler Berg, dazu ein durch schwierige Bodenverhältnisse sehr eingeengtes Dorf mit Namen
Anglon. Dorthin hatte sich Nabedes, sobald er von dem feindlichen Angriff erfahren hatte, mit seinem ganzen Heere zurückgezogen und sich im Vertrauen auf die Festigkeit des
Platzes eingeschlossen. Während das Dorf am äußersten Ende
des Berges liegt, erhebt sich eine Befestigung gleichen Namens
am Steilabhang. Nabedes versperrte nun mit Steinen und
Lastwägen die Zugänge zum Dorf, so daß es noch schwerer
zu erreichen war. Davor aber zog er einen Graben und stellte
dort sein Heer auf; außerdem versah er noch einige alte Häuschen mit Hinterhalten für Fußtruppen. Die Stärke der gesamten persischen Streitmacht belief sich aber auf etwa vier-
tausend Mann.

Dies geschah nun so. Als die Römer bis zu einem Platz,
einen Tagesmarsch von Anglon entfernt, gelangt waren, fingen sie einen feindlichen Kundschafter und forschten ihn aus,
wo sich denn jetzt Nabedes aufhalte. Der antwortete, jener
sei mit dem gesamten Perserheer aus Anglon abgerückt. Daraufhin zeigte sich Narses empört und warf seinen Mitfeldherrn
unter Schmähworten ihr Zaudern vor. Das Gleiche taten auch
die andern, indem sie aufeinander schalten, und so kümmerten sie sich weiterhin nicht mehr um Kampf und Gefahr,
sondern beschäftigten sich nur noch eifrig mit der Ausplün-

δύνου ἀφροντιστήσαντες ληίζεσθαι τὰ ἐκείνῃ χωρία
ἐν σπουδῇ ἐποιοῦντο. ἄραντες τοίνυν ἀστρατήγητοί
τε καὶ ἄτακτοι κόσμῳ οὐδενὶ ἐπίπροσθεν ᾖεσαν, οὔτε
τι ἔχοντες σύμβολον ἐν σφίσιν αὐτοῖς, ᾗπερ ἐν τοῖς
τοιούτοις ἀγῶσιν εἴθισται, οὔτε πῃ διακεκριμένοι ἐν
τάξει. τοῖς γὰρ σκευοφόροις οἱ στρατιῶται ἀναμιγνύ-
μενοι ἐπορεύοντο ὡς ἐπὶ ἁρπαγὴν ἑτοιμοτάτην ἰόντες
χρημάτων μεγάλων.

Ἐπεὶ δὲ Ἀγγλῶν ἀγχοῦ ἐγένοντο, πέμπουσι κατασκόπους, οἳ δὴ αὐτοῖς ἐπανιόντες ἀπήγγελλον τὴν τῶν
πολεμίων παράταξιν. οἱ δὲ στρατηγοὶ τῷ ἀπροσδοκήτῳ
καταπλαγέντες ἀναστρέφειν μὲν ξὺν στρατῷ τοσούτῳ
τὸ πλῆθος αἰσχρόν τε καὶ ἄνανδρον ὅλως ᾤοντο εἶναι,
τάξαντες δὲ ὡς ἐκ τῶν παρόντων εἰς τὰ τρία τέλη τὸ
στράτευμα εὐθὺ τῶν πολεμίων ἐχώρουν. Πέτρος μὲν
οὖν κέρας τὸ δεξιὸν εἶχε, Βαλεριανὸς δὲ τὸ εὐώνυμον,
εἰς δὲ τὸ μέσον οἱ ἀμφὶ Μαρτῖνον ἐτάσσοντο. γενόμενοι
δὲ ἄγχιστά πῃ τῶν ἐναντίων ἡσύχαζον, τὴν τάξιν σὺν
ἀκοσμίᾳ φυλάσσοντες. αἴτιον δὲ ἦν ἥ τε δυσχωρία
κρημνώδης ὑπερφυῶς οὖσα καὶ τὸ ἐξ ὑπογύου διαταχ-
θέντας ἐς τὴν μάχην καθίστασθαι. ἔτι μέντοι καὶ οἱ
βάρβαροι σφᾶς αὐτοὺς ἐς ὀλίγον ξυναγαγόντες ἡσυχῇ
ἔμενον, περισκοπούμενοι τῶν ἐναντίων τὴν δύναμιν,
προειρημένον αὐτοῖς πρὸς Ναβέδου χειρῶν μὲν ὡς
ἥκιστα ἄρχειν, ἢν δέ πῃ ἐπισκήψωσιν οἱ πολέμιοι, κατὰ
τὸ δυνατὸν σφίσιν ἀμύνασθαι.

Πρῶτος δὲ Ναρσῆς ξύν τε τοῖς Ἐρούλοις καὶ Ῥωμαίων τοῖς ἑπομένοις ἐς χεῖρας τοῖς πολεμίοις ἦλθεν,
ὠθισμοῦ τε γενομένου ἐτρέψατο τοὺς κατ' αὐτὸν Πέρσας. φεύγοντές τε οἱ βάρβαροι ἐς τὸ φρούριον ἀνέβαινον δρόμῳ, ἔνθα δὴ ἀλλήλους ἔργα ἀνήκεστα ἐν
τῇ στενοχωρίᾳ εἰργάζοντο. καὶ τότε Ναρσῆς τε αὐτὸς
τοῖς ἀμφ' αὐτὸν ἐγκελευσάμενος πολλῷ ἔτι μᾶλλον

derung der dortigen Gebiete. Führerlos und ohne Ordnung rückten die zuchtlosen Haufen vor: Sie hatten keinerlei gegenseitiges Erkennungszeichen, wie es doch bei solchen Gefechten üblich ist, auch marschierten sie nicht in geschlossener Reihe, die Soldaten mischten sich vielmehr auf dem Wege unter die Troßknechte, so als ginge es zu ganz müheloser Plünderung reicher Schätze.

Als sie dann in die Nähe von Anglon gekommen waren, sandten sie Spähtrupps aus, und diese brachten die Meldung zurück, der Feind habe sich zur Schlacht aufgestellt. Die unerwartete Nachricht versetzte zwar die Feldherrn in Bestürzung, doch hielten sie es für schimpflich und ganz unmännlich, mit einem so zahlreichen Heere umzukehren, und ordneten daher, soweit es die Lage noch gestattete, ihre Streitmacht in drei Abteilungen, worauf sie geradewegs dem Feinde entgegenrückten. Dabei führte Petros den rechten Flügel, Valerianos den linken, und Martinos mit seinen Leuten stand in der Mitte. Nachdem sie bis dicht an die Feinde herangekommen waren, verhielten sie sich ruhig, wahrten aber keine feste Ordnung. Schuld daran trugen das ungünstige, sehr abschüssige Gelände sowie der Zwang, sich plötzlich zur Schlachtordnung entfalten zu müssen. Aber auch die Barbaren, die sich auf engen Raum zusammengedrängt hatten, zeigten keine Bewegung, sondern versuchten nur, einen Überblick über die feindliche Stärke zu gewinnen; hatte ihnen doch Nabedes befohlen, ja nicht mit dem Kampf zu beginnen und sich nur im Falle eines Angriffes der Gegner nach Kräften zu erwehren.

Als erster kam Narses mit seinen Herulern und römischen Soldaten in Feindberührung und zwang im Ansturm die vor ihm stehenden Perser zur Flucht. Eilends flüchteten die Barbaren zur Festung empor, wobei sie infolge der Enge des Weges einander schweren Schaden zufügten. Jetzt drang Narses selbst, indem er die Seinen anfeuerte, noch viel heftiger auf

τοῖς πολεμίοις ἐνέκειτο καὶ Ῥωμαίων οἱ λοιποὶ ἔργου
εἴχοντο. ἐξελθόντες δὲ ἐκ τοῦ αἰφνιδίου ἐκ τῶν κατὰ
τοὺς στενωποὺς οἰκίσκων οἱ προλοχίζοντες, ὥσπερ ἐρρήθη, τῶν τε Ἐρούλων τινὰς κτείνουσιν, ἀπροσδόκητοι
ἐπιπεσόντες, καὶ Ναρσῆν κατὰ κόρρης αὐτὸν παίουσι.
καὶ αὐτὸν Ἰσαάκης ὁ ἀδελφὸς καιρίαν τυπέντα ὑπεξή-
γαγε τῶν μαχομένων. ὃς δὴ ὀλίγῳ ὕστερον ἐτελεύτησεν, ἀνὴρ ἀγαθὸς ἐν τῷ πόνῳ τούτῳ γενόμενος.
ταραχῆς δὲ, ὡς τὸ εἰκός, ἐνθένδε πολλῆς ἐς τὸν Ῥωμαίων στρατὸν ἐμπεσούσης, ἅπαν ὁ Ναβέδης ἐπαφῆκε
τοῖς ἐναντίοις τὸ Περσῶν στράτευμα. οἱ δὲ βάλλοντες ἐν τοῖς στενωποῖς ἐς πολεμίων πάμπολυ πλῆθος
πολλούς τε ἄλλους εὐπετῶς ἔκτεινον καὶ διαφερόντως
Ἐρούλους, οἳ ξὺν τῷ Ναρσῇ τὰ πρῶτα τοῖς ἐναντίοις
ἐπιπεσόντες ἀφύλακτοι ἐκ τοῦ ἐπὶ πλεῖστον ἐμάχοντο.
οὔτε γὰρ κράνος οὔτε θώρακα οὔτε ἄλλο τι φυλακτήριον Ἔρουλοι ἔχουσιν, ὅτι μὴ ἀσπίδα καὶ τριβώνιον
ἁδρόν, ὃ δὴ διεζωσμένοι ἐς τὸν ἀγῶνα καθίστανται.
δοῦλοι μέντοι Ἔρουλοι καὶ ἀσπίδος χωρὶς ἐς μάχην
χωροῦσιν, ἐπειδὰν δὲ ἄνδρες ἐν πολέμῳ ἀγαθοὶ γένωνται, οὕτω δὴ ἀσπίδας αὐτοῖς ἐφιᾶσιν οἱ δεσπόται
προβάλλεσθαι ἐν ταῖς ξυμβολαῖς. τὰ μὲν τῶν Ἐρούλων ταύτῃ πῃ ἔχει.

Ῥωμαῖοι δὲ οὐκ ἐνεγκόντες τοὺς πολεμίους ἀνὰ
κράτος ἅπαντες ἔφευγον, οὔτε ἀλκῆς μεμνημένοι οὔτε
τινὰ αἰδῶ ἢ ἄλλο τι ἐν νῷ ἀγαθὸν ἔχοντες. Πέρσαι
δὲ αὐτοὺς ὑποπτεύοντες οὐκ ἐς φυγὴν ἀναίσχυντον
οὕτω τετράφθαι, ἀλλ᾽ ἐνέδραις τισὶν ἐς αὐτοὺς χρῆσθαι, ἄχρι ἐς τὰς δυσχωρίας διώξαντες εἶτα ἀνέστρεφον, οὐ τολμῶντες ἐν τῷ ὁμαλεῖ ὀλίγοι πρὸς πολλοὺς
διαμάχεσθαι. Ῥωμαῖοι μέντοι, καὶ διαφερόντως οἱ
στρατηγοὶ πάντες, δίωξιν ἐπὶ σφᾶς ἀεὶ ποιεῖσθαι τοὺς
πολεμίους οἰόμενοι ἔφευγον ἔτι μᾶλλον, οὐδένα ἀνιέντες
καιρόν, θέουσι μὲν τοῖς ἵπποις ἐγκελευόμενοι μάστιγι

die Feinde ein, und auch die übrigen Römer machten sich ans Werk. Doch plötzlich erhoben sich die Perser, die, wie erwähnt, in den Häuschen entlang der Wegenge versteckt lagen, aus ihrem Hinterhalt, töteten bei dem unerwarteten Angriff einige Heruler und trafen Narses selbst an die Schläfe. Den tödlich Verletzten führte zwar sein Bruder Isaak aus dem Kampf, doch verschied er kurz darauf, nachdem er sich bei diesem Kriegsgeschehen als wackerer Mann bewährt hatte. Große Verwirrung bemächtigte sich jetzt natürlich des römischen Heeres und veranlaßte Nabedes, seine gesamte persische Streitmacht den Feinden entgegenzuwerfen. Diese schossen auf die riesige Menge von Gegnern in den Wegengen und töteten mit leichter Mühe neben vielen anderen vor allem Heruler, die zuerst mit Narses die Feinde angegriffen hatten und fast völlig ungeschützt kämpften. Denn die Heruler verwenden weder einen Helm noch einen Panzer noch sonst eine Schutzwaffe, sondern tragen lediglich einen Schild und ein dickes Gewand, das sie gürten, wenn sie in den Streit ziehen. Herulersklaven gehen sogar ohne Schild in den Kampf und erst wenn sie sich im Krieg bewährt haben, erlauben ihre Herrn, daß sie sich in der Schlacht mit Schilden decken. So verhält es sich mit den Herulern.

Die Römer aber hielten dem feindlichen Ansturm nicht mehr stand, sondern flohen alle so schnell wie möglich, ohne an Gegenwehr zu denken oder etwa Scham oder sonst eine edlere Regung zu spüren. Indessen schöpften die Perser Verdacht, die Römer seien nicht so sehr schimpflich davongelaufen, sondern wollten ihnen lediglich einen Hinterhalt legen; sie dehnten daher ihre Verfolgung nur bis zum Ende der unwegsamen Geländeabschnitte aus und kehrten dann um. Angesichts ihrer geringen Zahl wagten sie es aber nicht, mit einer Übermacht auf flachem Lande die Entscheidung zu suchen. Die Römer, vor allem ihre sämtlichen Führer, meinten jedoch, die Feinde würden die Verfolgung unvermindert fort-

καὶ κραυγῇ, τοὺς δὲ θώρακας καὶ τὰ ἄλλα ὅπλα
ῥιπτοῦντες σπουδῇ τε καὶ θορύβῳ ἐς ἔδαφος. οὐ γὰρ 32
ἀντιτάξασθαι καταλαμβάνουσιν αὐτοὺς ἐθάρσουν Πέρσαις, ἀλλ' ἐν μόνοις τοῖς τῶν ἵππων ποσὶ τὰς τῆς
σωτηρίας ἐλπίδας εἶχον καί, τὸ ξύμπαν εἰπεῖν, τοιαύτη
γέγονεν ἡ φυγὴ ὥστε τῶν ἵππων σχεδόν τι αὐτοῖς
οὐδεὶς διεβίω, ἀλλ' ἡνίκα τοῦ δρόμου ἐπαύσαντο,
πεσόντες εὐθὺς διεφθάρησαν. καὶ πάθος τοῦτο μέγα 33
Ῥωμαίοις οἷον οὔποτε πρότερον γέγονε. πολλοί τε
γὰρ αὐτῶν ἔθανον καὶ πλείους ἔτι ὑπὸ τοῖς πολεμίοις
ἐγένοντο. ὅπλα τε αὐτῶν οἱ πολέμιοι καὶ ὑποζύγια 34
ἔλαβον τοσαῦτα τὸ πλῆθος, ὥστε πλουσιώτερα δοκεῖν
ἐκ τούτου γενέσθαι τοῦ ἔργου τὰ Περσῶν πράγματα.
Ἀδόλιος δὲ διὰ φρουρίου ἐν ταύτῃ δὴ τῇ ὑπαγωγῇ 35
παριὼν ἐν Περσαρμενίοις κειμένου λίθῳ τε τὴν κεφαλὴν πρός του τῶν ταύτῃ ᾠκημένων πληγεὶς αὐτοῦ
διεφθάρη, οἵ τε ἀμφὶ τὸν Ἰοῦστον καὶ Περάνιον
ἐσβαλόντες ἐς τὰ ἐπὶ Ταραύνων χωρία καὶ ὀλίγα ἄττα
λῃσάμενοι εὐθὺς ἐπανῆλθον.

Τῷ δὲ ἐπιγινομένῳ ἔτει Χοσρόης ὁ Καβάδου τὸ 26
τέταρτον ἐς γῆν τὴν Ῥωμαίων ἐσέβαλλεν, ἐπὶ τὴν
Μεσοποταμίαν τὸ στράτευμα ἄγων. αὕτη δὲ ἡ ἐσβολὴ 2
τῷ Χοσρόῃ τούτῳ οὐ πρὸς Ἰουστινιανὸν τὸν Ῥωμαίων
βασιλέα πεποίηται, οὐ μὴν οὐδὲ ἐπ' ἄλλων ἀνθρώπων
οὐδένα, ὅτι μὴ ἐπὶ τὸν θεὸν ὅνπερ Χριστιανοὶ σέβονται μόνον. ἐπειδὴ γὰρ ἐν τῇ πρώτῃ ἐφόδῳ Ἐδέσσης 3
ἀποτυχὼν ἀνεχώρησε, πολλή τις ἐγεγόνει αὐτῷ τε καὶ
μάγοις, ἅτε πρὸς τοῦ τῶν Χριστιανῶν θεοῦ ἡσση-
μένοις, κατήφεια. ἦν δὴ παρηγορῶν ὁ Χοσρόης ἐν 4
τοῖς βασιλείοις Ἐδεσσηνοὺς μὲν ἀνδραποδιεῖν ἠπείλη-
σεν ἅπαντας ἐς τὰ Περσῶν ἤθη, τὴν δὲ πόλιν μηλό-
βοτον καταστήσεσθαι. παντὶ γοῦν τῷ στρατῷ ἀγχοῦ 5
Ἐδέσσης γενόμενος Οὔννων τῶν οἱ ἑπομένων τινὰς

setzen, und beschleunigten deshalb ihre Flucht noch mehr.
Dabei ließen sie keinen Augenblick nach, sondern trieben ihre
galoppierenden Pferde mit Peitsche und Zuruf an und warfen
in Eile und Aufregung ihre Panzer und sonstigen Waffen zu
Boden. Denn sie hatten nicht den Mut, den Persern, wenn
diese sie einholen sollten, sich zu stellen, sondern suchten ihre
Rettung einzig und allein in den schnellen Füßen ihrer Pferde, und die Flucht artete, kurz gesagt, in einer Weise aus, daß
fast keines ihrer Tiere am Leben blieb, diese vielmehr am
Ende des Laufes sogleich niederstürzten und verendeten. Die
Römer erlitten dadurch eine Niederlage so schwer wie nie zuvor; fanden doch viele von ihnen den Tod und noch mehr gerieten in Feindeshand. Adolios aber wurde, als er auf diesem
Rückzug eine Festung in Persarmenien durchquerte, von dem
Steinwurf eines Einwohners am Kopf getroffen und verlor dabei das Leben. Was Justos, Peranios und ihre Leute angeht,
so fielen sie zwar in das Gebiet von Taraunon ein und plünderten einiges wenige, zogen sich aber dann schleunig zurück.

26. Der vierte Feldzug des Chosroes und die Belagerung von Edessa

Im folgenden Jahr unternahm Chosroes, der Sohn des Kabades, seinen vierten Einfall ins römische Land, wobei er sein
Heer gegen Mesopotamien führte. Dieser Angriff des Königs
richtete sich nicht gegen den römischen Kaiser Justinian und
auch nicht gegen sonst einen Menschen, sondern gegen den
Gott, den die Christen als einzigen verehren. Denn als Chosroes bei seinem ersten Vorgehen gegen Edessa unverrichteter
Dinge hatte abziehen müssen, hatte ihn und die Magier große
Niedergeschlagenheit überkommen, da sie sich ja vom Chri-
stengott überwunden fühlten. Indem nun Chosroes in seinem
Königspalast Drohungen ausstieß, er wolle sämtliche Einwohner Edessas in die Sklaverei nach Persien wegführen und
ihre Stadt zur Schafweide machen, suchte er sich über diesen
schmerzlichen Eindruck hinwegzutrösten. Er zog also mit seiner ganzen Streitmacht nahe an Edessa heran, schickte einige

ἐπὶ τὸν τῆς πόλεως περίβολον ἔπεμψεν, ὃς δὴ τοῦ
ἱπποδρόμου καθύπερθέν ἐστιν, ἄλλο μὲν οὐδὲν κακουρ-
γήσοντας, πρόβατα δὲ ἁρπασομένους, ἅπερ οἱ ποιμένες
πολλὰ ἐνταῦθά πη παρὰ τὸ τείχισμα στήσαντες ἔτυχον,
χωρίου τε ἰσχύϊ θαρσοῦντες, ὅτι δὴ ἄναντες ὑπερφυῶς
ἦν, καὶ οὔποτε τολμήσειν τοὺς πολεμίους οἰόμενοι
οὕτω πη ἄγχιστα τοῦ τείχους ἰέναι. οἱ μὲν οὖν βάρ- 6
βαροι τῶν προβάτων ἥπτοντο ἤδη, οἱ δὲ ποιμένες
καρτερώτατα διεκώλυον. Περσῶν τε τοῖς Οὔννοις ἐπι- 7
βεβοηθηκότων πολλῶν, ἀγέλην μὲν ἐνθένδε ἀφελέσθαι
τινὰ οἱ βάρβαροι ἴσχυσαν, Ῥωμαίων δὲ στρατιωτῶν
τε καὶ τῶν ἀπὸ τοῦ δήμου ἐπεξελθόντων τοῖς πολεμίοις
ἡ μὲν μάχη ἐκ χειρὸς γέγονεν, ἡ δὲ ἀγέλη αὐτόματος
ἐς τοὺς ποιμένας ἐπανῆκεν αὖθις. τῶν τέ τις Οὔννων 8
πρὸ τῶν ἄλλων μαχόμενος μάλιστα πάντων ἠνώχλει
Ῥωμαίους. καί τις αὐτὸν ἀγροῖκος ἐς γόνυ τὸ δεξιὸν 9
σφενδόνῃ ἐπιτυχὼν βάλλει, ὁ δὲ πρηνὴς ἀπὸ τοῦ ἵππου
ἐς τὸ ἔδαφος εὐθὺς ἔπεσεν, ὃ δὴ Ῥωμαίους ἔτι μᾶλλον
ἐπέρρωσεν. ἥ τε μάχη πρωὶ ἀρξαμένη ἐτελεύτα ἐς μέσην 10
ἡμέραν, ἐν ᾗ ἑκάτεροι τὸ πλέον ἔχειν οἰόμενοι διελύθησαν.

Καὶ Ῥωμαῖοι μὲν ἐντὸς τοῦ περιβόλου ἐγένοντο, οἱ 11
δὲ βάρβαροι ἀπὸ σταδίων τῆς πόλεως ἑπτὰ διεσκηνημένοι ἐστρατοπεδεύσαντο ἅπαντες. τότε ὁ Χοσρόης 12
εἴτε τινὰ ὄψιν ὀνείρου εἶδεν ἤ τις αὐτῷ ἔννοια γέγονεν,
ὡς δὶς ἐγχειρήσας ἦν μὴ δυνατὸς εἴη Ἔδεσσαν ἐξελεῖν,
πολλὴν οἱ αἰσχύνην τινὰ περιβαλέσθαι ξυμβήσεται.
διὸ δὴ πολλῶν χρημάτων ἀποδόσθαι τὴν ἀναχώρησιν 13
Ἐδεσσηνοῖς ἔγνω. τῇ γοῦν ἐπιγινομένῃ ἡμέρᾳ Παῦλος 14
ἑρμηνεὺς παρὰ τὸ τεῖχος ἥκων ἔφασκε Ῥωμαίους
χρῆναι παρὰ Χοσρόην σταλῆναι τῶν δοκίμων τινάς. οἱ 15
δὲ κατὰ τάχος τέσσαρας ἀπολεξάμενοι τῶν ἐν σφίσιν
αὐτοῖς ἐπιφανῶν ἔπεμψαν. οἷς δὴ ἐς τὸ Μήδων ἀφι- 16
κομένοις στρατόπεδον ἐντυχὼν γνώμῃ βασιλέως ὁ Ζα-

Hunnen aus seinem Gefolge zur Stadtmauer oberhalb der
Rennbahn und befahl ihnen, keinen weiteren Schaden zu
tun, sondern nur das Kleinvieh wegzuführen, das die Hirten
in großer Zahl dorthin ins Vorgelände der Befestigung gebracht hatten; sie vertrauten nämlich auf die Sicherheit des
Platzes, der ungewöhnlich steil war, und rechneten nicht damit, daß je der Feind sich so dicht an die Mauer heranwagen
werde. Schon wollten trotz heftigsten Widerstands der Hirten
die Barbaren nach dem Kleinvieh greifen, als zahlreiche Perser den Hunnen zu Hilfe kamen und eine Herde von dort weg-
zutreiben vermochten. Daraufhin traten römische Soldaten
und Angehörige des Demos den Feinden entgegen, es kam
zum Nahkampf und die Herde kehrte inzwischen von sich aus
wieder zu ihren Hirten zurück. Ein hunnischer Vorkämpfer
aber, der den Römern ganz besonders zusetzte, wurde von
einem Bauern mit der Schleuder am rechten Knie getroffen,
so daß er gleich kopfüber vom Pferde zu Boden stürzte und
die Römer sich dadurch noch mehr ermutigt fühlten. Das
Gefecht, das am frühen Morgen begonnen hatte, endete erst
gegen Mittag, und beide Parteien trennten sich im Gefühl, die
Oberhand gewonnen zu haben.

Während sich nun die Römer in die Stadtmauer zurückzogen, schlugen, nach Gruppen getrennt, sämtliche Barbaren
sieben Stadien von der Stadt entfernt ihr Lager. Da hatte
Chosroes entweder ein Traumgesicht oder es kam ihm der
Gedanke, welch große Schmach er doch auf sich lade, wenn
er trotz zweimaligen Versuchs Edessa nicht einnehmen könne.
Er beschloß daher, sich um viel Geld den Abzug von den
Einwohnern abkaufen zu lassen. Tags darauf kam jedenfalls der Dolmetscher Paulos an die Mauer heran und erklärte, die Römer sollten einige von ihren angesehenen Leuten zu Chosroes schicken. Die Bürger wählten daraufhin
schnell vier vornehme Männer aus ihrer Mitte und sandten
sie ab. Nach ihrer Ankunft im persischen Lager trat ihnen
auf Befehl des Königs Zabarganes entgegen, schüchterte

βεργάνης άπειλαῖς τε πολλαῖς δεδιξάμενος ἀνεπυνθάνετο αὐτῶν ὁπότερα σφίσιν αἱρετώτερα τυγχάνει ὄντα,
πότερον τὰ ἐς τὴν εἰρήνην, ἢ τὰ ἐς τὸν πόλεμον ἄγοντα.
τῶν δὲ τὴν εἰρήνην ἑλέσθαι ἂν πρὸ τῶν κινδύνων ὁμο- 17
λογούντων, ,,Οὐκοῦν" ἔφη ὁ Ζαβεργάνης ,,ὠνεῖσθαι
ὑμᾶς ταύτην ἀνάγκη χρημάτων πολλῶν." οἵ τε πρέσ- 18
βεις ἔφασαν τοσαῦτα δώσειν ὅσα παρέσχοντο πρότερον, ἡνίκα τὴν Ἀντιόχειαν ἐξελὼν ἐπ' αὐτοὺς ἦλθε.
καὶ ὁ Ζαβεργάνης αὐτοὺς ξὺν γέλωτι ἀπεπέμψατο, ἐφ' 19
ᾧ ἐνδελεχέστατα βουλευσάμενοι ἀμφὶ τῇ σωτηρίᾳ
οὕτω δὴ αὖθις παρ' αὐτοὺς ἔλθωσιν.

Ὀλίγῳ τε ὕστερον μεταπεμψάμενος αὐτοὺς ὁ Χοσ- 20
ρόης, ἐπειδὴ παρ' αὐτὸν ἵκοντο, κατέλεξε μὲν ὅσα τε
πρότερον καὶ ὅντινα τρόπον ἐξηνδραπόδισε Ῥωμαίων
χωρία, ἠπείλησε δὲ τὰ δεινότερα Ἐδεσσηνοῖς πρὸς
Περσῶν ἔσεσθαι, εἰ μὴ πάντα σφίσι τὰ χρήματα δοῖεν
ὅσα τοῦ περιβόλου ἐντὸς ἔχουσιν· οὕτω γὰρ μόνως
ἐνθένδε ἀπαλλαγήσεσθαι τὸν στρατὸν ἔφασκε. ταῦτα 21
οἱ πρέσβεις ἀκούσαντες ὡμολόγουν μὲν παρὰ Χοσρόου
τὴν εἰρήνην ὠνήσεσθαι, ἤν γε σφίσι μὴ τὰ ἀδύνατα ἐπαγ-
γείλειε· τοῦ δὲ κινδύνου τὸ πέρας οὐδενὶ τῶν πάντων
ἔφασαν πρὸ τῆς ἀγωνίας ἔνδηλον εἶναι. πόλεμον γὰρ 22
τοῖς αὐτὸν διαφέρουσιν ἐπὶ τοῖς ὁμολογουμένοις οὐ
μή ποτε εἶναι. τότε μὲν οὖν ξὺν ὀργῇ ὁ Χοσρόης τοὺς
πρέσβεις ἐκέλευεν ὅτι τάχιστα ἀπαλλάσσεσθαι.

Ἡμέρᾳ δὲ ἀπὸ τῆς προσεδρείας ὀγδόῃ λόφον ἐπανα- 23
στῆσαι χειροποίητον τῷ τῆς πόλεως περιβόλῳ βουλόμενος, ἐπεὶ τὰ δένδρα ἐκτεμὼν αὐτοῖς φύλλοις πολλὰ
ἐκ χωρίων ἐγγύς πη ὄντων πρὸ τοῦ τείχους ἐν τετρα-
γώνῳ ξυνέθηκεν, οὗ δὴ βέλος ἐκ τῆς πόλεως ἐξικνεῖσθαι ἀδύνατον ἦν, χοῦν τε πολύν τινα ἀτεχνῶς ὕπερθεν
τῶν δένδρων ξυναμησάμενος μέγα τι χρῆμα λίθων
ἐπέβαλλεν, οὐκ ἐχόντων εἰς οἰκοδομίαν ἐπιτηδείως,
ἀλλ' εἰκῇ τμηθέντων, ἐκείνου μόνου ἐπιμελούμενος,

sie mit vielen Drohungen ein und fragte schließlich, was
ihnen lieber sei, das, was zum Frieden, oder das, was zum
Krieg führe. Die Männer waren natürlich einhellig der Ansicht, daß der Friede den Gefahren wohl vorzuziehen sei,
worauf Zarberganes meinte: „So müßt ihr eben diesen Frieden
um viel Geld erkaufen." Jetzt erklärten die Gesandten, sie
wollten die nämliche Summe bezahlen wie damals, als der
Perserkönig nach der Einnahme Antiocheias gegen sie gezogen sei. Zarberganes aber schickte sie mit Spott und Hohn nach
Hause und forderte sie auf, erst dann wieder zu erscheinen,
wenn sie ihr eigenes Wohl aufs gründlichste überdacht hätten.

Kurz danach ließ Chosroes die Gesandten wieder zu sich
kommen. Nach ihrer Ankunft zählte er ihnen auf, wie viele
römische Orte er schon und auf welche Art er sie versklavt
habe, und drohte, die Perser würden mit den Einwohnern
Edessas noch schlimmer verfahren, falls sie ihnen nicht das
gesamte Geld in der Stadt überließen. Nur unter dieser Bedingung, erklärte er, werde das Heer von hier abziehen. Auf
solche Eröffnung hin zeigten sich die Gesandten bereit, den
Frieden von Chosroes zu erkaufen, sofern er von ihnen nicht
Unmögliches fordere. Kein einziger Mensch vermöge freilich,
wie sie sagten, vor dem Entscheidungskampf die Grenze der
Gefahr deutlich zu erkennen; denn einen Krieg könnten die
Beteiligten niemals auf Grund bestimmter Abmachungen
führen. Darüber ärgerte sich nun Chosroes und so hieß er die
Gesandten sich ungesäumt aus dem Staub machen.

Am achten Tage nach Beginn der Belagerung entschloß er
sich, eine künstliche Aufschüttung gegen die Stadtmauer anzulegen. Er ließ zu diesem Zwecke zahlreiche Bäume in der
Umgebung fällen und samt dem Laubwerk vor der Mauer
– außerhalb des Schußbereiches – zu einem Viereck zusam-
menfügen. Dann befahl er auf diese Bäume große Schuttmen-
gen zu häufen und auch viele Steine zu legen, nicht solche,
die sich zum Hausbau eignen, sondern regellos ausgebrochene
Felstrümmer; denn es war ihm nur darum zu tun, den Hügel
möglichst rasch zu bedeutender Höhe emporzuführen. Außer-

ὅπως δὴ ὁ λόφος ὅτι τάχιστα ἐς ὕψος μέγα ἐπαίροιτο.
καὶ ξύλα μακρὰ τοῦ τε χοῦ καὶ τῶν λίθων μεταξὺ 24
ἐς ἀεὶ ἐμβαλλόμενος ἔνδεσμον ἐποιεῖτο τοῦ ἔργου,
ὅπως μὴ ὑψηλὸν γενόμενον ἀσθενὲς εἴη. Πέτρος δὲ 25
ὁ Ῥωμαίων στρατηγὸς (ἐνταῦθα γὰρ ξὺν Μαρτίνῳ καὶ
Περανίῳ ἐτύγχανεν ὤν) τοὺς ταῦτα ἐργαζομένους
ἀναστέλλειν ἐθέλων Οὔννων τῶν οἱ ἑπομένων τινὰς
ἐπ᾽ αὐτοὺς ἔπεμψεν. οἱ δὲ πολλοὺς ἐκ τοῦ αἰφνιδίου 26
ἐπελθόντες ἀνεῖλον, καὶ πάντων μάλιστα τῶν τις δορυφόρων, Ἀργὴκ ὄνομα. μόνος γὰρ ἑπτὰ καὶ εἴκοσιν 27
ἔκτεινε. τῶν μέντοι βαρβάρων φυλακὴν ἀκριβῆ τὸ
λοιπὸν ποιουμένων οὐκέτι ἐπεξιέναι τινὲς ἐπ᾽ αὐτοὺς
ἔσχον. ἐπεὶ δὲ προϊόντες ἐντὸς βέλους οἱ τεχνῖται 28
τοῦ ἔργου τούτου ἐγένοντο, καρτερώτατα ἤδη ἀμυνόμενοι ἀπὸ τοῦ περιβόλου Ῥωμαῖοι τάς τε σφενδόνας
ἐπ᾽ αὐτοὺς καὶ τὰ τόξα ἐνήργουν. διὸ δὴ οἱ βάρβαροι ἐπενόουν τάδε. προκαλύμματα ἐκ τραγείων τρι- 29
χῶν, ἃ δὴ καλοῦσι Κιλίκια, πάχους τε καὶ μήκους
διαρκῶς ἔχοντα, ἀρτήσαντες ἐκ ξύλων μακρῶν ἐπίπροσθεν ἀεὶ τὴν ἄγεσταν ἐργαζομένων ἐτίθεντο (οὕτω
γὰρ τὸ ποιούμενον τῇ Λατίνων φωνῇ ἐκάλουν Ῥωμαῖοι). ἐνταῦθα γὰρ οὔτε πυρφόροι οἰστοὶ οὔτε τὰ 30
ἄλλα βέλη ἐξικνεῖσθαι εἶχον, ἀλλ᾽ αὐτοῦ ἐπὶ τῶν προ-
καλυμμάτων ἀποκρουόμενα ξύμπαντα ἔμενε. καὶ τότε 31
Ῥωμαῖοι ἐς δέος μέγα ἐμπεπτωκότες τοὺς πρέσβεις
παρὰ Χοσρόην σὺν θορύβῳ πολλῷ ἔπεμπον καὶ Στέ-
φανον σὺν αὐτοῖς, ἔν γε τοῖς κατ᾽ αὐτὸν ἰατροῖς
λόγιον, ὃς δὴ Καβάδην τὸν Περόζου νοσοῦντά ποτε
ἰασάμενος κύριος χρημάτων μεγάλων πρὸς αὐτοῦ γέγονεν.

Ὃς δή, ἐπεὶ παρὰ Χοσρόην ξὺν τοῖς ἄλλοις ἐγένετο, 32
ἔλεξεν ὧδε· ,,Βασιλέως τὴν φιλανθρωπίαν ἀγαθοῦ γνώ-
ρισμα πάντες ἐκ παλαιοῦ νενομίκασιν. οὐκοῦν, ὦ κρά- 33
τιστε βασιλεῦ, φόνους σοι καὶ μάχας ἐργαζομένῳ καὶ

dem ließ der König immer wieder zwischen Erdreich und
Steinen lange Balken einfügen und gab so dem Bauwerk innere Festigkeit, damit es nicht bei zunehmender Höhe den
Halt verlor. Der römische Feldherr Petros, der sich mit Martinos und Peranios gerade in der Stadt aufhielt, wollte indessen die am Bau Beschäftigten zurückjagen und schickte deshalb einige Hunnen seines Gefolges gegen sie vor. Bei ihrem
überraschenden Angriff machten diese viele Gegner nieder;
ganz besonders aber tat sich dabei ein Doryphor namens Argek hervor, der allein siebenundzwanzig Feinde erlegte. Da
aber die Barbaren weiterhin scharfe Wacht hielten, konnten
sich kleinere Trupps nicht mehr gegen sie herauswagen. Mit
fortschreitender Arbeit gerieten indessen die Bauleute in
Schußweite. Nunmehr setzten sich die Römer von der Stadtmauer aus nachdrücklichst zur Wehr und bedienten sich gegen die Feinde ihrer Schleudern und Bogen, worauf diese wieder folgende Abhilfe ersannen: Sie hängten ziemlich dichte
und lange Schutzvorhänge aus Ziegenhaaren – bei ihnen Kilikia genannt – an langen Stangen auf und steckten diese jeweils vor den Leuten in den Boden, die an der Agesta arbei-
teten; so hießen nämlich die Römer ein derartiges Bauwerk
auf Lateinisch. Jetzt konnten keine Brandpfeile oder anderen
Geschosse mehr die Gegner erreichen, sondern sie blieben dort
an den Schutzdecken hängen. Die Römer gerieten darüber in
große Angst und Aufregung und schickten ihre Gesandten
wiederum zu Chosroes; mit ihnen kam auch Stephanos, ein
zu seiner Zeit hochangesehener Arzt, der früher einmal den
erkrankten Kabades, den Sohn des Perozes, geheilt und dafür von ihm reiche Belohnungen empfangen hatte.

Sobald dieser Stephanos mit den übrigen Gesandten bei
Chosroes eingetroffen war, richtete er an ihn folgende Worte:
„Menschenfreundlichkeit hat allgemein von je als Zeichen
eines edlen Königs gegolten. Du kannst dir also, großmäch-

πόλεων ἀνδραποδισμοὺς τῶν μὲν ἄλλων ἴσως ὀνο
μάτων παρέσται τυχεῖν, τὸ δὲ ἀγαθῷ εἶναι δοκεῖν
οὐ μήποτε ἔσται. καίτοι πασῶν γε ἥκιστα χρῆν τῇ 34
Ἐδεσσηνῶν πόλει παρὰ σοῦ τι ξυμβῆναι φλαῦρον.
ἐντεῦθεν γὰρ ἔγωγε ὥρμημαι, ὅσπερ σε τῶν ἐσομένων 35
οὐδὲν προειδὼς ἐξέθρεψά τε καὶ τῷ πατρὶ τῷ σῷ ξύμ
βουλος γεγονώς, ἐφ' ᾧ σε τῆς ἀρχῆς διάδοχον κατα
στήσεται, σοὶ μὲν τῆς Περσῶν βασιλείας αἰτιώτατος
γέγονα, τῇ δὲ πατρίδι τῶν παρόντων κακῶν. οἱ γὰρ 36
ἄνθρωποι τὰ πολλὰ τῶν ἀτυχημάτων σφίσιν αὐτοῖς
ἐκ τοῦ ἐπὶ πλεῖστον τῶν ξυμβησομένων προστρίβονται.
ἀλλ' εἴ τίς σε τῆς τοιαύτης εὐεργεσίας εἰσέρχεται 37
μνήμη, μηδὲν ἡμᾶς ἐργάσῃ περαιτέρω κακόν, ταύτην
διδούς μοι τὴν ἀμοιβήν, ἐξ ἧς σοι, ὦ βασιλεῦ, τὸ μὴ
δοκεῖν ὠμοτάτῳ εἶναι ξυμβήσεται." Στέφανος μὲν
τοσαῦτα εἶπε.

Χοσρόης δὲ οὐ πρότερον ἀπαλλαγήσεσθαι ὡμολόγει 38
ἐνθένδε, εἰ μὴ Πέτρον τε καὶ Περάνιον αὐτῷ παραδοῖεν
Ῥωμαῖοι, ὅτι δή οἱ, δοῦλοί γε ὄντες πατρῷοι, τετολ
μήκασιν ἀντιτάξασθαι. τοῦτο δὲ ἦν μὴ δρᾶν Ῥωμαίοις 39
ἐν ἡδονῇ ἐστιν, ἀλλὰ δυοῖν αὐτοὺς ἐπάναγκες ἐλέσθαι
τὸ ἕτερον ἢ πεντακόσια κεντηνάρια χρυσοῦ σφίσι διδό
ναι, ἢ δέξασθαι τῇ πόλει τῶν οἱ ἐπιτηδείων τινάς, οἳ
τὰ χρήματα διερευνησάμενοι ἅπαντα τὸν μὲν χρυσόν
τε καὶ ἄργυρον, ὅσον δὴ ἐνταῦθα ξυμβαίνει εἶναι, κομί
ζοντες ἐς αὐτὸν ἥξουσι, τἄλλα δὲ τοὺς κυρίους ἐάσουσιν
ἔχειν. ταῦτα μὲν ὁ Χοσρόης ἀπέρριψεν, Ἔδεσσαν ἐξε 40
λεῖν πόνῳ οὐδενὶ ἐλπίδα ἔχων. οἱ δὲ πρέσβεις (ἅπαντα
γὰρ σφίσιν ἀδύνατα ἔδοξεν εἶναι ὅσα ἐκεῖνος ἀπήγγελλε)
διαπορούμενοί τε καὶ λίαν ἀσχάλλοντες ἐπὶ τὴν πόλιν
ἐβάδιζον. ἐπεί τε ἐντὸς τοῦ περιβόλου γενόμενοι τὰ 41
παρὰ Χοσρόου ἀπήγγελλον, θορύβου τε καὶ θρήνων ἡ
πόλις ἔμπλεως ἐγένετο.

Ἡ μὲν οὖν τοῦ λόφου κατασκευὴ ἐπί τε ὕψος ᾔρετο 42

tigster König, durch Bluttaten, Schlachten und Versklavung
von Städten vielleicht künftighin die anderen Beinamen erwerben, niemals aber wirst du den Ruf eines guten Königs
besitzen. Nun sollte aber am allerwenigsten die Stadt Edessa
von dir etwas Schlimmes erfahren; denn dort stamme ich her,
ich, der ich ohne etwas von der Zukunft zu wissen, dich auf-
gezogen und deinem Vater den Rat gegeben habe, dich zu
seinem Regierungsnachfolger zu bestellen. So bin ich vor
allem Ursache gewesen, daß du den Perserthron besteigen
konntest, meine Vaterstadt aber in die augenblickliche Bedrängnis geriet; fügen sich doch die Menschen das meiste Unglück, das sie treffen soll, im großen und ganzen selbst zu.
Indessen, wenn du noch irgendwie solcher Wohltat wie der
meinen gedenkst, so tue uns weiterhin kein Leid mehr an,
sondern erweise mir diesen Dank, der dich, o König, vor dem
Ruf eines Unmenschen bewahrt!" Soviel der Worte des Stephanos.

Chosroes erklärte jedoch, erst abziehen zu wollen, wenn
ihm die Römer den Petros und Peranios auslieferten; denn
obschon vom Vater her seine Knechte, hätten sie die Frech-
heit besessen, ihm entgegenzutreten. Sollten die Römer damit nicht einverstanden sein, müßten sie zwischen zwei Möglichkeiten wählen, entweder fünfhundert Kentenarien ihnen
zu bezahlen oder einige seiner Vertrauten in die Stadt einzu-
lassen. Diese sollten die gesamten Schätze durchsuchen und
alles, was an Gold und Silber vorhanden sei, ihm überbringen,
den restlichen Besitz aber den Eigentümern belassen. Mit
solchen Worten warf Chosroes um sich, da er mit einer mühe-
losen Einnahme Edessas rechnete. Seine Forderungen erschienen jedoch den Gesandten als unerfüllbar, und sie begaben sich daher ratlos und sehr ungehalten in die Stadt zurück. Sobald sie die Mauern wieder hinter sich hatten, richteten sie die Bedingungen des Königs aus, worauf sich der
Ort mit Schreien und Wehklagen erfüllte.

Die Aufschüttung wuchs indessen zu bedeutender Höhe

μέγα καὶ σπουδῇ πολλῇ ἐπίπροσθεν ἤει. Ῥωμαῖοι δὲ
οὐκ ἔχοντες ὅ τι καὶ δράσουσι πάλιν τοὺς πρέσβεις
παρὰ Χοσρόην ἀπέστελλον. οἵπερ ἐπειδὴ ἐν τῷ τῶν 43
πολεμίων στρατοπέδῳ ἐγένοντο, περί τε τῶν αὐτῶν
δεησόμενοι ἔφασκον ἥκειν, λόγου μὲν οὐδ' ὁπωστιοῦν
πρὸς Περσῶν ἔτυχον, ὕβρει δὲ καὶ θορύβῳ πολλῷ
ἐνθένδε ἐξελαυνόμενοι ἐς τὴν πόλιν ἐχώρουν. τὰ μὲν 44
οὖν πρῶτα Ῥωμαῖοι τὸ κατὰ τὸν λόφον τεῖχος ἑτέρᾳ ἐνε-
χείρουν οἰκοδομίᾳ τινὶ ὑπερβαλέσθαι· ὡς δὲ καὶ ταύτης
τὸ Περσῶν ἔργον πολλῷ καθυπέρτερον ἐγίνετο ἤδη,
τῆς μὲν οἰκοδομίας ἀπέστησαν, Μαρτῖνον δὲ πείθουσι
τὰ ἀμφὶ τῇ ξυμβάσει τρόπῳ δὴ ὅτῳ βούλοιτο διοικήσασθαι. καὶ ὃς ἄγχιστα τοῦ τῶν πολεμίων στρατοπέδου
γενόμενος τῶν τισιν ἐν Πέρσαις ἀρχόντων ἐς λόγους
ἦλθεν. οἱ δὲ τὸν Μαρτῖνον ἐξαπατῶντες εἰρηναῖα μὲν 45
σφῶν τὸν βασιλέα βούλεσθαι ἔφασαν, αὐτὸν δὲ ὡς ἥκιστα
οἷόν τε εἶναι τὸν Ῥωμαίων αὐτοκράτορα πείθειν τῆς
πρὸς Χοσρόην φιλονεικίας ἀφέμενον τὴν εἰρήνην ποτὲ
πρὸς αὐτὸν θήσεσθαι· ἐπεὶ καὶ Βελισάριον, ὅνπερ τῇ 46
τε δυνάμει καὶ τῷ ἀξιώματι πολὺ Μαρτίνου προὔχειν
οὐδ' ἂν αὐτὸς ἀντείποι, πεῖσαι μὲν ἔναγχος τὸν Περσῶν
βασιλέα, ὄντα δή που ἐν μέσοις Ῥωμαίοις, ἐνθένδε
ἀπαλλάσσεσθαι ἐς τὰ Περσῶν ἤθη, ὑποσχόμενον πρέσβεις τε παρ' αὐτὸν οὐκ εἰς μακρὰν ἐκ Βυζαντίου ἀφίξεσθαι καὶ τὴν εἰρήνην ἐν τῷ βεβαίῳ κρατύνασθαι, πρᾶ-
ξαι δὲ τῶν ὡμολογημένων οὐδέν, ἀδύνατον γεγονότα
τὴν Ἰουστινιανοῦ βασιλέως βιάσασθαι γνώμην.

Ἐν τούτῳ δὲ Ῥωμαῖοι ἐποίουν τοιάδε. διώρυχα ἐκ 27
τῆς πόλεως ἔνερθεν τῶν πολεμίων τοῦ χώματος ἐργασάμε-
νοι ἐκέλευον τοὺς ὀρύσσοντας μὴ μεθίεσθαι τοῦ ἔργου
τούτου, ἕως ὑπὸ τὸν λόφον γένωνται μέσον. ταύτῃ
γὰρ καῦσαι τὸ χῶμα τοῦτο διενοοῦντο. προϊούσης δὲ 2

und ging mit großem Eifer voran. Da schickten die Römer in ihrer ausweglosen Lage nochmals die Gesandten an Chosroes, doch als sie nach ihrer Ankunft im feindlichen Lager nur erklärten, mit den gleichen Bitten zu kommen, wurden sie von den Persern überhaupt keiner Antwort gewürdigt, sondern in beleidigender Weise und unter lautem Geschrei hinausgejagt und mußten wieder in die Stadt zurückkehren. Zunächst versuchten nun die Römer den Mauerabschnitt dem Hügel gegenüber durch einen Aufbau zu erhöhen. Da aber das persische Belagerungswerk selbst diese Aufstockung schon weit überragte, standen sie von ihrem Vorhaben ab und veranlaßten den Martinos, den Vertrag nach Gutbefinden abzuschließen. Und so trat er dicht an das feindliche Lager heran und verhandelte mit einigen persischen Befehlshabern. Diese erklärten dem Martinos in trügerischer Weise, ihr König hege wohl friedliche Absichten, könne jedoch den römischen Kaiser ganz und gar nicht dazu bewegen, von seiner Streitsucht gegenüber Chosroes abzulassen und endlich einmal mit ihm Frieden zu schließen. Auch Belisar, dessen große Überlegenheit an Macht und Ansehen im Vergleich zu Martinos er wohl selbst zugeben müsse, habe erst jüngst den Perserkönig, als dieser mitten im römischen Gebiet stand, zum Abzug von dort nach Persien veranlaßt und ihm das Versprechen gegeben, daß bald Gesandte aus Byzanz bei ihm erscheinen und einen festen Friedensschluß treffen würden; von seinen Zusagen habe jedoch Belisar keine einzige verwirklicht, da er außerstande gewesen sei, eine Gesinnungsänderung bei Kaiser Justinian herbeizuführen.

27. Nach schweren Kämpfen muß Chosroes die Belagerung von Edessa aufgeben

Inzwischen trafen die Römer folgende Maßnahmen: Sie trieben von der Stadt aus einen Stollen unterhalb der feindlichen Aufschüttung vor und ließen die Schachtarbeiter nicht eher ihre Arbeit einstellen, als bis sie unter der Mitte des Hügels waren. Auf diese Weise gedachten sie die Aufschüttung

τῆς διώρυχος κατὰ τὸν λόφον μάλιστα μέσον πάταγός
τις ἐς τῶν Περσῶν τοὺς ὕπερθεν ἑστῶτας ἦλθεν. αἰσθό- 3
μενοί τε τοῦ ποιουμένου καὶ αὐτοὶ ἄνωθεν ἀρξάμενοι
ἐφ᾽ ἑκάτερα τοῦ μέσου ὤρυσσον, ὅπως λάβοιεν τοὺς
ἐκείνῃ κακουργοῦντας Ῥωμαίους. ὃ δὴ γνόντες Ῥω- 4
μαῖοι τούτου μὲν ἀπέσχοντο, χοῦν ἐπὶ τὸν κενωθέντα
χῶρον ἐπιβαλόντες, ἐκ δὲ ἄκρου χώματος κάτωθεν, ὃ
πρὸς τῷ τείχει ἐτύγχανεν ὄν, ξύλα τε καὶ λίθους καὶ
χοῦν ἐκφορήσαντες καθάπερ οἰκίσκου σχῆμα εἰργάσαντο,
πρέμνα τε δένδρων τῶν ῥᾷστα καιομένων ξηρὰ ἐνταῦθα
ἐσέβαλλον, ἐλαίῳ τε καταβεβρεγμένα τῷ ἐκ κέδρου
πεποιημένῳ καὶ θείῳ τε καὶ ἀσφάλτῳ πολλῇ.

Καὶ οἱ μὲν ταῦτα ἐν παρασκευῇ εἶχον, οἱ δὲ Περσῶν 5
ἄρχοντες πολλάκις ἐντυχόντες Μαρτίνῳ τοιαῦτα μὲν
οἷά πέρ μοι εἴρηται διελέχθησαν, δόκησιν παρεχόμενοι
ὡς τοὺς ἀμφὶ τῇ εἰρήνῃ ἐνδέξονται λόγους. ἐπεὶ δὲ ὁ 6
λόφος αὐτοῖς ἐτετέλεστο ἤδη, καὶ πλησιάζων μὲν τῷ
περιβόλῳ τῆς πόλεως, ὕψει δὲ αὐτὸν πολλῷ ὑπεραίρων
ἐπὶ μέγα ἐπῆρτο, Μαρτῖνον μὲν ἀπεπέμψαντο διαρρήδην
ἀπειπόντες τὴν ξύμβασιν, ἔργου δὲ ἔχεσθαι τὸ λοιπὸν
ἔμελλον. διὸ δὴ Ῥωμαῖοι τῶν δένδρων τὰ πρέμνα 7
εὐθὺς ἔκαυσαν, ἅπερ ἐς τοῦτο ἡτοίμαστο. τοῦ δὲ πυρὸς
μοῖραν μὲν τοῦ χώματός τινα καύσαντος, οὔπω δὲ διὰ
παντὸς ἐξικνεῖσθαι ἰσχύσαντος, τὰ ξύλα δεδαπανῆσθαι
πάντα ἔτυχεν. ἀεὶ γὰρ ἐσέβαλον ἐς τὴν διώρυχα ξύλα
ἕτερα, οὐδένα ἀνιέντες καιρόν. ἤδη δὲ τοῦ πυρὸς 8
ἅπαν ἐνεργοῦντος τὸ χῶμα, καπνός τις ὕπερθεν πανταχῇ τοῦ λόφου ἐφαίνετο νύκτωρ, Ῥωμαῖοί τε οὔπω
ἐθέλοντες αἴσθησιν τοῦ ποιουμένου Πέρσαις παρέχειν
ἐπενόουν τάδε. ἀνθράκων τε καὶ πυρὸς ἀγγεῖα μικρὰ 9
ἐμπλησάμενοι ταῦτά τε καὶ πυρφόρους οἰστοὺς τοῦ
χώματος πανταχόσε συχνὰ ἔπεμπον· ἃ δὴ οἱ Πέρσαι,
ὅσοι φυλακὴν ἐνταῦθα εἶχον, ξὺν πάσῃ σπουδῇ περιιόντες ἐσβέννουν καὶ ἀπ᾽ αὐτοῦ φύεσθαι τὸν καπνὸν ᾤοντο.

in Brand zu stecken. Als der Gang etwa die Mitte der Erhebung erreichte, vernahmen die Perser, die darüber standen, ein Geräusch. Da merkten sie, was vorging, und begannen auch ihrerseits von oben her auf beiden Seiten des Mittelteils zu graben, um die römischen Übeltäter dort zu fassen. Diesen blieb die Gegenmaßnahme nicht verborgen; sie stellten daher ihre Arbeit ein und schütteten die Höhlung wieder zu. Statt dessen schafften sie unten am Dammende, das schon an der Mauer anlag, Hölzer, Steine und Schutt heraus und legten so etwas wie ein kleines Gemach an, in das sie trockene Stümpfe der am leichtesten brennbaren Bäume hineinwarfen, nachdem man diese noch zuvor in Zedernöl, Schwefel und viel Asphalt getaucht hatte.

Während nun die Einwohner von Edessa solche Vorbereitungen trafen, kamen die persischen Befehlshaber häufig mit Martinos zusammen und brachten die schon erwähnten Dinge zur Sprache; sie gaben sich dabei den Anschein, als wollten sie Friedensangebote entgegennehmen. Sobald sie jedoch die Aufschüttung fertiggestellt und bis dicht an die Stadtmauer herangeführt hatten, die von deren gewaltigen Höhe weit überragt wurde, wollten sie von dem Vertrag gar nichts mehr wissen und schickten Martinos fort, um sich weiterhin nur noch dem Kampfgeschehen zu widmen. Daraufhin zündeten die Römer sogleich die Baumstämme an, die für diesen Zweck bereitlagen. Das Feuer hatte jedoch erst einen Teil der Aufschüttung verzehrt und das Ganze noch nicht durchdringen können, als der gesamte Holzvorrat bereits erschöpft war; warfen sie doch ohne Unterlaß immer neue Scheiter in den Stollen. Gleichwohl konnte man die Wirkungen des Feuers über den ganzen Damm hin beobachten, und zur Nacht zeigte sich allenthalben über der Aufschüttung etwas Rauch. Die Römer aber, die die Perser nichts davon merken lassen wollten, dachten sich folgendes Mittel aus: Sie füllten kleine Gefäße mit glühenden Kohlen und schleuderten sie wie auch Brandpfeile überallhin auf den Damm, worauf dann die dortigen persischen Wachen eiligst umherliefen und zu löschen versuchten; dabei glaubten sie, der Rauch komme von den

προϊόντος δὲ τοῦ κακοῦ πλήθει μὲν πολλῷ ἐβοήθουν 10
οἱ βάρβαροι, βάλλοντες δὲ αὐτοὺς ἀπὸ τοῦ περιβόλου
Ῥωμαῖοι πολλοὺς ἔκτειναν.

Οὗ δὴ καὶ Χοσρόης ἀμφὶ ἡλίου ἀνατολὰς ἦλθε, καί 11
οἱ τὸ πλεῖστον τοῦ στρατοῦ εἵπετο, ἔς τε τὸν λόφον
ἀναβὰς πρῶτος ἔλαβε τοῦ κακοῦ αἴσθησιν. ἔνερθεν γὰρ 12
ἀπεφήνατο τοῦ καπνοῦ τὸ αἴτιον εἶναι, οὐκ ἀφ᾽ ὧν
ἐσηκόντιζον οἱ πολέμιοι, βοηθεῖν τε κατὰ τάχος ἐκέλευε τὸ στράτευμα ὅλον. καὶ Ῥωμαῖοι θαρσοῦντες ἐς 13
αὐτοὺς ὕβριζον, τῶν δὲ βαρβάρων οἱ μέν τινες χοῦν, οἱ
δὲ καὶ ὕδωρ ἐπιβάλλοντες ᾗ ὁ καπνὸς διεφαίνετο, περιέσεσθαι τοῦ δεινοῦ ἤλπιζον, ἀνύειν μέντοι οὐδὲν οὐδαμῇ
εἶχον. ᾗ τε γὰρ ὁ χοῦς ἐπιβληθείη, ταύτῃ μὲν ὁ καπ- 14
νός, ὡς τὸ εἰκός, ἀνεστέλλετο, ἑτέρωθι δὲ οὐκ εἰς μακρὰν
ἀνεδίδοτο, αὐτὸν τοῦ πυρὸς καὶ βιάζεσθαι τὴν ἔξοδον
ὅπῃ δύναιτο ἀναγκάζοντος· τό τε ὕδωρ ᾗ μάλιστα
ἐπισκήψειε, πολλῷ ἔτι μᾶλλον τήν τε ἄσφαλτον καὶ
τὸ θεῖον ἐνεργεῖν ἴσχυεν ἐπί τε τὴν ἐν ἐν ποσὶν ὕλην
ἀκμάζειν ἐποίει, καὶ τὸ πῦρ ἐπὶ τὰ πρόσω ἀεὶ ἐνῆγεν,
ἐπεὶ τοῦ χώματος ἐντὸς οὐδαμῇ τοσοῦτον ἐξικνεῖσθαι
τοῦ ὕδατος εἶχεν ὅσον τῷ ὑπερβάλλοντι κατασβέσαι
τὴν φλόγα οἷόν τε εἶναι.

Ὁ δὲ καπνὸς ἀμφὶ δείλην ὀψίαν τοσοῦτος ἐγίνετο 15
ὥστε καὶ τοῖς Καρρηνοῖς καὶ ἄλλοις τισὶ πολλῷ ἐκέ-
κεινα ᾠκημένοις ἔνδηλος εἶναι. Περσῶν δὲ καὶ Ῥω- 16
μαίων πολλῶν ὕπερθεν ἀναβεβηκότων τοῦ χώματος,
μάχης τε καὶ ὠθισμοῦ ἐνταῦθα ξυστάντος, ἐνίκων
Ῥωμαῖοι. τότε καὶ ἡ φλὸξ λαμπρῶς ἐκδοθεῖσα ὑπὲρ 17
τὸ χῶμα ἐφαίνετο, Πέρσαι δὲ τοῦ μὲν ἔργου τούτου
ἀπέσχοντο.

Ἕκτῃ δὲ ἀπὸ ταύτης ἡμέρᾳ, ὄρθρου βαθέος, μοίρᾳ 18
τινὶ τοῦ περιβόλου λάθρα ἐπέσκηψαν κλίμακας ἔχοντες,
οὗ δὴ τὸ φρούριον ἐπωνόμασται. τῶν δὲ φυλακὴν 19

Geschossen her. Als das Übel weiter und weiter um sich griff, kamen die Barbaren in großer Menge zur Hilfe, gerieten aber von der Mauerseite her in römischen Beschuß und hatten starke Verluste.

Bei Sonnenaufgang fand sich auch Chosroes mit dem größten Teil seines Heeres dort ein, erstieg den Hügel und nahm als erster den Schaden wahr. Seiner Ansicht nach kam nämlich der Rauch von unten und nicht von den feindlichen Geschossen, weshalb er das gesamte Heer zu sofortiger Hilfeleistung aufbot. Die Römer aber faßten neuen Mut und verhöhnten die Barbaren, von denen die einen Erde, die anderen auch Wasser auf die rauchenden Stellen schütteten und so dem Übel beizukommen hofften. Indessen war ihr Bemühen völlig vergebens; denn dort, wo man Erde daraufwarf, wurde natürlich der Rauch unterdrückt, er drang aber kurz darauf wieder an einem anderen Orte durch, weil ihn das Feuer wo möglich sogar einen gewaltsamen Ausgang zu suchen zwang. Wo man hingegen besonders Wasser ausgoß, steigerte dieses noch bedeutend die Wirkung von Asphalt und Schwefel, die alles Holz in der Nähe ergriffen, und ließ die Flamme weiter und weiter fressen; es konnte auch gar nicht so viel Wasser in den Damm eindringen, daß seine Menge das Feuer hätte löschen können.

Gegen den späten Nachmittag wurde die Rauchentwicklung derart stark, daß es sogar die Einwohner von Karrhä und andere, die noch viel weiter entfernt wohnten, beobachten konnten. Eine Menge Perser und Römer hatte inzwischen den Damm bestiegen, und dort kam es zu Kampf und Handgemenge, wobei die Römer den Sieg davontrugen. Auch die Flamme brach jetzt deutlich hervor und war über der Aufschüttung zu sehen, so daß die Perser dieses Unternehmen aufgaben.

Fünf Tage danach, früh am Morgen, griffen sie jedoch in aller Stille mit Hilfe von Leitern einen Teil der Stadtmauer an, der den Namen Phrurion trägt. Da die Nacht bereits zu

ἐνταῦθα ἐχόντων Ῥωμαίων πρᾷόν τινα καθευδόντων
ὕπνον, ἅτε τῆς νυκτὸς πρὸς πέρας ἰούσης, ἡσυχῇ τὰς
κλίμακας τῷ τείχει ἐρείσαντες ἀνέβαινον ἤδη. τῶν δέ 20
τις ἀγροίκων μόνος ἐγρηγορὼς ἐν Ῥωμαίοις ἅπασιν
ἔτυχεν, ὃς δὴ ξὺν βοῇ τε καὶ θορύβῳ πολλῷ ἅπαντας
ἤγειρε. καὶ μάχης καρτερᾶς γενομένης ἡσσῶνται Πέρ- 21
σαι, ἔς τε τὸ στρατόπεδον ἀνεχώρησαν, αὐτοῦ λιπόντες
τὰς κλίμακας, ἅσπερ κατ' ἐξουσίαν Ῥωμαῖοι ἀνεῖλκον.
Χοσρόης δὲ ἀμφὶ ἡμέραν μέσην πολλήν τινα τοῦ στρα- 22
τοῦ μοῖραν ἐπὶ τὴν μεγάλην καλουμένην πύλην ὡς
τειχομαχήσοντας ἔπεμψεν. οἷς δὴ Ῥωμαῖοι ὑπαν- 23
τιάσαντες οὐ στρατιῶται μόνον, ἀλλὰ καὶ ἄγροικοι καὶ
τοῦ δήμου τινὲς καὶ μάχῃ νικήσαντες παρὰ πολὺ τοὺς
βαρβάρους ἐτρέψαντο.
    Ἔτι τε Περσῶν διωκομένων Παῦλος ἑρμηνεὺς παρὰ 24
Χοσρόου ἥκων ἐς μέσους Ῥωμαίους ἀπήγγελλε Ῥεκι-
νάριον ἐπὶ τῇ εἰρήνῃ ἐκ Βυζαντίου ἥκειν, οὕτω τε ἀμφότεροι διελύθησαν. ἤδη δέ τισι πρότερον ἡμέραις ὁ 25
Ῥεκινάριος ἐς τὸ τῶν βαρβάρων στρατόπεδον ἀφῖκτο.
ἀλλὰ τοῦτο ἐς Ῥωμαίους ὡς ἥκιστα ἐξήνεγκαν Πέρσαι, 26
καραδοκοῦντες δηλονότι τὴν ἐς τὸ τεῖχος ἐπιβουλήν,
ὅπως, ἢν μὲν αὐτὸ ἐξελεῖν δύνωνται, μηδαμῆ ἐς τὰς
σπονδὰς παρανομεῖν δόξωσιν, ἡσσηθέντες δὲ, ὅπερ
ἐγένετο, τὰ ἐς τὴν ξύμβασιν, Ῥωμαίων προκαλου-
μένων πρὸς αὐτάς, θήσονται. ἐπεὶ δὲ Ῥεκινάριος ἐνένετο 27
εἴσω πυλῶν, Πέρσαι μὲν ἠξίουν τοὺς τὴν εἰρήνην
διοικησομένους παρὰ Χοσρόην αὐτίκα δὴ μάλα ἰέναι,
Ῥωμαῖοι δὲ σταλήσεσθαι πρέσβεις ἡμέραις τρισὶν
ὕστερον ἔφασαν· τανῦν γὰρ σφίσι κακῶς τοῦ σώματος
Μαρτῖνον τὸν στρατηγὸν ἔχειν.
    Εἶναί τε ὑποτοπάζων οὐχ ὑγιᾶ τὸν λόγον Χοσρόης 28
τὰ ἐς τὴν παράταξιν ἐξηρτύετο. καὶ τότε μὲν πλίνθων
πάμπολύ τι χρῆμα ἐπὶ τὸ χῶμα ἐπέβαλε, δυοῖν δὲ
ὕστερον ἡμέραιν παντὶ τῷ στρατῷ ὡς τειχομαχήσων

Ende ging, lagen die römischen Wächter dort in süßem
Schlaf, so daß die Feinde ihre Leitern ungestört an die Mauer
legen konnten und bereits hinaufstiegen. Nur ein einziger
Bauer war unter allen Römern zufällig wach, der aber jetzt
mit Geschrei und viel Lärm sämtliche Verteidiger weckte. In
dem sich entspinnenden harten Kampf unterlagen die Perser
und mußten sich in ihr Lager zurückziehen. Sie ließen dabei
die Leitern stehen, die nun von den Römern ohne Schwierigkeit heraufgezogen wurden. Gegen Mittag aber schickte Chosroes eine starke Heeresabteilung gegen das sog. Große Tor, um
dort die Mauer anzugreifen. Ihnen traten von Römerseite
nicht nur Soldaten, sondern auch Landleute und einige Mitglieder des Demos entgegen und zwangen nach einem überlegenen Sieg die Barbaren zur Flucht.

Während die Verfolgung der Perser noch andauerte, erschien, von Chosroes entsandt, der Dolmetscher Paulos mitten unter den Römern und teilte ihnen mit, Rekinarios sei zu
Friedensverhandlungen aus Byzanz eingetroffen. Daraufhin
trennten sich beide Parteien. Rekinarios aber war schon einige Tage vorher im Lager der Barbaren angekommen, wovon
die Perser den Römern jedoch nichts gesagt hatten. Offensichtlich warteten sie erst den Ausgang ihres Angriffs auf die
Mauer ab, um im Falle ihrer Einnahme nicht den Eindruck
zu erwecken, als verstießen sie gegen den Vertrag, im Falle
einer Niederlage, wie sie denn auch eintrat, aber so zu tun, als
legten sie nur auf Verlangen der Römer die Friedensbedingungen fest. Als nun Rekinarios die Stadt betreten hatte, verlangten die Perser, die Friedensunterhändler sollten sich sogleich bei Chosroes einfinden, doch stellten die Römer das Erscheinen von Gesandten erst nach drei Tagen in Aussicht, da
ihr Feldherr Martinos zur Zeit unpäßlich sei.
Chosroes hielt diese Angabe für unwahr. Er rüstete sich daher zum Kampf, ließ auch eine große Menge von Ziegeln auf
die Aufschüttung legen und rückte zwei Tage später mit seiner ganzen Streitmacht zum Angriff gegen die Stadtmauer

ἐπὶ τὸν τῆς πόλεως περίβολον ἦλθεν. ἔν τε πύλῃ 29
ἑκάστῃ τῶν τινας ἀρχόντων καὶ μέρος τι τοῦ στρατεύματος καταστησάμενος ἅπαν τε τὸ τεῖχος ταύτῃ περιβαλὼν κλίμακάς τε αὐτῷ καὶ μηχανὰς προσῆγεν. ὄπι- 30
σθεν δὲ τοὺς Σαρακηνοὺς ἅπαντας ξὺν τῶν Περσῶν
τισιν ἔταξεν, οὐκ ἐφ' ᾧ τῷ περιβόλῳ προσβάλωσιν,
ἀλλ' ὅπως ἁλισκομένης τῆς πόλεως αὐτοὶ τοὺς φεύρον-
τας σαγηνεύσαντες λάβωσι. τοιαύτῃ μὲν γνώμῃ τὸ 31
στράτευμα ὁ Χοσρόης οὕτω διέταξε. τῆς δὲ μάχης
πρωὶ ἀρξαμένης κατ' ἀρχὰς μὲν τὰ Περσῶν καθυπέρ-
τερα ἦν. πολλοὶ γὰρ πρὸς λίαν ὀλίγους ἐμάχοντο, 32
ἐπεὶ τῶν Ῥωμαίων οἱ πλεῖστοι ἀνήκοοί τε τῶν ποιουμένων καὶ ἀπαράσκευοι παντάπασιν ἦσαν. προϊούσης 33
δὲ τῆς ξυμβολῆς θορύβων τε καὶ ταραχῆς ἔμπλεως ἡ
πόλις ἐγίνετο, καὶ ξύμπαντες ἤδη αὐταῖς γυναιξὶ καὶ
παιδαρίοις ἐπὶ τὸ τεῖχος ἀνέβαινον. οἱ μὲν οὖν ἐν 34
ἡλικίᾳ ξὺν τοῖς στρατιώταις καρτερώτατα τοὺς πολεμίους ἠμύνοντο, καὶ τῶν ἀγροίκων πολλοὶ ἐς τοὺς
βαρβάρους ἔργα θαυμαστὰ ἐπεδείκνυντο. παῖδες δὲ 35
καὶ γυναῖκες ξὺν τοῖς γεγηρακόσι λίθους τε τοῖς μαχο-
μένοις ξυνέλεγον καὶ τἆλλα ὑπούργουν. τινὲς δὲ καὶ 36
λέβητας ἐλαίου πολλοὺς ἐμπλησάμενοι πυρί τε αὐτοὺς
πανταχῆ τοῦ τείχους ἐς διαρκῆ θερμήναντες χρόνον
καὶ ζέον ὑπεράγαν τὸ ἔλαιον περιρραντηρίοις τισὶν
ἐπιχέοντες ἔτι μᾶλλον τοὺς πολεμίους τοὺς τῷ περιβόλῳ προσιόντας ἐλύπουν. ἤδη μὲν οὖν ἀπειπόντες 37
οἱ Πέρσαι τὰ ὅπλα ἐρρίπτουν, τῷ τε βασιλεῖ ἐς ὄψιν
ἐλθόντες πρὸς τὸν πόνον ἀντέχειν οὐκέτι ἔφασκον οἷοί
τε εἶναι. θυμῷ δὲ πολλῷ ὁ Χοσρόης ἐχόμενος καὶ 38
ξὺν ἀπειλῇ ἐγκελευόμενος ἅπασιν ἐπὶ τοὺς πολεμίους
ἐνῆγεν. οἱ δὲ κραυγῇ καὶ θορύβῳ πολλῷ τούς τε πύρ- 39
γους καὶ τὰς ἄλλας μηχανὰς τῷ τείχει προσῆγον καὶ
τὰς κλίμακας ἐπετίθεντο, ὡς τὴν πόλιν αὐτοβοεὶ ἐξαιρήσοντες. τῶν δὲ Ῥωμαίων συχνά τε βαλλόντων καὶ 40

heran. An jedem Tore stellte er einige Befehlshaber mit einem Heeresteil auf und führte, nachdem er so die ganze Mauer um-zingelt hatte, auch noch Sturmleitern und Belagerungsma-schinen heran. Dahinter aber wies er sämtlichen Sarazenen samt einige Persern ihren Platz an; sie sollten nicht die Mauer angreifen, sondern nach Einnahme der Stadt die Flüchtlinge wie in einem Netze fangen. Solche Absicht leitete Chosroes bei dieser Einteilung seines Heeres. Nachdem aber die Schlacht am frühen Morgen begonnen hatte, besaßen die Perser zu-nächst die Oberhand. Denn die Mehrzahl der Römer hatte nichts von den Vorgängen gehört und war völlig unvorberei-tet, so daß eine Übermacht mit ganz wenigen Gegnern kämpf-te. Im weiteren Verlauf des Treffens wurde aber die Stadt von Lärm und Unruhe erfüllt; sämtliche Einwohner bestiegen nunmehr mit Weib und Kind die Mauer, und die waffenfähige Mannschaft leistete, vereint mit den Soldaten, den Feinden hartnäckigsten Widerstand. Auch viele Bauern vollbrachten Heldentaten gegen die Barbaren. Indessen sammelten Kinder und Frauen sowie alte Leute Steine für die Kämpfer und lei-steten auch sonstige Hilfsdienste. Einige hatten sogar eine große Zahl von Kesseln mit Öl gefüllt und diese allenthalben auf der Mauer entsprechend lang am Feuer erhitzt; nun gos-sen sie aus Gefäßen die siedendheiße Flüssigkeit auf die Fein-de herab und fügten ihnen, während sie die Stadtmauer an-griffen, noch ärgeren Schaden zu. Darüber warfen die Perser, des Streites müde, ihre Waffen weg, traten vor den König und erklärten, die Kampfeslast nicht weiter ertragen zu können. Chosroes aber, von heftigem Zorn ergriffen, jagte sie alle in drohendem Befehlston gegen die Feinde. Schreiend und laut tobend führten sie nun die Belagerungstürme und sonstigen Maschinen an die Mauer heran und richteten auch schon die Sturmleitern auf, um die Stadt im ersten Anlauf zu erobern. Die Römer überschütteten sie indes mit einem Hagel von Ge-schossen und setzten sich mit aller Kraft zur Wehr, so daß

παντὶ σθένει ἀμυνομένων, τρέπονται μὲν κατὰ κράτος
οἱ βάρβαροι, ἀναχωροῦντα δὲ τὸν Χοσρόην ἐτώθαζον
Ῥωμαῖοι, ἐς τειχομαχίαν παρακαλοῦντες.

Μόνος δὲ Ἀζαρέθης ἀμφὶ πύλας τὰς Σοΐνας καλου- 41
μένας ξὺν τοῖς ἑπομένοις ἐμάχετο, οὗ δὴ Τριπυργίαν
καλοῦσι τὸν χῶρον. τῶν δὲ ταύτῃ Ῥωμαίων οὐκ ὄν- 42
των σφίσιν ἀξιομάχων, ἀλλὰ καὶ πρὸς τὰς προσβολὰς
ἀπειπόντων, ἤδη τὸ ἐκτὸς τεῖχος, ὃ δὴ καλοῦσι προ-
τείχισμα, πολλαχῇ διελόντες οἱ βάρβαροι ἰσχυρότατα
τοῖς ἐκ τοῦ μεγάλου περιβόλου ἀμυνομένοις ἐνέκειντο,
ἕως αὐτοῖς Περάνιος ξύν τε στρατιώταις πολλοῖς καὶ
τῶν Ἐδεσσηνῶν τισιν ἐπεξῆλθε μάχῃ τε νικήσας ἐξή-
λασε. καὶ ἡ τειχομαχία πρωῒ ἀρξαμένη ἐτελεύτα εἰς 43
δείλην ὀψίαν, ἀμφότεροί τε τὴν νύκτα ἐκείνην ἡσυχῇ
ἔμενον, Πέρσαι μὲν περί τε τοῖς χαρακώμασι δεδιότες
καὶ σφίσιν αὐτοῖς, Ῥωμαῖοι δὲ λίθους τε ξυλλέγοντες
ἐς τὰς ἐπάλξεις καὶ τἄλλα ἐν παρασκευῇ τῇ πάσῃ
ποιούμενοι, ὡς τῇ ὑστεραίᾳ μαχούμενοι τοῖς πολεμίοις
ἐπὶ τὸ τεῖχος προσβαλοῦσιν.

Ἡμέρᾳ μὲν οὖν τῇ ἐπιγινομένῃ τῶν βαρβάρων οὐδεὶς 44
ἐπὶ τὸν περίβολον ἦλθε, τῇ δὲ μετ' ἐκείνην μοῖρα μὲν
τοῦ στρατοῦ Χοσρόου ἐγκελευομένου ταῖς Βαρλαοῦ
καλουμέναις πύλαις ἐπέσκηψεν, ὑπαντιασάντων δὲ Ῥωμαίων αὐτοῖς ἡσσήθησάν τε παρὰ πολὺ τῇ μάχῃ καὶ
δι' ὀλίγου ἐς τὸ στρατόπεδον ἀνεχώρησαν. καὶ τότε 45
Παῦλος ὁ Περσῶν ἑρμηνεὺς παρὰ τὸ τεῖχος ἥκων Μαρτῖνον ἐκάλει, ἐφ' ᾧ τὰ ἐς τὴν ξύμβασιν διοικήσηται.
οὕτω τε Μαρτίνου τοῖς Περσῶν ἄρχουσιν ἐς λόγους 46
ἐλθόντος ξυνέβησαν, καὶ πέντε κεντηνάρια πρὸς τῶν
Ἐδεσσηνῶν ὁ Χοσρόης λαβὼν ἐν γράμμασιν αὐτοῖς
τὴν ὁμολογίαν ἀπέλιπε τοῦ μηδὲν Ῥωμαίοις περαιτέρω
λυμήνασθαι, τά τε χαρακώματα πάντα ἐμπρήσας ἐπ'
οἴκου ἀνεχώρησε παντὶ τῷ στρατῷ.

die Barbaren in völliger Auflösung flohen; Chosroes selbst war während seines Abzugs Zielscheibe der römischen Spötter, die ihn zu erneutem Angriff gegen die Mauer aufforderten.

Einzig und allein Azarethes kämpfte noch mit seinen Mannen beim sog. Soinischen Tor, an der Stelle, die den Namen Tripyrgia trägt. Da sich die Römer dort der Gegner nicht erwehren konnten, vielmehr vor ihren Angriffen sogar zurückweichen mußten, hatten die Barbaren die äußere Mauer, das sog. Vorwerk, bereits an vielen Stellen durchbrochen und setzten den Verteidigern auf der großen Mauer schwerstens zu; der Umschwung trat erst ein, als Peranios mit vielen Soldaten und einigen Bewohnern Edessas herankam, die Feinde im Kampfe besiegte und aus der Festung verjagte. Der Waffengang um die Mauer, der in der Morgenfrühe seinen Anfang genommen hatte, endete erst am späten Nachmittag; die folgende Nacht über hielten die beiden Parteien dann Ruhe. Während die Perser um ihre Verschanzungen und das eigene Leben bangten, trugen die Römer auf den Brustwehren Steine zusammen und setzten auch sonst alles in volle Bereitschaft, um anderntags den Kampf mit den Feinden zu erneuern, falls diese die Mauer wieder angreifen sollten.

Der folgende Tag sah indessen keinen einzigen Barbaren im Angriff auf die Mauer; erst am übernächsten Tage stürmte auf Chosroes' Befehl ein Teil des Heeres gegen das sog. Barlautor, wurde aber, als ihm die Römer entgegentraten, im Kampfe völlig geschlagen und mußte sich rasch ins Lager zurückziehen. Jetzt näherte sich der persische Dolmetscher Paulos der Stadtmauer und verlangte nach Martinos, er solle den Vertrag abschließen. So traf sich nun dieser mit den persischen Befehlshabern zu Besprechungen, wobei man sich dahingehend einigte: Chosroes erhielt von den Einwohnern Edessas fünf Kentenarien Gold und ließ ihnen dafür die schriftliche Zusicherung zurück, nach der er den Römern weiterhin keinen Schaden zufügen wolle. Nachdem er hierauf sämtliche Verschanzungen in Brand gesteckt hatte, kehrte er mit seinem ganzen Heere nach Hause zurück.

Ὑπὸ τὸν χρόνον τοῦτον Ῥωμαίων τετελευτήκασι **28**
στρατηγοὶ δύο, Ἰοῦστός τε ὁ βασιλέως ἀνεψιὸς καὶ
Περάνιος ὁ Ἴβηρ, Ἰοῦστος μὲν νόσῳ διαφθαρείς, Περανίῳ δὲ συνέβη ἐν κυνηγεσίῳ τοῦ ἵππου ἐκπεπτω-
κότι διαρραγῆναι. διὸ δὴ ἀντ' αὐτῶν βασιλεὺς ἑτέ- 2
ρους καταστησάμενος ἔπεμψε Μάρκελλόν τε, τὸν ἀδελφιδοῦν τὸν αὐτοῦ ἄρτι γενειάσκοντα, καὶ Κωνσταντιανόν, ὃς δὴ ὀλίγῳ πρότερον ἅμα Σεργίῳ παρὰ Χοσρόην πρεσβεύων ἐστάλη. ἔπειτα δὲ Ἰουστινιανὸς βασι- 3
λεὺς πρέσβεις παρὰ Χοσρόην ἐπὶ τῇ ξυμβάσει Κωνσταντιανόν τε καὶ Σέργιον ἔπεμψεν. οἱ δὲ αὐτὸν 4
καταλαμβάνουσιν ἐν Ἀσσυρίοις, οὗ δὴ πολίσματα δύο
Σελεύκειά τε καὶ Κτησιφῶν ἐστι, Μακεδόνων αὐτὰ
δειμαμένων, οἳ μετὰ τὸν Φιλίππου Ἀλέξανδρον Περσῶν τε ἦρξαν καὶ τῶν ταύτῃ ἐθνῶν. ἄμφω δὲ ταῦτα 5
Τίγρης ποταμὸς διορίζει· οὐ γὰρ ἄλλην χώραν μεταξὺ
ἔχουσιν.

Ἐνταῦθα ἐντυχόντες Χοσρόῃ οἱ πρέσβεις ἠξίουν 6
μὲν τὰ ἐπὶ τῆς Λαζικῆς χωρία Ῥωμαίοις ἀποδοῦναι,
βεβαιότατα δὲ πρὸς αὐτοὺς τὰ ἀμφὶ τῇ εἰρήνῃ κρατύνασθαι. Χοσρόης δὲ οὐ ῥᾴδιον αὐτοὺς ἔφασκεν εἶναι 7
ἀλλήλοις ξυμβῆναι, ἢν μή τινα ἐκεχειρίαν θέμενοι
πρότερον οὕτω τε ἀδεέστερον ἀεὶ ἐς ἀλλήλους φοιτῶν-
τες τά τε διάφορα διαλύσουσι καὶ τὰ τῆς εἰρήνης ἐν
τῷ ἀσφαλεῖ τὸ λοιπὸν θήσονται. χρῆναι δὲ ὑπὲρ τῆς
ἀεὶ ἐκεχειρίας χρήματά τέ οἱ τὸν Ῥωμαίων αὐτοκρά- 8
τορα δοῦναι καί τινα Τριβοῦνον ὄνομα ἰατρὸν πέμψαι,
ἐφ' ᾧ οἱ ξυνδιατρίψει τακτόν τινα χρόνον. ἐτύγχανε 9
γὰρ ὁ ἰατρὸς οὗτος νόσου τε αὐτὸν ἀπαλλάξας χαλεπῆς
πρότερον καὶ ἀπ' αὐτοῦ φίλος τε καὶ ποθεινὸς ἐς τὰ
μάλιστα ὤν. ταῦτα ἐπεὶ βασιλεὺς Ἰουστινιανὸς ἤκουσε, 10

28. Trotz einiger Schwierigkeiten und Zwischenfälle tritt – außer an der lazischen Front – zwischen Byzanz und Persien Waffenruhe ein

Zu dieser Zeit fanden zwei römische Feldherrn den Tod, Justos, der Neffe des Kaisers, sowie der Iberer Peranios. Während Justos an einer Krankheit starb, stürzte Peranios bei einer Jagd vom Pferde und zog sich dabei Zerreißungen zu. Der Kaiser ernannte daher an ihrer Stelle andere Führer, und zwar sandte er seinen eben erst ins Mannesalter eingetretenen Neffen Markellos sowie den Konstantianos, der kurz zuvor zusammen mit Sergios als Gesandter bei Chosroes gewesen war. Hierauf schickte Kaiser Justinian den Konstantianos und Sergios als Gesandte an Chosroes, um den Vertrag abzuschließen. Sie trafen den König in Assyrien, wo die beiden Städte Seleukeia und Ktesiphon liegen, Gründungen der Makedonen, die nach Alexander, dem Sohne Philipps, über die Perser und die dortigen Völker herrschten. Die zwei Orte sind durch den Tigris getrennt; sonst liegt kein Land dazwischen.

Hier also trafen die Gesandten Chosroes und verlangten von ihm, er solle den Römern die Plätze in Lazien zurückgeben und einen beständigen Frieden mit ihnen abschließen. Chosroes erklärte indessen, es sei schwierig, zu einer gegenseitigen Vereinbarung zu kommen, wenn sie nicht zuvor einen Waffenstillstand schlössen und so in größerer Sicherheit mit Hilfe dauernd hin und her gehender Gesandtschaften die strittigen Punkte bereinigten und so für die Zukunft einen festen Frieden begründeten. Für die dauernde Waffenruhe müsse ihm aber der römische Kaiser Geldzahlungen leisten und außerdem einen Arzt namens Tribunos schicken, der dann eine bestimmte Zeit bei ihm bleiben solle. Dieser Arzt hatte ihn nämlich früher von schwerer Krankheit geheilt und war seitdem sein besonders hochgeschätzter Freund. Als Kaiser Justinian von den genannten Forderungen erfuhr, schickte er sogleich den Tribunos sowie den Geldbetrag in Höhe von

τόν τε Τριβοῦνον καὶ τὰ χρήματα εὐθὺς ἔπεμψε
ξυνιόντα ἐς κεντηνάρια εἴκοσιν. οὕτω τε αἱ σπονδαὶ 11
γεγόνασι Ῥωμαίοις τε καὶ Πέρσαις ἐς ἐνιαυτοὺς πέντε,
δέκατόν τε καὶ ἔνατον ἔτος Ἰουστινιανοῦ βασιλέως
τὴν αὐτοκράτορα ἀρχὴν ἔχοντος.

Ὀλίγῳ δὲ ὕστερον Ἀρέθας τε καὶ Ἀλαμούνδαρος 12
οἱ τῶν Σαρακηνῶν ἄρχοντες πόλεμον πρὸς ἀλλήλους
κατὰ μόνας διέφερον, οὔτε Ῥωμαίων οὔτε Περσῶν
ἀμυνόντων σφίσι. καὶ Ἀλαμούνδαρος μὲν ἕνα τῶν 13
Ἀρέθα παίδων ἵππους νέμοντα ἐξ ἐπιδρομῆς ἑλὼν τῇ
Ἀφροδίτῃ εὐθὺς ἔθυσε, καὶ ἀπ' αὐτοῦ ἐγνώσθη οὐ
καταπροΐεσθαι τὰ Ῥωμαίων πράγματα Πέρσαις Ἀρέθαν. μετὰ δὲ ξυνίασι μὲν ἐς μάχην ἑκάτεροι παντὶ τῷ 14
στρατῷ, νικῶσι δὲ κατὰ κράτος οἱ ξὺν τῷ Ἀρέθα,
τρεψάμενοί τε τοὺς πολεμίους πολλοὺς ἔκτειναν. καὶ
παρ' ὀλίγον Ἀρέθας ἦλθε δύο τῶν Ἀλαμουνδάρου
παίδων ζῶντας ἑλεῖν, οὐ μέντοι γε εἷλε. τὰ μὲν οὖν
Σαρακηνῶν ταύτῃ πῃ εἶχεν.

Χοσρόης δέ, ὁ Περσῶν βασιλεύς, ἔνδηλος γέγονε 15
τὴν ἐκεχειρίαν νῷ δολερῷ πρὸς Ῥωμαίους πεποιημένος, ἐφ' ᾧ δὴ αὐτοὺς διὰ τὴν εἰρήνην ἀναπεπτωκότας
λαβὼν ἀνήκεστόν τι ἐργάσεται. τρίτῳ γὰρ τῆς ἐκεχει- 16
ρίας ἐνιαυτῷ μηχανᾶται τοιάδε· ἤστην ἐν Πέρσαις
ἀδελφοὶ δύο, Φάβριζός τε καὶ Ἰσδιγούσνας, ἀρχὰς μὲν
περιβεβλημένω ἐνταῦθα μεγίστας καὶ ἄλλως λογισμῷ
πονηροτάτω Περσῶν ἁπάντων καὶ δόξαν ἐπὶ τῇ δει-
νότητι καὶ κακοτροπίᾳ πολλὴν ἔχοντε. βουλευσάμενος 17
οὖν πόλιν Δάρας καταλαβεῖν ἐξ ἐπιδρομῆς καὶ Λαζικῆς
ἐξοικίσαι Κόλχους ἅπαντας, Πέρσας δὲ ἀντ' αὐτῶν
οἰκήτορας καταστήσασθαι, τὼ ἄνρδε τούτω ἐς ἄμφω
τὰ ἔργα ὑπηρετήσοντας εἵλετο.

Ἕρμαιον γὰρ καὶ λόγου πολλοῦ ἄξιον ἐφαίνετο εἶναι 18
γῆν τὴν Κολχίδα σφετερισαμένῳ ἐν τῷ βεβαίῳ τῆς

zwanzig Kentenarien. So kam der Vertrag zwischen Römern
und Persern auf fünf Jahre zustande, und zwar im neunzehn-
ten Jahre der Regierung des Kaisers Justinian.

Kurze Zeit darauf führten die Sarazenenscheiche Arethas
und Alamundaros für sich allein miteinander Krieg, ohne daß
ihnen die Römer oder Perser halfen. Dabei gelang es Alamundaros, einen Sohn des Arethas, während er gerade Pferde
weidete, durch Überfall in seine Gewalt zu bringen. Er opferte ihn sogleich der Aphrodite, woraus sich klar erwies, daß
Arethas die Sache der Römer nicht an die Perser verriet. Später traten sich beide Parteien mit ihrer gesamten Streitmacht
in einer Schlacht gegenüber, und die Leute des Arethas er-
rangen einen entscheidenden Sieg, schlugen die Feinde in die
Flucht und töteten viele von ihnen. Beinahe hätte Arethas
zwei Söhne des Alamundaros gefangen, doch kam es nicht
dazu. So ging es denn mit den Sarazenen.

Der Perserkönig Chosroes aber hatte offensichtlich den
Waffenstillstand nur in betrügerischer Absicht mit den Römern abgeschlossen; während sie wegen des Friedenszustan-
des ungerüstet waren, wollte er sie nämlich überfallen und so
aufs schwerste schädigen. Im dritten Jahre nach Einstellung
der Feindseligkeiten sann er sich dann folgendes aus: Es lebten zwei Brüder bei den Persern, Phabrizos und Isdigusnas.
Diese bekleideten dort höchste Ämter, waren im übrigen jedoch ihrem Denken nach die schlechtesten aller Perser und
standen infolge ihrer Gewalttätigkeit und Sittenlosigkeit in
einem sehr üblen Ruf. Nun wollte Chosroes die Stadt Daras
durch Überfall nehmen, ferner sämtliche Kolcher aus Lazien
entfernen und dafür Perser ansiedeln, beides Unternehmungen, zu deren Ausführung er sich die genannten Männer als
Helfer auswählte.

Denn er hielt es für sehr vorteilhaft und wichtig, das Land
Kolchis zu gewinnen und in festen Besitz zu bekommen, und

κτήσεως ἔχειν, ξύμφορον λογισαμένῳ τῇ Περσῶν ἀρχῇ
κατὰ πολλὰ ἔσεσθαι τοῦτό γε. τήν τε γὰρ Ἰβηρίαν
ἐν τῷ ἀσφαλεῖ ἐς τὸ ἔπειτα ἕξειν, οὐκ ἂν ἔτι ἐχόντων
Ἰβήρων ἐφ' οὕστινας ἀνθρώπων ἀποστάντες σωθή-
σονται· ἐπειδὴ γὰρ οἱ τούτων δὴ λογιμώτατοι τῶν
βαρβάρων ὁμοῦ Γουργένῃ τῷ βασιλεῖ ἐς ἀπόστασιν
εἶδον, ὥσπερ μοι ἐν τοῖς ἔμπροσθε λόγοις ἐρρήθη,
οὔτε βασιλέα σφίσι καταστήσεσθαι τὸ ἐνθένδε ξυνεχώρουν Πέρσαι οὔτε αὐτογνωμονοῦντες Περσῶν κατήκοοι
Ἴβηρες ἦσαν, ἀλλ' ὑποψίᾳ τε καὶ ἀπιστίᾳ ἐς ἀλλήλους
πολλῇ εἴχοντο. ἔνδηλοί τε Ἴβηρες ἦσαν δυσανασχετοῦν-
τές τε ἰσχυρότατα καὶ νεωτεριοῦντες οὐ πολλῷ ὕστερον,
ἤν τινός ποτε καιροῦ λαβέσθαι δυνατοὶ εἶεν. καὶ πρὸς
Οὔννων τῶν Λαζικῇ προσοίκων ἀδήωτον μὲν τὴν Περσῶν ἀρχὴν ἐς ἀεὶ ἔσεσθαι, ῥᾶον δὲ καὶ ἀπονώτερον
αὐτοὺς τῇ Ῥωμαίων ἀρχῇ ἐπιπέμψειν, ἡνίκα ἂν αὐτῷ
βουλομένῳ εἴη. οὐ γὰρ ἄλλο οὐδὲν τοῖς ἐν Καυκάσῳ
οἰκοῦσι βαρβάροις ἢ ἐπιτείχισμα Λαζικὴν εἶναι. μάλιστα
δὲ πάντων κατὰ τοῦτο ξυνοίσειν πρὸς Λαζικῆς ἐπι-
κράτησιν ἤλπιζε Πέρσαις, ὅτι δὴ ἐξ αὐτῆς ὁρμώμενοι
δυνήσονται οὐδενὶ πόνῳ καταθέοντες καὶ πεζῇ καὶ
ναυσὶ τὰ ἐπὶ τοῦ Εὐξείνου καλουμένου πόντου χωρία
Καππαδόκας μὲν καὶ τοὺς αὐτῶν ἐχομένους Γαλάτας
καὶ Βιθυνοὺς παραστήσεσθαι, ἐξ ἐπιδρομῆς δὲ Βυζαν-
τίους αἱρήσειν, οὐδενὸς σφίσιν ἀντιστατοῦντος.

Τούτων μὲν δὴ ἕνεκα προσποιεῖσθαι Χοσρόης Λαζικὴν ἤθελεν, ἐπὶ Λαζοῖς δὲ τὸ θαρσεῖν ὡς ἥκιστα εἶχεν.
ἐπειδὴ γὰρ Ῥωμαῖοι ἐκ τῆς Λαζικῆς ἀνεχώρησαν,
Λαζῶν τὸ πλῆθος τῇ Περσῶν ἀρχῇ ἐπιεικῶς ἤχθετο.
μονότροποι γάρ, εἴπερ ἄλλοι τινές, οἱ Πέρσαι εἰσὶ
καὶ τὰ ἐς τὴν δίαιταν ὑπεράγαν σκληροί. καὶ αὐτοῖς
οἵ τε νόμοι δυσπρόσοδοί εἰσι πρὸς πάντων ἀνθρώπων
καὶ τὰ ἐπιτάγματα οὐδαμῇ ἀνεκτά. πρὸς μέντοι Λαζοὺς
καὶ διαφερόντως τὸ διαλλάσσον τῆς τε γνώμης ἀεὶ

versprach sich daraus in vielfacher Hinsicht Nutzen für das Perserreich. Glaubte er doch dann den Besitz Iberiens für die Zukunft gesichert, wenn die Iberer niemand mehr hätten, wohin sie sich bei einem etwaigen Abfall in Sicherheit bringen könnten. Die angesehensten unter diesen Barbaren hatten sich ja, wie schon in den früheren Büchern erwähnt, samt ihrem König Gurgenes losgesagt, und deshalb verwehrten ihnen die Perser, von nun an einen König zu bestellen; die Iberer aber beugten sich nicht gerne unter das persische Joch, sondern waren voll gegenseitigen Argwohns und Mißtrauens, und man merkte deutlich, daß sie unter dem Zustand sehr schwer litten und sich alsbald empören würden, wenn sie nur irgendeine günstige Gelegenheit finden könnten. Auch von den hunnischen Grenznachbarn Laziens, meinte Chosroes, werde das Perserreich für immer verschont bleiben; statt dessen könne er seine Leute leichter und müheloser, wann immer es ihm beliebe, auf das römische Reich loslassen. Denn Lazien sei gegen die im Kaukasos hausenden Barbaren ein einzigartiges Bollwerk. Den allergrößten Nutzen für die Perser aber erwartete sich der König von der Eroberung Laziens darin, daß diese dann von hier aus mühelos zu Wasser wie zu Lande die Plätze am Schwarzen Meer angreifen und die Kappadoker, dazu die ihnen benachbarten Galater und Bithynier sich unterwerfen, ja sogar Byzanz im Sturme nehmen könnten, alles, ohne irgendwie auf Widerstand rechnen zu müssen.

Aus diesen Gründen also wollte Chosroes Lazien erwerben, konnte aber dessen Einwohnern keinerlei Vertrauen schenken; denn nach dem Abzug der Römer aus diesem Land war die Mehrzahl der Lazen mit der Perserherrschaft ziemlich unzufrieden. Führen doch die Perser ein ganz eigenes Dasein und pflegen die härteste Lebensweise. Ihre Sitten sind abstoßend für alle Menschen, ihre Vorschriften nicht zu ertragen. Insbesondere gegenüber den Lazen zeigt sich stets ein tiefgreifender Unterschied in Denk- und Lebensweise; denn

καὶ τῆς διαίτης παρὰ πολὺ διαφαίνεται, ἐπεὶ Λαζοὶ
μὲν Χριστιανοί εἰσι πάντων μάλιστα, Πέρσαις δὲ ἀπ'
ἐναντίας αὐτῶν τὰ ἐς τὸ θεῖον ἅπαντα ἔχει. χωρὶς 27
δὲ τούτων ἅλες μὲν τῆς Λαζικῆς οὐδαμῆ γίνονται, οὐ
μὴν οὔτε σῖτος οὔτε οἶνος οὔτε τι ἄλλο ἀγαθὸν φύεται.
ἐκ δὲ Ῥωμαίων τῶν παραλίων ἅπαντα ταῖς ναυσὶν 28
ἐπεισέρχεται σφίσι, καὶ ταῦτα οὐ χρυσίον τοῖς συμ-
βάλλουσι προϊεμένοις, ἀλλὰ δέρρεις τε καὶ ἀνδράποδα
καὶ εἴ τι ἄλλο ἐνταῦθα κατὰ πολὺ περιεῖναι ξυμβαίνει·
τούτου τε, ὡς τὸ εἰκός, ἀποκεκλεισμένοι τὸ λοιπὸν 29
ἤσχαλλον. ὧν δὴ ὁ Χοσρόης αἰσθόμενος προτερῆσαι
ξὺν τῷ ἀσφαλεῖ, πρίν τι ἐς αὐτὸν νεωτερίσειαν, ἐν
σπουδῇ εἶχε.

Καὶ οἱ βουλευομένῳ ξυμφορώτατον ἔδοξεν εἶναι Γου- 30
βάζην τὸν Λαζῶν βασιλέα ἐκποδὼν ὅτι τάχιστα ποιησαμένῳ Λαζοὺς ἐνθένδε πανδημεὶ ἀναστήσειν, οὕτω τε
Πέρσας καὶ ἄλλα ἄττα ἔθνη ξυνοικιεῖν ἐν ταύτῃ τῇ χώρᾳ.
ταῦτα ὁ Χοσρόης βεβουλευμένος Ἰσδιγούσναν, ὡς ἐπὶ 31
πρεσβείᾳ δῆθεν τῷ λόγῳ, ἐς Βυζάντιον στέλλει. καὶ
οἱ Περσῶν ἀριστίνδην ἀπολεξάμενος πεντακοσίους ξυνέπεμψεν, ἐπιστείλας σφίσι γενέσθαι μὲν ἐν πόλει
Δάρας, ἐν οἰκίαις δὲ καταλῦσαι πολλαῖς, ταύτας τε
νύκτωρ ἁπάσας ἐμπρῆσαι, καὶ Ῥωμαίων ἀμφὶ τὸ πῦρ
τοῦτο ἠσχολημένων, ὡς τὸ εἰκός, ἁπάντων ἀνοιγνύναι μὲν
τὰς πύλας εὐθύς, τῇ δὲ πόλει τὸ ἄλλο Περσῶν στράτευμα
δέξασθαι. προείρητο γὰρ τῷ Νισίβιδος πόλεως ἄρχοντι 32
στρατιωτῶν πλῆθος ἄγχιστά πῃ ἐγκρυφιάζοντι ἐν παρασκευῇ ἔχειν. οὕτω γὰρ αὐτοὺς ᾤετο Χοσρόης οὐδενὶ πόνῳ
Ῥωμαίους τε ἅπαντας διαχρήσεσθαι καὶ τὴν πόλιν Δάρας
ἐν βεβαίῳ καταλαβόντας σχήσειν.

Ἀλλά τις εὖ εἰδὼς τὰ πρασσόμενα, Ῥωμαῖος μὲν 33
ἀνήρ, αὐτόμολος δὲ ὀλίγῳ πρότερον ἐς Πέρσας ἥκων,
τὸν πάντα λόγον Γεωργίῳ φράζει, ἐνταῦθα τότε διατριβὴν ἔχοντι, οὗ δὴ ἐν τοῖς ἔμπροσθεν λόγοις ἐμνή-

diese sind die allereifrigsten Christen, während die Perser, was
Religion anlangt, völlig im Gegensatz dazu stehen. Außerdem
gibt es nirgendwo in Lazien Salz, ebenso fehlt es dort an Getreide, Wein oder einer sonstigen Frucht. Alles wird vielmehr
bei ihnen zu Schiff aus den römischen Küstengebieten eingeführt. Dabei zahlen sie den Kaufleuten nicht mit Gold, sondern mit Häuten, Sklaven und was sonst noch dort in Überfluß vorhanden ist. Von dieser Verbindung waren sie jetzt
natürlich abgeschnitten und dementsprechend weiterhin unzufrieden. Chosroes merkte das und wollte mit Festigkeit vor-
bauen, ehe sie sich gegen ihn empörten.

Bei gründlicher Überlegung erschien es ihm am vorteilhaftesten, den Lazenkönig Gubazes so rasch wie möglich zu beseitigen, hierauf das ganze Lazenvolk aus dem Lande zu entfernen und an dessen Stelle Perser und andere Völkerschaften
dort anzusiedeln. Diesen Plan hatte sich Chosroes zurechtge-
legt; nun schickte er den Isdigusnas unter dem Vorwand einer
Gesandtschaft nach Byzanz und gab ihm fünfhundert Mann
auserlesene Perser als Begleitung mit. Sie sollten sich nach
ihrem Eintreffen in Daras in vielen Häusern einquartieren
und diese während der Nacht samt und sonders anzünden.
Wenn dann, wie zu erwarten, alle Römer mit dem Löschen
beschäftigt seien, müßten sie sogleich die Tore öffnen und das
übrige persische Heer in die Stadt einlassen. Der Stadtkom-
mandant von Nisibis war nämlich angewiesen, ganz in der
Nähe eine Anzahl Soldaten heimlich bereitzuhalten. So könnten sie mühelos, wie Chosroes meinte, alle Römer niedermachen und die Stadt Daras in festen Besitz nehmen.

Ein Römer jedoch, der kurz vorher zu den Persern überge-
laufen war, wußte genau um den Plan und verriet die ganze
Sache dem Georgios, der sich damals dort aufhielt und den
ich schon an früherer Stelle erwähnte; er hatte nämlich die in

σθην, ἅτε Περσῶν ἀναπείσαντος τοὺς ἐν τῷ Σισαυράνων πολιορκουμένους φρουρίῳ σφᾶς αὐτοὺς ἐνδοῦναι
Ῥωμαίοις. Γεώργιος οὖν ἐν τοῖς Ῥωμαίων τε καὶ
Περσῶν ὁρίοις ἀπαντήσας τῷ πρεσβευτῇ τούτῳ ἔφασκεν οὐ κατὰ πρεσβείαν τὰ ποιούμενα εἶναι, καὶ οὔποτε Πέρσας τοσούτους τὸ πλῆθος ἐν πόλει Ῥωμαίων
αὐλίσασθαι. χρῆν γὰρ τοὺς μὲν ἄλλους ἅπαντας ἐν
χωρίῳ Ἀμμώδιος ἀπολιπεῖν, αὐτῷ δὲ ξὺν ὀλίγοις
τισὶν ἐς πόλιν Δάρας ἐσιτητὰ εἶναι. ὁ μὲν οὖν Ἰσδιγούσνας ἠγανάκτει τε καὶ δυσφορουμένῳ ἐῴκει, ἅτε
περιυβρισμένος οὐ δέον, καίπερ ἐπὶ πρεσβείᾳ παρὰ
τὸν Ῥωμαίων βασιλέα στελλόμενος. Γεώργιος δέ οἱ
οὐ προσέχων τὸν νοῦν ἠγριωμένῳ διεσώσατο τὴν πόλιν
Ῥωμαίοις. ξὺν γὰρ ἀνδράσιν εἴκοσι μόνοις τῇ πόλει
τὸν Ἰσδιγούσναν ἐδέξατο.

Ταύτης οὖν τῆς πείρας ἀποτυχὼν ὁ βάρβαρος οὗτος
ὡς πρεσβεύων ἐς Βυζάντιον ἦλθε, τήν τε γυναῖκα καὶ
θυγατέρας ἐπαγόμενος δύο (τοῦτο γὰρ ἦν αὐτῷ τὸ
παραπέτασμα τοῦ ξυνεληλυθότος ὁμίλου), τῷ τε βασιλεῖ ἐς ὄψιν ἥκων ἀμφὶ μὲν τῶν σπουδαίων τινὶ οὐ
μέγα οὐ μικρὸν ἴσχυσεν εἰπεῖν, καίπερ οὐχ ἧσσον ἢ
μῆνας δέκα κατατρίψας ἐν Ῥωμαίων τῇ γῇ. τὰ μέντοι
δῶρα παρὰ Χοσρόου, ᾗπερ εἴθισται, καὶ γράμματα
βασιλεῖ ἔδωκε, δι᾽ ὧν ὁ Χοσρόης Ἰουστινιανὸν βασιλέα
σημῆναι ἠξίου εἴ οἱ τὸ σῶμα ὑγιείας πέρι ὡς ἄριστα
ἔχοι. τοῦτον μέντοι τὸν Ἰσδιγούσναν Ἰουστινιανὸς
βασιλεὺς μάλιστα πρέσβεων ἁπάντων ὧν ἡμεῖς ἴσμεν
ξύν τε πολλῇ φιλοφροσύνῃ εἶδε καὶ διὰ τιμῆς ἱκανῶς
ἤγαγεν. ὥστε καί, ἡνίκα δὴ αὐτὸν ἑστιῴη, Βραδού-
κιον, ὅσπερ αὐτῷ ἑρμηνεὺς εἵπετο, ξὺν αὐτῷ ἐπὶ τῆς
στιβάδος κατέκλινε, πρᾶγμα πώποτε οὐ γεγονὸς πρότερον ἐκ τοῦ παντὸς χρόνου. ἑρμηνέα γὰρ οὐδὲ τῶν
τινι καταδεεστέρων ἀρχόντων, μή τί γε δὴ βασιλεῖ
ὁμοτράπεζον γεγονότα οὐδείς ποτε εἶδεν. ἀλλὰ καὶ

der Festung Sisauranon belagerten Perser veranlaßt, sich den
Römern zu ergeben. Georgios trat nun im römisch-persischen
Grenzgebiet dem erwähnten Gesandten entgegen und erklärte, was hier geschehe, habe mit Gesandtschaft nichts zu tun;
noch nie hätten so viele Perser in einer römischen Stadt Quartier bezogen. Erst wenn er seine sämtlichen Begleiter an einem
Orte namens Ammodios zurückgelassen habe, dürfe er mit
ein paar Mann die Stadt Daras betreten. Isdigusnas war darüber ungehalten und schien es übel zu nehmen, daß man ihm,
obwohl er doch als Gesandter auf dem Wege zum römischen
Kaiser sei, ohne Veranlassung solchen Schimpf angetan habe.
Jedoch Georgios kehrte sich nicht an seinen Zorn und rettete,
da er Isdigusnas nur mit zwanzig Begleitern den Zutritt erlaubte, die Stadt für die Römer.

Nach diesem mißglückten Anschlag kam der Barbar als Gesandter nach Byzanz und brachte auch seine Frau nebst zwei
Töchtern mit, die ihm als Vorwand für das zahlreiche Gefolge dienen mußten. Als er dann vom Kaiser in Audienz empfangen wurde, konnte er sich weder im großen noch im kleinen zu irgendeiner wichtigen Angelegenheit äußern, hielt sich
aber trotzdem nicht weniger als zehn Monate auf römischem
Boden auf. Er übergab dem Kaiser die üblichen Geschenke
und auch ein Schreiben des Chosroes, in dem er Justinian um
Auskunft bat, ob er sich bester Gesundheit erfreue. Diesem
Isdigusnas aber erwies Kaiser Justinian von allen Gesandten,
die wir kennen, die freundlichste Aufnahme und hielt ihn
hoch in Ehren. Er ließ daher auch, wenn er ihn zur Tafel zog,
seinen Dolmetscher Bradukios mit zu Tische liegen, eine Auszeichnung, wie sie niemandem je vorher zuteil wurde. Denn
keiner hatte es jemals erlebt, daß ein Dolmetscher mit einem
niedereren Würdenträger, geschweige denn mit dem Kaiser,
den Tisch teilte. Der Herrscher empfing diesen Mann aber
auch mit größerem Gepränge, als einem Gesandten entsprach,
und ließ ihn ebenso auch wieder ziehen, obschon die Gesandt-

μεγαλοπρεπέστερον ἢ κατὰ πρεσβευτὴν τὸν ἄνδρα τοῦτον ἐδέξατό τε καὶ ἀπεπέμψατο, καίπερ ἐπ' οὐδενὶ
ἔργῳ τὴν πρεσβείαν, ὥσπερ μοι εἴρηται, πεποιημένον.
ἢν γάρ τις τάς τε δαπάνας διαριθμήσαιτο καὶ τὰ
δῶρα, ὅσα ἐνθένδε κεκομισμένος Ἰσδιγούσας ἀπιὼν
ᾤχετο, πλέον αὐτὰ κατατείνοντα ἢ ἐς χρυσοῦ κεντηνάρια
δέκα εὑρήσει. τὰ μὲν οὖν τῆς ἐς Δάρας πόλιν ἐπιβουλῆς τῷ Χοσρόῃ ἐς τοῦτο ἐτελεύτα.

Ἔς τε Λαζικὴν πρῶτα μὲν ξύλα παμπληθῆ ἐς νηῶν
ποίησιν ἐπιτηδείως ἔχοντα ἔπεμψεν, οὐδενὶ φράσας
ἐφ' ὅτῳ δὴ αὐτὰ πέμψειεν, ἀλλὰ τῷ λόγῳ μηχανὰς ἐν
Πέτρας τῷ περιβόλῳ καταστησόμενος ταῦτα ἔστελλεν.
ἔπειτα δὲ Περσῶν μαχίμους τριακοσίους ἀπολεξάμενος, Φάβριζόν τε, οὗπερ ἀρτίως ἐπεμνήσθην, αὐτοῖς
ἐπιστήσας ἐνταῦθα στέλλει, ᾧ δὴ ἐπήγγελλε Γουβάζην
ὡς λαθραιότατα διαχρήσασθαι· τὸ γὰρ ἐνθένδε αὐτῷ
μελήσειν. τὰ μὲν οὖν ξύλα ταῦτα ἐπεὶ ἐς Λαζικὴν ἐκομίσθη, κεραυνόβλητα ἐξαπιναίως γενόμενα τετεφρῶσθαι
ξυνέβη· Φάβριζος δὲ ξὺν τοῖς τριακοσίοις ἐς Λαζικὴν
ἀφικόμενος ἔπρασσεν ὅπως δὴ ἀμφὶ Γουβάζῃ τὰ πρὸς
τοῦ Χοσρόου ἐπηγγελμένα ὑποτελοίη.

Ἐτύγχανε δὲ τῶν τις ἐν Κόλχοις λογίμων, Φαρσάνσης ὄνομα, τῷ Γουβάζῃ προσκεκρουκὼς ἐς μέγα τέ οἱ
ἀπ' αὐτοῦ ἐμπεπτωκὼς ἔχθος καὶ ὡς ἥκιστα θαρσῶν
τῷ βασιλεῖ ἐς ὄψιν ἥκειν. ὅπερ ἐπεὶ ὁ Φάβριζος ἔγνω,
τὸν Φαρσάνσην μεταπεμψάμενος ἐκοινολογεῖτό τε καὶ
τὸν ἅπαντα λόγον ἐξενεγκὼν ἀνεπυνθάνετο τοῦ ἀνθρώπου ὅπη οἱ ἐπιχειρητέα ἐς τὴν πρᾶξιν εἴη. ἔδοξε
τοίνυν σφίσιν ἐπὶ κοινῆς βουλευσαμένοις Φάβριζον
μὲν ἐν Πέτρᾳ τῇ πόλει γενέσθαι, μεταπέμψασθαι δὲ
Γουβάζην ἐνταῦθα, ὅπως οἱ ἀγγέλλοι ὅσα δὴ βασιλεῖ
ἀμφὶ τῷ ξυνοίσοντι Λαζοῖς δοκοῦντα εἴη. ἀλλ' ὁ
Φαρσάνσης κρύφα τῷ Γουβάζῃ ἐσήμηνε τὰ πρασσό-

schaft, wie schon gesagt, keinen eigentlichen Zweck verfolgte.
Wollte man nämlich die Aufwendungen berechnen, dazu die
Geschenke, die Isdigusnas alle von Byzanz mitnahm, so fände
man, daß sie mehr als zehn Kentenarien Gold ausmachten.
Mit dem Anschlag des Chosroes auf die Stadt Daras nahm es
also dieses Ende.

29. Fortdauer der Kämpfe auf dem lazischen Kriegsschauplatz

Chosroes schickte zunächst, ohne jemandem den Verwen-
dungszweck mitzuteilen, eine große Menge Schiffsbauholz
nach Lazien; angeblich sollten daraus im Mauerring von
Petra Kriegsmaschinen hergestellt werden. Sodann wählte er
dreihundert kampferprobte Perser aus, stellte den eben von
mir erwähnten Phabrizos an ihre Spitze und schickte ihn mit
dem Auftrag nach Lazien, Gubazes in aller Heimlichkeit zu
beseitigen; das Weitere wolle er selbst besorgen. Als nun das
erwähnte Holz nach Lazien gebracht war, wurde es durch
Blitzschlag plötzlich in Asche verwandelt; Phabrizos aber
traf, nachdem er mit den dreihundert Mann am Bestimmungs-
ort angekommen war, die nötigen Vorbereitungen, um nach
Chosroes' Befehl mit Gubazes zu verfahren.

Ein angesehener Kolcher namens Pharsanses hatte sich indessen mit Gubazes verfeindet und dessen schweren Groll auf
sich geladen, so daß er nicht mehr vor das Angesicht des Königs zu treten wagte. Phabrizos hörte davon. Er ließ den Pharsanses kommen, besprach sich mit ihm und richtete schließlich, nachdem er die ganze Sache dargelegt hatte, an den
Mann die Frage, wie er denn bei der Ausführung vorgehen
solle. Nach gemeinsamer Beratung schien es ihnen am besten,
wenn sich Phabrizos nach der Stadt Petra begebe und Gubazes dorthin bestelle, um ihn zu unterrichten, welche Maßnahmen alle der König zum Wohle der Lazen treffen wolle. Pharsanses jedoch setzte Gubazes von dem, was da spielte, heimlich in Kenntnis, worauf sich dieser nicht bei Phabrizos ein-
fand, sondern ganz offen auf Abfall sann. Jetzt befahl Phabri-

μενα. διὸ δὴ Γουβάζης παρὰ μὲν Φάβριζον οὐδαμῇ
ἦλθεν, ἐκ δὲ τοῦ ἐμφανοῦς ἐς ἀπόστασιν εἶδε. Φάβριζος δὲ Πέρσαις μὲν τοῖς ἄλλοις τοῦ ἐν Πέτρᾳ φυλακτηρίου ἐπιμελεῖσθαι πάσῃ δυνάμει ἐπέστελλε καὶ
τὰ ἐς πολιορκίαν ὡς ἀσφαλέστατα ἐξαρτύεσθαι, αὐτὸς
δὲ ξὺν τοῖς τριακοσίοις ἐπ' οἴκου ἄπρακτος ἀνεχώρησε.
Γουβάζης δὲ ἀνενεγκὼν ἐς Ἰουστινιανὸν βασιλέα τὰ
παρόντα σφίσι τῶν μὲν τὰ πρότερα πεπραγμένων
Λαζοῖς ἐδεῖτο συγγνώμονα εἶναι, ἀμῦναι δὲ σφίσι δυνάμει τῇ πάσῃ ἀπαλλαξείουσι τῆς Μήδων ἀρχῆς. οὐ
γὰρ κατὰ μόνας δυνήσεσθαι Κόλχους ἀποκρούσασθαι
τὴν Περσῶν δύναμιν.

Ταῦτα ἐπεὶ βασιλεὺς Ἰουστινιανὸς ἤκουσε, περιχαρὴς γενόμενος ἄνδρας ἑπτακισχιλίους καὶ Δαγισθαῖον
ἄρχοντα καὶ Τζάνους χιλίους ἐς ἐπικουρίαν Λαζοῖς
ἔπεμψεν. οἳ δὴ ἐν γῇ τῇ Κολχίδι γενόμενοι ἅμα Λαζοῖς
τε καὶ τῷ Γουβάζῃ ἐνστρατοπεδευσάμενοι ἀμφὶ τὸν
Πέτρας περίβολον ἐς πολιορκίαν καθίσταντο. Περσῶν δὲ τῶν ἐνταῦθα ὄντων καρτερώτατα ἐκ τοῦ περιβόλου ἀμυνομένων, χρόνον τῇ προσεδρείᾳ πολὺν τε-
τρίφθαι ξυνέβη, ἐπεὶ καὶ τὰ ἐδώδιμα ἐναποθέμενοι
σφίσιν οἱ Πέρσαι διαρκῶς ἔτυχον. τούτοις δὲ ὁ Χοσρόης ξυνταραχθεὶς στρατιὰν πολλὴν ἱππέων τε καὶ
πεζῶν ἐπ' αὐτοὺς ἔστελλεν, οἷς δὴ ἄρχοντα Μερμερόην
ἐπέστησεν. ὧνπερ ὁ Γουβάζης αἰσθόμενος τῷ Δαγισθαίῳ ἐπίκοινα βουλευσάμενος ἐποίει τάδε.

Βόας ὁ ποταμὸς ἔξεισιν ἄγχιστά πη τῶν Τζανικῆς
ὁρίων ἐν Ἀρμενίοις, οἳ δὴ ἀμφὶ τὸ Φαράγγιον ᾤκηνται.
καὶ τὰ μὲν πρῶτα ἐν δεξιᾷ ἐπὶ πλεῖστον χωρεῖ, βραχύς
τε ἰὼν καὶ πόνῳ οὐδενὶ γινόμενος ἐσβατὸς ἅπασιν
ἄχρι ἐς χῶρον, οὗ δὴ ἐν δεξιᾷ μὲν Ἰβήρων τὰ ὅριά
ἐστι, καταντικρὺ δὲ τελευτᾷ ὄρος ὁ Καύκασος. ἐνταῦθα ἔθνη ἄλλα τε πολλὰ καὶ Ἀλανοί τε καὶ Ἀβασγοὶ
ᾤκηνται Χριστιανοί τε καὶ Ῥωμαίοις φίλοι ἐκ παλαιοῦ

zos den anderen Persern, sich mit aller Macht um die Festung
Petra anzunehmen und aufs sorgfältigste sämtliche Vorkeh-
rungen für eine Belagerung zu treffen; dann kehrte er selbst
unverrichteter Dinge mit seinen dreihundert Mann nach Hause zurück. Gubazes aber berichtete Kaiser Justinian über die
augenblickliche Lage und bat ihn, er solle doch den Lazen ihr
früheres Verhalten verzeihen und ihnen mit allen Kräften bei-
stehen, wenn sie sich jetzt von der persischen Herrschaft los-
sagen wollten. Denn für sich allein seien die Kolcher nicht
imstande, das Perserjoch abzuschütteln.

Kaiser Justinian zeigte sich über diese Nachricht hocherfreut und schickte sechstausend Mann unter der Führung des
Dagisthaios sowie eintausend Tzanen den Lazen zur Hilfe.
Nach ihrer Ankunft in Kolchis schlugen sie zusammen mit
den Lazen und Gubazes ein Lager um die Stadtmauer von
Petra und begannen mit der Einschließung. Die dortige persische Besatzung leistete jedoch von der Mauer aus erbitterten Widerstand, so daß sich die Belagerung lange Zeit hinzog,
zumal die Perser auch noch reichlich mit Lebensmitteln versorgt waren. Das beunruhigte Chosroes und so schickte er unter Führung des Mermeroes ein starkes Heer gegen sie, be-
stehend aus Reitern und Fußvolk. Als Gubazes davon Nachricht erhielt, beriet er sich mit Dagisthaios und traf folgende
Maßnahmen:

Der Fluß Boas entspringt ganz nahe dem Grenzgebiet von
Tzanien im Lande der Armenier, die um Pharangion wohnen.
Zunächst fließt er auf einer sehr langen Strecke nach rechts,
schmal und für alle leicht überschreitbar, bis er an eine Stelle
kommt, wo rechter Hand das Gebiet der Iberer angrenzt, während auf der anderen Seite das Kaukasosgebirge ausläuft.
Dort wohnen neben vielen anderen Völkerschaften auch die
Alanen und Abasgen, seit alters Christen und mit den Römern
befreundet, ferner die Zechen und nach ihnen die Hunnen,

ὄντες, Ζῆχοί τε καὶ μετ' αὐτοὺς Οὖννοι, οἱ Σάβειροι
ἐπικαλοῦνται. ἐπειδὰν δὲ ὁ ποταμὸς οὗτος ἀφίκηται 16
ἵνα δὴ τοῦ τε Καυκάσου καὶ Ἰβηρίας τὰ ὅριά ἐστιν,
ἐνταῦθα ἐπιγινομένων οἱ καὶ ἄλλων ὑδάτων μείζων τε
παρὰ πολὺ γίνεται καὶ Φᾶσις ἀντὶ Βόα τὸ ἐνθένδε
καλούμενος φέρεται, ναυσίπορος γεγενημένος ἄχρι ἐς
τὸν Εὔξεινον καλούμενον πόντον, οὗ δή οἱ καὶ τὰς
ἐκβολὰς ξυμβαίνει εἶναι, καὶ αὐτοῦ ἐφ' ἑκάτερα Λαζική
ἐστιν. ἀλλ' ἐν δεξιᾷ μὲν ξύμπασα ἐπὶ πλεῖστον ἡ 17
χώρα πρὸς τῶν τῇδε ἀνθρώπων οἰκεῖται μέχρι τῶν
Ἰβηρίας ὁρίων. κῶμαί τε γὰρ αἱ Λαζῶν πᾶσαι τοῦ 18
ποταμοῦ ἐντὸς ἐνταῦθά εἰσι καὶ πολίσματα ἐκ παλαιοῦ
σφίσι ταύτῃ πεποίηνται, ἐν τοῖς Ἀρχαιόπολις, ἐχυρω-
τάτη οὖσα, Σεβαστόπολίς τε ἐνταῦθα καὶ τὸ Πιτιοῦντος
φρούριόν ἐστι Σκάνδα τε καὶ Σαραπανὶς πρὸς τοῖς
Ἰβηρίας ὁρίοις. πόλεις μέντοι ἀξιολογώταται ἐνταῦθά
εἰσι Ῥοδόπολις καὶ Μοχήρησις. τοῦ δὲ ποταμοῦ ἐν 19
ἀριστερᾷ Λαζικῆς μὲν τὰ ὅριά ἐστι μέχρι ἐς ἡμέρας
ὁδὸν εὐζώνῳ ἀνδρί, ἔρημον δὲ ξυμβαίνει ἀνθρώπων
τὴν χώραν εἶναι. ταύτην προσοικοῦσι Ῥωμαῖοι τὴν
χώραν, οἱ Ποντικοὶ ἐπικαλοῦνται. ἐν μὲν οὖν τοῖς 20
Λαζικῆς ὁρίοις, ἔνθα δὴ ἄνθρωποι οὐδαμῆ ᾤκηντο,
Πέτραν Ἰουστινιανὸς βασιλεὺς τὴν πόλιν ἐν τοῖς
κατ' ἐμὲ χρόνοις ἐδείματο. οὗπερ Ἰωάννης, ὁ Τζίβος 21
ἐπικαλούμενος, τὸ μονοπώλιον καταστησάμενος, ὥσπερ
μοι ἐν τοῖς ἔμπροσθεν λόγοις ἐρρήθη, αἴτιος τῆς
ἀποστάσεως Λαζοῖς γέγονεν. ἐκ δὲ Πέτρας πόλεως 22
ἰόντι εὐθὺς πρὸς ἄνεμον νότον οἱ Ῥωμαίων ὅροι
ἐκδέχονται, χωρία τε πολυάνθρωπα ἐνταῦθά ἐστι, τό
τε Ῥιζαῖον καλούμενον καὶ Ἀθῆναι ἄλλα τε ἄττα
μέχρι Τραπεζουντίων.

Ἡνίκα μὲν οὖν ἐπηγάγοντο Χοσρόην Λαζοὶ Βόαν 23
ποταμὸν διαβάντες τόν τε Φᾶσιν ἐν δεξιᾷ ἔχοντες ἐς
Πέτραν ἦλθον, τῷ μὲν λόγῳ προνοήσοντες ὡς μὴ

die man auch Sabiren heißt. Hat nun der genannte Fluß die
Grenzgebiete des Kaukasos und Iberiens erreicht, dann gewinnt er durch den Zustrom anderer Gewässer bedeutend an
Größe und trägt nunmehr anstatt des Namens Boas die Bezeichnung Phasis. Von dort aus ist er auch schiffbar und zwar
bis zum Schwarzen Meer, in das er mündet; links und rechts
aber liegt lazisches Gebiet. Das rechte Ufer wird in seiner ganzen Ausdehnung weithin bis zu den Grenzgebieten Iberiens
von der dortigen Bevölkerung bewohnt. Denn alle lazischen
Dörfer liegen am Nordufer des Flusses, und auch Städte sind
seit alters dort errichtet, als stärkste unter ihnen Archaiopolis; ferner finden sich hier Sebastopolis und die Festung Pitius sowie Skanda und Sarapanis nahe dem iberischen Grenzgebiet. Als ansehnlichste Städte aber gelten dortzulande Rho-
dopolis und Mocheresis. Links vom Flusse dehnt sich einen
starken Tagesmarsch weit unbewohntes lazisches Grenzland.
Dessen Nachbarn sind dann die Römer, sog. Pontiker. In diesem menschenleeren Grenzstreifen Laziens ließ Kaiser Justinian zu meiner Zeit die Stadt Petra erbauen. Dort errichtete,
wie ich schon an früherer Stelle erwähnte, auch Johannes mit
dem Beinamen Tzibos sein Monopol und wurde dadurch
schuld am Abfall der Lazen. Wer aber von Petra aus gerade
nach Süden geht, gelangt ins römische Grenzgebiet; volkrei-
che Städte, u. a. Rhizaion und Athenai dehnen sich hier bis
Trapezunt.

Wenn nun die Lazen nach Überschreitung des Flusses Boas
Chosroes auf sich zogen und den Phasis zur Rechten gegen
Petra marschierten, so taten sie das angeblich aus Sorge, sie

χρόνῳ τε καὶ πόνῳ πολλῷ διαπορθμεύεσθαι ἀναγκάζωνται ποταμὸν Φᾶσιν, οὐ βουλόμενοι δὲ τὰ σφέτερα
οἰκία Πέρσαις ἐνδείκνυσθαι. καίτοι δύσοδος πανταχόθι 24
Λαζικὴ ἐστιν ἐντός τε καὶ ἐκτὸς ποταμοῦ Φάσιδος.
σκόπελοι γὰρ ὑπερφυεῖς ἐφ᾽ ἑκάτερα τῆς χώρας ὄντες 25
στενωποὺς ἐπὶ μακρότατον ἐνταῦθα ποιοῦνται· κλει-
σούρας ἑλληνίζοντες τὰς τοιαύτας ὁδοὺς Ῥωμαῖοι
καλοῦσιν. ἀλλ᾽ ἐπεὶ τότε Λαζικὴ ἀφύλακτος ἐτύγχανεν 26
οὖσα, ῥᾷστα δὴ ἐν Πέτρᾳ ξὺν τοῖς ἡγεμόσι Λαζοῖς
ἐγένοντο Πέρσαι. νῦν δὲ ὁ Γουβάζης μαθὼν τὴν Περ- 27
σῶν ἔφοδον τῷ Δαγισθαίῳ ἐπέστελλε πέμψαι μέν τινας,
οἳ φυλάξουσι τὸν στενωπὸν ἰσχυρότατα, ὃς ἐκτὸς Φάσιδος ποταμοῦ ἐστι, τὴν μέντοι προσεδρείαν ὡς ἥκιστα
λύειν, ἕως τήν τε Πέτραν καὶ Πέρσας τοὺς ἐνταῦθα
ἐξελεῖν δύνωνται. αὐτὸς δὲ παντὶ τῷ Κόλχων στρατῷ 28
ἐς τὰ Λαζικῆς ἔσχατα ἦλθεν, ὡς τὸν ἐνταῦθα στενωπὸν διαφυλάξων δυνάμει τῇ πάσῃ. ἐτύγχανε δὲ πολλῷ 29
πρότερον Ἀλανούς τε καὶ Σαβείρους ἐς ξυμμαχίαν
ἐπαγόμενος, οἵπερ ὡμολόγησαν κεντηναρίων τριῶν οὐχ
ὅσον ἀδήωτον Λαζοῖς ξυμφυλάξειν τὴν γῆν, ἀλλὰ καὶ
Ἰβηρίαν οὕτω καταστήσεσθαι ἀνδρῶν ἔρημον ὡς μηδὲ
Πέρσαις ἐνθένδε τὸ λοιπὸν ἰέναι δυνατὰ ἔσεσθαι. ταῦτά
τε σφίσι τὰ χρήματα βασιλέα Γουβάζης ὑπέσχετο
δώσειν. αὐτὸς μὲν οὖν ἀνενεγκὼν ἐς βασιλέα Ἰουστι- 30
νιανὸν τὰ ξυγκείμενα τοῖς τε βαρβάροις τὰ χρήματα
ταῦτα ἱκέτευε πέμπειν καὶ Λαζοῖς ἄγαν κεκακωμένοις
παραψυχὴν προέσθαι τινά. ἔφασκε δὲ καί οἱ αὐτῷ 31
τὸ δημόσιον τὰς συντάξεις ὀφείλειν ἐνιαυτῶν δέκα,
ἐπεὶ ἐν τοῖς σιλεντιαρίοις ἐν παλατίῳ τασσόμενος
οὐδὲν κεκομισμένος ἐνθένδε εἴη, ἐξ οὗ δὴ ἐς γῆν τὴν
Κολχίδα Χοσρόης ἦλθε. βασιλεὺς δὲ Ἰουστινιανὸς 32
ἐπιτελέσειν μὲν διενοεῖτο τὴν αἴτησιν, ἐπιγενομένης
δέ οἱ ἀσχολίας τινὸς οὐκ ἔπεμψε τῷ καθήκοντι χρόνῳ
τὰ χρήματα. Γουβάζης μὲν οὖν ταῦτα ἐποίει.

möchten unter großem Aufwand an Zeit und Mühe zu einer
Überquerung des Phasis gezwungen werden, in Wirklichkeit
aber wollten sie ihre eigenen Wohnsitze den Persern auf diese
Weise verbergen. Nun ist Lazien allenthalben, diesseits wie
jenseits des Phasis, unwegsam; denn riesige Felsen bilden
dort in beiden Landesteilen auf lange Strecken hin Engpässe,
welche die Römer mit einem griechischen Ausdruck Kleisurai
nennen. Da jedoch zu dieser Zeit Lazien ganz ohne Schutz
war, so konnten es die Perser mit ihren lazischen Führern
ohne jede Schwierigkeit erreichen. Auf die Kunde vom Anmarsch der Perser ließ indessen Gubazes den Dagisthaios
wissen, er solle einige Leute schicken und mit ihrer Hilfe den
Engpaß jenseits des Phasis aufs strengste bewachen; was aber
die Belagerung angehe, so möge er diese keineswegs aufheben,
bevor sie nicht Petra und die dortige persische Besatzung in
ihre Gewalt bringen könnten. Er selbst begab sich hingegen
mit dem ganzen Kolcherheere in die entlegensten Teile Laziens, um mit aller Macht dort den Engpaß zu schützen.
Schon lange zuvor hatte er außerdem die Alanen und Sabiren
als Bundesgenossen gewonnen, und diese waren bereit, für
drei Kentenarien nicht nur gemeinsam mit den Lazen deren
Land vor Verwüstungen zu bewahren, sondern auch Iberien
so von Leuten zu entblößen, daß es künftighin auch den Persern nicht mehr möglich sei, von dort aus ihre Einfälle zu unternehmen. Die entsprechenden Gelder werde ihnen, wie Gubazes versprach, der Kaiser bezahlen. Er selbst berichtete nun
Kaiser Justinian von dem mit den Barbaren getroffenen Abkommen und bat ihn, er möge ihm die genannte Summe zusenden und außerdem den schwer heimgesuchten Lazen eine
gewisse Entschädigung gewähren. Nach seinen Erklärungen
schuldete die Staatskasse auch ihm selbst die Besoldung für
zehn Jahre; denn obwohl er den Silentiarioi im Kaiserpalaste
zugehöre, habe er von dort, seitdem Chosroes ins Kolcherland
gekommen sei, nichts mehr erhalten. Kaiser Justinian zeigte
sich zwar geneigt, der Bitte zu willfahren, doch kam eine Ab-
haltung dazwischen und so schickte er das Geld nicht zur
rechten Zeit ab. Das waren also die Maßnahmen, die Gubazes
getroffen hatte.

Δαγισθαῖος δὲ (ἦν γάρ τις νεανίας πόλεμόν τε 33
διενεγκεῖν Μηδικὸν οὐδαμῆ ἀξιόχρεως) τοῖς παροῦσιν
οὐκ ἐπιτηδείως ἐχρῆτο. δέον οὖν ἀμέλει τὸ πλεῖστον 34
τοῦ στρατοῦ ἐς τὸν στενωπὸν στεῖλαι, τάχα δ' ἄν που
καὶ αὐτὸν τῷ ἔργῳ τούτῳ παραγενέσθαι, ἐς ἑκατὸν
ἄνδρας, ὥσπερ τι πάρεργον διαχειρίζων, ἔπεμψε μόνους·
αὐτὸς δὲ Πέτραν πολιορκῶν παντὶ τῷ στρατῷ οὐδὲν
ἤνυσε, καίπερ τῶν πολεμίων ὀλίγων ὄντων. κατ' ἀρχὰς
μὲν γὰρ οὐχ ἥσσους ἢ πεντακόσιοι καὶ χίλιοι ἦσαν,
πρὸς Ῥωμαίων δὲ καὶ Λαζῶν ἐν χρόνῳ πολλῷ τειχο- 35
μαχούντων βαλλόμενοί τε καὶ ἀρετὴν ἐπιδεικνύμενοι
μάλιστα πάντων ὧν ἡμεῖς ἴσμεν, θνήσκουσί τε πολλοὶ
καὶ σφίσιν ἐς ὀλίγους κομιδῆ ἀποκεκρίσθαι ξυνέπεσε.
Πέρσαι μὲν οὖν ἐς ἀπόγνωσίν τε καὶ ἀπορίαν ἐμπεπτω- 36
κότες ἡσυχῆ ἔμενον, Ῥωμαῖοι δὲ ἀμφὶ τὸ τεῖχος διώρυχα ἐν χώρῳ ὀλίγῳ πεποίηνται, ὅ τε ταύτῃ περίβολος
εὐθὺς ἔπεσεν. ἀλλὰ ξυνέβη τούτου δὴ τοῦ χώρου 37
ἐντὸς οἴκημα εἶναι οὐδὲν τοῦ περιβόλου διεστηκός,
ὃ δὴ ἐξικνεῖτο ἐς τὸ πεπτωκὸς ἐφεξῆς ὅλον· καὶ ἀντὶ 38
τοῦ τείχους πολιορκουμένοις γενόμενον ἐν τῷ ἀσφαλεῖ
οὐδέν τι ἧσσον αὐτοὺς καθίστη. ὅπερ Ῥωμαίους ξυν- 39
ταράξαι οὐδαμῆ ἔσχεν. εὖ γὰρ εἰδότες ὡς αὐτὸ δὴ
τοῦτο ἑτέρωθι ἐρξαγόμενοι τὴν πόλιν ῥᾷστα αἱρήσου-
σιν, εὐέλπιδες πολλῷ ἔτι μᾶλλον ἐγένοντο. διὸ δὴ ὁ 40
Δαγισθαῖος βασιλεῖ μὲν τὰ ξυνενεχθέντα ἐδήλου, ἆθλα
δέ οἱ τῆς νίκης ἐν παρασκευῇ εἶναι προὐτείνετο, σημήνας ὅσοις δὴ αὐτόν τε καὶ τὸν ἀδελφὸν τὸν αὐτοῦ
χρῆν βασιλέα δωρήσασθαι· Πέτραν γὰρ αἱρήσειν οὐ
πολλῷ ὕστερον. Πέρσαι μὲν οὖν Ῥωμαίους τε καὶ 41
Τζάνους καρτερώτατα τειχομαχοῦντας παρὰ δόξαν ὑφίσταντο, καίπερ ὀλίγοι ἀπολελειμμένοι ἐς ἄγαν. ἐπεὶ 42
δὲ Ῥωμαῖοι τειχομαχοῦντες οὐδὲν ἤνουν, ἐπὶ τὸ
διορύσσειν αὖθις ἐτράποντο. ἐς τόσον τε τοῦ ἔργου
τούτου ἀφίκοντο, ὡς μηκέτι ἐπ' ἐδάφους τὰ τοῦ περι-

Dagisthaios aber – er war ja noch ein junger Mann und keineswegs zur Führung eines Perserkrieges geeignet – wurde
in seinen Entscheidungen der augenblicklichen Lage nicht
gerecht: Obschon es doch wirklich angezeigt gewesen wäre,
den größten Teil des Heeres zu dem Engpaß zu entsenden,
vielleicht sogar persönlich das Unternehmen zu leiten, schickte er, so als handle es sich um eine Nebensache, nur etwa hundert Mann dorthin und belagerte selbst mit seiner ganzen
Streitmacht Petra, dabei ohne jeden Erfolg, obwohl es nur
wenige Feinde waren. Zwar hatte die Besatzung anfangs mindestens 1500 Mann betragen, doch da sie während der langen
Belagerung von den Römern und Lazen beschossen worden
waren und sich auch unseres Wissens ungemein tapfer gezeigt
hatten, so waren viele ums Leben gekommen und sie zu einem
bescheidenen Häuflein zusammengeschmolzen. Während sich
nun die Perser in ihrer Verzweiflung und Ratlosigkeit ruhig
verhielten, trieben die Römer einen Stollen und zwar an einer
schmalen Stelle der Stadtmauer vor, die dort sogleich zusam-
menstürzte. Wie es aber der Zufall wollte, stieß auf der Innenseite unmittelbar an die Stadtmauer ein Gebäude an, das den
eingestürzten Teil völlig ausfüllte und anstelle der Mauer den
Belagerten gleichen Schutz gewährte. Die Römer störte dies
indessen nicht; denn sie wußten recht gut, daß sie eben diesen
Versuch nur an anderer Stelle wiederholen müßten, um die
Stadt spielend einzunehmen, und so stieg ihre Hoffnung noch
um ein gutes Stück. Daher berichtete Dagisthaios zwar dem
Kaiser von seinem Mißgeschick, tat aber so, als ob die Sieges-
preise ihm schon zum Greifen nahe lägen, und vergaß nicht,
daran zu erinnern, welche große Auszeichnungen er selbst
und sein Bruder vom Kaiser empfangen müßten, da die Einnahme Petras nicht mehr lange auf sich warten lasse. Die
Perser indessen, wiewohl auf einen winzigen Rest zusammengeschmolzen, leisteten wider Erwarten den heftigsten Angriffen der Römer und Tzanen erfolgreichen Widerstand. Da
die Römer mit Gewalt gegen die Mauer nichts ausrichteten,
verlegten sie sich wieder auf die Anlage eines Stollens und sie
erzielten bei diesem Unternehmen derartige Fortschritte, daß

βόλου θεμέλια εἶναι, ἀλλ' ἐπὶ κενοῦ ἐκ τοῦ ἐπὶ πλεῖστον
ἑστάναι, πεσούμενα, ὡς τὸ εἰκός, αὐτίκα δὴ μάλα.
καὶ εἰ μὲν Δαγισθαῖος εὐθὺς ἤθελε πῦρ τοῖς θεμε- 43
λίοις ἐνάψαι, οἶμαι εὐθυωρὸν σφίσι τὴν πόλιν ἁλῶναι·
νῦν δὲ τὰς ἐκ βασιλέως καραδοκῶν ἐλπίδας μέλλων
τε ἀεὶ καὶ τρίβων τὸν χρόνον ἡσυχῇ ἔμενε. ταῦτα μὲν
οὖν ἐν τῷ Ῥωμαίων στρατοπέδῳ ἐπράσσετο τῇδε.

Μερμερόης δέ, ἐπεὶ τοὺς Ἰβηρίας ὅρους παντὶ τῷ 30
Μήδων στρατῷ ἤμειψε, πρόσω ἐχώρει, ποταμὸν Φᾶσιν
ἐν δεξιᾷ ἔχων· διὰ γὰρ τῶν ἐπὶ Λαζικῆς χωρίων ἰέναι
οὐδαμῇ ἤθελε, τοῦ μή τί οἱ ταύτῃ ἐμπόδισμα ὑπαντιάσαι. Πέτραν γὰρ πόλιν καὶ Πέρσας τοὺς ἐνταῦθα 2
διασώσασθαι ἐν σπουδῇ εἶχε, καίτοι καὶ μοῖρά τις
τοῦ περιβόλου καταπεπτώκει ἐξαπιναίως. ἡώρητο γάρ, 3
ὥσπερ μοι εἴρηται· ἄνδρες τε τοῦ Ῥωμαίων στρατοῦ
ἐς πεντήκοντα ἐθελούσιοι ἐν τῇ πόλει γενόμενοι βασιλέα Ἰουστινιανὸν ἀνεβόων καλλίνικον. ἡγεῖτο δὲ αὐτῶν 4
νεανίας τις Ἀρμένιος γένος, Ἰωάννης ὄνομα, Θωμᾶ
υἱός, ὅνπερ Γούζην ἐπίκλησιν ἐκάλουν. οὗτος ὁ Θωμᾶς 5
πολλὰ τῶν ἀμφὶ τὴν Λαζικὴν ὀχυρωμάτων ἐδείματο,
βασιλέως οἱ ἐπαγγείλαντος, καὶ τῶν ἐκείνῃ στρατιωτῶν ἦρξεν, ἔμφρων τε βασιλεῖ ἔδοξεν εἶναι. ὁ μὲν οὖν 6
Ἰωάννης, Περσῶν σφίσιν ἐς χεῖρας ἐλθόντων, πληγεὶς αὐτίκα ξὺν τοῖς ἑπομένοις ἐς τὸ στρατόπεδον ἀνεχώρησεν, ἐπεὶ οὐδείς οἱ τῶν ἐκ τοῦ Ῥωμαίων στρατοῦ ἕτερος ἀμύνων ἦλθε· Πέρσης δὲ ἀνήρ, Μιρράνης 7
ὄνομα, ὅσπερ τοῦ ἐν Πέτρᾳ φυλακτηρίου ἦρχεν, ἀμφὶ
τῇ πόλει δείσας, Πέρσαις μὲν πᾶσιν ἐπέστελλε τῆς
φυλακῆς ἐς τὸ ἀκριβὲς μάλιστα ἔχεσθαι, αὐτὸς δὲ

die Fundamente der Mauer bald nicht mehr auf festem Boden standen, sondern weithin in der Luft hingen und aller Wahrscheinlichkeit nach mit einem sofortigen Einsturz zu rechnen war. Hätte sich Dagisthaios rasch entschlossen, Feuer an die Grundmauern zu legen, ich glaube, die Stadt wäre ohne weiteres von den Römern eingenommen worden. So aber richtete er seine Gedanken nur darauf, was er sich vom Kaiser erhoffte, und kam mit stetem Zögern und Zeitverlust zu keiner Tat. Derart liefen die Dinge im römischen Lager.

30. Mermeroes entsetzt Petra, doch gehen die Kämpfe in Lazien weiter. Johannes der Kappadoker kehrt nach Byzanz zurück

Nachdem Mermeroes die Grenzen Iberiens mit dem gesamten persischen Heer überschritten hatte, marschierte er, den Phasis zur Rechten, weiter. Um nämlich auf kein Hindernis in Lazien zu stoßen, vermied er den Weg durch diese Gebiete, wollte ja auch nur die Stadt Petra und ihre persische Besatzung retten, obwohl ein beträchtlicher Teil der Stadtmauer plötzlich eingestürzt war. Doch darüber befand er sich, wie gesagt, im unklaren. Damals drangen ungefähr fünfzig Freiwillige aus dem römischen Heer in die Stadt Petra ein und riefen Kaiser Justinian zum Sieger aus. Ihr Anführer war ein junger Mann armenischer Herkunft. Johannes, der Sohn des Thomas, der den Beinamen Guzes führte. Dieser Thomas hatte im Auftrage des Kaisers viele Befestigungen angelegt und befehligte auch die dortigen Streitkräfte; beim Herrscher stand er im Rufe eines klugen Mannes. Johannes wurde nun beim Handgemenge mit einigen Persern verwundet und mußte sich, da ihm niemand aus dem Römerheer zur Hilfe kam, sogleich mit seinen Leuten in das Lager zurückziehen. Ein Perser aber namens Mirrhanes, der die Besatzung in Petra befehligte, gebot in seiner Sorge um die Stadt allen Persern, mit größter Sorgfalt Wache zu halten, dann begab er sich selbst zu Dagisthaios und umgarnte ihn mit schmeichlerischen

παρὰ Δαγισθαῖον σταλεὶς θῶπάς τε καὶ ἀπατηλοὺς
προὔτείνετο λόγους, οὐδενὶ πόνῳ ὁμολογῶν οὐ πολλῷ
ὕστερον ἐνδώσειν τὴν πόλιν. ταύτῃ τε παρακρούσα-
σθαι ἴσχυσεν, ὡς μὴ ἐς τὴν πόλιν αὐτίκα τῷ Ῥωμαίων
στρατῷ ἐσιτητὰ εἶναι. οἱ δ' ἀμφὶ Μερμερόην ἐπειδὴ 8
ἀφίκοντο ἐς τὸν στενωπόν, ἐνταῦθα σφίσι τὸ Ῥωμαίων φυλακτήριον ὑπηντίαζον ἐς ἑκατὸν ὄντες, καρτερῶς τε ἠμύνοντο, καὶ τοὺς τῆς εἰσόδου ἀποπειρω-
μένους ἀνέστελλον. Πέρσαι δὲ οὐδαμοῦ ὑπεχώρουν, 9
ἀλλὰ τοὺς κτεινομένους ἀεὶ ἕτεροι ἐκδεχόμενοι πρόσω
ἐχώρουν, παντὶ σθένει τὴν εἴσοδον βιαζόμενοι. θνήσ- 10
κουσι μὲν Πέρσαι πλέον ἢ χίλιοι, κτείνοντες δὲ Ῥωμαῖοι ἀπεῖπον, τοῦ τε ὁμίλου σφᾶς βιαζομένου ὑπεχώρησάν τε καὶ ἐς τῶν ἐκείνῃ ὀρῶν τὰς ὑπερβολὰς
ἀναδραμόντες ἐσώθησαν.

Ταῦτα Δαγισθαῖος μαθὼν αὐτίκα τὴν προσεδρείαν 11
διέλυσεν, οὐδὲν τῷ στρατῷ ἐπιστείλας, ἐπὶ Φᾶσίν τε
ποταμὸν ἤλαυνε· καὶ οἱ Ῥωμαῖοι ξύμπαντες εἵποντο,
τὰ σφέτερα αὐτῶν ἐν τῷ στρατοπέδῳ ἀπολιπόντες.
Πέρσαι δὲ τὰ ποιούμενα κατιδόντες τάς τε πύλας 12
ἀνέῳρον καὶ ἐπεξελθόντες ἀμφὶ τὰς καλύβας τῶν
πολεμίων ἦλθον, ὡς τὸ στρατόπεδον ἐξαιρήσοντες.
Τζάνοι δὲ (οὐ γὰρ Δαγισθαίῳ ἐπισπόμενοι ἔτυχον) 13
ἐβοήθουν ἐνταῦθα δρόμῳ, τρεψάμενοί τε πόνῳ οὐδενὶ
τοὺς πολεμίους πολλοὺς ἔκτειναν. Πέρσαι μὲν οὖν 14
φεύγοντες ἐντὸς τοῦ περιβόλου ἐγένοντο, Τζάνοι δὲ
λησάμενοι τὸ Ῥωμαίων στρατόπεδον εὐθὺ τοῦ Ῥι-
ζαίου ἐχώρησαν. ἔνθεν δὲ ἐς Ἀθήνας ἐλθόντες διὰ
Τραπεζουντίων ἐπ' οἴκου ἀπεκομίσθησαν.

Μερμερόης δὲ καὶ ὁ Μήδων στρατὸς ἐνταῦθα ἦλθον 15
ἡμέρᾳ μετὰ τὴν Δαγισθαίου ὑπαγωγὴν ἐνάτῃ· οὗ δὴ
ἀπολελειμμένους ἐκ τοῦ Περσῶν φυλακτηρίου τραυ-
ματίας μὲν καὶ ἀπομάχους γεγενημένους πεντήκοντα
καὶ τριακοσίους εὗρον, ἀκραιφνεῖς δὲ πεντήκοντα καὶ

und irreführenden Erklärungen. In Kürze werde sich die
Stadt, wie er in Aussicht stellte, von selbst ergeben, und so
gelang es ihm zu verhindern, daß das römische Heer sofort
in die Stadt eindringen durfte. Sobald nun Mermeroes mit
seinen Truppen an den Engpaß gekommen war, trat ihnen
die römische Besatzung in Stärke von etwa einhundert Mann
entgegen und versuchte durch entschiedenen Widerstand die
Angreifer, die es auf den Zugang abgesehen hatten, zurück-
zuweisen. Die Perser wichen aber nicht; immer wieder traten
neue Kämpfer an die Stelle der Gefallenen und bemühten
sich, mit aller Macht vorstürmend den Zugang zu erzwingen.
Dabei fanden mehr als tausend Perser den Tod, schließlich
mußten sich aber, des Mordens müde, die Römer unter dem
gewaltigen Massenansturm zurückziehen und durch eilige
Flucht auf die dortigen Berggipfel retten.

Auf die Kunde hievon hob Dagisthaios, ohne sein Heer entsprechend anzuweisen, die Belagerung sogleich auf und zog
an den Phasis, worauf sämtliche Römer im Lager ihre Habe
zurückließen und ihm nachfolgten. Als die Perser dieses Treiben gewahrten, öffneten sie die Tore, rückten zum Angriff
aus und kamen, um das feindliche Lager auszuplündern, bis
an die Zelte heran. Jedoch die Tzanen, die sich Dagisthaios
nicht angeschlossen hatten, eilten zur Hilfe herbei, schlugen
mühelos die Feinde in die Flucht und machten dabei viele
Gegner nieder. Während sich die Perser nun hinter die Stadtmauer flüchteten, plünderten die Tzanen das Römerlager aus
und zogen hierauf geradewegs nach Rhizaion. Von dort begaben sie sich nach Athenai und kehrten über das Gebiet von
Trapezunt nach Hause zurück.

Mermeroes und das persische Heer erreichten am neunten
Tage nach dem Rückzug des Dagisthaios die Stadt Petra.
Hier fanden sie als Rest der persischen Besatzung dreihun-
dertfünfzig Verwundete und Kampfunfähige, an Unversehr-
ten nur einhunderfünfzig Mann. Alle anderen waren tot. Die

ἑκατὸν μόνους· οἱ γὰρ ἄλλοι ἅπαντες ἐτεθνήκεσαν.
ὧνπερ τὰ σώματα οἱ περιόντες τοῦ περιβόλου ἐκτὸς 16
οὐδαμῇ ἔρριψαν, ἀλλὰ τῷ τῆς ὀσμῆς δυσώδει ἀποπνι-
γόμενοι παρὰ δόξαν ἀντεῖχον, ὡς μή τινα ἐς τὸ πο-
λιορκεῖν προθυμίαν τοῖς πολεμίοις, ἅτε τῶν πλείστων
ἀπολωλότων σφίσι, παρέχωνται. ὅ τε Μερμερόης ἐπι- 17
τωθάζων δακρύων τε καὶ θρήνων ἀξίαν Ῥωμαίων τὴν
πολιτείαν ἔφασκεν εἶναι, οἷς γε δὴ ἐς τοῦτο ἀσθενείας
περιεστήκει τὰ πράγματα, ὡς πεντήκοντά τε καὶ ἑκατὸν ἀτειχίστους Πέρσας μηδεμιᾷ μηχανῇ ἐξελεῖν δεδυνῆ-
σθαι. καὶ τοῦ μὲν περιβόλου ἀνοικοδομήσασθαι ὅσα 18
καταπεπτώκει ἐν σπουδῇ ἐποιεῖτο· ἐπεὶ δὲ οὔτε τίτανον
ἐν τῷ παραυτίκα οὔτε τι ἄλλο τῶν ἐς τὴν οἰκοδομίαν
ἐπιτηδείων ἐν παρασκευῇ εἶχεν, ἐπενόει τάδε. θυλά- 19
κους λινοῦς, οἷς δὴ Πέρσαι τὰ ἐπιτήδεια σφίσιν ἐσε-
κομίσαντο ἐς γῆν τὴν Κολχίδα, ψάμμου ἐμπλησάμενος
ἐς τῶν λίθων τὴν χώραν ἐτίθετο, οἱ δὴ ἐνταῦθα βαλλόμενοι ἀντὶ τοῦ τοίχου ἐγίνοντο. καὶ τρισχιλίους 20
μὲν τῶν μαχίμων ἀπολεξάμενος αὐτοῦ εἴασεν, οἷσπερ
τὰ ἐδώδιμα οὐκ ἐς χρόνου κατέθετο μῆκος, ἐπιστείλας
τοῦ περιβόλου τῆς οἰκοδομίας ἐπιμελεῖσθαι· αὐτὸς δὲ
παντὶ τῷ ἄλλῳ στρατῷ ὀπίσω ἀπήλαυνεν.

Ἐπεί τέ οἱ ὁδῷ τῇ αὐτῇ ἐνθένδε ἰόντι οὐδεὶς τῶν 21
ἀναγκαίων ἐγίνετο πόρος, ἅπαντα ἐν Πέτρᾳ λιπόντι,
ἅπερ ἐπιφερόμενος ἐξ Ἰβηρίας ὁ στρατὸς ἔτυχεν, ἄλλην
τινὰ πορείαν ἰέναι διὰ τῶν ταύτῃ ὀρῶν διενοεῖτο, ἵνα
δὴ ἀνθρώπους οἰκεῖν ἔμαθεν, ὅπως ληϊζόμενοι ἀποζῆν
δύνωνται. ἐν ταύτῃ τῇ πορείᾳ τῶν τις ἐν Λαζοῖς λογί- 22
μων, Φούβελις ὄνομα, Πέρσας αὐλιζομένους ἐνήδρευσε,
Δαγισθαῖον ἅμα Ῥωμαίων δισχιλίοις ἐπαγόμενος, οἳ
δὴ τῶν Περσῶν ἐξ ἐπιδρομῆς ἵππους νέμοντάς τινας
ἔκτειναν, ἵππους τε ληϊσάμενοι δι᾽ ὀλίγου τὴν ἀναχώρησιν ἐποιήσαντο. οὕτω μὲν ὁ Μερμερόης τῷ Μήδων
στρατῷ ἐνθένδε ᾔει.

Überlebenden hatten deren Leichen keineswegs über die Stadtmauer hinausgeworfen, sondern trotz des üblen, fast erstickenden Geruchs ausgehalten; sie wollten ja, wo doch die Mehrzahl ihrer Leute den Tod gefunden hatte, die Feinde nicht noch irgendwie zur Belagerung ermutigen. Mermeroes aber erging sich in Spottreden und meinte, der Staat der Römer sei zu beweinen und zu beklagen; denn ihre Macht sei so geschwächt, daß sie ganze einhundertfünfzig, durch keine Befestigung geschützte Perser nicht irgendwie hätten niederzwingen können. Den Wiederaufbau der eingestürzten Mauerteile betrieb Mermeroes mit allem Eifer. Da er aber augenblicklich weder Kalk noch sonst einen Baustoff zur Verfügung hatte, kam er auf folgenden Gedanken: Er ließ die Leinensäcke, in denen die Perser ihre Lebensmittel nach Kolchis beförderten, mit Sand füllen, an Stelle der Steine auflegen und so einen Ersatz für die Mauer schaffen. Auch beließ er dreitausend ausgesuchte Streiter an Ort und Stelle, hinterlegte freilich für sie nicht auf lange Zeit Lebensmittel, sondern befahl nur, den Mauerbau zu betreiben; er selbst trat sodann mit dem ganzen restlichen Heer den Rückmarsch an.

Da er auf dem alten Wege keine Verpflegung mehr beischaffen konnte – er hatte ja alles, was das Heer aus Iberien mitbrachte, in Petra zurückgelassen –, beschloß er, eine andere Route und zwar durch die dortigen Berglandschaften zu nehmen, wo dem Vernehmen nach Menschen wohnten, und sich dort durch Plünderung zu verpflegen. Auf diesem Zuge legte ein vornehmer Laze namens Phubelis den Persern, während sie biwakierten, einen Hinterhalt. Er hatte zu diesem Zwecke Dagisthaios mit zweitausend Römern herbeigerufen, die nun bei einem Überfall einige persische Pferdehirten niedermachten und sich mit den erbeuteten Tieren alsbald zurückzogen. So verließ Mermeroes mit seinem Heere das Land.

Ὁ δὲ Γουβάζης, μαθὼν ὅσα δὴ Ῥωμαίοις ἔν τε τῇ 23
Πέτρᾳ καὶ τῷ στενωπῷ ξυνηνέχθη γενέσθαι, οὐδ' ὡς
ἔδεισεν, οὐδὲ τὴν ἐν τῷ κατ' αὐτὸν στενωπῷ φυλακὴν
εἴασεν, ἐνταῦθα σφίσι τὴν κεφαλὴν τῆς ἐλπίδος οἰόμενος εἶναι. ἐξηπίστατο γὰρ ὡς, ἢν καὶ Ῥωμαίους 24
ἐκτὸς Φάσιδος ποταμοῦ βιασάμενοι Πέρσαι τὸν στενωπὸν διαβῆναι καὶ ἐν Πέτρᾳ γενέσθαι δεδύνηνται, οὐδὲν ἂν ἐνθένδε Λαζῶν τῇ χώρᾳ προστρίψαιντο βλάβος,
Φᾶσιν διαβῆναι οὐδεμιᾷ μηχανῇ ἔχοντες, ἄλλως τε καὶ
νηῶν οὐ παρουσῶν σφίσιν. ὁ γὰρ ποταμὸς οὗτος 25
βάθους μὲν εἴπερ τις ἄλλος ἱκανώτατα ἔχει, εὔρους
δὲ ἐπὶ πλεῖστον διήκει. τῆς μέντοι ῥύμης αὐτῷ το- 26
σοῦτον περίεστιν ὥστε δὴ ἐς τὴν θάλασσαν ἐκβαλὼν
ἐπὶ μακρότατον κατὰ μόνας χωρεῖ, οὐδαμῇ ταύτῃ ἐπι-
μιγνύμενος. ὕδωρ ἀμέλει πότιμον τοῖς ἐκείνῃ ναυτιλλο-
μένοις ὑδρεύεσθαι πάρεστιν ἐν μέσῳ πελάγει. καὶ 27
φυλακτήρια μέντοι τοῦ ποταμοῦ ἐντὸς πεποίηνται πανταχόθι Λαζοί, τοῦ μηδὲ ναυσὶ διαπορθμευομένοις τοῖς
πολεμίοις ἀπόβασιν ἐς τὴν γῆν εἶναι. βασιλεὺς δὲ 28
Ἰουστινιανὸς Σαβείρων μὲν τῷ ἔθνει τὰ ξυγκείμενα
χρήματα ἔπεμψε, Γουβάζην δὲ καὶ Λαζοὺς χρήμασιν
ἄλλοις δεδώρηται. ἐτύγχανε δὲ πολλῷ πρότερον καὶ 29
ἄλλο στράτευμα λόγου ἄξιον ἐς Λαζικὴν πέμψας, οἳ
οὔπω ἀφικόμενοι ἐνταῦθα ἔτυχον. ἦρχε δὲ αὐτῶν
Ῥεκίθαγγος ἐκ Θράκης, ἀνὴρ ξυνετός τε καὶ ἀγαθὸς
τὰ πολέμια. ταῦτα μὲν οὖν ταύτῃ πη εἶχε.

Γενόμενος δὲ ὁ Μερμερόης ἐν τοῖς ὄρεσιν, ὥσπερ 30
μοι εἴρηται, Πέτραν ἐνθένδε τῶν ἐπιτηδείων ἐμπιπλάναι
ἐν σπουδῇ εἶχεν. ἐπαρκέσειν γὰρ τῷ ἐνταῦθα φυ-
λακτηρίῳ ἐς τρισχιλίους ὄντι τὰ ἐδώδιμα οὐδαμῇ ᾤετο,
ἅπερ εἰσκομισάμενοι ξὺν αὐτοῖς ἔτυχον. ἀλλ' ἐπεὶ τὰ 31
ἐν ποσὶ σφίσι γινόμενα μόλις ἀπέχρη ἐς τὴν δαπάνην
τῇ στρατιᾷ ταύτῃ, οὐχ ἧσσον ἢ τρισμυρίοις οὖσι,
καὶ ἀπ' αὐτοῦ οὐδὲν ὅ τι καὶ λόγου ἄξιον πέμπειν

Gubazes aber fühlte, obwohl er von der Niederlage der Römer bei Petra und im Engpaß erfahren hatte, keine Angst und gab auch die Bewachung der von ihm besetzten Wegenge nicht auf, im Gegenteil, er setzte seine größte Hoffnung darauf; denn darüber war er sich im klaren: Mochten auch die Perser imstande gewesen sein, die Römer südlich des Phasis zu überwältigen und nach Durchquerung des Engpasses Petra zu erreichen, sie konnten doch wohl von hier aus dem Lazenlande keinen Schaden zufügen. Der Phasis war ja, zumal ohne Schiffe, für sie unüberschreitbar. Dieser Fluß ist nämlich ungewöhnlich tief und sehr breit. Seine Strömung behält aber solche Kraft, daß er nach Einmündung ins Meer sehr weit hinaus für sich gesondert dahinfließt und sich nicht mit dem übrigen Wasser vermischt. So können die Seefahrer dort mitten auf der See Trinkwasser schöpfen. Auch haben die Lazen nördlich des Flusses allenthalben Wachttürme angelegt, damit die Feinde nicht einmal, wenn sie mit Schiffen übersetzen wollten, landen könnten. Kaiser Justinian aber schickte dem Volk der Sabiren die vereinbarten Gelder, während er Gubazes und die Lazen mit weiteren Summen beschenkte. Schon lange zuvor hatte er auch noch ein anderes stattliches Heer nach Lazien gesandt, doch war dieses noch nicht eingetroffen. Er stand unter der Führung des Thrakers Rekithangos, eines klugen und kriegserfahrenen Mannes. So spielten sich nun diese Dinge ab.

Nachdem Mermeroes, wie ich schon erzählte, das Bergland erreicht hatte, war er eifrig bemüht, Petra von hier aus mit Lebensmitteln zu versorgen; denn seiner Ansicht nach konnte der Proviant, den sie mitgebracht hatten, unmöglich für die dortige Besatzung mit ihren etwa dreitausend Mann hinreichen. Da jedoch, was sie eben fanden, knapp zur Verpflegung des eigenen Heeres – mindestens dreißigtausend Mann – genügte und sie deshalb keine nennenswerten Mengen nach Petra senden konnten, so ging Mermeroes mit sich zu Rate

ἐς τὴν Πέτραν οἷοί τε ἦσαν, λογισάμενος εὕρισκε
σφίσιν ἄμεινον εἶναι τὸ μὲν πλέον τοῦ στρατοῦ ἀπαλλάσσεσθαι ἐκ γῆς τῆς Κολχίδος, ὀλίγους δέ τινας ἐνταῦθα
μεῖναι, οἳ δὴ ἔμελλον τῶν ἐπιτηδείων, οἷς ἂν ἐντύχοιεν,
πολλὰ μὲν ἐς τὸ ἐν Πέτρᾳ φυλακτήριον ἐσκομίζεσθαι,
τοῖς δὲ ἄλλοις αὐτοὶ διαρκῶς χρῆσθαι· ἄνδρας οὖν ἐς 32
πεντακισχιλίους ἀπολεξάμενος αὐτοῦ εἴασεν, οἷς δὴ
ἄρχοντας ἄλλους τε τρεῖς καὶ Φάβριζον κατεστήσατο.
πλείους γὰρ ἐνταῦθα λείπεσθαι οὔ οἱ ἔδοξεν ἐπάναγκες 33
εἶναι, πολεμίων οὐδαμῆ ὄντων. αὐτὸς δὲ τῷ ἄλλῳ
στρατῷ ἐς τὴν Περσαρμενίαν ἐλθὼν ἡσύχαζεν ἐν τοῖς
ἀμφὶ Δούβιος χωρίοις.

Οἱ δὲ πεντακισχίλιοι, ἐπεὶ ἐγγυτέρω τῶν Λαζικῆς 34
ἐσχάτων ἦλθον, παρὰ ποταμὸν Φᾶσιν ἐστρατοπεδεύσαντο ἅπαντες, ἔνθεν τε κατ᾽ ὀλίγους περιιόντες ἐληί-
ζοντο τὰ ἐκείνῃ χωρία. ὧν δὴ ὁ Γουβάζης αἰσθόμενος 35
τῷ Δαγισθαίῳ ἐπέστελλε βοηθεῖν ἐνταῦθα σπουδῇ·
δράσειν γὰρ σφίσι τοὺς πολεμίους κακόν τι μέγα δυνατὰ
ἔσεσθαι. ὁ δὲ κατὰ ταῦτα ἐποίει, παντί τε τῷ ῾Ρω- 36
μαίων στρατῷ ἐπίπροσθεν ᾔει, ἐν ἀριστερᾷ ἔχων
ποταμὸν Φᾶσιν, ἕως ἐς χῶρον ἀφίκετο ἵνα δὴ οἱ Λαζοὶ
ἐστρατοπεδεύοντο ἐν τῇ ἑτέρᾳ τοῦ ποταμοῦ ὄχθῃ.
ἐτύγχανε δὲ ταύτῃ ὁ Φᾶσις διαβατὸς ὤν, ὅπερ ῾Ρω- 37
μαῖοι μὲν καὶ Πέρσαι ἀπειρίᾳ τῶν ἐκείνῃ χωρίων
ὡς ἥκιστα ὑπετόπαζον, Λαζοὶ μέντοι ἐξεπιστάμενοι
ἐνταῦθα διέβησαν ἐξαπιναίως καὶ ἀνεμίγνυντο τῷ ῾Ρω-
μαίων στρατῷ· Πέρσαι δὲ ἄνδρας χιλίους τῶν ἐν
σφίσι δοκίμων ἀπολεξάμενοι ἔπεμψαν, ὡς μή τις ἐπὶ
τὸ στρατόπεδον κακουργήσων ἴοι. ὧνπερ δύο ἐπὶ 38
κατασκοπῇ προτερήσαντες καὶ παρὰ δόξαν ἐς τοὺς
πολεμίους ἐμπεπτωκότες τὸν πάντα λόγον ἐσήγγειλαν.
διὸ δὴ ῾Ρωμαῖοί τε καὶ Λαζοὶ τοῖς χιλίοις ἐξαπιναίως 39
ἐπέστησαν, οὐδείς τε αὐτῶν διαφυγεῖν ἔσχεν, ἀλλ᾽ οἱ
μὲν πολλοὶ διεφθάρησαν, τινὰς δὲ αὐτῶν καὶ ζωρή-

und kam zu dem Ergebnis, daß es für ihn vorteilhafter sei, die Mehrzahl der Truppen aus Kolchis abzuziehen und nur ein paar Mann dort zu belassen; diese sollten dann den Großteil der vorgefundenen Lebensmittel der Besatzung in Petra liefern, vom Rest aber sich selbst entsprechend ernähren. Er ließ nun ungefähr fünftausend ausgesuchte Leute dort und gab ihnen neben drei anderen auch den Phabrizos zum Führer. Mehr Leute im Lande zu stationieren, schien Mermeroes unnötig, da ja keinerlei Feinde vorhanden waren. Dann marschierte er selbst mit dem restlichen Heer nach Persarmenien und bezog in der Gegend von Dubios Ruhelager.

Die Fünftausend aber näherten sich den Grenzgebieten Laziens und schlugen am Phasis ein gemeinsames Lager. Von hier aus unternahmen sie mit kleineren Gruppen Streifzüge in die Umgebung, um die dortigen Orte auszuplündern. Sobald Gubazes davon erfuhr, bat er Dagisthaios, ihm rasch dort Hilfe zu leisten; denn sie könnten den Feinden einen schweren Schaden zufügen. Dagisthaios entsprach dem Ersuchen und rückte – den Phasis zur Linken – mit dem gesamten römischen Heer so weit vor, bis er zu der Stelle kam, wo die Lazen auf dem jenseitigen Flußufer lagerten. Hier konnte man nämlich den Phasis überschreiten, womit die Römer und Perser in Unkenntnis der dortigen Örtlichkeiten ganz und gar nicht rechneten. Die Lazen jedoch wußten davon und so setzten sie hier plötzlich über den Fluß und vereinigten sich mit dem römischen Heere. Daraufhin stellten die Perser, um einen Anschlag auf ihr Lager zu verhindern, tausend ausgesucht tüchtige Leute ab. Zwei davon, die auf Erkundung vorausgeritten waren, fielen aber unvermutet in die Hände der Feinde und verrieten diesen den ganzen Sachverhalt. Das gab den Römern und Lazen die Möglichkeit, die tausend Mann überraschend anzugreifen, so daß niemand von ihnen entrinnen konnte, die meisten Perser fanden vielmehr den Tod, nur wenige wurden lebend gefangen. Von diesen erfuhren dann Gubazes und Dagisthaios mit ihren Leuten das Nähere über

σαντες οἵ τε ἀμφὶ Γουβάζην καὶ Δαγισθαῖον τό τε
μέτρον τοῦ Μήδων στρατοῦ καὶ τὸ τῆς ὁδοῦ μῆκος
μαθεῖν ἴσχυσαν, καὶ ὅπη ποτὲ αὐτοῖς τὰ παρόντα
ἔχοι.

Ἄραντες οὖν παντὶ τῷ στρατῷ ἐπ᾽ αὐτοὺς ᾔεσαν,
διαριθμούμενοι ὅπως πόρρω που τῶν νυκτῶν ἐπιπέσοιεν
σφίσι· τετρακισχίλιοι δὲ καὶ μύριοι ἦσαν. οἱ μὲν οὖν
Πέρσαι πολέμιον οὐδὲν ἐν νῷ ἔχοντες μακρόν τινα
ὕπνον ἐκάθευδον· τόν τε γὰρ ποταμὸν ἀπόρευτον
ᾤοντο εἶναι καὶ τοὺς χιλίους, οὐδενὸς σφίσιν ὑπαντιά-
σαντος, ἐπὶ μακρότατόν πη ὁδῷ ἰέναι. Ῥωμαῖοι δὲ
αὐτοῖς καὶ Λαζοὶ ὄρθρου βαθέος ἀπροσδόκητοι ἐπιπεσόντες τοὺς μὲν ἔτι ὕπνον αἱρουμένους εὗρον, τοὺς
δὲ ἄρτι ἐξ ὕπνου ἐγηγερμένους καὶ γυμνοὺς ἐπὶ τῶν
στρωμάτων κειμένους. διὸ δὴ αὐτῶν οὐδενὶ ἐς ἀλκὴν
ἰδεῖν ξυνηνέχθη, ἀλλ᾽ οἱ μὲν πλεῖστοι καταλαμβανόμενοι ἔθνησκον, τινὰς δὲ καὶ ἐζώγρησαν οἱ πολέμιοι,
ἐν τοῖς καὶ τῶν ἀρχόντων ἕνα τετύχηκεν εἶναι, ὀλίγοι
δέ τινες ἐν σκότῳ διαφεύγοντες ἐσώθησαν. τό τε
στρατόπεδον Ῥωμαῖοι καὶ Λαζοὶ αἱροῦσι καὶ τὰ σημεῖα πάντα, ὅπλα τε πολλὰ καὶ χρήματα μεγάλα ἐληΐ-
σαντο, καὶ ἵππων τε καὶ ἡμιόνων μέγα τι χρῆμα.

Ἐπὶ μακρότατον δὲ τὴν δίωξιν ποιησάμενοι καὶ
Ἰβηρίας πόρρω ἀφίκοντο. ἔνθα δὴ καὶ ἄλλοις τισὶ Περσῶν ἐντυχόντες πολλοὺς ἔκτειναν. οὕτω μὲν ἐκ Λαζικῆς
Πέρσαι ἀπήλλαξαν, Ῥωμαῖοι δὲ καὶ Λαζοὶ τά τε ἄλλα
ἐπιτήδεια καὶ ἄλευρα παμπληθῆ ἐνταῦθα εὑρόντες
ἅπαντα ἔκαυσαν ἅπερ ἐξ Ἰβηρίας οἱ βάρβαροι ἐπηγάγοντο, ἐφ᾽ ᾧ ἐς Πέτραν ἐσκομίσονται. Λαζῶν τε
πολλοὺς ἐλίποντο ἐν τῷ στενωπῷ, ὡς μηκέτι Πέρσαις
ἐς Πέτραν τὰ ἐπιτήδεια ἐσκομίζεσθαι δυνατὰ εἴη, ξύν
τε τῇ ἄλλῃ λείᾳ καὶ τοῖς αἰχμαλώτοις ἀνέστρεφον.

Καὶ τέταρτον ἔτος ἐτελεύτα Ῥωμαίοις τῆς ἐς Πέρσας ἐκεχειρίας, τρίτον καὶ εἰκοστὸν ἔτος Ἰουστινιανοῦ

βασιλέως τὴν αὐτοκράτορα ἀρχὴν ἔχοντος. Ἰωάννης
δὲ ὁ Καππαδόκης ἐνιαυτῷ πρότερον βασιλεῖ ἐς Βυζάντιον μετάπεμπτος ἦλθε. τηνικάδε γὰρ Θεοδώρᾳ τῇ
βασιλίδι ἐπεγένετο ἡ τέλειος ἡμέρα τοῦ βίου. τῶν
μέντοι πρόσθεν ἀξιωμάτων ἀνασώσασθαι οὐδ᾽ ὁτιοῦν
ἔσχεν, ἀλλ᾽ ἐπὶ τῆς ἀκουσίου τιμῆς ἱερεὺς ἔμεινε·
καίτοι φάντασμα τῷ ἀνθρώπῳ ἐγεγόνει πολλάκις ὡς εἰς
βασιλείαν ἀφίξεται. φιλεῖ γὰρ τὸ δαιμόνιον, ὅπερ ἐς
τοὺς ἀνθρώπους ὡραΐζεσθαι πέφυκεν, ἀπὸ μειζόνων
τε καὶ ὑψηλοτέρων ἐλπίδων κρεμᾶν οἷς δὴ οὐκ ἐπὶ
στερρᾶς φύσεως τὴν διάνοιαν ἑστάναι ξυμβαίνει. καὶ
τούτῳ γοῦν τῷ Ἰωάννῃ ἄλλας τε πολλὰς τερατολόγοι
φαντάσεις ἐς ἀεὶ προὔλεγον καὶ ὡς χρῆν αὐτὸν τὸ τοῦ
Αὐγούστου ἀμπίσχεσθαι σχῆμα. ἦν δέ τις ἱερεὺς ἐν
Βυζαντίῳ, Αὔγουστος ὄνομα, ὃς δὴ τῶν κειμηλίων τοῦ
τῆς Σοφίας ἱεροῦ φυλακὴν εἶχεν. ἡνίκα τοίνυν Ἰωάννης
ἀποθριξάμενος τῆς ἱερωσύνης ἠξίωτο βίᾳ, οὐ γὰρ ἦν
αὐτῷ ἐσθὴς ἱερεῖ πρέπουσα, τούτου δὴ τοῦ Αὐγούστου,
ἐγγύς πῃ ὄντος, τόν τε φαινόλην καὶ τὸν χιτῶνα ἐνδι-
δύσκεσθαι πρὸς τῶν τῷ ἔργῳ ἐφεστώτων ἠνάγκαστο,
ἐς τοῦτό τε αὐτῷ ἀπεκρίθη, οἶμαι, ἡ πρόρρησις.

gierung im dreiundzwanzigsten Jahre führte. Johannes der Kappadoker aber war schon ein Jahr zuvor, da Kaiserin Theodora damals ihre Leben beschlossen hatte, vom Kaiser nach Byzanz zurückgeholt worden, doch gelang es ihm nicht, wieder in den Besitz einer seiner früheren Würden zu kommen, vielmehr mußte er das aufgezwungene Priesteramt weiterhin bekleiden. Trotzdem hatte dieser Mensch immer wieder die Wahnvorstellung, daß er noch einmal Kaiser werde. Liebt doch das Schicksal seiner Natur nach den Menschen zu schmeicheln und gerade jene an übergroße und stolze Hoffnungen zu ketten, deren Denken sich auf keine feste Wesensart gründet. Diesem Johannes jedenfalls sagten Zeichendeuter außer vielen anderen Hirngespinsten ständig auch dies voraus, er werde bestimmt noch das Kleid des Augustus tragen. In Byzanz aber lebte ein Priester namens Augustus, der die Kleinodien der Sophienkirche zu bewachen hatte. Als nun Johannes geschoren und mit Gewalt zum Priester gemacht worden war, nötigten ihn die mit dieser Aufgabe betrauten Leute, da er kein Priesterkleid zur Hand hatte, Ober- und Untergewand dieses Augustus, der eben dabei stand, anzuziehen. So ging, wie ich glaube, die Prophezeiung an ihm in Erfüllung.

Einführung

Band I dieser Ausgabe, die Anekdota, enthält (S. 259 ff.) eine Schilderung der Zeitverhältnisse Prokops, seine Lebensbeschreibung und die Würdigung der Persönlichkeit wie des Gesamtwerkes, dazu nähere Untersuchungen über die Geheimgeschichte; die Gotenkriege (Band II) ergänzen die Ausführungen mit Blick auf die „Bücher vom Kriege". An beide Publikationen sei hiemit erinnert, indessen scheint es mir doch als zweckmäßig, im folgenden nochmals ein kurzes Lebensbild Prokops zu geben. Des weiteren gehe ich erneut auf die „Bücher vom Kriege" ein, wobei ich das früher Gebotene durch neue Gesichtspunkte zu ergänzen und Besonderheiten der „Perser- und Vandalenkriege" herauszuheben versuche.

Geboren wurde Prokop um die Wende vom 5. zum 6. nachchristlichen Jahrhundert in der wohlhabenden, weltoffenen Hafen- und Provinzhauptstadt Caesarea (Palästina) als Sohn angesehener Eltern, vielleicht Syrern, die sich aber ganz der griechischen Kultur zugehörig fühlten. Wie uns sein Werk lehrt, empfing er eine gediegene, das Wissen seiner Zeit umfassende Allgemeinbildung, die er später durch vielfältige Lektüre erweiterte. Juristische Studien, in Berytus oder Konstantinopel, schlossen sich an und verschafften dem noch jugendlichen „Rhetor" 527 die Stellung eines Rechtsberaters im Stab des damaligen Festungskommandanten von Daras und späteren magister militum Orientis (529) Belisar. Wem er diese glänzende, für sein Leben entscheidende Beförderung dankte, bleibt unbekannt. Jedenfalls war Prokop der verantwortungsvollen Aufgabe gewachsen und etwa 15 Jahre lang der Vertraute des berühmtesten Feldherrn seiner Zeit. Bis 531 weilte er bei ihm auf dem persischen Kriegsschauplatz, erlebte 532 an seiner Seite den blutigen Nikeaufstand in Konstantinopel und fuhr im Jahre darauf mit der römischen Flotte gegen die Vandalen. Von Afrika aus folgte er 536 dem Feldherrn in den Gotenkrieg. Die Einnahme Ravennas und Belisars Rückberufung nach Konstantinopel (540) beendeten seinen italischen Aufenthalt, nach dem wir ihn nur noch ein-

mal an einem bestimmten Ort nachweisen können: 542 während der großen Pest in der Reichshauptstadt. Die dienstliche Zusammenarbeit mit Belisar scheint sich nach dessen erneutem Einsatz in Italien (544) endgültig gelöst zu haben, dafür begann Prokop, meist in Konstantinopel weilend, nunmehr mit der Ausarbeitung seiner Schriften. Um 560 ist er wahrscheinlich gestorben.

Gegenstand der prokopianischen Geschichtsschreibung sind vor allem die Taten Justinians I. (527–565), der zum letzten Mal den gewaltigen – freilich zum Scheitern verurteilten – Versuch einer Erneuerung des Imperium Romanum unternahm und dabei in Belisar einen seiner großen Helfer fand. In drei Werken verschiedenen Umfangs geschieht die Auseinandersetzung mit dem genannten Stoff:

den *Anekdota*, welche das Herrscherpaar und sein System einer schonungslosen, ja haßerfüllten Kritik unterziehen und alles Unglück des Reiches ihrem angeblichen Verbrechersinn zur Last legen,

den *Bauten*, die im Gegensatz dazu Justinians Leistungen als Baumeister mit Lob überhäufen,

den acht *Büchern vom Kriege*, nach Inhalt und Umfang der bedeutendsten Schöpfung unseres Autors.

Die „Kriege" I–VII und in gewissem Sinne auch das nachträglich hinzugekommene Buch VIII sind nach einem einheitlichen, sachlich-geographischen Plane angelegt; sie entstanden auch, was die Reihe I–VII anlangt, in einem einzigen, obschon mehrere Jahre umfassenden Arbeitsgang und wurden gleichzeitig (etwa 551) der Öffentlichkeit übergeben, ohne daß späterhin Änderungen oder Ergänzungen erfolgten (VIII 1/1). So zeigen die Perser-, Vandalen- und Gotenkriege weitgehende Ähnlichkeiten: Buch I, III und V (mit denen jeweils eine in sich geschlossene Darstellung beginnt) greifen, ehe sie auf die Zeit Justinians und damit auf die Gegenwartsgeschichte eingehen, zur Unterrichtung des Lesers in vorausliegende Zeiten zurück, I bis auf den Tod des Kaisers Arkadius (408), III auf den des Kaisers Theodosius I. (395), während V mit der einjährigen Regierung des Romulus Augustulus (475/6) einsetzt. In jedem Falle sind markante Punkte der römischen Herrscherabfolge als Anfänge gewählt, dabei aber die zeitlichen Rückgriffe in I und III erheblich größer als in V und so auch nur mit Hilfe wesentlich längerer Darstellungen zu bewältigen: I und III stehen mit 55 bzw.

46 Teubnerseiten Einleitung ganzen 7 Seiten des Buches V gegenüber.

Herabgeführt werden die geschichtlichen Ereignisse am Ende der Perser-, Vandalen- und Gotenkriege (II, IV, VII) einheitlich auf das Jahr 550, doch auch hier fehlt es nicht an Abweichungen. Prokop hatte ursprünglich zweifellos die Absicht, den einzelnen Büchern der Kriege einen annähernd gleichen Umfang zu geben; I, V und VI bewegen sich um 140 Teubnerseiten, nur III bleibt – dem wesentlich engeren Stoffkreis Afrika zugehörig – etwas dahinter zurück. Dieses Prinzip ist in den abschließenden Büchern der drei großen Kriege, die 156 (II), 133 (IV) und 186 (VII) Seiten aufweisen, überraschend aufgegeben, der Grund für den jeweils größeren und dabei gegenseitig verschiedenen Umfang aber unschwer zu finden: Prokop hatte, wie er selbst andeutet (VIII 1/1), fortlaufend Tagesereignisse auf den einzelnen Kriegsschauplätzen nachgetragen, offenbar in der Hoffnung, einen „großen und überzeugenden" Abschluß finden zu können. Der unrühmliche Abgang Belisars aus Italien (549) und die wachsenden Erfolge Totilas ließen ihn jedoch im Jahre 550 diese Erwartung endgültig begraben, worauf er den genannten Zeitpunkt als notdürftigen Abschluß für das Gesamtwerk wählte und die Veröffentlichung vornahm. So kam es, daß II, IV und VII länger als die vorausliegenden Bücher wurden, am längsten VII, das den Gotenkrieg noch in hellem Brande zeigt, während die stilleren Fronten in Italien und im Osten nicht so viele Ereignisse beizusteuern vermochten und II wie IV sogar noch etwas „angereichert" werden mußten, damit der Anschluß an 550 in einiger Erzählungsdichte erreicht werden konnte. In IV wird zu diesem Zwecke in oft ermüdender Breite über Mordtaten und Verschwörungen auf dem Boden der neugewonnenen Provinz Afrika berichtet, in II die bereits in I angewandte gelockerte Erzählweise verstärkt fortgesetzt, die das eigentliche Kriegsgeschehen zuweilen verläßt und durch Hereinnahme innerrömischer Vorgänge (z.B. Pestschilderung, Schicksale Johannes' des Kappadokers) sich der Reichsgeschichte nähert.

Prokop hat, was Dichte und Straffheit der Darstellung anlangt, den Unterschied zwischen seinen Berichten einerseits über den östlichen und afrikanischen, andererseits über den italischen Kriegsschauplatz deutlich empfunden und in seiner Chronologie zum Ausdruck gebracht. Während die Ereignisse

in Italien nach thukydideischem Vorbild in das strenge
Schema von Kriegsjahren gepreßt und diese mit der gleich-
mäßig wiederkehrenden Wendung (z. B. V 7/37) abgeschlossen werden: „Und der Winter ging zu Ende und damit das
soundsovielte Jahr in diesem Kriege, den Prokop beschrieben
hat", bedient sich unser Geschichtsschreiber für die zeitliche
Festlegung des Geschehens an den übrigen Fronten der Zählung nach Herrscherjahren oder sonstiger – meist unsyste-
matisch eingestreuter – Daten, wie sie der mehr „bunten"
Erzählform seines zweiten Vorbilds, Herodots, entsprechen.
Diese Zurückhaltung erschwert für uns in manchem die Auswertung der Bücher I–IV, geht aber, wie gesagt, weniger auf
Unwissenheit des Verfassers als auf bestimmte Stilprinzipien
zurück. Von diesen her erachtet er auch Wendungen wie
„nachher", „kurze Zeit zuvor" oder „in jenen Tagen" als
seinem Gegenstande angemessener, wobei wir nicht aus-
schließen dürfen, daß eine uns modernen Menschen kaum
mehr nachvollziehbare, dem antiken Betrachter aber unbe-
wußt eigene Geringschätzung der „exakten" Zeit mitgewirkt
haben mag.

Trotz dieser Schwächen ist auch das im vorliegenden
3. Bande unserer Ausgabe zusammengefaßte Werk Prokops
klar und sinnvoll aufgebaut und erlaubt dem Leser, dem Ablauf der Begebenheiten samt den eingefügten Betrachtungen
ohne Mühe zu folgen. Der Verfasser begnügt sich dabei nicht
mit ausschließlich historischen Dingen, sondern verrät auch
lebhaftes Interesse an anderen Wissensgebieten, auf denen
er sich offenbar durch umfassende Lektüre und reiches, persönliches Erleben Kenntnisse erworben hat. Besonders liegt
ihm, wie der antiken Geschichtsschreibung seit Herodots Tagen, die Erdkunde am Herzen, sei es, daß er sich um die
Schilderung eines Flußlaufes, eines Gebirgszuges oder der
Lage eines Ortes bemüht, sei es, daß er zur Beschreibung
ganzer Länder und Meere ausholt, um so dem Leser ein genaues Bild von den geschichtlichen Schauplätzen zu vermit-
teln. Nicht minder beschäftigen ihn Fragen der Völkerkunde,
namentlich wenn es sich um Menschen ferner Gebiete und
verschiedener Lebensweise wie religiöser Auffassung handelt;
hier kommt bei ihm zuweilen eine fast romantische Freude
am Einfachen, Naturnahen zum Ausdruck. Doch damit nicht
genug, sprachkundig, wie Prokop ist – neben dem heimischen
Griechisch verstand er sicher auch Latein und Syrisch und

dürfte selbst des Gotischen und Persischen nicht völlig un-
kundig gewesen sein –, übersetzt und deutet er gern fremde
Wörter und Namen, liefert Angaben zu nichtgriechischen
Amtsbezeichnungen und erläutert Begriffe ausländischen
Staatsrechtes. An manchen Stellen möchte man fast annehmen, daß er fremdsprachliche Literatur eingesehen hat. Prokop erweist sich außerdem als scharfer und sachverständiger
Beobachter auf dem Gebiet der Medizin, streut Bemerkungen
mythologischer, kunstgeschichtlicher Art ein und versteht
sich auch etwas auf theologische Dinge. Ferner bemerken wir
diplomatische Kenntnisse. Zahllos sind natürlich seine Angaben über kriegstechnisches Gerät, militärische Organisation
und Truppenführung, dagegen treten juristische Fragen weniger, als man bei einem Rechtsgelehrten und Verwaltungs-
beamten erwarten sollte, in den Gesichtskreis des Lesers, der
dafür aber manchen Blick in die – meist traurige – Regierungs-
praxis tun darf. Dem Geiste seiner Zeit entsprechend huldigt
Prokop auch den Orakeln und Vorzeichen und gibt über sein
ganzes Werk hin Proben dieses mit dem an die Tyche eng verbundenen Glaubens. Schließlich sei noch eine gewisse Freude
am Anekdotischen und Märchenhaften erwähnt.

Trotz der in solcher Interessenfülle liegenden Gefahren
überschreitet unser Geschichtsschreiber nirgends die Grenzen
des guten Geschmacks. Er verteilt geschickt und verständig
seine ,,Beigaben‘‘ und weiß, ohne zu ermüden oder zu ver-
wirren, dem Ganzen Lichter und Akzente aufzusetzen.

Wir müssen diese Fähigkeit des Komponierens im Zusammenhang mit seinem stilistischen Können sehen. Hier besitzt
Prokop eine klare, sachliche, von guten Überlieferungen bestimmte Ausdrucksweise. Er kann zwar nicht seine Zugehörigkeit zur Spätantike verleugnen und erlaubt sich gegenüber klassischen Vorbildern beträchtliche Eigenwilligkeiten,
in Wortschatz und Grammatik, im Gebrauch von Präposi-
tionen, Kasus, Modus und Tempus sowie im Satzbau; auch
finden wir manche umständliche Ausdrucksweise und Vulga-
rismen. Man vergleiche indessen nur die Schöpfungen seiner
Zeitgenossen Johannes Malalas und Johannes Lydus, um die
Güte des prokopischen Stiles zu erkennen! Unser Autor erweist sich da als bedeutender Meister der Sprache, als ,,ein
Künstler von hohen Graden‘‘ (Rubin), der kraftvolles, an-
schauliches, eigenwüchsiges Griechisch schreibt. Bewundernd
beobachten wir, wie er mit prüfendem Ohr und feilender

Hand seine Sätze rhythmisch gliedert, die Satzklausel zur Anwendung bringt und Wörter nach den Gesetzen des Wohllautes wählt. Mag Prokop auch – zuweilen bis ins Wörtliche – Entlehnungen aus Herodot, Thukydides und anderen Historikern vornehmen, er wird darüber nicht zum Plagiator oder läßt sich unter dem Eindruck des Vorbildes zur Entstellung der Wahrheit verleiten. Stets bemüht, leere Phrasen zu meiden, paßt er im Gegenteil seine Ausdrucksweise möglichst dem Inhalt an. Dies kommt auch der ästhetischen Wirkung des Werkes zugute. Über längere Abschnitte hin liest es sich wie eine fesselnde Lektüre, ja erreicht manchmal fast dichterische Höhe. Solche Partien finden wir vor allem in den Gotenkriegen, doch unser 3. und 4. Band weisen ebenfalls bedeutende stilistische Leistungen auf, besonders wenn es gilt, über Schlachten und Belagerungen oder Schicksale einzelner Menschen wie ganzer Städte zu berichten oder psychologischen Fragen nachzuspüren und Motive abzuwägen, wozu der lebenserfahrene, vielgereiste Mann gute Voraussetzungen mitbringt.

Reden und Briefe galten in der Antike als Schmuckstücke eines historischen Werkes, sie gaben dem Verfasser Gelegenheit, seine rhetorischen Künste zu zeigen. Dieser Tradition und eigener Neigung folgend, hat auch Prokop seine „Kriege" mit zahlreichen Reden ausgestattet, die meist vor entscheidenden Ereignissen wie Feldzügen, Schlachten und Friedensschlüssen eingefügt, der Szene und den handelnden Personen besondere Wirkkraft verleihen sollten. Die Menschen von heute finden an Rhetorik solcher Art nur noch wenig Gefallen. „Blaß, gekünstelt, leer, von Gemeinplätzen wimmelnd" lauten daher in diesem Punkte viele Urteile über Prokop, so daß die Übersetzer jene Teile gerne aussparen oder nur summarisch wiedergeben. Indessen wird durch solche Kürzungen das Werk nicht nur in unzulässiger Weise verändert. es geht auch viel Wertvolles verloren. Enthalten doch die Reden – einige auch in der Form wirkliche Glanzstücke voll Kraft und Leben – eine Fülle bemerkenswerter Gedanken, beziehen Stellung zu Personen, Einrichtungen und Vorgängen und bieten dem Verfasser oftmals genutzte Gelegenheit, in unverfänglicher Weise Empfindungen und Absichten der Gegenpartei auszusprechen, so daß eine gewisse Spannung zu dem mehr vordergründigen Fluß der Erzählung entsteht. Im übrigen dürfte in manchen Reden, namentlich den kürzeren, ein historischer Kern enthalten sein und pointeartig zugespitzte

Wendungen vermutlich auf wörtliche Aussprüche der redend eingeführten Person zurückgehen.

Ähnlich steht es um die Briefe, doch hat hier meiner Auffassung nach der Verfasser mehr aus originalem Material geschöpft. Als consiliarius und Leiter der Feldkanzlei führte ja Prokop die gesamte dienstliche und wahrscheinlich auch private Korrespondenz Belisars und konnte sich darüber hinaus bei seinen vielfältigen Beziehungen zu höchsten Dienststellen Einblick in deren Akten und diplomatische Sammlungen verschaffen. Seine Aufgabe war es dann, die amtlichen Schreiben in die wesentlich einfachere Ausdrucksform des Geschichtswerkes umzusetzen.

Wir nähern uns damit der Frage nach Prokops Quellen. Gleich am Eingang zu den „Kriegen" (I 1/3) betont er, daß er sich bewußt sei, „von allen am geeignetsten für die Abfassung des Berichtes zu sein, aus keinem anderen Grunde, als daß er, zum Assessor des Feldherrn Belisar bestellt, fast allen Ereignissen persönlich beiwohnen konnte." Man darf diese Behauptung nicht allzu wörtlich nehmen, da, wie schon erwähnt, der Autor nur zwischen 527 und 540 nachweislich das Amt eines juristischen Beirates versah und auch während dieser Zeit nicht ununterbrochen in Belisars nächster Umgebung weilte, spätestens aber 542 dessen Dienst verlassen und sich im Osten des Reiches, vermutlich in Konstantinopel, der Abfassung seiner Werke gewidmet zu haben scheint. Gleichwohl bleiben noch sehr viele Ereignisse übrig, die er miterlebte, in Einzelfällen sogar mitgestaltete. Kraft und Anschaulichkeit der Darstellung lassen die betreffenden Partien unschwer erkennen. Was die Perserkriege anlangt, sind es in unserem 3. Bande die Kapitel von Prokops Ernennung zum consiliarius in Daras (I 12/24) bis zur Abberufung Belisars aus dem Osten (I 21/2); für den Vandalenkrieg sind es die Abschnitte von dessen Ausbruch (III 12/3) bis zu Prokops und Salomons Flucht aus dem aufständischen Karthago (IV 14/41). Die Nähe zu den Ereignissen steigert sich III 19/33 und 20/1 bis zur Berichterstattung in der Wir-Form.

Über sonstige Quellen Prokops zur Zeitgeschichte sind wir nur auf Vermutungen angewiesen. Literarische Werke kommen bei dem geringen Abstand von den Dingen kaum in Frage; so besteht sein schriftliches Material wohl im wesentlichen aus den schon erwähnten amtlichen Korrespondenzen, namentlich Gesandschafts- und andere Dienstberichten, die

bei Belisar und in der Reichszentrale zusammenliefen und
sicher durch ausführliche mündliche Angaben ergänzt wurden. Außerdem können spätere Reisen des Verfassers noch
weitere örtliche Eindrücke sowie Augenzeugenberichte und
lokale Überlieferungen verschafft haben. Was ihm das ,,tau-
sendohrige Byzanz'' mit seinem Kaiserhof und den zahllosen
Verbindungen über die Reichsprovinzen hinweg bis in ferne
Barbarenländer sonst noch an Meldungen und Gerüchten
vermittelte, läßt sich nur ahnen. Prokop redet, darin der Un-
tugend antiker Geschichtsschreiber folgend, lediglich in ganz
allgemeinen Andeutungen von seinen Gewährsmännern und
auch dann meist nur, wenn es gilt, Zweifel anzumelden. Auf
jeden Fall sah er sich, während er an seinen Werken schrieb,
einer Fülle des Interessanten und Aktuellen gegenüber und
mußte sich als geistvoller, aufgeschlossener Forscher lebhaft
aufgerufen fühlen, Widersprüchen nachzugehen, Schlüsse zu
ziehen und nach Einsichten in Dinge zu streben, die den meisten Zeitgenossen verschlossen blieben.

Auch was die Quellen zur Vorgeschichte seiner Kriegs-
schilderungen anlangt, wandern wir vielfach im Dunkeln. Sie
waren wohl sämtlich schriftlicher Natur, literarische Werke
verschiedener Güte, die der Verfasser kürzend ausschrieb und
in seinen eigenen Stil umsetzte. Irrtümer und Mißverständ-
nisse mögen sich dabei in einiger Zahl eingeschlichen haben.
Bis auf den heutigen Tag ist die Wissenschaft noch nicht viel
über die Ergebnisse des hochverdienten Prokopforschers J.
Haury hinausgekommen, der[1]) in den einleitenden Abschnitten gewisse Berührungen Prokops mit Parallelberichten anderer Autoren feststellte, die aber keine Vorlagen unseres
Historikers bildeten, sondern nur aus gleicher Überlieferung
wie er schöpften. Leider ist diese wie der Großteil der frühen
byzantinischen Historiographie bis auf geringe Reste verloren, so daß wir nur Priscus mit ziemlicher Sicherheit als
einen Gewährsmann Prokops nennen können. Dieser hoch-
achtbare Geschichtsschreiber des 5. Jahrhunderts n. Chr. hat
als Zeitgenosse die Schicksale des Römerreiches bis etwa 470
behandelt und die Gründung und ersten Jahrzehnte des Van-
dalenreiches in Afrika dabei einbezogen.

Im ganzen gesehen, zumal wenn wir von den Verhältnissen

[1]) Prolegomena zum 1. Bande seiner Teubnerausgabe
(S. 7 ff.).

eines antiken Historikers ausgehen, dürfen wir die Quellenlage bei Prokop als erfreulich bezeichnen. Hat er nun auch
die Materialien derart ausgewertet, daß wir seinen Ausführungen Glauben schenken und sie als wertvolle Fundgrube
geschichtlichen Wissens betrachten können ?
In Anlehnung an Thukydides betont unser Autor ausdrücklich, daß die Geschichtsschreibung der Wahrheit dienen müsse: „Wie der Redekunst Wortgewalt, der Dichtkunst Phan-
tasie, so kommt der Geschichtsschreibung Wahrheit zu. Dementsprechend hat er (Prokop) die Vergehen auch nicht der
Nächststehenden verheimlicht, sondern alle Taten genau nie-
dergeschrieben, sei es, daß sie gut, sei es, daß sie anders waren." Bekenntnisse dieser Art finden sich in der Antike leider
zu oft, als daß wir ihnen ohne weiteres Glauben schenken
können; hinzu kommt noch bei Prokop, daß er in den Anekdota einem ungezügelten, die Wahrheit und Wirklichkeit
außer Augen verlierenden Hasse nachgibt, in den „Bauten"
dagegen sich in dick aufgetragenen Schmeicheleien des gleichen Justinians ergeht. Verharmlosen oder aus psycholo-
gisch-politischen Gründen rechtfertigen läßt sich dieses Verhalten nicht, es erlaubt uns aber auch nicht, grundsätzliches
Mißtrauen in alle Angaben des Autors zu setzen und der
Glaubwürdigkeit der Perser- und Vandalenkriege nur mit
Zweifel zu begegnen. In meiner Einführung zum 2. Band der
Prokopausgabe (S. 1002) habe ich des näheren zu dieser Frage
Stellung genommen und unter Hinweis auf zahlreiche Beobachtungen dem Historiker hinsichtlich seiner Bücher vom
Kriege Bemühen um Objektivität und Wahrheitsfindung
bestätigt. Dieses Urteil schloß die Bücher I—IV ein, doch
möchte ich es, was das Belisarbild in der Darstellung Prokops betrifft, gegenüber meinen bisherigen Auffassungen etwas modifizieren: Als Mitarbeiter und Parteigänger des großen Feldherrn hat er seinen Helden allzu überschwänglich
gepriesen und seine Gestalt in ein Licht gerückt, das mehr den
ehrgeizigen Wünschen seines Auftraggebers als den wirkli-
chen Leistungen entsprach. Das ließe sich, wenn auch mit
einigen Bedenken, ertragen und mit Dankbarkeit und Bewunderung eines nahestehenden Mannes entschuldigen, billi-
gen aber läßt es sich nicht mehr, wenn zuweilen fast jeder
heilsame Entschluß, jedes rettende Eingreifen nur Belisar
zugeschrieben wird, während Mißerfolge aus dem Versagen
anderer oder aus ungenügenden Hilfsmitteln hergeleitet und

erklärt werden. Nicht genug damit, zeigen gerade die Feld-
züge in Persien, daß vielfach nur dort, wo Belisar ficht, die
Entscheidungen fallen, während die übrigen Kriegsschau-
plätze aus dem Blickkreis des Lesers bleiben, daß ferner die
Namen sehr beachtlicher Mitfeldherrn ungebührlich unterdrückt oder nur dann erwähnt werden, wenn sich ihnen irgend
ein Makel ankleben läßt. Die Folge ist, daß die Vorgänge an
der Ostfront mehrfach des inneren Zusammenhangs entbehren und, wie meine entsprechenden Anmerkungen zum Text
zu erweisen versuchen, wichtige Dinge erst ex silentio er-
schlossen werden können. Auch wird dem arglosen Leser auf
diese Weise manches verschwiegen, was dem „Helden" alles an
– oft selbstverschuldeten – Widrigkeiten begegnete, und sogar
die Anekdota bleiben den entsprechenden Nachtrag schuldig.
Mehr noch: Sobald Belisar von der Bühne eines Kriegsschau-
platzes abtritt, verlieren die weiteren Ereignisse für den Autor
an Glanz und Bedeutung, und die Berichterstattung fließt
sichtlich gedämpfter und schwungloser dahin.

Auch in anderen Fällen wird es dem Rhetor nicht leicht,
den rechten Maßstab an hervorragende Persönlichkeiten anzulegen. So wird der Vandalenkönig Gelimer mit seltsam un-
männlichen, fast romantisch-weltfernen Zügen ausgestattet,
die seine Wahl als des Vertreters nationaler Selbstbesinnung
und harter Politik kaum verstehen lassen, während der hel-
denhafte, ritterliche Perserkönig Chosreos sich bei Prokop als
ein habgieriger, betrügerischer Gewaltmensch darstellt. Es
kann nicht überraschen, daß auch Justinians Bild in I–IV
nicht der Wirklichkeit entspricht. Aus tiefer Abneigung heraus bürdet der Autor dem Herrscher, der doch die ganze Ver-
antwortung für das Reich zu tragen hat und erst das Wirken
Belisars und anderer ermöglicht, mehr oder weniger ver-
hüllt fast alles Belastende auf, während die Erfolge nur höchst
spärlich und dann mit Einschränkung ihrem Urheber ange-
rechnet werden.

Wir berühren damit die Grenzen, die Prokop gesteckt sind.
Er kann sein Rhetorentum nicht verbergen und erweist sich,
obschon vielseitig gebildet und reichbegabt, im Grunde doch
nicht als unbestechlicher Historiker und tiefblickender
Staatsmann, ebensowenig auch als sachkundiger Militär. Wie
ihn die Schlachtschilderungen mehrfach als „schwachen"
Taktiker zeigen, fehlen ihm die letzten Einsichten des Strate-
gen: Wesentliches mengt sich oft mit Nebensächlichem oder

wird ganz übersehen, die Freude an „schönen und interessanten Begebenheiten" heißt ihn diese übermäßig ausspinnen, während Entscheidendes lückenhaft geboten wird. Vor allem bleibt ihm das Ineinandergreifen von Vorgängen mehrfach unklar. Wohl hat er in Belisars Generalstab manches gelernt und versteht so, die einzelnen Kriegsereignisse im großen und ganzen aneinander zu knüpfen und die Hauptlinien der Entwicklung viel besser als sein Fortsetzer, der Heimstratege und Jurist Agathias, herauszuarbeiten, aber die Fronten in ihrer Gewichtigkeit zu sehen und weit voneinander abliegende Kampfhandlungen hinreichend in gegenseitige Beziehung zu setzen, das ist ihm und – zu seiner Entlastung sei es bemerkt – auch den meisten Reichshistoriographen versagt.

Die Kriege an der Ostfront und in Afrika mußten Prokop auf das Verhältnis zwischen Römer und Nichtrömer hinführen; in beiden Fällen waren es ja „Barbaren", Perser und Vandalen, mit denen sich die Heere des Reiches in harten Kämpfen trafen, um die alten Grenzen zu verteidigen bzw. verlorene Provinzen zurückzuholen. Es ist hier nicht die Stelle, den jahrhundertlangen Beziehungen zwischen dem Imperium und seinen Nachbarn nachzugehen. Jedenfalls haben die gewaltigen Bewegungen der ausgehenden Antike, die nach dem Einbruch fremder Völker in den Mittelmeerraum mit der Auflösung des weströmischen Reichsteiles endeten, die Vorstellungen der einheimischen Bevölkerung und damit auch die der Geschichtsschreiber stark beeinflußt: Furcht und Abneigung waren die vorherrschenden Gefühle, mit denen die Römer den Fremdlingen begegneten, und der Groll saß umso tiefer, als das Reich die Barbaren gleichzeitig als Helfer in seinen Nöten brauchte. Kein Wunder, wenn Prokop, zumal als überzeugter Verfechter der überlegenen römisch-griechischen Kultur, sich an verschiedenen Stellen seiner Werke in zornigen Klagen äußert. Immer wieder spricht er von der Roheit, Habgier und Treulosigkeit der Barbaren, schilt ihre Zerstörungswut, der eine Weltstadt wie Antiocheia zum Opfer fiel, und fühlt sich in seinem Stolze gedemütigt, wenn Justinian einem Perserkönig Jahrgelder bezahlt oder dessen Gesandten einer besonders ehrenden Aufnahme würdigt. „Von Natur aus herrscht eben Feindschaft zwischen Römern und Barbaren" (IV 28/14), und Roms Pflicht wäre es, sich gegen diese Feinde zu ermannen, ihnen mit der Schärfe des Schwertes die gebührende Lehre zu erteilen (I

19/22) und so die Anerkennung von Sicherheit und Vorrang zu erzwingen.

An diesem entschiedenen Ton ist indessen nicht überall von unserem Geschichtsschreiber festgehalten, wir finden auch einen Prokop, dem es um Ausgleich mit den Barbaren und um Verständnis für sie zu tun ist, der von allgemeinem Frieden unter den Völkern dieser Welt spricht. So werden zahlreiche dieser Fremdlinge mit Unvoreingenommenheit, ja mit Wärme und Zuneigung dargestellt und ihre Taten und Verdienste sachlich gewürdigt, nirgends rassische Einwände gegen sie erhoben. Ihre schlichten, naturnahen Verhältnisse erscheinen zuweilen geradezu romantisch idealisiert. Prokops stoisch und christlich beeinflußtem Denken entspringt schließlich manches Bekenntnis zur Einheit des Menschengeschlechts. I 11/18 lesen wir, daß auf Grund des Naturrechtes Kinder Erben ihrer Väter sind und „die Sitten, die infolge ihrer Unterschiedlichkeit einander stets bei sämtlichen Menschen widerstreiten, sich in diesem Punkte bei Römern und allen Barbaren vereinigen". Im übrigen dürfen wir nicht vergessen, daß zur Zeit unseres Autors viele Männer barbarischer Herkunft in leitenden und dienenden Stellungen dem Reiche ihre Hilfe boten und sich aus dieser schon lange bestehenden Übung ein Zustand entwickelt hatte, den selbst der stolzeste Römer als gegeben hinnehmen mußte. Das alternde Imperium war froh, wenn es sich der starken Arme barbarischer Soldaten und der Kriegserfahrung und Tatkraft fremdländischer Truppenführer bedienen konnte; es duldete ihre Sitten und Denkweisen bis hin zur stillschweigenden Tolerierung arianischer „Ketzerei", ja übernahm im Laufe der Zeit Ordnungen, die ursprünglich dem Römertum ferngelegen hatten. Das Verhältnis entspannte sich umso mehr, als mit dem Aufkommen der justinianeischen Dynastie die Germanengefahr im Balkan endgültig gebannt schien und eine Regierungsübernahme durch Landfremde nicht mehr in Frage kam. Zuverlässig, sofern nur die kaiserliche Regierung den Sold pünktlich bezahlte, versahen seitdem die barbarischen Verbände ihren Dienst und ebenso auch die meisten ihrer Volksgenossen in leitenden Stellungen. Germanen, Perser, Armenier, Hunnen stellten Feldherrn in der Reichsarmee. Viele von ihnen hat Prokop in langjährigem Verkehr kennengelernt und mit der Mehrzahl sichtlich gute Erfahrungen gemacht, so daß er ihre Taten neidlos anerkennt, ja bewun-

die Stärke des Perserheeres, die Länge des Weges und die augenblickliche dortige Lage.

Sie brachen nun mit dem ganzen Heere auf und marschierten gegen die Feinde, wobei sie genaue Berechnungen anstellten, um ihre Gegner in tiefer Nacht zu überfallen. Vierzehntausend Mann betrug ihre eigene Stärke. Die Perser dachten indessen an nichts Böses, sondern lagen im tiefen Schlaf; sie glaubten, der Fluß sei nicht zu überqueren und ihre tausend Mann zögen ohne Feindberührung irgendwo in der Ferne ihres Weges. Die Römer und Lazen konnten daher die Perser beim ersten Morgengrauen überraschend angreifen. Sie fanden dabei die einen noch im Schlaf, die anderen gerade erst erwacht und noch unbekleidet auf den Decken liegend, weshalb auch niemand an Widerstand dachte, vielmehr die meisten bei dem Überfall den Tod fanden und nur einige wenige, darunter auch einer der persischen Führer, lebend gefangen wurde. Eine kleine Schar konnte sich im Schutze der Dunkelheit durch Flucht retten. Die Römer und Lazen eroberten das Lager und erbeuteten dabei alle Feldzeichen, viele Waffen und reiche Schätze, außerdem eine große Zahl Pferde und Maultiere.

Auf der anschließenden Verfolgung, die sich weithin ausdehnte, drangen sie auch noch tief in Iberien ein und töteten dort bei einem Zusammenstoß mit anderen Persern eine Menge Gegner. So mußten die Perser Lazien räumen; die Römer und Lazen aber fanden außer anderen Lebensmitteln dort auch viel Weizenmehl vor und sie verbrannten alles, was die Barbaren aus Iberien zur Versorgung von Petra herbeigeschafft hatten. Auch ließen sie am Engpaß zahlreiche Lazen zurück, damit die Perser keine weiteren Lebensmittel mehr nach Petra liefern könnten, und traten schließlich mit der übrigen Beute und den Gefangenen den Heimweg an.

Und das vierte Jahr des Waffenstillstandes der Römer mit den Persern ging zu Ende, während Kaiser Justinian die Re-

dernd mit den römischen auf gleiche Stufe stellt. Jedenfalls
ist mir keine Bemerkung gegenwärtig, in der Prokop einzelne
Führer wegen ihrer Volkszugehörigkeit gegeneinander aus-
spielt und Lob und Tadel unter diesem Gesichtspunkt verteilt.

Das bedeutet freilich nicht, daß er sämtliche Barbaren auf
die gleiche Ebene stellt. Wer die Perser- und Vandalenkriege
liest und auch die darin eingestreuten Bemerkungen über die
Hunnen berücksichtigt, fühlt bald, daß dem Geschichtsschreiber die Perser, zumal noch unter ihrem ehrgeizigen und
kriegerischen König Chosroes, sehr fremd und mit den Hunnen zusammen als die „wahren" Reichsfeinde erscheinen.
In seinen Augen hat ihr Denken und politisches Handeln
fast etwas Unheimliches, vor dem sich jeder Römer hüten
sollte. Nirgendswo klingt auch bei Prokop der Gedanke an,
namhafte Gebiete und Bevölkerungsteile des „eigentlichen"
Persien zu gewinnen und mit dem Reiche zu verschmelzen,
obwohl Rom doch gerade an der mesopotamischen Front
manche Gebietsansprüche aus älterer Zeit anzumelden gehabt hätte. Demgegenüber stehen die Germanen, in unserem
Falle die Vandalen, seinem Herzen viel näher, und er begrüßt
es, wenn sie freiwillig mit dem Reiche Frieden schließen und
dem bereits eingeleiteten Assimilierungsprozeß folgend, sich
in den großen Verband zurückgliedern wollten. Der Kampf
in Afrika wird daher weniger gegen Reichsfremde als gegen
aufsässige Untertanen geführt und denn auch in einer Art
und Weise beendet, daß die „schönen und stattlichen" Vandalen samt ihrem König ins Reich übernommen werden. Hingegen vermittelt der Zusammenstoß mit den Maurusiern das
deutliche Gefühl, daß hier Prokop ein ganz anderes, ein
fremdartiges und bedenkliches Volkstum vor sich sieht. Sein
Verhältnis zu den Sarazenen und ihrem Führer Alamundarus
gründet sich auf ähnliche Einstellung.

Ein weiteres Bekenntnis zum Germanentum liefert das
Bild, das unser Autor von Gelimer entwirft. Ich habe oben
betont, daß der letzte Vandalenkönig von der historischen
Persönlichkeit abweicht; er war nicht der schwächliche Phan-
tast als der er in III und IV erscheint, eher das Opfer einer
von langer Hand vorbereiteten Aktion der kaiserlichen Regierung und verräterischer Mitwirkung im eigenen Lager.
Ihm leiht Prokop in seinem Unglück, um dessen Hintergründe er als consiliarius Belisars nur zu gut unterrichtet ist,

einen fast rührenden Glanz und macht ihn – vielleicht aus
Schuldgefühl – zum schicksalgebeugten Dulder. Seine Brüder Ammatas und Tzazon aber läßt er den rühmlichsten Hel-
dentod sterben. Erinnert das nicht an Totila und Teja, die
ebenfalls idealisiert werden?

Richten wir noch einen Blick auf Prokops politische und
religiöse Einstellung, so bieten die Bücher I–IV zu dem erst-
genannten Fragenkreis bei weitem nicht die Fülle von Aussagen wie etwa die Anekdota, lassen aber sein Grunddenken
erkennen. Dies ist betont konservativ. Als Sproß einer wohlhabenden, sicher den „Geschlechtern" Cäsareas zugehörigen
Sippe fühlte er sich durch eine weite Kluft von der „ungebil-
deten" und „unmündigen" Masse getrennt, der er Geringschätzung oder Mitleid entgegenbringt. Geltung haben für
ihn nur Rang und Herkunft, d.h. eine Gesellschaftsordnung,
die den Vornehmen wirtschaftliche Privilegien und die hohen
Stellen in Kaisers Dienst sichert. Damit ist auch seine Haltung gegenüber dem Kaisertum bestimmt. Republikanische
Sehnsüchte, wie sie in früheren Zeiten zur senatorischen Opposition gehörten, teilt er nicht mehr, er sieht in der monar-
chischen Spitze und Staatsleitung eine Selbstverständlichkeit.
Freilich muß es ein „maßvoller" Herrscher im Sinne des Se-
nates sein, der sein oberstes Ziel in der Abwehr aller Neuerung
und der Erhaltung des „Alten und Bewährten" sucht. Gerecht und freigebig leite der Kaiser den Staat, vertraue die
Ämter nur Würdigen an, pflege Frieden, Toleranz und
Menschlichkeit und bewahre als christlicher Pantokrator das
Imperium vor dem Ansturm des Unglaubens und der Bar-
barei. Zum letzten Male hat nach Prokops Auffassung das
Reich einen solchen Kaiser in Anastasius besessen, seitdem
aber sei es mit allem schlechter geworden und zwar in einem
Maße, daß man in Justinian den Teufel in Menschengestalt,
den Fürsten der Dämonen sehen müsse. Solch erbitterte Kri-
tik aus Prokops Munde überrascht, da doch Justinians ex-
pansive, auf Erhöhung des römischen Namens abzielende
Außenpolitik dem patriotischen Sinn des Geschichtsschreibers hätte zusagen können. In der Tat scheint Prokop mit
den Anfängen des Kaisers und den Erfolgen in Afrika und
Italien zufrieden gewesen zu sein, angesichts der weiteren
Entwicklung aber das Vertrauen verloren und die angewand-
ten Methoden als verbrecherisch empfunden zu haben. Solche
Wandlung findet in den historischen Ereignissen, soweit wir

sie überblicken können, keine ausreichende Begründung und läßt uns im persönlichen Bereich des Verfassers danach suchen. Man hat an die Möglichkeit demütigender Behandlung Prokops durch das Herrscherpaar, an die Verfolgung bzw. Ermordung von Verwandten oder nahestehender Freunde gedacht; mehr Gewicht besitzt die Vermutung, daß sich aus dem engen Verhältnis zu Belisar manche Enttäuschung für seinen consiliarius ergab, der mit dem Feldherrn zu höchsten Würden aufzusteigen hoffte und durch Justinians Vorgehen gegen diesen sich um seine kühnen Erwartungen betrogen sah. Klarheit ist in unserer Frage nicht zu gewinnen, doch dürfte gekränkter Ehrgeiz in Prokops Denken eine gewisse Rolle gespielt haben; er hätte sonst nicht späterhin in den „Bauten" Lobeshymnen auf den Kaiser angestimmt, die sicherlich mit einer Auszeichnung belohnt werden sollten.

Perser- und Vandalenkriege brachten Prokop auch mit religiösen Fragen in Berührung. Im Osten lernte er den Parsismus, im Westen das Arianertum kennen, im Reiche selbst kam er bei zahllosen Gelegenheiten mit der herrschenden Staatskirche, ihren Einrichtungen und Vertretern in Berührung. Wohltuende Toleranz kennzeichnet jedes seiner Worte, und nur wo ihm engherziger Aberglaube begegnet, findet sich ein tadelndes Urteil über andere Religionen. Infolge seiner Zurückhaltung gegenüber dogmengebundenem Denken hat man den Geschichtsschreiber zu einem heimlichen Heiden oder einem Freigeist machen wollen, mit Unrecht: Er glaubt an das Wirken eines lebendigen Gottes, der für Recht und Gerechtigkeit sorgt, die Menschen straft und belohnt und seinen erhabenen Willen nicht durchschauen läßt. Darüber hinaus gehört er der orthodoxen Reichskirche an und teilt ihre christliche Vorstellungswelt. Offensichtlich sagten ihm ihre Universalität und die Ausgewogenheit ihres Systems zu, die ihm bei den Häretikern zu fehlen scheint. Er lehnt darum auch die Sekten ab, ohne freilich dem Kaiser und der staatlichen Gewalt das Recht auf gewaltsame Bekehrung einzuräumen. Bemerkenswert und nicht nur als Stilmittel abzutun sind die zahlreich eingestreuten Heiligen- und Wundergeschichten, die wie z.B. die Abgarerzählung eine deutliche (durch sein Syrertum bedingte?) Aufgeschlossenheit erkennen lassen und sich mit der betonten Hochachtung decken, die Prokop allen geistlichen Personen sowie religiösen Stätten gegenüber empfindet. Dicht daneben wächst, eine allgemeine Erscheinung der damaligen

Zeit, der Glaube an Traumgesichte und Vorzeichen und wird
mehr zu beweisen als zu widerlegen versucht. Auch Zauber
und Dämonen sind unserem Geschichtsschreiber Wirklichkeit.

Verschiedentlich hat man Prokop als Aufklärer bezeichnet
und sich dabei auf seinen Glauben an die Tyche berufen, die
an vielen Stellen seines Werkes begegnet und als „unpersön-
liche Zwangsläufigkeit" an den Deismus des 18. Jahrhunderts erinnert. Möglicherweise fühlte Prokop von Natur aus
eine gewisse Neigung zum Fatalismus, und persönliche Erleb-
nisse sowie das Zusammensein mit Germanen, die dem Wyrd-
Glauben huldigten, mochten dieses Denken verstärkt haben,
indessen ergibt die genaue Überprüfung der einschlägigen
Textstellen immer wieder die Tatsache, daß die Grenzen zwischen Theos und Tyche bei unserem Autor ineinander fließen
und beide Bezeichnungen letztlich nur verschiedene Aspekte
des Göttlichen darstellen. „Bei dieser Gelegenheit", lesen wir
III 18/2, „mußte ich das Göttliche und Menschliche bestau-
nen, wie der Theos von Ferne die Zukunft betrachtend bestimmt, wie die Ereignisse ausgehen sollen. Die Menschen
aber ... wissen nicht, ob sie etwa einen Fehler begangen
oder richtig gehandelt haben, alles damit der Tyche ein Weg
gebahnt werde, auf dem sie zu dem längst Beschlossenen
hinführt." Deutlicher noch spricht an. 4/44: „Menschendinge
werden ja nicht nach dem Willen der Menschen, sondern
Gottes entschieden. Schicksal heißen es die Sterblichen, wenn
es ihnen unklar bleibt, warum die Dinge solchen Ablauf nehmen; denn was man nicht zu begreifen vermag, nennt man
gewöhnlich Tyche." Gott und Schicksal sind nach diesen
Ausführungen nicht nur weitgehend angenähert, der göttliche
Wille dominiert sogar; mag die Tyche noch so große Gewalt
besitzen, sie ist ebenso wie das in der Dämonenwelt repräsen-
tierte Böse nur etwas vom Theos Zugelassenes, unbegreiflich
zwar, aber nicht unsinnig, allumfassend, doch in Gottes All-
macht eingeschlossen. Diese Auffassung geht letztlich auf
Platon zurück, Augustinus und Kaiser Julian, um zwei bedeutende Vertreter spätantiker Geistigkeit zu nennen, haben
sie geteilt. Sie gab einem gläubigen Christen und damit auch
Prokop die Möglichkeit, die altüberkommene und in literari-
schen Vorlagen oft verwendete Tychevorstellung ohne größeren Anstoß in seine religiöse Welt herüberzunehmen. Der
typisch heidnische Sinngehalt war so gut wie vollständig verloren und nur die alte Ausdrucksform erhalten geblieben.

Schemen ohne Blut und Kraft sind auch die in Prokops Schrifttum hie und da erwähnten heidnischen Götter, Mythen und Gebräuche. Er konnte sie umso unbedenklicher erwähnen, als die herrschende Kirche ähnlich über derartige „Erinnerungsstücke" dachte und sie den Rhetorenschulen als dankbar verwendete „Requisiten" überließ.

Die „Bücher über den Krieg" erfreuten sich weiter Verbreitung. Mit Genugtuung bemerkt der Verfasser bereits am Anfang des Ergänzungsbandes (VIII 1/1), daß I bis VII „inzwischen herausgegeben und allenthalben im römischen Reiche bekannt geworden seien" und er deshalb an ihnen nachträglich nichts mehr ändern könne. Das Werk gewann in der Folgezeit dank seiner inhaltlichen Fülle und Güte, der klaren Darstellung und ansprechenden stilistischen Ausformung solches Ansehen, daß drei Geschichtsschreiber, Agathias, Menander Protektor und Theophylaktos Simokattes, Fortsetzungen verfaßten und eine Art Reichshistorie begründeten. Als unter Kaiser Konstantinos Porphyrogennetos (913–959) nach dunklen Jahrhunderten die byzantinische Literatur wieder erblühte, gewann unser Autor erneut Bedeutung: Er fand nicht nur Eingang in die Exzerptensammlungen des genannten Herrschers, sondern wirkte – vornehmlich als Stilmuster – auch auf Männer wie Georgios Kedrenos, Zonaras, Johannes Kinnamos und Nikephoros Kallistos, wobei die Zahl seiner geistigen Erben wesentlich größer gewesen sein mag.

Im europäischen Westen wurde Prokop seit dem 14. Jahrhundert gelesen, und zwar nach der Menge der uns vorliegenden (ziemlich jungen) Handschriften zu schließen, die Gotenkriege mehr als die Bücher I–IV, die auch meist für sich allein d. h. ohne die zweite Tetrade (V–VIII) überliefert sind. Heute zählt der Autor trotz der erwähnten Mängel zu den Großen der Geschichtsschreibung, ohne dessen Darstellung wir nur wenig über den Mittelmeerraum und die angrenzenden asiatischen Länder während der ersten Hälfte des sechsten Jahrhunderts wüßten. Schade, daß sich die Dichtung noch nicht genügend der vielfach hochdramatischen Stoffe angenommen, jedenfalls das Vandalenreich und die Schicksale seiner Könige so gut wie übergangen hat. Das törichte Wort vom „Vandalismus" könnte vielleicht dadurch einem weiteren Kreise als böswillige Erfindung ins Bewußtsein gebracht werden.

Erläuterungen

Prokops Kriegsgeschichte wird nach der fortlaufenden Zählung des Gesamtwerkes (Buch I mit VIII) zitiert, von dem die „Perserkriege" die Bücher I und II, der „Vandalenkrieg" und die anschließenden Kriegsereignisse in Afrika die Bücher III und IV umfassen. Zur Ergänzung der folgenden Ausführungen sei auch auf Angaben in den beiden bereits bei Ernst Heimeran München 1961 bzw. 1966 erschienenen Bände meiner Prokopausgabe „Anekdota" und „Gotenkriege" verwiesen.

BUCH I

1. Kapitel

Das einleitende Kapitel ist deutlich den auch sonst von Prokop als Vorbildern benützten „klassischen" Historikern Herodot und Thukydides nachgebildet (vgl. Anekdota S. 270 und Gotenkriege S. 998!). Man beachte die Hervorhebung der Person und Herkunft des Verfassers, des – kriegerischen – Themas seines Werkes, der Aufgabe der Geschichtsschreibung, der besonderen Bedeutung des behandelten Gegenstandes, schließlich des belehrenden Wertes der Ausführungen für künftige Heerführer, Politiker und sonstige interessierte Leser!

3 Prokops Behauptung, als juristischer Beirat (symbulos) „an fast allen Ereignissen persönlich teilgenommen zu haben", darf nur mit Einschränkung gelten (vgl. Anekdota S. 265!); hier geht er auch über Thukydides' (I 21 u. 22) zurückhaltende Erklärungen hinaus, der sich mit „bestmöglicher unmittelbarer oder mittelbarer Information und gewissenhafter Auswertung seiner Materialien" begnügt.

5 Übersteigerung gegenüber Thukydides, der sich phrasenlos um Wahrheit und Objektivität bemüht, liegt ebenfalls in dem nachdrücklichen Hinweis des „sine ira et studio" vor, das als Gemeinplatz der späteren antiken Geschichtsschreibung angehört (vgl. Anekdota S. 270ff. und Gotenkriege S. 1001ff.!).

Noch deutlicher verrät sich Prokops Verpflichtung gegen-

über der mehr rhetorisch eingestellten nachthukydideischen
Historiographie, wenn er (4) Rhetorik, Dichtkunst und Geschichtsschreibung (vgl. Diodor I 2, 2.7!) von einander abzu-
grenzen versucht und das Kapitel mit der eingehenden Schilderung eines homerischen und zeitgenössischen Bogenschützen schließt; der in Thukydides. „Archäologie" (I 2–19) be-
absichtigte, auch Homer einbeziehende (I 9–11) wissenschaftliche Nachweis, daß die Leistungen der Vergangenheit mit
denen der Gegenwart keinen Vergleich aushalten, ist hier zu
einem effektvollen, als Blickfang dienenden Kontrastbild
verdichtet. Wie B. Rubin in dem seinem RE-Artikel „Prokopios von Kaisareia" eingefügten Kommentar mit Recht zu
dieser Stelle betont, äußert sich in der Ausrichtung auf eine
Einzelheit auch Prokops mehr dem fachlich Militärischen als
dem umfassend Politischen zugewandte Denkart, die auch
sein übriges Werk bestimmt und einen deutlichen Abstand
zu Thukydides erkennen läßt. Enge Bindung an Belisar und
seinen Kreis dürfte dabei nicht ohne Einfluß auf den Historiker geblieben sein. Im übrigen vgl. H. Lieberich, Studien zu
den Proömien in der griech. und byzant. Geschichtsschreibung I/II, Programme München 1898 u. 1900!

2. Kapitel

Kaiser Arcadius, der ältere Sohn Theodosius' I., 377 ge- **1f**
boren, 19. 1. 383 mit der Augustuswürde bekleidet, regierte
nach dem Tode seines Vaters (17. 1. 395) bis zu seinem eigenen Hinscheiden (1. 5. 408) die Osthälfte des römischen
Reiches. Er war von Geburt an kränklich und überließ die
Regierung des von äußeren Feinden (Germanen) und religiösen Wirren bedrohten Reiches meist fremden Händen, u. a.
seiner tatkräftigen Gemahlin Eudoxia. Neben drei Töchtern
hinterließ er den siebenjährigen(!) Theodosius II. (408–450),
einen ebenfalls wenig aktiven Herrscher, der sich gerne gelehrten Studien widmete.

In der Zeit von 337 (Tod Konstantins I.) bis 395 (Tod **3**
Theodosius') versuchten zahlreiche Machthaber sich auf ge-
waltsame Weise zu Kaisern aufzuschwingen; noch der letzte
Feldzug Theodosius' I. galt der Beseitigung des „Tyrannen"
Eugenius und seines Helfers Arbogastes (Schlacht am Frigi-
dus. Herbst 394).

Theodosios' II. Onkel Honorius (395–423), der jüngere **4**
Sohn Theodosius' I., verlegte unter dem Druck der Germa-

nengefahr (um 405) seine Residenz von Rom nach Ravenna,
das seitdem einen bedeutenden Aufschwung nahm. 406
stoßen Vandalen, Burgunden, Alanen und Sueben über den
Rhein nach Gallien und Spanien vor; am 28. 8. 410 erobert
König Alarich zum Schrecken des ganzen Reiches die Hauptstadt Rom, seine Westgoten lassen sich anschließend in Süd-
gallien und Spanien nieder.

5   Nach Julianus' (361–363) unglücklichem Perserfeldzug
zwang König Schapur II. die Römer, die Städte Nisibis und
Singara sowie fünf südarmenische Satrapien abzutreten und
Beiträge zur Verteidigung der sog. Kaspischen Tore (heute
Pforte von Darial östlich des Kasbek, anschließend Grusinische Heerstraße) zu leisten. Außerdem wurden Iberien (heute
etwa Georgien) und das östlich angrenzende Albanien persischem Schutze unterstellt. Infolge der Schwäche von Scha-
purs II. (gest. 379) Nachfolgern und der Bedrängnisse Ostroms durch Germanen und Hunnen kehrte zwischen den
Großreichen für längere Zeit Friede ein, doch blieb ein gefährlicher Einbruch in die römische Ostfront zurück.

7   König Isdigerdes I. (Yazdgard) regierte 399 bis 421. Bemüht, die Macht des Königtums zu heben, suchte er im Kampf-
fe gegen die Vertreter der mazdaistischen Staatsreligion und
den persischen Hochadel Hilfe bei seinen christlichen Untertanen und darüber hinaus gewisse Rückendeckung bei Byzanz. Die guten römisch-persischen Beziehungen fanden
ihren Ausdruck in der – nur ehrenhalber ausgesprochenen –
Bestellung des Großherrn zum Vormund des jugendlichen
Theodosius II.; außerdem war dessen Erzieher Antiochus
persischer Herkunft und galt als Vertrauensmann Isdigerdes'. Späterhin versuchten die Perser ihrerseits die Adoption
des jugendlichen Thronfolgers Chosroes bei Kaiser Justinus I.
zu erreichen (I 11).

11   Isdigerdes' allzu christenfreundliche Politik trug ihm bei
seinen persischen Gegnern den Schimpfnamen „Der Sünder" ein und führte wahrscheinlich zu seinem gewaltsamen
Ende (421), worauf sein (2.) Sohn und Nachfolger Vararanes
V. (Bahram) – er herrschte 421 bis 438 – eine christenfeind-
liche Haltung einnahm. Ein kurzer, dadurch veranlaßter
Krieg (421/2) endete zugunsten Ostroms.

12   Das Auftreten des Anatolius erfolgte während eines späteren Krieges (441), in dem König Isdigerdes II. (438–457) die
Römer u. a. zu gewissen Tributleistungen zwang, vermutlich

für die Bewachung der Kaspischen Tore, wodurch das Verhältnis von 363 wieder hergestellt war. Wahrscheinlich um die Darstellung zu raffen und wirkungsvoller zu gestalten, hat Prokop seine Vorlage gekürzt und dabei beide Kriege zusammengeworfen. Prokops Bericht dürfte letzten Endes auf das bedeutende Geschichtswerk des Priskos (5. Jhdt.) zurückgehen, von dem neben Brechungen bei anderen Historikern beachtliche Fragmente vorliegen.

3. Kapitel

Um die bis 502 während Friedenszeit zwischen Ostrom und Persien auszufüllen, bietet Prokop allerlei Interessantes über die Perserkönige und ihre Schicksale und läßt dabei – entsprechend dem Geschmack seiner zeitgenössischen Leser – neben Anekdotisch-Märchenhaftem auch ethnographische Angaben einfließen.

Die Regierung des Perozes (Firuz) von 457 bis 484 bedeutete infolge der schrankenlosen Herrschaft des Adels und der Staatskirche einen Tiefpunkt königlicher Macht; dazu kamen Angriffe kaukasischer Völker und der aus Innerasien vorbrechenden Ephthaliten, der sog. weißen Hunnen, die um die Mitte des 5. Jahrhunderts ein Großreich im skythischen Zweistromland (Syr-Darja und Amu-Darja) begründeten. Prokops Bericht über deren Aussehen, Lebensweise und staatliche Ordnung dürfte weitgehend den Tatsachen entsprechen und guten Quellen entstammen. 1

Kaiser Leo I. (457–474) hatte sich die Schwierigkeiten Persiens zunutze gemacht und die 441 bewilligten Tribute verweigert; Zenon I. (474/5 und 476–491) schickte wenigstens einen Gesandten, vermutlich den Cod. Just. XII 29/2 für 474 erwähnten magister officiorum Eusebius, der Perozes auf seinem Feldzug (etwa 481) begleitete. Die Kämpfe spielten in den östlichen Ausläufern des Elbursgebirges, wo die Stadt Gorgo (heute Gargan) liegt. 8

Als Kern der märchenhaft ausgestalteten Erzählung darf man annehmen, daß Perozes unter sehr demütigenden Bedingungen zum Frieden genötigt wurde. Nach Josua Stylites X 8 mußte er sich auch zur Bezahlung eines beträchtlichen Lösegeldes verstehen und seinen Sohn Kabades als Bürgen stellen. Eusebius selbst, auf den unser Bericht irgendwie zurückgehen dürfte, wurde von Kaiser Zenon I. freigekauft. 11

4. Kapitel

1 Auf seinem zweiten, ebenfalls in der Gegend von Gorgo spielenden Feldzug (484) erlitt Perozes eine entscheidende Niederlage und fand mit zahlreichen Söhnen und fast dem ganzen Heer den Tod.

7 Das von den Ephthaliten angewandte Grabensystem scheint im Osten kein Einzelfall gewesen zu sein; jedenfalls haben sich die Römer vor Daras einer ähnlichen Abwehr bedient (I 13).

17 Die Geschichte von der wundersamen Perle dürfte orientalischer Fabulierkunst entstammen, doch weist die Absicht des römischen Kaisers (16), sie zu erwerben, auf einen byzantinischen Mittelsmann.

32 Prokops Angaben über die Nachfolge des Perozes sind z. T. unrichtig: Kabades (Kawad) war nicht der einzige überlebende Sohn (Theoph. 136/25), er folgte auch nicht unmittelbar seinem Vater in der Regierung, sondern erst nach der vierjährigen Herrschaft (484—488) seines Onkels von Vaterseiten, des schwachen Königs Blases (Balas), dessen Zwischenregiment Prokop (5/2) fälschlicherweise später ansetzt und mit dem des (vom Autor nicht erwähnten) Zamasphes verwechselt. Des letzteren Königtum währte von 497 bis 499.

34 Erst mit Kabades (488—497 und 499—531) gewann das Perserreich, das beträchtliche Gebiete an die Ephthaliten verloren hatte und vorübergehend sogar in deren Tributpflicht geraten war, allmählich seine Unabhängigkeit und innere Stärke zurück. Merw wurde persische Grenzfestung und blieb sie, bis zwischen 563 und 567 das Ephthalitenreich den Angriffen der Türken erlag.

5. Kapitel

1 Die Regierungsanfänge des Kabades waren sehr schwierig, doch fand er im Kampf gegen die Feudalherrn und die mazdaistische Staatskirche die Hilfe der Mazdakiten, einer nach ihrem Gründer, dem Propheten Mazdak, benannten religiösen Bewegung, die sozialrevolutionäre Ziele verfolgte. Mit ihren „kommunistischen" Plänen mag es zusammenhängen, daß man ihrem Gönner Kabades Neuerungssucht, vor allem die Einführung der „Frauengemeinschaft" vorwarf. 497 erlag der Herrscher der Koalition seiner Gegner und wurde durch seinen Bruder Zamasphes ersetzt.

Das vorsichtige Vorgehen der Empörer beweist, daß Ka- 3
bades noch über eine mächtige Anhängerschaft verfügte. Ihn
unterstützten auch die Ephthaliten, die ihn offenbar als ihr
Werkzeug zu benützen hofften. So erklärt sich auch das betont feindliche Auftreten des Gusanastades, des Befehlshabers der persischen Militärgrenze gegenüber den Ephthaliten.

Das Stichwort „Ort des Vergessens" ist für Prokop eine 7
gefundene Gelegenheit, nicht nur über das auch sonst bezeugte Gefängnis (Ammianus Marcellinus XXVII 12/3, Vita
S. Joannis Eleemosynarii 48), sondern auch die rührende,
sichtlich mit Märchenmotiven durchsetzte Geschichte des
Perserkönigs Pakurios und seines armenischen Gegners Arsakes zu berichten. Pakurios entspricht dem historischen Perserkönig Schapur II., der nach seinem Siege über Kaiser Julianus desssen Verbündeten, den Armenierkönig Arsakes, zwischen 364 und 368 hinterlistig gefangen setzen und im „Schloß
der Vergessenheit" namens Azabana unter Martern hinrichten ließ. Wir haben hier, wie Prokop selbst bezeugt (9.40),
einen armenischen Bericht vor uns, der das Schicksal des
unglücklichen Königs romantisch veredelt. Vielleicht verbirgt
sich hinter dem „treuen Armenier" (30) eine Erinnerung an
Cylaces und Arabannes, die beide von Schapur zur Eroberung
der noch von der Königinwitwe verteidigten armenischen
Hauptstadt Artogerassa ausgesandt, zu ihren Stammesgenossen übergingen und den Persern schweren Schaden zufügten
(Amm. Marc. XXVII 12/5ff.). Die Einfügung der Geschichte
an unserer Stelle geschieht nicht ohne einigen Widerspruch:
Während 40 ausdrücklich betont, daß nach Arsakes' Tod der
„Ort des Vergessens" nicht mehr als Gefängnis benutzt wur-
de, kommt nach 7 Kabades später dorthin in Haft.

6. Kapitel

Die Tatsache, daß Prokop den Namen der opferbereiten 1
Königin und auch ihr weiteres Schicksal nicht zu nennen vermag, sowie seine Bemerkung in 9 „daß die persischen Berichte
sich widersprechen", beweisen die Unzulänglichkeit seiner
Quellen; wahrscheinlich hat er nicht wie sein Fortsetzer
Agathias auf persische Originalquellen zurückgegriffen,
sondern sich mit griechischen Mittelsmännern begnügt. Die
Befreiung des Kabades war jedenfalls von langer Hand vorbereitet und wurde von einem Teil der persischen Großen un-
terstützt. Seine Rückführung geschah dann mit Hilfe der

Ephthaliten, deren Einfluß sich Persien nach der Katastrophe
des Perozes (484) nur langsam zu entziehen vermochte; Seoses' Aufstieg zum zweiten Mann nach dem König und sein
späterer Sturz (I 11/31 ff.) hängen noch mit dieser Entwicklung zusammen. Im übrigen verstand es Kabades, aus dem
Kampf zwischen den Feudalherrn und den Mazdakisten
Nutzen zu ziehen und das Königtum so zu stärken, daß er
an einen Waffengang mit Byzanz denken konnte. Prokop
hat diese Hintergründe wahrscheinlich nicht gekannt oder
nicht durchschaut.

17   Milder, aber ähnlich wie Kabades verfuhr später Chosroes
mit seinem rebellierenden Sohne Anasozadus (VIII 10/20).
Die genaue Schilderung der Blendung entspricht Prokops
Interesse für medizinische und ethnographische Gegenstände
und sollte den Leser fesseln.

7. Kapitel

1   Die persische Forderung nach Geldzahlungen fußte wohl
auf dem Vertrag von 441, dem sich aber Byzanz angesichts
der persischen Schwäche in der Folgezeit mehrfach entzogen
haben dürfte. Kaiser Anastasios, der durch geordnete Fi-
nanzverwaltung einen beträchtlichen Staatsschatz ansam-
meln konnte (vgl. Anekdota 19/7, 8), scheint grundsätzlich
eine Geldhilfe nicht abgelehnt zu haben; indem er aber nur
an eine Anleihe dachte, wollte er wohl die alte Tributpflicht
in aller Form abschütteln. Grundsätzlich wünschte er Frieden, während Kabades ein Raubkrieg zur Stärkung der königlichen Macht nicht unwillkommen war.

3   Der Krieg begann mit einem Angriff auf die immer ge-
fährdete Grenze Armeniens im Nordabschnitt der Front;
durch Verrat eroberte Kabades Theodosiopolis (Erzerum),
hierauf Martyropolis und legte sodann südwärts stoßend,
Oktober 502 sich vor Amida, während eine zweite persische
Armee gegen Edessa rückte. Der König wollte offensichtlich
die seit dem Verlust von Nisibis (363) aufgerissene römische
Grenze noch weiter nordwärts zurückschieben und den
römisch gebliebenen Rest Armeniens in seine Gewalt bringen.

5   Die Wundergeschichte des „heiligen" Jakobus, der so
ganz dem syrischen Ideal zaubermächtiger Wüstenmönche
entspricht, scheint lokalhistorischer Überlieferung von Amida
entnommen zu sein. Sie beweist im übrigen, daß ephthaliti-
sche Verbände (8) im Perserheer mitkämpften und Kabades

bemüht war, die religiösen Gefühle der Grenzbevölkerung zu schonen. Der örtlichen – nicht eben perserfeindlichen (vgl. 34) – Tradition gehört auch die eindrucksvolle Darstellung der Belagerung und Einnahme (11. Jan. 503) Amidas an, mit der Prokop die große Reihe seiner vorzüglich erzählten Berichte über bedeutende Kriegsereignisse einleitet.

Prokop liebt es, mit sichtlicher Ehrerbietung, aber beton- 22 ter Distanzierung christliche Personen und Einrichtungen zu erwähnen, so daß man in ihm fast einen Nichtchristen vermuten könnte.

Die Deportation von Gefangenen wurde (nach altorientali- 34 schem Vorbild) von den Perserkönigen häufig durchgeführt und diente vornehmlich dazu, dem Herrscher gewerbefleißige Untertanen und so auch neue Einnahmequellen zu sichern (vgl. das Schicksal der Antiochenser II 14/1); außerdem erbrachten die Gefangenen beträchtliche Lösegelder (z. B. II 13/2).

8. Kapitel

Die genaue Aufzählung der römischen Befehlshaber und 1 ihrer Heeresgruppen läßt wie auch die ganze folgende Schilderung auf amtliche Unterlagen schließen. Fast könnte man annehmen, daß Prokop durch die eindringliche Art des Berichts wissenden Lesern die Notwendigkeit einer festen militärischen Oberleitung klar machen und damit versteckte Kritik an Justinians späterer Kriegführung üben möchte. Olybrius, vermählt mit der Tochter des Kaisers Valentinianus III., einer Urenkelin Theodosius' I., war mit Unterstützung Geiserichs und Ostroms Sommer 472 vor Rom zum Kaiser ausgerufen worden, aber schon wenige Monate später gestorben, ohne daß ihm bei der Übermacht des Patricius Ricimer und seines Nachfolgers Gundobald bedeutende Regierungsmaßnahmen möglich gewesen wären. Der Verbindung mit Olybrius' Tochter Juliana Ariciana und der Zugehörigkeit zum Hochadel, weniger den eigenen Fähigkeiten, verdankte Areobindus seine bedeutende militärische Stellung.

Celer scheint von den Befehlshabern der tüchtigste gewesen 2 zu sein; in seiner Hand lag der Abschluß des siebenjährigen Waffenstillstandes mit den Persern (I 9/24). Von den magistri militum praesentales Patricius und Hypatius wurde letzterer später gegen seinen Willen in den Nikeaufstand

verwickelt und dabei – wahrscheinlich auf Theodoras Geheiß
– „von Soldaten ermordet" (I 24/53).

3 Justinus, damals noch Truppenbefehlshaber, bestieg von
der Stelle des Kommandeurs der Palastgarde (comes excubitorum) aus am 9. Juli 518 den Kaiserthron und begründe-
te die justinianische Dynastie. Er starb 1. August 527.
Um den comes foederatorum Vitalianus, einem Germanen,
sammelten sich in den letzten Regierungsjahren des Anastasios die unzufriedenen nichtrömischen Gruppen im Balkan; 513 erschien er mit Truppen vor Byzanz und erpreßte
die schwache kaiserliche Regierung, unterlag aber 515 in
einer Seeschlacht am Goldenen Horn und mußte sich nach
Anchialos in Thrakien zurückziehen, in seinem Handeln ein
Nachfahre Alarichs und Theodorichs und ein Wegbereiter der
Hunnen- und Slavengefahr in Südosteuropa. Gegenkaiser ist
er nicht gewesen. Nach dem Thronwechsel 518 ehrenvoll nach
Byzanz zurückgerufen, fällt er einem ungeklärten Mordan-
schlag zum Opfer.
Bessas, Prokop wohlbekannt, spielt als Befehlshaber an verschiedenen Fronten eine bedeutende Rolle und erobert noch
im hohen Alter (552) die wichtige, von den Persern verteidigte Kaukasusfestung Petra (VIII 11/62).

4 Bei dem Feldzug war die gesamte hohe Generalität des
Ostens eingesetzt, was natürlich Rivalitäten zur Folge hatte;
indessen war auch die große Ausdehnung der persisch-römi-
schen Front sowie der Zwang, rasch der unerwarteten Gefahr
zu begegnen, einer Ballung der Streitkräfte hinderlich.

5 Apion, ein geborener Ägypter, gehörte einer dortigen sehr
reichen, uns mehrfach bezeugten Grundbesitzerfamilie an und
genoß das besondere Vertrauen des Anastasios, doch scheint
er nicht Mitregent gewesen zu sein, sondern nur besondere
Vollmachten besessen zu haben. Während Prokop sonst den
Beamten der Heeresintendantur mit betonter Kritik gegenüber steht, erfreut sich Apion überraschenderweise – als
Orientale ? – seines Wohlwollens.

8 Die folgenden Kämpfe spielen in den Grenzlandschaften
Sophene und Osrhoene östlich des Oberlaufes des Euphrats.

10 Areobindus stand mit seinen Truppen bei Arzamon (heute
Harzam, auf dem Wege zwischen Konstantine und der
Grenzfestung Daras) und drückte auf die persische Stadt
Nisibis, während linker Hand Patricius und Hypatius in
nördlicher Richtung gegen Amida am Oberlauf des Tigris

(die Entfernungsangabe Siphrios-Amida mit etwa 70 km stimmt gut) vorgingen, um die Stadt den Persern wieder zu entreißen.

Der Vorstoß der Perser zwang die vorgeschobenen römi- 11 schen Heeresgruppen zu schnellem, teilweise verlustreichem Rückzug auf das Festungsdreieck Konstantine-Edessa-Samosata, wo unter dem Eindruck der Hunneneinfälle in die persischen Ostgebiete – vielleicht durch die Römer veranlaßt ? – die Offensive zum Stehen kam.

Mit Celers Eintreffen am linken Flügel der römischen Ar- 21 meen (Ende 503) und Kabades' Rückkehr nach Persien beginnt der Umschwung; der römische Angriff über den Grenzfluß Nymphios hinweg in die persische Grenzprovinz Arzanene diente der Abriegelung der vom Feinde besetzten Stadt Amida gegen Osten und leitete deren Belagerung und Rückeroberung ein.

9. Kapitel

Von Kabades im Stiche gelassen, wurde Amida (Winter 1 503/4) durch die römischen Heere eingeschlossen und nach einjähriger Belagerung (Anfang 505) zur Übergabe genötigt. Die Art und Weise, wie die Perser Amida verteidigten, läßt darauf schließen, daß sie weniger daran dachten, sich eine dauernde Eroberung, vielmehr ein Faustpfand zu sichern und dadurch die Römer zu Zahlungen zu nötigen. Im übrigen scheint die Darstellung von 5 bis 19 mit ihren anekdotischen Ausschmückungen auf die nämliche Lokalüberlieferung zurückzugehen, die wir schon 7/5 ff. feststellen konnten.

Anastasios' kluger Verzicht auf Eroberungen und Kaba- 24 des' Bindung durch die Hunneneinfälle ließen den Krieg nach Rückeroberung Amidas allmählich einschlafen und führten 505 zu Waffenruhe, 506 zu einem Frieden bzw. Waffenstillstand auf sieben Jahre, der späterhin zweimal erneuert wurde. Im Verfolg seiner auf Beute und Geldzahlungen ausgehenden Politik begnügte sich der Perserkönig mit einem römischen Jahreszuschuß von 550 Pfund Gold für die Sicherung der Kaukasusgrenze.

10. Kapitel

Die Vorstellung Prokops vom Verlauf des Taurus verrät 1 gewisse Ortskenntnisse, die sicher auf seinen längeren Aufenthalt in diesen Gebieten zurückgehen. Indessen unterliegt

er einer in der Antike nicht seltenen Verwechslung der Kaspischen Tore, die Alexander der Große auf dem Wege zwischen
dem heutigen Teheran und Semnan durchzog, mit den Iberischen Toren; östlich des Kasbek (Zentralkaukasus) führt jetzt
durch diese in nordsüdlicher Richtung die sog. Grusinische
Heerstraße. Die Sperrung dieser Einfallspforte gegen Hunnen
und sonstige Barbaren lag gleichermaßen im Interesse von
Byzanz und Persien.

3 Nach dem Friedensschluß von 506 zog die kaiserliche Regierung die nötigen Folgerungen und schuf in Grenznähe neue
Verteidigungsanlagen: An der Stelle des heutigen Erzerum
wurde Theodosiopolis zur starken Festung ausgebaut, gegenüber von Nisibis die gefährliche Einbruchstelle mit der Neu-
schöpfung Daras-Anastasiopolis abgeriegelt. Letztere Maßnahme verletzte zwar die Bestimmungen des Friedensvertrages von 363, mußte aber von dem im Hunnenkrieg ge-
schwächten Perserreich hingenommen werden. Verschärfend
auf das künftige Verhältnis zwischen beiden Staaten wirkte
auch der Umstand, daß der Sitz des römischen Befehlshabers
von Mesopotamien aus Konstantine nach Daras, also unmittelbar an die Grenze, vorverlegt wurde. Dort beginnt zwei
Jahrzehnte später Belisar – mit Prokop als juristischem Beirat – seine große militärische Laufbahn (I 12/24). Justinian
hat späterhin die Festungen gegen Persien noch weiter verstärkt: Amida (aed. II 3/27), Martyropolis (aed. III 2/11),
Theodosiopolis aed. III 5/9ff.), Sperrforts zwischen Amida
und Daras (aed. II 4/14) u.a.

11. Kapitel

1 Kaiser Anastasios starb hochbetagt am 8. Juli 518, nachdem seine letzten Regierungsjahre durch den Aufstand des
oben genannten (I 8/3) Föderatenführers Vitalianus und
durch Auseinandersetzungen zwischen Orthodoxen und
Monophysiten sehr getrübt worden waren. Angesichts der
gespannten Lage im Reich und der Unzulänglichkeit seiner
als Thronerben in Frage kommenden Neffen Hypatius, Pompeius und Probus (Konsuln 500–502) hatte der Herrscher auf
die Regelung der Nachfolge verzichtet, die nach kurzem, hit-
zigem Wahlkampf durch den Entscheid der Großwürdenträ-
ger dem comes excubitorum Justinus zufiel. Während der
neue Kaiser und sein Anhang die Stützen des alten Systems
weitgehend entmachteten oder beseitigten, erschienen die drei

erwähnten Prinzen so wenig gefährlich, daß sie auch in den folgenden Jahren noch zu hohen Ämtern herangezogen wurden. Die unglückliche Rolle, die sich Hypatius und Pompeius im Nikeaufstand als „Empörer" aufnötigen ließen (I 24/19ff.), entsprach ihrer passiven Denkweise, rettete sie aber nicht vor dem Blutbefehl Theodoras. Diese wollte damit weniger die beiden Neffen des Anastasios als eine gefährliche Gegenströmung treffen, die im Senat wie auch im Militär und Volk – hier vor allem von den Monophysiten ausgehend – die neue Dynastie bedrohte. Das erhellt auch aus der späteren, als versöhnliche Geste gedachten Vermählung der Nichte Justinians Preiecta mit Pompeius' Sohn Johannes (VII 31/14) und aus der Rückgabe der konfiszierten Güter an die Nachkommen des Hypatius und Pompeius durch Justinian (I 24/58).

Kabades bestimmte durch testamentarische Verfügung seinen Lieblingssohn Chosroes zum Nachfolger (I 21/17ff.). Nach seinem Tode (8. September 531) erreichte sein Vertrauter Mebodes die Zustimmung der persischen Großen, so daß Kaoses (Kaus) des Erstgeburtsrechtes verlustig ging. Dieser verband sich in der Folgezeit mit den Mazdakiten und konnte erst nach langen Auseinandersetzungen beseitigt werden. **3**

Zames wurde später in eine Verschwörung gegen Chosroes verwickelt und von ihm samt seinen Brüdern, männlichen Nachkommen und Mitverschworenen hingerichtet. Nur sein Sohn Kabades, den die Verschwörer als neuen König ausersehen hatten, wurde gerade noch gerettet und lebte später als römischer Staatspensionär in Byzanz (I 23/4ff.). **4**

Innenpolitischer Druck bestimmte Kabades (524 ?), ebenso wie früher schon Arcadius (I 2/7), den Thronerben vom Herrscher des anderen Reiches an Sohnes Statt annehmen zu lassen und so eine Art Rückversicherung zu erreichen; vielleicht war auch an eine gewisse politische Zusammenarbeit gedacht. **6**

Grund für die Ablehnung des persischen Ansinnens war neben verfassungsrechtlichen Befürchtungen vor allem die schärfere Hervorhebung des Romgedankens durch die neue Dynastie, welche die Rückeroberung des Westens eben vorbereitend, dem Perserkönig Gleichberechtigung in aller Form nicht einräumen konnte. Überdies begann Byzanz gerade um diese Zeit das wichtige Grenzgebiet Lazika am Schwarzen Meer zu christianisieren und so der bisherigen persischen Oberhoheit zu entziehen. Bis 561 wurde in der Folgezeit mit wechselndem Erfolg zwischen den Großreichen um diesen

nördlichsten Frontabschnitt gerungen, dann behaupteten sich
die Römer endgültig als Herrn.

12 Proclus ist der Beamte nach dem Herzen Prokops, konservativ, unbestechlich und im Bewußtsein seines Rechtes auch
dem Kaiser gegenüber unbeugsam.

23 Der Bericht über die Verhandlungen an der persisch-römi-
schen Grenze fußt auf gutem Material und scheint diplomati-
scher Korrespondenz entnommen.

31 Vielleicht entstammt der eben genannten Quelle auch die
Geschichte vom Untergang des Seoses – vom Hörensagen etwas anekdotenhaft aufgeputzt. Beziehungen zur Mazdaki-
tenpartei, worauf der Vorwurf religiöser Neuerungssucht hin-
deutet (34), können die Katastrophe beschleunigt haben.

12. Kapitel

2 Bei den hier genannten Kaspischen Toren handelt es sich
ebenso wie I 10/3 ff. um die Iberischen Tore, die Straße von
Darial, die östlich des Kasbek den Taurus von Nord nach Süd
quert. Südlich davon, im Gebiet des heutigen Kuraflusses
(Georgien) mit dem Hauptort Tiflis wohnten die Iberer, westlich davon gegen das Schwarze Meer und den heutigen Kü-
stenort Poti, im Einzugsbereich des Phasis (jetzt Rion), saßen
die Lazen (Lasistan), während im Osten Iberiens, am Unter-
lauf des Kura, Perser siedelten.

3 Die Nachbarschaft zu Persien brachte die Lazen schon
frühzeitig in Abhängigkeit vom Großkönig, steigerte zugleich
aber auch ihren Selbstbehauptungswillen, der sich u. a. in betonter Christlichkeit und in Anlehnung an die römische
Reichskirche äußerte. Geistliches Zentrum war das Katholi-
kat Mzchet. Demgegenüber versuchten die Perser ihre Religion und Lebensform einzuführen.

6 Bosporos entspricht der heutigen Stadt Kertsch, Cherson
der Festung Sebastopol. Vermutlich versuchten die Römer,
die Sabirischen Hunnen nicht zu einem Hilfszug für die Iberer, sondern zu einem Angriff gegen Persien und zwar im
Raum des Kaspischen Meeres zu gewinnen. Probus, der jüng-
ste von Kaiser Anastasius' Neffen, scheint der unbedeutend-
ste von ihnen gewesen zu sein.

9 Petrus, Perser von Geburt, wurde in jungen Jahren vom
späteren Kaiser Justinus gefangen genommen und unter dessen Hausgesinde aufgenommen (II 15/7), stieg im Dienste
Justinians zum Truppenbefehlshaber auf und erhielt damals

sein erstes selbständiges Kommando. In der Folgezeit bewährte er sich an der Ostfront als tapferer General.

Der Iberer Peranius erscheint ebenfalls späterhin als Truppenführer im römischen Dienst, bekämpft die Goten (z. B. V 5/3) wie die Perser (z. B. II 27/42). **11**

Nach ihrem vergeblichen, mit zu schwachen Kräften unternommenen Versuch, Iberien zu gewinnen, begnügten sich die Römer, an der Grenze von Lazien hinhaltenden Widerstand zu leisten. Die beiden von ihnen geräumten Festungen Skanda und Sarapanis (heute Sorapani) deckten die Straße aus dem Riontal zum Oberlauf des Kura, das Einfallstor nach Iberien, und lagen zwischen den jetzigen Städten Kutais und Tiflis. **19**

Mit dem Einfall in Persarmenien verlagert sich der Grenzkonflikt weiter nach Süden, ohne aber persisches Reichsgebiet im engeren Sinne zu erreichen. Dabei tritt ziemlich unvermittelt der jugendliche Belisar zum ersten Mal als selbständig handelnder Offizier auf, gemeinsam mit dem später als magister praesentalis et per Armeniam (I 15/3) hochverdienten Sittas. **20**

Wieso Belisar trotz seiner – betont vorsichtig angedeuteten – Niederlage zum Kommandanten von Daras ernannt wurde, übergeht der äußerst knappe Bericht mit vielsagendem Stillschweigen. Auf jeden Fall verdankte er als Gefolgsmann und Vertrauter dem neuen Herrscher Justinian seinen Aufstieg; in gewissem Umfang gilt dies auch für Prokop. **22**

13. Kapitel

Die militärischen Anfänge Belisars sind weniger erfreulich, als es Prokop in seiner Darstellung wahrhaben will: Als sein Held unter starkem Einsatz von Arbeitskräften nördlich und südlich von Daras, bei Minduos und Thamuris (Zach. Rhet. IX 2 p. 169), Sperren anzulegen versuchte, wurde er an beiden Orten, vornehmlich an letzterem, entscheidend geschlagen. Indessen erwähnt Prokop nur das Mißgeschick von Minduos und läßt überdies durch Einführung des Kutzes und Butzes und den nachdrücklichen Hinweis auf kaiserliche Befehle Belisars Mitschuld völlig in der Schwebe. Ebenso hören wir nichts von der gleichzeitigen Tätigkeit seines Altersgenossen und Rivalen Sittas im nördlichen Frontabschnitt, wo er den Persern lähmende Schläge versetzt und sich die oben erwähnte Beförderung zum kommandierenden General verdient. **2**

Wiederum tut Prokop in seiner Darstellung einen gewalt- **9**

samen Sprung vorwärts und stellt uns den eben noch besieg-
ten Belisar als Oberbefehlshaber des Ostens vor (April 529),
womit er endlich den Einsatzpunkt findet, zu erfreulicheren
Leistungen seines Herrn überzugehen, der Schlacht von
Daras (530).

2   Die immer schärfere Abriegelung der Ostfront nötigte die
Perser, ihren Stoß frontal gegen die Hauptfestung im Mittelabschnitt zu führen. Angelehnt an den starken Waffenplatz
Daras und gestützt auf ein geschickt angelegtes, im Zentrum
zurückspringendes Grabensystem, dessen Verwendung die
Römer wahrscheinlich von den Persern übernommen hatten,
konnte sich das Heer Belisars mit etwa 25000 Mann dem etwa 40000, später 50000 Mann zählenden Gegner einigerma-
ßen gewachsen fühlen, umso mehr als der Oberbefehl bei den
Persern nicht in besten Händen – Perozes führte als Mitglied
der Familie Mihran das Amt als erblicher Reichsgeneral – lag
und ein Großteil seiner Truppen aus ungenügend bewaffneten
und geübten „armseligen Bauern", wie sie Belisar (14/25)
nennt, bestand, die dann in der Stunde der Bewährung (14/52)
versagten.

3   Die folgende, auch noch das ganze

14. Kapitel

umfassende Schilderung der Schlacht stützt sich zweifellos auf
Autopsie und eigene Aufzeichnungen Prokops und gibt einen
ziemlich klaren Überblick über die Aufstellung der Truppen,
die beteiligten Führer und die Abfolge der Ereignisse. Dabei
bemüht sich der Verfasser durch Einschub von Einzelszenen,
(vermutlich fingierten) Reden und Briefen die Schilderung
aufzulockern und seine „Kunst der Darstellung" zu entfalten.
Entsprechend der Tradition griechisch-römischer Geschichtsschreibung wird der Gegensatz zwischen Römern und Barbaren deutlich hervorgehoben und letzteren bei aller – oft un-
willigen – Anerkennung ihrer Leistung doch eine gewisse Ge-
ringwertigkeit bestätigt; man beachte vor allem das Groß-
sprecherisch-Herrische als die bezeichnende Barbareneigen-
schaft!
Die Führung des römischen Heeres, die geschickt zwischen
Angriff und Verteidigung abwechselte, rasch umgruppierte
und den Persern keine Möglichkeit zur Entfaltung ihrer zahlenmäßigen Überlegenheit ließ, stellt Belisar (und dem bewußt in den Hintergrund geschobenen Hermogenes) ein gutes

Zeugnis aus, ebenso auch die kluge Vorsicht bei der Verfolgung des Gegners.

15. Kapitel

Bei ihrer etwa gleichzeitig mit der Schlacht von Daras 1 gegen den Nordabschnitt der Front vorgetragenen Entlastungsoffensive bedienten sich die Perser vor allem der mit dem Gebirgskrieg vertrauten Hilfsvölker, von denen die Suniten und Sabirischen Hunnen nördlich des Kaukasus wohnen.

Der persische General Mermeroes, der in den folgenden 2 Jahrzehnten an der lazisch-armenischen Front eine sehr bedeutende Tätigkeit entfaltete, verfügte offenbar über besondere Ortskenntnisse und auch über eine starke Stellung beim König; trotz mancher Rückschläge behielt er dessen Vertrauen.

Dorotheos, ein tüchtiger Soldat, stirbt, von Prokop und den 3 Seinen sehr betrauert, auf dem Zug gegen die Vandalen in Sizilien (III 14/14).

Sittas, durch Vermählung mit Komito, der Schwester der Kaiserin Theodora, dem Herrscherhause eng verbunden, nahm neben seinem armenischen Oberbefehl auch das Amt des magister militum praesentalis mit Sitz in der Hauptstadt wahr.

Bei dem Unternehmen handelt es sich um einen Über- 7 raschungs- und zugleich Erkundigungsvorstoß in das persische Aufmarschgebiet hinein, der aber keine größeren Folgen zeitigte.

Die persische Stoßrichtung nördlich an Theodosiopolis 9 (Erzerum) vorbei in Richtung Trapezunt verrät deutlich die Absicht, das Schwarze Meer zu erreichen und das Land der Lazen vom römischen Reich abzuschneiden. Offenbar über die feindlichen Pläne unterrichtet, läßt die römische Führung den Angriff auf einer Strecke von fast 200 km vorankommen, um ihn dann vor der Stadt Satala (100 km südlich Trapezunt) abzufangen und unter beträchtlichen Verlusten abzuschlagen.

Im schwachen Gegenstoß gewinnen die Römer im Grenz- 18 gebiet bei Theodosiopolis die zwei Grenzfestungen Bolon und Pharangion, die später beim Friedensschluß 532 gegen Stützpunkte im Lazengebiet den Persern zurückgegeben werden (I 22/18).

19   Die Gewinnung des Tzanenlandes (zwischen dem heutigen
Erzerum und Batum) war durch geschickte Unterhandlungen
des Sittas um 525 zu einem gewissen Abschluß gebracht wor-
den und bildete einen der Gründe für den anschließenden
Ausbruch des Perserkrieges. Noch 505/6 hatten die „wilden"
Tzanen die Landschaft Pontus überfallen und ausgeplündert.

31   Mit dem kaiserlichen Schatzmeister Narses begegnet im
prokopschen Bericht zum ersten Mal der späterhin so be-
deutsame Feldherr im Gotenkrieg, der Nebenbuhler Belisars.
Der jüngere Narses sowie Aratius und Isaak erscheinen in
der Folgezeit ebenfalls als tüchtige Führer im römischen
Heer.

16. Kapitel

1   In durchaus sachlichem Ton faßt Prokop die zwischen
Byzanz und den Persern bestehenden Streitpunkte zusam-
men und benützt wahrscheinlich als Grundlage der von ihm
geschickt aufgebauten Rede und Gegenrede diplomatisches
Material. Dabei ist ein gewisser Tadel an der Regierung
Justinians zu verspüren, die sich leichter Hand über die
Zugeständnisse des Theodosius (vgl. I 2/12ff.) hinwegsetzt
(6) und das Unrecht sogar noch vermehrt (7).

10   Die Regierungsjahre Justinians zählen vom 1. 4. 527, dem
Tage seiner Bestellung zum Mitregenten seines Onkels
Justinus; mit dem Ende seines 4. Regierungsjahres stehen
wir demnach im Frühjahr 531. Die Jahreszählung erinnert
an Thukydides, bei dem aber das einzelne Kriegsjahr erst mit
dem Frühsommer beginnt.

17. Kapitel

1   Die Perser, im Norden und in der Mitte der Front ohne
Erfolg, versuchen mit schnell beweglichen Truppen und mit
Hilfe landeskundiger Sarazenen – unter Führung des klugen,
tatkräftigen, von den Römern sehr gefürchteten Scheichs
Alamundaros (Mundhir) – weit gegen Süden ausholend und
die feindlichen Sperrfestungen umgehend in Richtung auf das
alte Ziel Antiocheia und das nördlich davon gelegene Land
Kommagene durchzubrechen. Das Heer nahm dabei seinen
Weg meist durch einsame Wüstengebiete und überschritt die
kaum geschützte Euphratgrenze etwa in der Gegend der
römischen Festungen Dura-Europos oder Kirkesion.

Prokop benützt das Stichwort Mesopotamien, um einen 3
längst als nötig empfundenen geographischen Überblick über
die östlichen Kriegsgebiete zu geben.

Die Angabe von den zwei Flußquellen bei Theodosiopolis 4
stimmt nur für den Euphrat.

Bei Amida wendet sich der Tigris auf einer Strecke von et- 5
wa 150 km nach Osten, um dann wieder die alte südöstliche
Hauptrichtung einzuschlagen.

Den heute noch feststellbaren Euphratsumpf (Sazlyk) 6
dürfte Prokop selbst gesehen haben.

Mythologische Lektüre und persönliches Erleben bestimm- 10
ten unseren Geschichtsschreiber, den an dieser Stelle etwas
überraschenden Exkurs über die Heilung des Orestes einzufügen und damit seiner Darstellung in den Augen der Leser
einen gelehrten Anstrich zu geben. Der Ortsname Komana
wurde mit dem griechischen Wort für Haupthaar (kome) in
Verbindung gebracht; das Vorhandensein zweier solcher
Städte, des pontischen (heute Gomanak) und des kappado-
kischen Komana, half dann die Geschichte der Heilung weiter
ausspinnen. Von einer Lokalisierung der Iphigeneia-Orestes-
sage in der Krim weiß Prokop erst VIII 5/23.

Die Beschreibung des weiteren Euphratlaufes, sofern es 21
römisches Gebiet betrifft, zeigt Prokop im ganzen gut unterrichtet; persönliche Eindrücke scheinen neben der Benut-
zung literarischer Quellen einherzugehen, denen er z.B. die
Erklärung des Namens Osrhoene (24) verdankt. Schmerz-
haft deutlich ist ihm die durch den Verlust von Nisibis veranlaßte Gefährdung des römischen Reichsgebietes (25).

Die ausführliche, dem Sarazenenführer in den Mund gelegte 30f
Rede faßt einleuchtend und bereits auf die künftige Heimsuchung der innerlich zerrütteten Provinz Syrien und ihrer
Hauptstadt Antiocheia hinweisend (36), die mutmaßlichen
Überlegungen der persischen Heeresleitung zusammen und
dürfte von Gesprächen im römischen Generalstab und gewisser Kritik an der Regierung Justinians beeinflußt sein.

Das Auftreten des Alamundaros gibt Prokop Gelegenheit, 40f
dessen klarer und straffer Führung die mangelhafte Zusammenarbeit der römischen Feldherrn sowie die Schwäche des
romtreuen Sarazenenherrschers Arethas gegenüberzustellen
und unverhüllt zu kritisieren. Zugleich führt er in knappen
Strichen die Bedeutung der Araberstämme im Vorfeld der
beiden Großmächte seinem Leser vor Augen: Auf persischer

Seite standen die Lachmiden mit dem wichtigen Verkehrs-
knotenpunkt Hira – 150 km westlich Ktesiphon am Rande
der großen arabischen Wüste – als Hauptstadt und dem
langlebigen Fürsten Alamundaros (503–553), der seine Ein-
flußsphäre bis in den Raum von Palmyra ausdehnte und
mehrfach auf eigene Faust gegen den Westen Raubkriege
führte; 529 war er bis in die Nähe von Antiocheia vorgedrungen. Ihm gegenüber führte Justinian die bis dahin zer-
streuten römerfreundlichen Araberstämme zusammen und
unterstellte sie dem von ihm zum König erhobenen Scheich
Arethas (Harith), einem Ghassaniden. Das Zentrum von dessen Herrschaftsgebiet, das sich bis ans Rote Meer ausdehnte,
lag unweit von Damaskus (in Gabija). Langjährige Erfahrungen zeigten, daß Lachmiden wie Ghassaniden nur unsichere
Helfer ihrer großen Verbündeten waren.

18. Kapitel

4 Belisar erkennt sofort die Bedrohung von Süden her und
wendet sich nach Zurücklassung ausreichender Sicherungs-
truppen in den Festungen des Mittelabschnittes westwärts
nach der gut befestigten Stadt Chalkis (50 km östlich Antiocheia). Damit schneidet er den Zugang zu der mangelhaft
verteidigten Großstadt ab und zwingt die mit einem Über-
raschungserfolg rechnenden Perser zur Umkehr, unbestreit-
bar eine bedeutende Leistung Belisars, zumal bei seinem
überwiegend aus Fußvolk bestehenden Heer.

12 Die Darstellungen des weiteren Verlaufs der Kriegshandlungen dient deutlich der Rechtfertigung von Belisars Vorsicht, der die Gegner lediglich aus dem Lande hinausdrängen
will.

15 Die Römer folgen in östlicher Richtung und stellen die
Perser am Tage vor dem Osterfest (19. 4. 531) am Mittellauf
des Euphrat, beim Übergang zwischen Sura und Kallinikos.
Da beide Städte in Römerhand waren, verfügte Belisar über
eine nicht ungünstige Operationsbasis, und dies mag ihn
schließlich doch noch bestimmt haben, den Kampf zu wagen,
ehe die Feinde in ihr Land entwichen. In einer längeren Rede
(17ff.) gibt ihm Prokop Gelegenheit, seine Überlegungen
näher auszuführen und dadurch späterer Kritik möglichst
den Wind aus den Segeln zu nehmen. Auch sein weiteres Verhalten in der Schlacht wird in helles Licht gerückt, während

Malalas' Parallelbericht (p. 461/8 ff.) mehr die Handlungsweise des – von Prokop gänzlich übergangenen – Mitfeldherrn Hermogenes hervorhebt.

Im ganzen gesehen war trotz der Schlappe bei Kallinikos 51 Belisars Abwehrtaktik von Erfolg begleitet gewesen; der ruhmlose und verlustreiche Abzug der Perser schuf die Voraussetzung für die baldige Aufnahme von Friedensgesprächen, obgleich Kabades sich zunächst gegen die Notwendigkeit noch sträubte. So hat Prokops Lob – wenn auch mit Abstrichen – seine Berechtigung.

Schon mehrere Jahrhunderte vor Christi Geburt hatten die 1 Himyariten (Homeriten) um die Stadt Zhafar im Gebiet des heutigen Jemen ein Königreich gegründet, das sich zum Kräftezentrum Südarabiens entwickelte und über das Rote Meer hinweg starken Einfluß auf das Reich von Aksum, den Vorläufer des jetzigen Äthiopien, übte. Beide Länder gerieten seit dem 4. nachchristlichen Jahrhundert zunehmend in den Einflußbereich der Großmächte Byzanz und Persien, wobei letzteres – schon wegen des Indienhandels – seine Blicke auf Südarabien richtete und sich dabei der Hilfe seiner lachmidischen Freunde bediente, die Aksumiten hingegen nach Annahme des Christentums auf die Seite des Westens traten. Im Rahmen ihrer Persienpolitik erweiterten Justinus und Justinian planmäßig den römischen Einfluß in diesen Gebieten, um so die Südflanke des Gegners zu umgehen und den Weg nach Indien zu gewinnen. Schon die ersten Worte des Kapitels verraten, daß unser Geschichtsschreiber dem Unternehmen sehr zurückhaltend gegenübersteht; dabei ist er, was mit seiner Herkunft aus Palästina zusammenhängen mag, über die Verhältnisse am Roten Meer gut unterrichtet.

Ailas, heute Elat, liegt am Nordende des Golfes von Akaba, 3 dessen Südausgang die Insel Iotabe beherrscht. Ailat und das beim heutigen Suez gelegene Klysma waren die römischen Ausgangshäfen im Roten Meer.

Die Juden spielten in der damaligen arabischen Welt eine 4 bedeutende Rolle. Infolge Einwanderung und Missionierung bestanden sogar größere geschlossene Siedlungen, so auf der Insel Iotabe, deren Besetzung durch Rom sie mit einer allgemein romfeindlichen Haltung erwiderten.

Der Schiffsverkehr lief – trotz gefährlicher Riffe – im allgemeinen der arabischen Westküste entlang, die über zahlreiche natürliche Häfen verfügt.

8   Abocharabos (Abu-karib) stellte sich durch die symbolische, im Verkehr orientalischer Stämme mit Rom seit alters üblichen Herrschaftsübereignung unter Justinians Oberhoheit und übernahm in Erweiterung des ghassanidischen Machtbereichs den Schutz von Südpalästina.

15   Über das Homeritenland hinaus scheint Prokop keine klaren Vorstellungen mehr zu besitzen.

20   Das peträische Arabien wurde um 70 n. Chr. unmittelbarer römischer Besitz.

21   Wichtige Übergangshäfen im Homeritenland waren auch Mucha (Mokka) und südlich davon Okalis.

22   Die Stadt Adulis entspricht in etwa dem heutigen Massaua; der Gegenhafen auf arabischer Seite ist das heutige Kisan.

23   Schiffe ohne Eisenteile werden heute noch auf äthiopischen Seen verwendet.

24   Prokop scheint seine Kritik an der Sage vom Magnetberg einem geographischen Handbuch entnommen zu haben.

25   Das Verbot des Eisenexports hängt mit dem allgemeinen römischen Verbot, Waffen auszuführen, zusammen.

27   Enge Verbindungen bestanden auch auf dem Landweg zwischen dem Reich von Aksum und der römischen Provinz Ägypten, die sich damals bis zum 1. Katarrakt und der Grenzstadt Elephantine (in der Höhe von Syene) ausdehnte. Die Entfernung von dort nach Aksum beträgt in der Luftlinie etwa 1300 km, was mit Prokops „dreißig Tagemärschen" gut zusammenstimmt.

28   Die Blemyer wohnten im 1. Jahrhdt. n. Chr. östlich des Flusses im großen Nilbogen zwischen Wadi Halfa (2. Katarrakt) und dem 4. Katarrakt, die Nobaten (Nubier) auf der linken Flußseite.

29   Dem seit dem 3. Jahrhdt. wachsenden Druck der Grenzvölker nachgebend, räumte Diokletian 296 den sog. Dodekaschoinos und verlegte die Reichsgrenze nach Elephantine zurück. Mit der bedrängten Stadt Oasis dürfte die Oase Chargeh (200 km westlich Luxor) gemeint sein, die 431 tatsächlich in Feindeshand fiel.

34   Philae, eine kleine Insel am Südende des 1. Nilkatarrakts, war schon in ägyptischer Zeit eine Hauptstätte des Isiskultes. Das Nebeneinander von christlichen und heidnischen Tempeln währte fast zweihundert Jahre und wirkte ausgleichend auf den Gegensatz Römer-Barbaren.

20. Kapitel

Der Krieg zwischen dem Negus Ela Asbeha und den Ho- 1
meriten wurde wohl durch die ehrgeizige Politik des (jüdischen) Homeritenkönigs Yusuf (Joseph) ausgelöst, der weit
ausgreifend, ein südwestarabisches Großreich gründen wollte
und dabei auch vor Greueltaten gegen Christen nicht zurück-
schreckte. Die erste Unternehmung der Äthiopier um 522
scheiterte nach anfänglichen Erfolgen. Daraufhin trat Yusuf
mit Mundhir und dem Perserkönig in Verbindung, und nur
durch Eingreifen Ostroms blieb der erstrebte Erfolg aus. Das
zweite Unternehmen, von dem Prokop erzählt, begann mit
gewisser römischer Unterstützung nach Pfingsten 525 und
führte zur vollständigen Unterwerfung und grausamen Bestrafung der Homeriten. Sumyafa Aswa (Esimiphaios), der
vor Yusuf fliehend, beim Negus Schutz gesucht hatte, wurde
zum – tributpflichtigen – Homeritenkönig bestellt und getauft, konnte sich aber auf diese Weise keine feste Stellung
im Lande sichern. Gleichwohl suchte ihn Ostrom angesichts
des ausbrechenden Perserkrieges (526) – sowie den Negus –
– als Bundesgenossen zu gewinnen; dabei verwandte es sich
für Kaisos (vgl. 10), der mit seiner und der Homeriten Hilfe
im Gebiet der Nabatäer eine Herrschaft errichten und so das
Bindeglied zum Süden schaffen sollte.

Zwischen 530 und 533 dürfte Abraham als neuer Homeri- 5
tenkönig die Freiheit von Äthiopien erkämpft haben, ohne
daß aber darüber sämtliche Beziehungen zu Ostrom und
Äthiopien abgebrochen wurden.

Da die Eigenerzeugung an Seide trotz aller Anstrengungen 9
nicht ausreichte, wollte Byzanz unter Umgehung des persischen Zwischenhandels sich einen direkten Seeweg nach Ost-
asien öffnen.

Schon die großen Entfernungen verurteilten die römische 12f
Politik letztlich zum Scheitern; 570 besetzte Persien das
Homeritenland und machte es von sich abhängig.

Obwohl Prokop die Ereignisse um das Rote Meer nur in
großen Zügen und, wie uns der Parallelbericht des Malalas
beweist, mit Verkürzungen und Verwechslungen darbietet,
sind doch die Zusammenhänge im ganzen klar zu erkennen
und richtig beurteilt. Im übrigen verfolgte unser Geschichtsschreiber mit seinem Südlandsbericht sicherlich auch das
Ziel, dem Leser nicht merken zu lassen, daß Belisar infolge

der Schlappe von Kallinikos das magisterium militum orientis an Sittas abgeben und nach Byzanz zurückkehren mußte.
Er war dort zunächst auch nicht für die Leitung des Van-
dalenkrieges vorgesehen, sondern scheint diese Auszeichnung
sich erst durch sein erfolgreiches Eingreifen im Nikeaufstand
erworben zu haben.

21. Kapitel

2   Mit der Entstehung des in Armenien bewährten und durch
keine Niederlage belasteten magister militum praesentalis
Sittas zog Justinian einen Trennungsstrich unter die Vergangenheit und suchte die Einheitlichkeit der Heerführung
und das Vertrauen der Provinzbevölkerung wieder herzustellen.

4   Der vergebliche Vorstoß auf der Südroute veranlaßte Kabades, seinen Angriff wieder mehr auf die Mittelfront, gegen
die südarmenische Festung Martyropolis zu verlegen. Angesichts der inzwischen in Gang gekommenen diplomatischen
Verhandlungen wollte er zweifellos auf diese Weise seine
Stellung stärken, doch scheiterte das Unternehmen letztlich
an der Wachsamkeit des Sittas, der von Norden herbeieilend
in geringer Entfernung von Martyropolis Stellung bezog, sowie an der Gefahr eines erneuten Hunneneinfalls und Kabades' Erkrankung, die einen baldigen Regierungswechsel mit
allenfallsigen Thronstreitigkeiten erwarten ließ. Der König
starb am 8. 9. 531.

20   Dem fortschrittlichen, um Organisation des Reiches und
Stärkung der königlichen Macht bemühten Chosroes trat in
seinem Bruder Kaoses (Kaus) die auf Adel und Priestertum
sich stützende konservative Richtung entgegen; erst nach harten Kämpfen und der Beseitigung des Kaoses konnte die Ruhe
wieder hergestellt werden. Letzterer war zweifellos wegen
seiner dem Königtum abträglichen Haltung von der Thron-
folge ausgeschlossen worden.

24   Belagerer und Belagerte erwarteten den Thronwechsel und
damit einen raschen Abschluß der Kriegshandlungen.

22. Kapitel

1   Die noch ungeklärte Lage im Perserreich, dazu der gefährliche Nikeaufstand (Januar 532) in Konstantinopel sowie
der Wunsch Justinians, freie Hand gegen den Westen zu bekommen, wirkten im Sinne eines baldigen Friedens. Die alten

Grenzen wurden wieder hergestellt, doch ließen die Römer
mit der Übernahme gewisser, nicht eben bedeutender Geldzahlungen und der Zurückverlegung des Oberkommandos
aus Daras eine wohlberechnete Nachgiebigkeit erkennen.
Trotz seiner sonstigen Empfindlichkeit gegenüber Verletzun-
gen römischer Würde ist Prokop im Grunde mit der erreichten
Lösung einverstanden. Der Friedensschluß erfolgte Frühjahr
532.

23. Kapitel

Das Ende der Feindseligkeiten zwischen Römern und
Persern gibt Prokop Gelegenheit, auf die inneren Verhältnisse der beiden Staaten einzugehen. Dabei wendet er entsprechend der kriegerischen Tendenz des Werkes sein besonderes Augenmerk Umsturzversuchen oder der gewaltsamen Beseitigung führender Männer zu. Die Jahre 532 bis 540 waren
überdies für die beiden Großmächte kein wirklicher Friede
der Entspannung, sondern nur eine Zeit mißtrauischen Be-
obachtens und heimlichen gegenseitigen Überspielens.

Prokop ist dem tatkräftigen, ritterlichen, in der östlichen 1
Überlieferung sehr gepriesenen Perserkönig wenig günstig
gesinnt, nicht allein weil er Roms gefährlichster Gegner ist,
sondern offensichtlich auch „Fehler" wie sein Rivale in
Konstantinopel aufweist: Maßlosigkeit, Neuerungssucht,
Unzuverlässigkeit. Deshalb findet er auch den entschiedenen
Widerstand der „tatkräftigen" (3), d. h. der selbstbewußten,
feudalistisch denkenden Perser.

Die Palastrevolution, die Zames und seinem Anhang das 4
Leben kostete und die königliche Sippe spaltete, läßt sich zeit-
lich nicht genau festlegen, dürfte aber schon um 533 anzu-
setzen sein. Bei ihr spielte der Widerstand der Priesterkreise
(Magier) gegen den neuen, westlich aufgeschlossenen Herrn
eine bedeutende Rolle.

Die Geschichte von der Rettung des Prinzen und Thron- 7
prätendenten Kabades erweckt ernste Zweifel; anekdotische
Züge mischen sich mit Unglaubwürdigkeiten. Sie geht wohl
auf Erzählungen in Byzanz zurück, wo politische Flüchtlinge
keine Seltenheit waren und Justinian – trotz begründeter
Zweifel (24) – sich für alle Fälle einen Helfer zur Verfügung
halten wollte.

Es handelt sich um den Einfall 541, ein Jahr nach Wieder- 12
ausbruch des Krieges. Siehe II 17!

26 Die Geschichte von Mebodes enthält – ebenso wie die des
Chanaranges – romanhafte Züge; sie scheint mir irgendwie
auch auf den „undankbaren, rachsüchtigen" Justinian ge-
münzt, der Buzes und Belisaɹ (an. 4/4 ff.) in nicht minder
unwürdiger Form seine Ungnade fühlen ließ.

24. Kapitel

Der Nikeaufstand, den Prokop ebenso wie die große Pest
(II 22/6 ff.) in Byzanz persönlich miterlebte, gibt ihm die
Möglichkeit, sein Werk nicht nur durch einen Höhepunkt der
Darstellungskunst zu bereichern, sondern auch die in der
Hauptstadt wirkenden Kräfte herauszustellen und seinen
wieder aufsteigenden Helden Belisar ins helle Licht zu rük-
ken. Deutlich hebt er gleich zu Beginn der Schilderung (1) die
verhängnisvolle Wirkung des Ereignisses für Senat und Volk
hervor und distanziert sich damit vom Kaisertum Justinians.

2 Weit ausholend berichtet unser Autor zunächst über die
Geschichte der sog. Zirkusparteien und ihre gefährliche Rolle
im öffentlichen Leben, vor allem in Byzanz, wo Prokop ihre
Tätigkeit genau kennen und trotz ihrer verschiedentlichen
Opposition gegen das allmächtige Kaisertum als ordnungs-
feindliche Macht geradezu hassen gelernt hat. In diesem
Sinne lauten zahlreiche Aussagen der Anekdota (z. B. Kap. 7).

7 Ein bei Theophanes I 279 ff. erhaltenes Protokoll gibt uns
die dem Nikeaufstand vorausgegangenen Wechselreden
zwischen den Demen und dem Sprecher des Kaisers ziemlich
wortgetreu wieder und bestätigt in Hauptzügen Prokops Darstellung. Das Überraschende und in seinen letzten Gründen
auch heute noch nicht Erklärbare war die Einigung der bis-
lang verfeindeten Zirkusparteien, der Grünen und Blauen;
zweifellos wirkten allgemeine Unzufriedenheit mit der harten und anspruchsvollen kaiserlichen Regierung und eine
von Senat und Anhängern des früheren Herrschers Anastasios unterstützte Gegnerschaft gegen den „Emporkömm-
ling" Justinian zusammen.

11 Sehr rasch geht Prokop von der Schilderung des sich an-
spinnenden Aufstandes zu den nach seiner Auffassung
Hauptschuldigen auf kaiserlicher Seite über und zeichnet
uns in Johannes dem Kappadoker und Tribonianus zwei in
ihrem Auftreten verschiedene, in ihrer Habsucht und Bestech-
lichkeit aber gleich verwerfliche Persönlichkeiten. In an-

21/9 spricht er deutlich aus, daß er keinen Unterschied zwischen dem Kaiser und seinen Gehilfen machen will.

Des Phokas wird auch an. 21/6 in rühmender Weise als 18 eines „Gerechtigkeitsfanatikers" und „durchaus unbestechlichen Mannes" gedacht, so wie ihn Prokop in der Stellung eines praefectus praetorio gerne dauernd gesehen hätte.

Ihrem sonstigen Verhalten nach waren weder Hypatius 19 noch Pompeius den Anforderungen des kaiserlichen Amtes gewachsen; sie hatten sich daher im Gefühl ihrer Schwäche und wohl auch um dem von ihren Anhängern auf sie ausgeübten Druck zu entgehen, „schutzflehend" in die Nähe des Kaisers begeben, wurden aber schließlich von ihm als Belastung abgeschoben.

Die „Einrede Marias auf ihre Verwandten" sowie die an- 23 schließend (25) geschilderte Stellungnahme einer stärkeren Senatorengruppe bestätigen, daß neben der „Masse" auch der Adel am Umsturzversuch beteiligt war. Nach den Worten des Senators Origenes und ihrer dilatorischen Tendenz dürfen wir auf eine breite, erst allmählich in Gang kommende Aktion schließen.

Die entscheidenden Worte der Kaiserin sind zweifellos 33 historisch und zum mindesten in den pointierten Stellen so gesprochen worden. Durch ihre Festigkeit in der Stunde der Gefahr gewann die Herrscherin bis zu ihrem Tode (548) eine unerschütterliche Stellung, im Staat und gegenüber ihrem Gemahl.

Belisars plötzliches Auftreten läßt die Frage offen, ob er, 40 wie von Mundus ausdrücklich berichtet, rein zufällig in Byzanz zugegen war oder angesichts der Unzuverlässigkeit der Palastgarden und schon erwarteter Unruhen vorsichtshalber mit ergebenen Truppen herangeholt wurde.

Der entscheidende Angriff auf den Hippodrom führte Be- 48 lisar vom Kaiserpalast her durch das Bronzetor (Chalke!), während Mundus vom anderen Ende durch das sog. Tote Tor (Nekra) – dort wurden die Leichen bei den Spielen abgefahren – auf die Menge eindrang. Sein Vorgehen wird dabei (52) im Gegensatz zu Belisar als etwas unsicher und unentschlossen hingestellt. Narses, der nach Malalas' Bericht (p. 476) durch Bestechungen nicht wenig zum Zerbrechen des Aufstandes beigetragen hatte, bleibt bezeichnenderweise bei Prokop unerwähnt.

Soweit wie möglich versucht der Geschichtsschreiber die 55

beiden Anastasiosneffen in ein günstiges Licht zu rücken,
verschweigt aber wohlweislich den Urheber des Ermordungs-
befehls.

25. Kapitel

Prokop erkennt die außergewöhnlichen Fähigkeiten des
Johannes als Verwaltungsmann an, fühlt sich aber von dessen ungebildeter, rücksichtslos zupackender Art abgestoßen
(vg. I 24/13 ff.). Er haßt ihn ferner vom Standpunkt der
feudalen Herrenschicht aus, der sich unser Geschichtsschreiber zugehörig fühlt, nicht zuletzt auch als Parteigänger Belisars, dem Johannes schon einmal zu Beginn des Vandalen-
krieges (III 10/7 ff.) entgegengetreten war und der das Haus
des Gestürzten (Marc. com. 544) späterhin erhielt.

3   Die im Folgenden gebotene Darstellung von der Ent-
machtung des gefürchteten praefectus praetorio – sie spielte
542 – läßt sich bei dem geheimen Charakter vieler Vorgänge
und den gebotenen Rücksichtnahmen unseres Berichterstat-
ters (namentlich gegenüber Theodora und Antonina) kaum
mehr auf ihren Wahrheitsgehalt untersuchen. Auffallend
bleibt das völlige Zurücktreten Belisars und Justinians zö-
gerndes Vorgehen gegen seinen Minister. Als Rivalen um die
Kaiserherrschaft scheint er ihn nicht gefürchtet zu haben, und
so dürften alle in dieser Richtung laufenden Gerüchte den wahren Sachverhalt, um den Prokop zweifellos ziemlich genau Bescheid wußte, nicht wiedergeben. Der Kaiser war möglicherweise nach Ausbruch des Zweifrontenkrieges (540) und infolge
des dadurch steigenden Einflusses der Generalität – siehe die
im Winter 542/3 spielende Abrede zwischen Buzes und Belisar und deren nachfolgende Bestrafung (an. 4/2 ff.)! – der lä-
stigen Mahnungen seines auf Sparsamkeit dringenden Finanz-
ministers müde geworden und opferte ihn seinen Feinden. Jedenfalls erfüllt es Prokop mit sichtlicher Freude, an einem
der großen Herrn seiner Zeit einmal in aller Offenheit Kritik
üben und ein Stück, das ganz den Geist der Anekdota atmet,
der Kriegsgeschichte einfügen zu können. Diese Ergänzung
dürfte erst nach Abschluß der „Perserkriege" und zwar gleichzeitig mit dem Nachtrag II 30/49–54, der von weiteren Schick-
salen des Johannes erzählt, erfolgt sein.

4   Mit der in diesem Abschnitt enthaltenen Zeitangabe kommen wir auf das Jahr 552 und erhalten einen wertvollen An-
haltspunkt zur Abfassungsgeschichte des Geschichtswerkes.

26. Kapitel

Das Kapitel macht ebenso wie das vorausgehende den Eindruck eines Nachtrages, jedenfalls sprengt der Bericht über den Aufstandsversuch in Daras (5–12) den von I 26/4 lückenlos zu II 1/1 laufenden Zusammenhang. In enger Verbundenheit mit seiner alten Wirkungsstätte hielt Prokop die ihm aus zweiter oder dritter Hand zugekommene Geschichte für wichtig genug, sein Werk damit an einer chronologisch passenden Stelle anzureichern.

BUCH II

1. Kapitel

Dem Sieg über das Vandalenreich (533/4) folgte der Angriff 1 auf die Ostgoten: Bereits am 31. 12. 535 zog Belisar in Syrakus (V 5/18), am 9. 12. 536 (V 14/14) in Rom ein. Gleichzeitig verstärkte Justinian in reger Bautätigkeit die Grenzbefestigungen gegen Persien und versuchte, den römischen Teil Armeniens durch militärische und verwaltungsmäßige Maßnahmen fest in die Hand zu bekommen. Dies sowie die finanzielle Ausbeutung des Landes schufen eine sehr gespannte Lage, die sich in Gewaltakten äußerte (vgl. II 3!).

Die beiden Großmächte besaßen nur beschränkte Verfü- 4 gungsgewalt über ihre sarazenischen Bundesgenossen und hatten aus diesem Grund, zweifellos aber auch um sich gewisse Bewegungsfreiheit zu sichern, auf deren ausdrückliche Einbeziehung in den allgemeinen Friedensvertrag des Jahres 532 verzichtet. Ein Jahrhundert später nutzten die selbstbewußt gewordenen und lange schon in die Grenzprovinzen einsickernden Sarazenen-Araber die Schwächung der beiden Großreiche und bemächtigten sich unter Führung der Kalifen weiter Gebiete des mittelmeerischen und vorderasiatischen Raumes.

Die Strata südlich von Palmyra gehörte zum befestigten 6 Grenzstraßensystem der Strata Diocletiana und diente mit ihren verschiedenen Stützpunkten weniger der Verteidigung als der Überwachung der ziemlich offenen Reichsgrenzen.

Im Verhalten des Finanzmannes (comes sacrarum largitionum) Strategius und des Militärs Summus spiegelt sich die 11 verschiedene Einschätzung der Grenzzone. Justinian, in seiner Art um Ausgleich bemüht, versucht zunächst durch Hinhalten Zeit zu gewinnen bzw. diplomatische Mittel anzuwenden.

2 ff. Über die einzelnen Vorgänge ist Prokop – damals in Italien weilend – nur ungenau unterrichtet. Nach Anekdota 18/27 ff. zu urteilen, hält er Kaiser Justinian bei dessen „Mordlust" durchaus für fähig, böswillig Kriegsanlässe zu schaffen, erklärt aber an gleicher Stelle Chosroes für einen „schlechten Charakter". Die unausweichlich auf Krieg hindrängende Entwicklung läßt auch die Frage nach dem Schuldigen und dem letzten äußeren Anlaß, der vielleicht in einem unvorsichtigen Schreiben Justinians gelegen haben mag, als unwesentlich erscheinen.

2. Kapitel

1 ff. Die Gesandtschaft wurde etwa 538/9 von Chosroes zu Ktesiphon empfangen. Wirkungsvoll schildert die natürlich von Prokop selbstverfaßte Rede (4–11) die seit 532 eingetretenen Verschiebung des Kräfteverhältnisses zwischen Rom und Persien sowie die daraus sich ergebende Allgemeinlage und bietet ihm gleichzeitig Gelegenheit, Justinians Charakter und Regierungsweise, vorsichtig zwar und unter Einflechtung beschönigender Worte, im Stile der Anekdota zu schelten.

13 Der Hinweis auf Armenier und Lazen führt zu einem weiteren, bereits oben angedeuteten Kriegsgrund: Bedrückung der Grenzbevölkerung durch die kaiserliche Regierung.

3. Kapitel

2 Vornehmlich der bisher ziemlich unabhängige armenische Landadel fühlte sich durch Einführung von Steuern sowie durch Grundenteignung betroffen; einige Mordtaten, die unglückliche Betrauung des Akakios mit dem Prokonsulat (536) und persische Umtriebe führten schließlich dazu, daß der römische Statthalter (539) einem Anschlag zum Opfer fiel. Die Mörder aber fanden wie schon im Falle Symeons, wo sie dem alten Königsgeschlecht der Arsakiden angehörten, Zuflucht in Persien.

8 Sittas, durch frühere Unternehmungen mit den östlichen Verhältnissen wohlvertraut und als Friedensstifter im Tzanenland (I 15/24) bewährt, versuchte zunächst eine gütliche Beilegung des Aufstandes, scheint aber angesichts der dringenden Befehle Justinians, vielleicht auch wegen der drohenden persischen Kriegsgefahr, die Geduld verloren zu haben. Das Pharangion liegt nördlich von Theodosiupolis-Erzerum;

dort dürften auch der Ort Oinochalakon sowie die Wohnsitze
der Aspetianen anzunehmen sein.

Sittas, neben Belisar der bedeutendste Feldherr seiner Zeit 26
und als solcher auch von Prokop anerkannt, war vermutlich
als römischer Oberbefehlshaber für den kommenden Perserkrieg vorgesehen; sein Tod war mit einer der Gründe, die Justinian (540) zur Versetzung Belisars aus Italien an die Ostgrenze zwangen.

In deutlicher Parallele zu den Ausführungen von Wittigis' 32 ff.
Gesandten und unter Anlehnung an Gedanken der Anekdota
entfaltet Prokop als weiteren Kriegsgrund die armenische
Frage. Die hier gebotene politische Rundschau zeigt unseren
Geschichtsschreiber von den Erfolgen der kaiserlichen Er-
oberungspolitik zwar durchaus beeindruckt, er lehnt indessen
die maßlosen Ausdehnungsbestrebungen ab.

Unter Theodosius I. (379–395) war 387 Armenien etwa im 35
Verhältnis 1:4 zwischen Rom und Persien geteilt und der su-
zeräne Herrscher des römischen Gebietes bald danach (390)
durch unmittelbare kaiserliche Verwaltung ersetzt worden.
Die dortigen Fürsten erhielten bei dieser Regelung die gleiche
halbsuveräne Rechtsstellung, wie sie ihre seit dem Persersieg
des Galerius (297) im Reichsverband lebenden südarmenischen
Standesgenossen besaßen. Dazu gehörte namentlich die
Steuerfreiheit.

Die römische Streitmacht war durch den übermäßigen 52
Kriegseinsatz in Afrika und Italien tatsächlich bedeutend geschwächt und einem persischen Großangriff nicht gewachsen.
Belisars angeblich illoyale Haltung gegenüber dem Kaiser
spielt gelegentlich der Einnahme von Ravenna und fällt in
das Jahr 540, kann also den Gesandten nicht bekannt gewesen
sein. Der Gedanke in Feindesmund drückt aber Prokops ge-
heimes Wünschen aus.

Der persische Reichsrat beschloß Herbst 539 (13. Herrscher- 55
jahr Justinians) den Kriegsbeginn für Frühling 540.

4. Kapitel

Kometen gehören wie Erdbeben, Seuchen, Überschwem- 1
mungen und dergl. zu den üblichen, in zahllosen antiken (und
mittelalterlichen) Geschichtswerken erwähnten prodigia bel-
li, an die Prokop trotz zur Schau gestellter Skepsis doch im
Herzen glaubt. Die gegen Osten gerichtete Spitze des
„schwertförmigen" Kometenschweifs weist auf den Perser-

krieg. Vgl. hiemit die gegen Osten gerichtete Hand des kaiserlichen Reiterstandbildes, mit der Justinian „den dortigen
Barbaren gebietet, in ihrem Lande zu bleiben und nicht weiter vorzudringen" (aed. I 2/12)!

4 Die folgende Schilderung von Hunneneinfällen sprengt etwas den Zusammenhang, doch glaubt wahrscheinlich Prokop,
seine wichtigen Notizen, welche die plötzlich einsetzende allgemeine Bedrängnis des Reiches noch bedrückender erscheinen lassen, am wirkungsvollsten hier anbringen und zugleich
spätere Fälle (7) vorwegnehmen zu können. Dabei verrät die
Wendung „alsbald", wie großzügig er oft mit zeitlichen Fest-
legungen verfährt.

5 Der Hinweis auf die Einnahme von 32 Festungen und
2 Mauersperren sowie der Stadt Kassandreia läßt vermuten,
daß Prokop hier aus ähnlichen Quellen wie in seinen „Bauten",
also einer Art Verzeichnis von Bauten Justinians, geschöpft
hat. In diese Richtung weist auch die Bemerkung, die Barbaren hätten zuvor keinen Angriff auf Mauern gewagt.

6 Die für die Gefangenen genannte Zahl ist zweifellos über-
trieben, wie auch die Angabe „ohne auf irgendwelchen Widerstand gestoßen zu sein", die gern bei Einbrüchen wilder Volks-
stämme gebraucht wird, mit Vorsicht aufzunehmen ist.

6 ff. In seinem reichlich hochfahrenden, phrasenhaften Ton war
der Brief, sofern ihn nicht erst Prokop in diese Form umstili-
siert hat, kaum geeignet, eine mäßigende Wirkung auf Chosroes auszuüben; wahrscheinlich rechnete auch Justinian mit
keinem Erfolg mehr, er hätte sonst eine Amtsperson und keinen Privatmann als Gesandten genommen.

5. Kapitel

1 Justinians 13. Regierungsjahr endete am 1. April 540. Kurz
danach überschritt Chosroes, der selbst den Oberbefehl übernommen hatte, bei Kirkesion den Euphrat und marschierte
– auf der von Alamundarus 531 benützten Route – westlich
des Flusses Richtung Antiocheia.

2 Dem Perserkönig ging es um Überraschung, weshalb er
möglichst auf zeitraubende Belagerungen verzichtete. Die
Mauer von Kirkesion war eben erst (aed. II 6/2 ff.) durch Justinian verstärkt worden.

4 ff. Über Zenobia und ihr Wirken scheint Prokop nur ungenügend unterrichtet. In der Zeit schwerer Bedrängnis des Römerreichs durch innere Wirren und äußere Gegner machte sich

Zenobia als Herrscherin des Reiches von Palmyra (266–271) fast unabhängig und trieb eigene Politik, die zum Teil auch Rom zugute kam; Kaiser Aurelian stürzte sie und machte sie zur Gefangenen.

Sicherung der rückwärtigen Verbindungen ließ offenbar die **8** Einnahme der befestigten Stadt Sura (Euphrat) als nötig erschienen; außerdem sollte ein Exempel an der widerspenstigen Stadt allgemeinen Schrecken verbreiten und die Gegenwehr lähmen, ein Ziel, dem auch die Entlassung des Anastasius nach Hause (27) diente.

Durch mehrfachen Wechsel des Standpunktes vermag Pro- **11 ff.** kop eine lebendige Darstellung der Geschehnisse um Sura zu geben, für die er wie über den gesamten Feldzug des Chosroes vom Einbruch ins römische Gebiet ab gute Quellen besitzt. Deutlich werden Tücke und Verschlagenheit als wesentliche Charakterzüge des Perserkönigs hervorgehoben und stempeln ihn zum „Barbaren".

Sergiupolis (alter Name Resapha) erhielt seine Bezeichnung **29** von dem dort beigesetzten Martyrer Sergius, einem Palastoffizier, der hier unter Maximinus Daia den Tod erlitt und wegen seiner „Wundertaten" der Stadt zu großem Aufschwung verhalf. Ihr Wohlstand gab dem Ortsbischof bedeutenden Kredit, so daß er die Bürgschaft übernehmen konnte. In den Jahren zuvor stark befestigt, konnte S. Chosroes zur Belagerung nicht locken (aed. II 9/6). Es ist bemerkenswert, wie weitgehend die Ortsbischöfe in Sura, Sergiupolis und vielen anderen Städten die Aufgaben der Ortsobrigkeit wahrnehmen und auch vom Perserkönig in dieser weltlichen Eigenschaft anerkannt werden.

6. Kapitel

Offenbar in der Erkenntnis, daß Buzes den Platz des **539 1 ff.** gefallenen Feldherrn Sittas nicht voll ausfüllen könne, teilte Justinian den Oberbefehl im Osten und sah für Belisar als dem erfahreneren General den augenblicklich bedrohteren Frontabschnitt zwischen Euphrat und Mittelmeer vor. Buzes selbst nahm an einer rückwärts liegenden Festungslinie bei Hierapolis, wohin seit 532 das militärische Oberkommando des Ostens von Daras verlegt worden war, Aufstellung und suchte durch Flankenbedrohung von Norden her den persischen Vorstoß auf das ungenügend gesicherte Antiocheia zu hemmen. In der Rede 3–6 wird der Plan klar herausgestellt,

doch scheint die Ausführung auf Schwierigkeiten gestoßen zu
sein, was Prokop (8) mit der ironischen Bemerkung abtut,
Buzes sei spurlos verschwunden.

9 Ironisch beginnt auch der Bericht über die Unterstützung
Antiocheias durch den Kaiser: Eine Vorausabteilung von
300 Mann und unsichere Hoffnung auf ein nachfolgendes Heer
sollen die etwa 200000 Einwohner zählende, von vorausgehenden Heimsuchungen noch nicht ganz erstandene und in
einem zu weiten, teilweise schadhaften Mauergürtel liegende
Stadt schützen!

9ff. Der eingehende Bericht über Germanus' Tätigkeit in Antiocheia sowie die genaue, dem archäologischen Befund entsprechende Schilderung der Örtlichkeiten verraten gute Kenntnisse des Verfassers (persönlichen Augenschein, amtlichen
Bericht des Prinzen?). Deutlich schwingt in der Erzählung
eine gewisse Zuneigung für Germanus mit.

20 Chosroes, bisher als tückisch und habgierig gezeichnet, wird
jetzt auch noch als ungebildet und maßlos hingestellt – ähnlich einem Justinian, wie ihn die Anekdota sehen; dabei schildert ihn die persische Überlieferung als tapferen, großzügigen
und ritterlichen König. Das Barbarische an Chosroes wird
noch durch die Einführung seines Dolmetschers Paulus unter-
strichen, der wenigstens über Grundlagen römischer Bildung
und Erziehung verfügt.

24 Eine Stathme entspricht einem antiken Pfund = etwa
⅓ kg.

25 Die Behauptung, daß Chosroes gegen 1000 Pfund Gold die
Räumung des Römerreichs und damit auch die Schonung
Antiocheias zugesagt habe, dürfte einem Berichte des Bischofs
Megas entstammen, von dessen Standpunkt aus die vorausge-
henden wie folgenden Ereignisse gesehen werden.

7. Kapitel

1 Beroia (Aleppo), heute Haleb, eine alte orientalische Stadt
am Flusse Kuweit, erhielt von Seleukos Nikator ihren Namen
und erfreute sich gewissen Wohlstandes und Glanzes, litt aber
in ihrer Geschichte viel unter Krieg.

4ff. Unmißverständlich schiebt Prokop den kaiserlichen Gesandten und damit Justinian selbst die Schuld am schließ-
lichen Untergang Antiocheias zu. Der Kaiser konnte indessen
doch den Bischof von Beroia nicht Verträge im Namen des
Reiches abschließen lassen, das durch widerstandslose Unter-

werfung unter persische Forderungen in eine diplomatisch un-
haltbare Lage geraten wäre.

Das Wechselgespräch zwischen Chosroes und Megas ist 20 ff.
durch rhetorische Beigaben Prokops stark aufgeschwellt.

Das Verhalten der römischen Soldaten wirft ein bezeich- 37
nendes Licht auf ihre Einstellung zu Staat und Volk. Unbedenklich (und ohne von Prokop gescholten zu werden!) treten
sie in den Dienst der Perser, so wie auch diese nicht selten
sich den kaiserlichen Fahnen anschließen. Häufiger beobachten wir den Parteiwechsel auf den westlichen Kriegsschauplätzen, wo offenbar der Gegensatz zwischen Germanen und
Römern nicht so tief empfunden wird.

8. Kapitel

Der Bericht über die Belagerung und Einnahme von Antiocheia ist nach guten Quellen ziemlich anschaulich und
sachlich, dazu mit einer inneren Anteilnahme geschrieben,
die auf enges Verhältnis Prokops zu der Stadt schließen läßt.
Gewisse Unklarheiten und Lücken sind freilich nicht zu ver-
kennen.

Die Entsendung einer Truppe von 6000 Mann dürfte auf 2
Anordnung des Generals Buzes geschehen sein, der vor seiner
Ernennung zum Oberbefehlshaber des Ostens den Militärbe-
zirk Libanon unter sich gehabt hatte (I 13/5) und sicher auch
jetzt noch den dortigen Einheiten verbunden war. Im übrigen
wollte er, wie 17 andeutet, noch ein weiteres Heer (Fußvolk?)
heranführen, so daß Antiocheia über genügend Verteidiger
verfügt hätte. In beiden Fällen unterdrückt aber Prokop den
Namen des ihm offenbar unsympathischen Rivalen Belisars
und nennt ihn nur kurz (17) bei der „unrühmlichen Flucht"
seiner Reiterei.

In Prokops Darstellung erscheint das Verhalten der An- 6
tiochenser als sehr leichtsinnig, und der unglückliche Ausgang
der Belagerung mochte ihm recht geben. Indessen waren doch
in aller Eile zum Schutz des gefährdeten Mauerteils so bedeutende Verstärkungen angebracht worden (9), daß nach
Prokops eigenen Worten die Abwehr der Feinde beinahe ge-
glückt wäre (13); dazu besaßen die einheimischen Demen beträchtlichen Kampfwert (17) und vermochten sogar für sich
allein den eindringenden Persern noch hinhaltenden Widerstand entgegenzusetzen (28, 29). Chosroes selbst rechnete mit
harter Gegenwehr, was ihn zu gewisser Nachgiebigkeit hin-

sichtlich seiner Geldforderungen bestimmte (4). Bei genauer
Prüfung vermindert sich die Schuld der für die Sicherheit
der Stadt Verantwortlichen um ein erhebliches Stück; statt
dessen wirkten, wie es scheint, Unglück und Zufall in hohem
Maße bei der Katastrophe mit.

19   Der als Feigheit dargestellte schnelle Abzug der römischen
Besatzung hatte seinen Grund wohl darin, daß es sich um
Berittene handelte und diese in Straßenkämpfen keine Ent-
faltungsmöglichkeiten gehabt hätten. Außerdem befand sich
Buzes höchstwahrscheinlich im Anmarsch und mußte, nachdem er schon zu spät kam, die berittene Vorausabteilung wieder an sich ziehen.

9. Kapitel

1   Prokop sieht in den Ausführungen des Perserkönigs (1–6,
10), die ihm der Bericht des römischen Gesandten übermit-
telt hat, nur niederträchtige Heuchelei des Feindes und den
Versuch, die Römer zu überlisten und die Schuld an dem
Morden von sich abzuwälzen, und wundert sich daher über
das Schicksal (12, 13), das in seiner Ungerechtigkeit Verbre-
chern zu Macht und Erfolg verhilft. Chosroes kann indessen
nach dem fluchtartigen Abzug der römischen Truppen sehr
wohl mit dem Einmarsch deshalb gezögert haben, um unnüt-
zes Blutvergießen zu vermeiden und sein Heer fest in der
Hand zu behalten, doch scheiterte dieser Plan dann am unerwarteten Widerstand der Antiochenser, und die Entwicklung
nahm ihren unaufhaltsamen Verlauf. Darauf deutet auch die
Rede des Zaberganes (8/31ff.), in der er den König zu raschem und rücksichtslosem Vorgehen drängt.

10. Kapitel

1 ff.   Tieferschüttert vom Untergang Antiocheias, bemüht sich
der Geschichtsschreiber vergeblich, das Unglück zu „verstehen" und mit dem Regiment eines persönlichen Gottes in
Einklang zu bringen, an dessen Vorhandensein er, wie die
vorausgehende Erwähnung von Wunderzeichen beweist,
zweifellos glaubt. Der Ausweg der „Tyche", den er sonst so
gerne beschreitet, wird hier nicht gesucht.

9 ff.   Der Ablauf der Verhandlungen dürfte im Anschluß an die
Gesandtenberichte einwandfrei wiedergegeben sein; besonders der Abschnitt 16–23 zeichnet sich durch Wirklichkeits-
nähe aus.

Chosroes' Forderung nach jährlichen Zahlungen deckt das 21
innerste Ziel seiner Politik auf: Byzanz soll in seinem Prestige
getroffen und für die Zukunft mit einer Verpflichtung be-
lastet werden, die dem Perser jederzeit die Möglichkeit gibt,
zu drohen oder gar anzugreifen.

Überraschenderweise berichtet Prokop so gut wie nichts 24
von militärischen Maßnahmen auf Römerseite und deutet
nur indirekt an, daß das zwischen Chosroes und den römischen Gesandten in oder bei Antiocheia geschlossene vorläu-
fige Abkommen auch einen Waffenstillstand umfaßte. Auf
jeden Fall muß darin eine Demarkationslinie für das römische und persische Heer sowie der Rückzugsweg der Gegner
nebst Regelung ihrer Verpflegung festgelegt gewesen sein.
Der Geschichtsschreiber hat zweifellos davon gewußt, Buzes'
Wirken militärisches Wirken aber unterdrückt, um dafür
Chosroes' Auftreten besonders effektvoll – und für die kaiserliche Regierung beschämend zu gestalten. Überdies standen
ihm, wie die folgenden Schilderungen beweisen, sehr eindrucksvolle Lokaltraditionen zur Verfügung.

11. Kapitel

Um Zusammenstöße zu vermeiden, hatte man offenbar 1
die römischen Truppen aus der Nachbarschaft von Antiocheia zurückgezogen. Apameia hingegen scheint auf Grund
des Waffenstillstandsvertrages ursprünglich nicht für einen
persischen Besuch vorgesehen gewesen zu sein, so daß die Gesandten Sondererlaubnis erteilen mußten.

Mit deutlichem Behagen wird der mutigen Tat eines ge- 7ff.
wöhnlichen Metzgers aus Antiocheia Erwähnung getan.

Das Kreuzwunder in Apameia ist sichtlich einer geistlich 14ff.
beeinflußten Quelle entnommen.

Bei aller Abneigung gegen den „Barbaren" kann sich doch 32
Prokop nicht ganz dem Zauber entziehen, der von Chosroes'
Persönlichkeit ausging. Sein innerstes Wesen hat er freilich
nicht erfaßt, wie die Schilderung des königlichen Bades und
Opfers bei Seleukeia (1) erkennen läßt.

12. Kapitel

Der König zog zunächst rein östlich, um dann von Chalkis 1
ab, einer starken, von Justinian späterhin noch ausgebauten
(aed. II 11/1) Festung, links abzubiegen und nach Überquerung des Euphrats bei Barbelissos durch die Landschaft Os-

roene nordwärts auf Edessa zu marschieren; damit war die
große Heerstraße nach Daras erreicht. Verpflegungsfragen
dürften für die Wahl des Weges bestimmend gewesen sein.

8 ff.   Der Briefwechsel zwischen Jesus und Abgar (Augaros) ist
ungeschichtlich. Die Absicht, die altchristliche Kirche von
Edessa unmittelbar an Christus anzuknüpfen und ihr aposto-
lisches Ansehen zu verschaffen, dürfte zur Erfindung der
Schriftstücke und der – vielfach bezeugten und in mehrfachen Brechungen vorliegenden – Abgarlegende beigetragen
haben. Ausführlich geht Eusebius in seiner Kirchengeschichte (I 13) auf die Erzählung ein, die dort in den Jahren 28/29
und zu Zeiten Abgars V. (4 v. Chr. – 7 n. Chr. und 13–50 n.
Chr.) spielt.

22   Diese Stelle beweist die immer wieder angezweifelte Tatsache, daß Prokop – trotz aller Skepsis (30) – doch auf dem
Boden des christlichen und zwar des orthodoxen Glaubens
steht.

26   Die angebliche Versicherung Christi, daß die Stadt niemals
von Barbaren eingenommen werde, ist bei Eusebius noch
nicht erwähnt und dürfte erst in den Notzeiten des 4.–6. Jahrhunderts erdichtet worden sein. Wahrscheinlich hat Prokop
die Aufschrift an den Toren Edessas (26) persönlich gelesen.

29   Die Textlücke enthielt vermutlich eine Schilderung von
der Überschwemmung des Skirtosflusses. Der Hinweis gilt
den Bauten II 7/2 ff. wo von besonderer Fürsorge Justinians
um die heimgesuchte Stadt die Rede ist.

31 ff.   Die erbaulichen Wundergeschichten finden eine Parallele
im Berichte des Josua Stylites (58–63), der anläßlich der Belagerung Edessas 503 ebenfalls vom unmittelbaren Eingreifen
Gottes für „seine Stadt" erzählt. Auch 544 scheiterte trotz
aller „Kreuzzugbegeisterung" der Perser der feindliche Angriff an der Festigkeit der Stadt und ihrem besonderen himm-
lischen Schutz (II 26).

13. Kapitel

6   Mit sichtlicher Freude ergreift Prokop die Gelegenheit,
den sonst mit Stillschweigen übergangenen Buzes bei einer
Handlung zu erwähnen, die ihn in ein ungünstiges Licht rük-
ken muß; dabei trifft auch den kaiserlichen Urheber des Verbotes, Gefangene freizukaufen (vgl. Anekdota 12/9: „Römisches Geld kommt nicht zu Barbaren!"), schwerer Vorwurf.

Belagerung oder gar Eroberung kam übrigens für den Perser kaum in Frage, da die Friedensverhandlungen ja noch schwebten und die Anwesenheit des obersten Befehlshabers eine entsprechende Besatzung voraussetzte.

Wenn die Städte dem Perserkönig bei seinem Vorbeimarsch 7 Gelder anboten oder bezahlten, so möchte ich nicht unbedingt an einen ungerechtfertigten Tribut, wie es Prokop darstellt, denken; eher dürfte es sich um einen Beitrag zur Versorgung des Perserheeres handeln, das auf diese Weise seine Bedürfnisse im Territorium der Städte ohne Plünderung decken konnte. Meine Vermutung wird durch die Angabe (15) gestützt, wonach der Perserkönig auf der vorletzten Station im Römerreich, in Konstantine, den Einwohnern „den ganzen gewaltigen Proviant überließ, den er aus Anlaß der Belagerung (so deutet es Prokop!) für sein Heer hatte herbeischaffen lassen." Vertragsgemäß mußte offenbar beim Passieren der Reichsgrenze abgerechnet werden – dies geschah in Form der „großmütigen Schenkung"; außerdem waren nicht unmittelbar berührte Städte mit Zahlungen zu verschonen – Chosroes nahm daher Karrhaes Angebot nicht an und umkleidete den Verzicht mit dem eleganten Hinweis auf den nichtchristlichen Bevölkerungsteil der Stadt (7).

Martinus' Aufenthalt in Daras ist nicht Zufall, er war viel- 16 mehr eben aus Italien zurückgeholt (VII 1/1) und eilends in den Osten geschickt worden (II 14/9), um dort Daras zu verteidigen. Die Anwesenheit höchster Offiziere in Edessa und Daras deutet an, daß die Marschroute der Perser zwischen beiden Städten vorgesehen war und der Feind nicht nördlich ausbiegen durfte.

Was Chosroes zum Angriff auf Daras bewog, ist nicht genau festzulegen; wahrscheinlich reizte ihn aber die alte römische Trutzfestung gegenüber Nisibis, welche die Bedeutung dieser persischen Grenzstadt entwertete.

14. Kapitel

Der positive Ton, in dem Prokop über die Ansiedlung der 1 ff. verschleppten Antiochenser und die ihnen gewährten Vorteile berichtet, muß nach den vorausgehenden harten Ausfällen gegen Chosroes überraschen. Wahrscheinlich stammen seine Nachrichten aus Antiocheia, wohin die – vielleicht gar nicht so sehr mit Gewalt – Entführten den Zurückgebliebenen tröstliche Kunde zukommen ließen. Die Ruinen der Stadt –

Bostan e Kesra := Garten des Khosru – lassen sich heute noch
am Tigris sö. von Ktesiphon feststellen.

5 Auch heute noch ist der herrliche, aus Lorbeerbäumen,
Eichen und Zypressen bestehende Hain von Daphne zu sehen,
in dem eine schöne Kaskade in vielfach sich verästelnden
Wasserfäden über den Felsen herabfällt. Der Ort, ursprünglich Apollo und Artemis geweiht, war als Vorstadt von Antiocheia Schauplatz glänzender Wettspiele und Aufenthaltsort
griechischer und römischer Genießer. Der Blitzschlag in den
von Kaiser Julianus wiederhergestellten Tempel hatte bei
dem abergläubischen Volk zu Christenverfolgungen geführt.

6 Im Jahre 525 wurde Antiocheia durch Erdbeben schwer
heimgesucht, so daß es bei der Plünderung durch die Perser
wahrscheinlich noch nicht ganz erneuert war. Justinian
baute die in Rückgang befindliche Stadt in verkleinertem
Umfang und mit günstigerer Mauerführung wieder auf und
verlieh ihr den Namen Theupolis. Von diesen Taten des
Kaisers berichtet Prokop nur in den „Bauten" (II 10/2ff.).

8 Hier verflicht der Geschichtsschreiber seine Berichte über
die Perser- und Gotenkriege. Die Not im Osten zwang Justinian, Belisar mit einer Anzahl von Offizieren (VII 1/1) – darunter auch Martinus – ohne Rücksicht auf die noch ungeklärten Verhältnisse in Italien 540 nach Byzanz zu berufen
und Frühjahr 541 gegen die Perser zu entsenden. Ob Prokop
seinen Herrn dorthin begleitete, ist nicht eindeutig zu klären,
wahrscheinlich blieb er in Byzanz zurück und begann mit der
Arbeit an seinen Geschichtswerken. Neben der Mittelfront
östlich Antiocheia erschien besonders Armenien gefährdet,
weshalb der vielfach erprobte Feldherr Valerianus das dortige Kommando erhielt. 541 zielte der persische Vorstoß tatsächlich auf die Nordfront.

15. Kapitel

1 Weit ausholend behandelt Prokop die früheren Beziehungen zwischen Rom und Lazien, das einstmals nur locker dem
Reiche angegliedert, seit der neuen Dynastie mehr und mehr
in die Auseinandersetzungen zwischen den Großmächten einbezogen und seit dem Übertritt des Ibererkönigs Gurgenes
auf Lazengebiet (I 12/11) immer härter von kaiserlichen
Beamten bedrückt und fiskalisch ausgebeutet wurde.

7 Mit sichtlicher Geringschätzung schildert Prokop den
Widersacher Belisars (an. 4/4), den aus Justinus' Kanzlei

aufgestiegenen ehemaligen „Sklaven" Petrus, der Unbildung und Habsucht verband, indessen von Johannes Tzibus (9), einem noch größeren Schurken, abgelöst wurde. Vgl. hiezu Anekdota 21/20ff., wo von drei einander ablösenden, immer übleren Agentengruppen des Kaisers die Rede ist!

Aus religiösen Gründen (Christen!) waren die früher persi- 15 scher Oberhoheit unterstehenden Lazen auf römische Seite übergetreten (I 12/19 und 22/18).

Eingehend werden die Vorteile und damit der innere 27 Grund für den persischen Vorstoß Richtung Schwarzes Meer besprochen.

16. Kapitel

In betont sachlicher Berichterstattung wird Belisar auf seinem neuen Betätigungsfeld eingeführt; er gibt sich jetzt nach seinem Siegeszug durch Afrika und Italien als primus inter pares und ordnet sich den Bedingungen einer echten Beratung mit den anderen Militärs willig unter. Aus dem offensichtlich guten, amtlichen Material, über das er verfügt, hebt Prokop gewisse Tatsachen hervor, die Belisar von dem unbefriedigenden Ergebnis des anschließenden Feldzugs etwas entlasten können: 1. Die Kundschafter liefern unrichtige Meldungen (3), 2. Der Kaiser drängt in mehreren Schreiben auf rasches Vorgehen (5), 3. Die Feldherrn stimmen, obwohl zu freimütiger Meinungsäußerung aufgefordert (7), einmütig Buzes' und Petrus' Vorschlag zu und fordern die Offensive (16), 4. Den begründeten Bedenken der Truppenbefehlshaber im Libanon wird entsprechend Rechnung getragen (19).

17. Kapitel

Die Lage der Festung Petra ist noch nicht endgültig ausge- 3 macht; wahrscheinlich dürfte der Ort etwa 15–20 km nördlich des heutigen Batum dicht am Meer zu suchen sein (II 17/18).

Die Charakteristik des Johannes Tzibus als „Krämer" und 11 „unkriegerisch" wird durch sein Verhalten in der Stunde der Gefahr weitgehend widerlegt.

Im ganzen gesehen, gibt Prokop einen klaren und sachlichen, wenn auch kaum aus Autopsie, eher aus einer militärischen Quelle geschöpften Bericht über die Einnahme von Lazien und Petra. Die römische Truppe scheint dem persi-

schen Angreifer in keiner Weise gewachsen gewesen zu sein,
sonst hätte sie sich nicht auf Defensive und Überraschungs-
manöver beschränkt. Auch die mangelnde Nachrichtenüber-
mittlung und Zusammenarbeit zwischen römischer Nord-
und Mittelfront müssen überraschen.

18. Kapitel

4 Die Zaghaftigkeit Belisars, der weder die schützende
Reichsgrenze aus dem Auge verlieren noch eine Belagerung
von Nisibis wagen möchte, verrät die Schwäche der vorhandenen römischen Hilfsmittel. Im übrigen denkt er sicher an sein
eigenes Vorgehen anläßlich der Schlacht bei Daras (12), die
ebenfalls in unmittelbarer Nähe eines Rückzugspunktes geschlagen wurde.

ff. Belisars Rede und Handeln (16ff.) sollen sein vorausschau-
endes, realistisches Denken und sein überlegenes Führertum
beweisen, das sich auch dann durchsetzt, wenn ihm der
Kaiser nicht mehr den absoluten Oberbefehl wie bei seinen
bisherigen Unternehmungen anvertraut. Im ganzen gesehen,
bleibt es bei einer römischen Niederlage vor Nisibis, doch
fällt diese – wie die Verhöhnung von Petrus' Feldzeichen beweist (26) – dem ungehorsamen, jugendlichen Draufgänger
Petrus zur Last.

19. Kapitel

ff. Belisar zieht an Nisibis vorbei gegen die etwa zwei Tagemärsche (an. 2/24) östlich davon gelegene Festung Sisauranon, die wesentlich schwächer als jene, besseren Erfolg ver-
spricht. Sein Vorgehen hinterläßt einen auffallend gehemmten
Eindruck, und deutlich muß sich Prokop bemühen, das Beste
aus den Ereignissen herauszuholen und seinen Helden gegen
alle Vorwürfe der Zaghaftigkeit unter Hinweis auf eigene
Schwierigkeiten und die – durch Arethas' Unzuverlässigkeit
(26ff.) – zunichte gemachten weitergreifenden Pläne zu
schützen. In den Anekdota (2/23ff.), wo Rücksichtsnahmen
wegfielen, sparte er denn auch nicht mit Tadel an Belisars
Unentschlossenheit und nennt als innersten Grund dafür –
neben Hofintrigen – Ehestreitigkeiten mit Antonina (2/16ff.).
Im übrigen scheint unser Historiker über Einzelheiten des
Kriegsunternehmens – vielleicht auch über den Geheimschreiber Georgios (22) – gut unterrichtet, verlegt freilich
irrtümlicherweise Theodosiopolis statt an den Euphrat an

dessen Nebenfluß Aborrhas, was persönliche Anwesenheit
auf dem Feldzug in Frage stellt.

Der Streifzug des Arethas diente wohl vor allem dem Zweck, 15
das durch die persischen Erfolge des Jahres 540 gesunkene
Ansehen der Ghassaniden zu heben und gleichzeitig Überfällen des Alamundarus und seiner Stämme vorzubauen.

Es verwundert, daß die „heilige Zeit" der Sarazenen nicht 33
auch die Leute des Arethas von militärischen Unternehmungen abhielt.

Die Rede des Johannes faßt in knapper und zugleich 36ff.
schonender Form die Gründe zusammen, die Belisar zu einem
– ehrenvollen – Rückzug bewegen konnten. Demgegenüber
betont Prokop in den Anekdota (2/18ff.), daß der Feldherr
infolge der Ankunft seiner Gemahlin „das Wohl des Staates
hinter seine häuslichen Angelegenheiten zurückgestellt habe".
Dadurch habe er sich die Gelegenheit nehmen lassen, bis
Ktesiphon vorzudringen, die dortigen antiochensischen und
römischen Gefangenen zu befreien und Chosroes den Rückweg aus Lazien zu versperren. In den Anekdota (2/30) erfahren wir auch, daß Valerianus als Befehlshaber in Armeni-
en während Belisars matten Angriffsunternehmens hunnischen Hilfstruppen der Perser eine schwere Niederlage zugefügt habe, ein Ereignis, das offensichtlich an unserer Stelle
mit Rücksicht auf den angeschlagenen Ruf des „Helden"
verschwiegen wird.

20. Kapitel

Der persische Vorstoß nach Lazien hatte dort bedeutende 1
Erfolge gebracht, doch wäre es auf dem Rückmarsch infolge
der starken Verluste fast zu einer Empörung gegen den Großherrn gekommen (an. 2/31ff.), der seinen Adel nur mit Mühe
beschwichtigen konnte.

Chosroes überschritt diesmal den Euphrat ziemlich weit 2
nördlich, unweit Sura und Sergiupolis, so daß sich Bischof
Kandidos von Sergiupolis unmittelbar bedroht fühlen mußte.

Des Bischofs Schaukelpolitik zwischen den beiden Herr- 4
schern mußte scheitern, da Justinian es grundsätzlich ab-
lehnte, aus Reichsmitteln Städte oder Gefangene loszukaufen.

Die abschließende Verurteilung des Kandidos als eines 16
„Eidbrüchigen" muß überraschen, da doch seine Zusage unter
drohender Gefahr und zu einem guten Zwecke erfolgt war.

Liegt hier eine tendenziöse Lokaltradition aus Sergiupolis
vor, wo man das Schicksal des Bischofs von dem der Stadt
trennen wollte ? Jedenfalls wird auch Justinian als der „Zweit-
schuldige" gebührend gerügt.

7 ff. Chosroes' Ziel war es offensichtlich, einmal in Meeresnähe
gelangt, dem Fruchtland nach Süden zu folgen und nach
Plünderungen und Brandschatzungen vielleicht einige feste
Stützpunkte am Mittelmeer zu gewinnen und die in Lazien
eingeleitete Umklammerung des Römerreiches von Süden her
zu ergänzen.

20 Während Buzes wie 540 um sein Hauptquartier Hierapolis
eine Riegelstellung bezog, war Belisars Kommandobereich
zwischen Euphrat und dem Meer ohne einheitliche Führung,
daher auch sein blitzartiger Aufbruch aus Byzanz, wo ihn in-
terne Machtkämpfe und Intrigen übermäßig lang festgehalten
hatten.

24 Den verzagten Mitfeldherrn gegenüber erscheint Belisar
wieder als der große Retter, durch dessen Vorstoß den Euphrat entlang bis Dura-Europos die persische Rückzugslinie bedroht und Chosroes' Vormarsch tatsächlich zum Stehen gebracht wird.

21. Kapitel

2 In Fortsetzung des Lobpreises auf Belisar wird nunmehr
seine kluge Überlegenheit gebührend gewürdigt, die angeblich die Perser völlig über die Zahl seiner Truppen getäuscht
und Chosroes zur Räumung des römischen Gebietes veranlaßt
haben soll. In Wirklichkeit spielte bei der Entscheidung des
Königs neben Furcht vor der allgemein wütenden Pest maß-
geblich die Hoffnung mit, daß Justinian nunmehr zu ernsthaf-
ten Friedensverhandlungen bereit sei.

26 Ein Waffenstillstand sollte, wie schon 540 bei Antiocheia,
die künftige Friedensregelung einleiten, was aber den Perserkönig nicht hinderte, gegen das auffallenderweise damals ent-
festigte Kallinikos (31) einen Gewaltstreich zu führen. Indessen war Belisar bis Edessa ausgewichen (27), ob aus Schwäche
oder um Anschluß an Buzes Truppen zu finden, läßt sich nicht
entscheiden; jedenfalls zog ihm der Verlust von Kallinikos
schweren Tadel zu (an. 3/31) und erschüttert auch für uns den
Glauben an seine „erfolgreiche" Heerführung 542.

34 Der grundlegende Stimmungsumschwung in Armenien zu-

gunsten der Römer verdiente nachdrücklicher hervorgehoben
zu werden, wird aber von Prokop ebenso wie die näheren Um-
stände der Abberufung Belisars aus dem Osten bewußt knapp
abgetan. Nach Anekdota 4/1 ff. verabredete sich damals angesichts der Erkrankung Justinians an Pest eine Anzahl Befehlshaber, u. a. Belisar und Buzes, dahingehend, daß sie einen
neuen Herrscher nicht ohne weiteres anerkennen wollten. Von
Petrus und Johannes Phagas denunziert, wurde Buzes über
zwei Jahre in Dunkelhaft genommen, Belisar seiner Leibgarde
sowie des größten Teils seines Vermögens beraubt und als Befehlshaber abgesetzt; in den Osten durfte er nicht mehr zurückkehren, sondern mußte (nach Aussöhnung mit dem Kai-
serpaar) als „Oberstallmeister" das undankbare Kommando
in Italien antreten. Über diese Tatsachen geht Prokop trotz
bester Unterrichtung in den „Kriegen" mit „beredtem" Stillschweigen hinweg.

22. und 23. Kapitel

Bei der mit großer Sachkenntnis und innerer Anteilnahme
aus eigenem Erleben gegebenen Schilderung der Pest benützt
Prokop Thukydides als Vorbild, läßt sich aber durch formelle
Anlehnungen nicht zu sachlichen Unrichtigkeiten verleiten.
Die Bubonenpest, um die es sich handelte, nahm ihren Ausgang vom Roten Meer (Abessinien und Ägypten), erreichte
541 Konstantinopel, wütete dort vor allem im folgenden Jahr
und breitete sich dann über die Reichsprovinzen und auch
nach Persien aus.
Die Ausführungen über die Pest, sichtlich als Prunkstück
prokopischer Darstellung gedacht, brechen etwas aus dem
Zusammenhang der Kriegsgeschichte und lassen einen späten
Einschub vermuten. Manches spricht dafür (so die Beobachtungen an den Abschnitten über Johannes den Kappadoker I
25 und II 30/49–54), indessen paßt der Bericht chronologisch
gut an die Stelle und ist auch mit dem kriegerischen Geschehen, das durch das Auftreten der Pest nicht wenig beeinflußt
wird (II 24/5 u. 12), verflochten. Überdies mußte er sich Prokop als vorzügliches Mittel empfehlen, den Leser über Belisars
unrühmlichen Abgang aus den Ostprovinzen hinwegzuführen,
wo jetzt dessen ehemalige Unterführer Valerianus und Martinus das Kommando inne hatten, ersterer als magister militum per Armeniam (II 14/8), letzterer als magister militum
orientis (II 24/13).

24. Kapitel

Belisars Abberufung sowie die Ausbreitung der Pest auf persisches Gebiet beeinflussen die Kriegshandlungen des Jahres
543.

1　　Offenbar um die Umklammerung der römischen Nordfront,
wo noch am ehesten bleibende Erfolge zu erringen waren, fort-
zuführen, verlegte Chosroes Truppen dorthin, doch scheint
Prokop über die Vorbereitungen auf persischem Boden ungenau und nur durch den Bericht der römischen Gesandten in-
formiert, der auch im folgenden die Grundlage der Darstellung
bilden dürfte.
　　Der Name Aderbiganon lebt fort in der Landschaft Aser-
beidschan.

2　　Die Gleichsetzung des hl. Feuers der Vesta mit der ewigen
Flamme im Feuerheiligtum der Perser hat Prokop wohl einem
kulturkundlichen Nachschlagewerk entnommen. Schon frühzeitig läßt sich bei den Griechen diese Art von religiösem
Synkretismus feststellen.

4　　Mit Stolz erkennt Prokop in den beiden Rhetoren „arrivier-
te" Berufskollegen.

6　　Der Ort Dubios, jetzt Dvin, liegt heute nahe der Dreiländer-
ecke Iran-Türkei-Rußland und zwar in der sowjetischen Re-
publik Armenien.

10　　Mit Ironie wird über Justinians kurzsichtige und doppel-
züngige Politik gegenüber Persien berichtet. Tatsächlich war
die Lage im Perserreich ziemlich kritisch.

12　　Das römische Heer hatte von Erzerum-Theodosiupolis bis
Farqin-Martyropolis eine 200 km lange nord-südliche Ausgangsstellung bezogen.

13　　Kitharizon ist ungefähr in der Mitte der Front zu suchen.

14　　Die Landschaft Chorzianene dehnt sich zwischen Theodosiupolis und Kitharizon.

15　　Die Festung Phison, jetzt Fis, liegt 60 km südlich Kitharizon, unweit Martyropolis.

19　　Indem die Mitte der römischen Front vorstürmte, mußten
sich die links und rechts befindlichen Heeresgruppen anschließen. Diese unterstanden den erst jüngst aus dem Westen gekommenen Feldherrn Valerianus und Martinus, denen als ihm
wohlbekannten Kriegskameraden Belisars Prokop nicht ungern eine gewisse Vorsicht bescheinigte.

20　　Die Vereinigung der Stoßkeile erfolgte wahrscheinlich nörd-

lich des Wansees; am Nordfuß des Araratmassivs vorbei nahm dann das Heer nordöstlich Richtung auf Dvin. Mit Eroberung dieser Stadt, wo christliche Bevölkerung auf ihre Befreier wartete, wäre ein wichtiger Umschlageplatz, dazu die persische, dem Arastal gegen das Schwarze Meer hin folgende Nachschubstraße in römische Hand gekommen. Justus deckte inzwischen die Südflanke.

25. Kapitel

Dvins Bedeutung wird nachdrücklich hervorgehoben und 1 läßt das römische Unternehmen – im Widerspruch zu Prokops vorausgehenden abschätzigen Bemerkungen – als lohnend und wohl begründet erscheinen.

Der Ort Anglon dürfte an den Nordausläufern des Ararat 5 zu suchen sein.

Der Bericht verrät gute Quellen, ist aber offensichtlich in 13 ff einer für die römische Heeresführung ungünstigen Art geboten; sehr im Gegensatz zu Belisars noch im Jahr zuvor bewiesenen überlegenen Feldherrntum hören wir hier immer wieder von Disziplinlosigkeit der Truppen und dem Fehlen einer einheitlichen Führung. Die große numerische Überlegenheit der Römer unterstreicht die Schwere der Niederlage, die mit Narses' Tod – etwas zu einfach – eingeleitet, in völliger Auflösung des Heeres endet. Selbst die Tatsache, daß die Perser die Verfolgung nur über eine kurze Strecke hin durchführen, wird in ein für die Römer ungünstiges Licht gerückt.

Die Ausmaße der Niederlage waren nicht so bedeutend, daß 33 sie an der allgemeinen Frontlage viel änderten. Die Perser waren zufrieden, ihre Stellungen behauptet zu haben.

Der Angriff der Gruppe Justus-Peranius ging in das Gebiet 35 südlich der Wansees.

26. Kapitel

Chosroes' Angriff des Jahres 544 richtete sich – nach Abklin- 1 gen der Pest – wieder gegen den mittleren Teil der römischen Front und suchte, nachdem 540 der Durchbruch auf Antiocheia gelungen, ein Ausgreifen nach Norden und 542 nach Süden aber nicht erreicht worden war, durch Einnahme des starken Edessa (heute Urfa in der Türkei) die Festungslinie Antiocheia-Daras aufzusprengen. Eine Art Kreuzzugsstimmung in den Kreisen der persischen Staatskirche, die in Edessas Einnahme eine Prestigefrage (Abgarlegende!) erblickte,

mag bei dieser Absicht mitbestimmend gewesen sein. Der Bericht schöpft aus sehr guten Quellen (wahrscheinlich sprechen Militärs als Augenzeugen) und ist ein Glanzstück prokopischer Darstellungskunst.

5   Obwohl der Geschichtsschreiber nichts vom persischen Anmarsch berichtet, hatten die Römer den Feind erwartet. Das beweist die Tatsache, daß sich die Bauern mit Vieh und ihrer sonstigen Habe in die Stadt geflüchtet hatten, daß der Demos bewaffnet war und die römischen Oberbefehlshaber die Verteidigung persönlich leiteten, zum mindesten an Ort und Stelle weilten.

27. Kapitel

ff.   Eine vorzügliche, packende Schilderung auf Grund objektiven Materials und eigener Sachkenntnisse. Petrus wird wiederum übergangen, Martinus nur als Verhandlungspartner erwähnt und auch das nicht immer in günstigem Sinn. Im übrigen zeigt die Belagerungstechnik der Perser, daß sie den Römern gegenüber wohl bestehen kann; zwei Monate bemühten sie sich, die Festung zu nehmen. Zweifellos bedeutete die Belagerung den Höhepunkt des Feldzuges 544, es muß indessen doch auffallen, daß von Waffentaten an den sonstigen Fronten nichts berichtet wird. Liegt das an Prokops Quelle oder entsprach dies seinen stilistischen Interessen? Eher möchte ich an Letzteres denken.

28. Kapitel

Nach dem Angriff des Jahres 544 erkannte Chosroes, daß sich ein Durchbruch wie 540 weder an der Mittel- noch an der Südfront mehr erzielen lasse, und strebte einen Dauerfrieden an, freilich unter Aussparung Laziens, wo Persien die Eroberung des Jahres 541 zu behaupten hoffte.

2   Konstantianus und Sergius sollten schon 543 (II 24/4) als Gesandte in Tätigkeit treten, jedoch erkrankte der erstere und außerdem kam die Seuche nach Persien. Zum Feldherrn wurde er, wie Prokop berichtet, nicht ernannt.

8   Wie auch das Beispiel des Stephanus zeigt (II 26/31ff.), hatten die persischen Könige vielfach griechische Leibärzte. Tribunus setzte sich während seiner Tätigkeit am Königshof (VIII 10/11ff.) rühmlich für die Freilassung römischer Gefangener ein und genoß die besondere Achtung des Chosroes.

Der Waffenstillstand kam Frühjahr 545 zustande und schuf 11
den an fast allen Fronten schwer ringenden Römern wenigstens im Osten für längere Zeit Entlastung.

Wie schon früher blieben auch jetzt die Sarazenen außer- 12
halb der zwischen den Großmächten getroffenen Abmachungen und konnten ihre Streitigkeiten austragen, doch behielt
sich Persien wie Rom die Möglichkeit vor, sie nach Bedarf
wieder für ihre Zwecke einzusetzen.

Menschenopfer sind bei den Sarazenen in jener Zeit mehr- 13
fach bezeugt. Die mit Aphrodite bezeichnete Gottheit dürfte
mit Astarte gleichzusetzen sein.

554 verlor Alamundaros gegen Arethas Schlacht und Le- 14
ben.

Von den Chosroes zugeschriebenen zwei Plänen erscheint 15
der Anschlag auf Daras als unglaubwürdig; mehr Wahrscheinlichkeit besitzt sein Vorhaben, das Persertum in Lazien zu
stärken und sich so die wichtige Neuerwerbung zu sichern.
Ausführlich nimmt Prokop (18–25) vom Standpunkt der
Reichshauptstadt aus zum Problem Lazien Stellung und gibt
bei dieser Gelegenheit auch einige (bei Reisenden oder Soldaten gesammelte) Notizen (25–28) über die dortigen Verhältnisse zum besten.

Der Bericht über die Gesandtschaftsreise des Isdigusnas (48) 31 ff.
ist deutlich von Haß gegen den hochmütigen Perser getragen, der samt seinem Dolmetscher vom Kaiser viel zu ehrenvoll behandelt, durch sein Auftreten jeden „echten Römer"
beleidigen muß. So fällt auch für den Kaiser, der in seiner
Bedrängnis doch den einflußreichen Perser bei guter Laune
erhalten mußte, manch unverhüllter Tadel ab, während Belisar in seinem ehemaligen Sekretär und nunmehrigen Kommandanten von Daras Georgios (33) auch jetzt noch als der
wahrhafte Schützer der Reichsinteressen erscheint (37).

So wird der Todfeind Roms, der eben noch Daras nehmen 44
wollte, überreich beschenkt! Die Erbitterung Prokops über
Justinian nähert sich dem Geist der Anekdota.

29. Kapitel

Die offenbar durch Spione oder romfreundliche Lazen über- 1
brachte Nachricht, daß die Perser an den Bau einer Kriegs-
flotte dächten, ließ Justinian den Ernst der Lage erkennen;
549 wurde der Krieg in Lazien wieder aufgenommen.

Es scheint, daß es zu einem allgemeinen Aufstand der La- 8

zen kam, vor dem sich die schwachen persischen Besatzungs-
truppen in den Süden des Landes, nach Petra, zurückzogen,
wo sie von den Einheimischen und später auch von dem römischen Heer unter Dagisthaios belagert wurden. Diese See-
festung war, wie die spätere Entwicklung bestätigte, der
Schlüssel zum Besitz von Lazien.

14 Der Fluß Boas-Phasis entspricht dem heutigen Rion, der
im Kaukasus seine Quelle hat und bei der heutigen Stadt Poti
ins Schwarze Meer mündet. Prokop verwechselt ihn hier mit
dem Akampsis (heute Corach); dieser entspringt in Nordost-
kleinasien, fließt an Pharangion vorbei und mündet beim heutigen Batum. Erst die Schilderung in 16 stimmt wieder auf
den Phasis.

15 Nördlich der Lazen wohnten der Schwarzmeerküste entlang
bis zum Asowischen Meer die Abasgen, Zechen (VIII 4/2),
Saginer und Utigurischen Hunnen, während die Alanen und
Sabirischen Hunnen jenseits des Kaukasus am Westufer des
Kaspischen Meeres saßen.

18 Über die genannten Städte läßt sich Prokop gelegentlich
der Kämpfe 550/1 näher in Buch VIII aus.

21 Siehe hiezu II 15/10!

25 Kleisurai von κλείειν = schließen, absperren, also Wegsper-
ren (vor allem an Engpässen).

33 Dagisthaios (gebürtiger Gote?) war bei seiner Jugend und
der unübersichtlichen Lage der übertragenen Aufgabe offenbar noch nicht ganz gewachsen, bewahrte aber das römische
Heer vor gefährlichem Einsatz und zeichnete sich später
– beim Italienzug des Narses – rühmlich aus: Er führte bei
Tadinä den rechten römischen Flügel (VIII 31/4) und besetzte anschließend Rom (VIII 33/21 ff.). Wohlgesinnt scheint
Prokop dem Dagisthaios als dem Mitglied einer Belisar abge-
neigten Gruppe nicht.

43 Deutlich wird hier wie schon 32 Justinian als der letztlich
Schuldige bezeichnet.

30. Kapitel

Unverhohlen drückt Prokop seine Bewunderung für die Per-
ser und ihr zähes Aushalten unter dem Befehl eines Generals
aus dem Geschlechte der Mihran aus (dort ist das militärische
Oberkommando vermutlich erblich), während Dagisthaios als
Feldherr immer tiefer sinkt: Handstreich des Johannes (4),
Täuschung durch Mirrhanes (11), übereilte Räumung des La-

gers (13), Tzanen den Römern an Tapferkeit unterlegen (13),
Spott des Mermeroes (17), ungenügende Hilfeleistung für
Phubelis (22). Des weiteren gewinnt man den Eindruck, daß
die Führung des kriegerischen Geschehens in Lazien mehr
und mehr von den Römern auf die einheimischen Streitkräfte
übergeht. Wir haben hier vielleicht einen Nachklang jener
Klagen vor uns, die (VIII 8/1) von den Lazen in Byzanz gegen
Dagisthaios vorgebracht, dessen Sturz verursachten und von
Prokop gern zur Kenntnis genommen wurde. Auf jeden Fall
waren die gemeinsam von Römern und Lazen errungenen Erfolge sehr beträchtlich: Mermeroes mußte südlich des Phasis
den Weg durchs Gebirge nehmen und schließlich wegen Man-
gels an Lebensmitteln das Land in Richtung Dvin räumen.
Nur ein Restkommando blieb als Nachtrab zurück, wurde
aber zerschlagen.

Damit endet das Jahr 549.   48

Wie schon Buch I endet auch Buch II in Form eines Nach-   49ff
trags. Johannes der Kappadoker wird nun, nachdem ihn vorher Haß und Verachtung Prokops getroffen haben, lächer-
lich gemacht: Er hat das „Augustuskleid" empfangen, und
damit sind die „Zeichen", an die er geglaubt, erfüllt.

*

Über das Zeitalter der justinianeischen Dynastie und ihre
kriegerischen Auseinandersetzungen im Osten (vornehmlich
gegen die Perser) sowie auf dem afrikanischen Schauplatz
besitzen wir neben Prokop, Malalas und Corippus noch eine
Reihe von Autoren, die uns in mehr oder weniger eingehen-
der Form Angaben liefern. An erster Stelle ist Prokops Fortsetzer Agathias (Vgl. Band II „Gotenkriege" S. 1107ff.) zu
nennen, der, ohne sein großes Vorbild zu erreichen, die
Jahre 552 bis 558 behandelte. An ihn schließt sich wiederum
Menander Protektor an; sein wertvolles, inhaltsreiches
Werk liegt leider nur noch in Fragmenten vor und dürfte die
Zeit bis 582 umfaßt haben. Des weiteren ist die zwar etwas
unkritische, aber auf guten älteren Quellen aufbauende
Chronik des Mönches Theophanes heranzuziehen, welche
bis 813 herabgeht. Die griechischen Quellen werden durch
Angaben orientalischer Berichterstatter ergänzt, z.B. des
syrisch schreibenden Zacharias Rhetor, dessen Kirchenge-
schichte in deutscher Übersetzung durch Ahrens und Krüger

(Leipzig 1899) vorliegt, und des Bischofs Johannes von Nikiu in Ägypten; seine Weltchronik ist in äthiopischer Fassung überliefert und durch die französische Übersetzung von H. Zotenberg (1883) und die englische Übertragung von R. H. Charles (1916) bekannt geworden. Für die Geschichte des Ostens sei auch Tabari, Geschichte der Perser und Araber zur Zeit der Sassaniden, übersetzt von Th. Noeldeke, Leiden 1879, genannt. Schließlich liegen zur Auswertung noch hagiographische Literatur, Brief- und Gesetzessammlungen (z. B. Corpus iuris civilis), Dichtwerke, Inschriften und Münzen und gewaltige Baureste jener Zeit vor.

MALALAS

Über die Lebensumstände des Johannes Malalas oder Melelas aus Antiocheia liegen uns keine Nachrichten vor. Wir wissen lediglich aus genauen Untersuchungen seines Werkes, daß er von 491 bis in die siebziger Jahre des 6. Jahrhunderts gelebt hat und Zeitgenosse von vier Kaisern, u. a. Justinians I. und Justinus' II. war. Außerdem läßt der Beiname, gebildet nach dem syrischen Worte malal d. h. Rhetor, auf ein Amt als Prediger oder Anwalt schließen.

Seine nur in einer einzigen (Oxforder) Handschrift überlieferte, am Anfang und am Ende verstümmelte und vielleicht nur in Überarbeitung vorliegende achtzehnbändige Chronik behandelte in ihrem ursprünglichen Zustand die Weltgeschichte vom Beginn der biblischen Zeit bis 574; jetzt endet sie mit dem Jahre 563. Das historische Gerüst ist dem Alten und Neuen Testament sowie der Kirchengeschichte entnommen, und darum schlingen sich in buntem Rankenwerk die griechischen Sagen, die Frühgeschichte der Assyrer, Italer und Ägypter sowie die Herrscherreihen der römischen Könige, der Diadochen und römischen Kaiser. Hinzu kommen allerlei Kuriositäten und pikante Erzählungen, und indem so der Verfasser Wichtiges und Unwichtiges ohne inneren Zusammenhang aneinander reiht, will er den Leser mehr unterhalten als belehren. Leitende Gedanken sind ihm fremd, höchstens daß er sich hütet, bei den Mächten seiner Zeit, dem Kaiser und seiner Reichskirche, Anstoß zu erwecken. „So ist", wie Krumbacher in seiner Byzantini-

schen Literaturgeschichte (1891/S. 113) feststellt, „das Werk
des Malalas ein geschichtliches Volksbuch im genauen Sinne
des Wortes", das dann in der Folgezeit auch immer wieder
gelesen und ausgebeutet wurde und für ein halbes Jahr-
tausend byzantinischen Chronisten als Vorbild diente. Bei
der unkritischen, feinerer Bildung entbehrenden Denkweise
des Geschichtsschreibers dürfen wir an die Glaubwürdigkeit
seiner Berichte keinen strengen Maßstab anlegen und die
vielen Quellenangaben nicht allzu ernsthaft nehmen. Gleichwohl sind bei ihm manche Goldkörner erhalten geblieben.
Dies gilt vornehmlich für die Zeit, die er selbst als Zeitgenosse miterlebte, zunächst von Antiocheia, später von
Konstantinopel aus.

Obschon sich seine und Prokops Lebensbahnen zeitweise
räumlich nahe kamen, lassen sich doch keinerlei Beziehungen zwischen beiden feststellen. Im Gegenteil. Während
dieser sich in Darstellung und Ausdruck klassischen Vorbildern verpflichtet fühlt, gefällt sich Malalas in naiver Er-
zählerfreude und verwendet unbekümmert die lebendige
Volkssprache, die mit ihren Neubildungen von Formen,
ihrer vereinfachten Syntax und der Beimischung lateinischer
und semitischer Wörter das gesprochene Griechisch unserer
Tage ahnen läßt.

ΛΟΓΟΣ ΙΗ'

χρόνων Ἰουστινιανοῦ βασιλέως

Μετὰ δὲ τὴν βασιλείαν Ἰουστίνου ἐβασίλευσεν ὁ θειότατος 1
Ἰουστινιανὸς ἔτη λή καὶ μῆνας ζ' καὶ ἡμέρας ιγ' ἐν μηνὶ ἀπριλ-
λίῳ πρώτῃ, ἰνδικτιῶνι πέμπτῃ, ἔτους χρηματίζοντος κατὰ
Ἀντιόχειαν πεντακοσιοστοῦ ἑβδομηκοστοῦ πέμπτου, ἐπὶ τῆς
ὑπατείας Μαβορτίου. ἦν δὲ τῇ ἰδέᾳ κονδοειδής, εὔστηθος,
εὔρινος, λευκός, οὐλόθριξ, στρογγυλόψις, εὔμορφος, ἀναφά-
λας, ἀνθηροπρόσωπος, μιξοπόλιος τὴν κάραν καὶ τὸ γένειον,
μεγαλόψυχος, χριστιανός. ἔχαιρε δὲ τῷ Βενέτῳ μέρει, καὶ
αὐτὸς δὲ ὢν Θρὰξ ἀπὸ Βεδεριάνας.

Ὁ δὲ αὐτὸς βασιλεὺς ἐπὶ τῆς ἕκτης ἐπινεμήσεως τῷ ὀκτω- 2
βρίῳ μηνὶ προηγάγετο κόμητα ἀνατολῆς ἐν Ἀντιοχείᾳ ὀνόματι
Πατρίκιον, Ἀρμένιον· ᾧτινι δέδωκε χρήματα πολλά, κελεύσας
αὐτῷ ἀπελθεῖν καὶ ἀνανεῶσαι πόλιν τῆς Φοινίκης εἰς τὸ λίμιτον
τὴν λεγομένην Πάλμυραν καὶ τὰς ἐκκλησίας καὶ τὰ δημόσια,
κελεύσας καὶ ἀριθμὸν στρατιωτῶν μετὰ τῶν λιμιτανέων καθέ-
ζεσθαι ἐκεῖ καὶ τὸν δοῦκα Ἐμίσσης πρὸς τὸ φυλάττεσθαι τὰ
Ῥωμαϊκὰ καὶ Ἱεροσόλυμα.

Ἐν δὲ τῷ αὐτῷ χρόνῳ ὁ Πέρσης ἐπολέμησε τῷ Λαζῶν βασι- 3
λεῖ Ζταθίῳ, ὡς προσρυέντι Ῥωμαίοις. ὁ δὲ Λαζῶν βασιλεὺς
πέμψας ἐδεήθη τοῦ βασιλέως Ῥωμαίων, αἰτῶν βοήθειαν παρ'
αὐτοῦ λαβεῖν· καὶ πέμψας αὐτῷ ὁ βασιλεὺς Ἰουστινιανὸς στρα-
τηλάτας τρεῖς, Γιλδέριχ καὶ Κήρυκον καὶ Εἰρηναῖον, μετὰ πολ-

MALALAS

Auszüge aus der Chronik des Johannes Malalas Buch XVIII:
„Zeitalter des Kaisers Justinian"
(Text entnommen der Ausgabe L. Dindorf, Bonner Corpus
1831)

1. (p. 425,1–9) Nach der Regierung des Kaisers Iustinos
herrschte der erhabenste Justinian 38 Jahre 7 Monate
13 Tage, nachdem er am 1. April, in der 5. Indiktion, im
Jahre 575 der antiochensischen Ära, unter dem Konsulat
des Mavortios sein Amt angetreten hatte. Er war von ge-
drungener Gestalt, hatte kräftige Brust, wohlgestaltete
Nase, weiße Hautfarbe und geringeltes Haar, dazu ein ge-
rundetes Antlitz und angenehmes Äußere. Vorne etwas
kahl, besaß Justinian gewisse Rötung des Gesichtes und ein
angegrautes Haupt und Kinn. Er setzte sich tapfer für den
christlichen Glauben ein. Seiner Gunst erfreute sich die Partei der Blauen. Er war seiner Herkunft nach ein Thraker und
in Bederiana geboren.

2. (p. 425,10–426,5) Der nämliche Kaiser (Justinian) ließ
im Monat Oktober, in der 6. Indiktion, den Comes des
Ostens namens Patrikios, einen Armenier, der in Antiocheia
saß, zu sich kommen, übergab ihm eine große Geldsumme
und befahl ihm, damit hinzugehen und eine phönikische, an
der Grenzlinie des Reiches gelegene Stadt namens Palmyra
sowie die Kirchen und öffentlichen Bauten wieder aufzu-
richten. Außerdem sollte dort eine Abteilung von Grenzsoldaten unter dem Dux vom Emesa Garnison beziehen, zum
Schutz für das römische Gebiet und Jerusalem.

3. (p. 427,1–17) Zur nämlichen Zeit bekriegte der Perser
(König Kabades) den Lazenkönig Stathios, da er sich den
Römern angeschlossen hatte. Der Lazenkönig erbat sich
daher durch eine Gesandtschaft Hilfe vom römischen Kaiser.
Und Kaiser Justinian schickte ihm drei Feldherrn, Gilde-

λῆς βοηθείας Ῥωμαϊκῆς, καὶ συγκρούσαντες πόλεμον, ἔπεσον ἐξ
ἀμφοτέρων πολλοί. καὶ ἀκούσας ὁ βασιλεὺς Ῥωμαίων ἠγα
νάκτησε κατὰ τῶν στρατηλατῶν, ὅτι φθόνῳ φερόμενοι πρὸς
ἑαυτοὺς οἱ στρατηλάται Ῥωμαίων προδεδώκασιν ἀλλήλους. καὶ
ἀγανακτήσας ὁ βασιλεὺς κατ' αὐτῶν διεδέξατο αὐτούς· καὶ
κατελθόντος Πέτρου στρατηλάτου καὶ ἀποκινήσαντος αὐτοὺς
τῆς ἐξαρχίας καὶ λαβόντος τὰ ἐξπέδιτα παρ' αὐτῶν, ἀνεχώρη
σεν ἐκεῖθεν.

Ὁ δὲ αὐτὸς βασιλεὺς ἀνενέωσε πόλιν τῆς Ἀρμενίας ὀνόματι
Μαρτυρόπολιν, μετονομάσας αὐτὴν Ἰουστινιανόπολιν, ποιήσας
τὰ τείχη αὐτῆς καὶ τοὺς ἐμβόλους, ἦσαν γὰρ τῷ χρόνῳ φθα
ρέντες, μετενέγκας ἐκεῖ καὶ ἀνατολικὸν ἀριθμόν.

Ἐν δὲ τῷ προγεγραμμένῳ ἔτει τῆς βασιλείας Ἰουστινιανοῦ 4
κατεπέμφθη στρατηλάτης Ἀρμενίας ὀνόματι Ζίττας. ἐν γὰρ
τοῖς προλαβοῦσι χρόνοις οὐκ εἶχεν ἡ αὐτὴ Ἀρμενία στρατηλάτην,
ἀλλὰ δοῦκας καὶ ἄρχοντας καὶ κόμητας. δέδωκε δὲ ὁ αὐτὸς
βασιλεὺς τῷ αὐτῷ στρατηλάτῃ ἀριθμοὺς στρατιωτῶν ἐκ τῶν
δύο πραισέντων καὶ ἀνατολῆς. καὶ στρατεύσας ἐντοπίους σκρι
νιαρίους ἐποίησεν ἑαυτῷ σκρινιαρίους στρατηλατιανοὺς ἀπὸ θείας
σάκρας, αἰτησάμενος τὸν βασιλέα αὐτόχθονας στρατεῦσαι, ὡς
εἰδότας τὰ μέρη τῆς Ἀρμενίας. καὶ παρέσχεν αὐτῷ τοῦτο καὶ
τὰ δίκαια τῶν Ἀρμενίων τῶν δουκῶν καὶ τῶν κομήτων καὶ
τοὺς ὑπάτους αὐτῶν, πρώην μὲν ὄντας καστρισιανοὺς στρατιώ
τας· ἦσαν γὰρ καταλυθεῖσαι αἱ πρώην οὖσαι ἀρχαί. ἔλαβε δὲ
καὶ ἀπὸ τοῦ στρατηλάτου ἀνατολῆς ἀριθμοὺς τέσσαρας· καὶ γέ
γονεν ἔκτοτε μεγάλη παραφυλακὴ Ῥωμαίοις. ἦν δὲ καὶ ὁ ἀνὴρ
πολεμικός· ὅστις καὶ τὴν ἀδελφὴν Θεοδώρας τῆς Αὐγούστας
ἠγάγετο πρὸς γάμον, ὀνόματι Κομιτώ, νυμφευθεῖσαν ἐν τοῖς
Ἀντιόχου, πλησίον τοῦ Ἱππικοῦ Κωνσταντινουπόλεως.

Ἐν αὐτῷ δὲ τῷ χρόνῳ συνέβη Ἰνδοὺς πολεμῆσαι πρὸς ἑαυ- 5
τούς· οἱ ὀνομαζόμενοι Αὐξουμῖται καὶ οἱ Ὁμηρῖται· ἡ δὲ αἰτία
τοῦ πολέμου αὕτη.

Ὁ τῶν Αὐξουμιτῶν βασιλεὺς ἐνδότερός ἐστι τῶν Ἀμεριτῶν,

rich, Kerykos und Eirenaios, mit starker römischer Streitmacht. Bei den folgenden Kämpfen fanden auf beiden Seiten
viele den Tod. Als der römische Kaiser davon hörte, ergrimmte er über die Feldherrn, weil sie einander aus gegenseitiger Mißgunst verraten hätten. Und in seinem Zorn
setzte er sie ab, worauf der Feldherr Petros sich auf die Reise
machte, die drei ablöste und selbst den Befehl übernahm.
Dann kehrte er von dort zurück.

Der nämliche Kaiser ließ die armenische Stadt Martyropolis neu aufbauen und ihre durch die Zeit schadhaft gewordenen Mauern und Säulenhallen wieder instandsetzen.
Er gab ihr aus diesem Anlaß den neuen Namen Justiniano-
polis und legte auch eine Abteilung östlicher Truppen dorthin.

4. (p. 429,16–430,11) In dem oben genannten Jahr (528)
der Regierung Justinians wurde Ztittas (Sittas) zum Befehlshaber in Armenien ernannt; denn in den vorausgehenden Zeiten hatte das nämliche Armenien keinen Befehlshaber (magister militum), sondern nur duces, praefecti und
comites. Der erwähnte Kaiser unterstellte dem erwähnten
Befehlshaber Truppenabteilungen aus den Verbänden der
beiden mag. militum praesentales und des mag. militum
orientalis. Nachdem nun Ztittas sein Kommando angetreten
hatte, machte er aufgrund kaiserlicher Anordnung Einhei-
mische zu Beamten seiner Militärkanzlei; er hatte nämlich
den Kaiser darum gebeten, daß Armenier wegen ihrer Ortskenntnis bei ihm dienten. Das gewährte ihm der Kaiser,
ferner die Rechte der armenischen duces und comites, und
unterstellte ihm auch die Hypatoi, die ehemaligen (stationä-
ren) Grenzsoldaten; denn die bisherigen Ämter wurden aufgelöst. Er empfing aber auch vom Magister Militum des
Ostens vier Abteilungen und wurde seitdem ein starker
Schutz für die Römer. Ztittas war überdies ein tüchtiger
Soldat. Zur Gemahlin erhielt er die Schwester der Kaiserin
Theodora namens Komito, die er im Palast des Antiochos
nahe dem Hippodrom von Konstantinopel ehelichte.

5. (p. 433,3–434,18) Zur nämlichen Zeit geschah es aber,
daß die Inder miteinander in Krieg gerieten, die sog. Auxumiten und Homeriten. Das kam durch folgenden Anlaß: Der
König der Homeriten wohnt Ägypten näher als der Auxu-

ὁ δὲ τῶν Ὁμηριτῶν πλησίον ἐστὶ τῆς Αἰγύπτου. οἱ δὲ πραγμα
τευταὶ Ῥωμαίων διὰ τῶν Ὁμηριτῶν εἰσέρχονται εἰς τὴν Αὐξού
μην καὶ ἐπὶ τὰ ἐνδότερα βασίλεια τῶν Ἰνδῶν. εἰσὶ γὰρ Ἰνδῶν
καὶ Αἰθιόπων βασίλεια ἑπτά, τρία μὲν Ἰνδῶν, τέσσαρα δὲ Αἰ
θιόπων, τὰ πλησίον ὄντα τοῦ Ὠκεανοῦ ἐπὶ τὰ ἀνατολικὰ μέρη.
τῶν οὖν πραγματευτῶν εἰσελθόντων εἰς τὴν χώραν τῶν Ἀμερι
τῶν ἐπὶ τὸ ποιήσασθαι πραγματείαν, ἐγνωκὼς Δίμνος ὁ βα
σιλεὺς τῶν Ἀμεριτῶν, ἐφόνευσεν αὐτοὺς καὶ πάντα τὰ αὐτῶν
ἀφείλετο, λέγων ὅτι οἱ Ῥωμαῖοι οἱ χριστιανοὶ κακῶς ποιοῦσι
τοῖς Ἰουδαίοις ἐν τοῖς μέρεσιν αὐτῶν καὶ πολλοὺς κατ᾽ ἔτος φο
νεύουσι· καὶ ἐκ τούτου ἐκωλύθη ἡ πραγματεία. ὁ δὲ τῶν Αὐ
ξουμιτῶν βασιλεὺς ἐδήλωσε τῷ βασιλεῖ τῶν Ἀμεριτῶν ὅτι Κα
κῶς ἐποίησας φονεύσας Ῥωμαίους χριστιανοὺς πραγματευτὰς
καὶ ἔβλαψας τὰ ἐμὰ βασίλεια. καὶ ἐκ τούτου εἰς ἔχθραν ἐτρά
πησαν μεγάλην καὶ συνέβαλον πρὸς ἀλλήλους πόλεμον. ἐν τῷ
δὲ μέλλειν τὸν βασιλέα τῶν Αὐξουμιτῶν πολεμεῖν συνετάξατο
λέγων ὅτι Ἐὰν νικήσω Δίμνον τὸν βασιλέα τῶν Ἀμεριτῶν, χρι
στιανὸς γίνομαι· ὑπὲρ γὰρ τῶν χριστιανῶν πολεμῶ αὐτῷ. καὶ
νικήσας ὁ βασιλεὺς τῶν Αὐξουμιτῶν καὶ παραλαβὼν αὐτὸν αἰχ
μάλωτον, ἀνεῖλεν αὐτὸν καὶ πᾶσαν τὴν βοήθειαν αὐτοῦ, καὶ
τὴν χώραν καὶ τὰ βασίλεια αὐτοῦ ἔλαβε.

Καὶ μετὰ τὴν νίκην ἔπεμψε συγκλητικοὺς αὐτοῦ δύο καὶ
μετ᾽ αὐτῶν διακοσίους ἐν Ἀλεξανδρείᾳ, δεόμενος τοῦ βασιλέως
Ἰουστινιανοῦ ὥστε λαβεῖν αὐτὸν ἐπίσκοπον καὶ κληρικοὺς καὶ
κατηχηθῆναι καὶ διδαχθῆναι τὰ χριστιανῶν μυστήρια καὶ φω
τισθῆναι καὶ πᾶσαν τὴν Ἰνδικὴν χώραν ὑπὸ Ῥωμαίους γενέσθαι.
καὶ ἐμηνύθη τῷ βασιλεῖ Ἰουστινιανῷ πάντα διὰ Λικινίου, αὐ
γουσταλίου Ἀλεξανδρείας· καὶ ἐθέσπισεν ὁ αὐτὸς βασιλεὺς ὅν
τινα βούλονται ἐπίσκοπον λαβεῖν αὐτούς. καὶ ἐπελέξαντο οἱ αὐ
τοὶ πρεσβευταὶ Ἰνδοὶ τὸν παραμονάριον τοῦ ἁγίου Ἰωάννου τοῦ
ἐν Ἀλεξανδρείᾳ, ἄνδρα εὐλαβῆ, παρθένον, ὀνόματι Ἰωάννην,
ὄντα ἐνιαυτῶν ὡς ἑξήκοντα δύο. καὶ λαβόντες τὸν ἐπίσκοπον
καὶ τοὺς κληρικούς, οὓς αὐτὸς ἐπελέξατο, ἀπήγαγον εἰς τὴν
Ἰνδικὴν χώραν πρὸς Ἄνδαν τὸν βασιλέα αὐτῶν.

Ἐν αὐτῷ δὲ τῷ χρόνῳ συνέβη ἔχθραν γενέσθαι τοῦ δουκὸς 6
Παλαιστίνης Διομήδου, σιλεντιαρίου μετὰ τοῦ φυλάρχου Ἀρέ

mitenkönig, der mehr im Landesinnern zu Hause ist. Daher
nehmen die römischen Kaufleute, die nach Auxuma und in
die mehr binnenländischen Königreiche der Inder reisen,
ihren Weg durch das Gebiet der Homeriten. Es gibt nämlich
sieben Königreiche von Indern und Äthiopiern, davon gehören drei den Indern, vier den Äthiopiern, und sie liegen
in der Nähe des Ozeans gegen Osten zu. Als nun die römischen Kaufleute das Land der Homeriten aus geschäftlichen
Gründen betraten, bemerkte dies deren König Dimnos, ließ
sie niedermachen und nahm ihre gesamte Habe an sich mit
der Erklärung, die christlichen Römer mißhandelten die
Juden in ihrem Gebiet und töteten alljährlich viele von
ihnen. Daraufhin wurde der Handelsverkehr verboten. Der
König der Auxumiten aber ließ dem Homeritenkönig folgendes wissen: „Du hast übel daran getan, die christlichen
römischen Kaufleute zu töten, und auch meinem Königreich
Schaden zugefügt!" Dadurch gerieten sie in bittere Feindschaft und begannen miteinander Krieg. Als nun der König
der Auxumiten in den Kampf ziehen wollte, gelobte er:
„Wenn ich Dimnos, den König der Homeriten, besiege, werde
ich Christ; denn für die Sache der Christen führe ich ja mit
ihm Krieg." Und der König der Auxumiten gewann den
Sieg, nahm seinen Gegner gefangen und ließ ihn töten; sein
Heer aber vernichtete er und machte sich sein Land und
Königtum zu eigen.

Nach dem Siege schickte er zwei seiner Vornehmen mit
zweihundert Begleitern nach Alexandreia. Durch sie ließ er
Kaiser Justinian bitten, er möge ihm einen Bischof und
Geistliche zusenden, damit sie in den christlichen Geheimnissen unterwiesen und getauft würden; das ganze indische
Land aber solle unter die Römer kommen. All dies meldete
Likinios, der Augustalis von Alexandreia, dem Kaiser Justinian, und dieser erklärte in einem Erlaß, sie könnten sich
einen Bischof nach Wunsch nehmen. So wählten denn die
Inder den Paramonarier des hl. Johannes in Alexandreia,
einen frommen, unverheirateten Mann namens Johannes,
der 62 Jahre zählte. Und sie nahmen den Bischof und die von
ihm ausgewählten Geistlichen mit sich und fuhren zu ihrem
König Anda nach Indien.

6. (p. 434,19–435,17) Zur nämlichen Zeit kam es dahin,
daß der Silentiarios Diomedes, der Dux von Palästina, mit

θα. ὁ δὲ Ἀρέθας φοβηθεὶς εἰσῆλθεν εἰς τὸ ἐνδότερον λίμιτον ἐπὶ τὰ Ἰνδικά. καὶ μαθὼν τοῦτο ὁ Ἀλαμούνδαρος ὁ Σαρακηνὸς τῶν Περσῶν, ἐπιρρίψας αὐτῷ τῷ φυλάρχῳ Ῥωμαίων, παραλαβὼν ἐφόνευσεν αὐτόν· ἦν γὰρ μετὰ χιλιάδων τριάκοντα. καὶ μαθὼν ταῦτα ὁ βασιλεὺς Ἰουστινιανὸς γράφει τοῖς δουξὶ Φοινίκης καὶ Ἀραβίας καὶ Μεσοποταμίας καὶ τοῖς τῶν ἐπαρχιῶν φυλάρχοις ἀπελθεῖν κατ' αὐτοῦ καὶ καταδιῶξαι αὐτὸν καὶ τὸ πλῆθος αὐτοῦ. καὶ εὐθέως ἀπελθόντες Ἀρέθας ὁ φύλαρχος καὶ Γνούφας καὶ Νααμὰν καὶ Διονύσιος ὁ δοὺξ Φοινίκης καὶ Ἰωάννης ὁ τῆς Εὐφρατησίας καὶ Σεβαστιανὸς ὁ χιλίαρχος μετὰ τῆς στρατιωτικῆς βοηθείας· καὶ μαθὼν Ἀλαμούνδαρος ὁ Σαρακηνὸς ἔφυγεν εἰς τὰ Ἰνδικὰ μέρη μεθ' ἧς εἶχε βοηθείας Σαρακηνικῆς. καὶ εἰσελθόντες οἱ δοῦκες Ῥωμαίων καὶ οἱ φύλαρχοι μετὰ βοηθείας συνεπομένης, καὶ μηδαμοῦ αὐτὸν καταλαβόντες, ὥρμησαν ἐπὶ τὰ Περσικὰ μέρη, καὶ παρέλαβον τὰς σκηνὰς αὐτοῦ, καὶ αἰχμαλώτους δὲ ἔλαβον πλῆθος ἀνδρῶν καὶ γυναικῶν καὶ παιδίων καὶ ὅσας εὗρον καμήλους δρομωναρίας καὶ ἄλλα διάφορα κτήνη. ἔκαυσαν δὲ καὶ κάστρα Περσικὰ τέσσαρα παραλαβόντες καὶ τοὺς ἐν αὐτοῖς ὄντας Σαρακηνούς τε καὶ Πέρσας, καὶ ὑπέστρεψαν εἰς τὰ Ῥωμαϊκὰ μετὰ νίκης.

Ἐν αὐτῷ δὲ τῷ χρόνῳ ἀπηγγέλθη Ἰουστινιανῷ τῷ βασιλεῖ 7 ὅτι συμβολῆς γενομένης μεταξὺ Περσῶν καὶ Ῥωμαίων, ἐπὶ τὴν Μεσοποταμίαν ἐπιρριψάντων τῶν Περσῶν μετὰ χιλιάδων λ', καὶ Ξέρξου τοῦ υἱοῦ τοῦ βασιλέως Κωάδου· ὁ γὰρ Περόζης ὁ μείζων υἱὸς αὐτοῦ ἐπὶ τὴν Λαζικὴν καὶ τὴν Περσαρμενίαν ἐπολέμει μετὰ βοηθείας πολλῆς· ὁ γὰρ πατὴρ αὐτῶν Κωάδης ἐν αὐτῷ τῷ καιρῷ οὐκ ἦλθεν ἐπὶ τὰ Ῥωμαϊκά· ἐξῆλθον δὲ κατὰ τοῦ Μέραν καὶ Ξέρξου ὁ ἀπὸ δουκῶν Δαμασκοῦ Κουζτὶς ὁ Βιταλιανοῦ, ἀνὴρ μαχιμώτατος, καὶ Σεβαστιανὸς μετὰ τῆς Ἰσαυρικῆς χειρὸς καὶ Προχλιανὸς ὁ δοὺξ Φοινίκης καὶ Βασίλειος ὁ κόμης. ἦν δὲ καὶ Βελισάριος μετ' αὐτῶν καὶ Ταφαρὰς ὁ φύλαρχος. τοῦ δὲ ἵππου Ταφαρᾶ προσκόψαντος κατενεχθεὶς ἐπὶ τὴν γῆν ἐσφάγη, ὁμοίως δὲ καὶ Προχλιανός· Σεβαστιανὸς δὲ καὶ Βασίλειος ἐλήφθησαν αἰχμάλωτοι, Κουζτὶς δὲ πληγᾶτος γενόμενος παρελήφθη, Βελισάριος δὲ φυγῇ χρησάμενος διεσώθη. καὶ ἀπηγγέλθη τὰ γενόμενα τῷ βασιλεῖ

dem Phylarchen Arethas in Streit geriet. Arethas aber zog
sich aus Furcht vor ihm auf das innere Grenzgebiet gegen
Indien zurück. Sobald Alamundaros, der Sarazene auf Perserseite, davon hörte, warf er sich auf den römischen Phylarchen, nahm ihn gefangen und ließ ihn töten; er zählte
nämlich in seinem Heer 30 000 Mann. Kaiser Justinian vernahm dies und schrieb darauf den Duces von Phönikien,
Arabien und Mesopotamien sowie den Phylarchen in den
Provinzen, sie sollten gegen Alamundaros ausziehen und ihn
und sein Heer verfolgen. Und sogleich rückten die Phylarchen Arethas, Gnuphas und Naaman, ferner der Dux von
Phönikien Dionysios und Johannes, der Dux von Euphratesia, sowie der Chiliarch Sebastianos mit ihrer Heeresmacht
ins Feld. Auf die Kunde davon floh der Sarazene Alamundaros samt seinen sarazenischen Kampfgefährten zu den indischen Landstrichen. Die römischen Duces und die Phylarchen
aber setzten ihm mit ihrem Aufgebot nach und da sie ihn
nirgends fassen konnten, drangen sie bis in persisches Gebiet
vor. Dort erbeuteten sie seine Zelte, machten eine große Zahl
Männer, Frauen und Kinder zu Gefangenen und führten, was
sie an Dromedaren und verschiedenen anderen Zugtieren
vorfanden, mit sich hinweg. Sie verbrannten auch vier persische Festungen, nahmen die darin befindlichen Sarazenen
und Perser gefangen und kehrten dann siegreich auf römisches Gebiet zurück.

7. (p. 441,13–442,7) Zur nämlichen Zeit erhielt Kaiser Justinian die Nachricht, daß zwischen Persern und Römern
eine Schlacht vorgefallen sei, nachdem die Perser mit
30 000 Mann unter der Führung von Xerces, dem einen Sohn
des Königs Koasas, Mesopotamien überfallen hätten; sein
älterer Sohn Perozes kämpfte ja indessen mit starker Heeresmacht gegen Lazien und Persarmenien. Der Vater Koadas
selbst zog zu dieser Zeit nicht wider die Römer. So rückten
denn gegen den Meran und Xerxes der Exdux von Damaskus
Kutzis, der Sohn des Vitalianos, ein sehr streitbarer Mann,
dann Sebastianos mit dem isaurischen Aufgebot, Prokleianos,
der Dux von Phönikien, und schließlich der Comes Basileios.
Bei ihnen befand sich auch Belisar und der Phylarch Tapharas. Das Pferd des Tapharas aber stolperte, so daß er zu
Boden stürzte und dabei den Tod fand; ebenso erging es dem
Prokleianos. Sebastianos und Basileios hingegen wurden ge-

'Ιουστινιανῷ, καὶ ἐλυπήθη σφόδρα. ἔπεσον δὲ καὶ ἐκ τῶν Περσῶν στρατηγοὶ μετὰ βοηθείας αὐτῶν πολλῆς· καὶ ὑπέστρεψαν εἰς τὴν ἰδίαν αὐτῶν χώραν.

Ἔπεμψε δὲ ὁ αὐτὸς βασιλεὺς συγκλητικοὺς ἀπὸ Κωνσταντι- 8 νουπόλεως φυλάττειν τὰς πόλεις τῆς ἀνατολῆς μετὰ τῆς αὐτῶν βοηθείας, τὸν μὲν πατρίκιον Πλάτωνα ἐν Ἀμηδίᾳ, τὸν δὲ Θεόδωρον τὸν πατρίκιον ἐν Ἐδέσῃ, Ἀλέξανδρον δὲ τὸν Ἱερίου ἐν Βεροίᾳ, καὶ ἄλλους δὲ συγκλητικοὺς ἐπὶ τὸ Σοῦρον καὶ Κωνσταντῖναν εἰς τὸ φυλάττειν τὰς πόλεις. ἐπέμφθη δὲ ἐν αὐτῷ τῷ καιρῷ καὶ ὁ πατρίκιος Πόμπιος μετὰ πολλῆς βοηθείας, ἔχων μεθ' ἑαυτοῦ Ἰλλυρικιανοὺς καὶ Σκύθας καὶ Ἰσαύρου καὶ Θρᾷκας· καὶ ἔνδοσις ἐγένετο τοῦ πολέμου κατὰ σύνταξιν Ῥωμαίων τε καὶ Περσῶν διὰ τὸ γενέσθαι χειμῶνας βαρεῖς.

Συνέβη δὲ ἐν αὐτῷ τῷ καιρῷ ὑπὸ θεομηνίας παθεῖν Ἀντιόχειαν τὸ ἕκτον αὐτῆς πάθος. ὁ δὲ γεγονὼς σεισμὸς κατέσχεν ἐπὶ μίαν ὥραν, καὶ μετὰ τούτου βρυγμὸς φοβερός, ὥστε τὰ ἀνανεωθέντα κτίσματα ὑπὸ τῶν πρῴην γενομένων φόβων καταπεσεῖν καὶ τὰ τείχη καί τινας ἐκκλησίας. τὰ δὲ συμβάντα ἠκούσθη καὶ ἐν ταῖς ἄλλαις πόλεσι, καὶ πᾶσαι πενθοῦσαι ἐλιτάνευον. ἔπαθε δὲ καὶ μέρη τῶν πέριξ τῆς πόλεως· τελευτῶσι δὲ ἐν αὐτῷ τῷ σεισμῷ ἄχρι ψυχῶν πεντακισχιλίων. οἱ δὲ περισωθέντες πολῖται εἰς τὰς ἄλλας πόλεις, φανεροὶ δὲ ἐν τοῖς ὄρεσιν ᾤκουν. ὁ δὲ πατριάρχης Ἐφραΐμιος πάντα τὰ γενόμενα ἀνήγαγε τῷ βασιλεῖ· καὶ ἀκούσαντες οἱ ἐν τῷ Βυζαντίῳ τὰ συμβάντα ἐλιτάνευον ἐπὶ ἡμέρας ἱκανάς.

Ἐν δὲ τῷ αὐτῷ χρόνῳ συνέβη παθεῖν ὑπὸ σεισμοῦ Λαοδίκειαν τὸ πρῶτον αὐτῆς πάθος· κατηνέχθη δὲ ὑπὸ τοῦ φόβου τὸ ἥμισυ τῆς αὐτῆς πόλεως καὶ αἱ συναγωγαὶ τῶν Ἰουδαίων. ἀπώλοντο δὲ ἐν αὐτῷ τῷ φόβῳ χιλιάδες ἑπτὰ ἥμισυ, Ἑβραίων τε πλῆθος καὶ χριστιανῶν ὀλίγοι· αἱ δὲ ἐκκλησίαι τῆς αὐτῆς πόλεως ἔμειναν ἀρραγεῖς, περισωθεῖσαι ὑπὸ θεοῦ. ὁ δὲ αὐτὸς βασιλεὺς ἐχαρίσατο τοῖς Λαοδικεῦσιν εἰς ἐκχόϊσιν τῆς αὐτῶν πόλεως κεντηνάρια δύο.

Ἐν αὐτῷ δὲ τῷ χρόνῳ μετεκλήθη Ἀντιόχεια Θεούπολις κατὰ κέλευσιν τοῦ ἁγίου Συμεὼν τοῦ θαυματουργοῦ. εὑρέθη

fangen, auch Kutzis geriet – nach einer Verwundung – in Feindeshand. Lediglich Belisar konnte sich durch die Flucht retten. Als diese Verluste Kaiser Justinian gemeldet wurden, war er zutiefst betrübt. Es fanden aber auch auf Perserseite Feldherrn mit vielen ihrer Leute den Tod. Und so kehrten alle in ihr Land zurück.

8. (p. 442,18–444,4) Fernerhin entsandte der nämliche Kaiser Mitglieder des Senats aus Konstantinopel und ließ mit deren Hilfe den Städten des Orients seine Fürsorge angedeihen. Er schickte den Patrikier Platon zu diesem Zweck nach Amida, den Patrikier Theodoros nach Edessa, Alexandros, den Sohn des Hierios, nach Beroia und andere Senatoren nach Sura und Konstantine. Abgesandt wurde zur gleichen Zeit auch der Patrikier Pompios mit einer starken Streitmacht von Illyrern, Skythen, Isaurern und Thrakern. Schwere Unwetter führten indessen dazu, daß die Römer und Perser einen Waffenstillstand schlossen.

In der gleichen Zeit geschah es, daß Antiocheia durch Gottes Zorn seine sechste Heimsuchung erlitt. Das Erdbeben dauerte über eine Stunde, und darauf folgte ein furchtbares Grollen, so daß die nach den vorausgegangenen Schrecknissen neuerrichteten Bauwerke, Mauern und einige Kirchen wiederum einstürzten. Von den Ereignissen hörte man auch in den anderen Städten, und überall trauerte man und flehte zu Gott. Auch Gebiete um die Stadt hatten zu leiden; so fanden bei dem genannten Erdbeben an die fünftausend Menschen den Tod. Die Überlebenden begaben sich in die anderen Städte, eine große Menge hauste auch in den Bergen. Über alle diese Unfälle berichtete der Patriarch Ephraim an den Kaiser. Als man in Byzanz davon hörte, veranstaltete man viele Tage lang Bittgottesdienste.

Gleichzeitig erlebte Laodikeia sein erstes Erdbeben. Die halbe Stadt und die jüdischen Synagogen stürzten infolge des schrecklichen Ereignisses ein. Dabei kamen 5½-tausend Menschen ums Leben, in der Hauptsache Juden und nur einige Christen. Die Kirchen hingegen blieben durch göttlichen Schutz unversehrt. Da schenkte der Kaiser den Einwohnern von Laodikeia zwei Kentenarien, damit sie ihre Stadt von Trümmern säuberten.

Zur nämlichen Zeit bekam Antiocheia einen neuen Namen und hieß jetzt – auf Veranlassung des hl. Symeon des Wun-

δὲ καὶ ἐν τῇ αὐτῇ Ἀντιοχείᾳ χρησμὸς ἀναγεγραμμένος, περιέχων οὕτως· Καὶ σύ, τάλαινα πόλις, Ἀντιόχου οὐ κληθήσῃ. ὁμοίως δὲ καὶ ἐν τοῖς χαρτίοις εὑρέθη τῶν τὰ ἄκτα γραφόντων τῆς αὐτῆς πόλεως ὅτι ἔκραζον κληδόνα διδοῦντες εἰς τὸ μετακληθῆναι τὴν αὐτὴν πόλιν. καὶ ἀνηνέχθη ταῦτα τῷ αὐτῷ βασιλεῖ Ἰουστινιανῷ. καὶ ἐδωρήσατο θείαν φιλοτιμίαν τοῖς Ἀντιοχεῦσι καὶ Λαοδικεῦσι καὶ Σελευκέσιν, ὥστε κουφισθῆναι τὴν αὐτῶν συντέλειαν ἐπὶ ἔτη τρία, χαρισάμενος ταῖς αὐταῖς πόλεσι λίτρας διακοσίας καὶ τοῖς κτήτορσιν ἀξίας ἰλλουστρίων.

Τῷ δὲ αὐτῷ χρόνῳ Ἀλαμούνδαρος ὁ τῶν Περσῶν Σαρα- 9 κηνὸς ἐλθὼν μετὰ Περσικῆς καὶ Σαρακηνικῆς βοηθείας ἐπραίδευσε τὴν πρώτην Συρίαν ἕως τῶν ὅρων Ἀντιοχείας, καύσας καὶ τόπους τῆς αὐτῆς χώρας. καὶ ἀκούσαντες τὰ γεγονότα οἱ ἔξαρχοι Ῥωμαίων ἐξῆλθον κατ' αὐτῶν· καὶ γνόντες οἱ Σαρακηνοί, λαβόντες πᾶσαν τὴν πραῖδαν διὰ τοῦ ἐξωτέρου λιμίτου ἔφυγον.

Ἀκούσας δὲ ὁ αὐτὸς βασιλεὺς τὰ γενόμενα ὑπὸ τῶν Σαρακηνῶν, πέμψας οὐκ ὀλίγην βοήθειαν πεζικὴν ἐκ τῆς Φρυγῶν χώρας, τοὺς λεγομένους Λυκοκρανίτας, ἀπῆλθεν ἐπὶ τὰ Σαρακηνικὰ καὶ τὰ Περσικὰ μέρη. ἐν αὐτῷ δὲ τῷ καιρῷ προεβλήθη ἔξαρχος Ῥωμαίων Βελισσάριος ὑπὸ τοῦ αὐτοῦ βασιλέως· ἦν γὰρ διαδεχθεὶς Ὑπάτιος ὁ πατρίκιος, ὁ πρὸ αὐτοῦ ὢν στρατηλάτης, καταπιστευθεὶς δὲ Βελισσάριος τὰ ἐξέρκετα καὶ τοὺς δοῦκας εἰς τὴν κατὰ Περσῶν μάχην. ἐν αὐτῷ δὲ τῷ χρόνῳ ἐπέμφθη εἰς τὰ Περσικὰ Ἑρμογένης ὁ ἀπὸ μαγίστρων, ὁ Σκύθης, ἀνὴρ σοφός.

Τῷ δὲ ἰουνίῳ μηνὶ τῆς ἑβδόμης ἰνδικτιῶνος ταραχῆς γενο- 10 μένης ἐθνικῆς, συμβαλόντων γὰρ τῶν Σαμαρειτῶν μεταξὺ χριστιανῶν καὶ Ἰουδαίων, πολλοὶ τόποι ἐνεπρήσθησαν ἐν Σκυθοπόλει ἐκ τῶν αὐτῶν Σαμαρειτῶν. καὶ τοῦτο ἀκούσας ὁ αὐτὸς βασιλεὺς ἠγανάκτησε κατὰ τοῦ ἄρχοντος Βάσσου· ὅντινα διαδεξάμενος ἀπεκεφάλισεν ἐν αὐτῇ τῇ χώρᾳ. οἱ δὲ Σαμαρεῖται γνόντες τὴν καθ' ἑαυτῶν ἀγανάκτησιν, ἐτυράννησαν καὶ ἔστεψαν λήσταρχον ὀνόματι Ἰουλιανόν, Σαμαρείτην, καὶ ἔκαυσαν κτήματα καὶ ἐκκλησίας καὶ ἐφόνευσαν πολλοὺς χριστιανούς. καὶ

dertäters – Theupolis. Es fand sich aber auch in dem gleichen
Antiocheia ein Orakelspruch folgenden Inhalts aufgeschrie-
ben: „Und du, unglückliche Stadt, wirst nicht mehr nach
Antiochos heißen." Ebenso fand sich in den Aufzeichnungen
der Chronisten dieser Stadt die Angabe, daß die Einwohner
der Umbenennung lauten Beifall spendeten. Dies wurde
dem Kaiser Justinian berichtet, und so schenkte er den
Bürgern von Antiocheia, Laodikeia und Seleukeia in seiner
erhabenen Freigebigkeit Steuerfreiheit für drei Jahre; außerdem erhielten die Städte zweihundert Pfund (Gold), die
Standespersonen aber die Würde eines Illustris.

9. (p. 445,1–7,10–19) Gleichzeitig zog Alamundaros, der
sarazenische Verbündete der Perser, mit einer aus Persern
und Sarazenen bestehenden Streitmacht heran, plünderte
Syria Prima bis zu den Grenzen von Antiocheia und ver-
brannte die dortigen Landschaften. Als die römischen Be-
fehlshaber davon hörten, rückten sie gegen die Feinde ins
Feld. Die Sarazenen aber, die dies merkten, rafften die ge-
samte Beute an sich und flohen damit durch die äußere
Grenzbefestigung. . . .
Der Kaiser vernahm, was die Sarazenen angerichtet hatten.
Daher schickte er aus Phrygien viel Fußvolk, die sog.
Lykokraniten, und drang damit in die sarazenischen und
persischen Gebiete ein. Zur gleichen Zeit wurde Belisar vom
Kaiser zum römischen Dux bestellt; denn der Patrikier
Hypatios, der vor ihm Magister Militum gewesen, wurde ab-
gesetzt und dafür Belisar der Oberbefehl über die römischen
Truppen und die Duces für den Krieg gegen die Perser
übertragen. Gleichzeitig wurde der Exmagister (gewesene
Magister) Militum Hermogenes, ein Skythe und kluger
Mann, nach Persien entsandt.

10. (p. 445,19–447,21) Im Monat Juni der 7. Indiktion
brach ein Volksaufstand aus: Die Samaritaner und Juden
griffen nämlich die Christen an, wobei viele Gebäude in
Skythopolis von den Samaritanern in Brand gesteckt wurden. Der Kaiser, der davon vernahm, ergrimmte aber über
den Präfekten Bassos, entsetzte ihn seines Amtes und ließ
ihn ebendort hinrichten. Sobald nun die Samaritaner erfuhren, daß der Kaiser ihnen zürne, empörten sie sich und
machten einen Räuberhauptmann namens Iulianos, einen

εἰσελθὼν ἐν Νεαπόλει ἐθεώρησεν ἱπποδρόμιον μετὰ πλήθους Σαμαρειτῶν· καὶ τό πρῶτον βάϊον ἐνίκησε Νικέας τις, ἡκίοχος χριστιανός. ἦσαν δὲ καὶ ἄλλοι ἐν τῇ αὐτῇ Νεαπόλει ἡνίοχοι, Σαμαρεῖται καὶ Ἰουδαῖοι, οὕστινας ἐνίκησεν ὁ αὐτὸς Νικέας ἡνίοχος· καὶ ἐλθὼν πρὸς τὸν τύραννον, ὀφείλων τιμηθῆναι, ἐπηρώτησε δὲ αὐτὸν ποίας ὑπάρχει θρησκείας; καὶ μαθὼν ὅτι χριστιανός ἐστι, καὶ εἰς σύμβολον δεξάμενος τὴν τῶν χριστιανῶν εὐθέως πρώτην νίκην κατ' αὐτοῦ, ὅπερ καὶ γέγονεν, εὐθέως πέμψας ἀπεκεφάλισε τὸν ἡνίοχον ἐν τῷ ἱπποδρομίῳ. ἐχρήσατο κακῶς καὶ τῷ ἐπισκόπῳ τῆς αὐτῆς πόλεως. τοῦτο δὲ γνόντες οἱ ἄρχοντες Παλαιστίνης καὶ ὁ δοὺξ Θεόδωρος ὁ σιμὸς τὸ τῆς τυραννίδος τόλμημα ἐμήνυσεν εὐθέως τῷ βασιλεῖ Ἰουστινιανῷ· καὶ ἀπελθὼν ὁ δοὺξ κατ' αὐτοῦ μετὰ πολλῆς βοηθείας, λαβὼν μεθ' ἑαυτοῦ καὶ τὸν φύλαργον Παλαιστίνης· καὶ γνοὺς τοῦτο ὁ τύραννος Ἰουλιανὸς ὁ Σαμαρείτης, φυγὼν ἐξῆλθεν ἀπὸ Νεαπόλεως. καὶ κατεδίωξεν αὐτὸν ὁ δοὺξ μετὰ τῆς ἑαυτοῦ βοηθείας, καὶ συνέκρουσαν πόλεμον· καὶ ἔκοψεν ὁ δοὺξ ἐκ τῶν Σαμαρειτῶν πλῆθος, καὶ παρέλαβεν αὐτὸν Σαμαρείτην Ἰουλιανόν, τοῦ θεοῦ παραδόντος αὐτόν. καὶ ἀποκεφαλίσας αὐτὸν ἔπεμψε τὴν κεφαλὴν αὐτοῦ μετὰ τοῦ διαδήματος τῷ βασιλεῖ Ἰουστινιανῷ .καὶ ὅτε ἐγνώσθη τῷ αὐτῷ βασιλεῖ τὰ γενόμενα, τὸ τῆς τυραννίδος τῶν Σαμαρειτῶν καὶ τοῦ δυστυχοῦς Ἰουλιανοῦ, ἡ παρὰ τῶν ἀρχόντων μήνυσις εὐθέως κατέλαβεν ἐν Κωνσταντινουπόλει καὶ ἡ τοῦ τυράννου κεφαλή. ἔπεσον δὲ ἐκ τῶν Σαμαρειτῶν ἐν τῷ πολέμῳ χιλιάδες εἴκοσι· καὶ οἱ μὲν ἔφυγον εἰς τὸ ὄρος τὸ λεγόμενον Ἀρπαρίζιν, ἄλλοι δέ εἰς τὸν Τραχῶνα εἰς τὸ λεγόμενον σιδηροῦν ὄρος. ἔλαβε δὲ καὶ ὁ φύλαρχος Σαρακηνὸς ὁ τῶν Ῥωμαίων πραῖδαν ἐξ αὐτῶν χιλιάδας εἴκοσι παίδων καὶ κορασίων· οὕστινας λαβὼν αἰχμαλώτους ἐπώλησεν ἐν τοῖς Περσικοῖς καὶ Ἰνδικοῖς μέρεσιν.

Ὁ δὲ αὐτὸς βασιλεὺς γνοὺς ὅτι πολλὰ κτήματα τῆς Παλαιστίνης ἔκαυσαν οἱ Σαμαρεῖται τὴν ἀρχὴν ὅτε ἐτυράννησαν, ἠγανάκτησε κατὰ τοῦ δουκὸς Παλαιστίνης, διότι πρὸ τοῦ ἐπιρρίψω-

Samaritaner, zu ihrem König; sie verbrannten Häuser und Kirchen und machten viele Christen nieder. Mit einer großen Schar Samaritaner aber zog Iulianos in Neapolis ein und schaute bei den Zirkusspielen zu. Und ein gewisser Nikeas, ein christlicher Rennfahrer, errang den ersten Preis. Es waren aber in der nämlichen Stadt Neapolis auch noch andere Rennfahrer, Samaritaner und Juden, welche der genannte Nikeas besiegte. Als er nun zu dem Gewaltherrscher hinging, um seine Ehrung zu empfangen, fragte ihn dieser, welchem Glauben er angehöre. Da mußte Iulianos hören, daß Nikeas Christ sei, und er nahm die Tatsache, daß ein Christ gleich den ersten Sieg gegen ihn errungen habe, was auch tatsächlich der Fall war, als ein so übles Vorzeichen auf, daß er den Rennfahrer durch den Henker noch im Hippodrom enthaupten ließ. Auch den Bischof der nämlichen Stadt behandelte er übel. Als die Präfekten von Palästina und der Dux Theodoros Simos von der frechen Herausforderung des Empörers Nachricht erhielten, erstatteten sie sogleich dem Kaiser Justinian Bericht; der Dux aber zog gegen ihn mit einer beträchtlichen Streitmacht heran und nahm auch den Phylarchen von Palästina mit. Die Nachricht davon scheuchte den Gewaltherrscher Julianos, den Samaritaner, aus der Stadt. Der Dux verfolgte den Fliehenden mit seinen Truppen, lieferte den Samaritanern eine Schlacht und machte eine große Zahl von ihnen nieder; dabei konnte er durch Gottes Eingreifen auch den Samaritaner Julianos gefangen nehmen. Er ließ ihn hinrichten und sandte sein Haupt mit dem Diadem an Kaiser Justinian. Und zur gleichen Zeit, da die erste Nachricht von der Empörung der Samaritaner und des unseligen Julianos den Kaiser erreichte, traf auch schon die Vollzugsmeldung der Befehlshaber samt dem Haupte des Gewaltherrschers in Konstantinopel ein. An Samaritanern fielen in dem Krieg zwanzigtausend. Vom Rest flohen die einen zu dem Berg namens Arparizin, die anderen zogen sich auf den sog. Eisernen Berg Trochon zurück. Als Beute empfing aber auch der sarazenische Phylarch der Römer zwanzigtausend samaritanische Jugendliche männlichen und weiblichen Geschlechts. Diese Gefangenen nahm er mit sich und verkaufte sie in den persischen und indischen Gebieten. Als im übrigen der Kaiser erfuhr, daß die Samaritaner zu Beginn ihrer Empörung viele Gebäude in Palästina niedergebrannt hätten, richtete sich sein Zorn gegen den Dux von

σιν εἰς τὰ κτήματα ἢ εἰς τὴν πόλιν, ἢ μόνον ἤκουσεν ὅτι συν-
άγονται, οὐχ ὥρμησε κατ' αὐτῶν καὶ ἐσκορπίζοντο. καὶ διαδεξάμενος τὸν αὐτὸν δοῦκα ἀσχήμως ἐκέλευσεν αὐτὸν ἀσφαλι-
σθέντα φυλάττεσθαι. καὶ ἐπέμφθη ἀντ' αὐτοῦ δοὺξ Εἰρηναῖος,
Ἀντιοχεύς· ὅστις ὁρμήσας κατὰ τῶν ἀπομεινάντων Σαμαρειτῶν
ἐν τοῖς ὄρεσι, πολλοὺς ἀπώλεσε πικρῶς τιμωρησάμενος.

Ὁ δὲ τῶν Περσῶν βασιλεὺς Κωάδης δεξάμενος Ἑρμογένην 11
μάγιστρον, ἐν φιλίᾳ πρεσβείας πεμφθέντα μετὰ καὶ δώρων τῆς
ἀναγορεύσεως τοῦ βασιλέως Ἰουστινιανοῦ ἐν μηνὶ ἰουλίῳ.

Ἐν αὐτῷ δὲ τῷ καιρῷ Ἑρμογένης ὁ μάγιστρος ὑποστρέψας 12
ἐκ τῶν Περσικῶν δοὺς τὰ δῶρα ἀνήγαγεν ἀποκρίσεις παρὰ
Κωάδου, βασιλέως Περσῶν, πρὸς Ἰουστινιανόν, βασιλέα Ῥωμαίων, ἐπιφερόμενος σάκρας περιεχούσας οὕτως.
Κωάδης βασιλεὺς βασιλευόντων, ἡλίου ἀνατολῆς, Φλαβίῳ
Ἰουστινιανῷ Καίσαρι σελήνης δύσεως. ηὕραμεν ἐν τοῖς ἡμετέροις ἀρχαίοις ἀναγεγραμμένα ἀδελφοὺς ἡμᾶς ἀλλήλων εἶναι, καὶ
ἐάν τις ἐπιδεηθῇ σωμάτων ἢ χρημάτων, παρέχειν τὸν ἕτερον.
καὶ μεμενήκαμεν ἐξ ἐκείνου καὶ μέχρι τοῦ παρόντος οὕτως διατε-
λοῦντες· καὶ ποτὲ μὲν ἐθνῶν ἡμῖν ἐπανισταμένων, τοῖς μὲν παρατάξασθαι ἠναγκάσθημεν, τοὺς δὲ καὶ διὰ δόσεως χρημάτων
ὑποταγῆναι ἐπείσαμεν, ὡς δῆλον εἶναι πάντα τὰ ἐν τοῖς ἡμετέροις θησαυροῖς ἀναλωθῆναι. ταῦτα δὲ καὶ Ἀναστασίῳ καὶ
Ἰουστίνῳ τοῖς βασιλεῦσι γεγραφήκαμεν, καὶ ἠνύσαμεν πλέον οὐ-
δέν· ὅθεν ἠναγκάσθημεν παρατάξασθαι πολέμου χάριν, καὶ
πλησίον τῶν Ῥωμαϊκῶν γενόμενοι τοὺς ἐν μέσῳ μηδὲν ἁμαρτή-
σαντας προφάσει τῆς ἐκείνων ἀπειθείας ἀπολέσαι. ἀλλ', ὡς
χριστιανοὶ καὶ εὐσεβεῖς, φείσασθε ψυχῶν καὶ σωμάτων, καὶ με-
τάδοτε ἡμῖν χρυσίου· εἰ δὲ μὴ τοῦτο ποιεῖτε, εὐτρεπίσατε ἑαυτοὺς πρὸς πόλεμον, προθεσμίαν ἔχοντες ὅλου τοῦ ἐνιαυτοῦ, ἵνα
μὴ νομισθῶμεν κλέπτειν τὴν νίκην καὶ δόλῳ περιγίνεσθαι τοῦ
πολέμου.

Palästina, weil dieser nicht schon vor den Überfällen auf die
Stadt und die Landgüter, also gleich auf die erste Kunde von
den Zusammenrottungen, gegen die Empörer vorgegangen
sei und sie zerstreut habe. Er entsetzte daher den Dux seines
Amtes und nahm ihn in schimpfliche Haft. An seine Stelle
kam als Dux Eirenaios aus Antiocheia. Der ging gegen die
Samariter vor, die sich noch in den Bergen aufhielten, und
überlieferte viele zur harten Strafe dem Tode.

11. (p. 447, 22–448,2) Im Monat Juli aber empfing der
Perserkönig Koades den Magister Militum Hermogenes auf
freundliche Weise; er war nämlich mit einer Gesandtschaft
und Grußgeschenken von Kaiser Justinian zu ihm geschickt
worden.

12. (p. 449,15–450,17) Zur gleichen Zeit kehrte der Magister Militum Hermogenes, nachdem er seine Geschenke über-
reicht hatte, aus Persien zurück. Er brachte einen Brief als
Antwort des Perserkönigs Koades an Justinian mit, und zwar
lautete dieser: ,,Koades, König der Könige, Herrscher des
Sonnenaufgangs, dem Flavios Iustinianos, dem Kaiser des
Monduntergangs. Wir fanden in unseren Archiven nieder-
geschrieben, daß wir Brüder zueinander seien und wenn einer
von uns Hilfe an Menschen oder Geld brauche, diese ihm der
andere zuteil werden lassen solle. Wir sind seit jener Zeit bis
auf den heutigen Tag dieser Einstellung treu geblieben. Da
uns nun zuweilen fremde Völker angriffen, mußten wir mit
den einen Kämpfe ausfechten, während sich andere durch
Geldzahlungen zur Anerkennung unserer Oberherrschaft gewinnen ließen. Dies hat ganz offensichtlich unseren Staatsschatz aufgezehrt. Wir haben uns daher schriftlich an Anastasios wie Iustinos gewendet, leider ohne Erfolg, so daß wir
uns genötigt sahen, euch zu bekriegen und dicht an die römischen Grenzen heranzurücken und die zwischen unseren
Machtbereichen wohnenden, an sich unschuldigen Menschen
dem Verderben preiszugeben, alles nur wegen der Hartnäckig-
keit der beiden Kaiser. So schont denn, Christen und fromme
Leute wie ihr ja seid, Leib und Leben und gebt uns von euerem Golde! Andernfalls rüstet euch zum Krieg! Ihr habt dazu
ein ganzes Jahr Zeit, damit wir nicht den Eindruck erwecken,
als wollten wir den Sieg stehlen und durch List den Krieg
gewinnen.''

524 MALALAS

Τῷ δὲ αὐτῷ χρόνῳ ὁ αὐτὸς βασιλεὺς Ἰουστινιανὸς ἐδωρή- σατο τοῖς Ἀντιοχεῦσι τὴν ἰδίαν τόγαν, ἔχουσαν καὶ λίθους βασι- λικούς· καὶ ἡπλώθη ἐν τῇ ἐκκλησίᾳ τῇ λεγομένῃ Κασσιανοῦ.

Ἐν αὐτῷ δὲ τῷ χρόνῳ κατεπέμφθησαν πρέσβεις Ῥωμαίων ἐν 13 τοῖς Περσικοῖς μέρεσιν Ἑρμογένης καὶ Ῥουφῖνος ὁ στρατηλά- της, ἐπὶ τῆς ὑπατείας Λαμπαδίου καὶ Ὀρέστου. καὶ φθασάν- των αὐτῶν τὸ Δόρας τὸ μετακληθὲν Ἀναστασιούπολις, μήνυ- σιν κατέπεμψαν τῷ βασιλεῖ Περσῶν Κωάδῃ· καὶ ὑπερέθετο ὁ αὐτὸς βασιλεὺς τοῦ δέξασθαι αὐτούς. καὶ ἐν τῷ διάγειν αὐ- τοὺς εἰς τὸ Δόρας ἅμα Βελισαρίῳ τῷ στρατηλάτῃ σὺν τοῖς ἄλλοις ἐξάρχοις καὶ τῇ στρατιωτικῇ βοηθείᾳ, καὶ ἀπληκευόντων αὐτῶν ἔξω τοῦ Δόρας, τὴν ἀπόκρισιν τοῦ βασιλέως Περσῶν δε- χόμενοι, ὁ Μηράμ ὁ πρῶτος ἔξαρχος Περσῶν καὶ ὁ υἱὸς τοῦ βασιλέως Περσῶν σὺν ἄλλοις ἐξάρχοις Περσῶν καθήμενοι εἰς τὸ Νίσιβι, καὶ γνόντες ὅτι ἔξω τοῦ Δόρας ἀπληκεύουσιν οἱ Ῥω- μαῖοι, ἐπέρριψαν Πέρσαι μετὰ ἑβδομήκοντα χιλιάδων, διελόντες αὐτοὺς εἰς τρεῖς ἀρχάς.

Καὶ γνόντες οἱ ἔξαρχοι Ῥωμαίων, ὁρμήσαντες κατὰ Περσῶν συνέκρουσαν· καὶ συμβολῆς γενομένης ἐμίγησαν τὰ Περσῶν καὶ Ῥωμαίων στρατόπεδα, καὶ ἔκοψαν Ῥωμαῖοι Πέρσας κατὰ κράτος, λαβόντες καὶ σίγνον Περσικόν. ὁ δὲ Μηράμ μετὰ ὀλί- γων φυγὼν σὺν τῷ υἱῷ τοῦ βασιλέως διεσώθη εἰς τὸ Νισίβιον. ἐν αὐτῇ δὲ τῇ συμβολῇ καὶ ἔξαρχος Περσῶν κατεσφάγη ὀνό- ματι Σάγος, Σουνίκα τοῦ δουκὸς καὶ ἐξάρχου Ῥωμαίων εἰς μο- νομαχίαν αὐτὸν προτρεψαμένου· καὶ ἦν ἰδεῖν νίκην Περσικῆς ἀπονοίας, εἰς ἔδαφος ἡπλωμένων νεκρῶν.

Καὶ γνοὺς τοῦτο Κωάδης ὁ Περσῶν βασιλεὺς ἐπέτρεψεν εἰσελθεῖν τὸν πατρίκιον Ῥουφῖνον ἅμα τῷ κόμητι Ἀλεξάνδρῳ εἰς τὴν πρεσβείαν.

Τῇ δὲ συμπληρώσει τοῦ σεπτεμβρίου μηνὸς οἱ πρέσβεις 14 Ῥωμαίων οἱ πεμφθέντες ἐν τοῖς Περσικοῖς ὑπέστρεψαν ποιή- σαντες πάκτα. καὶ γνοὺς τοῦτο ὁ βασιλεὺς Ἰουστινιανός, ὅτι εἰρήνην ἔχει πρὸς Ῥωμαίους, χαρᾶς ἐπλήσθη. δεξάμενος γὰρ τὰ γράμματα τῶν πάκτων καὶ ἀναγνοὺς εὗρε περιέχοντα οὕτως.

Zur gleichen Zeit schenkte Kaiser Justinian den Einwohnern von Antiocheia seine mit kaiserlichen Edelsteinen geschmückte Toga; man hängte sie dort in der Kirche des hl. Kassianos auf.

13. (p. 452,13–453,14) Zur nämlichen Zeit wurden unter dem Konsulat des Lampadios und Orestes Hermogenes und der Magister Militum Rufinos als Gesandte nach Persien geschickt. Nachdem sie in der Stadt Daras, die heute in Anastasiupolis umbenannt ist, eingetroffen waren, übermittelten sie dem Perserkönig Koades eine Botschaft, doch schob dieser den Empfang hinaus. Während sich nun die Gesandten zusammen mit dem Magister Militum Belisar, den übrigen römischen Befehlshabern und dem Heer – dieses lagerte vor der Stadt – in Daras aufhielten und die persische Antwort erwarteten, machten der Oberbefehlshaber der Perser Meram und der Sohn des Perserkönigs sowie die anderen persischen Befehlshaber, die sich im Raume Nisibis befanden, die Beobachtung, daß die Römer außerhalb von Daras stünden, und so griffen die Perser mit 70 000 Mann in drei Abteilungen an.

Kaum hatten die römischen Feldherrn davon erfahren, machten sie auch ihrerseits sich zum Angriff bereit und begannen die Schlacht. Dabei gerieten die römischen und persischen Truppen durcheinander, doch konnten die Römer ihre Gegner gewaltig aufs Haupt schlagen und sogar ein persisches Feldzeichen erbeuten. Meram aber rettete sich mit einigen wenigen Begleitern und dem Sohn des Königs nach Nisibis. In der Schlacht selbst fand außerdem der persische Befehlshaber namens Sagos den Tod, nachdem ihn der Dux und römische Feldherr Sunikas zum Zweikampf herausgefordert hatte. Überall deckten Leichen den Erdboden, so daß der Sieg über die persische Tollkühnheit klar zu erkennen war.

Sobald der Perserkönig Koades von der Niederlage erfuhr, gestattete er die Einreise der beiden Gesandten, des Patrikiers Rufinos und des Comes Alexander.

14. (p. 454,11–456,18) Ende September kehrten die römischen Gesandten, die nach Persien geschickt worden waren, nach Abschluß eines (Friedens-)Vertrages zurück, und Kaiser Justinian freute sich, als er hörte, daß die Römer nun Frieden hätten. Nach Empfang und Lektüre des Begleitbriefes fand

Ἀνελθόντες πρὸς ἡμᾶς οἱ ἡμέτεροι πρεσβευταὶ οἱ πρὸς τὴν
σὴν σταλέντες ἡμερότητα ἀπήγγειλαν ἡμῖν τὴν ἀγαθὴν προαίρε-
σιν τῆς πατρικῆς ὑμῶν διαθέσεως. καὶ ἐπὶ πᾶσιν εὐχαριστήσα-
μεν τῷ δεσπότῃ θεῷ ὅτι πρέπον τῇ αὐτοῦ ἀγαθότητι πρᾶγμα γέγονε καὶ προέβη σὺν θεῷ εἰρήνη εἰς ὠφέλειαν τῶν δύο πολιτειῶν.
ὅτι δὲ μεγάλη δόξα καὶ ἔπαινός ἐστιν ἐν πάσῃ τῇ γῇ παρὰ θεῷ
καὶ ἀνθρώποις τὸ εἰρήνην γενέσθαι μεταξὺ τῶν δύο κόσμων ἐπὶ
τῆς σῆς ἡμερότητος καὶ ἡμῶν τῶν γνησίως ὑμᾶς ἀγαπώντων
πρόδηλόν ἐστι· καὶ οἱ ἐχθροὶ δὲ ἑκατέρας πολιτείας καταπε-
σοῦνται ταύτης σὺν θεῷ γενομένης. διὰ τάχους τοίνυν ἐπικα-
ταλήψονται οἱ ἡμέτεροι πρεσβευταί, ὀφείλοντες ἀναπληρῶσαι τὰ
πρὸς ἀσφάλειαν τῆς εἰρήνης. εὐχόμεθα γοῦν ἐν πολλοῖς χρόνοις τὴν πατρικὴν ὑμῶν διάθεσιν περισώζεσθαι.

Καὶ ἐκπεμφθεὶς ὑπὸ Ῥωμαίων πάλιν Ῥουφῖνος, δευτέρας
ἀποκρίσεως καταπεμφθείσης ἐν τοῖς Περσικοῖς μέρεσιν, εὗρε τὸν
βασιλέα Περσῶν ἀναδυέντα πρὸς τὰ δόξαντα μεταξὺ αὐτῶν ἕνεκεν τῆς εἰρήνης. φημισθέντος γὰρ τούτου, ὡς τῶν Σαμαρειτῶν Ῥωμαίων ἀγανακτηθέντων ὑπὸ τοῦ βασιλέως Ἰουστινιανοῦ,
ὡς προγέγραπται, φυγόντων καὶ ἀπελθόντων πρὸς Κωάδην, βασιλέα Περσῶν, ἀπὸ τῆς ἑαυτῶν χώρας Παλαιστίνης, καὶ ἐπαγ-
γειλαμένων αὐτῷ συμμαχεῖν· τὸ δὲ πλῆθος αὐτῶν ἦν χιλιάδες
πεντήκοντα, ἐπηγγείλαντο δὲ τῶν Περσῶν βασιλεῖ προδιδόναι
τὴν ἑαυτῶν χώραν, τὴν Παλαιστίνην πᾶσαν καὶ τοὺς ἁγίους
τόπους, πόλιν ἔχουσαν διαφόρων βασιλέων χαρίσματα· χρυσοῦ
τε γὰρ πλῆθος πολὺ καὶ λίθων τιμίων ἀναρίθμητος ποσότης·
καὶ ἀκούσας ταῦτα ὁ βασιλεὺς Περσῶν, καὶ πεισθεὶς τοῖς παρ'
αὐτῶν λεγομένοις, ἀνεδύη περὶ τὸ ποιῆσαι τὰ πάκτα. ἀφορ-
μὴν δὲ λαβὼν περὶ τῶν χρυσορρύτων τῶν εὑρεθέντων πρῴην
ἐπὶ Ἀναστασίου τοῦ βασιλέως, ὄντων ὑπὸ Ῥωμαίους· ἦν γὰρ
πρῴην τὰ αὐτὰ ὄρη ὑπὸ τὴν Περσῶν πολιτείαν· τὰ δέ χρυσόρ-
ρυτα ὄρη ὑπάρχει μεταξὺ τῶν ὅρων Ἀρμενίων Ῥωμαίων καὶ
Περσαρμενίων, ὡς εἰδότες λέγουσιν· ἅτινα ὄρη φέρουσι χρυσὸν
πολύν· ὅτε γὰρ βροχαὶ καὶ ὄμβροι γίνονται, κατασύρεται ἡ γῆ
τῶν αὐτῶν ὀρέων, λεπτίδας ἀναβλύζουσα χρυσοῦ· τὰ δὲ αὐτὰ
ὄρη ἐμισθοῦντο τὸ πρότερόν τινες ἀπὸ Ῥωμαίων καὶ Περσῶν
χρυσοῦ λιτρῶν διακοσίων· ἐξ οὗ δὲ παρελήφθησαν τὰ αὐτὰ ὄρη
ὑπὸ τοῦ θειοτάτου Ἀναστασίου, Ῥωμαῖοι μόνοι κομίζονται τὴν
θεσπισθεῖσαν συντέλειαν. καὶ ἐκ τούτου ἐγένετο διαστροφὴ περὶ
τὰ πάκτα.

er nämlich, daß der Text folgendermaßen lautete: „Unsere
Gesandten, die zu Euer Gnaden entboten waren, verkündeten
uns nach ihrer Rückkehr die Huld Euerer väterlichen Gesinnung. Und wir dankten in allem Gott dem Herrn, daß ein
seiner Güte entsprechendes Werk zustande gekommen ist
und ein Friede zum Heile beider Staaten dank seiner Hilfe
hervortrat. Alle wissen ja, daß es viel Ruhm und Lob auf der
ganzen Erde bei Gott und den Menschen bedeutet, wenn
Friede zwischen den zwei Weltreichen in der Zeit Euerer und
unserer Gnade, die wir Euch aufrichtig lieben, einkehren
darf. Die Feinde beider Staaten aber werden niederstürzen,
wenn solches mit Gottes Hilfe Wirklichkeit wird. Unsere Gesandten werden sich daher so bald wie möglich einfinden, um
den Frieden zu ratifizieren. Unser Wunsch bleibt es jedenfalls, daß uns Euere väterliche Huld durch lange Zeiten erhalten bleibt."

Als aber Rufinos zum zweiten Male mit einem weiteren
Schreiben von den Römern nach Persien geschickt wurde,
mußte er feststellen, daß sich der Perserkönig, was die gegenseitigen Abmachungen anlangte, eines anderen besonnen
hatte. Es war nämlich bekannt geworden, daß die römischen
Samaritaner, denen, wie schon gesagt, Kaiser Justinian grollte, geflohen seien und sich aus ihrem Lande Palästina hinweg
zum Perserkönig Koades begeben und diesem ihre Hilfe versprochen hätten; ihre Zahl aber belief sich auf 50000. Sie
wollten ihrer Zusage nach dem Perserkönig ihr Land, ganz
Palästina und die heiligen Stätten ausliefern, wo die Weihegaben verschiedener Herrscher lagen, eine große Menge Gold
und zahllose Edelsteine. Als der Perserkönig dies vernahm,
ließ er sich von ihren Worten bestimmen und zögerte mit
dem Friedensschluß. Dabei nahm er die Goldgruben zum
Vorwand, die einst in den Zeiten des Kaisers Anastasios auf-
gedeckt worden waren und sich nun in römischen Besitz befanden. Die genannten Berge hatten nämlich einmal den Persern gehört; sie liegen ja auch, wie Sachkundige berichten,
im Grenzgebiet von Römisch- und Persisch-Armenien. Diese
Berge liefern viel Gold. Denn wenn Regenfälle und Wolken-
brüche niedergehen, wird das Erdreich von dort herunter-
geschwemmt und läßt feine Goldblättchen zu Tage treten.
Früher hatten einige Leute die Berge von den Römern und
Persern für 200 Pfund Gold gepachtet, seitdem diese aber
von dem erhabenen Kaiser Anastasios in Besitz genommen

Ἡ δὲ τῶν Σαμαρειτῶν προδοσία ἐγνώσθη Ῥωμαίοις, ὥς τινων ἐξ αὐτῶν εὐπόρων συσχεθέντων ἐν τῷ ὑποστρέφειν αὐτοὺς
ἀπὸ τῶν Περσικῶν μερῶν, καὶ γνωρισθέντων μετὰ τὸ ἀπελθεῖν
αὐτοὺς πρὸς Κωάδην, βασιλέα Περσῶν, καὶ συντάξασθαι αὐτῷ
ποιεῖν τὴν προδοσίαν τῆς ἰδίας χώρας, ὡς προείρηται· ἦσαν δὲ
οἱ γνωρισθέντες Σαμαρεῖται ὀνόματα πέντε· καὶ συσχεθέντες
ἀπηνέχθησαν πρὸς τὸν στρατηλάτην τῆς ἀνατολῆς, καὶ ἐξητά-
σθησαν παρ' αὐτῷ, καὶ ὡμολόγησαν τὴν προδοσίαν ἣν ἐμελέ-
των. τὰ δὲ πεπραγμένα αὐτῶν ἀνεγνώσθη τῷ βασιλεῖ Ἰουστινιανῷ.

Τῷ δὲ αὐτῷ καιρῷ καὶ πρεσβευτὴς ἐπέμφθη ὑπὸ τοῦ βασιλέως Περσῶν πρὸς τὸν βασιλέα Ῥωμαίων· καὶ ἐπιδοὺς ἃς ἐπεφέρετο σάκρας ἀπελύθη κομισάμενος δῶρα.

Ὁ δὲ βασιλεὺς Ῥωμαίων ἀκούσας παρὰ τοῦ πατρικίου Ῥουφίνου τὴν παρὰ Κωάδου, βασιλέως Περσῶν, παράβασιν, ποιήσας
θείας κελεύσεις κατέπεμψε πρὸς τὸν βασιλέα τῶν Αὐξουμιτῶν·
ὅστις βασιλεὺς Ἰνδῶν συμβολὴν ποιήσας μετὰ τοῦ βασιλέως τῶν
Ἀμεριτῶν Ἰνδῶν, κατὰ κράτος νικήσας παρέλαβε τὰ βασίλεια
αὐτοῦ καὶ τὴν χώραν αὐτοῦ πᾶσαν, καὶ ἐποίησεν ἀντ' αὐτοῦ βασιλέα τῶν Ἀμεριτῶν Ἰνδῶν ἐκ τοῦ ἰδίου γένους Ἀγγάνην διὰ
τὸ εἶναι καὶ τὸ τῶν Ἀμεριτῶν Ἰνδῶν βασίλειον ὑπ' αὐτόν. καὶ
ἀποπλεύσας ὁ πρεσβευτὴς Ῥωμαίων ἐπὶ Ἀλεξάνδρειαν διὰ τοῦ
Νείλου ποταμοῦ καὶ τῆς Ἰνδικῆς θαλάσσης κατέφθασε τὰ Ἰνδικὰ
μέρη. καὶ εἰσελθὼν παρὰ τῷ βασιλεῖ τῶν Ἰνδῶν, μετὰ χαρᾶς
πολλῆς ἐξενίσθη ὁ βασιλεὺς Ἰνδῶν, ὅτι διὰ πολλῶν χρόνων ἠξιώ-
δη μετὰ τοῦ βασιλέως Ῥωμαίων κτήσασθαι φιλίαν. ὡς δὲ
ἐξηγήσατο ὁ αὐτὸς πρεσβευτής, ὅτε ἐδέξατο αὐτὸν ὁ τῶν Ἰνδῶν
βασιλεύς, ὑφηγήσατο τὸ σχῆμα τῆς βασιλικῆς τῶν Ἰνδῶν κατα-
στάσεως ὅτι γυμνὸς ὑπῆρχε καὶ κατὰ τοῦ ζώσματος εἰς τὰς ψύας
αὐτοῦ λινόχρυσα ἱμάτια, κατὰ δὲ τῆς γαστρὸς καὶ τῶν ὤμων
φορῶν σχιαστὰς διὰ μαργαριτῶν καὶ κλαβία ἀνὰ πέντε καὶ
χρυσᾶ ψέλια εἰς τὰς χεῖρας αὐτοῦ, ἐν δὲ τῇ κεφαλῇ αὐτοῦ λινό-
χρυσον φακιόλιν ἐσφενδονισμένον, ἔχον ἐξ ἀμφοτέρων τῶν μερῶν
σειρὰς τέσσαρας, καὶ μανιάκιν χρυσοῦν ἐν τῷ τραχήλῳ αὐτοῦ,
καὶ ἵστατο ὑπεράνω τεσσάρων ἐλεφάντων ἐχόντων ζυγὸν καὶ
τροχοὺς δ', καὶ ἐπάνω, ὡς ὄχημα ὑψηλὸν ἠμφιεσμένον χρυσέοις
πετάλοις, ὥσπερ ἐστὶ τὰ τῶν ἀρχόντων τῶν ἐπαρχιῶν ὀχήματα
ἀργύρῳ ἠμφιεσμένα. καὶ ἵστατο ἐπάνω ὁ βασιλεὺς τῶν Ἰνδῶν

worden waren, empfingen die Römer allein die ausbedungene
Pacht. Dadurch kam es zum Vertragsbruch.

Vom Verrat der Samaritaner erhielten die Römer auf folgende Weise Kenntnis: Einige ihrer führenden Männer, fünf
an Zahl, wurden bei ihrer Rückkehr aus Persien verhaftet;
man hatte nämlich nach ihrer Abreise zum Perserkönig Koadas in Erfahrung gebracht, daß sie, wie schon gesagt, diesem
ihr Land ausliefern wollten. Nach ihrer Verhaftung also wurden sie zum Magister Militum des Ostens gebracht und gestanden dort auf der Folter ihren geplanten Verrat. Kaiser
Justinian aber erhielt von all dem schriftlichen Bericht...

15. (p. 456,21–459,3) Zur gleichen Zeit schickte der Perserkönig auch einen Gesandten an den römischen Kaiser. Dieser
händigte sein Schreiben aus und wurde dann mit Geschenken
entlassen.

Als aber der römische Kaiser durch den Patrikier Rufinos
vom Wortbruch des Perserkönigs Koadas erfahren hatte,
schickte er höchsteigenhändige Mahnschreiben an den König
der Auxumiten. Dieser Herrscher hatte in einer Schlacht den
König der indischen Homeriten entscheidend geschlagen und
sein Königtum und sein ganzes Land in Besitz genommen.
An seiner Stelle aber bestellte er zum König der indischen
Homeriten den Anganes aus seinem eigenen Geschlecht; denn
er hatte ja auch deren Königreich unter sich. Was den römischen Gesandten aber betraf, so fuhr dieser nach Alexandreia
und nahm von dort seinen Weg nilaufwärts und über das
Indische Meer in das Gebiet der Inder. Er machte deren König seine Aufwartung, was diesen freudig überraschte; hegte
er doch schon lange den Wunsch, mit dem römischen Kaiser
Freundschaft zu schließen. Nach dem Bericht des Gesandten
sah bei dessen Empfang der König der Inder in seinem Auf-
putz folgendermaßen aus: Er war am Oberkörper unbekleidet, vom Gürtel und den Lenden aus flossen golddurchwirkte
Leinengewänder herab. Am Leib und an den Schultern trug
er eine leichte Hülle, geziert mit Perlen und Edelsteinen(?)
in Fünferordnung(?), und an den Armen goldene Reifen.
Sein Haupt war bedeckt mit einem geschwungenen Hut aus
golddurchwirkter Leinwand, an dessen beiden Seiten vier
Ketten herabhingen, seinen Nacken umschloß ein goldenes
Halsband. Der Herrscher stand hoch oben auf einem vier-

βαστάζων σχουτάριον μικρὸν κεχρυσωμένον καὶ δύο λαγχίδια
καὶ αὐτὰ κεχρυσωμένα κατέχων ἐν ταῖς χερσὶν αὐτοῦ. καὶ οὕτως ἵστατο πᾶσα ἡ σύγκλητος αὐτοῦ μεθ᾽ ὅπλων καὶ αὐλοὶ ᾄδον-
τες μέλη μουσικά.

Καὶ εἰσενεχθεὶς ὁ πρεσβευτὴς Ῥωμαίων, κλίνας τὸ γόνυ
προσεκύνησε· καὶ ἐκέλευσεν ὁ βασιλεὺς Ἰνδῶν ἀναστῆναί με καὶ
ἀναχθῆναι πρὸς αὐτόν. καὶ δεξάμενος τὴν τοῦ βασιλέως Ῥωμαίων σάκραν κατεφίλησε τὴν σφραγῖδα. δεξάμενος δὲ καὶ τὰ
δῶρα τὰ πεμφθέντα ὑπὸ τοῦ βασιλέως ἐξεπλάγη. λύσας δὲ καὶ
ἀναγνοὺς δι᾽ ἑρμηνέως τὰ γράμματα, εὗρε περιέχοντα ὥστε
ὁπλίσασθαι αὐτὸν κατὰ Κωάδου, βασιλέως Περσῶν, καὶ τὴν
πλησιάζουσαν αὐτῷ χώραν ἀπολέσαι καὶ τοῦ λοιποῦ μηκέτι συν-
άλλαγμα ποιῆσαι μετ᾽ αὐτοῦ, ἀλλὰ δι᾽ ἧς ὑπέταξε χώρας τῶν
Ἀμεριτῶν Ἰνδῶν διὰ τοῦ Νείλου ἐπὶ τὴν Αἴγυπτον ἐν Ἀλεξανδρείᾳ τὴν πραγματείαν ποιεῖσθαι. καὶ εὐθέως ὁ βασιλεὺς Ἰνδῶν Ἐλεσβόας ἐπ᾽ ὄψει τοῦ πρεσβευτοῦ Ῥωμαίων ἐκίνησε
πόλεμον κατὰ Περσῶν, προπέμψας καὶ τοὺς ὑπ᾽ αὐτὸν Ἰνδοὺς
Σαρακηνούς, ἐπῆλθε τῇ Περσικῇ χώρᾳ ὑπὲρ Ῥωμαίων, δηλώσας
τῷ βασιλεῖ Περσῶν τοῦ δέξασθαι τὸν βασιλέα Ἰνδῶν πολεμοῦντα
αὐτῷ καὶ ἐκπορθῆσαι πᾶσαν τὴν ὑπ᾽ αὐτοῦ βασιλευομένην γῆν.
καὶ πάντων οὕτως προβάντων ὁ βασιλεὺς Ἰνδῶν κρατήσας τὴν
κεφαλὴν τοῦ πρεσβευτοῦ Ῥωμαίων, δεδωκὼς εἰρήνης φίλημα,
ἀπέλυσεν ἐν πολλῇ θεραπείᾳ. κατέπεμψε γὰρ καὶ σάκρας διὰ
Ἰνδοῦ πρεσβευτοῦ καὶ δῶρα τῷ βασιλεῖ Ῥωμαίων.

Ἐν αὐτῷ δὲ τῷ χρόνῳ ὁ αὐτὸς βασιλεὺς ἀγωνίσασθαι βου- 16
λόμενος κατὰ Περσῶν διὰ γῆς τε καὶ θαλάσσης, ἐκπέμπει στράτευμα τοῦ φυλάξαι ἀτάραχον τὴν πολιτείαν Ῥωμαίων.

Τῷ δὲ αὐτῷ χρόνῳ δέησις κατεπέμφθη Ἐφραϊμίῳ πατριάρ-
χῃ παρὰ τῶν ἀπομεινάντων ἐν αἰχμαλωσίᾳ ὑπὸ Ἀλαμουνδάρου
Σαρακηνοῦ, ὡς πικραῖς τιμωρίαις δεδέσθαι αὐτούς. τινὰς γὰρ
καὶ ἀπεχεφάλισεν ἐξ αὐτῶν, φοβούμενος μήπως καὶ προδοσία ἐξ
αὐτῶν γένηται. καί τινες προσπεσόντες αὐτῷ παρεκάλεσαν ὀλί-

räderigen und von vier Elephanten gezogenen Wagen, den goldene Platten(?) umgaben, so wie sich die Leiter unserer Provinzen silberner bedienen. So also stand der König der Inder oben und trug einen kleinen vergoldeten Schild und zwei kleine, ebenfalls vergoldete Lanzen in seinen Händen. Gleichermaßen standen seine Großen in Waffen um ihn, während Flötenspieler ihre Weisen erklingen ließen.

Als nun der römische Gesandte vorgelassen wurde, beugte er das Knie und bezeugte seine Verehrung. Und der indische König befahl mir(!) aufzustehen und näherzukommen. Dann nahm er das Schreiben des römischen Kaisers entgegen und küßte das Siegel. Mit Staunen empfing er auch die ihm vom Kaiser zugesandten Geschenke. Nachdem er sodann den Brief erbrochen und sich durch einen Dolmetscher hatte vorlesen lassen, fand er als Inhalt die Aufforderung, er solle sich gegen den Perserkönig Koades rüsten, dessen Nachbargebiet verwüsten und künftighin mit ihm keinen Handelsverkehr mehr pflegen, sondern durch das Land der von ihm unterworfenen indischen Homeriten und auf dem Nil nach Ägypten und Alexandreia den Warenaustausch leiten. Und sogleich, noch vor den Augen des römischen Gesandten, begann der Inderkönig Elesboas Krieg gegen die Perser und griff, nachdem er auch die ihm untertänigen sarazenischen Inder vorausgeschickt hatte, zugunsten der Römer Persien an. Den Perserkönig aber ließ er wissen, er solle den Inderkönig als seinen Gegner erwarten und damit rechnen, daß sein gesamtes Herrschaftsgebiet verwüstet werde. Nachdem nun dies so geschehen war, faßte der Inderkönig das Haupt des römischen Gesandten, gab ihm den Friedenskuß und entließ ihn mit besonderer Auszeichnung. Er ließ auch Briefe und Geschenke durch einen indischen Gesandten dem Kaiser Justinian zugehen.

16. (p. 460,7–467,22) Zur gleichen Zeit wollte der genannte Kaiser mit den Persern zu Wasser und zu Lande Krieg führen und sandte daher ein Heer aus, um die Ruhe des römischen Reiches zu sichern.

Gleichzeitig erging an den Patriarchen Ephraimios ein flehentlicher Bericht der bei Alamundaros in Gefangenschaft lebenden Römer: Dieser habe sie harten Strafen unterworfen, einige von ihnen sogar aus Furcht vor Verrat enthaupten lassen. Einige warfen sich ihm daher zu Füßen und baten ihn

γων ἡμερῶν ἔνδοσιν γενέσθαι αὐτοῖς πρὸς τὸ πέμψαι δέησιν ἐν
τῇ Ῥωμαίων πολιτείᾳ τοῦ ἐκπεμφθῆναι χρήματα εἰς ἀνάρ-
ρυσιν αὐτῶν. καὶ ταῦτα ἀκούσας Ἀλαμούνδαρος, χαίρων, φησί,
παρεκλήθη· καὶ δεδωκὼς προθεσμίαν ἡμερῶν ἑξήκοντα, ἀντι-
φωνήσαντος ὑπὲρ αὐτῶν Ταϊζάνου τοῦ ἀρχιφύλου Σαρακηνῶν,
καὶ τῆς δεήσεως ἐκπεμφθείσης, ἀνεγνώσθη ἐν Ἀντιοχείᾳ, καὶ μετὰ δακρύων πάντες εἰς τὰ λεγόμενα γαζοφυλάκια ἐν ἑκάστῃ ἐκκλησίᾳ καθ’ ὃ ηὐπόρει τις μετεδίδου. ἐν οἷς πρῶτος κατα-
νυχθεὶς ὁ πατριάρχης σὺν τοῖς κληρικοῖς καὶ τοῖς ἄρχουσιν ἐξ
οἰκείας προαιρέσεως μετέδωκαν. καὶ ἀναγνωσθείσης τῆς δεήσεως
τῆς παρὰ τῶν αἰχμαλώτων πεμφθείσης, ᾔτησε πᾶς ὁ δῆμος τοῦ
ἀχθῆναι πάνδημον· καὶ τοῦ πανδήμου ἀχθέντος καὶ τάπητος
ἁπλωθέντος, ἕκαστος καθ’ ὃ ηὐπόρει ἔρριπτεν ἐν τῷ τάπητι.
καὶ συναχθέντων πάντων καὶ ἐκπεμφθέντων ἀνερρύσθησαν οἱ
αἰχμάλωτοι.

Τῷ δὲ αὐτῷ χρόνῳ κατεπέμφθη ὁ μάγιστρος Ἑρμογένης ἐν
τοῖς ἀνατολικοῖς μέρεσιν ἕνεκεν τοῦ Περσικοῦ πολέμου· ἦν γὰρ
ὁ βασιλεὺς Ῥωμαίων μαθὼν ὅτι στρατηλάτης Περσῶν Ἐξαράθ
ὀνόματι μετὰ Περσικῆς βοηθείας, ἔχων μεθ’ ἑαυτοῦ καὶ βάνδον
βασιλικόν, ὥρμησεν ἐπὶ τὰ Ῥωμαϊκά. καὶ Ἀλαμούνδαρος δέ,
βασιλίσκος Σαρακηνῶν, μετὰ πολλῆς ἐνόπλου βοηθείας, διὰ
τοῦ Κιρκησίου ἐλθὼν ἀνεφάνη εἰς Καλλίνικον, πόλιν τῆς Ὀσ-
δροηνῆς.

Καὶ γνοὺς ταῦτα Βελισάριος ὁ στρατηλάτης, ἀπελθὼν εἰς
συμμαχίαν τῶν δουκῶν μετὰ χιλιάδων ὀκτώ, ἐν οἷς εὑρέθη καὶ
Ἀρέθας ὁ φύλαρχος μετὰ χιλιάδων πέντε. ὁρμήσαντες δὲ οἱ
Πέρσαι μετὰ τῶν ἰδίων Σαρακηνῶν νυκτὸς κατεσκήνωσαν πλησίον τοῦ κάστρου Γαββουλῶν, ἔχον παρακείμενον καὶ μικρὸν πο-
ταμόν· καὶ ποιήσαντες ἐκεῖ φοσσᾶτον ἐσκόρπισαν πέριξ τοῦ
φοσσάτου τριβόλους σιδηροῦς ἐπὶ πολὺ διάστημα, μίαν ἑαυτοῖς
ἐάσαντες εἴσοδον. καὶ ἐλθόντος ὄπισθεν αὐτῶν Σουνίκα τοῦ
δουκὸς μετὰ χιλιάδων τεσσάρων, καὶ εὑρηκώς τινας ἐκ τῶν Περσῶν καὶ Σαρακηνῶν πραιδεύοντας τὰ παρακείμενα χωρία καὶ
καταδιώξας, ἐφόνευσεν ἐξ αὐτῶν ὀλίγους, συλλαβόμενος καὶ τινας ἐξ αὐτῶν· οὕστινας ἐξετάσας ἔμαθε περὶ τῶν βεβουλευμένων.

Ὁ δὲ μάγιστρος Ῥωμαίων καταλαβὼν τὴν Ἱεράπολιν, καὶ
μαθὼν ὅτι εἰς τὰ Ῥωμαϊκὰ ἐσκήνωσαν οἱ Πέρσαι, ἐξελθὼν πρὸς
Βελισάριον πλησίον ὄντα τῶν Περσῶν μετὰ Στεφάνου καὶ

um einen Aufschub von wenigen Tagen, damit sie inzwischen ein Bittgesuch ins Römerreich schicken und die Zahlung von Lösegeldern für sich erreichen könnten. Als Alamundaros dies vernahm, ließ er sich, wie er sagte, den Vorschlag wohl gefallen und räumte ihnen eine Frist von sechzig Tagen ein, nachdem sich der Sarazenenscheich Taizanos für sie verbürgt hatte. Die Bittschrift ging also ab, wurde in Antiocheia verlesen, und die Einwohner der Stadt legten insgesamt unter Tränen, ein jeder nach Vermögen, seine Beisteuer im sog. Opferstock der einzelnen Kirche nieder. Von Mitleid gerührt, machte der Patriarch samt seinen Geistlichen und den Beamten den Anfang mit der freiwilligen Spende. Das Volk aber verlangte, nachdem die Bittschrift der Gefangenen verlesen worden war, eine allgemeine Versammlung; diese fand auch statt, und ein Teppich wurde ausgebreitet, auf den ein jeder seinen angemessenen Beitrag legte. Schließlich wurde der gesamte Erlös übersandt und damit die Freilassung der Gefangenen erkauft.

Zur gleichen Zeit wurde der Magister Militum Hermogenes wegen des Perserkrieges in den Osten entsandt. Dem römischen Kaiser war nämlich berichtet worden, daß der persische Feldherr Exarath mit Heeresmacht und dem königlichen Feldzeichen das römische Gebiet angegriffen habe. Auch Alamundaros, der sarazenische Kleinkönig, war mit starker Streitmacht an Kirkesion vorbeigezogen und bei Kallinikos, einer Stadt von Osdroene, aufgetaucht.

Auf die Kunde davon kam der Magister Militum Belisar den Duces mit 8000 Mann zu Hilfe; darunter befand sich auch der Phylarch Arethas mit 5000 Kriegern. Die Perser aber rückten mit ihren Sarazenen nachts aus und lagerten sich nahe der Festung Gabbula, an der auch ein Flüßchen vorbeiströmt. Hier legten sie ein Grabenwerk an und verteilten weithin im Umkreis eiserne Fußangeln, wobei sie für sich selbst nur einen einzigen Zugang freiließen. Inzwischen kam der Dux Sunikas mit 4000 Mann in ihren Rücken und da er mehrere Perser und Sarazenen auf Beutezug gegen die nahen Orte traf, verfolgte er sie und ließ einige niedermachen. Einige nahm er auch gefangen und erfuhr von diesen beim Verhör Näheres über die Absichten der Perser.

Der römische Magister Militum kam indessen nach Hierapolis und erhielt dort die Nachricht, die Perser hätten auf römischem Gebiet Lager bezogen. Er begab sich daher in die

Ἄψκαλ ἐξάρχων καὶ Σίμμα τοῦ δουκὸς μετὰ χιλιάδων τεσσάρων, ἐπὶ Βαρβαισισσὸν τὴν πόλιν· καὶ ἀγανακτήσαντος Βελισαρίου κατὰ Σουνίκα, διότι αὐθεντήσας ἐπῆλθε τῷ Περσικῷ στρατῷ, καὶ φθάσαντος τοῦ μαγίστρου ἐποίησεν αὐτοὺς γενέσθαι φίλους, προτρεψάμενος ὁρμῆσαι κατὰ Περσῶν. καὶ μεσολαβηθέντων τῶν Περσῶν σὺν τοῖς Σαρακηνοῖς ἐπὶ τὴν κώμην τὴν λεγομένην Βεσελαθὼν καὶ Βατνῶν καὶ τῶν πέριξ πόλεων, καὶ ποιήσαντες οἱ Πέρσαι διὰ ξύλων μηχανήματα καὶ διορύξαντες, ἔστρεψαν τὸ τεῖχος Γαββουλῶν, καὶ εἰσελθόντες ὅσους ηὗρον ἐφόνευσαν, ἐπαρόντες καὶ αἰχμαλώτους. καὶ ἄλλους δὲ τόπους παρέλαβον ποιήσαντες αἰφνιδίους καταδρομάς.

Οἱ δὲ Ἀντιοχεῖς ἀκούσαντες τὰ γενόμενα, ἔφυγον ἐπὶ τὴν πάραλον τῆς Συρίας. τῶν δὲ στρατηγῶν Ῥωμαίων δηλωσάντων ἑαυτοῖς τοῦ ἑτοίμως ἔχειν συγκροῦσαι μετ' αὐτῶν· ἦν γὰρ δηλωθὲν ἐκ τῶν Περσῶν τοῦ συναφθῆναι τὸν πόλεμον, καὶ παραλαβόντες πᾶσαν τὴν πραῖδαν, νυκτὸς ἔφυγον· καὶ μαθὼν ταῦτα Βελισάριος καὶ οἱ ἔξαρχοι Ῥωμαίων, ἐπιδιώξαντες κατέλαβον αὐτούς· καὶ στραφέντες οἱ Πέρσαι ἔστησαν, καὶ τάξαντες ἑαυτοὺς ἐσκήνωσαν ἐπὶ τὸ λίμιτον πέραν τοῦ Εὐφράτου βουλευόμενοι. ὁμοίως δὲ καὶ οἱ ἔξαρχοι Ῥωμαίων στρατολογήσαντες ἔστησαν κατέναντι τῶν Περσῶν, κατὰ νώτου ἑαυτῶν τάξαντες τὸν Εὐφράτην, Βελισαρίου ἐπιτρέψαντος τὰ πλοῖα παρὰ τὰς ὄχθας τοῦ ποταμοῦ ἑστάναι. εἰς δὲ τὸ κατὰ μεσημβρίαν μέρος ἐσκήνωσεν Ἀρέθας μετὰ Δωροθέου καὶ Μάμαντιος, ἐξάρχων Ἰσαύρων, εἰς δὲ τὸ ἀρκτῷον Σουνίκας καὶ Σίμμας ἔχοντες στρατόν. καὶ τῇ ιθ' τοῦ ἀπριλλίου ἐν ἁγίῳ σαββάτῳ τοῦ πάσχα ἐγένετο ἡ συμβολὴ τοῦ πολέμου. ὁρμησάντων γὰρ τῶν Περσῶν κατὰ Σουνίκα καὶ Σίμμα, καὶ ἀντιστάντων Ῥωμαίων, δόλῳ δέδωκαν οἱ Πέρσαι νῶτα ἐπὶ τοὺς ἰδίους ἑαυτῶν. καὶ ὑφ' ἓν γενόμενοι Πέρσαι, προσεσχηκότες ὅτι Ῥωμαῖοι κατὰ νώτου ἔχουσι τὸν Εὐφράτην, ὁρμήσαντες σὺν τοῖς Σαρακηνοῖς συνέκρουσαν τὸν πόλεμον, καὶ πολλῶν πεσόντων ἐξ ἀμφοτέρων τῶν μερῶν, ἐν οἷς ἔπεσον ἀπὸ μὲν Περσῶν Ἀνδράζης, χιλίαρχος, καὶ Νααμάν, υἱὸς Ἀλαμουνδάρου, ἐκ δὲ Ῥωμαίων Σαρακηνῶν ἐλήφθη Ἄβρος ὀνόματι δούξ· καὶ Στεφανάκιος δὲ πληγεὶς ἔπεσε. τῆς γὰρ ἀμιξίας γενομένης, ὁ Ἄψκαλ εἰς μέσον Περσῶν ὁρμήσας, καὶ τοῦ ἵππου αὐτοῦ πατήσαντος λείψανον, εἰς μέσον αὐτῶν ἀπώλετο· οἱ δὲ Φρύγες ἑωρακότες τὸν ἔξαρχον ἑαυτῶν πεσόντα καὶ τὸ βάν-

Stadt Barbaisissos und zu Belisar, der mit den Exarchen Stephanos und Apskal sowie mit dem Dux Simmas zusammen dort in der Nähe der Perser stand und über 4000 Mann verfügte. Belisar war über Sunikas wegen seines eigenmächtigen Vorgehens gegen die Perser verärgert, indessen sorgte der Magister Militum nach seinem Eintreffen dafür, daß sich die beiden aussöhnten, worauf er den allgemeinen Angriff auf die Perser befahl. Diese wurden samt ihren Sarazenen zwischen dem Dorfe namens Beselathon und Batnae und den umliegenden Städten eingekreist, doch durchbrachen sie mit ihren hölzernen Belagerungsmaschinen die Mauer von Gabbula und machten sie dem Erdboden gleich, drangen sodann in die Stadt ein und ließen jeden, den sie fanden, über die Klinge springen oder nahmen ihn gefangen. Auch andere Plätze brachten sie durch plötzliche Angriffe in ihre Gewalt.

Die Einwohner von Antiocheia, die von den Vorgängen hörten, zogen sich fluchtartig auf den Küstensaum Syriens zurück. Die römischen Feldherrn ließen indessen ihre Truppen wissen, sie sollten sich für einen Kampf mit den Persern bereit halten; denn auch die Perser hatten die Absicht zu erkennen gegeben, eine Entscheidung auf dem Schlachtfeld zu suchen. Sie machten sich jedoch bei Nacht mitsamt ihrer ganzen Beute davon. Als Belisar und die römischen Exarchen dies bemerkten, setzten sie ihnen nach und holten sie ein. Daraufhin machten die Perser kehrt und stellten sich zum Kampf. Nachdem sie ihre Truppen geordnet hatten, bezogen sie jenseits des Euphrat am Limes ihr Lager und berieten sich über ihr weiteres Vorgehen. In gleicher Weise sammelten auch die römischen Exarchen ihr Heer und nahmen den Persern gegenüber Aufstellung, und zwar mit dem Rücken gegen den Fluß, dessen Ufern entlang Belisar seine Schiffe ankern ließ. Arethas, Mamas und Dorotheos, der Exarch von Isaurien, lagerten südwärts, während Sunikas und Simmas mit ihren Truppen gegen Norden zu ihren Platz hatten. Am Ostersonntag, 19. April, fiel die Entscheidung: Die Perser griffen Sunikas und Simmas an und wichen, als die Römer Widerstand leisteten, listigerweise auf die Ihren zurück. Sobald sie dann, miteinander vereint, bemerkten, daß die Römer den Euphrat im Rücken hatten, gingen sie mit den Sarazenen wieder zum Angriff vor, und der Kampf entbrannte von neuem. Von beiden Parteien fanden dabei viele den Tod, unter ihnen auf Perserseite der Chiliarch An-

δον αύτοῦ ὑπὸ Περσῶν συλληφθέντα εἰς φυγὴν ἐτράπησαν, σὺν
αὐτοῖς δὲ καὶ οἱ Σαρακηνοὶ Ῥωμαίων. ἄλλοι δὲ ἐπέμειναν σὺν
Ἀρέθᾳ μαχόμενοι. ὑπέλαβον δέ τινες ὅτι κατὰ προδοσίαν τῶν
φυλάρχων αὐτῶν δέδωκαν νῶτα φανεροὶ τῶν Σαρακηνῶν. Ἴσαυροι δὲ πλησίον αὐτῶν ἑστῶτες καὶ εἰδότες τοὺς Σαρακηνοὺς φεύγοντας, ἔρριψαν ἑαυτοὺς ἐν τῷ Εὐφράτῃ, νομίζοντες περᾶν.
Βελισάριος δὲ ἑωρακὼς τὸ γενόμενον, λαβὼν μεθ' ἑαυτοῦ τὸ ἴδιον
βάνδον ἀνῆλθεν ἐν πλοίῳ· καὶ περάσας τὸν Εὐφράτην ἦλθεν εἰς
Καλλίνικον. συνηκολούθησε δὲ αὐτῷ καὶ ὁ στρατὸς αὐτοῦ· καὶ
οἱ μὲν εἰς πλοῖα ἐμβάντες, οἱ δὲ μετὰ τῶν ἵππων ἐκκολυμβῆσαι
βουλόμενοι, ἐπλήρωσαν τὸν ποταμὸν λειψάνων. Σουνίκας δὲ
καὶ Σίμμας ἐπέμειναν μετὰ Περσῶν μαχόμενοι· καὶ οἱ δύο ἔξαρχοι ἐπιμείναντες μετὰ τοῦ περιλειφθέντος στρατοῦ ἀποβάντες τῶν
ἵππων πεζικὴν μάχην ἐμάχοντο γενναίως, καὶ τακτικῶς χρησάμενοι πολλοὺς ἀπώλεσαν ἐκ τῶν Περσῶν. οὐ συνεχώρησαν δὲ
αὐτοῖς καταδιῶξαι τοὺς φεύγοντας, ἀλλὰ καὶ μεσολαβήσαντες
τρεῖς ἐκ τῶν ἐξάρχων αὐτῶν δύο μὲν ἐφόνευσαν, ἕνα δὲ ζῶντα
συνέλαβον τῷ ὀνόματι Ἀμερδάχ, ἄνδρα πολεμικόν, τῆς δεξιᾶς αὐτοῦ ἀπὸ τοῦ ἀγκῶνος τμηθείσης ὑπὸ Σουνίκα. καὶ ἐπέμειναν
μαχόμενοι μετὰ τοῦ ἰδίου στρατοῦ· καὶ ἐπιλαβομένης ἑσπέρας,
τῶν Περσῶν διωχθέντων ἐπὶ μίλια δύο, οἱ ἔξαρχοι Ῥωμαίων σὺν
τῷ στρατῷ εἰσῆλθον εἰς Καλλίνικον πόλιν. καὶ τῇ ἑξῆς ἡμέρᾳ
ἡλίου ἀνατείλαντος ἐξῆλθον ἀπὸ Καλλινίκου πόλεως, περάσαντες τὸν Εὐφράτην μετὰ τοῦ ἰδίου στρατοῦ καὶ τῶν πολιτῶν·
καὶ ἐσκύλευσαν τὰ λείψανα τῶν Περσῶν. καὶ μαθὼν πάντα τὰ
γενόμενα ἐν τῷ πολέμῳ ὁ μάγιστρος, ἐδήλωσε τῷ βασιλεῖ Ῥωμαίων. καὶ ἐντυχὼν τοῖς γράμμασιν ὁ βασιλεὺς Ἰουστινιανός,
κελεύσας διὰ γραμμάτων Τζίττᾳ τῷ στρατηλάτῃ πραισέντου,
ἐν Ἀρμενίᾳ διάγοντι, καταλαβεῖν τὴν ἀνατολὴν πρὸς συμμαχίαν·
ὅστις Τζίττας καὶ Περσικὰς χώρας παρέλαβε. παρελθὼν δὲ διὰ
τῶν Ἀρμενίων ὀρέων εἰσῆλθεν εἰς Σαμόσατα· ἐκελεύσθη δὲ καὶ
Κωνσταντίολος καταλαβεῖν τὴν ἀνατολήν, γνῶναι τὴν ἀλήθειαν
τοῦ πολέμου. καὶ καταλαβόντος αὐτοῦ Ἀντιόχειαν, ἐξώρμησε
πρὸς τοὺς ἐξάρχους Ῥωμαίων, ὀφείλων τὴν πᾶσαν ἀλήθειαν
μαθεῖν.

drazes und Naaman, ein Sohn des Alamundaros. Abros, der Dux der römischen Sarazenen, geriet in Gefangenschaft, und Staphanikios wurde tödlich verwundet. Während so das Kampfgetümmel hin- und herwogte, stürmte Apskal mitten unter die Perser hinein und bezahlte, da das Pferd über eine Leiche stürzte, seine Kühnheit, von Feinden umringt, mit dem Leben. Sobald die Phrygier ihren Exarchen gefallen und sein Feldzeichen in den Händen der Perser sahen, wandten sie sich zur Flucht und mit ihnen zusammen auch die römischen Sarazenen. Andere setzten mit Arethas den Kampf fort. Wie man von gewisser Seite vermutete, war der Verrat der sarazenischen Phylarchen offensichtlich an der allgemeinen Flucht schuld. Als die Isaurer, die dicht neben den Sarazenen standen, deren Flucht bemerkten, stürzten sie sich in der Hoffnung, hinüberschwimmen zu können, in den Euphrat. Angesichts der allgemeinen Auflösung nahm Belisar sein Feldzeichen mit sich, bestieg ein Schiff und erreichte nach Überquerung des Euphrats Kallinikos. Ihm folgten auch seine Truppen. Ein Teil davon benützte Fahrzeuge, die anderen versuchten zusammen mit ihren Pferden hinüberzuschwimmen, wobei es viele Tote gab, die dann den Strom hinabtrieben. Sunikas aber und Simmas kämpften weiterhin mit den Persern und hielten mit dem Rest des Heeres stand, ja die beiden Exarchen stiegen sogar von den Pferden und fochten tapfer zu Fuß, wobei es ihrem taktischen Geschick gelang, zahlreiche Perser zu töten. Und sie hinderten diese nicht nur an der Verfolgung der Flüchtlinge, sondern faßten auch drei persische Exarchen, von denen sie zwei töteten, den dritten namens Amerdach, einen tapferen Mann, zum Gefangenen machten; diesem hatte Sunikas den rechten Arm vom Ellenbogen an abgehauen. So standen die römischen Exarchen denn mit ihren Leuten den Kampf durch; nicht genug damit, verfolgten sie die Perser auch noch zwei Meilen weit und zogen schließlich bei Einbruch der Dunkelheit samt ihrem Heer in der Stadt Kallinikos ein. Anderntags nach Sonnenaufgang verließen sie Kallinikos, überquerten mit ihren Truppen und den Bürgern den Euphrat und plünderten die Leichen der Perser. Als der Magister Militum sich von den sämtlichen Kriegsereignissen unterrichtet hatte, berichtete er an den römischen Kaiser. Dieser erteilte nach Eingang der Meldung dem magister militum praesentalis Tzittas in Armenien schriftlichen Befehl, sich in den Osten zu begeben

Ἐγνώσθη δὲ Ῥωμαίοις ὅτι ἔξαρχοι Περσῶν μετὰ Περσικῆς βοηθείας καὶ Σαρακηνῶν ἦλθαν ἐπὶ τὴν Ὀσδροηνήν, φοσσεύσαντες τὸ κάστρον τὸ λεγόμενον Ἀβγερσᾶτον, τὸ κτισθὲν ὑπὸ Ἀβγάρου, τοπάρχου τῆς Ὀσδροηνῶν πόλεως· εἶχε δὲ παλαιὸν τεῖχος πλίνθινον. οἱ δὲ ἔνδοθεν φύλακες βέλεσι κατατοξεύσαντες ἐθανάτωσαν ἐκ τῶν Περσῶν ἄνδρας χιλίους· καὶ ἀπορήσαντες βελῶν, σφενδόναις χρησάμενοι πολλοὺς ἐξ αὐτῶν ἐθανάτωσαν. ὅθεν οἱ Πέρσαι στενούμενοι καὶ διαφόροις χρησάμενοι μηχαναῖς, ὀρύξαντες τὸ πλίνθινον τεῖχος τοῦ κάστρου ὑπεισήρχοντο. γνόντες δὲ οἱ ἐκ τοῦ τείχους τὴν γενομένην ὑπὸ βαρβάρων διορυγήν, κατελθόντες ἐκ τοῦ τείχους τοὺς ὑπεισερχομένους Πέρσας ξίφεσι κατανήλισκον. καὶ γνόντες οἱ Πέρσαι, ἐν τῷ ἀσχολεῖσθαι τοὺς στρατιώτας Ῥωμαίων εἰς τὴν διορυγὴν λαβόντες σκάλας προσήγγισαν τῷ τείχει νυκτός· καὶ εἰσελθόντες παρέλαβον τὸ κάστρον καὶ πάντας ἀνεῖλον· τινὲς δὲ ἐκφυγεῖν δυνηθέντες ἀπήγγειλαν τὰ γενόμενα· κἀκεῖθεν οἱ Πέρσαι ἐξορμήσαντες ἀνεχώρησαν εἰς τὰ Περσικά.

Καὶ μαθὼν Κωνσταντίολος τὰ συμβάντα παρὰ τοῦ μαγίστρου καὶ τῶν λοιπῶν ἐξάρχων, ἐξώρμησεν ἐν Βυζαντίῳ, καὶ ἀνήγαγε τὰ συμβάντα τῷ βασιλεῖ. ἀκηκοὼς δὲ παρὰ Κωνσταντιόλου τὰ περὶ τῆς συμβολῆς τοῦ πολέμου, διεδέξατο μὲν Βελισάριον τῆς στρατηλασίας, προαγαγὼν δὲ Μοῦνδον ἐποίησεν αὐτὸν στρατηλάτην ἀνατολῆς. τῷ δὲ ἰουνίῳ μηνὶ τῶν στρατηλατῶν Ῥωμαίων κατὰ Περσῶν εὐτρεπιζομένων, Ἀλαμούνδαρος ὁ τῶν Σαρακηνῶν βασιλίσκος γράψας Ῥωμαίοις διὰ Σεργιόν τινα διάκονον ὥστε πεμφθῆναι αὐτὸν πρὸς αὐτόν, ἵνα δι᾿ αὐτοῦ μηνύσῃ τῷ βασιλεῖ Ῥωμαίων πάκτα εἰρήνης. καὶ Σεργίου καταπεμφθέντος πρὸς τὸν βασιλέα Ῥωμαίων μετὰ καὶ τῶν γραμμά-

und an den Kampfhandlungen teilzunehmen; und dieser besetzte auch persische Gebiete. Nach einem Marsch durch die armenischen Berge gelangte er nach Samosata. Auch Konstantiolos bekam die Weisung, in den Osten zu kommen und sich ein wahrheitsgetreues Bild von der Kriegslage zu verschaffen. Sobald er in Antiocheia war, reiste er denn auch zu den römischen Exarchen und bemühte sich, die volle Wahrheit zu erfahren...

Die Römer aber erhielten Kunde, daß die persischen Exarchen mit persischer und sarazenischer Streitmacht in Osdroene eingefallen seien und das dortige Kastell Abgersaton, das einst Abgaros, der Toparch der Stadt der Osdroener, angelegt hatte, mit einem Graben eingeschlossen hätten; der Ort hatte nur eine alte Ziegelmauer. Indessen schoß die Besatzung des Kastells mit Pfeilen herab und tötete so tausend Perser. Als ihnen die Pfeile ausgingen, benützten sie Schleudern, die ebenfalls vielen Gegnern den Tod brachten. In ihrer Bedrängnis setzten die Perser verschiedene Belagerungsmaschinen ein, untergruben so die Ziegelmauer des Kastells und drangen ins Innere. Sobald die Leute auf der Mauer aber bemerkten, daß die Barbaren durchgebrochen seien, stiegen sie herab und machten die von unten herankommenden Gegner mit den Schwertern nieder. Die Perser, welche dies sahen, nahmen die Gelegenheit wahr, da die römischen Soldaten ganz mit der Abriegelung und der Einbruchsstelle beschäftigt waren, und brachten nächtlicherweile Leitern an die Mauern heran. Auf diese Weise drangen sie in das Kastell, eroberten es und töteten die gesamte Besatzung. Nur einige wenige konnten entkommen, die dann das Ereignis meldeten. Die Perser aber machten sich davon und kehrten in ihr Land zurück.

Sobald Konstantiolos durch den Magister Militum und die übrigen Exarchen eingehende Nachricht über die Ereignisse eingezogen hatte, kehrte er nach Byzanz zurück und erstattete dem Kaiser Meldung. Dieser vernahm aus Konstantiolos' Munde, was sich in der Schlacht zugetragen hatte; er setzte daraufhin Belisar als Befehlshaber ab und beförderte an seiner Stelle den Mundos zum magister militum per orientem. Als sich im Monat Juni die römischen Feldherrn gegen die Perser rüsteten, schickte der sarazenische Kleinkönig Alamundaros ein Schreiben an die Römer, daß ein gewisser Diakon Sergios zu ihm entsandt werden möge; er

των τῶν ὑπὸ Ἀλαμουνδάρου πεμφθέντων, καὶ ἐντυχὼν τοῖς γράμμασιν ὁ αὐτὸς βασιλεύς, οὐκ ἐπαύσατο ἐπιστρατεύειν κατὰ Περσῶν. καὶ πέμψας Ῥουφῖνον ἐν Περσίδι πρεσβευτήν, γράψας αὐτῷ τοῦ ἀγαπῆσαι φιλίαν· τιμὴ γάρ ἐστι καὶ δόξα ποιῆσαι τὰς δύο πολιτείας ἐν εἰρήνῃ διάγειν· εἰ δὲ μὴ τοῦτο ποιήσει, τὴν Περσικὴν γῆν δι ἐμαυτοῦ καταλήψομαι.

Ἐν ταὐτῷ δὲ κατεπέμφθη καὶ Σέργιος διάκονος πρὸς Ἀλαμούνδαρον βασιλέα μετὰ δώρων βασιλικῶν. ἐν αὐτῷ δὲ τῷ χρόνω κατεπέμφθησαν δῶρα παρὰ τοῦ βασιλέως Ῥωμαίων τῷ βασιλεῖ Περσῶν· ὁμοίως δὲ καὶ ἡ Αὔγουστα κατέπεμψε τῇ βασιλίσσῃ Περσῶν, τῇ οὔσῃ αὐτοῦ ἀδελφῇ. καὶ καταλαβόντες Ῥουφῖνος καὶ Στρατήγιος τὴν Ἐδεσηνῶν πόλιν ἐμήνυσαν Κωάδῃ, βασιλεῖ Περσῶν. καὶ ἀνεβάλετο τοῦ δέξασθαι αὐτούς, ὅτι ἦν πέμψας κατὰ Ῥωμαίων λαθραίως.

Ἐν αὐτῷ δὲ τῷ χρόνῳ κατεπέμφθη εἰς τὰ ἀνατολικὰ Δημοσθένης, ἐπιφερόμενος καὶ χρήματα οὐκ ὀλίγα εἰς τὸ εὐτρεπίσαι κατὰ πόλιν ἀπόθετα σίτου ἕνεκεν τῆς μετὰ Περσῶν συμβολῆς· καὶ καταλαβόντος αὐτοῦ Ἀντιόχειαν ἐξῆλθεν ἐπὶ τὴν Ὀσδροηνήν.

Ἐν αὐτῷ δὲ τῷ χρόνῳ καὶ μήνυσις κατεπέμφθη παρὰ Ἑρμογένους ἕνεκεν τῆς συμβολῆς τοῦ πολέμου Ῥωμαίων τε καὶ Περσῶν. στρατηγοὶ γὰρ Περσῶν καταδραμόντες μετὰ βοηθείας χιλιάδων ἕξ, ὡς ὀφείλοντες παραλαβεῖν Μαρτυρόπολιν· ἦσαν γὰρ σκηνώσαντες εἰς τὰ μέρη Ἀμίδης παρὰ τῷ λεγομένῳ Νυμφίῳ ποταμῷ. ἀντικαταστάντες δὲ Ῥωμαῖοι Πέρσαις οὐκ ἐδυνήθησαν τρέψαι αὐτούς. καὶ δευτέραν σύγκρουσιν συμβαλόντες, καὶ τρακτάτῳ φυγῆς χρησάμενοι Ῥωμαῖοι, ἐδόκουν φεύγειν. οἱ δὲ Πέρσαι καταδραμόντες, νομίσαντες αὐτοὺς διώκεσθαι, ἔλυσαν τὰ ἑαυτῶν τάγματα· στραφέντες δὲ Ῥωμαῖοι ἔκοψαν ἐκ τῶν Περσῶν χιλιάδας δύο, χειρὶ λαβόντες καί τινας ἐξάρχους αὐτῶν αἰχμαλώτους, ἀφειλάμενοι ἐξ αὐτῶν καὶ βάνδα. τῶν δὲ λοιπῶν ἐκφευγόντων ἐκπερᾶν τὸν Νυμφίον ποταμὸν ἐν τοῖς ῥεύμασι τοῦ ποταμοῦ ἀπώλοντο διωκόμενοι· Ῥωμαῖοι δὲ ὑπέστρεψαν εἰς Μαρτυρόπολιν. ὁ δὲ δοὺξ Ῥωμαίων σὺν τοῖς κτήτορσιν ἐξελθὼν ἐσκύλευσε τὰ λείψανα τῶν Περσῶν, τοὺς ἐξάρχους αὐτῶν ἐν φρουρᾷ ἀποθέμενοι.

wolle durch dessen Vermittlung dem römischen Kaiser
Friedensangebote machen. Und Sergios begab sich mit
Alamundaros' Schreiben zum römischen Kaiser. Justinian
las es, setzte aber den Krieg gegen die Perser unvermindert
fort. Er schickte freilich auch Rufinos als Gesandten nach
Persien und gab ihm die schriftliche Weisung, er solle sich
um Freundschaft bemühen. Es sei nämlich ehrenvoll und
rühmlich, wenn er es dahin bringen könne, daß die beiden
Staaten in Frieden lebten. Sei aber der Feind dem abgeneigt,
so wolle er selbst Persien angreifen.

Indessen schickte der Kaiser auch den Diakon Sergios mit
fürstlichen Geschenken an König Alamundaros. Gleichzeitig
wurden dem Perserkönig Geschenke vom römischen Kaiser
überbracht. Desgleichen tat auch die Kaiserin gegenüber der
persischen Königin, ihrer „Schwester". Als nun Rufinos und
Strategios in der Stadt Edessa eingetroffen waren, meldeten
sie sich bei Koadas, dem Perserkönig, an, doch dieser schob
die Audienz hinaus, da er heimlich ein Heer gegen die Römer
ins Feld geschickt hatte. . . .

Zur nämlichen Zeit ging Demosthenes mit beträchtlichen
Geldmitteln in den Osten, um in den einzelnen Städten Getreidespeicher für den Perserkrieg anzulegen. Er kam dabei
auch nach Antiocheia und begab sich dann nach Osdroene
weiter.

17. (p. 468,10–470,18) Zur gleichen Zeit lief von Hermo-
genes ein weiterer Bericht über eine Schlacht zwischen
Römern und Persern in Konstantinopel ein. Persische
Feldherrn hatten mit 6000 Mann angegriffen und drohten
Martyropolis einzunehmen; sie hatten nämlich im Gebiet von
Amida beim Flusse Nymphios Lager bezogen. Die Römer
waren ihnen wohl entgegengetreten, hatten sie aber nicht besiegen können. Beim zweiten Zusammenstoß nun verstellten
sich die Römer und taten so, als ob sie fliehen wollten. Die
Perser, in der Meinung, ihre Gegner machten sich tatsächlich
davon, griffen daraufhin an und lösten ihre festen Verbände
auf. Plötzlich vollführten jedoch die Fliehenden eine Kehrtwendung und streckten 2000 Perser nieder, wobei sie auch
einige ihrer Exarchen gefangen nahmen und verschiedene
Feldzeichen erbeuteten. Der Rest floh und fand, während die
Römer nachsetzten, beim Versuch, den Fluß Nymphios zu
überschreiten, in den Fluten den Tod. Darauf kehrten die

Ἐν αὐτῷ δὲ τῷ χρόνῳ καὶ Δωρόθεος ὁ τῆς Ἀρμενίας στρατηλάτης ἔχων Ῥωμαϊκὴν χεῖρα πολεμικὴν ὥρμησε κατὰ Περσῶν·
καὶ περιγενόμενος ἀπώλεσε Περσαρμενίους καὶ Πέρσας, πικρῶς
αὐτοῖς χρησάμενος· παρέλαβε δὲ καὶ πολλὰ καστέλλια Περσι-
κά· ἐν οἷς παρέλαβε καστέλλιον ὀχυρὸν κείμενον ἐπάνω ὄρους,
μίαν ὁδὸν ἔχον μονοπατίου, ὅθεν κατιόντες οἱ ἐκεῖσε ὑδρεύοντο
ἐκ τοῦ παραρρέοντος ποταμοῦ. οἱ δὲ πραγματευταὶ τῶν Περσῶν πάντα ὅσα ἐπεφέροντο ἐν τῇ πραγματείᾳ ἐκεῖσε ἀπετίθουν,
ὡς ἀσφαλοῦς τοῦ τόπου ὄντος. καὶ μηνυθὲν τῷ αὐτῷ Δωροθέῳ, παρεφόσευσε τῷ κάστρῳ φυλάττων τὴν ἄνοδον αὐτοῦ· καὶ
λιμώξαντες οἱ ἔνδοθεν Πέρσαι, ὅρκοις πεισθέντες προέδωκαν. καὶ
καταπεμφθείσης μηνύσεως ὑπὸ Δωροθέου τῷ βασιλεῖ Ἰουστινιανῷ περὶ τῶν εὑρεθέντων ἐν τῷ καστελλίῳ, ἐξέπεμψε Νάρ-
σην κουβικουλάριον ἐπὶ τῷ παραλαβεῖν τὰ ἀποκείμενα ἐν τῷ καστελλίῳ. καὶ κατελθόντος Νάρσου παρέδωκαν πάντα.

Οἱ δὲ ἔξαρχοι Περσῶν ἀνήγαγον τὰ γενόμενα τῷ αὐτῶν βασι-
λεῖ· καὶ ἐκπεμφθέντος πλήθους στρατοῦ Περσικοῦ, ἦλθον πλησίον Μαρτυρουπόλεως· ἣν γὰρ λαβόντες ἀπόκρισιν ὑπὸ τοῦ αὐτῶν βασιλέως μὴ ὑποστρέψαι ἐν Περσίδι, ἕως οὗ τὸ αὐτὸ καστέλλιον ἀντιπαραλάβωσι. καὶ ἐπιστάντες τῷ τόπῳ, παρεκάθι-
σαν πολεμοῦντες καὶ κατορύσσοντες κλίμακάς τε ποιοῦντες καὶ
τῷ τείχει ἐπανορθοῦντες. ὕστερον δὲ πύργον ὑψηλὸν διὰ ξύλων
μηχανησάμενοι οὐδὲν ἠδυνήθησαν ὠφελῆσαι· ἣν γὰρ ἐκεῖσε
φοσσευθεὶς ἀνὴρ σοφός, ὅστις ἀντιμηχανησάμενος ταῖς τῶν
Περσῶν ἐπιβουλαῖς, ποιήσας ἔσωθεν ὑψηλότερον πύργον, καὶ τῶν
Περσῶν ἐκ τοῦ πύργου ἔξωθεν μαχομένων, τῶν δὲ Ῥωμαίων
ἔσωθεν ἐκ τοῦ πύργου ἀντιμαχομένων, κίων ἀπελύθη ὑπὸ μηχανή-
ματος καὶ πάντα κατέστρεψεν ἕως ἐδάφους, καὶ Πέρσας δὲ πολλοὺς συναπώλεσεν. ὡς οὖν εἶδον τὸ γεγονὸς οἱ λοιποὶ Πέρσαι,
φθειρόμενοι καὶ ἀκηκοότες ὡς Ζίττα στρατηλάτου Ῥωμαίων κατ-
ερχομένου πρὸς βοήθειαν τῶν ὄντων ἐν τῷ καστελλίῳ, ἀνεχώρησαν οἱ αὐτοὶ Πέρσαι, φοβούμενοι μήπως καὶ κυκλευθῶσιν.
ἀκούσας δὲ ταῦτα ὁ βασιλεὺς Ἰουστινιανὸς διεκώλυσε τοὺς ἑαυτοῦ πρεσβευτὰς τοῦ εἰσελθεῖν ἐν Περσίδι ἄχρι δευτέρας αὐτοῦ
μηνύσεως, ἀλλ᾽ ἔμειναν εἰς τὰ Ῥωμαϊκὰ σὺν τοῖς δώροις.

Sieger nach Martyropolis zurück. Der römische Dux aber
verließ mit den vornehmen Bürgern die Stadt und plünderten die Leichen der Perser; ihre Exarchen nahm man in
Haft.

Zur nämlichen Zeit zog auch Dorotheos, der Befehlshaber
von Armenien, mit einer römischen Streitmacht gegen die
Perser, errang einen Sieg und spielte den Persarmeniern und
Persern übel mit. Er eroberte dazu viele persische Festungen, darunter ein starkes Kastell. Dieses lag auf einem Berg
und hatte nur einen für einen einzelnen Mann begehbaren
Zugang, den die Besatzung benützte, um aus dem vorüber-
strömenden Flusse Wasser zu schöpfen. Die persischen Kaufleute aber hatten ihren ganzen Gewinn dort als an einem
sicheren Platze niedergelegt. Davon hatte Dorotheos erfahren, weshalb er das Kastell belagern und den Zugang bewachen ließ. Die persische Besatzung litt denn auch bald
Hunger und kapitulierte, nachdem man ihr die persönliche
Sicherheit eidlich zugesagt hatte. Über die in der Festung
vorgefundenen Schätze berichtete Dorotheos an Kaiser
Justinian, und der entsandte zu ihrer Übernahme den Kam-
merherrn Narses, dem man nach seinem Eintreffen alles
aushändigte.

Die persischen Exarchen erstatteten ebenfalls ihrem
König Bericht, worauf dieser ein starkes Heer ins Feld schickte, mit dem sie vor Martyropolis zogen. Sie hatten nämlich
von ihrem Herrscher den Befehl erhalten, nicht eher nach
Persien zurückzukehren, als bis sie die Festung eingenommen hätten. Daher näherten sie sich dem Platz und belagerten ihn mit Waffengewalt: Sie gruben zunächst Stollen und
fertigten Leitern, um diese gegen die Mauer zu verwenden,
späterhin errichteten sie auch noch einen hohen hölzernen
Turm, doch blieb ihnen jeder Erfolg versagt; denn es befand
sich in der Stadt ein erfahrener Ingenieur, der den persischen
Anschlägen zu begegnen wußte und innerhalb des Mauerrings einen alles überragenden Turm erbauen ließ. Während
nun die Perser vor, die Römer hinter der Mauer sich von ihren
Türmen aus bekämpften, wurde ein Säulenstück von einer
Maschine abgeschossen und schmetterte alles zu Boden, wobei
auch viele Perser den Tod fanden. Sowie die restlichen Perser
dieses Unglück sahen, war ihre Kraft gebrochen, und da sie
auch gehört hatten, der römische Magister Militum Zittas
komme der Besatzung zu Hilfe, fürchteten sie, umzingelt zu

Τῇ δὲ ὀγδόῃ τοῦ σεπτεμβρίου μηνὸς ὁ βασιλεὺς Περσῶν 18
Κωάδης, ἀκηκοὼς τὰ συμβάντα Πέρσαις κακὰ ὑπὸ Ῥωμαίων,
καὶ αἰφνίδιον παρεθεὶς τὰ δεξιὰ μέρη, καὶ ἀγαγὼν τὸν δεύτερον
αὐτοῦ υἱὸν Χοσδρόην, ἀνηγόρευσε βασιλέα, ἐπιθεὶς αὐτῷ στέφα-
νον τῇ κορυφῇ· καὶ ἀρρωστήσας ἡμέρας πέντε ὁ τῶν Περσῶν
βασιλεὺς Κωάδης τελευτᾷ, ὢν ἐνιαυτῶν πβ´ καὶ μηνῶν τριῶν·
ἐβασίλευσε δὲ ἔτη μγ´ καὶ μῆνας δύο.

Ὅτε δὲ ἀνηγορεύθη βασιλεὺς Περσῶν Χοσδρόης, ἐδήλωσε
τοῖς πρεσβευταῖς Ῥωμαίων διὰ Περσοῦ Μαγιστριανοῦ εἰσελθεῖν
ἐν τοῖς Περσικοῖς καὶ ποιῆσαι εἰρήνης πάκτα μεταξὺ Ῥωμαίων
τε καὶ Περσῶν· τῶν δὲ πρεσβευτῶν Ῥωμαίων μὴ ἀνασχεθέντων
εἰσελθεῖν εἰς τὰ Περσικὰ δίχα κελεύσεως βασιλικῆς, ἀπολογούμενοι, Οὐ τολμῶμεν τὰ πρὸς ὑμᾶς καταφθάσαι, καὶ γνοὺς
ταῦτα ὁ Περσῶν βασιλεύς, γράψας ἐπιστολὴν ἔπεμψε πρὸς τὸν
βασιλέα Ἰουστινιανόν, αἰτῶν ἐπιτραπῆναι τοὺς πρεσβευτὰς Ῥωμαίων εἰσελθεῖν ἐν Περσίδι καὶ πάκτα ποιῆσαι. καὶ γράψας
φιλικὴν ἐπιστολὴν ὁ βασιλεὺς Περσῶν, ἀπέστειλε διὰ Ἑρμογένους
μαγίστρου· ἥντινα μήνυσιν δεξάμενος ὁ βασιλεὺς Ῥωμαίων
ἀντέγραψεν, Ἡμεῖς οὐκ ἐπιτρέπομεν τοῖς ἡμετέροις πρεσβευταῖς πρὸς ὑμᾶς καταλαβεῖν· οὔτε γὰρ ἐπιστάμεθά σε βασιλεα
Περσῶν.

Καὶ αὐτῷ τῷ χρόνῳ ὁ βασιλεὺς Περσῶν τοὺς ὄντας ὑπὸ τὴν
αὐτοῦ πολιτείαν Μανιχαίους ἐκέλευσε θρησκεύειν ὡς βούλονται.
οἱ δὲ μάγοι Περσῶν, λυπηθέντες ἐπὶ τῷ συμβάντι, βουλευσάμενοι
μετὰ τῶν συγκλητικῶν ἠβουλήθησαν ἐκβαλεῖν αὐτὸν τῆς βασιλείας καὶ ποιῆσαι ἀντ᾽ αὐτοῦ τὸν ἀδλεφὸν αὐτοῦ. καὶ γνοὺς ταῦτα ὁ βασιλεὺς Περσῶν, τὸν μὲν ἀδελφὸν αὐτοῦ ἀπεκεφάλισε, συγκλητικοὺς δὲ καὶ μάγους φονεύσας γράφει τῷ βασιλεῖ Ῥωμαίων
ἐπιστολὴν περιέχουσαν τριῶν μηνῶν ἔνδοσιν πολέμου. καὶ ἀντέγραψεν ὁ Ῥωμαίων βασιλεὺς τῷ μαγίστρῳ τοῦ δέξασθαι τὴν
τῶν τριῶν μηνῶν ἔνδοσιν καὶ δοῦναι ὁμήρους καὶ λαβεῖν ἀπὸ
Περσῶν, κελεύσας Στρατηγίῳ καὶ Ῥουφίνῳ τοῖς πρεσβευταῖς
ἀνελθεῖν ἐν Βυζαντίῳ.

werden, und traten den Rückzug an. Auf die Nachricht davon gab der Kaiser seinen Gesandten Befehl, mit der Reise nach Persien auf neue Weisung zu warten, und so blieben sie mit ihren Geschenken auf römischem Boden.

18. (p. 471,11–473,4) Am 8. September erlitt der Perserkönig Koadas auf die Nachricht von der schweren persischen Niederlage durch die Römer plötzlich eine rechtsseitige Lähmung. Er ließ daher seinen zweiten Sohn Chosdroes rufen, setzte ihm die Krone aufs Haupt und bestellte ihn zum König. Nach fünftägiger Krankheit starb dann der König Koades im Alter von 82 Jahren und drei Monaten und nach einer Regierung von 43 Jahren und 2 Monaten.

Als nun Chosdroes zum Perserkönig bestellt war, ließ er die römischen Gesandten durch den Perser Magistrianos wissen, sie sollten doch nach Persien kommen, um einen Friedensvertrag zwischen Römern und Persern abzuschließen. Die römischen Gesandten aber wollten nicht ohne kaiserliche Genehmigung die Reise antreten und entschuldigten sich damit: Wir fühlen uns nicht befugt, in Eurer Sache eigenmächtig zu handeln. Daraufhin schickte der Perserkönig einen Brief an Kaiser Justinian und ersuchte ihn, die Reise der römischen Gesandten nach Persien zwecks Abschlusses eines Friedensvertrages zu genehmigen. Die Übermittlung des in freundlichem Tone gehaltenen Schreibens übernahm der Magister Militum Hermogenes. Nach seinem Empfang erteilte der römische Kaiser folgende Antwort: „Wir lassen unsere Gesandten nicht zu dir kommen, da wir dich als Perserkönig nicht anerkennen."

Zur gleichen Zeit gestattete der Perserkönig den in seinem Reiche lebenden Manichäern freie Religionsübung. Die persischen Magier aber nahmen daran Anstoß, verabredeten sich mit den Großen des Reiches und wollten Chosdroes vom Throne stürzen und dafür seinen Bruder zum König machen. Sobald der Perserkönig davon erfuhr, ließ er seinen Bruder enthaupten und ebenso die schuldigen Großen samt Magiern hinrichten. Dann schrieb er an den römischen Kaiser einen Brief, darin er einen dreimonatigen Waffenstillstand anbot. Der römische Kaiser aber wies den Magister Militum an, den dreimonatigen Waffenstillstand anzunehmen und mit den Persern Geiseln auszutauschen; die Gesandten Strategios und Rufinos aber wurden nach Byzanz zurückberufen.

Καὶ αὐτῷ τῷ χρόνῳ Οὖννοι Σάβηρες περάσαντες διὰ τῶν Κασπίων πυλῶν ἀνεφάνησαν ἐν τοῖς Ῥωμαϊκοῖς μέρεσι, πραιδεύοντες ἐπὶ τὴν Ἀρμενίων χώραν· καὶ ἁπλώσαντες ἑαυτοὺς κατέσχον ἕως τῆς Εὐφρατησίας καὶ τῆς δευτέρας Κιλικίας καὶ τῶν Κυρηστικῶν. καὶ γνοὺς τοῦτο ὁ βασιλεὺς Ῥωμαίων, μεταστειλάμενος τὸν πατρίκιον Ῥουφῖνον ἐκέλευσεν αὐτῷ ἐξελθεῖν ἐπὶ τὰ ἀνατολικὰ μέρη καὶ μαθεῖν εἰ ἀπὸ τοῦ βασιλέως Περσῶν ἦλθον κατὰ Ῥωμαίων. καὶ ἐξελθὼν Ῥουφῖνος καὶ μηνύσας τῷ βασιλεῖ Περσῶν, εὖρεν ὅτι οὐ κατὰ γνώμην τοῦ βασιλέως Περσῶν οἱ αὐτοὶ Οὖννοι παρῆλθον· καὶ γράψας Δωροθέῳ τῷ στρατηλάτῃ Ἀρμενίας ὁπλίσασθαι κατὰ τῶν αὐτῶν Οὖννων, καὶ ἀκούσαντες οἱ Οὖννοι, λαβόντες τὴν πραῖδαν πᾶσαν ὑπέστρεψαν δι' ὧν ἐπανῆλθον τόπων. καὶ καταδιώξας αὐτοὺς ὁ στρατηλάτης Δωρόθεος ἀφείλατο παρ' αὐτῶν οὐκ ὀλίγην πραῖδαν.

Ἐν αὐτῷ δὲ τῷ χρόνῳ τῆς δεκάτης ἰνδικτιῶνος συνέβη ὑπό 19 τινων ἀλαστόρων δαιμόνων πρόφασιν γενέσθαι ταραχῆς ἐν Βυζαντίῳ Εὐδαίμονος, ἐπάρχου πόλεως ὄντος καὶ ἔχοντος ἀτάκτους ἐν φρουρᾷ ἐξ ἀμφοτέρων τῶν μερῶν, καὶ ἐξετάσαντος διάφορα πρόσωπα εὖρεν ἐξ αὐτῶν ὀνόματα ἑπτὰ αἰτίους φόνων· καὶ ψηφισάμενος τῶν μὲν τεσσάρων καρατόμησιν, τῶν δὲ τριῶν ἀνασκολοπισμόν. καὶ περιβωμισθέντων αὐτῶν ἀνὰ πᾶσαν τὴν πόλιν καὶ περασάντων αὐτῶν, καὶ τῶν μὲν κρεμασθέντων, ἐξέπεσαν δύο τῶν ξύλων ῥαγέντων, ἑνὸς μὲν Βενέτου, καὶ ἑτέρου Πρασίνου. καὶ ἑωρακὼς ὁ περιεστὼς λαὸς τὸ συμβὰν εὐφήμησαν τὸν βασιλέα. ἀκηκοότες δὲ οἱ πλησίον τοῦ ἁγίου Κόνωνος μοναχοὶ καὶ ἐξελθόντες, εὖρον ἐκ τῶν κρεμασθέντων δύο ζῶντας κειμένους εἰς τὸ ἔδαφος. καὶ καταγαγόντες αὐτοὺς πλησίον θαλάσσης, καὶ ἐμβαλόντες ἐν πλοίῳ, ἔπεμψαν αὐτοὺς ἐν τῷ ἁγίῳ Λαυρεντίῳ ἐν ἀσύλοις τόποις. καὶ γνοὺς ταῦτα ὁ τῆς πόλεως ἔπαρχος, πέμψας στρατιωτικὴν βοήθειαν ἐφύλαττεν αὐτοὺς ἐκεῖσε ὄντας. καὶ μετὰ τρεῖς ἡμέρας ἤχθη τὸ ἱπποδρόμιον τὸ ὀνομαζόμενον τῶν εἰδῶν· εἰδοὶ δὲ ὀνομάζονται, διότι πάντας τοὺς προκόπτοντας ἐν ταῖς στρατείαις ὁ βασιλεὺς Ῥωμαίων ἐν ἀριστοδείπνοις τρέφει ἐν τῷ αὐτοῦ παλατίῳ, χαριζόμενος ἑκάστῳ τὰ τοῦ πριμικηράτου. τοῦ δὲ ἱπποδρομίου ἀγομένου τῇ τρεισκαιδεκάτῃ τοῦ Ἰανουαρίου μηνός, τὰ ἀμφότερα μέρη παρεκάλουν

Zur nämlichen Zeit drangen die Sabirischen Hunnen durch die Kaspischen Tore und erschienen, bis nach Armenien hin plündernd, auf römischem Gebiet. Sie überschwemmten bei ihren Zügen das Land bis an die Grenzen von Euphratesia, Kilikia II und Kyrestika. Der römische Kaiser, dem dies gemeldet wurde, ließ sogleich den Patrikier Rufinos kommen und befahl ihm, in den Osten zu reisen und Kunde einzuziehen, ob die Hunnen auf Veranlassung des Perserkönigs die Römer angegriffen hätten. So machte sich Rufinos auf den Weg und erfuhr auf seine Anfrage beim Perserkönig, daß die genannten Hunnen ohne dessen Willen eingebrochen seien. Justinian gab daraufhin Dorotheos, dem Magister Militum in Armenien, den Befehl, sich gegen jene Hunnen zu rüsten; diese aber kehrten, sowie sie davon hörten, mit der gesamten Beute auf den gleichen Wegen, auf denen sie gekommen waren, nach Hause zurück.

Der Nikaaufstand 532

19. (p. 473,5–477,3) Zur gleichen Zeit, in der 10. Indiktion, geschah es, daß auf Veranlassung irgendwelcher böser Geister in Byzanz eine Empörung ausbrach. Das war unter dem Stadtpräfekten Eudaimon. Dieser hatte von beiden Parteien Unruhestifter gefangen gesetzt und bei den Untersuchungen gegen verschiedene Personen festgestellt, daß sieben der Verhafteten an Morden beteiligt gewesen waren. Vier von ihnen sollten daher enthauptet, drei aufgepfählt werden. Als man nun die Verbrecher durch die ganze Stadt geführt und schließlich auf das jenseitige Ufer gebracht hatte, brachen bei zweien, die zur Aufpfählung verurteilt waren, die Marterhölzer, und sie stürzten zu Boden, der eine Mitglied der Blauen, der andere der Grünen. Das Volk im Umkreis, das den Vorfall sah, brach daraufhin in Segensrufen für den Kaiser aus. Die Mönche beim hl. Konon aber, die dies erfuhren, machten sich auf den Weg und fanden von den Aufgepfählten noch zwei lebend am Boden liegen. Diese schafften sie ans Meeresufer, legten sie in ein Schiff und brachten sie schließlich in das Asyl beim hl. Laurentios. Auf die Nachricht davon schickte der Stadtpräfekt ein Kommando dorthin und ließ die Verbrecher bewachen. Drei Tage später fanden die Pferderennen, Idus genannt, im Zirkus

τὸν βασιλέα φιλανθρωπευθῆναι. ἐπέμενον δὲ κράζοντες ἕως τοῦ
εἰκοστοῦ δευτέρου βαΐου, καὶ ἀποκρίσεως οὐκ ἠξιώθησαν. τοῦ
δὲ διαβόλου ἐμβαλόντος αὐτοῖς λογισμὸν πονηρόν, ἔκραζον πρὸς
ἀλλήλους, Φιλανθρώπων Πρασίνων καὶ Βενέτων πολλὰ τὰ ἔτη.
καὶ τοῦ ἱππικοῦ ἀπολύσαντες κατῆλθον τὰ πλήθη φιλιάσαντα,
δεδωκότες ἑαυτοῖς μαδᾶτα ἐκ τοῦ λέγειν Νίκα, διὰ τὸ μὴ ἀνα-
μιγῆναι αὐτοῖς στρατιώτας ἢ ἐξκουβίτορας· καὶ οὕτως εἰσήλαυ-
νον. βραδείας δὲ γενομένης ὥρας ἦλθον ἐν τῷ πραιτωρίῳ τοῦ
ἐπάρχου τῆς πόλεως, αἰτοῦντες ἀπόκρισιν περὶ τῶν προφύγων
τῶν ὄντων ἐν τῷ ἁγίῳ Λαυρεντίῳ. καὶ μὴ τυχόντες ἀποκρίσεως
ὑφῆψαν πῦρ ἐν τῷ αὐτῷ πραιτωρίῳ· ἐκαύθη δὲ τὸ πραιτώριον
καὶ ἡ χαλκῆ τοῦ παλατίου ἕως τῶν σχολῶν καὶ ἡ μεγάλη ἐκκλησία καὶ ὁ δημόσιος ἔμβολος· καὶ ἐπέμεινεν ὁ δῆμος εἰσελαύ-
νων ἀτάκτως. καὶ πρωίας γενομένης, τοῦ βασιλέως κελεύσαν-
τος ἀχθῆναι ἱπποδρόμιον, καὶ κρεμασθέντος τοῦ ἐξ ἔθους βήλου,
ὑφῆψαν πάλιν οἱ αὐτοὶ δημόται ἐν τῇ ἀναβάθρᾳ τοῦ ἱππικοῦ·
καὶ ἐκαύθη μέρος καὶ τοῦ δημοσίου ἐμβόλου ἕως τοῦ Ζευξίπ-
που. καὶ ἐξελθόντες οἱ περὶ Μοῦνδον καὶ Κωνσταντίολον καὶ
Βασιλίδην μετὰ βοηθείας κατὰ κέλευσιν τοῦ βασιλέως, βουλόμενοι κατασιγῆσαι τὰ στασιάζοντα πλήθη· κατέκραζε γὰρ τὸ πλῆθος Ἰωάννου τοῦ ἐπίκλην Καππάδοκος καὶ Τριβουνιανοῦ τοῦ
Κοιαίστωρος καὶ τοῦ ἐπάρχου τῆς πόλεως Εὐδαίμονος· καὶ ταῦτα παρ' αὐτῶν ἀκηκοότες οἱ ἐκπεμφθέντες συγκλητικοὶ ἀνήγαγον
τῷ βασιλεῖ· καὶ εὐθέως διεδέχθησαν τῆς ἀρχῆς ὅ τε Ἰωάννης
καὶ Τριβουνιανὸς καὶ Εὐδαίμων. καὶ ἐξελθόντος Βελισαρίου
μετὰ πλήθους Γοτθικοῦ, καὶ συμβολῆς γενομένης, πολλοὶ ἐκ τῶν
δημοτῶν κατεσφάγησαν. θυμωθὲν δὲ τὸ πλῆθος καὶ ἐν ἄλλοις
τόποις ἔβαλον πῦρ καί τινας ἀτάκτως ἐφόνευον. τῇ δὲ ὀκτωκαι-
δεκάτῃ τοῦ αὐτοῦ μηνὸς ἀνῆλθεν ὁ βασιλεὺς ἐν τῷ Ἱππικῷ βαστάζων τὸν ἅγιον μεγαλεῖον· καὶ μαθόντες οἱ ὄχλοι ἀνῆλθον, καὶ
προσεφώνησεν αὐτοῖς μεθ' ὅρκων μανδᾶτα· καὶ πολλοὶ μὲν τοῦ
δήμου ἔκραζον αὐτὸν βασιλέα, ἕτεροι δὲ ἐστασίαζον, κράζοντες
Ὑπάτιον. καὶ λαβόντες οἱ δῆμοι τὸν αὐτὸν Ὑπάτιον ἀπήγαγον αὐτὸν ἐν τῷ λεγομένῳ φόρῳ Κωνσταντίνου· καὶ στήσαντες
αὐτὸν ἐν ὕψει εἰς τοὺς βαθμοὺς καὶ ἀφειλάμενοι ἐκ τοῦ παλατίου
σίγνα καὶ μανιάκιον χρυσοῦν, περιέθηκαν αὐτῷ ἐν τῇ κεφαλῇ.
καὶ λαβόντες αὐτὸν ἀπήγαγον ἐν τῷ Ἱππικῷ, βουλόμενοι ἀναγά-
γαι αὐτὸν ἐν τῷ βασιλικῷ καθίσματι. ἔσπευδε γὰρ τὸ πλῆθος
φορεσίαν βασιλικὴν ἐκβάλαι αὐτῷ ἐκ τοῦ παλατίου· ἦν γὰρ μαθὼν ὁ Ὑπάτιος ὅτι ὁ βασιλεὺς ἀνεχώρησε· καὶ καθεσθεὶς ἐν
τῷ καθίσματι μετὰ θράσους ἐτυράννει.

Ἀνελθόντων δὲ διὰ τοῦ καθίσματος ὄπισθεν Μούνδου καὶ

statt. Idus (Eidoi) aber heißen sie, weil der römische Kaiser alle militärischen Spitzen in seinem Palast bewirten läßt und dabei den einzelnen die Würde eines Primicerius verleiht. Während nun am 13. Januar die Zirkusspiele abgehalten wurden, baten beide Parteien den Kaiser, Gnade walten zu lassen. Doch obschon sie bis zum 22. Wettkampf weiterlärmten, erhielten sie keine Antwort. Da gab ihnen der Teufel einen bösen Gedanken ein, und sie riefen sich gegenseitig zu: „Den menschenfreundlichen Grünen und Blauen viele Jahre!" Nachdem die Zirkusspiele zu Ende waren, verbrüderten sich die Massen und verließen den Platz. Sie hatten, damit nicht etwa Soldaten oder Exkubitoren sich unter sie mischten, das Losungswort „Nika" vereinbart, und so drangen sie in die Stadt ein. Es war schon spät am Tage, als sie vor das Gebäude des Stadtpräfekten zogen und wegen der Leute, die sich unter den Schutz des hl. Laurentios geflüchtet hatten, Antwort verlangten. Diese wurde ihnen verweigert. Daraufhin legten sie Feuer an die Präfektur, und nicht nur sie, auch die Chalke des Kaiserpalastes bis hin zur Kaserne der Scholen wurden ein Raub der Flammen. Ferner sanken die Große Kirche und die öffentliche Säulenhalle in Asche, während das Volk seine Gewaltakte fortsetzte. Am Morgen darauf ließ der Kaiser Zirkusspiele halten und wie gewöhnlich das Zeltdach aufspannen, die Empörer aber legten Feuer an der Treppe zum Hippodrom, wodurch auch ein Teil der öffentlichen Säulenhalle bis zum Zeuxippos zerstört wurde. Jetzt rückten auf kaiserlichen Befehl Mundos, Konstantiolos und Basilides mit Heeresmacht aus, um die aufrührerischen Massen zum Schweigen zu bringen; diese tobten nämlich gegen Johannes mit dem Beinamen „Kappadoker", dann gegen den Quästor Tribunianos und den Stadtpräfekten Eudaimon. Als die ausgesandten Senatoren dies hörten, erstatteten sie dem Kaiser Bericht, der sogleich Johannes, Tribunianos und Eudaimon ihrer Ämter enthob. Nun rückte Belisar mit einer Abteilung Goten aus. Es kam zu einem Kampf und da viele Demenmitglieder fielen, geriet die Masse in Wut, legte auch noch an anderen Stellen Feuer und ließ es sogar zu wilden Mordtaten kommen. Am 18. Tage des gleichen Monats erschien der Kaiser im Hippodrom, das Hl. Evangelium in Händen, und richtete an das Volk, das sich auf die Nachricht hievon dort versammelt hatte, unter eidlichen Zusicherungen beruhigende Worte. Ein Großteil

Κωνσταντιόλου καὶ Βελισαρίου καὶ ἄλλων συγκλητικῶν καὶ βοηθείας ἐνόπλου, λαθραίως ἐξελθὼν Ναρσῆς κουβικουλάριος καὶ σπαθάριος ὑπέκλεψέ τινας τοὺς τοῦ Βενέτου μέρους, ῥογεύσας αὐτοῖς χρήματα. καὶ στασιάσαντές τινες ἐκ τοῦ πλήθους ἔκραζον Ἰουστινιανὸν βασιλέα τῇ πόλει· διχονοῆσαν δὲ τὸ πλῆθος ὥρμησαν κατ' ἀλλήλων. τῶν δὲ στρατηλατῶν εἰσελθόντων μετὰ βοηθείας ἐν τῷ ἱπποδρομίῳ, ἐξ ἀμφοτέρων τῶν εἰσόδων ἤρξαντο κόπτειν τὰ πλήθη· καὶ ἄλλοι μὲν ἐτόξευον, ἕτεροι δὲ κατέσφαζον. κρυφῇ δὲ ἐξελθὼν Βελισάριος τὸν μὲν Ὑπάτιον καὶ Πομπήιον χειρὶ συνελάβετο, καὶ εἰσήγαγεν αὐτοὺς τῷ βασιλεῖ Ἰουστινιανῷ. καὶ προσέπεσαν ὑπὸ τοὺς πόδας τοῦ αὐτοῦ βασιλέως ἀπολογούμενοι καὶ λέγοντες, Δέσποτα, πολὺς ἡμῖν κόπος ἐγένετο ὥστε συναγάγαι τοὺς ἐχθροὺς τοῦ κράτους ὑμῶν ἐν τῷ Ἱπποδρομίῳ. καὶ ἀποκριθεὶς πρὸς αὐτοὺς ὁ βασιλεὺς εἶπε, Καλῶς μὲν πεποιήκατε· εἰ δὲ ἐπείθοντο ὑμῖν προστατοῦσι, διὰ τί μὴ τοῦτο ἐποιήσατε πρὸ τοῦ καυθῆναι πᾶσαν τὴν πόλιν; καὶ ἐπιτραπέντες οἱ σπαθάριοι ὑπὸ τοῦ βασιλέως παρέλαβον καὶ ἀπέκλεισαν Ὑπάτιον καὶ Πομπήιον. οἱ δὲ ἐν τῷ ἱπποδρομίῳ σφαγέντες ἦσαν χιλιάδες τριάκοντα πέντε μικρῷ πλέον ἢ ἔλασσον. καὶ τῇ ἐπαύριον ἐσφάγησαν Ὑπάτιος καὶ Πομπήιος, καὶ ἐρρίφησαν τὰ λείψανα αὐτῶν ἐν θαλάσσῃ. ὁ δὲ αὐτὸς βασιλεὺς ἐσήμανε τὴν ἑαυτοῦ νίκην ἐν πάσαις ταῖς πόλεσι καὶ τὴν ἀναίρεσιν τῶν τυράννων, ἐπιβαλλόμενος κτίζειν τοὺς καυθέντας τόπους. ἔκτισε δὲ πλησίον τοῦ παλατίου καὶ ὡρεῖον καὶ κιστέρνας ὑδάτων διὰ τὸ ἐν περιστάσεσιν ἔχειν ἀπόθετα.

des Volkes begrüßte ihn als Kaiser, die übrigen aber randalierten und riefen nach Hypatios. Und schon hatten sich die Demen dessen Person bemächtigt und führten ihn zum sog. Konstantinsforum. Hier stellten sie Hypatios hoch oben auf die Stufen, holten aus dem Palaste kaiserliche Abzeichen sowie eine goldene Kette herbei und legten ihm diese aufs Haupt. Nachdem die Masse auch noch einen Kaiserornat aus dem Palaste eilends beigeschafft hatte, geleitete man ihn in den Hippodrom, um ihn zur Kaiserloge zu bringen. Hypatios aber, in der Meinung, der Kaiser habe sich zurückgezogen, ließ sich in der Loge nieder und begann frech seine angemaßte Herrschaft. Inzwischen waren von rückwärts her durch die kaiserliche Loge Mundos, Konstantiolos, Belisar und andere Vornehme mit einer Streitmacht emporgestiegen, während der Kammerherr und Spatharios Narses heimlich den Palast verließ und durch Geldspenden einige Angehörige der Blauen Partei für sich gewann. Einzelne Aufrührer aus der Masse verlangten daraufhin mit lauter Stimme, daß Justinian der Stadt als Kaiser wiedergegeben werden müsse, worauf sich die Menge entzweite und die Menschen übereinander herfielen. Jetzt drangen die Feldherrn mit ihren Truppen in den Hippodrom ein und ließen von den beiden Eingängen her auf die dichtgedrängten Haufen einhauen, dabei schossen die einen mit Pfeilen, während die anderen ihre Schwerter verwendeten. Belisar aber stieg heimlich zur Kaiserloge empor und nahm eigenhändig Hypatios und Pompeios fest und schleppte sie vor Kaiser Justinian. Dort warfen sich beide dem Herrscher zu Füßen und verteidigten sich mit den Worten: „Herr, es kostete uns harte Mühe, die Feinde Eurer Herrschaft hier im Hippodrom zusammenzuholen." Darauf entgegnete ihnen der Kaiser: „Trefflich gehandelt! Wenn sie aber euren befehlen gehorchten, warum habt ihr dies nicht schon getan, bevor die ganze Stadt in Flammen aufging?" Dann führten die Spathare auf kaiserlichen Befehl Hypatios und Pompeios ins Gefängnis ab. Die Zahl derer aber, die im Hippodrom ums Leben gekommen waren, belief sich auf etwas mehr oder weniger als dreißigtausend. Tags darauf brachte man den Hypatios und Pompeios um und warf ihre Leichen ins Meer. Und der Kaiser machte seinen Sieg und den Sturz der Empörer in allen Städten bekannt, mit dem Zusatz, daß er die verbrannten Gebäude wieder herstellen wolle. In der Nähe seines Palastes

Ἐν αὐτῷ δὲ τῷ χρόνῳ ἐξῆλθε Ῥουφῖνος ἐν τοῖς Περσικοῖς 20
μέρεσι μετὰ θείων ὑπομνηστικῶν τοῦ ποιῆσαι μετὰ Περσῶν πάκτα εἰρήνης.

Ἐν αὐτῷ δὲ τῷ χρόνῳ ὑπέστρεψαν ἐκ τῶν Περσικῶν Ἑρμογένης καὶ Ῥουφῖνος, ἐπιφερόμενοι μεθ' ἑαυτῶν καὶ πάκτα εἰρήνης τῶν δύο πολιτειῶν Ῥωμαίων τε καὶ Περσῶν τῶν δύο πολιτειῶν ἄχρι τῆς τῶν ἀμφοτέρων ζωῆς, ἀναδοθέντων μὲν Πέρσαις
τὸ μέρος τῶν Φαραγγίων μετὰ πάντων τῶν αἰχμαλώτων, Ῥωμαίοις δὲ τὰ κάστρα τὰ περιληφθέντα ὑπὸ Περσῶν σὺν τοῖς πα-
ραληφθεῖσι, συνθεμένων τῶν δύο βασιλέων καὶ ὀνομασάντων
ἐν τοῖς πάκτοις ἑαυτοὺς ἀδελφοὺς εἶναι κατὰ τὸ ἀρχαῖον ἔθος,
καὶ ἵνα εἴ τις δεηθῇ ἑαυτῶν ἢ χρημάτων ἢ σωμάτων εἰς συμμαχίαν, ἀφιλονείκως παράσχωσι. καὶ τούτων προβάντων, ἀνεχώρησαν τὰ ἀμφότερα ἐξπέδιτα, Ῥωμαίων τε καὶ Περσῶν, τοῦ
πολέμου κατασχόντος λ' καὶ ἕνα ἐνιαυτὸν ἀφ' οὗ ἦν ἀνελθὼν ἐν τοῖς
Ῥωμαϊκοῖς Κωάδης ὁ Περσῶν βασιλεὺς πολεμῶν, ὡς προγέγραπται ἐπὶ τῆς βασιλείας Ἀναστασίου, καὶ τὴν παράληψιν Ἀμίδης, ὡς προγέγραπται, καὶ τὴν πρὸς Ῥωμαίους ἀποκατάστασιν
τῆς αὐτῆς πόλεως Ἀμίδης καὶ τοὺς μερικοὺς πολέμους τῶν Σαρακηνῶν ἐπιδρομῶν.

Μηνὶ ἰουνίῳ ἰνδικτιῶνος γ' παρελήφθη Ἀντιόχεια ἡ μεγά- 21
λη ὑπὸ Χοσρόου, βασιλέως Περσῶν. καὶ ἐπέμφθη εἰς τὸ πολεμῆσαι Γερμανὸς ζωσθεὶς στρατηλάτης μετὰ καὶ τοῦ ἰδίου αὐτοῦ υἱοῦ Ἰουστίνου. καὶ μηδὲν ὠφελήσας ἐκάθητο ἐν Ἀντιοχείᾳ,
ἀγοράζων τὸν ἄργυρον νομισμάτων β' ἢ τριῶν τὴν λίτραν ἐκ τῶν
αὐτῶν Ἀντιοχέων.

Ὁ δὲ βασιλεὺς Περσῶν εἰσῆλθε καὶ ἐν Ἀπαμείᾳ καὶ ἐν ἑτέραις πόλεσι τῆς ἀνατολῆς.

Μηνὶ αὐγούστῳ ἀπεζώσθη Ἰωάννης ὁ ἐπίκλην Καππά- 22
δοξ, δὶς διανύσας τὴν τῶν ἐπάρχων ἀρχήν. καὶ δημευθεὶς
ἐπέμφθη ἐν Κυζίκῳ, κληρωθεὶς διάκονος ἐν Ἀρτάκῃ· κἀκεῖσε
φρατριάσας μετά τινων κτητόρων ἀνεῖλον Εὐσέβιον τὸν ἐπίσκοπον τῆς αὐτῆς Κυζικηνῶν πόλεως. μαθὼν δὲ ὁ βασιλεὺς καὶ

ließ er auch einen Getreidespeicher und Wasserzisternen anlegen, um im Bedarfsfall Reserven zu haben.

20. (p. 477,4–6; 477,12–478,7) Zur nämlichen Zeit begab sich Rufinos mit kaiserlichen Aufträgen nach Persien, um mit den Persern einen Friedensvertrag abzuschließen. ... Zur gleichen Zeit kamen Hermogenes und Rufinos aus Persien zurück, und sie brachten einen Friedensvertrag mit, der zwischen dem römischen und persischen Reich für die Lebensdauer beider Herrscher gelten sollte. Danach sollten die Perser das Gebiet von Pharangion nebst allen Gefangenen zurückerhalten, die Römer aber die von den Persern eroberten Festungen und ihre Besatzungen. So verglichen sich beide Herrscher und bezeichneten sich im Vertrag nach altem Herkommen als Brüder, und wenn einer von ihnen Geld oder Hilfstruppen brauche, so sollten sie sich gegenseitig damit freundschaftlich aushelfen. Nach diesen Abmachungen marschierten beide Heere, das römische wie das persische, nach Hause. Der Krieg aber hatte im ganzen 31 Jahre gedauert, angefangen von dem Zeitpunkt, da unter der Regierung des Kaisers Anastasios – wie dort schon erwähnt – der Perserkönig Koades das Römerreich angegriffen hatte. Inzwischen war von den Persern die Stadt Amida erobert worden und wieder an die Römer zurückgekommen, und die Sarazenen hatten wiederholt da und dort ihre Überfälle ausgeführt.

21. (p. 479,23–480,7) Im Monat Juni der 3. Indiktion eroberte der Perserkönig Kosdroes die Großstadt Antiocheia. Ihn zu bekämpfen, wurde Germanos zum Magister Militum ernannt und zusammen mit seinem Sohn Iustinos dorthin entsandt. Er vermochte jedoch nichts auszurichten und nahm Aufenthalt in Antiocheia, wo er den Einwohnern das Pfund Silber für zwei oder drei Goldstücke abkaufte.

Der Perserkönig aber nahm auch Apameia und andere Städte des Ostens in Besitz.

22. (p. 480,16–481,2) Im Monat August wurde Johannes mit dem Beinamen Kappadoker, der zweimal die Präfektur verwaltet hatte, seines Amtes entkleidet. Sein Vermögen wurde eingezogen, er selbst nach Kyzikos verbannt und in Artake zum Diakon geweiht. Darauf zettelte er mit einigen

ἀγανακτήσας κατὰ τοῦ αὐτοῦ Ἰωάννου, πέμψας ἐξήτασεν αὐτὸν ἐκεῖ διὰ τὸν γενόμενον φόνον. καὶ κατὰ κέλευσιν τοῦ αὐτοῦ βασιλέως ἐκεῖθεν ἐξωρίσθη ἐν Ἀντίνῳ. καὶ μετὰ χρόνον ἀνακληθεὶς τελευτᾷ ἐν Βυζαντίῳ.

Ἰδὼν δὲ κύριος ὁ θεὸς ὅτι ἐπληθύνθησαν αἱ ἀνομίαι τῶν ἀν- 23 θρώπων, ἐπήγαγε πτῶσιν ἀνθρώπων ἐπὶ τῆς γῆς εἰς ἐξάλειψιν ἐν πάσαις ταῖς πόλεσι καὶ ἐν ταῖς χώραις. ἐπεκράτησε γὰρ ἡ θνῆσις ἐπὶ χρόνον, ὥστε μὴ αὐταρκεῖν τοὺς θάπτοντας. τινὲς γὰρ καὶ ἐκ τῶν ἰδίων οἴκων ἐν ξυλίνοις κραβάτοις ἐξέφερον, καὶ οὐδὲ οὕτως ἐξήρχουν. ἔμενον γὰρ καί τινα τῶν σκηνωμάτων ἐπὶ ἡμέρας ἄταφα· τινὲς γὰρ καὶ τῶν ἰδίων προσγενῶν τὴν ταφὴν οὐκ ἔβλεπον. ἐπεκράτησε δὲ ἡ εὐσπλαγχνία τοῦ θεοῦ ἐν Βυζαντίῳ ἐπὶ μῆνας δύο.

Besitzenden eine Verschwörung an und beseitigte Eusebios, den Bischof eben dieser Stadt Kyzikos. Die Nachricht davon erzürnte den Kaiser, so daß er eine Kommission absandte, um Johannes wegen der Mordtat zu verhören. Und auf kaiserlichen Befehl verbannte man ihn von Kyzikos nach Antinoupolis, doch wurde er später nach Byzanz zurückgerufen, wo er starb.

23. (p. 482,4–11) Da der Herrgott sehen mußte, daß sich die Verbrechen der Menschheit vervielfacht hatten, schickte er eine Pest über die Erde, welche die Einwohner in sämtlichen Städten und Ländern austilgen sollte. Das Sterben war so schlimm, daß die Totengräber nicht mehr ausreichten. Es genügte auch nicht, daß einige ihre Toten aus den Häusern auf hölzernen Pritschen zur Beisetzung hinaustrugen; denn selbst Särge blieben tagelang stehen. Einige sahen nicht einmal die Beerdigung ihrer eigenen Angehörigen. So suchte der Zorn Gottes zwei Monate lang die Stadt heim.

Anmerkungen
zu den Auszügen aus der Chronik des
MALALAS

1. Schon lange vor seiner Erhebung zum Kaiser (518) hatte der damalige Führer der kaiserlichen Leibgarde, der aus dem lateinischen Sprachgebiet, der heutigen Stadt Üsküb (vgl. an. 6/2), stammende einfache, aber durchaus begabte Bauernsohn Justinus seinen Schwestersohn Flavius Petrus Sabbatius Iustinianus nach Konstantinopel kommen und ihn in richtiger Erkenntnis seiner ungewöhnlichen Fähigkeiten in der höheren Bildung seiner Zeit unterweisen lassen. Justinian war um 482 als Sohn eines offenbar schlichten Mannes Sabbatius zu Tauresium bei Bederiana (aed. IV 1/17; 28) – nahe Üsküb – geboren und stieg als präsumptiver Regierungsnachfolger nach 518 rasch zur Würde eines magister equitum et peditum praesentalis mit dem Titel eines Patricius auf. 521 wurde er Konsul und nahm in der Folgezeit als Berater wesentlichen Anteil an der Regierung seines Onkels, so daß Prokop mehrfach dessen Regierungszeit der des Justinian zurechnet. Zunehmende Kränklichkeit veranlaßte den alten Kaiser, seinen Neffen am 1. April 527 zum Nobilissimus zu erheben und am 4. April 527 (nebst seiner Gemahlin Theodora) zum Mitregenten zu krönen. Bereits am 1. August 527 starb Justinus.

Die Verwendung der antiochensischen Ära hängt mit den engen Verbindungen des Verfassers zu der genannten Stadt zusammen. Vielleicht schöpfte er aus einer dortigen Chronik.

Das Bild, das Malalas vom Äußeren des Kaisers zeichnet, stimmt mit den entsprechenden Andeutungen Prokops und den uns erhaltenen (natürlich höfisch-konventionellen) Darstellungen Justinians auf Münzen und Mosaiken ziemlich genau überein. Besonders charakteristisch für ihn sind das große, blitzende Auge, die gedrungene, volle Gesichtsform und die Stirn, die Kraft und Entschiedenheit ausstrahlen. Von mittlerer Größe, war er athletisch gebaut und verriet

durch helle, leicht rötliche Hautfarbe sowie gelocktes Haar westliche Herkunft, in manchem gewiß Belisar ähnlich, der ebenfalls dem thrakisch-illyrischen Raume (Geburtsort Germania unweit Philoppopel) entstammte.

2. In der langen, fast ungestörten Friedenszeit des 5. Jahrhunderts waren die römischen Grenzbefestigungen gegen Persien nicht entsprechend unterhalten worden; erst die bösen Erfahrungen des Perserkrieges 502–506 veranlaßten das Reich zu größeren Anstrengungen, die in der Anlage der starken Grenzfestung Dara (gegenüber Nisibis) gipfelten. Unter Justinus und Justinian wurde, wie uns zahlreiche Hinweise aus der zeitgenössischen Literatur, namentlich den „Bauten" Prokops, sowie heute noch vorhandene, ausgedehnte Ruinen beweisen, der Schutz der Grenzen im Osten (wie auch an der Donau, in Ägypten, Afrika und Italien) planmäßig verstärkt. Zu diesem Zwecke wurde teils die vorhandenen Städte neu ummauert und mit Einrichtungen wie Wasser- und Getreidespeichern versehen, teils limites mit einzelnen Kastellen angelegt. Die einzelnen Abschnitte der Verteidigungslinien unterstanden duces, die zugleich auch die Zivilgewalt ausübten und mit Markgrafen des Mittelalters verglichen werden können. Besondere Bedeutung kam der Oasenstadt Palmyra zu, die ungefähr auf halbem Wege zwischen Emesa und der Euphratgrenze gelegen, Sarazenenvorstöße aus dem arabischen Raum gegen Antiocheia oder Jerusalem abwehren sollte. Ihre Befestigung unter Justinian wird von Prokop (aed. II 11/10ff.) ausführlich berichtet.

3. Der seit dem Regierungsende des Justinus zwischen Römern und Persern spielende Krieg nahm seinen Ausgang von Versuchen beider Parteien, sich der östlich des Schwarzen Meeres gelegenen Gebiete von Lazien und Iberien zu bemächtigen und so von der Nordflanke aus den Gegner zu überflügeln; christliche Mission leistete wesentliche Vorarbeit für Byzanz. Die Römer, welche ihre iberischen Verbündeten vor dem persischen Zugriff nicht zu schützen vermochten, sandten wenigstens den Lazen Hilfe und zwar nach Prokops Angabe (I 12/14) den Eirenaios, der aber mit seinem Heer die Aufgabe nur vorübergehend zu lösen vermochte (I 12/19). Prokop läßt diese Hilfeleistung noch vor dem Regierungswechsel Justinus-Justinian spielen und noch früher (I 12/9) den Petrus, einen Schützling des Justinus und tüchtigen, von Prokop freilich wegen seines Verhältnisses zu Belisar (an.

4/4) wenig geschätzten Soldaten, in die lazisch-iberischen Kämpfe eingreifen. Die Chronologie scheint demnach nicht ganz gesichert.

Die wichtige Stadt Martyropolis (heute Farqin), unweit des Grenzflusses Nymphios (heute Batman-su, linker Nebenfluß des oberen Tigris) in der Landschaft Sophanene gelegen, war nach Prokops Bericht (aed. III 2/4ff.) ohne wirkungsvolle Verteidigungseinrichtungen gewesen und daher von Kabades auf seinem Feldzug gegen Amida (am Oberlauf des Tigris) 502 ohne Mühe eingenommen worden. Infolgedessen verstärkte Justinian sehr erheblich die Befestigung von Martyropolis (aed. III 2/11) und verlieh der Stadt als ihr 2. Gründer seinen Namen.

4. Schon in seinen ersten Regierungsjahren (528) bildete Justinian aus Armenia I und II sowie Armenia interior einen geschlossenen Kommandobereich (Cod. Iust. I 29/5), dem auch der Pontus Polemoniacus und gewisse Grenzgebiete wie Sophanene angehörten, und bestellte zum ersten magister militum per Armeniam et Pontum Polemoniacum et gentes den sehr tüchtigen Militär Sittas (I 15/3; 21/3), dessen Ruhm zeitweise den des Belisar überstrahlte. Die bisherigen Ämter der duces und comites wurden dadurch aber nicht, wie Malalas will, überflüssig. Gleichzeitig wurde die Zivilverwaltung der neugeschaffenen Militärprovinz vorbereitet und mit Novelle 31 vom 18. 3. 536 in Geltung gesetzt. Ausführlich hat Prokop die militärische Befestigung Armeniens im 3. Buch der „Bauten" geschildert. Damit wurde in den Jahren 528–540 ein starkes Bollwerk gegen Persien für den wohl als unausweichlich erkannten Krieg geschaffen.

5. Bei den Auseinandersetzungen zwischen Homeriten (Himyariten) in Südostarabien und dem äthiopischen Königreich von Aksum – Malalas spricht allgemein von Indern – geht es vor allem um die Beherrschung der Handels-(Seiden-)Straßen nach Indien. Um 520 erlangte der jüdische König Yusuf großen Einfluß in Südostarabien und verfolgte im Zuge der Begründung eines großjüdischen Reiches die Christen aufs härteste, worauf der Äthiopenkönig Ela Asbeha (bei Prokop Ἑλλησθαῖος, vgl. I20/1) nach einem ersten vergeblichen Versuche im Jahre 525 mit überlegener Truppenmacht Yusuf schlug (und tötete), sein Land in Besitz nahm und einen Herrscher seiner Wahl einsetzte (bei

Prokop 'Εσιμιφχῖος, vgl. I 20/1). Byzanz wirkte dabei im Hintergrunde durch diplomatische Maßnahmen und gewisse Hilfeleistungen mit und bediente sich auch der Unterstützung kirchlicher Kreise.

Die Äthiopier waren schon seit etwa 335, also längst vor Justinian, Christen, was aber nicht verhinderte, daß sie sich weitere geistliche Unterstützung und zwar von Alexandreia erbaten, dessen monophysitisch eingestellter Glaubensrichtung sie sich besonders eng verbunden fühlten.

6. Die Ursachen für den Streit zwischen Diomedes und dem Führer der römerfreundlichen Sarazenen Arethas lassen sich nicht genau feststellen, jedenfalls erlangte dadurch und durch den nahenden Thronwechsel in Persien Alamundaros (Mundhir) wieder freiere Hand zu einem Überfall auf Reichsgebiet (528). Dem Gegenstoß der vereinigten römischen Befehlshaber entzog sich Alamundaros durch Flucht in die Wüste, wobei er seine Hauptstadt Hira den Feinden zur Plünderung überlassen mußte. Schon 529 konnte er einen neuen Einbruch in syrisches Gebiet wagen.

7. Die genannte Schlacht fand bald nach Justinians Regierungsantritt statt und entbrannte um die Festung Thannuris, etwa 60 km südlich von Dara, deren Ausbau zwecks Stärkung der Südflanke von Justinian seinem neuernannten Befehlshaber von Dara, Belisar, anbefohlen worden war, durch den persischen Sieg aber verhindert werden konnte. Prokop kennt die Festung wohl (aed. II 6/14), erwähnt aber die für Belisar wenig rühmliche und von Justinian übel aufgenommene Affäre mit keinem Worte, sondern vermengt sie mit einer ähnlichen Unternehmung der Perser gegen Minduos, eine römische Grenzfestung nördlich von Nisibis (I 13/2ff.), deren Verstärkung durch die Perser ebenfalls durch Waffengewalt unterbunden wurde. Prokop läßt bei dieser Gelegenheit Kutzes in persische Gefangenschaft geraten und gibt ihm stillschweigend die Schuld am römischen Mißerfolg, während Belisars Rolle im Dunkeln bleibt.

8. Die von Kabades 503 eroberte, im Friedensschluß von 506 den Römern zurückgegebene Stadt Amida am Oberlauf des Tigris erhielt durch Justinian (aed. II 3/27) eine stärkere Ummauerung und wurde in einen bis Dara reichenden Befestigungsgürtel einbezogen (aed. II 4/14).

Ebenso wurde das wiederholt umkämpfte Edessa verstärkt (aed. II 7/11) und den für die Sicherheit der Stadt

gefährlichen Überschwemmungen des Flusses Skirtos durch
Anlage eines neuen Bettes begegnet (aed. II 7/9).

Die syrische Stadt Beroia konnte sich trotz harter Bedrängnis durch König Chosroes in der Folgezeit vor Eroberung bewahren (II 7/34).

Die Grenzstadt Sura am mittleren Euphrat wurde nach
Einnahme und Zerstörung durch Chosroes von Justinian
wieder aufgebaut (aed. II 9/1 ff.)

Konstantine, etwa in der Mitte der von Edessa nach Dara
laufenden wichtigen Heerstraße, gewann durch die Rück-
verlegung des römischen Oberkommandos Ost von Dara dorthin (I 22/3) erheblich an Bedeutung (seit 532). Offenbar wegen starker Befestigung der Stadt mußte Chosroes auf einen
ernsten Angriff verzichten (II 13/8ff.).

Antiocheia erlebte wiederholt, namentlich in den Jahren
347, 457, 526 und 528 schwere Brände und Erdbeben; dadurch nahm die Zahl seiner Einwohner (unter Justinian wohl
kaum mehr 200000) beträchtlich ab, und die überlangen
Stadtmauern konnten nicht mehr entsprechend gepflegt
werden. Nach der grausamen Zerstörung durch Chosroes 540
stellte Justinian die Stadt mit großem Aufwand wieder her
und gab ihr eine bessere Mauerführung (aed. II 10/2ff.). Der
neue Name Theupolis (vg. auch aed. II 10/2) dürfte vermutlich im Zusammenhang mit der Errettung Antiocheias vor
dem Überraschungsangriff des Alamundaros 531 (I 18/1ff.)
verliehen worden sein, setzte sich jedoch nicht durch.

Von den verheerenden Erdbeben im Raume Antiocheia-
Seleukeia-Laodikeia berichtet auch Prokop an. 18/41, wobei
er dem „Dämon" Justinian die Schuld zuschiebt.

9. Im März 529 stieß Alamundaros trotz der Rückschläge
des vorausgehenden Jahres (siehe Anmerkung 6!) unter Umgehung der römischen Grenzsperren von Südosten her aus
der Wüste heraus zu seinem ersten „raid" – der zweite erfolgte mit persischer Unterstützung 531 und nahm in gewissem Sinne den Feldzug 540 vorweg – gegen Syrien und Antiocheia vor, mußte sich aber vor den römischen Truppen wieder in sein Gebiet zurückziehen.

Die Lykokraniten gehören wie die Isaurier zu den von der
Reichsgewalt ziemlich unberührten „Naturvölker" Klein-
asiens, die man aber gern für Kriegsdienste heranzog.

Hypatios, der später in den Nikaaufstand verwickelte Neffe
des Kaisers Anastasios, eine achtenswerte, in diplomatischen

Aufträgen bewährte Persönlichkeit, hatte als Oberkommandierender des Ostens versagt und wurde April 529 – offenbar unter dem Eindruck des oben genannten Sarazenenüberfalls – durch den jungen Festungskommandanten von Dara, Belisar, ersetzt. Zur Unterstützung wurde diesem der erfahrene Soldat und Diplomat Hermogenes an die Seite gestellt (I 13/10).

10. Juni 529 brach wieder einmal (wie schon unter Zenon und Anastasios, vgl. aed. V 7/5 u. 10 ff.) ein großer, von Prokop an. 11/24 ff. u. 18/34 erwähnter Samariteraufstand aus, wahrscheinlich mitveranlaßt durch den kurz vorausliegenden Angriff des Alamundaros und diesmal umso gefährlicher, als Verbindungen zum persischen Landesfeind liefen. Daher auch das scharfe Vorgehen Justinians gegen den als schuldig befundenen Präfekten Bassos und die rasche und blutige Unterdrückung der Bewegung durch die Regierungstruppen. Zentrum des Aufstandes war wieder der „heilige" Berg Garizim (bei Malalas Arparizin genannt), an dessen Fuß die Stadt Neapolis liegt (aed. V 7/1;5). Der Berg Trochon entspricht dem heutigen el-Lega, einem Lavaplateau, dessen Höhlen stets als Zufluchtsorte dienten. Im weiteren Verlauf der Ereignisse traten 530 etwa 50000 Samaritaner zu den Persern über und versprachen Kabades, Palästina auszuliefern. Durch dieses Angebot trugen sie wesentlich dazu bei, daß die nach der persischen Niederlage von Dara 530 eingeleiteten Friedensverhandlungen ergebnislos blieben.

11. u. 12. Die Gesandtschaftsreise des Hermogenes fällt in die Mitte des für die Römer gefährlichen Jahres 529 und sollte unter dem Vorwand, König Kabades offiziell von Regierungsantritt Justinians zu unterrichten, vornehmlich dazu dienen, den Gegner einem gewissen Stillhalten oder gar Friedensschluß geneigter zu machen. Prokop spielt auf die damalige diplomatische Tätigkeit I 13/11 nur mit einem allgemeinen Hinweis an.

Der zweifellos guten Quellen entnommene Brief des Perserkönigs hebt deutlich den finanziellen Kernpunkt – im übrigen nur eine Prestigefrage – hervor und läßt den späteren Friedensvertrag 532 schon in seinem wesentlichen Inhalt erkennen. Damals scheint so etwas wie eine befristete Waffenruhe zustande gekommen zu sein.

13. Frühjahr 530 traf Hermogenes beim Heer in Dara ein, während der kaiserliche Gesandte Rufinos (I 13/11) in

Hierapolis am Euphrat Quartier nahm, beide offensichtlich
bereit, die Friedensgespräche des letzten Jahres sofort wieder
aufzunehmen und wenn möglich, bald zum Abschluß zu bringen. Kabades wollte indessen durch einen plötzlichen Angriff das Kriegsgglück noch einmal versuchen.

Über die Schlacht bei Dara (Juni 530) gibt Prokop als
Augenzeuge einen wesentlich genaueren Bericht (I 13/13 ff.),
rückt dabei aber Belisars Verdienste allzu sehr in den Mittel-
punkt. Dort ist auch die Heldentat des Sunikas erwähnt, der
den persischen Feldherrn Baresmanas samt seinem Bannerträger tötete (I 14/47,50).

14. Die bald nach der Schlacht von Dara an den Perserhof
abgegangene römische Gesandtschaft scheint von dem in
seinem Selbstvertrauen erschütterten König einen günstigen
Bescheid erhalten zu haben. Anläßlich seines zweiten Besu-
ches bei Kabades, den Prokop allein erwähnt (I 16/4 ff.), fand
jedoch Rufinos dessen Haltung wieder versteift, die Quer-
treibereien der Samaritaner waren nicht ohne Wirkung geblieben. Als Hauptpunkte der künftigen Friedensregelung
kristallisierten sich aber schon heraus: Zuschüsse der Römer
für die Bewachung der Kaspischen Tore, Rückgabe der
Goldgruben bei Erzerum und Schwächung der Grenzfestung
Dara.

15. Nach dem Sieg der Auxumiten über die Homeriten im
Jahre 525 (siehe Nr. 5!) suchte Byzanz die am Südausgang
des Roten Meeres gewonnene Stellung nicht nur zur Verbesserung seines Fernhandels, sondern auch zu politischen Zwek-
ken auszunützen und Auxumiten wie Homeriten zu gemein-
samem Vorgehen gegen Persien zu gewinnen. Prokop erwähnt
die Aktion Justinians I 20/1 ff. und meldet deutliche Zweifel
an ihrer Zweckmäßigkeit an, man muß ihr indessen doch gewisse Bedeutung beimessen, zumal die byzantinische Diplo-
matie auch von Norden her den Persern Feinde (Hunnen)
erweckte.

Die von Malalas gelieferte anschauliche Schilderung des
Negus, seiner Bekleidung und seines Hofstaates ist unmittelbar – einmal bricht die Erzählweise in der 1. Person durch! –
dem Bericht des Rufinus entnommen und beweist die scharfe
Beobachtungsgabe kaiserlicher Diplomaten.

16. Die von Alamundaros in Gefangenschaft gehaltenen
Römer dürften im wesentlichen von seinem Zuge 529 gegen
Syrien und Antiocheia stammen, dessen Beute er hatte un-

gestört hinwegführen können. Vielfach spielte bei der Verschleppung von Reichsuntertanen die Absicht mit, für ihre Freigabe entsprechende Lösegelder zu erzielen. Die römische Regierung schritt – aus fiskalischen Gründen – wiederholt dagegen ein, z. B. gelegentlich des Versuches der Edessener, gefangene Einwohner von Antiocheia loszukaufen (II 13/1 ff.), konnte aber damit nicht entscheidend durchdringen. Den vorliegenden Bericht verdankt Malalas seinen guten Lokalkenntnissen von Antiocheia.

Die Ereignisse auf dem persischen Kriegsschauplatz fallen in das Jahr 531: Unter maßgeblicher Mitwirkung des Alamundaros überschritt ein persisch-sarazenisches Heer bei Kirkesion den Euphrat und stieß, indem es der Route des Jahres 529 folgend, die wohlbefestigten römischen Provinzen Mesopotamien und Osrhoene südlich umging, wiederum gegen Syrien und Antiocheia vor, wurde aber durch Belisars Flankendruck (aus nördlicher Richtung) schließlich zur Umkehr genötigt. Prokops (I 18/1 ff.) und Malalas' Berichte stimmen im wesentlichen überein, wobei letzterer trotz mancher Unsicherheit wertvolle Einzelheiten zur Ergänzung beisteuert. Die anschließende Schilderung der Schlacht von Kallinikos entwirft gegenüber Prokops Darstellung ein wenig günstiges Bild von Belisars Führerrolle; er wird sogar wegen seines Mißerfolges nach einer eingehenden Untersuchung als Feldherr abgesetzt. Unter Hinweis auf seine baldige Neuverwendung im Vandalenkrieg (I 21/2) hat Prokop diesen dunklen Augenblick im Leben seines Helden geschickt übergangen.

Offenbar um die Römer zu beschäftigen und von der eigenen Schwäche abzulenken, unternahm Kabades noch im Sommer des gleichen Jahres den an sich bedeutungslosen Angriff auf Abgersaton an der Mittelfront. Vielleicht veranlaßte der persische Vorstoß die Entsendung des Demosthenes in den Mittelabschnitt der Ostfront, wo er sich um die Verbesserung der Versorgungseinrichtungen bemühte.

Justinian war nach Kallinikos sichtlich bestrebt, den Krieg zu beenden, und schickte daher nicht nur eine Gesandtschaft an Kabades, sondern verschmähte es auch nicht, das Angebot des „Kleinkönigs" Alamundaros mit Geschenken zu honorieren. Nach Prokops Bericht (I 21/1) ging lediglich Hermogenes unmittelbar nach der Schlacht an den Perser-

hof, wurde aber ungnädig und ohne Bescheid entlassen, da
der König immer noch nicht aufgeben wollte.

17. Der Angriff galt der Nymphiosfront (Sophonene-Süd-
armenien) und sollte Martyropolis in persische Hand bringen.
Während Malalas von zwei Vorstößen berichtet, erwähnt
Prokop nur den zweiten während des Mittsommers (I 21/5;14)
und führt den Abzug der Perser auf eine römische List zurück;
Malalas hingegen spricht vom drohenden Herannahen Sittas'
und der kraftvollen Verteidigung der Stadt. Wahrscheinlich
rechneten die Perser mit baldigem Thronwechsel und betrie-
ben die Belagerung von Martyropolis nicht mit allem Nachdruck.

18. Die Bestellung des zweitgeborenen – übrigens außerordentlich fähigen – Sohnes Chosroes zum König war ein
Zugeständnis an den persischen Adel. Dies bestätigt auch die
Persönlichkeit des von Prokop (I 21/7) erwähnten Testa-
mentsvollstreckers Mebodes, des Mitglieds einer der vornehmsten Adelshäuser. Der Anhänger der mazdakischen
Richtung, der ältere Prinz Kaus, wurde übergangen.

Das römische Zögern, mit dem neuen König in Verhandlungen einzutreten, hatte seinen Grund wohl in Justinians
Bemühen, eine günstigere Ausgangsstellung zu erlangen;
außerdem war Chosroes' Stellung durch die Gegnerschaft des
älteren Bruders und der hinter ihm stehenden Magier noch
durchaus nicht gefestigt.

Wie weit der Einbruch Sabirischer Hunnen durch Persien
veranlaßt war oder lediglich der Raublust der Steppenvölker
entsprang, läßt die Quellenlage nicht eindeutig feststellen.
Jedenfalls waren die ungebetenen Gäste Bedrohung für beide
Parteien (I 21/13 ff.) und mochten dazu beitragen, den Abschluß eines allgemeinen Friedens zu beschleunigen.

19. Die Schilderung des Nikeaufstandes (Januar 532) enthält gegenüber Prokops Darstellung (I 24/1 ff.) eine Fülle
neuer Einzelheiten, welche die chronologische Abfolge der
Ereignisse deutlicher herausstellen und auch Narses' be-
deutsame Rolle sichtbar werden lassen; nicht nur der Waffen-
einsatz Belisars, sondern auch die Uneinigkeit von Justinians
Gegnern und Narses' Geschicklichkeit führen die kaiserliche
Sache schließlich zum Sieg. Zweifellos gelingt es Prokop,
durch kräftige Herausstellung von Belisars Verdienst, von
Hypatios' und Pompeius' Unschuld und Theodoras impo-
nierendem Fürstenstolz sowie durch eingestreute Reflexionen

seine Darstellung zu einer großartigen künstlerischen Leistung zu erheben, ich möchte demgegenüber aber doch Malalas' gewiß naiver und allzu loyaler Darstellung als wirk-
lichkeitsnäher den Vorzug geben.

20. Malalas' knapper Bericht über den Friedensschluß 532
erwähnt nichts von den bei Prokop (I 22/1ff.) ausführlich
geschilderten, für die römische Sache wenig rühmlichen Hin
und Her der Verhandlungen mit Chosroes, auch nichts von
den römischen Geldzahlungen und der Zurücknahme des römischen Oberkommandos aus der Grenzfestung Dara; statt
dessen kehrt er diejenigen Passagen des Abkommens heraus,
welche dieses als Nichtangriffspakt, ja als Freundschafts-
vertrag erscheinen lassen und unterstreicht damit – als loyaler Untertan – die offiziel gewünschte Auffassung.

21. Der sehr dürftige Bericht über die Einnahme und Zerstörung Antiocheias 540 muß bei einem Antiochenser ent-
täuschen. Wollte Malala etwa das für die kaiserliche Regierung so schmerzliche Ereignis möglichst unterdrücken?
Der zusammenhanglose Hinweis auf Germanos' – wohl eigen-
nützigen – Versuch, die Silberschätze der Stadt an sich zu
bringen (oder vor dem Zugriff der Feinde zu retten?), läßt
eine willkürliche Verkürzung des uns vorliegenden Textes als
sehr möglich erscheinen. Eine solche Annahme dürfte auch
die Kürze des vorausgehenden Abschnittes 22 erklären.

22. Johannes der Kappadoker, der infolge des Nikaauf-
standes für kurze Zeit von seiner Stelle abberufen, in seiner
zweiten Amtsperiode fast ein Jahrzehnt als praefectus praetorio gewaltet hatte, fiel nach Prokops ausführlichen, im einzelnen nicht nachprüfbaren Angaben (I 25/20ff.) Antoninas
(Gemahlin Belisars) List und höfischen Intrigen zum Opfer
(Mitte 541). Die Hintergründe des Sturzes lassen sich nicht
mehr aufhellen, doch dürfte der ob seiner rücksichtslosen
Energie sehr verhaßte Finanzmann in einem Augenblick
äußerster Bedrängnisse in Ost und West dem Zorn des Volkes und führender Militärkreise geopfert worden sein; Prokops glühender Haß deutet jedenfalls auf Feindschaft zwischen Belisar und dem Finanzgewaltigen, der den Wünschen
des Militärs nicht voll entsprechen wollte oder konnte. Der
Kaiser selbst scheint Johannes nicht völlig fallen gelassen zu
haben. Malalas' Bericht bietet – ohne eigene Stellungnahme –
die offiziell bekanntgewordenen Fakten, die sich im übrigen
mit Prokops Angaben decken.

23. Die Schilderung der großen Pest des Jahres 542 bei Malalas zeigt uns noch einmal den Unterschied zwischen dem bescheidenen Chronisten und Prokops an Thukydides geschulter Beobachtungsgabe und Darstellungskraft. Malalas sieht, sofern der vorliegende Text uns nicht verstümmelt vorliegt, nicht weiter als der Mann aus dem Volke.

Literaturhinweise

Ausgaben:

Erstausgaben:

Bella, D. Hoeschelius, Augustae Vindelicorum 1607
Anekdota, N. Alemannus, Lugduni 1623, Coloniae 1669
Aedificia, Beatus Rhenanus, Basiliae 1531

Gesamtausgaben:

Maltretus, Corpus Byzantinae Historiae, Parisiis 1662/3, Venetiis 1729, mit lat. Übersetzung

Dindorf, Corpus Scriptorum Historicorum, Byz. I–III, 1833/38

H. B. Dewing – G. Dewing, Procopius with an English translation, The Loeb Classical Library I–VIII, London 1914/40

J. Haury, Procopii Caesariensis opera amnia, Lipsiae in aedibus B. G. Teubneri, I (1905, Neudruck 1936), II (1906, Neudruck 1936), III 1 (1906), III 2 (1913), davon Editio stereotypa correctior von G. Wirth, Lipsiae I (1962), II (1963), III (1963), IV (1964)

Perser- und Vandalenkriege, Übersetzungen in Auswahl

Lateinisch:

R. Volaterranus, Perser-, Vandalenkrieg, Romae 1509

H. Grotius, Historia Gothorum (mit Vandalenkrieg), Amstelodami 1655

Deutsch:

Fr. Kanngießer, Kriegsgeschichte I–IV, Greifswald 1827/31

D. Coste, Vandalenkrieg-Gotenkrieg (i. A.), München 1966 (Sammlung „Die Geschichtsschreiber der deutschen Vorzeit", Leipzig 1885, neu herausgegeben von A. Ritthaler)

Italienisch:

B. Egio, Bella V–VIII, Venezia 1544, Bella I–IV, 1547

Rossi – Compagnoni, in: Collana degli antichi scrittori greci volgarizzati, Milano 1828/30

Französisch:

Fumée Sieur de Genillé, Bellum Vandalicum et Gothicum, Paris 1587

L. de Mauger, Bella I–IV, Paris 1669/70

Englisch:

Historiae, London 1653

Russisch:

Destunis, Bella I/II, St. Petersburg 1876/80, Bella III/IV, 1891

Ausgewähltes Schrifttum

Auler, A., De fide Procopii Caesariensis in secundo bello Persico Iustiniani I. imperatoris enarrando, Diss. Bonn 1876

Barker, J. W., Justinian and the later Roman Empire, Madison-Milwaukee-London, The University of Wisconsin Press 1966

Baynes, N. H., The Byzantine Empire[2], London 1943

Beck, H. G., Belisar-Philanthropenos. Das Belisarbild der Palaiologenzeit (Serta Monacensia Franz Babinger zum 15. 1. 1951 als Festgruß dargebracht), Leiden 1952, 46–52

Beck, H. G., Konstantinopel (Zur Sozialgeschichte einer frühmittelalterlichen Hauptstadt), Byz. Zeitschrift 58/1965, 11–45

Benedicty, R., Procopios' Bericht über die slavische Vorzeit. Beiträge zur historiographischen Methode des Procopios von Kaisareia, Jahrb. Österr. Byz. Ges. 14/1965, 51–78

Benedicty, R., Die Milieu-Theorie bei Prokop v. Kaisareia, Byz. Zeitschrift 55/1962, 1–10

de Boor, C., Römische Kaisergeschichte in byzantinischer Fassung III, Byz. Zeitschrift 2/1893, 195–211

Braun, H., Procopius Caesariensis quatenus imitatus sit Thucydidem, Diss. Erlangen 1885

Braun, H., Die Nachahmung Herodots durch Prokop, Programm Nürnberg 1894

Bréhier, L., Le monde byzantin I–III, Paris 1947/50

Brückner, M., Zur Beurteilung des Geschichtsschreibers Procop von Caesarea, Programm Ansbach 1896

Bury, J. B., History of the Later Roman Empire from the Death of Theodosius I. to the Death of Justinian (395–565) I, II, London 1931

Cantarella, R., La Διήγησις ὡραιοτάτη τοῦ θαυμαστοῦ ἐκείνου λεγομένου Βελισαρίου. Testo critico con una appendice: Sulla fortuna della leggenda di Belisario, Studi Bizantini 4/1935, 153–202

Christensen, A., L' Iran sous les Sassanides, Kopenhagen 1936

Comparetti, D., Maledicenze Procopiane, Raccolta di scritti in onore di G. Lumbroso, Milano 1925, 68–76

Coste, D., Prokop, Vandalenkrieg-Gotenkrieg, München 1966 (Sammlung „Die Geschichtsschreiber der deutschen Vorzeit", Bd. 73 u. 76, Leipzig 1885, neu herausgegeben von A. Ritthaler)

Dahn, F., Prokopius von Cäsarea, ein Beitrag zur Historiographie der Völkerwanderung und des sinkenden Römertums, Berlin 1865

Delbrück, H., Geschichte der Kriegskunst, Bd. II Die Germanen, Berlin 1921

Desanges, J., Un témoignage peu connu de Procope sur la Numidie vandale et byzantine, Byzantion 33/1963, 41–69

Dewing, H. B., The accentual cursus in Byzantine Greek prose with especial reference to Procopius of Caesarea, Transactions of the Connecticut Academy of Arts und Sciences, 14/1910, 417–461

Diehl, Ch., L' Afrique byzantine, Paris 1896

Diehl, Ch., Justinien et la civilisation byzantine au VI. siècle, Paris 1901

Diehl, Ch. und Marcais, G., Le monde oriental de 395 à 1081, Histoire générale, II. section: Histoire du Moyen Âge, t. III, Paris 1936

Diesner, H. J., Der Untergang der römischen Herrschaft in Nordafrika, Weimar 1964

Downey, G., Procopius on Antioch: a study of a method in the De aedificiis, Byzantion 14/1939, 361–378

Downey, G., Paganism and Christianity in Procopius, Church History 18/1949, 89–102

Downey, G., The Persian campaign in Syria in a.d. 540, Speculum 28/1953, 340–348

Duwe, A., Quatenus Procopius Thucydidem imitatus sit, Progr. Jever 1885

Enßlin, W., Zur Gründungsgeschichte von Dara-Anastasiupolis, Byz. Neugr. Jahrb. 5/1926–1927, 342–347

Enßlin, W., Theodorich der Große², München 1959

Freixas, A., Temas de Procopio de Cesarea, Anales de Historia Antigua y Medieval, Buenos Aires 1949

Gantar, K., Kaiser Justinian, „jenem Herbststern gleich". Bemerkung zu Prokops Aed. I 2/10, Museum Helvet. 19/1962, 194–196

Gantar, K., Prokops Schaustellung der Tapferkeit, Živa Antika 11/1962, 283–286

Gantar, K., Der betrogene Justinian, Byz. Zeitschrift 56/1963, 4–5

Grecu, V., Bemerkungen zu Prokops Schriften, Académie Roumaine, Bulletin de la section historique XXVIII/1947, 233 ff.

di Gregori, L., L' esercito bizantino in Procopio di Caesarea, Bessarione Ser. II, Anno 2/1901–1902, Vol. I fasc. 62–63, 246–258

de Groot, A. W., Untersuchungen zum byzantinischen Prosarhythmus (Procopius von Caesarea), Groningen 1918

Grosse, R., Römische Militärgeschichte von Gallienus bis zum Beginn der byz. Themenverfassung, Berlin 1920

Haenßler, F., Byzanz und Byzantiner. Ihr Bild im Spiegel der Überlieferung der germanischen Reiche im frühen Mittelalter, Diss. Bern 1960

Hansen, A., Wer veranlaßte die Berufung der Vandalen nach Afrika? Eine historische Untersuchung gegen Prokop Vand. I/3, Dorpat 1842

Hartmann, F. J., Untersuchungen über den Gebrauch der Modi in den Historien des Prokop von Cäsarea, Programm Regensburg 1903

Haury, J., Procopiana, Programm Augsburg 1891

Haury, J., Procopiana II, Programm München 1893

Haury, J., Zur Beurteilung des Geschichtsschreibers Procopius von Caesarea, Programm München 1896

Haury, J., Über die Stärke der Vandalen in Afrika, Byz. Zeitschrift 14/1905, 527/8

Haury, J., Recensio P. Sauerbrey, König Jazdegerd der Sünder, der Vormund des byzant. Kaisers Theodosius des Kleinen, Festschrift Albert v. Bamberg zum 1. X. 1905 gewidmet vom Lehrerkollegium des Gymnasiums Ernestinum zu Gotha, 1905, Byz. Zeitschrift 15/1906, 290–294

Haury, J., Prolegomena zu den einzelnen Bänden (I–III 1/2) seiner Prokop-Teubnerausgabe, 1906–1913 (neuediert v. G. Wirth, 1962–1964)

Haury, J., Prokop und der Kaiser Justinian, Byz. Zeitschrift 37/1937, 1–9

Heisenberg, A., Staat und Gesellschaft des byzantinischen Reiches, Die Kultur der Gegenwart II, Abt. IV 1², Leipzig-Berlin 1923, 364–414

Historia Mundi, Handbuch der Weltgeschichte in 10 Bdn., hier Band 4, München 1956. Bes. bemerkenswert die Abschnitte: *Heichelheim, F. M.*, Römische Sozial- und Wirtschaftsgeschichte; *Altheim, F.*, Arsakiden und Sassaniden; *Moß, H. St. L. B.*, Die geschichtliche Bedeutung von Byzanz; *Ostrogorsky, G.*, Staat und Gesellschaft der frühbyzantinischen Zeit

Hoffmann, K., Zur Kritik der byzantinischen Quellen für die Römerkriege Kobads I., Programm Schweinfurt 1877

Holmes, W. G., The Age of Justinian and Theodora, I, II, 1905–1907

Honigmann, E., Die Ostgrenze des byzantinischen Reiches von 363 bis 1071 nach griechischen, arabischen, syrischen und armenischen Quellen, Brüssel 1935

Hörmann, F., Beiträge zur Syntax des Johannes Kinnamos, Diss. München 1938

Hourani, G. F., Direct sailing between the Persian Gulf und China in preislamic times, Journal of the Asiatic Society of Great Britain and England 1947, 157–160

Jenkins, Cl., Procopiana, The Journal of Roman Studies 37/1947, 44–81

Jorga, N., Medaillons d' histoire byzantine (1 Procope), Byzantion 2/1925, 237–241

Jorga, N., Histoire de la vie byzantine I–III, Bukarest 1934

Jung, J., Geographisch-historisches bei Procopius von Caesarea, Wiener Studien 5/1883, 85–115

Kallenberg, H., Prokopiana I–III, Rhein. Museum 71/1916, 246–269, 507–526, 74/1925, 155–163

Kawar, J., Procopius on the Ghassanids. Journal of the American Oriental Society 77/1957, 79–87

Kawar, J., Procopius and Arethas, Byz. Zeitschrift 50/1957, 39–67, 262–382

Kirchner, K., Bemerkungen zu Prokops Darstellung der Perserkriege des Anastasios, Justin und Justinian von 502 bis 532, Programm Wismar 1887

Kornemann, E., Weltgeschichte des Mittelmeerraums von Philipp II. von Makedonien bis Muhammed, I, II, München 1949

Krumbacher, K., Geschichte der byzantinischen Litteratur, I. v. Müllers Handbuch der klass. Altertumswissenschaft IX 1², München 1897

Lebermann, N., Belisar in der Literatur der romanischen und germanischen Nationen, Diss. Heidelberg 1899

Lieberich, H., Studien zu den Proömien in der griech. und byzant. Geschichtsschreibung, I, II, Programm München 1898, 1900

Lipsius, M., Die edessenische Abgarsage, Braunschweig 1880

Litzica, C., Das Meyerische Satzschlußgesetz in der byzantinischen Prosa (mit einem Anhang über Prokop von Cäsarea), Diss. München 1898

Litzica, C., Procopie di Cesarea, Jasi 1926

Maas, P., Die Rhythmik der Satzschlüsse bei dem Historiker Prokopius, Byz. Zeitschrift 21/1912, 52–53

Maspero, J., Φοιδερᾶτοι et στρατιῶται dans l'armée byzantine au VI. siècle, Byz. Zeitschrift 21/1912, 97–109

Moravcsik, G., Byzantinoturcica I. Die byzantinischen Quellen der Geschichte der Türkvölker², Berlin 1958

Miltner, F., RE-Artikel „Vandalen", Bd. VIII A1, 298ff.; Suppl. X, 957ff.

Müller, A., Das Heer Justinians (nach Prokop und Agathias), Philologus 71/1912, 101–138

Ostrogorsky, G., Geschichte des byzantinischen Staates³, Handbuch der Altertumswissenschaft von I. v. Müller, XII 1/2, München 1963

Pflugk-Hartung, J. V., Belisars Vandalenkriege, Σύλλογος Εἰκοσπενταετερίς (Παράρτημα τοῦ ιή τόμου, 1886), 258–293

Ranke, L. v., Weltgeschichte IV 2, Leipzig 1883

Rémondon, R., La crise de l'Empire Romain de Marc-Aurèle a Anastase, Paris, Presses Univers. de France, 1964

Rubin, B., Zur Kaiserkritik Ostroms, Atti de VIII. Congresso Internationale di Studi Bizantini, Palermo 1951, 453–462

Rubin, B., RE-Artikel „Prokopios von Kaisareia", Bd. 22/2, Stuttgart (Sonderdruck 1954)

Rubin, B., Prokopios von Caesarea. Eine Zentralgestalt der oströmischen Geschichtsschreibung, Forschungen und Fortschritte 29/1955, 20–25

Rubin, B., Das Zeitalter Justinians I., Berlin 1960

Scheftlein, J., De praepositionum usu Procopiano, Diss. Erlangen 1893

Schmidt, L., Geschichte der deutschen Stämme bis zum Ausgang der Völkerwanderung. I. Die Ostgermanen², München 1934, II. 1. Die Westgermanen, München 1938

Schmidt, L., Geschichte der Vandalen², München 1942

Schreiner, H., Über die älteste Form der Belisarsage, Byz. Zeitschrift 21/1912, 54–64

Schubart, W., Justinian und Theodora, München 1943

Schulz, A., Procopius de bello Vandalico lib. I 1–8, Programm Gotha 1871

Schwyzer, E., Die sprachlichen Interessen Prokops von Caesarea, Festgabe für H. Blümner, Zürich 1914, 303–327

Seeck, O., Geschichte des Untergangs der antiken Welt, Bd. I–VI mit Anhängen, Stuttgart 1920/23

Soyter, G., Prokop als Geschichtsschreiber des Vandalen- und Gotenkrieges, Neue Jahrbücher f. Antike und deutsche Bildung II/1939, 97–108

Soyter, G., Die Glaubwürdigkeit Prokops, Sixième Congrès international des etudes byzantines, Alger, Paris 1940, 64–65; vgl. auch Byz. Zeitschrift 44/1951, 541–545

Stein, E., RE-Artikel „Sittas", Bd. III A, 404–408

Stein, E., Justinian, Johannes der Kappadozier und das Ende des Konsulats, Byz. Zeitschrift 30/1929, 376–381

Stein, E., Geschichte des Spätrömischen Reiches I, Wien 1928; Histoire du Bas-Empire II, Paris-Brüssel-Amsterdam 1949

Teuffel, W.S., Procopius, Allgemeine Zeitschrift für Geschichte 8/1847, 38–79 (= Studien und Charakteristiken, Leipzig 1871, 191–236)

Tricca, A., Euagrio e la sua fonte piu importante Procopio, Roma e l' Oriente IX/1915, 45–51, 102–111, 185–201, 283–302, X/1915, 51–62, 129–145

Sp. Uryonis, Jr., Byzantine Circus Factions and Islamic Futuwwa Organizations, Byz. Zeitschrift 58/1965, 46–59

Vasiliev, A.A., Histoire de l' Empire byzantin I, II, Paris 1932

Vasiliev, A.A., Justin the First. An Introduction to the Epoch of Justinian the Great. Dumbarton Oaks Studies I, Cambridge, Massachusetts 1950 (Rezension Honigmann, Byzantion 20/1950, 337–351)

VEH, O., Zur Geschichtsschreibung und Weltauffassung des Prokop von Caesarea I–III, Wissenschaftliche Beilage zum Jahresbericht des Gymnasiums Bayreuth 1951–1953

Wrede, F., Die Sprache der Vandalen, Straßburg 1886

Winkler, S., Zur Problematik der Volksbewegungen unter Justinian (Bemerkungen zu Prokop), Studii Classice 3/1961, 429–433

Wirth, G., Mutmaßungen zum Text von Prokops „Gotenkrieg", Helikon 4/1964, 153–210

ZUR TEXTGESTALTUNG

Die in der folgenden Übersicht angeführten Codices und Ausgaben sind:

G	=	Codex Vaticanus graecus 1001
O	=	Codex Ottobonianus graecus 82
P	=	Codex Parisinus graecus 1702
V	=	Codex Vaticanus graecus 152
Dew.	=	H. B. Dewing, Procopius with an English translation, The Loeb Classical Library I–VIII, London 1914–1940
Hy.	=	Procopii Caesariensis opera omnia, recognovit J. Haury, Vol. I, Exemplar iteratum, Lipsiae in aedibus B. G. Teubneri MCMXXXVI
HyW.	=	Procopii Caesariensis opera omnia. recognovit J. Haury, Vol. I, Editio stereotypa correctior, addenda et corrigenda adiecit G, Wirth, Lipsiae in aedibus Teubneri MCMLXII
Tusculum	=	Vorliegende Ausgabe von Otto Veh; eigener Lösungsversuch mit* bezeichnet.

Daneben wurden zur Gestaltung des Textes herangezogen:

H	=	Cocex Monacensis graecus 267
W	=	Codex Ambrosianus N 135 sup.; beide enthalten die Excerpta Constantiniana de legationibus.
Hoesch.	=	C. Hoeschelius, Bella, Augusta Vindelicorum 1607
Maltr.	=	Maltretus, Corpus Byzantinae Historiae, Parisiis 1662/3, Neudruck Venetiis 1729
Dind.	=	L. Dindorf, Corpus Scriptorum Historicorum Byz. Bonnense (= Bonner Corpus) I–III, 1833–1838.

Seite/ Zeile	Codices	Dew.	Hy
68/21	GPV διασώσασθαι	διασώσασθαι	διασώσασθαι
112/20	GPV ταραχῆς ἀπάσης	ταραχῆς, ἀπάσης	ταραχῆς ἀπάσης
116/22	GPV ὑπέρ	ὑπέρ	ὑπέρ
122/24	GPV ἡγησαμένη	ἡγησαμένη	ἡγησαμένη
130/30	GPV ταῦτα	ταῦτα	ταῦτα
132/5			
186/18	GPV στρατιωτῶν	στρατιωτῶν	στρατιωτῶν
190/12	GPV τύχην	τύχην	τύχην
220/30	GPV ἀπολουμένην	ἀπαλουμένην	ἀπολουμένην
228/16 {	G διατιθεμένοις P διαθέμενος V διαθεμένοις	διαθεμένοις	διαθεμένοις
234/12	GPV οὔτε	οὔτε	οὔτε
250/15	GPV τίσασθαι	τίσασθαι	τίσασθαι
278/25	GPV κατ' αὐτόν	κατ' αὐτόν	κατ' αὐτόν
304/33 {	G ἄλλοτι P ἄλλο V ἄλλοτο	ἄλλοθι	ἄλλοθι
324/24	GPV ἐνδόντες	ἐνδόντες	ἐνδόντες

Hy W	Hoesch. Maltr. Dind.	Tusculum
διασώσασθαι	διασώσασθαι	διασώσεσθαι (Vermutung Herwerden)
ταραχῆς ἀπάσης	ταραχῆς ἀπάσης	ταραχῆς τῆς* ἀπάσης
ὑπέρ	ὑπέρ	ὑπέκ*
ἡγησαμένῃ	ἡγησαμένη	ἡγησαμένη* gestrichen
ταῦτα	ταῦτα	τ'αυτά*
		hinter ξητεῖν statt Punkt ein Fragezeichen*
στρατιωτῶν	στρατιωτῶν	στασιωτῶν
τύχην	τύχην	τιμήν*
ἀπολουμένην	ἀπολουμένην	ἀπολομένην*
διαθεμένοις	διαθεμένοις	διατιθεμένοις
οὔτε	οὔτε	οὔ*
τίσασθαι	τίσασθαι	τίσεσθαι (Vermutung Herwerden)
κατ' αὐτόν	κατ' αὐτόν	κατ' αὐτό*
ἄλλοθι	ἄλλοθι	ἄλλο τι*
ἐνδόντες	ἐνδόντες	ἐνδιδόντες*

VERZEICHNIS DER EIGENNAMEN

(Die römischen Ziffern beziehen sich auf die Buchzählung des griechischen
Textes, die arabischen Zahlen vor dem Schrägstrich bezeichnen Kapitel)

Ἀβανδάνης Abandanes, persischer Kanzleibeamter im Heere des Chosroes, II
21/1, 9, 13
Ἀβασγοί Abasgoi, Abasgen, kaukasisches, zwischen Römern und Persern strit-
tiges Grenzvolk, II 29/15
Ἀβόρρας Aborras, Fluß, mündet bei Circesium in den Euphrat, II 5/2, 19/20
Ἀβοχάραβος Abocharabos, sarazenischer Unterfürst, I 19/10, 11, 13
Ἄβραμος Abramos, Abraham, christlicher König der Homeriten, I 20/3 ff.
Ἄβυδος Abydos, Stadt an den Dardanellen gegenüber von Sestos, II 4/9
Ἀγαμέμνων Agamemnon, sagenhafter König von Mykenä, führt die Griechen
nach Troja, I 17/11
Ἀγγλών Anglon, Stadt und Festung in Persarmenien, II 25/5, 10, 15
Ἀδαρβιγάνων Adarbiganon, persische Kultstätte, II 24/1, 2, 12
Ἀδεργουδουνβάδης Adergudunbades, persischer Adeliger und hoher Kron-
beamter (Chanaranges), I 6/15, 18, 23/9, 13, 22
Ἀδόλιος Adolios, Sohn des Akakios, Armenier, römischer Feldherr, II 3/10,
21/2, 18, 20, 24/13, 25/35
Ἀδόνιχος Adonichos, Besatzungskommandant in Chalkis, II 12/2
Ἄδουλις Adulis, Stadt in Äthiopien, nahe dem Roten Meer, I 19/22, 20/4
ἀδρασταδάραν σαλάνης Adrastadaran Salanes, hohe persische Würde, I 6/18,
11/25, 38
Ἀείμαχος Aeimachos, Metzger, tötet einen vornehmen Perser, II 11/8 ff.
Ἀζαρέθης Azarethes, persischer Feldherr, I 17/1, 18/1, 9, 27, 37, 51, II 27/41
Ἀθῆναι Athenai, Athen, Siedlung am Schwarzen Meer, nahe dem Lazenland,
II 29/22, 30/14
Αἰγάν Aigan, Massagete, Haushofmeister Belisars, I 13/20, 14/39, 42
Αἴγυπτος Aigyptos, Ägypten, I 19/3, 25/43, II 22/6
Αἰθίοπες Aithiopes, Äthioper, Volk südlich von Ägypten, I 19/1, 23, 20/1, 9, 12,
II 3/40
Αἰλάς Ailas, Stadt am Arabischen Golf, I 19/3, 19, 24
Ἀκάκιος Akakios, Vater des Adolios, Prokonsul von Armenien, II 3/5, 7, 21/2
Ἀλαμούνδαρος Alamundaros, mächtiger Sarazenenscheich auf Seiten der Per-
ser, I 17/1, 40, 45, 18/1, 9, 30, II 1/3, 13, 3/47, 4/21, 10/16, 16/17, 19/34,
28/13
Ἀλανοί Alanoi, Alanen, barbarisches Volk am Asowschen Meer, I 15/1, II 29/15,
29
Ἀλβανοί Albanoi, Albanen, Volk im Taurusgebirge, I 10/1
Ἀλεξάνδρεια Alexandreia, Hauptstadt Ägyptens, I 25/44, II 22/6
Ἀλέξανδρος Alexandros, 1. Alexander der Große, König von Mazedonien (356–
323), I 10/9, II 2/15
2. Senator, Gesandter, I 22/1
Ἀμαζάσπης Amazaspes, Statthalter von Armenien, II 3/3, 5
Ἀμβαζούκης Ambazukes, Hunne, Wächter der Kaspischen Tore, I 10/10, 12
Ἄμβρος Ambros, christlicher Sarazene, II 20/10, 14
Ἄμιδα Amida, römische Stadt am Tigris, I 7/5, u. a.a.O.
Ἀμμώδιος Ammodios, Ort in der Nähe der römischen Grenzfestung Daras, I
13/15, 38, II 28/35
Ἀναστάσιος Anastasios, 1. römischer Kaiser (491–518), I 7/1 u.a.a.O.
2. Bürger aus Daras, I 26/8, II 4/15, 26, 5/27, 9/10
13/15, 38, II 28/35
Ἀναστασιούπολις Anastasiupolis, 2. Name von Daras (nach dem Kaiser Ana-
stasios, dem 2. Stadtgründer, so benannt), I 10/13
Ἀνατόλιος Anatolios, römischer Gesandter, I 2/12–15, 16/6

Ἀνδρέας Andreas, Einwohner von Konstantinopel, I 13/30–39
Ἀνιαβέδης Aniabedes, persischer Feldherr, II 17/4, 12
Ἀντιόχεια Antiocheia, Hauptort Syriens, I 37/36 u. a.a.O.
Ἀντωνίνα Antonina, Gemahlin Belisars, I 25/11 ff.
Ἀπάμεια Apamela, Stadt in Syrien, II 11/2, 4, 14, 29, 32
Ἀπίων Apion, einflußreicher Ägypter unter Kaiser Anastasios, I 8/5
Ἀραβία Arabia, Arabien, I 19/2, 6, 20
Ἀράτιος Aratios, Armenier, tritt aus persischen in römische Kriegsdienste, I 12/22, 15/31
Ἀργήκ Argek, tapferer Soldat, II 26/27
Ἀρέθας Arethas, Führer der auf Römerseite stehenden Sarazenen, I 17/47, 18/7, 35, 36, II 1/3–7, 16/5, 19/11, 15, 26, 28/12
Ἀρεόβινδος Areobindos, römischer Feldherr im Osten I 8/1, 10, 11, 9/1
Ἀρζάμων Arzamon, Landschaft Mesopotamiens, I 8/10
Ἀρζανάνη Arzanane, Landschaft Armeniens jenseits des Flusses Nymphius, I 8/21, 15/7
Ἀρκάδιος Arkadios, Kaiser der östlichen Reichshälfte (395–408), I 2/1,7
Ἀρμενία Armenia, Armenien, zwischen Byzanz und Persien hart umkämpftes Grenzland, I 5/9, 10/1, 17, 21 u. a.a.O.
Ἀρσάκης Arsakes, 1. Stammvater der Arsakiden, der Könige von Armenien, II 3/32
    2. König von Armenien, kämpft gegen den Perserkönig Pakurios, I 5/10 ff.
    3. letzter Armenierkönig, übergibt sein Land Kaiser Theodosios II., II 3/35
    4. Armenier, Führer der Leibwache des Surenas, II 5/11
Ἀρσακίδαι Arsakidai, Arsakiden, Gruppe in Armenien, II 3/32, 35
Ἀρσίνης Arsines, Fluß in Persarmenien, mündet in den Euphrat, I 17/21
Ἀρταβάνης Artabanes, Arsakide, erfolgreicher römischer Feldherr, doch von zweifelhaftem Charakterart, in Afrika und Italien tätig, II 3/25
Ἀρτάκη Artake, Vorstadt von Kyzikos, I 25/31
Ἄρτεμις Artemis, Göttin der Jagd, I 17/11, 15, 18
Ἀρχαιόπολις Archaiopolis, Stadt in Lazien, II 29/18
Ἀσία Asia, Asien, II 4/9
Ἀσκάν Askan, tapferer Massagete, I 13/21, 14/44, 18/38, 41
Ἀσπεβέδης Aspebedes, vornehmer, einflußreicher Perser, I 9/24, 11/5, 21/4, 5, 23/6
Ἀσπετιανοί Aspetianoi, Aspetianen, Armenier, II 3/12–18
Ἀσσυρία, Ἀσσύριοι Assyria, Assyrien, I 17/6, 22, II 14/4, 19/11, 15, 16, 24/1, 12, 28/4
Ἀτταχᾶς Attachas, Ort nahe Martyropolis, I 21/9
Αὔγαρος Augaros, Fürst von Edessa zur Zeit des Augustus, II 12/8 ff.
Αὔγουστος Augustos, Augustus, 1. erster römischer Kaiser (43 v. – 14 n. Chr.), II 12/8–19, 21/3, 30/52
    2. Geräteverwalter in der Sophienkirche zu Byzanz, II 30/53, 54
Αὔξωμις Auxomis, Stadt Äthiopiens, I 19/17, 22, 27
Ἀφροδίτη Aphrodite, Göttin der Liebe, II 28/13
Βαλεριανός Valerianos, Oheim des Damianos, römischer Truppenführer im Osten, in Afrika und Italien, II 14/8, 24/6, 12, 19, 25/17
Βαράδοτος Baradotos, Bischof von Constantine, II 13/13–15
Βαρβαρικὸν πεδίον Barbarikon Pedion (= Barbarenfeld), nahe Sergiopolis, II 5/29
Βαρεσμανᾶς Baresmanas, Perserführer, I 13/16, 14/32, 45 ff.
Βαρλαοῦ πύλαι Barlau Pylai (Barlaostor), Tor in Edessa, II 27/44
Βασιλείδης Basileides, Patrizier, Quästor Justinians, I 24/18
Βασίλειος Basileios, Vater des Edesseners Johannes, II 21/27
Βασσάκης Bassakes, armenischer Führer, II 3/29 ff., 21/34
Βασσίκιος Bassikios, treuer Freund des Armenierkönigs Arsakes, I 5/18, 28
Βάτνη, Βάτναι Batne, Batnai, Stadt bei Edessa, II 12/31
Βελισάριος Belisarios, Belisar, passim
Βένετοι Venetoi (die Blauen), Zirkuspartei, I 24/2, 49, II 11/32
Βέροια Beroia, Stadt Syriens, II 6/17 ff., 7/2, 5, 9, 34, 35, 12/1
Βέσσας Bessas, gebürtiger Gote, römischer Feldherr, im Osten und in Italien mit verschiedenem Erfolge tätig, I 8/3, 21/5
Βῆρος Veros, Herulerführer, II 24/14, 18

'Εστία Hestia, Vesta, römische Göttin des Herdfeuers, II 24/2
Εὔαρις Euaris, Schöpfer der Kirche des Erzengels Michael in Treton, II 11/17
Εὐρώπη Europe, Europa, II 4/4
Εὐρωπός Europos, Stadt am Euphrat, II 20/24, 27, 21/1
Εὐσέβιος Eusebios, 1. Gesandter Kaiser Zenons, I 3/8
  2. Bischof von Kyzikos, I 25/37
Εὐφημία Euphemia, 1. Tochter Johannes des Kappadokers, I 25/13ff.,
  2. Gemahlin des Chosroes, II 5/28
Εὐφράτης Euphrates, Euphrat, I 17/4 u. a.a.O.
Εὐφρατησία Euphratesia, zweite Bezeichnung für die Landschaft Kommagene
  am Euphrat, I 17/2, 23, II 20/17, 20
'Εφθαλῖται Hephthalitai, hunnische Stämme, I 3/2ff., 3/11ff., 4/12ff., 6/10,
  7/1, 8, 13
'Εφραίμιος Ephraimios, Patriarch von Antiocheia, II 7/17
Ζαβεργάνης Zaberganes, vornehmer Perser, I 23/25ff., II 8/30ff., 26/16ff.
Ζάμης Zames, Sohn des Perserkönigs Kabadas, von der Nachfolge ausgeschlossen, I 11/4, 23/4ff., II 9/12
Ζεύξιππος Zeuxippos, Badeanlage in Byzanz, I 24/9
Ζηνοβία Zenobia, Stadt am Ostrand Syriens, von Zenobia gegründet, II 5/4–7
Ζήνων Zenon, oströmischer Kaiser (474–491), geborener Isaurier, I 3/8
Ζῆχοι Zechoi, Zechen, Volksstamm am Nordostufer des Schwarzen Meeres, II
  29/15
Θεοδόσιος Theodosios II., oströmischer Kaiser (408–450), Sohn des Arkadios,
  Enkel Theodosios' I., I 2/1, 7, 12, 15, II 3/35
Θεοδοσιούπολις Theodosiupolis, 1. Stadt nahe den Euphrat- und Tigrisquellen,
  I 10/18, 19, 15/2, 32, 17/4, II 24/12, 13, 25/1
  2. Stadt am Fluß Aborrhas, nahe Daras, II 19/29
Θεοδώρα Theodora, Gemahlin Justinians, I 24/33ff., 25/4, 22, 30
Θεόδωρος Theodoros, 1. Verfertiger von Belagerungsmaschinen, II 13/26
  2. Referendar, II 23/6
Θεόκτιστος Theoktistos, Befehlshaber im Libanon, II 8/12, 17, 16/17, 19/33,
  24/13
Θερμοπύλαι Thermopylai, Thermopylen, Engpaß in Mittelgriechenland, II 4/10
Θεσσαλία Thessalia, Thessalien, Landschaft in Nordgriechenland, II 4/10
Θευδέριχος Theuderichos, Theodorich, Ostgotenkönig (493–526), I 8/3
Θιλασάμων Thilasamon, Ort nahe Amida, I 9/14
Θράκη Thrake, Thrakien, Gebiet nördlich der Ägäis, I 13/5, II 19/32, 21/4
Θωμᾶς Thomas, 1. Bischof von Apameia, II 11/16ff., 29, 30
  2. römischer Gesandter, I 22/1
  3. Truppenführer in Lazien, II 30/5
'Ιάκωβος Jakobos, Eremit, I 7/5ff.
'Ιάσων Jason, sagenhafter Führer des Argonautenzuges, II 17/2
'Ιβηρία, "Ιβηρες Iberia, Landschaft im Kaukasusgebiet, I 10/1, 4, 12/2ff., 14,
  15/20, 22/16, II 25/3, 28/20, 29/16–18
'Ιεράπολις Hierapolis, Stadt am Euphrat, I 13/11, 17/22, II 6/2ff., 7/2, 9/2, 20/20
'Ιερόν Hieron, Platz bei Byzanz, II 11/14, 20/18
'Ιησοῦς Jesus, Sohn Gottes, II 12/22ff.
'Ιλδίγερ Ildiger, Schwiegersohn Antoninas, tüchtiger römischer Truppenführer
  in Armenien, Afrika und Italien, II 24/13
'Ιλλυρία, 'Ιλλυριοί Illyria, Illyrien, Gebiet östlich des Adriatischen Meeres,
  I 24/41, II 4/5, 21/4
'Ινδοί Indoi, Inder, I 19/3, 23ff., 20/12, II 25/3
'Ιόνιος κόλπος Jonisches Meer, zwischen Griechenland und Süditalien, II 4/4
'Ιουδαία, 'Ιουδαῖοι Judaia, Judäa, I 20/1, II 12/24
'Ιουλιανός Julianos, 1. Heiliger, II 10/8
  2. Bruder des Summos, I 20/9, II 1/10, 7/15, 16
'Ιουστινιανός Justinianos, Justinian I., römischer Kaiser (527–565), passim
'Ιουστῖνος Justinos, Justinus, römischer Kaiser (518–527), Onkel Justinians,
  I 8/3 u.a.a.O.
'Ιοῦστος Justos, Justus, Neffe Justinians, Truppenführer im Osten, I 24/53,
  II 20/20ff., 24/15, 20, 25/35, 28/1
'Ισαάκης Isaakes, Isaak, Armenier, römischer Feldherr in Armenien und Italien,
  I 15/32, II 24/14, 25/24

Ναρσῆς **Narses**, 1. Persarmenier, comes sacrarum largitionum, später römischer Befehlshaber und Nebenbuhler Belisars in Italien, I 15/31, 25/24. 27
2. Persarmenier, persischer Überläufer, dann römischer Befehlshaber, I 12/22, 15/31, 19/37, II 24/12, 25/11. 23, 24

Νεῖλος **Neilos**, Nil, I 19/29, 35

Νεκρά εἴσοδος **Nekra** (= Toten-)Eingang, am Zirkus in Byzanz, I 24/52

Νίκα **Nika**, Losung (= „Siege"!) des „Nika"-Aufstandes in Byzanz (532), I 24/10

Νικήτας **Niketas**, Sohn des römischen Befehlshabers Johannes, I 13/21, II 19/36, 24/15

Νίσιβις **Nisibis**, starke persische Grenzfestung in Mesopotamien, nahe Daras, I 10/14 u. a.a.O.

Νοβάται **Nobatai**, Nobaten, wohnen am Nilufer, I 19/28 ff.

Νύμφαι **Nymphai**, Nymphen, II 11/6

Νύμφιος **Nymphios**, Fluß bei Martyropolis, I 8/21, 22. 21/6, II 15/7

Ὄασις **Oasis**, Stadt, umschwärmt von Nobaten, I 19/30

Ὀββάνης **Obbanes**, Niederlassung am Euphrat, II 12/4

Ὀδονάθος **Odonathos**, Herrscher von Palmyra, Gemahl der Zenobia (+ 273), II 5/5, 6

Οἰνοχαλάκων χωρίον **Oinochalakon Chorion**, Ort in Armenien, II 3/15

Ὀκτάβη **Oktabe**, Ort in Armenien, I 15/9

Ὀλύβριος **Olybrios**, römischer Adeliger, später Kaiser (472), I 8/1

Ὁμηρῖται **Homeriten**, Volk im heutigen Jemen, I 19/1 ff., 14, 21, 20/1, 2, 9 ff., II 3/41

Ὄμηρος **Homeros**, Homer, I 1/19

Ὀνώριος **Honorios**, Honorius, römischer Kaiser (395–423), I 2/4

Ὀρέστης **Orestes**, Führer des Argonautenzuges, I 17/11 ff.

Ὀροκασιάς **Orokasias**, höchster Punkt in Antiocheia, II 6/10

Ὀρόντης **Orontes**, Fluß bei Antiocheia, II 6/10, 8/3

Ὄσιρις **Osiris**, Gott (Ägypten), I 19/35

Ὀσροηνή **Osrhoene**, Landschaft in Nordwest-Mesopotamien, I 17/24, 34

Ὀσρόης **Osrhoes**, Verbündeter der Perser, I 17/24

Οὐαραράνης **Vararanes**, Perserkönig, I 2/11 ff.

Οὐαρράμης **Varrhames**, wird Chanaranges, I 23/10 ff., 22

Οὐίττιγις **Wittigis**, Ostgotenkönig (536–540), II 2/1 ff., II 14/10

Οὖννοι **Unnoi**, Hunnen, I 3/1 u. a.a.O.

Πακούριος **Pakurios**, Perserkönig, I 5/10 ff.

Παλαιστίνη **Palaistine**, Palästina, I 19/2 ff., II 1/9, 20/18, 22/6

Παλμύρα **Palmyra**, wichtige Handelsstadt in Ostsyrien, von Kaiser Aurelian zerstört (273), II 1/6

Πάρθοι **Parthoi**, Parther, ihr Reich bis zum Euphrat reichend, II 3/32

Πασχαλία **Paschalia**, Osterfest, I 18/15

Πατρικίολος **Patrikiolos**, Patriciolus, Vater des Vitalianus, I 8/3

Πατρίκιος **Patrikios**, Patricius, 1. höchster Rang unter den römischen Vornehmen, wiederholt erwähnt,
2. Phryger, magister militum praesentalis, I 8/2 ff., 9/5 ff.

Παῦλος **Paulos**, Paulus, Dolmetscher des Chosroes, II 6/23, 24, 7/5, 8/4, 7, 12/1, 33, 26/14, 27/24, 45

Περάνιος **Peranios**, Peranius, König von Iberien, I 12/11, II 24/15 u. a.a.O.

Περόζης **Perozes**, 1. Perserkönig, I 3/1 ff., 4/1 ff.,
2. persischer Feldherr, I 13/16, 17, 14/5 ff., 17/26, 27
3. Vater der Mörder Symeons, II 3/3

Πέρσαι **Persai**, Perser, passim

Περσαρμενία **Persarmenia**, Persarmenien, östlicher, von den Persern beherrschter Teil, I 10/1 u. a.a.O.

Πέτρα **Petra**, 1. Stadt in Lazien, II 15/10, 17/3, 18, 29/20 u. a.a.O.
2. königliche Residenz in Arabien, I 19/20

Πέτρος **Petros**, Petrus, gebürtiger Arzanener, später verdienter römischer Feldherr im Osten, I 12/9, 18/6, 42, II 15/6, u. a.a.O.

Πηλούσιον **Pelusion**, Pelusium, Stadt im östlichen Nildelta, II 22/6

Πιτιοῦς **Pitius**, Festung in Lazien, II 29/18

Πιτυάξης **Pityaxes**, persischer Feldherr, I 13/16, 14/32, 38

Πλακιλλιαναί **Plakillianai**, Palast in Byzanz, I 24/30

TUSCULUM-BÜCHEREI

Zweisprachige Ausgaben poetischer, philosophischer, historischer Texte der Antike

Stand Frühjahr 1971

AISCHYLOS: TRAGÖDIEN UND FRAGMENTE ed. Oskar Werner. DM 32.—

ALKAIOS: LIEDER ed. Max Treu. DM 14.—

ANTHOLOGIA GRAECA ed. Hermann Beckby. 4 Bände zusammen DM 188.—

APULEIUS: DER GOLDENE ESEL edd. E. Brandt und W. Ehlers. DM 24.—

ARCHILOCHOS: SÄMTLICHE FRAGMENTE ed. Max Treu. DM 14.—

DER ARZT IM ALTERTUM ed. Walter Müri. DM 26.—

AUGUSTINUS: SELBSTGESPRÄCHE ed. Peter Remark. DM 12.—

AUGUSTUS: MEINE TATEN ed. Ekkehard Weber. DM 13.—

BAKCHYLIDES-SIMONIDES: CHORLYRIK ed. Oskar Werner. DM 26.—

CAESAR: BÜRGERKRIEG ed. Georg Dorminger. DM 20.—

CAESAR: GALLISCHER KRIEG ed. Georg Dorminger. DM 28.—

CATULL: CARMINA ed. Werner Eisenhut. DM 14.—

CICERO: BRUTUS ed. Bernhard Kytzler. DM 24.—

CICERO: CATO MAIOR — DE SENECTUTE ed. Max Faltner. DM 12.—

CICERO: AD FAMILIARES ed. Helmut Kasten. DM 48.—

CICERO: DE FATO ed. Karl Bayer. DM 12.—

CICERO: AD QUINTUM FRATREM ed. Helmut Kasten. DM 20.—

CICERO: GESPRÄCHE IN TUSCULUM ed. Olof Gigon. DM 35.—

CICERO: LAELIUS ed Max Faltner. DM 12.—

GRIECHISCHE INSCHRIFTEN ed. Gerhard Pfohl. DM 23.—

HERAKLIT: FRAGMENTE ed. Bruno Snell. DM 7.—

HERODOT: HISTORIEN ed. Josef Feix. 2 Bände zusammen DM 67.

HOMER: ILIAS edd. Rupé-Stegemann-Höhne. DM 35.—

HOMER: ODYSSEE ed. Anton Weiher. DM 28.—

HOMERISCHE HYMNEN ed. Anton Weiher. DM 12.—

HORAZ: SÄMTLICHE WERKE edd. Burger-Färber-Schöne. DM 24.—

MENANDER: DYSKOLOS ed. Max Treu. DM 12.—

MUSAIOS: HERO UND LEANDER ed. Hans Färber. DM 10.—

OVID: AMORES edd. Walter Marg und Richard Harder. DM 12.—

OVID: LIEBESKUNST ed. Franz BURGER. DM 10.—

OVID: METAMORPHOSEN ed. Erich Rösch. DM 28.—

PETRON: SATYRICA edd. Konrad Müller-Bern und Wilhelm Ehlers. DM 32.—

PHILOGELOS (DER LACHFREUND) ed. Andreas Thierfelder. DM 26.—

PHILOSTRATOS: DIE BILDER ed. Otto Schönberger. DM 35.—

PINDAR: SIEGESGESÄNGE UND FRAGMENTE ed. Oskar Werner. DM 42.—

PLATON: BRIEFE edd. W. Neumann und J. Kerschensteiner. DM 16.—

PLATON: ION ed. Hellmut Flashar. DM 7.—

PLATON: PHAIDROS ed. Wolfgang Buchwald. DM 12.—

PLATON: SYMPOSION edd. Franz Boll und Wolfgang Buchwald. DM 12.—

PLINIUS SECUNDUS: BRIEFE ed. Helmut Kasten. DM 42.—

POMPEJANISCHE WANDINSCHRIFTEN edd. H. Geist und W. Krenkel. DM 10.—

PROKOP: WERKE ed. Otto Veh

    Band 1: Anekdota. DM 22.—

    Band 2: Gotenkriege. DM 65.—

    Band 3: Perserkriege. DM 48.—

    Band 4: Vandalenkriege. In Vorbereitung

PUBLILIUS SYRUS: SPRÜCHE ed. Hermann Beckby. DM 9.—

REUTERN: HELLAS. Ein Griechenlandführer. DM 14.—

RÖMISCHE GRABINSCHRIFTEN edd. H. Geist und Gerhard Pfohl. DM 20.—

SALLUST: WERKE UND SCHRIFTEN edd. W. Schöne und W. Eisenhut. DM 22.—

SAPPHO: LIEDER ed. Max Treu. DM 14.—

SOPHOKLES: TRAGÖDIEN UND FRAGMENTE edd. Willige-Bayer. DM 54.—

TACITUS: DIALOGUS ed. Hans Volkmer. DM 12.—

TACITUS: HISTORIEN edd. Joseph und Helmut Borst und H. Hross. DM 28.—

THEOKRIT: GEDICHTE ed. F.P. Fritz. DM 34.—

TIBULL UND SEIN KREIS ed. Wilhelm Willige. DM 12.—

VERGIL: AENEIS ed. Johannes und Maria Götte. Neuauflage in Vorbereitung

VERGIL: LANDLEBEN UND VERGIL-VITEN ed. Joh. und Maria Götte und Karl Bayer. Neuauflage in Vorbereitung

XENOPHON: ERINNERUNGEN AN SOKRATES ed. Gerhard Jaerisch. DM 25.—

XENOPHON: HELLENIKA ed. Gisela Strasburger. DM 48.—

TUSCULUM-LEXIKON griechischer und lateinischer Autoren des Altertums und des Mittelalters. Bearbeitet von Wolfgang Buchwald, Armin Hohlweg und Otto Prinz. DM 25.—